川西北高原史前考古发现与研究

成都文物考古研究院
阿坝藏族羌族自治州文物管理所　编著
茂县羌族博物馆

科学出版社
北京

内 容 简 介

本书收录了岷江、大渡河上游地区的哈休遗址、孔龙遗址、波西遗址、沙乌都遗址、下关子遗址等史前遗址的调查勘探及试掘资料，并按地区及时代进行了系统整理，开展了多学科鉴定、测试及研究工作，收集了植物考古、动物考古、环境考古、玉石器测试研究等内容，并对川西北高原山地的史前文化、环境、生业、技术、社会生活等进行了综合研究。

本书可供从事中国考古学、历史学研究的学者参考。

图书在版编目（CIP）数据

川西北高原史前考古发现与研究 / 成都文物考古研究院，阿坝藏族羌族自治州文物管理所，茂县羌族博物馆编著. —北京：科学出版社，2018.12
　　ISBN 978-7-03-060035-6

Ⅰ.①川… Ⅱ.①成…②阿…③茂… Ⅲ.①高原—石器时代考古—考古发现—研究—西南地区 Ⅳ.①K872.7

中国版本图书馆 CIP 数据核字（2018）第 282990 号

责任编辑：柴丽丽 / 责任校对：邹慧卿
责任印制：肖　兴 / 封面设计：美光设计

科 学 出 版 社 出版
北京东黄城根北街 16 号
邮政编码：100717
http://www.sciencep.com
中国科学院印刷厂 印刷
科学出版社发行　各地新华书店经销

*

2018 年 12 月第 一 版　　开本：889×1194　1/16
2018 年 12 月第一次印刷　　印张：33 1/2　插页：59
字数：960 000
定价：398.00 元
（如有印装质量问题，我社负责调换）

本书是古蜀文明保护传承工程古蜀文明探源课题的阶段性成果

绪　言

陈　剑

（成都文物考古研究院）

一、川西北高原的地理地质环境

川西北高原地处青藏高原东南缘，平均海拔在 3000～4000 米以上，是四川省地势最高的地区。地表切割浅，除东南部相对高差 500 米，地貌上属山原外，其他地区均属丘原，高差一般在 100～200 米，山矮丘缓，丘坡多在 5°～20°，为青藏高原东南边缘部分。谷地宽展，阶地广布，并有沼泽发育，以东北部的若尔盖地区沼泽面积最大。川西山地西北高、东南低。根据切割深浅可分为高山原和高山峡谷区。主要山脉有岷山、巴颜喀拉山、牟尼茫起山、大雪山、雀儿山、沙鲁里山。大雪山主峰贡嘎山海拔 7556 米，它不仅是四川第一高峰，也是世界著名的高峰。长江上游主要支流岷江、大渡河纵贯全境，是黄河流经四川的唯一地区，是黄河上游的重要水源地。川西北高原实际上包含高原和山地两种地貌，主要包括两个大的地理单元：岷江上游地区（图版一，1）和大渡河上游及地区（图版一，2）。此外，若尔盖县、红原县大部分地区属于黄河上游水系所在；茂县东部的土门河流域还属于涪江上游水系所在。川西北高原还可以细化为更小的多个地理单元：岷江上游干流地区、杂谷脑河流域、黑水河流域、土门河流域、脚木足河流域、梭磨河流域、大渡河上游地区、黑河白河流域等。

从地质构造的特征上可以明显地将四川地区分为东、西两个部分，即东部地台区和西部地槽区，川西北高原属于西部地槽区。西部地槽区由一系列复背斜、复向斜构成，形成一系列弧形、反 "S" 形和南北向构造系，褶皱的形成是多期的，复背斜区形成时间较早，全区褶皱形成于三叠纪末。川西北高原有许多断陷盆地，盆地内有黄土堆积，川西北高原是青藏高原的组成部分，也是中国黄土分布的重要地区。对青藏高原及邻区马兰黄土重矿物特征的研究表明，以昆仑山—布尔汉达山—西倾山—岷山为界分为两大沉积区系，以北主要来源于亚洲内陆干旱的沙漠、戈壁区；以南来源于高原冰碛和寒冻风化物。由于青藏高原主要受西风环流控制，因而高原上的黄土物质不可能从北方来，而是就地提供的。冰碛物和岩层的寒冻风化提供了丰富的细粒物质。川西北高原干燥寒冷的气候有利于黄土发育。根据川西北高原气候特征和黄土沉积特征分析，搬运黄土物质的主要动力为风、流水（包括冰水）和重力作用。通过将川西北高原黄土剖面与我国北方典型黄土剖面进行对比，并结合黄土在川西北高原第四纪地层中的层位，确定川西北高原广泛发育的"黄色黄土"可与北方马兰黄土对比，属上更新世，而"红色黄土"可与北方离石黄土对比，属中更新世。高阶地上含有数层泥炭层的黄褐色和蓝灰色砂质黏土层可与我国北方的泥河湾层和南方的元谋组对比，属早更新世。高阶地上的紫红色重黏土可与三趾马红土对比，属上新世。

将川西北高原黄土与黄土高原的晚第四纪黄土进行对比，发现两者之间也存在较明显的差异。第四纪以来青藏高原的阶段性大幅度隆升及东部地区的整体沉降，由此产生的构造地貌的巨大变迁必然会改变古大气环流和古雪线的空间分布，对古气候和古环境产生深刻的影响。与川西北高原为一体的青藏高原海拔高、宽度大，其晚新生代的强烈整体隆升是北半球气候变化的主要驱动力。在高原季风环流控制下，气候干燥寒冷，在第四纪时期发生过多次冰川作用，有大量的冰积物存在。冰积物在冰川的碾磨作用下形成的细粒物质，为黄土发育提供了丰富的物源。高原冬季风和局地的冰川风将高山、高原面上的粉砂细粒物质吹扬到附近相对低洼处堆积，形成质地相对均一的黄土。局部由于受坡面流水作用的影响，风成黄土又被再搬运，形成具水平层理的次生黄土，夹于黄土地层中。黄土高原因其海拔较低，虽处冰期，但周边山地不一定有大规模冰川发育；青藏高原则不然，冰期时冰川极为发育，甚至形成大型冰帽，即使在间冰期时某些高山仍有山谷冰川发育。因川西北高原与黄土高原在地貌、气候和环境等条件存在显著的差异，导致两地同时代的黄土地层的发育过程不完全相同。在特定意义上说，川西北高原的黄土为冰缘黄土，而黄土高原的黄土是季风黄土。同时川西北高原主要受西南季风的影响，其气候效应与黄土高原有差异。青藏高原在上升到一定高度之后，冬季作为冷源，夏季作为热源，对高原季风具有加强作用，从而造成冷期更冷，暖期更暖。在西南季风和高原季风双重作用下，沉积物表现为厚度加大。

这些在成都平原以西的高原和高山地貌区的断陷盆地（如甘孜盆地、阿坝盆地）及河流阶地、沟谷上广泛出露的黄土地层，其黄土分布呈现分散、不连续的特点，黄土的厚度及范围远小于黄土高原，多在10米以下，厚者近100米[1]。青藏高原东缘黄土地层的颜色和剖面形态与一般意义上的土壤有明显区别，显然不是在母岩上风化而来，而是在外力作用下搬运沉积形成的。通过对黄土粒度组成、石英颗粒表面形态特征及矿物、元素组成的研究，发现青藏高原东缘黄土属风成沉积，但在物源上有别于北方黄土高原黄土[2]。以位于马尔康市境内大渡河的两条支流绰斯甲河和脚木足河交汇处的可尔因地区为例，区内和周边地区的黄土分布广泛，一般厚度几米到几十米。在可尔因大渡河沿岸三至六级阶地均广泛分布有厚近1米到十几米的黄土，尤其是在五、六级阶地厚度较大。从测年结果可知研究区黄土形成的地质年龄具有明显的一致性，在距今20.6万~14.5万年。综合该地区黄土的分布、黄土结构、黄土粒度分布、黄土中石英砂表面结构等特征及区域地层对比可以认为，可尔因地区广泛分布的黄土层具有明显的风成成因，其形成的地质时代为中更新世晚期[3]。

　　川西北高原的地质条件不太稳定，分布有多条断裂带，地震非常多见，其中以龙门山断裂带和大渡河断裂带最为著名。龙门山深断裂带这条呈 45° 角北东走向的深大断裂带位于扬子地台西北边缘[4]，西南起自四川泸定附近，沿着北东方向延伸经汶川、灌县（都江堰市）、北川、阳平关、勉县，进入秦岭。整个断裂带长达 600 千米以上。龙门山深断裂带长期构成中国东西两部分的重要地质分界线，重力上也显示一个极为清楚的梯级带。中生代（此地质时代开始于距今 2.3 亿年，延续了 1.6 亿年，它包括了三叠纪、侏罗纪和白垩纪三个地质世纪）以来，各期构造运动显示比较强烈，并造成一个宽度为 30千米左右的鳞片状逆掩断裂带，形成当今雄伟的青藏高原东南边界。龙门山断裂带内有三条主干断层：西边一条为龙门山后山断裂，沿汶川—茂县一线；东边一条为龙门山山前主边界断裂，沿安县—都江堰—天全一线；中间一条为龙门山主中央断裂，沿映秀—北川一线。2008 年的“5·12”汶川特大地震的主震就发源于主中央断裂。

　　而大渡河断裂（带）是指大致沿大渡河近南北向延伸的、分布于康滇地轴轴部的断裂带，也有学者将其作为安宁河断裂带的北延部分。大渡河断裂带北起康定金汤附近，并被金汤弧形构造所覆，向南经泸定、冷碛、得妥，于石棉田湾花生棚子附近为鲜水河断裂带所切，全长约 135 千米。大渡河断裂带可以分为 3 段，即南段（得妥断裂带）、中段［泸定断裂（韧性剪切）带］和北段（昌昌断裂带）[5]。现有资料表明，大渡河流域内的大部分强震是以丛集的方式发生的，其地震丛集的强度、频度和时间间隔都比较高。强震比较集中地分布在研究区的南部，形成了北西向强震活动条带，该强震活动条带与北西向鲜水河断裂方向一致。北西向强震活动条带直接经过大渡河主河道的中南段，因此，大渡河中南段的强震活动水平非常显著，而大渡河流域北部的地震活动水平相对较弱。7 级以上强震绝大多数都分布在西侧的鲜水河断裂上。分布在大渡河流域内的 M≥4.7 级地震共计有 51 次，1931～2006 年发生的 4.7 级以上地震就有 29 次，比有历史记录的流域内强震次数少了 22 次，这说明大渡河流域内 1931 年以来强震活动较高。区内北西向强震条带主要经过大渡河流域，因此强震活动对大渡河流域的影响是非常显著的[6]。如 1786 年 6 月 1 日（清乾隆五十一年五月六日），在四川西部的康定、泸定县磨西一带发生一次特大地震，震中位于康定和泸定磨西之间的雅家埂附近，震级为 7（3/4）级。出现城倒屋塌，康定城垣不存一雉，山崩石裂，摩岗岭大山摧倒，压堵大渡河九日溃决，酿成巨患。地震和洪水造成了极其严重的破坏[7]。

　　川西北高原并非都是平坦的地面，高原面以上山脉连绵，高原面以下河谷纵横，南北部又有显著的差异。川西北高原的东南部分布有龙门山、邛崃山、夹金山和大相岭等山脉，这些山脉位于盆地西部向高原高山的过渡地带，靠近盆地多为低山，向西逐渐升高至中山或高山。青藏高原东缘处于中国大地构造单元的重要部位，处于中国西部地质、地貌、气候的陡变带。在区域地质上，该区自北西向南东由松潘—甘孜造山带—龙门山冲断带—成都盆地等三个构造单元构成了一个完整的构造系统。在地貌上，该区自西向东由三个一级地貌单元构成，即青藏高原地貌区、龙门山高山地貌区和山前冲积平原区

（成都平原）。属于青藏高原东缘的川西北高原即涵盖前两个地貌单元。龙门山为青藏高原的东缘山脉，前接成都平原，后邻青藏高原，它北起广元，南至天全，长约 500、宽约 30 千米，呈北东—南西向展布，北东与大巴山相交，南西被鲜水河断裂相截。前山带平均海拔在 1000～2000 米，后山带平均海拔在 3000～4000 米，最高峰九顶山 4989 米，山前的成都盆地最低海拔为 450～710 米。龙门山与山前地区的高差大于 4000 米，地形陡度变化的宽度仅为 15～20 千米，其地形陡度比青藏高原南缘的喜马拉雅山脉的地形陡度变化还要大，显示了龙门山是青藏高原边缘山脉中陡度变化最大的地区[8]。

　　紧接龙门山西南是邛崃山，大致作南北向，是杂谷脑河与小金川的分水岭，山势亦由东向西逐渐升高，海拔由 1000 米升至 4000 米左右，有不少山峰超过 5000 米，霸王山海拔 5551 米。邛崃山西南为夹金山，大致呈东北—西南向，为金汤河、天全河、宝兴河的河源山岭，海拔 3000～4000 米，不少山峰超过 5000 米，狮子山高达 5338 米。大相岭介于大渡河下游东西河段与青衣江之间，是大渡河和青衣江下游的分水岭，呈近西北—东南向，海拔 2000～3000 米，不少山峰超过 3000 米，汉源境内马鞍山高达 4021 米。这些山脉山峦起伏，山峰陡峭，多角峰，河谷深切，峡谷幽深，坡度陡峻。等高线图形特征是山脊等高线呈棱角转折且闭合等高线狭窄，坡形复杂，3000 米以上多为凹形坡，3000 米以下多为凸形坡，谷底等高线向谷源延伸且呈锐角闭合，水平距离由谷口向谷源缩小。低山地带则多为凸形坡，山顶等高线也较浑圆些。隆起在川西北高原上的高山、极高山有岷山、巴颜喀拉山、牟尼茫起山、大雪山、雀儿山、沙鲁里山等，这些巨大的山脉海拔 5000～6000 米。山峰大多为坚硬的花岗岩所组成。贡嘎山是大雪山山脉的主峰，位于康定市正南约 80 千米处，海拔 7556 米，也是四川省的最高峰。雪线高度 5000 米左右，山上终年积雪，发育有现代冰川。东南坡的海螺沟冰川长达 15 千米，冰川尾端下伸到海拔 3000 米。在高山冰川和积雪边缘地带，常有冰雪融水，冰湖溃决，雪崩、冰崩等自然灾害。

　　川西北高原典型的平坦高原是在若尔盖县、红原县一带，它的范围大致在热尔郎山以南，班佑之西，查针梁子以北，面积约 15200 平方千米，海拔 3500～4000 米。地势由南向北倾斜，地面平坦，一望无际。这就是红军长征时所经过的草地，是四川省重要的畜牧业基地。白河和墨曲（黑河）纵贯草地，注入黄河，河道迂回摆荡，多汊河、曲流、牛轭湖，谷地宽达 1～2 千米，最宽处达 20 余千米。由于排水不良，有大片的沼泽和丰富的泥炭资源。在白河和黑河的河间地带，丘陵起伏，相对高度 50～100 米。高原上丘陵的形态与盆地内不一样，大多为缓坡平岗，很少有棱角锋利的巉岩和陡急的沟谷，高原风力强劲，局部地方还有沙丘覆盖。川西北高原有许多断陷盆地，盆地内还有黄土堆积。广阔的高原区域古冰川遗迹很普遍，冰碛丘、冰川湖的分布达到海拔 4000 米。

　　川西北高原实际上是中国最大的两条河流长江与黄河的流经地区，以长江流域为主，局部地区为黄河流域的范围。川西北高原也是长江上游主要支流岷江、嘉陵江、沱江、涪江、青衣江、大渡河等水系的发源地和中国西部最重要的生态屏障，其中贯穿了川西北高原、龙门山和成都平原的岷江是研究青藏高原东缘河流下蚀作用和隆升作用的典型地区。岷江发源于川西高原的岷山弓嘎岭和郎架岭，河源至都江堰市的上游段河道长 340 千米，主干河道流向为由北向南，在汶川南侧向东南横切九顶山之后，流入成都平原，落差达 3009 米，河道平均比降为 8‰，河谷深切，河谷与山脊之间相对高差达 3000 米以上。岷江西侧支流（如杂谷脑河、黑水河等）向高原腹地溯源侵蚀，形成了沟谷纵横的山地侵蚀地貌。岷江左岸的龙门山和岷山的山顶面为分水岭，西侧为岷江水系，东侧为龙门山山前水系如涪江水系等，该分水岭与岷江主干河道几近平行，主要由南北走向的岷山和东北—西南走向的龙门山中段的九顶山组成，岷山主峰雪宝顶为 5588 米，龙门山中段主峰九顶山 4989 米。分水岭山脊平均海拔在北段的岷山一带为 5000 米，中南段的龙门山中段一带为 4500～5000 米。岷江上游干流深切河谷的剖面几何形态表现为上部宽坡型河谷和下部"V"型河谷，狭窄的"V"型谷位于岷江干流通过的地带，谷地两侧谷坡为侵蚀三角面，最大高差达 1000 米，具有对称型和不对称型两类，局部保存阶地。在"V"型河谷的肩部与分水岭之间为宽坡型河谷，形态不规则，未保存有阶地，是由河流早期下切作用形成的，宽谷与山顶面之间的最大高差达 2000 米以上[9]。

大渡河为岷江的最大支流，发源于青海省班玛县巴颜喀拉山东端的果洛山，全长 1070 千米，流域面积 9.2 万平方千米，流至乐山注入岷江，为岷江的最大支流。脚木足河流至马尔康市与金川县交界的可尔因与绰斯甲河相汇后，称为大金川。大金川河谷宽阔，一路奔腾而去，与小金川河在甘孜藏族自治州丹巴县城汇合后，始称大渡河。大渡河在四川境内先后流经阿坝藏族羌族自治州的阿坝县、壤塘县、马尔康市、金川县、小金县，甘孜藏族自治州的丹巴县、康定县、泸定县，雅安市的石棉县、汉源县，凉山彝族自治州的甘洛县，乐山市的金口河区、峨边县、峨眉山市、沙湾区等地。地理特征上，大渡河在泸定县以上为上游，石棉县、汉源县、甘洛县、金口河区境内为中游，金口河区以下为下游。大渡河上游流经高原山区，它蜿蜒于崇山峻岭之中，河道多岩石险滩，两岸削壁千仞，水力资源丰富，主要支流有瓦斯沟、南哑河、牛日河、西溪河等。

墨曲与白河均发源于岷山山脉，由南向北流入黄河，是四川省唯一属于黄河水系的河流。上述二河主要流经若尔盖沼泽地区，该地区为一保存较好的高原面，地势起伏不大，河谷宽阔，水流滞缓，两岸多阶地，河道摆荡，多曲流和牛轭湖。

川西北高原的气温自东南向西北随海拔由低到高而相应降低。西北部的丘状高原属大陆高原性气候，四季气温无明显差别，冬季严寒漫长，夏季凉寒湿润，年平均气温 0.8～4.3℃。山原地带为温凉半湿润气候，夏季温凉，冬春寒冷，干湿季明显，气候呈垂直变化，高山潮湿寒冷，河谷干燥温凉，年平均气温 5.6～8.9℃。高山峡谷地带，随着海拔变化，气候从亚热带到温带、寒温带、寒带，呈明显的垂直性差异，海拔 2500 米以下的河谷地带降水集中，蒸发快，成为干旱、半干旱地带；海拔 2500～4100 米的坡谷地带是寒温带，年平均气温 1～5℃；海拔 4100 米以上为寒带，终年积雪，长冬无夏。

对于人类定居生产生活来说，川西北高原的自然地理条件是有利有弊。黄土对以粟、黍为主要作物的旱作农业提供了重要的土壤支持，同时也为包括彩陶在内陶器制作提供了优良的原料。但地震多发的断裂带密集，高山深谷众多，地势险要，对于人类定居地点的选择带来较多的不便。

川西北高原自然环境与史前遗址的分布规律关系密切，史前遗址多分布于河谷两岸的台地和阶地之上。遗址的具体高度与河流的下蚀速率之间存在某种程度的联系，河流的下蚀速率越高，史前遗址的现在高度就越高；反之则较低。以岷江为例，岷江发源并流经青藏高原的东缘地区，其上游及中游分别流经了青藏高原地貌、龙门山高山地貌和山前冲积平原（成都平原）三个一级地貌单元。有学者在建立岷江阶地序列的基础上，利用阶地高程和热释光年代学测年资料分别定量计算了岷江在川西北高原、龙门山和成都平原的下蚀速率，结果表明岷江各河段的下蚀速率明显不同，分别为 1.07～1.61mm/a、1.81mm/a 和 0.59mm/a；在龙门山地区岷江的下蚀速率最高，约为川西北高原地区的 1.5 倍，约为成都平原地区的 3 倍；而同一河段不同时期岷江的下蚀速率基本是连续的，具有很好的线性关系，可作为该河段整个河谷的下蚀速率[10]。因此，龙门山地区的岷江上游尤其是干流河谷两岸的史前遗址的现在位置均较高，基本上均位于三级以上阶地，而一级、二级阶地很少发现史前遗址。

二、川西北高原的历史人文背景

川西北高原涵盖阿坝藏族羌族自治州的汶川县、茂县、理县、松潘县、黑水县、马尔康市、金川县、小金县，甘孜藏族自治州的丹巴县、泸定县等地的行政管辖范围。其中汶川县、茂县、理县、松潘县、黑水县属于岷江上游地区，马尔康市、金川县、小金县、丹巴县、泸定县等地属于大渡河上游地区。

岷江上游地区在历史文献记载有较为丰富的内容，这为了解该地区的历史人文背景提供了充分的依据。岷江上游地区大致可以分为南部的汶川县、中部的茂县、西部的理县、北部的松潘县和黑水县四大版块，分别对应岷江上游干流、支流杂谷脑河、岷江上游干流和支流黑水河流域。

其中南部的汶川县自汉代以来所设汶江、绵虒、汶山、汶川等建置皆以境内岷江得名。据《元和郡县志》："梁置汶川县，因县西汶水为名。"古"汶""岷"通用，汶江即岷江，汶乃岷的隶书之变，且岷、汶古音相通。岷江亦读作汶江。其地古属冉駹部。公元前 111 年以冉駹地置汶山郡，辖绵虒等五县，绵虒为郡、县旧址，在今威州镇姜维城。东汉曾改绵虒县为绵虒道，西晋改绵虒县为汶川县。东晋汶川郡侨迁都安（今都江堰市），废绵虒县。南朝梁于绵虒县地置汶川县，西魏时省。北周天和三年（568 年）复置汶川县，县治仍在姜维城，直到明宣德年间治寒水驿（今绵虒镇政府所在地）。1952 年县治迁至威州。1958 年汶川县与茂县、理县合并成立茂汶羌族自治县。1963 年复置汶川县。

中部的茂县属古梁州之域，古冉駹部落联盟故地，秦时（前221年～前206年）曾在岷江上游兼及湔江上游地区设置湔氐道，至西汉元鼎六年（前111年）设汶山郡，并设汶江县。西汉地节三年（前67年）并入蜀郡，设北部冉駹都尉，改称汶山县。东汉初改置汶江道。永初三年（109年）又改为广汉属国都尉，至延光三年（124年）复为汶山郡汶江县。晋代（265～420年）仍属汶山郡，改汶江县为广阳县，治所今凤仪镇。南齐（479年）为北部都尉。梁普通三年（522年）为绳州北部郡（领广阳县）。周武帝保定四年（564年）改称汶州。隋开皇初（581年）改为会州，仁寿元年（601年）又改广阳县为汶山县。隋大业元年（605年）复改为汶山郡、汶山县。唐武德元年（618年）改称会州置总管府，武德四年（621年）又改为南会州置汶山县。贞观八年（634年）改南会州为茂州。清雍正五年（1727年）将茂州改为直隶州。1913年改为茂县，1927年隶属于四川松理懋茂汶屯殖督办署，1935年5月中国工农红军第四方面军长征到茂县，召开了茂县第一次工农兵代表大会，成立了"茂县苏维埃工农联合政府"。1939年在茂县设置四川省第十六行政督察区，辖茂县、汶川、理番、靖化、懋功、松潘六县，专员公署设凤仪镇。1950年1月建立茂县专区（辖现阿坝藏族羌族自治州13个县）；1953年，在茂县成立四川省藏族自治区（即现在的阿坝藏族羌族自治州的前身），治所设凤仪镇，后迁往刷经寺。1958年7月7日与汶川、理县合并建立茂汶羌族自治县，治所设威州镇；1963年恢复原建制，原茂县继名茂汶羌族自治县，治所迁回凤仪镇。1987年12月阿坝藏族自治州更名为阿坝藏族羌族自治州，将茂汶羌族自治县恢复更名为茂县。

西部的理县古为氐羌地，自汉始历代先后称广柔县、薛城清戍、保宁县、薛城、杂谷脑安抚司。清置理番厅。理番，即管理番民之意。据《今县释名》："西南北皆生番，领土司四，管理番民十数万户，民国三年改县。"民国初改厅为县，1946年去"番"改为理县。1958年并入茂汶羌族自治县，1963年析置理县。

北部的松潘县为古梁州的西北境，公元前316年秦灭蜀后，设立湔氐县，是松潘地区县级建制之始。松潘为川、甘、青边界地区，又系汉民族与少数民族的结合部地区，历史上每遇动乱年代，常为化外之域。秦末，湔氐县即名存实亡。汉武帝元鼎六年（前111年）西汉王朝在此设立湔氐道，三国时，湔氐道为蜀汉政权领有。西晋武帝时（265～290年）湔氐道废，今松潘地区有升迁县的建置。至东晋，升迁已为中央号令所不及，此后邓至羌进入松潘地区。南北朝时期，松潘地区为邓至国领地。西魏废帝二年（553年）邓至国归附西魏，置甘松郡。北周天和元年后和隋朝年间（581～618年）为嘉诚县。唐武德元年（618年），嘉诚为松州治所。天宝元年（742年）改松州为交川郡。乾元元年（758年）复松州建置。广德元年（763年）松州为吐蕃领地。此后，松州为汉、蕃争夺区域，隶属或此或彼。明洪武十二年（1379年）并潘州（今若尔盖县境内）置松州卫指挥使司。洪武二十年（1387年）改称松潘等处军民指挥使司，简称松潘卫。松潘即依此而得名。清顺治九年（1652年）松潘卫入清帝国版图，雍正九年（1731年）裁卫，改置松潘抚民厅，乾隆二十年（1755年）改称松潘直隶厅。1913年改直隶厅为县，始称松潘县。辖境约为当今之松潘、南坪、阿坝、若尔盖、红原、黑水等县之全部或部分地区。1950 年 2 月 9 日后，西北部草原广大地区先后建为若尔盖县、红原县和阿坝县，南坪地区设置南坪县，小黑水地区划属黑水县。1950~1952 年属茂县专区，1953~1955 年属四川省藏族自治区，1956 年以后属阿坝藏族自治州即今阿坝藏族羌族自治州。自西汉在此设立湔氐道始，松潘县城就在今进安镇地区，已有 2000 多年历史。古城墙是明洪武十二年（1379 年）平羌将军御史大夫丁玉进攻松州建立松州卫之后，调宁州卫（甘肃宁县）指挥高显来松负责筑建的。明英宗正统年间（1436~1449 年）到明嘉靖五年（1526 年），又两次增修外城 405 丈。古城的城垣，全长 6.2 千米，高 12.5 米，平均厚度为 30 米，拱形城门跨度为 6 米。有城门 7 道，在城门基石上，镂刻着各种浮雕图案，至今保存完好。

　　大渡河上游地区在历史文献中的记载内容较少，早期历史人文背景情况不甚明确。境内原系梭磨土司的部分属地和卓克基、松岗、党坝三个土司（统称四土地区）所辖。1951 年成立四土阿坝临时军政委员会，1953 年成立马尔康办事处，1955 年设县。因玛康寺而得名。玛康为一活佛的名字，藏语意为"火苗旺盛"，引申为"兴旺发达之地"。1957 年将四寨、壤口、龙日析出划归红原县。1996 年，马尔康县面积 6346 平方千米，人口 5.4 万，辖 1 个镇、13 个乡。2015 年，经国务院批准，同意撤销马尔康县，设立县级马尔康市，以原马尔康县的行政区域为马尔康市的行政区域。马尔康市人民政府驻马尔康镇达萨街 299 号。马尔康市由阿坝藏族羌族自治州管辖。

　　尽管川西北高原人类定居生产生活的历史非常悠久，但纳入中央王朝直接行政管辖范围的时间并不算长，故保留较多的地方文化特色。现在川西北高原主要为羌族聚居区和嘉绒藏族聚居区，民族风貌及文化特色丰富多彩。鉴于与川西北高原历史有关的历代文献记载内容较少的情况，考古学在复原该地区的历史及社会面貌尤其是史前社会生活方面起着无可替代的重要作用。

三、川西北高原史前考古工作简史

1. 岷江上游地区史前考古工作简述

　　岷江上游地区的史前考古工作起步很早，当为四川地区史前考古工作最早开始的地区之一。1914~1917 年，内地会传教士叶长青牧师被派驻在岷江上游的威州，在此期间，他首次在汶川县威州姜维城遗址发现包括彩陶在内的遗物，"二十五年来，J·休斯顿·埃德加先生（J. Huston Edgar，又译叶长青——译注）走遍川内桂湖、嘉定（乐山）、灌县、杂古脑、雅州、打箭炉等地，甚至到过更偏远的地方，四处寻找石刀、刮削器、石锄、砺石等古代石器及石器碎片……埃德加先生也许是第一个在中国发现了这些古代石器，并将发现的成果整理成书面报告的人。"[11] 此后又不断有学者如华西大学林名均至姜维城遗址考察、采集陶片（包括彩陶片），并开展相关研究[12]。1952 年，徐鹏章在理县杂谷脑河（岷江上游主要支流）流域进行调查，于杂谷脑河南岸高山上的西山寨（今小西山寨）、嘉山寨（今佳山村），杂谷脑河北岸高山上的牛山寨、骡山寨及杂谷脑河支流孟董沟内两岸的思龙寨（今四马村）、子达寨、班达寨、欧舒寨（今欧苏村）、龙袍寨（今沙吉村）、纳凹寨（今老洼村）、日经寨和杂谷脑河上游南岸的朴头寨，汶川县岷江东岸的绵虒乡簇头村收集、采集磨制石器 52 件，并在威州姜维城采集到较多陶片[13]。1957 年四川省文物管理委员会派人到岷江上游调查，于理县杂谷脑河南岸高山的近山寨（当为箭山寨）、北岸的熊耳村及孟董沟内的老鸦寨（今老洼村）、河坝村收集到磨制石器9 件，并在汶川县威州姜维城遗址采集到石器半成品 2 件[14]。1964 年，四川大学历史系考古教研组在理县杂谷脑河南岸的大歧寨、小歧寨、朴头村及孟董沟内的龙袍寨、子达寨采集到磨制石器 10 件、石料 1 块，并在理县建山寨（应为箭山寨）调查及小规模试掘，并调查了汶川县威州姜维城遗址，获较多陶、石器标本[15]。此后，汶川县文化馆又在威州姜维城遗址采集到部分彩陶片和石器。1975 年在汶川县威州乡增坡村收集出土窖藏石器 12 件。1979 年西南师范学院历史系在汶川县龙溪沟内的高山村寨布兰村收集到当地村民修房时从地下掘出的马家窑文化类型彩陶罐 1 件。1982 年以来，阿坝藏族羌族自治州文物管理所又多次对汶川县威州姜维城遗址、理县箭山寨遗址进行调查，发现了原生文化层并弄清了两遗址的地层情况，采集了部分陶片（包括彩陶片）和石器。茂县文化馆在茂县南新乡白水村、石鼓乡吉鱼村分别采集到彩陶片和石器。1987 年阿坝藏族羌族自治州文物普查队在茂县南新乡白水村和汶山村、汶川县雁门乡萝卜寨及绵虒乡和平村发现新石器时代遗址。1988 年阿坝藏族羌族自治州文物管理所在汶川县龙溪沟内的高山寨阿尔村发现一处新石器时代文化遗址。1990 年在茂县三龙乡河心坝村发现一处新石器时代遗址。1990 年松潘县元坝乡"中国工农红军长征纪念碑"碑园内建房施工中出土 2 件磨制半月形穿孔石刀[16]。此外，四川大学博物馆馆藏中尚有标明为松潘附近出土的打制盘状砍砸器 1 件，为民国时期华西大学博物馆旧藏移交下来的藏品。另据调查了解，在松潘县南部岷江东岸的太平乡等地过去亦曾发现过磨制石器。1993 年 1～10 月，中国社会科学院考古研究所四川工作队进行"丝绸之路河南道"考古调查时，发现川主寺居民在建房处理地基时挖出 5 件石器，其中有 2 件半月形石刀[17]。

　　2000 年以来，成都文物考古研究院、四川省文物考古研究院、四川大学考古学系和地方文博单位先后在川西北高原开展了一系列考古调查、勘探及发掘工作，积累了一大批实物资料，开拓了多个新的研究领域，使得岷江上游地区的考古工作尤其是史前考古工作取得了长足的进展。其中茂县营盘山遗址、茂县波西遗址、茂县沙乌都遗址、茂县下关子遗址、汶川县姜维城遗址、理县箭山寨遗址等多项考古发掘研究工作引起了学术界的广泛关注。

　　2000 年 6～9 月，为配合《中国文物地图集·四川分册》编写工作的顺利进行，在四川省文物局的统一部署下，成都市文物考古研究所（现成都文物考古研究院）会同阿坝藏族羌族自治州文物管理所、茂县博物馆、理县文物管理所、汶川县文物管理所、松潘县文物管理所、黑水县文物管理所等当地文博单位，对岷江上游地区开展了全面、详细的考古调查，并在调查的基础上，对茂县营盘山遗址进行了全面勘探和试掘。本次工作前后历时近三个月，共发现新石器时代文化遗址和遗物采集点达 82 处，采集了大量陶、石、玉、骨器遗物。本次考古调查范围遍及岷江上游干流及其主要支流黑水河、杂谷脑河两岸的河谷地带，所发现的 82 处新石器时代文化遗址和遗物采集点多位于河岸台地之上。其中茂县营盘山遗址、松潘县东裕村遗址、汶川县高坎遗址、理县猛古村遗址、黑水县官纳若遗址等 53 处地点发现有文化堆积，可以确认为新石器时代聚落遗址。另有茂县壳壳寨村、汶川县布兰村、理县四南大村、黑水县泽盖村等 29 处新石器时代遗物采集点。这些新石器时代文化遗址及遗物采集点的分布范围，东至岷江与涪江的分水岭——土门关，西抵大渡河与岷江分界的鹧鸪山，北起岷江源头的川主寺，南达成都平原西北边缘。遗址的面积大小不一，小者仅数百平方米，大者可达 10 万余平方米，海拔在 1200～2700 米。观测断面得知，文化层堆积厚度从 20 厘米至 3 米不等。为探讨岷江上游地区新石器时代文化内涵及发展演变序列提供了丰富资料。试掘又发现了丰富的新石器时代文化遗迹和遗物，为探讨岷江上游地区新石器时代文化内涵及演变序列、长江上游与黄河上游地区之间的文化交流等课题提供了宝贵的实物材料[18]。2000 年 8 月，成都市文物考古研究所、阿坝藏族羌族自治州文物管理所、理县文物管理所在理县古尔沟镇石古莫遗址调查采集到 1 件长条形磨制玉斧。在理县下孟乡班达寨遗址调查采集到弓形玉器 1 件，墨绿色，一侧呈弧形，一侧平齐，上下表面各有两道凹槽，可供手指捏压[19]。

营盘山遗址位于茂县凤仪镇所在的河谷冲积扇平原，成都市文物考古研究所、阿坝藏族羌族自治州文物管理所、茂县羌族博物馆于 2000 年 7 月调查发现。2000 年 11 月和 2002 年 10、11 月进行了试掘，2003 年、2004 年、2006 年进行了正式发掘。新石器时代遗迹包括房屋基址 11 座、人祭坑 9 座、灰坑 120 余座、窑址 4 座及灶坑 13 座等。营盘山遗址出土的陶器、玉器、石器、细石器、骨器、蚌器等类遗物总数近万件[20]。

2000 年 5～7 月，四川省文物考古研究所（现四川省文物考古研究院）对姜维城遗址进行了全面调查和初步发掘，在遗址中间偏南部布 5 米×5 米的探方 5 个、2 米×20 米的探沟 1 条，找到了新石器时代原生文化堆积[21]。2003 年四川省文物考古研究院、阿坝藏族羌族自治州文物管理所、汶川县文化体育局再次对姜维城遗址进行发掘，揭露面积 300 余平方米。共发现新石器时代的房屋居住面遗迹 4 处、灰坑 30 多个，汉代夯土城墙墙基 1 处，宋代房屋基址 1 处，出土可复原陶器约 30 余件、彩陶片 50 余件、玉石器（含打制石器、磨制石器、细石器、玉器）30 余件、骨器 6 件[22]。

波西遗址位于茂县县城凤仪镇，西距沙乌都遗址约 500 米，西南与营盘山遗址相距约 1500 米，东与县城隔江相望。2000 年由成都市文物考古研究所、阿坝藏族羌族自治州文物管理所、茂县羌族博物馆调查发现。2002 年、2003 年三家单位联合在此进行了两次试掘[23]。2008 年 10、11 月，受四川省文物局的安排，成都文物考古研究所（现成都文物考古研究院）、阿坝藏族羌族自治州文物管理所、茂县羌族博物馆组成考古队，又在茂县羌族博物馆新址及邻近的波西遗址范围内进行了详细的考古调查与勘探[24]。

2000 年 7 月，成都市文物考古研究所、阿坝藏族羌族自治州文物管理所、茂县羌族博物馆调查发现了茂县白水寨遗址[25]。2000 年 8 月，成都市文物考古研究所、阿坝藏族羌族自治州文物管理所、汶川县文物管理所调查发现了汶川县高坎遗址[26]。2002 年 10 月，成都市文物考古研究所、阿坝藏族羌族自治州文物管理所、茂县羌族博物馆在对营盘山遗址进行环境调查时，发现了茂县沙乌都遗址[27]。2004 年 10 月，成都市文物考古研究所、阿坝藏族羌族自治州文物管理所、汶川县文物管理所对汶川县高坎遗址进行了复查[28]。2006 年 10 月，成都文物考古研究所、阿坝藏族羌族自治州文物管理所、茂县羌族博物馆对沙乌都遗址、白水寨遗址进行了复查[29]。

安乡遗址位于茂县南新镇，2005 年，成都文物考古研究所、阿坝藏族羌族自治州文物管理所、茂县羌族博物馆进行调查发现，采集了长条形双端刃玉凿形器、彩陶罐等遗物[30]。2006 年，成都文物考古研究所、阿坝藏族羌族自治州文物管理所、茂县羌族博物馆再次进行了调查，采集陶器、骨器等遗物[31]。

2000 年 8 月，成都市文物考古研究所、阿坝藏族羌族自治州文物管理所、理县文物管理所对理县箭山寨遗址进行了调查，在断面发现灰坑等遗迹，采集了大量陶片、玉石器，其中有玉锛、斧等器物，包括淡绿色窄长条三角形玉锛、灰绿色梯形玉锛、灰绿色梯形玉斧各 1 件[32]。2006 年 9 月，理县薛城镇箭山寨的箭山村（上寨）当地村民改土平地时，挖出一些陶片、石器等物品。四川省文物考古研究院专业技术人员在工程建设项目所在地的文物管理部门协助参与下，布 5 条 2 米×5 米的探沟进行试掘，清理的遗迹单位有灰坑 9 个、房屋遗迹 1 处。出土的遗物主要有陶器、石器、骨器等[33]。

苍坪村遗址位于松潘县进安镇苍坪村，地处位于岷江西岸二级台地上。成都市文物考古研究所、阿坝藏族羌族自治州文物管理所于 2000 年进行调查，从城墙下层夯土中采集了大量夹砂红褐陶片和少量弧线条暗纹彩陶片[34]。2006 年，松潘苍坪遗址所在地的村民在挖地基时出土有砖、瓦、瓷片等古物，即报告上级文化主管部门，四川省文物考古研究院获此信息速派专业人员赶往遗址所在地进行调查试掘，在遗址区范围内布 3 个 2 米×5 米的探方进行试掘，发现有用火遗迹，出土 2 件残石器[35]。

为科学、系统地推进布瓦群碉的灾后维修工作，根据四川省文物局的统一部署，汶川县文物管理所、成都文物考古研究所、阿坝藏族羌族自治州文物管理所联合组成"布瓦黄泥群碉及民居村寨"田野考古调查及勘探工作队承担维修系统工程的前期考古工作。2009 年 4 月 29 日至 5 月 16 日，考古工作队入驻布瓦村，开展了系列的田野考古工作。继在小布瓦和龙山组范围内发现和确认了一处新石器时代遗址（命名为布瓦遗址）之后[36]，又对布瓦村境内的石棺葬遗存进行了详细的调查工作。同时，对布瓦碉楼群开展了详细勘查，并选择一处残黄土碉楼和一处黄土碉楼遗址进行了解剖，取得了较为丰富的实物资料。此外，为配合汶川县第三次全国文物普查工作，在龙溪乡调查发现了龙溪寨新石器时代遗址[37]。

东裕村遗址位于松潘县城东部，地处岷江东岸二级台地上，遗址西南部500米隔岷江与松潘县隐仙拱北相望，西部200米处为松潘县光照亭拱北，南部300米处为松潘县委党校。2000年7月，成都市文物考古研究所、阿坝藏族羌族自治州文物管理所、松潘县文物管理所为配合《中国文物地图集·四川分册》的编写工作，联合进行了岷江上游地区考古调查，期间发现了东裕村遗址[38]。2014年9月，成都文物考古研究所业务人员再次进行了实地调查[39]。川主寺石嘴遗址位于岷江西岸二级台地的近山脚地带，东面紧靠松（潘）九（寨沟）公路的跨岷江桥边，紧临川主寺镇主街，东隔岷江与"中国工农红军长征纪念碑"碑园相望。2000年7月，成都市文物考古研究所、阿坝藏族羌族自治州文物管理所、松潘县文物管理所为配合《中国文物地图集·四川分册》的编写工作，联合进行了岷江上游地区考古调查，期间发现并确认了川主寺石嘴遗址[40]。2014年9月，成都文物考古研究所业务人员再次进行了实地复查[41]。

土门河（湔江）流域是川西北高原东部的一个小地理单元，属于涪江流域地区，这一地区的史前考古工作也引人关注。早在1952年冬，修筑宝成铁路时，西南博物院筹备处就发现了绵阳边堆山遗址[42]。1988年秋季，中国社会科学院考古研究所四川工作队对边堆山遗址进行了复查[43]。次年春进行了试掘，秋季又进行了大规模发掘和钻探，1990年又在遗址区域进行了物理测探[44]。1980年，北川县文化馆在甘溪乡金宝村甘龙洞（裂隙）发现一批化石材料，数量计1～2公斤，其中主要是牙齿化石，少数是骨化石，都具有一定的石化程度，呈黄色、浅黄色或浅棕色，初步鉴定发现人类牙齿1枚，为左下侧门齿，已残，舌面缺损，唇面较完整，系一青少年个体[45]。2005年，四川省文物考古研究院、绵阳市博物馆、北川县文物管理所对甘龙洞附近的北川县桂溪乡烟云洞旧石器时代遗址进行正式发掘。清理出距今3万～2万年的更新世晚期的火塘、灰坑各1处，以及多处灰烬遗迹。出土石器、石叶等遗物和哺乳动物化石，填补了四川旧石器时代考古的多项空白[46]。

2000年7月，成都市文物考古研究所、阿坝藏族羌族自治州文物管理所、茂县羌族博物馆调查发现了茂县下关子遗址[47]。2004年11月，四川省文物考古研究院、绵阳市博物馆、江油市文物保护管理所对江油市大康镇旱丰村9组的吴家后山大水洞遗址进行了调查。2005年10月，四川省文物考古研究院在绵阳市博物馆和江油市文物保护管理所的配合下，对大水洞遗址进行了发掘[48]。2006年11月，成都文物考古研究所、阿坝藏族羌族自治州文物管理所、茂县羌族博物馆对茂县下关子遗址、上关子遗址进行复查，并对下关子遗址进行了试掘[49]。

2014年3月22日，阿坝藏族羌族自治州文物管理所工作人员在茂县开展阿坝藏族羌族自治州碑刻资料调查时，于茂县曲谷乡二不寨村一处断坎上发现一处古文化遗址。工作人员随即对遗址进行了仔细的考古调查，初步了解了遗址的基本情况[50]。2015年4

月 20 日，由阿坝藏族羌族自治州文物管理所、黑水县文化体育广电新闻出版局组成的联合考古调查队在黑水县开展古文化遗址调查时，于扎窝乡白尔窝村发现一处彩陶文化遗址。2016 年，为推进国家"一带一路"倡议建设及丝绸之路的考古工作和文化遗产保护工作，配合国家大遗址保护成都片区相关工作的实施，加强"十三五"时期成都阿坝区域文化交流合作，提升区域文化一体化发展水平，实现合作共赢，成都文物考古研究院与阿坝藏族羌族自治州文物管理所、茂县羌族博物馆联合开展丝绸之路河南道的考古调查及勘探工作。在茂县南新镇别立村上、中、下三寨及白水寨进行实地调查，发现了原生文化层并采集陶片、红烧土等遗物，并对黑水县黑水河流域的官纳若遗址、白尔窝遗址、色尔古遗址进行了现场调查[51]。

　　为推进国家"一带一路"倡议建设及丝绸之路的考古工作和文化遗产保护工作，配合国家大遗址保护成都片区相关工作的实施，加强"十三五"时期成都阿坝文化交流合作，提升区域文化一体化发展水平，实现合作共赢，并为省重点文化工程古蜀文明传承创新工程奠定基础，也为制定营盘山遗址的保护规划提供现场资料。成都文物考古研究院与茂县羌族博物馆为了继续深入推进岷江上游地区的考古工作，于 2017 年组成了联合考古队进行了全面考古的调查及勘探工作。为配合全国重点文物保护单位茂县营盘山遗址的保护规划的编制工作，以及茂县羌族博物馆营盘山展厅陈列的升级优化工作，联合考古队对营盘山遗址进行了深入的考古调查及勘探工作。鉴于前期的发掘集中在遗址中部，而其余部位尚未进行发掘，故在遗址中部偏西及北部偏东的地带开挖探沟 2 条，以了解该地带的文化层堆积情况并采集土样标本。发掘清理的新石器时代遗迹有灰坑、房屋垫土等，出土遗物包括玉石器、陶器等。并使用大型无人机对营盘山遗址及周边环境进行了详细航拍测绘工作，对营盘山遗址的微地貌及其与邻近的沙乌都、波西遗址等的相互关系有了更为深入的认识。联合考古队还对沙乌都遗址、白水寨遗址、安乡遗址本体及其地理环境进行了实地考察。在沙乌都遗址发现了原生的文化层堆积，清理出有叠压关系的新石器时代文化层及灰坑遗迹，出土较为丰富的陶器、石器。联合考古队还对营盘山遗址、沙乌都遗址及营盘山石棺葬随葬陶器内采集的土样标本进行了浮选，初步发现有粟、黍等植物标本[52]。2018 年 11 月，联合考古队在茂县营盘山遗址的北部偏东部位开挖探方，继续对 2017 年发现的大型灰坑进行了清理，出土了一批陶器、玉石器，对营盘山遗址的内部分区和文化堆积的年代差异情况有了进一步的认识。同时，还对茂县沙乌都遗址、白水寨遗址、安乡遗址、勒石村墓地本体及其地理环境进行了实地考察。尤其是在沙乌都遗址再次发现了原生的文化层堆积，通过开挖探坑，清理出有叠压关系的新石器时代文化层及房址、灰坑遗迹，出土较为丰富的陶器、石器及兽骨等遗物，为岷江上游地区新石器文化研究提供了新的实物资料。茂县沙乌都遗址为岷江上游地区一处典型的山脊地貌遗址，地势较为险要，与附近的台地型遗址——茂县营盘山遗址、河谷阶地型遗址——波西遗址相比较，不仅在地形地貌方面差异较大，在文化内涵及年代上也明显不同[53]。

2. 大渡河上游地区史前考古工作简述

大渡河上游地区史前考古工作起步较早，在 20 世纪初至 30 年代，个别外国传教士、考察队先后在大渡河上游及其附近地区采集到打制石器，发现零星的史前遗址[54]。1987年夏，四川省文物管理委员会办公室及甘孜藏族自治州文物普查队在丹巴县中路乡罕额依村发现了分布范围大、埋葬方式特殊的石棺墓群。1989 年 10 月至 1990 年 12 月，四川省文物考古研究所和甘孜藏族自治州文化局联合组成考古队对罕额依遗址进行了为期一年零两个月的发掘，发掘面积 123 平方米[55]。1989 年，阿坝藏族羌族自治州文物管理所人员与四川大学考古专业教师选择学生实习地点时，对马尔康县孔龙遗址进行过调查[56]。2000 年，四川省文物考古研究所、丹巴县文物管理所为配合《中国文物地图集·四川分册》的编写工作对丹巴县蒲角顶等遗址进行了调查。为实施四川省文物局组织开展的区域性古文化遗址调查，阿坝藏族羌族自治州文物管理所、成都文物考古研究所、马尔康县文化体育局联合组成大渡河上游考古队，先后于 2000 年 9 月、2003 年 5 月、2005 年 12 月先后对大渡河上游脚木足河及其支流茶堡河两岸地区进行了全面调查，发现和确认了孔龙遗址、白赊遗址及哈休遗址等 10 余处新石器时代至秦汉时期的古文化遗址[57]。2005 年 6 月，四川省文物考古研究院、阿坝藏族羌族自治州文物管理所对双江口水电站库区进行地下文物调查，确认了多处史前遗址[58]。2006 年 3 月，阿坝藏族羌族自治州文物管理所、成都文物考古研究所、马尔康县文化体育局又在调查基础上选择哈休遗址进行了考古试掘，揭露面积 87 平方米，发现灰坑、灰沟等遗迹 10 余处，出土了玉石器、陶器、骨角器、蚌器、兽骨等类遗物上千件[59]。2006 年 4 月，成都文物考古研究所、甘孜藏族自治州文物局又在丹巴县梭坡乡调查确认了蒲角顶史前及汉代遗址，采集到丰富的陶片及磨制石斧、石刀等遗物。同时在莫洛村、左比村采集到少量磨制石器、夹砂陶片等史前遗物[60]。

2008 年 3 月，阿坝藏族羌族自治州文物管理所调查发现神仙包遗址，位于四川省金川县沙耳乡胆扎木村一组，沙耳冲积扇形坡状台地近山边缘，为一平地突兀而起的圆形小山包，因传说为神仙堆积而成，故名"神仙包"，采集到大量陶片及动物骨骼[61]。2009 年 7 月第三次文物普查时对神仙包遗址进行复查，采集了自新石器时代至秦汉时期的大量标本。2011 年 9 月，阿坝藏族羌族自治州文物管理所对位于四川金川县沙耳乡胆扎木村一组的神仙包遗址进行了调查，发现该遗址可能包含了新石器时代晚期和秦汉时期两个不同时期的文化遗存。为进一步弄清该遗址的性质、年代等问题，2011 年 10 中旬至 11 月上旬，阿坝藏族羌族自治州文物管理所、成都文物考古研究所、金川县文化体育局联合对神仙包遗址进行考古试掘工作。本次考古勘探工作选点于南坡三级台地边缘的林中空地，南北向"一"字形布 4 米 × 4 米探方 4 个，实际发掘面积 64 平方米。神仙包遗址的发现，为进一步探讨大渡河上游区域的考古学文化提供了实物材料[62]。

2010 年 3 月，考古工作者在金川县发现了刘家寨遗址，位于青藏高原东麓金川县二嘎里乡刘家寨台地上，采集到石器和陶器，该遗址与大伊里遗址、哈休遗址等同为大渡河上游河源区的新石器时代晚期遗址，为研究此区域新石器时代文化提供了新的依据[63]。2011 年 9～11 月和 2012 年 5～9 月，为配合绰斯甲水电站工程建设，四川省文物考古研究院联合阿坝藏族羌族自治州文物管理所、金川县文物管理所分两次对该遗址进行了考古发掘，发掘面积共计 3500 平方米，取得了丰富的成果。刘家寨遗址地层共 5 层，堆积深度 20～180 厘米，至生土时整个遗址发掘区高低起伏。两次发掘共清理新石器时代各类遗迹 350 处，其中灰坑 298 座、灰沟 1 条、房址 16 座、陶窑址 26 座、灶 7 座、墓葬 2 座。出土陶、石、骨、角等小件标本逾 6000 件[64]。刘家寨新石器时代遗址入选了 2012 年度 "全国十大考古新发现"。

2013 年 7 月，成都文物考古研究所、阿坝藏族羌族自治州文物管理所等单位业务人员赴阿坝藏族羌族自治州马尔康县（现马尔康市）、金川县、茂县、汶川县进行了区域考古考察，其中重点对马尔康县孔龙遗址、白赊遗址、哈休遗址进行了实地调查，采集了一批陶器、石器、骨器标本[65]。这系列考古工作的开展为探讨大渡河上游史前考古文化的序列与谱系奠定了基础。

近年来为配合大渡河流域梯级水电站建设工程的实施，大渡河上游地区的史前考古调查、发掘和研究均取得了重要成果和突破。

概而言之，川西北高原史前考古的调查、勘探、发掘及研究工作的收获非常丰硕。首先，考古调查勘探发掘的史前遗址在时间与空间的分布方面有了突破性发现，在 2000 年以前，仅在岷江上游地区发现汶川县姜维城遗址、理县箭山寨遗址。而 2000 年以来，在汶川县、理县、茂县、松潘县、黑水县、马尔康市、金川县、小金县、丹巴县等地均发现数量众多的史前遗址。分布涵盖了岷江上游干流及其支流杂谷脑河、黑水河流域，大渡河上游干流及其支流茶堡河、脚木足河、大小金川河流域，涪江支流土门河流域，黄河支流黑河、白河流域。初步建立了川西北高原史前考古学文化发展演变的序列体系。其次，出现了受到学术界较多关注的多个专题和研究方向。如川西北高原史前彩陶的研究[66]，川西北高原史前聚落、环境及生业模式的研究[67]，史前考古学文化性质与序列谱系研究[68]，史前技术尤其是玉石器加工工艺的研究等[69]，成果均较为丰硕。再次，多学科参与川西北高原史前考古工作，研究成果的深度与广度有了较大的提升。如植物考古研究、动物考古研究、陶器成分分析研究、体质人类学研究及分子考古学研究、环境考古研究、地震考古研究等均有数量丰富的成果。

此外，川西北高原史前考古发掘研究工作对于古蜀文明探源、四川地区新石器文化体系的丰富完善、全面复原四川地区史前社会生活、重建四川地区史前史等课题均有不同程度的促进作用。

四、本书收录文章与编辑体例

本书第一部分收录的是岷江上游地区新石器时代遗址的调查试掘简报，包括仰韶时代和龙山时代遗址的调查试掘简报，前者有《茂县波西遗址 2002 年的试掘》《茂县波西遗址 2008 年的调查》《茂县安乡遗址调查简报》《茂县安乡遗址 2006 年调查简报》《理县箭山寨遗址 2000 年的调查》五篇考古调查试掘简报；后者有《汶川县龙溪寨遗址 2009年调查简报》《茂县沙乌都遗址调查简报》《茂县白水寨及下关子遗址调查简报》《茂县白水寨和沙乌都遗址 2006 年调查简报》《茂县下关子遗址试掘简报》《汶川县布瓦遗址2009 年调查简报》六篇考古调查试掘简报，以及茂县二不寨遗址、黑水县白尔窝遗址等和松潘地区史前遗存的调查资料。

第二部分收录的是大渡河上游地区新石器时代遗存的调查试掘简报，包括仰韶时代遗址和龙山时代遗址的调查试掘简报，前者有《马尔康市孔龙遗址调查简报》《马尔康市哈休遗址 2003、2005 年调查简报》《马尔康市哈休遗址 2006 年的试掘》《马尔康市白赊遗址调查简报》《马尔康市脚木足河流域 2013 年考古调查简报》五篇考古调查勘探简报；后者为《丹巴县蒲角顶遗址 2006 年调查简报》。

第三部分为文化序列、谱系与性质研究系列成果，收录了《大渡河上游史前文化寻踪》《波西、营盘山及沙乌都——浅析岷江上游新石器文化演变的阶段性》《试论姜维城遗址史前文化遗存的分期、年代及文化属性》《四川盆地西北缘龙山时代考古新发现述析》《试论宝墩文化的源头》《大渡河中游先秦考古学文化的分期及相关问题》六篇论文。

第四部分为环境、生业与技术研究系列成果，收录了《大渡河中上游的史前文化、环境与生业》《大渡河上游的史前文化、环境与生业初析》《马尔康哈休遗址史前文化与生业——兼论岷江上游地区马家窑类型的生业方式》《马尔康哈休遗址出土动物骨骼鉴定报告》《茂县营盘山遗址浮选结果及分析》《金川县神仙包遗址出土动物遗存简况》《杂谷脑河流域采集玉石器材质分析报告》《川西史前玉器简论》八篇论文。

本书还附录了《川西北高原与四川盆地间的史前交通考述——从四川盆地西北缘地区史前考古新发现谈起》《藏羌彝走廊史前先民对本地资源的认知、利用及其当代启示——以岷江大渡河上游考古发现为中心》两篇论文。

注　　释

[1]　王建民、潘保田：《青藏高原东部黄土沉积的基本特征及其环境》，《中国沙漠》1997 年第 4 期。

[2]　文星跃、黄成敏：《青藏高原东缘黄土与环境变化研究进展》，《地球与环境》2011 年第 2 期。

[3]　刘维亮、李国新、谷曼：《川西高原可尔因地区黄土成因研究》，《地质与资源》2007 年第 4 期。

[4]　地质矿产部《地质词典》办公室编：《地质词典》，地质出版社，1983 年。

[5]　李鸿巍、吴德超：《大渡河断裂带主要构造特征及活动性分析》，《长江大学学报（自然科学版）》2014年第 10 期。

[6]　任雪梅、高孟潭、杨勇等：《大渡河流域地震活动特征》，《震灾防御技术》2008 年第 2 期。

[7]　江在雄：《1786 年大渡河地震、水患及救灾——康定—泸定磨西地震 220 周年》，《四川地震》2006 年第 3 期；王新民、裴锡瑜：《对 1786 年康定—泸定磨西间 7 3/4 级地震的新认识》，《中国地震》1988

年第 1 期。

［ 8 ］　李勇、曹叔尤、周荣军等：《晚新生代岷江下蚀速率及其对青藏高原东缘山脉隆升机制和形成时限的定量约束》，《地质学报》2005 年第 1 期。

［ 9 ］　李勇、曹叔尤、周荣军等：《晚新生代岷江下蚀速率及其对青藏高原东缘山脉隆升机制和形成时限的定量约束》，《地质学报》2005 年第 1 期。

［ 10 ］　李勇、曹叔尤、周荣军等：《晚新生代岷江下蚀速率及其对青藏高原东缘山脉隆升机制和形成时限的定量约束》，《地质学报》2005 年第 1 期。

［ 11 ］　戴谦和著，杨洋译：《四川古代遗迹和文物》，《三星堆研究》（第一辑），天地出版社，2006 年；申晓虎：《传教士叶长青眼中的康藏社会》，许志伟主编：《基督教思想评论》（第十四辑），上海人民出版社，2012 年；申晓虎：《比较的视角：叶长青康区宗教文化研究探析》，《北方民族大学学报（哲学社会科学版）》2011 年第 1 期；冯宪华：《近代内地会传教士叶长青与川边社会——以〈教务杂志〉史料为中心的介绍探讨》，《西藏研究》2010 年第 6 期。

［ 12 ］　林名均：《四川威州彩陶发现记》，《说文月刊·巴蜀专号》（第四卷），1944 年；郑德坤著，秦学圣译：《四川石器时代文化》，四川省文物管理委员会编印：《四川石器时代译文资料》，1983 年。

［ 13 ］　徐鹏章：《四川藏区孟董沟的磨制石器》，《文物参考资料》1955 年第 6 期；徐学书：《岷江上游新石器时代文化的初步研究》，《考古》1995 年第 5 期。

［ 14 ］　四川省文物管理委员会：《四川茂汶羌族自治县考古调查》，《考古》1959 年第 9 期；徐学书：《岷江上游新石器时代文化的初步研究》，《考古》1995 年第 5 期。

［ 15 ］　四川大学历史系考古教研组：《四川理县汶川县考古调查简报》，《考古》1965 年第 12 期；徐学书：《岷江上游新石器时代文化的初步研究》，《考古》1995 年第 5 期。

［ 16 ］　徐学书：《岷江上游新石器时代文化的初步研究》，《考古》1995 年第 5 期；阿坝藏族羌族自治州文物管理所编：《阿坝文物览胜》，四川民族出版社，2002 年。

［ 17 ］　陈良伟：《丝绸之路河南道》，中国社会科学出版社，2002 年。

［ 18 ］　蒋成、陈剑：《岷江上游考古新发现述析》，《中华文化论坛》2001 年第 3 期；成都文物考古研究院、阿坝藏族羌族自治州文物管理所：《岷江上游考古调查报告》，待刊。

［ 19 ］　成都文物考古研究所、阿坝藏族羌族自治州文管所、理县文物管理所：《四川理县箭山寨遗址 2000 年的调查》，《成都考古发现》（2005），科学出版社，2007 年。

［ 20 ］　成都市文物考古研究所、阿坝藏族羌族自治州文管所、茂县博物馆：《四川茂县营盘山遗址试掘报告》，《成都考古发现》（2000），科学出版社，2002 年；蒋成、陈剑：《岷江上游考古新发现述析》，《中华文化论坛》2001 年第 3 期；蒋成、陈剑：《2002 年岷江上游考古的收获与探索》，《中华文化论坛》2003 年第 4 期；成都文物考古研究所、阿坝藏族羌族自治州文物管理所、茂县羌族博物馆：《四川茂县营盘山遗址 2003 年的发掘》，《南方民族考古》（第十三辑），科学出版社，2017 年；成都文物考古研究院、阿坝藏族羌族自治州文物管理所、茂县羌族博物馆：《茂县营盘山新石器时代遗址》，文物出版社，2018 年。

［ 21 ］　四川省文物考古研究所、阿坝州文物管理所、汶川县文化体育局：《四川汶川县姜维城新石器时代

遗址发掘简报》,《考古》2006 年第 11 期；王鲁茂、黄家祥:《汶川姜维城发现五千年前文化遗存》,《中国文物报》2000 年 11 月 26 日第 1 版；黄家祥:《汶川县姜维城新石器时代遗址及汉明城墙》,《中国考古学年鉴·2001》, 文物出版社, 2002 年；黄家祥:《汶川姜维城遗址发掘的初步收获》,《四川文物》2004 年第 3 期。

[22]　四川省文物考古研究所、阿坝州文物管理所、汶川县文物管理所:《四川汶川县姜维城新石器时代遗址发掘报告》,《四川文物》2004 年增刊；黄家祥:《汶川姜维城遗址发掘的初步收获》,《四川文物》2004 年第 3 期；辛中华:《岷江上游新石器时代遗存及相关问题探讨》,《四川文物》2005 年第 1 期。

[23]　成都文物考古研究所、阿坝藏族羌族自治州文物保管所、茂县羌族博物馆:《四川茂县波西遗址 2002 年的试掘》,《成都考古发现》(2004), 科学出版社, 2006 年；资料现存成都文物考古研究院。

[24]　成都文物考古研究所、阿坝藏族羌族自治州文物管理所、茂县羌族博物馆:《四川茂县波西遗址 2008 年的调查》,《成都考古发现》(2008), 科学出版社, 2010 年；资料现存成都文物考古研究院。

[25]　成都文物考古研究所、阿坝藏族羌族自治州文物管理所、茂县羌族博物馆:《四川茂县白水寨及下关子遗址调查简报》,《成都考古发现》(2005), 科学出版社, 2007 年。

[26]　资料现存成都文物考古研究院。

[27]　成都文物考古研究所、阿坝藏族羌族自治州文物保管所、茂县羌族博物馆:《四川茂县沙乌都遗址调查简报》,《成都考古发现》(2004), 科学出版社, 2006 年。

[28]　资料现存成都文物考古研究院。

[29]　成都文物考古研究所、阿坝藏族羌族自治州文物管理所、茂县羌族博物馆:《四川茂县白水寨和沙乌都遗址 2006 年调查简报》,《成都考古发现》(2006), 学出版社, 2008 年。

[30]　成都文物考古研究所、阿坝藏族羌族自治州文物管理所、茂县羌族博物馆:《四川茂县安乡遗址调查简报》,《成都考古发现》(2005), 科学出版社, 2007 年。

[31]　成都文物考古研究院、阿坝藏族羌族自治州文物管理所、茂县羌族博物馆:《茂县安乡遗址 2006 年调查简报》,《成都考古发现》(2015), 科学出版社, 2017 年。

[32]　成都文物考古研究所、阿坝藏族羌族自治州文物管理所、理县文物管理所:《四川理县箭山寨遗址 2000 年的调查》,《成都考古发现》(2005), 科学出版社, 2007 年。

[33]　四川省文物考古研究院:《2006 年四川省文物考古研究院考古调查勘探试掘取得新成果》,《四川文物》2007 年第 1 期。

[34]　蒋成、陈剑:《岷江上游考古新发现述析》,《中华文化论坛》2001 年第 3 期；陈剑、陈学志:《走廊与交融：松潘地区的考古发现与初步研究》,《松潘历史文化研究文集》, 四川人民出版社, 2014 年。

[35]　四川省文物考古研究院:《2006 年四川省文物考古研究院考古调查勘探试掘取得新成果》,《四川文物》2007 年第 1 期。

[36]　汶川县文物管理所、成都文物考古研究所、阿坝藏族羌族自治州文物管理所:《四川汶川县布瓦遗址 2009 年调查简报》,《成都考古发现》(2010), 科学出版社, 2012 年。

[37]　汶川县文物管理所、成都文物考古研究院、阿坝藏族羌族自治州文物管理所:《汶川县龙溪寨遗址 2009 年调查简报》,《成都考古发现》(2015), 科学出版社, 2017 年。

［38］　陈剑、陈学志：《走廊与交融：松潘地区的考古发现与初步研究》，《松潘历史文化研究文集》，四川人民出版社，2014 年。

［39］　陈剑：《松潘县东裕村新石器时代遗址》，《中国考古学年鉴·2015》，中国社会科学出版社，2016 年。

［40］　陈剑、陈学志：《走廊与交融：松潘地区的考古发现与初步研究》，《松潘历史文化研究文集》，四川人民出版社，2014 年。

［41］　陈剑：《松潘县川主寺石嘴新石器时代遗址》，《中国考古学年鉴·2015》，中国社会科学出版社，2016 年。

［42］　西南博物院筹备处：《宝成铁路修筑工程中发现的文物简介》，《文物参考资料》1954 年第 3 期。

［43］　中国社会科学院考古研究所四川工作队：《四川绵阳市边堆山新石器时代遗址调查简报》，《考古》1990 年第 4 期。

［44］　王仁湘、叶茂林：《四川盆地北缘新石器时代考古新收获》，《三星堆与巴蜀文化》，巴蜀书社，1993 年。

［45］　叶茂林：《四川北川县发现古人类牙齿化石》，《人类学学报》1991 年第 3 期；叶茂林、邓天富：《记北川县采集的化石材料》，《四川文物》1993 年第 6 期。

［46］　四川省文物考古研究院、绵阳市博物馆、北川县文物管理所：《四川北川县烟云洞旧石器时代遗址发掘简报》，《四川文物》2006 年第 6 期。

［47］　成都文物考古研究所、阿坝藏族羌族自治州文物管理所、茂县羌族博物馆：《四川茂县白水寨及下关子遗址调查简报》，《成都考古发现》（2005），科学出版社，2007 年。

［48］　胡昌钰：《四川江油市发现新石器时代洞穴遗址》，《中国文物报》2005 年 11 月 30 日第 1 版；四川省文物考古研究院、绵阳市博物馆、江油市文物管理所：《四川江油市大水洞新石器时代遗址发掘简报》，《四川文物》2006 年第 6 期。

［49］　成都文物考古研究所、阿坝藏族羌族自治州文物管理所、茂县羌族博物馆：《四川茂县下关子遗址试掘简报》，《四川文物》2008 年第 2 期；成都文物考古研究所、阿坝藏族羌族自治州文物管理所、茂县羌族博物馆：《四川茂县下关子遗址试掘简报》，《成都考古发现》（2006），科学出版社，2008 年。

［50］　邓勇：《茂县二不寨遗址》，参见本书。

［51］　陈剑、周志清、何锟宇、闫雪：《丝绸之路河南道（四川阿坝州段）考古调查》，《中国考古学年鉴·2017》，中国社会科学出版社，2018 年。

［52］　陈剑：《2017 年度成都田野考古工作纪要》，《成都文物》2018 年第 1 期。

［53］　陈剑：《2018 年度成都田野考古工作纪要》，《成都文物》2019 年第 1 期。

［54］　郑德坤：《四川古代文化史》，华西大学博物馆，1946 年，转引自段渝主编：《抗战时期的四川》，巴蜀书社，2005 年。

［55］　四川省文物考古研究所、甘孜藏族自治州文化局：《丹巴县中路乡罕额依遗址发掘简报》，《四川考古报告集》，文物出版社，1998 年。

［56］　四川联合大学历史系考古教研室编：《四川大学考古专业三十五年·大事记》（内部资料），1995 年。

［57］　成都文物考古研究所、阿坝藏族羌族自治州文物管理所、马尔康县文化体育局：《四川马尔康县孔

龙村遗址调查简报》,《成都考古发现》(2005),科学出版社,2007 年;四川省文物考古研究院、阿坝藏族羌族自治州文物管理所、成都文物考古研究所、马尔康县文化体育局:《四川马尔康县白赊村遗址调查简报》,《成都考古发现》(2005),科学出版社,2007 年;阿坝藏族羌族自治州文物管理所、四川省文物考古研究院、成都文物考古研究所、马尔康县文化体育局:《四川马尔康县哈休遗址2003、2005 年调查简报》,《成都考古发现》(2006),科学出版社,2008 年。

[58]　四川省文物考古研究院、阿坝州文物管理所:《大渡河双江口水电站地下文物遗存调查》,《四川文物》2005 年第 6 期。

[59]　阿坝藏族羌族自治州文物管理所、成都文物考古研究所、马尔康县文化体育局:《四川马尔康县哈休遗址 2006 年的试掘》,《南方民族考古》(第六辑),科学出版社,2010 年;陈剑、陈学志:《大渡河上游史前文化寻踪》,《中华文化论坛》2006 年第 3 期。

[60]　成都文物考古研究院、甘孜藏族自治州文化局、丹巴县文物管理所:《丹巴县蒲角顶遗址 2006 年调查简报》,《成都考古发现》(2015),科学出版社,2017 年。

[61]　陈苇:《先秦时期的青藏高原东麓》,科学出版社,2012 年,第 178、179 页。

[62]　阿坝藏族羌族自治州文物管理所:《四川金川县神仙包遗址调查简报》,《四川文物》2017 年第 3 期。

[63]　四川省文物考古研究院、阿坝藏族羌族自治州文物管理所、金川县文化体育局、壤塘县文化体育局:《四川金川县刘家寨遗址调查简报》,《四川文物》2012 年第 5 期。

[64]　刘家寨考古队:《四川金川刘家寨遗址 伸入川西北的马家窑聚落》,《中国文物报》2012 年 9 月 14 日第 5 版;孙秀丽:《刘家寨遗址专家现场会综述》,《中国文物报》2012 年 9 月 14 日第 5 版。

[65]　成都文物考古研究所、阿坝藏族羌族自治州文物管理所:《四川马尔康县脚木足河流域 2013 年考古调查简报》,《成都考古发现》(2014),科学出版社,2016 年。

[66]　陈剑:《川西彩陶的发现与初步研究》,《古代文明》(第 5 卷),文物出版社,2006 年;洪玲玉、崔剑锋、王辉、陈剑:《川西马家窑类型彩陶产源分析与探讨》,《南方民族考古》(第七辑),科学出版社,2011 年;崔剑锋、吴小红、杨颖亮:《四川茂县新石器遗址陶器的成分分析及来源初探》,《文物》2011 年第 2 期;王仁湘:《庙底沟文化彩陶向西南的传播》,《四川文物》2011 年第 1 期;任瑞波、陈苇、任赟娟:《川西彩陶产地来源新说检讨》,《四川文物》2013 年第 2 期;任瑞波:《营盘山遗址彩陶试析》,《边疆考古研究》(第 18 辑),科学出版社,2015 年;向金辉:《川西马家窑文化彩陶来源再检视——以陶器化学成分分析为中心》,《四川文物》2018 年第 4 期。

[67]　赵志军、陈剑:《四川茂县营盘山遗址浮选结果及分析》,《南方文物》2011 年第 3 期;杨农、张岳桥、孟辉、张会平:《川西高原岷江上游河流阶地初步研究》,《地质力学学报》2003 年第 4 期;孙吉、邓文:《岷江上游新石器时代的文化景观与环境动因》,《四川文物》2006 年第 5 期;孙吉:《岷江上游历史文化景观与环境动因》,四川大学硕士学位论文,2006 年;何锟宇、陈剑、谢涛、范永刚:《大渡河中上游的史前文化、环境与生业》,见本书;何锟宇、蒋成、陈剑:《浅论动物考古学中两种肉量估算方法——以营盘山遗址出土的动物骨骼为例》,《考古与文物》2009 年第 5 期;陈剑、何锟宇:《大渡河上游史前文化、环境与生业初析》,《四川文物》2007 年第 5 期;何锟宇:《马尔康哈休遗址史前文化与生业——兼论岷江上游地区马家窑类型的生业方式》,《考古》2015 年第 5 期;

何锟宇、陈剑:《马尔康哈休遗址出土动物骨骼鉴定报告》,《成都考古发现》(2006),科学出版社,
2008年。

[68]　石兴邦:《有关马家窑文化的一些问题》,《考古》1962年第6期;徐学书:《岷江上游新石器时代文
化的初步研究》,《考古》1995年第5期;张强禄:《试论白龙江流域新石器文化与川西、川北新石器
文化的关系》,《四川大学考古专业创建三十五周年纪念文集》,四川大学出版社,1998年;蒋成、陈
剑:《岷江上游考古新发现述析》,《中华文化论坛》2001年第3期;蒋成、陈剑:《2002年岷江上游
考古的收获与探索》,《中华文化论坛》2003年第4期;江章华:《岷江上游新石器时代遗存新发现的
几点思考》,《四川文物》2004年第3期;陈卫东、王天佑:《浅议岷江上游新石器时代文化》,《四川
文物》2004年第3期;黄昊德、赵宾福:《宝墩文化的发现及其来源考察》,《中华文化论坛》2004
年第2期;张强禄:《白龙江流域新石器时代文化谱系的初步研究》,《考古》2005年第2期;陈剑:
《大渡河中游先秦考古学文化的分期及相关问题》,《中华文化论坛》2005年第4期;陈剑、陈学志:
《大渡河上游史前文化寻踪》,《中华文化论坛》2006年第3期;陈剑:《波西、营盘山及沙乌都——
浅析岷江上游新石器文化演变的阶段性》,《考古与文物》2007年第5期;陈剑:《四川盆地西北缘龙
山时代考古新发现述析》,《中华文化论坛》2007年第2期;陈剑:《蚕丛故地龙山时代考古学文化遗
存初析》,《中华文化论坛》2009年第S2期;丁见祥:《马家窑文化的分期、分布、来源及其与周边
文化的关系》,《古代文明》(第8卷),文物出版社,2010年;何锟宇、郑漫丽:《试论姜维城遗址史
前文化遗存的分期、年代及文化属性》,《南方民族考古究》(第十辑),科学出版社,2014年;何锟
宇:《甘肃东乡林家遗址分期的再认识——兼论营盘山遗址的分期、年代与文化属性》,《四川文物》
2011年第4期;陈苇:《先秦时期的青藏高原东麓》,科学出版社,2012年;何锟宇:《试论宝墩文化
的源头》,《南方民族考古》(第十二辑),科学出版社,2016年。

[69]　陈剑:《川西史前玉器简论》,《玉魂国魄——中国古代玉器与传统文化学术讨论会文集(三)》,北京
燕山出版社,2008年;杨颖东、陈剑:《四川杂谷脑河流域采集玉石器材质分析报告》,《成都考古发
现》(2015),科学出版社,2017年;王春云:《龙溪软玉矿床地质及物化特征》,《矿产与地质》1993
年第3期;周开灿:《四川的宝石资源》,《宝石和宝石学杂志》2003年第4期;丁一:《浅谈四川龙
溪玉和软玉猫眼的对比及市场前景》,《中山大学研究生学刊(自然科学、医学版)》2011年第2期。

目　录

贰　大渡河上游地区新石器时代遗存

叁　文化序列、谱系与性质

肆　环境、生业与技术

伍　其　他　研　究

壹　岷江上游地区新石器时代遗存

茂县波西遗址2002年的试掘

成 都 文 物 考 古 研 究 院
阿坝藏族羌族自治州文物管理所
茂 县 羌 族 博 物 馆

一、引　言

　　波西遗址位于四川省阿坝藏族羌族自治州茂县凤仪镇平头村波西组,地理坐标为东经103°52′、北纬31°41′。地处岷江西岸三级台地之上, 高出岷江河床约100米, 西距沙乌都遗址约500米, 西南与营盘山遗址相距约1500米, 东与县城隔江相望(图一;图版二, 1)。该遗址于2000年7月由成都市文物考古研究所(现成都文物考古研究院)等单位调查发现[1], 遗址表面为不规则形, 地势略呈西高东低状, 南北长约300、东西宽约100米,

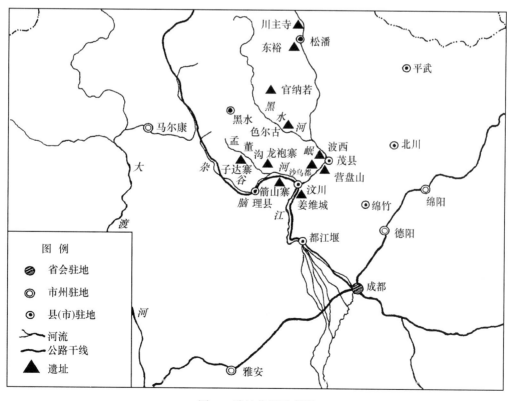

图一　遗址位置示意图

总面积近 30000 平方米，中部有一条东西流向的自然冲沟将遗址分为南北两部分（调查时分别命名为波西槽南和波西槽北遗址）（图版二，2）。地表常年种植苹果、梨等果树及玉米、小麦、蔬菜等作物，表土沙性较重（图版三）。为深入探讨岷江上游新石器时代文化的内涵、建立初步的文化发展序列，2002 年 9 月，成都市文物考古研究所、阿坝藏族羌族自治州文物管理所、茂县羌族博物馆联合开展了进一步的调查并选点进行了试掘。本次试掘在遗址冲沟以北地带布 2 米 × 15 米探沟一条，编号为 02SMBT1（以下简写为T1），方向为 146°，后进行了局部扩方，实际发掘面积 36 平方米。

二、地 层 堆 积

从试掘结果来看，遗址的地层堆积较为简单，现以 T1 的北壁为例介绍如下（图二）：

第 1 层：浅灰色耕土层。土质疏松，沙性较重。包含较多的碎石颗粒及农作物根系，出土少量瓦片、瓷片等物。厚 15 厘米。此层呈北高南低状。

第 2 层：浅灰黄色土层。土质较为板结，沙性略重。包含少量的碎石颗粒及农作物根系，出土少量陶片、酱釉瓷片等物。厚 20～25 厘米。此层仍呈北高南低状。

第 3 层：浅灰褐色土层。沙性较重。出土少量夹砂陶片、褐釉瓷片等物。厚 30～50 厘米。此层在探沟西南较厚、中部较薄。

第 4 层：灰褐色土层。土质较为板结，沙性较轻。出土夹砂陶片、泥质灰陶片、细泥褐陶片、石片等物。厚 10～30 厘米。此层仅在探沟西部有分布。G1 开口于该层下。

第 4 层下即灰色沙性生土。

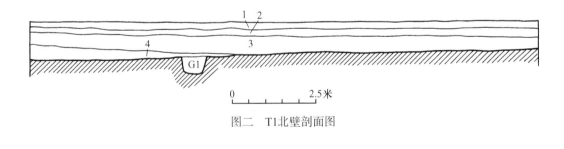

图二　T1北壁剖面图

三、遗　　迹

本次试掘发现的遗迹现象仅灰沟一条，编号为 02SMBG1（以下简写为 G1）。

G1　位于 T1 的西部偏中位置，为将 G1 全部揭露，对 T1 进行了局部扩方发掘。开口于第 4 层下。呈西南—东北走向，平面略为长条形，西南端较宽、较高，向东北渐窄、渐低，沟口长 4.32、宽 0.5～0.6、深 0.45 米，沟口距地表深 0.7～1.05 米，沟底距地表深 0.9～1.45 米。沟内填灰黑色土，结构疏松，呈倾斜堆积，西南高、东北低。出土遗物包括细泥质红陶双唇式小口瓶、弧边三角纹彩陶钵、泥质灰陶斜向线纹及绳纹陶片、细泥质红陶敛口钵、细泥质红陶斜向线纹及绳纹陶片、夹砂褐陶斜向绳纹陶片、磨制石锛、石环、打制石网坠等（图三）。

四、出 土 遗 物

出土遗物包括石器、陶器两类。

1. 石器

其中石器有器体宽扁的磨制石斧、磨制石锛、磨制石环、打制石网坠等。

斧　1件。采：1，淡绿色。器体宽扁、厚重，肩部残断，通体磨光，弧刃，中锋，平面略呈长方形，中部较厚，两侧平齐。残长 10.4、宽8.5、厚 2.4 厘米（图四，1；图版四，1）。

锛　1件。G1：2，青灰色。通体磨制精细，弧刃，侧锋，平面略呈梯形，肩部未磨光，两侧磨平。长 8.2、刃宽 5.3、肩宽 4、厚 1 厘米（图四，2；图版四，3）。

环　1件。G1：1，银灰色板岩，石质较软、易开片。已残断，内外侧磨光。外径8、内径 5.7、宽 1.2、厚 0.7 厘米（图四，5；图版四，4）。

网坠　1件。G1：3，深灰色。打制，亚腰形，用椭圆形卵石片加工而成，两腰中部双向琢制出弧形凹槽用以系绳。长 8.5、宽 6.6、厚 1.8 厘米（图四，3；图版四，2）。

穿孔器　采：2，灰绿色板岩。已残，中部有双向琢击出的穿孔（图四，6）。

切割器　采：3，深灰色。长条形，剥离石片加工而成，一面为劈裂面，可见打击疤痕及放射线；另一面保留卵石自然面并有打击点。长 6.7、宽 3.5、厚 0.9 厘米（图四，4）。

2. 陶器

出土陶器以手制为主，部分经过慢轮修整，烧制技术成熟，其中细泥质红陶的火候最高。陶片的陶质陶色包括细泥质红陶、泥质褐陶、泥质灰陶、夹砂褐陶、夹砂灰陶等；纹饰有弧边三角纹、斜向线纹、交错线纹、斜向绳纹、交错绳纹、附加堆纹、弦纹、压印花边口沿装饰、戳印纹等；器形包括彩陶钵、细泥质红陶尖唇钵、双唇式小口瓶、

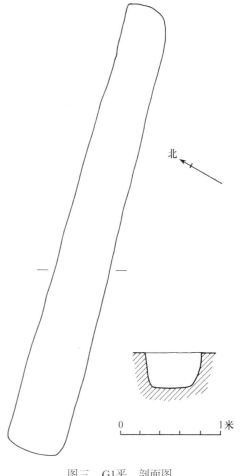

图三　G1平、剖面图

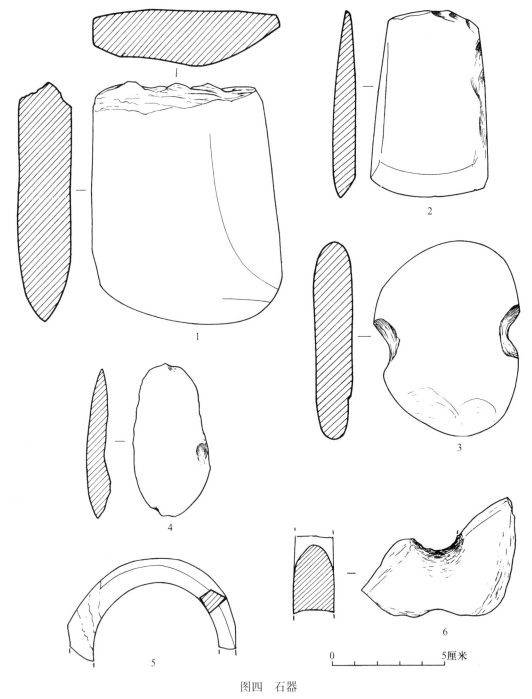

图四　石器

1. 斧（采：1）2. 锛（G1：2）3. 网坠（G1：3）4. 切割器（采：3）5. 环（G1：1）6. 穿孔器（采：2）

侈口罐、溜肩罐、高领罐、敞口碗等。现按出土单位予以详细介绍。

（1）G1 出土陶器

双唇式小口瓶　1件。G1：5，泥质褐陶。尖唇外折成双唇，直颈。沿面和器表有慢轮修整的旋痕，内壁可见泥条粘接的按压痕迹。口径10、残高5厘米（图五，2；图版六，3）。

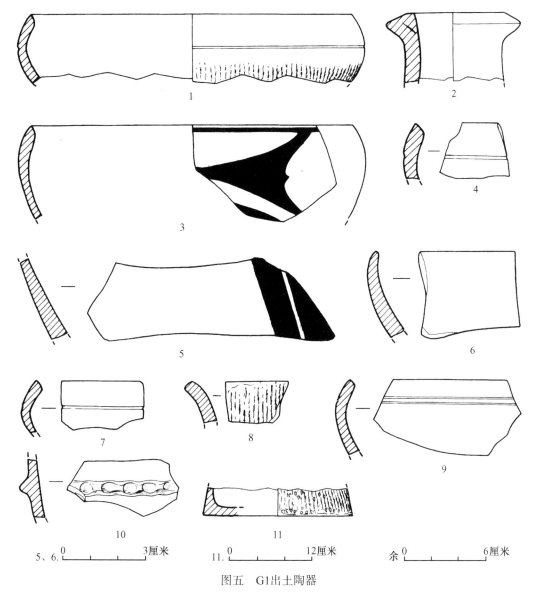

图五　G1出土陶器

1、3、4、7、9. 敛口钵（G1：6、G1：4、G1：14、G1：12、G1：7）2. 双唇式小口瓶（G1：5）5. 彩陶片（G1：18）
6. 敞口碗（G1：19）8. 长颈罐（G1：23）10. 陶片（G1：11）11. 器底（G1：10）

　　敛口钵　5件。G1：4，细泥红陶，表面磨光。以黑彩绘出弧边三角纹和线条纹。敛口，尖唇。唇内有一周凸棱，内壁饰一周凹弦纹。口径 23.5、最大腹径 25.4、残高 6.8 厘米（图五，3；图版六，1）。G1：6，细泥红陶，表面磨光。圆唇。唇内有一周凸棱，上腹饰一周凹槽，腹表饰纵向细绳纹。口径 23.4、最大腹径 25.4、残高 5 厘米（图五，1；图六，1；图版六，2）。G1：7，泥质外褐内黑陶，表面磨光。方唇。上腹饰两周凹弦纹。残高 5.2 厘米（图五，9；图版六，4）。G1：12，泥质褐陶。尖唇。唇内有一周凸棱，上腹有一周凹槽。残高 3.4 厘米（图五，7）。G1：14，泥质褐陶。圆唇。唇内有一周凸棱，上腹有一周凹槽。残高 4 厘米（图五，4）。

　　敞口碗　1件。G1：19，泥质灰陶。圆唇。素面。残高 3 厘米（图五，6）。

长颈罐　1件。G1：23，夹砂褐陶。方唇。器表饰纵向细绳纹，唇面饰斜向细绳纹。残高 2 厘米（图五，8）。

器底　1件。G1：10，泥质灰陶。直壁，平底外折。器表饰纵向细绳纹及米点戳印纹。底径 22、残高 4 厘米（图五，11）。

陶片　11件。G1：11，细泥红陶。饰鸡冠状錾（图五，10；图六，3）。G1：18，

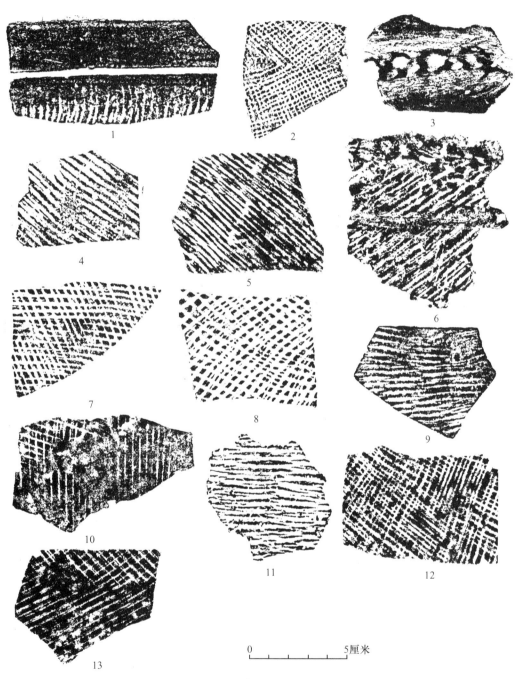

0　　　　　　　　5厘米

图六　陶片纹饰拓片

1. G1：6　2. G1：21　3. G1：11　4. G1：17　5. G1：13　6. T1④：1　7. G1：16　8. G1：20　9. G1：8
10. T1④：7　11. T1④：9　12. G1：15　13. G1：9

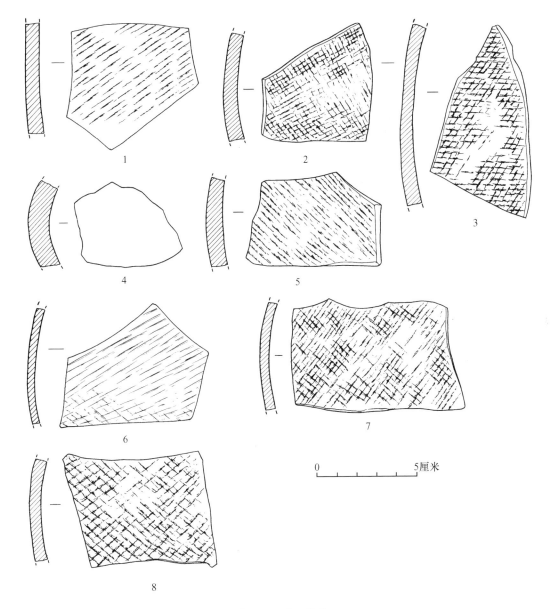

图七　G1出土陶片

1. G1：8　2. G1：21　3. G1：16　4. G1：22　5. G1：17　6. G1：9　7. G1：15　8. G1：20

泥质褐陶，表面磨光。以黑彩绘斜线条（图五，5）。G1：8，细泥红陶。饰斜向线纹（图七，1；图六，9）。G1：13，泥质灰陶。饰斜向线纹，内壁可见泥条粘接痕迹（图六，5）。G1：9，泥质灰陶。饰斜向和交错线纹（图六，13；图七，6）。G1：22，泥质灰陶。弧面，为尖底器近底部残片（图七，4）。G1：15，泥质灰陶。壁薄。饰交错线纹（图六，12；图七，7）。G1：21，泥质褐陶。饰交错网状线纹（图六，2；图七，2）。G1：20，泥质灰陶。壁薄。饰交错绳纹（图六，8；图七，8）。G1：16，泥质灰陶。饰交错线纹（图六，7；图七，3）。G1：17，泥质红陶。饰斜向细绳纹（图八，4；图七，5）。

红烧土　1件。G1：24，泥质褐陶。厚胎，一面抹光，可能为墙体红烧土。

（2）第4层出土陶器

侈口罐　1件。T1④：1，夹粗砂褐陶。折沿，方唇。器表饰斜向绳纹，唇面饰成组的斜向细绳纹。残高7.8厘米（图六，6；图八，1；图版七，1）。

器底　1件。T1④：2，泥质灰陶。表面磨光。平底。底径15、残高2厘米（图八，12）。

敛口钵　1件。T1④：3，泥质灰陶。圆唇。上腹饰一周凹弦纹。残高3厘米（图八，2）。

缸　1件。T1④：6，夹砂灰陶。侈口，方唇较厚。沿面、唇面和腹表均饰横向绳纹。残高4.3厘米（图八，3）。

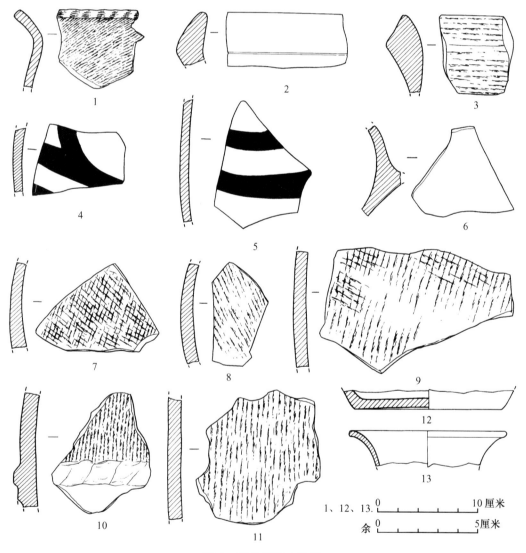

图八　T1地层出土陶器

1. 侈口罐（T1④：1）　2. 敛口钵（T1④：3）　3. 缸（T1④：6）　4、5. 彩陶片（T1④：12、T1④：11）

6. 瓶（T1④：5）　7~11. 陶片（T1④：4、T1④：8、T1④：7、T1④：10、T1④：9）

12. 器底（T1④：2）　13. 壶（T1③：1）

瓶　1件。T1④：5，肩部残片。泥质褐陶。内壁可见泥条粘接痕迹。残高 4 厘米（图八，6）。

彩陶片　T1④：11、T1④：12，泥质褐陶。以黑彩绘弧线条纹，彩易脱落（图八，5、4）。

陶片　5件。T1④：4，泥质红陶。饰交错绳纹（图八，7）。T1④：9，夹砂褐陶。饰纵向绳纹（图六，11；图八，11）。T1④：7，泥质褐陶。饰交错及斜向绳纹（图六，10；图八，9）。T1④：8，泥质灰陶。饰斜向绳纹（图八，8）。T1④：10，夹砂褐陶。饰纵向绳纹及泥条附加堆纹（图八，10）。

（3）第 3 层出土陶器

壶　1件。T1③：1，细泥红陶，内外壁面磨光。卷沿，圆唇，长颈。口径 16、残高 3.6 厘米（图八，13；图版七，3）。

五、结　语

波西遗址 G1 的出土遗物包括陶器、石器两类，其中石器有器体宽扁的磨制石斧、打制石网坠、磨制石环等。陶片的陶质陶色包括细泥质红陶、泥质褐陶、泥质灰陶、夹砂褐陶、夹砂灰陶等类；纹饰有弧边三角纹、斜向及交错线纹、绳纹、附加堆纹、弦纹、压印花边口沿装饰、戳印纹等；器形包括弧边三角纹彩陶敛口钵、细泥红陶尖唇钵、双唇式小口瓶、侈口罐、长颈罐、高领罐、敛口钵、缸、瓶、壶、敞口碗等。其内涵与附近的营盘山遗址有一定联系，但同时又有一定区别[2]。

第 4 层出土陶器的特征与 G1 有所不同：陶质陶色方面，夹砂褐陶、泥质灰陶的比例升高；纹饰方面，线纹所占的比例略有降低；器形包括夹砂褐陶绳纹花边侈口罐、泥质灰陶卷沿罐、碗、缸、敛口钵、瓶等。却与营盘山遗址主体遗存的陶器特征相似。这从地层叠压关系上证明了 G1 的年代应早于营盘山遗存。但两者是否有文化发展上的直接源流关系尚待更多的实物资料来证明。

波西遗址 G1 未见马家窑类型彩陶，出土的细泥红陶弧边三角纹彩陶敛口曲腹钵与河南陕县庙底沟遗址仰韶文化的 A3 碗（H10：128）、A10g 盆（H47：42）等的风格相似[3]，且共存的双唇式小口瓶、尖唇敛口钵等其他陶器，以及细泥红陶及线纹所占比例最多的特征均属于仰韶文化庙底沟类型晚期。据此情况判定，波西遗址 G1 的年代上限也相差不远，即可达仰韶文化庙底沟类型晚期。这也是岷江上游地区首次发掘的具有庙底沟类型晚期文化风格的遗存堆积。根据甘肃武都大李家坪遗址第二期早段[4]、秦安大地湾遗址第四期遗存的下层[5]出土的弧边三角纹彩陶曲腹盆、平唇式小口尖底瓶与其同类器物相似的情况判断，波西遗址 G1 的年代下限为大地湾第四期为代表的仰韶晚期文化（也有学者称为马家窑文化石岭下类型）的早段。

附记：参加本次试掘的人员有成都文物考古研究院蒋成（领队）、陈剑、李平，阿坝藏族羌族自治州文物管理所陈学志、范永刚，茂县羌族博物馆蔡清、魏宏浩等。整理及简报编写由陈剑负责。

绘图：党国平

拓片：戴堂才　戴福尧

执笔：蒋　成　陈　剑　蔡　清　范永刚

注　释

[1]　资料存成都文物考古研究院。

[2]　成都市文物考古研究所、阿坝藏族羌族自治州文管所、茂县博物馆：《四川茂县营盘山遗址试掘报告》，《成都考古发现》（2000），科学出版社，2002 年；蒋成、陈剑：《岷江上游考古新发现述析》，《中华文化论坛》2001 年第 3 期；蒋成、陈剑：《2002 年岷江上游考古的收获与探索》，《中华文化论坛》2003 年第 4 期。

[3]　中国科学院考古研究所：《庙底沟与三里桥》（黄河水库考古报告之二）（中国田野考古报告集考古学专刊丁种第九号），科学出版社，1959 年；苏秉琦：《关于仰韶文化的若干问题》，《考古学报》1965 年第 1 期；严文明：《论庙底沟仰韶文化的分期》，《仰韶文化研究》，文物出版社，1989 年。

[4]　北京大学考古学系、甘肃省文物考古研究所：《甘肃武都县大李家坪新石器时代遗址发掘报告》，《考古学集刊》（13），中国大百科全书出版社，2000 年；张强禄：《试论白龙江流域新石器文化与川北川西地区新石器文化的关系》，《四川大学考古专业创建三十五周年纪念文集》，四川大学出版社，1998 年；张强禄：《马家窑文化与仰韶文化的关系》，《考古》2002 年第 1 期；张强禄：《白龙江流域新石器时代文化谱系的初步研究》，《考古》2005 年第 2 期。

[5]　甘肃省博物馆文物工作队：《甘肃秦安大地湾第九区发掘简报》，《文物》1983 年第 11 期；甘肃省博物馆文物工作队：《甘肃秦安大地湾遗址 1978 至 1982 年发掘的主要收获》，《文物》1983 年第 11 期；郎树德、许永杰、水涛：《试论大地湾仰韶晚期遗存》，《文物》1983 年第 11 期。

附表一　G1出土陶片陶质陶色及纹饰统计表

纹饰 ＼ 陶质陶色	泥质陶				夹砂陶		合计	百分比
	褐	红	灰	黑皮	褐	灰		
斜向线纹		3	8				11	14
交错线纹	3		7				10	13
斜向绳纹	4		3		10		17	22
彩陶	1	1					2	3
附加堆纹		1	1				2	3
素面		4	6	1	2	2	15	19
戳印纹	17		1				18	23

续表

陶质陶色 纹饰	泥质陶				夹砂陶		合计	百分比
	褐	红	灰	黑皮	褐	灰		
弦纹	3						3	3
花边口沿					1		1	1
合计	28	9	26	1	13	2	79	
	64				15			
百分比	36	12	33	1	15	3	100	
	82				18			

附表二　G1出土陶片陶质陶色及器形统计表

陶质陶色 器形	泥质陶				夹砂陶		合计	百分比
	褐	红	灰	黑皮	褐	灰		
盆	2	2					4	15
钵（碗）	3	3	2	1		1	10	37
瓶	1						1	4
罐	3		4		3		10	37
圜底器			1				1	4
器盖					1		1	4
合计	9	5	7	1	4	1	27	
百分比	33	19	26	4	15	4	100	

附表三　T1第4层出土陶片陶质陶色及纹饰统计表

陶质陶色 纹饰	泥质陶				夹砂陶		合计	百分比
	褐	红	灰	黑皮	褐	灰		
斜向线纹	1	1	4				6	11
交错线纹		2	1				3	6
斜向绳纹	2	1	4		2		9	17
交错绳纹		1			1		2	4
附加堆纹		1			1	1	3	6
素面	6	3	6	5	5	2	27	51
花边口沿					2		2	4
弦纹			1				1	1
合计	9	9	16	5	11	3	53	
	39				14			
百分比	17	17	30	9	21	6	100	
	73				27			

附表四　T1第4层出土陶片陶质陶色及器形统计表

器形 ＼ 陶质陶色	泥质陶				夹砂陶	合计	百分比
	褐	红	灰	黑皮	褐		
盆				1		1	8
钵		1	1			2	15
碗		1				1	8
瓶	1		1			2	15
罐	2		2		2	6	46
缸					1	1	8
合计	3	2	4	1	3	13	100
百分比	23	15	31	8	23		

［原载《成都考古发现》（2004），科学出版社，2006年，第1～12页］

茂县波西遗址2008年的调查

成 都 文 物 考 古 研 究 院
阿坝藏族羌族自治州文物管理所
茂 县 羌 族 博 物 馆

一、引　言

　　波西遗址位于四川省阿坝藏族羌族自治州茂县凤仪镇，地理坐标为东经103°52′、北纬31°41′。地处岷江西岸三级阶地之上，高出岷江河床约100米，西距沙乌都遗址约500米，西南与营盘山遗址相距约1500米，东与县城隔江相望（图一）。海拔1590～1610米。遗址北临金龟包，南接银龟包，东临河谷，西面靠山，面积较为辽阔，现为水西村一、二、三组及坪头村的波西组及顺城村、前进村的农耕地。遗址中部有一条冲沟，俗名称为槽沟，以槽沟为界，可将遗址分为北区和南区。遗址于2000年7月由成都市文物考古研究所（现成都文物考古研究院）、阿坝藏族羌族自治州文物管理所、茂县羌族博物馆三家单位调查发现，当时，遗址中心主要位于坪头村波西组，故命名为波西遗址（调查时分别命名为波西槽南和波西槽北遗址）[1]。地表常年种植苹果、梨等果树及玉米、小麦、蔬菜等作物，表土沙性较重。

　　为深入探讨岷江上游新石器时代文化的内涵、建立初步的文化发展序列，2002年9月，成都市文物考古研究所、阿坝藏族羌族自治州文物管理所、茂县羌族博物馆联合开展了进一步的调查，并在遗址冲沟以北地带布2米×15米探沟一条进行了试掘[2]。2003年11月，三家单位再次在2002年试掘地点以东布2米×10米探沟一条进行试掘[3]。

　　2008年5月12日，四川省汶川县发生里氏8级特大地震，位于羌文化核心区茂县县城的茂县羌族博物馆的建筑与馆藏文物均受到了严重损毁，国家民族事务委员会、国家文物局及社会各界对茂县羌族博物馆灾后重建工作高度重视，国家文物局单霁翔局长多次率队赴茂县进行实地考察，鉴于博物馆重建新选地址附近发现了新石器文化遗址，要求要组织考古业务人员进行深入复查、勘探工作，以便将遗址的准确分布范围、文化内涵了解清楚，出土文物标本及遗迹现象可以在博物馆陈列展览。根据这一指示，成都文物考古研究所（现成都文物考古研究院）、阿坝藏族羌族自治州文物管理所、茂县羌族博物馆三家单位组成联合调查队，于2008年10、11月对茂县羌族博物馆火后重建新建馆址及波西遗址进行了考古调查与勘探。现将波西遗址的考古调查收获简报如下。

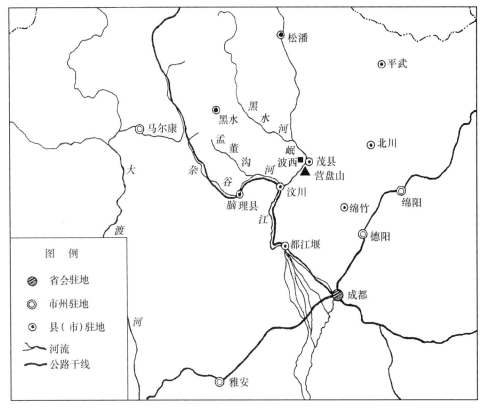

图一　遗址位置示意图

二、地质地理环境与文化堆积

　　茂县县城凤仪镇所在茂县盆地是岷江上游地区面积最大的一处河谷冲积扇平原，土肥地美，水源充足，气候宜人，一直是人类选择定居地点的理想之所，茂县置县以来的历代治所均设于此，汉代汶山郡治所也一度在此。时至今日，茂县仍是阿坝藏族羌族自治州的经济重地。从地理位置来看，茂县盆地基本处于岷江上游地区的中心地带。由此不难发现，茂县盆地堪称岷江上游地区的文化、政治和地理中心。

　　从地质结构来看，川西高原是青藏高原的组成部分，岷山—龙门山南北构造带（隆起带）构成了青藏高原东部边缘的中段。岷江上游发育于该隆起带的西侧，总体呈南北向展布[4]。岷江西侧支流如杂谷脑河、黑水河、热务河等，向高原腹地溯源侵蚀，形成了沟谷纵横的山地侵蚀地貌。岷山主峰的海拔大于5500米（雪宝顶为5588米），龙门山中段主峰接近5000米（九顶山4989米），山顶面平均海拔大于4500米，相对地形高差大于1000米。岷山和龙门山中段组成的南北隆起带与四川盆地过渡的地带是一个地形陡变带，受到嘉陵江、白龙江、涪江等河谷支流的深切。沿陡变带的许多地方，局部河谷—山脊之间相对高差达3000米。地形最陡的一段位于隆起带南段九顶山东侧向成都平原过渡的地带，相对高差大于3300米。由于岷江中游和上游几个小河段的河谷纵向比降不同，同时河谷下方地壳上升速率不同，导致了上游和中游的几个河段的下蚀率产生了差异，岷江上游几个河段的年平均下蚀率（1.4 毫米／年）大于岷江中游几个河段的年平均下蚀率（1.08 毫米／年）[5]。

　　自源头弓嘎岭到都江堰，岷江上游河床海拔从 3400 米下降到 900 米，沿河谷发育的阶地海拔也相应下降，不同河段阶地的级别、相对高差也发生相应变化[6]。阶地主要发育在盆地和两河交汇处，如漳腊—斗鸡台盆地、茂县盆地和汶川盆地、渔子溪与岷江干流交汇处、杂谷脑河与岷江干流交汇处等。低阶地主要发育在宽阔的河谷地带，如漳腊到镇江关段，但高阶地不甚发育；在峡谷地带，如茂县的两河口至马脑顶、映秀到玉龙段等，阶地发育少且分布不连续。岷江上游谷地以发育基座型阶地为主，侵蚀阶地和堆积阶地不发育。不同级别的阶地物质组成不同，一般情况，一、二级阶地由砾石层组成，海拔高出河面小于 5 米，沿河分布最连续的是三级阶地，以砾石和砂互层为特点，层序、韵律都很清楚。干流阶地与支流阶地的发育情况差别较大，总体而言，支流中少有阶地发育，如热务河、渔子溪、黑水河等，但在杂谷脑河中阶地发育。岷江上游阶地发育最好的地段有两个，即漳腊—斗鸡台盆地和茂县盆地。茂县盆地位于岷江由南向西南流向转折处，盆地范围不大，盆地内发育四级阶地（图二）。一级阶地海拔高出河面 1～2 米，

图二　岷江上游茂县盆地及阶地

1. 一级阶地组成　2. 三级阶地组成　3. 阶地剖面远景　4. 阶地剖面图　5. 茂县第四纪盆地阶地分布

Ⅰ～Ⅳ为阶地级别，A～A′为剖面图位置，镜头向北东方向

（采自《地质力学学报》2003 年第 9 卷第 4 期，第 366 页，图 5）

由河漫滩砾石组成；二级阶地海拔高出河面 8～12 米，由冲积、洪积、泥石流扇组成，以磨圆分选极差的灰岩角砾泥石流堆积为特征，在茂县盆地内可见五个这样大型的泥石流扇；在河谷地段，二级阶地沿河两侧分布连续，海拔高出河面增大，次级阶面增加，阶地堆积物以砂砾石互层为主，砂层中发育交错层理和斜层理，电子自旋共振测试年龄为 2.07 万年。三级阶地在茂县盆地呈典型的阶状地貌，海拔高出河面 100 米左右，由砾石层、黏土层、土状黄土和灰岩细粒砂等组成，电子自旋共振测定结果显示底部年龄为 28 万年，上部黄土层年龄为 11 万年。波西遗址即位于其上。在第三级阶地之上尚发育一个层状地貌面，上覆以黄土，下部局部见到砾石层。营盘山遗址就位于该黄土层上。

茂县盆地内的河谷冲积扇平原是岷江上游地区面积最大的河谷冲积扇平原，自然条件非常优越。而盆地内部的岷江东岸与西岸也有差异，河谷西岸的自然环境条件较东岸优越。首先，西岸背山面河，地势开阔、平坦，河谷阶地平原面积大；其次，西岸处于阳山地带，日照充足，利于农作物生长；再次，西岸三级阶地发育状况较好，取水便利，也避免了洪水的威胁，同时前述三级阶地由砾石层、黏土层、土状黄土和灰岩细粒砂等组成，其中的黏土层和土状黄土质地肥沃，为定居农耕生活提供了优良的土壤条件；最后，西岸地处岷江回水湾的内侧，冲积扇平原面积大，水流速度趋缓，利于水生动物的生长，捕捞渔业条件较好。

就地质环境来看，龙门山三条断裂带中的后山断裂带——汶川茂县断裂带，从遗址以西的山前地带穿越而过（图三），对遗址的威胁不大，在经历了 2008 年的 "5·12" 特大地震后，波西遗址基本毫发无损。

因此，波西遗址的自然环境条件得天独厚。

调查发现的文化层断面及遗物采集点分布情况表明：遗址的南区地势较陡，早期文化遗址多为泥石流堆积覆盖，仅在临近槽沟的剖面发现不连续的间断文化层堆积，采集有少量陶片，文化层的整体分布面积不详；遗址的北区地势较为平坦，在区内的三级梯田范围内均采集有遗物，并发现有原生文化层堆积，是文化层堆积的主要分布区和遗址中心所在（图四）。

波西遗址地处岷江西岸三级阶地之上，阶地东部边缘地带文化层堆积厚度可达 1.5 米以上，断面的垮塌痕迹清晰可见，由此推测原来的三级阶地的边界已被破坏。其原因与洪水密切相关。1933 年 8 月 25 日发生在茂县县城上游叠溪的里氏 7.5 级大地震造成的山体滑坡，在岷江中形成两道天然水坝和四个堰塞湖，据记载[7]，地震时死亡 500 余人，而两个月后由于坝体垮塌，导致茂县、汶川县、灌县（都江堰）共 2 万余人在洪水中丧生。波西遗址附近村寨中的老人迄今对当时洪水的可怕威力记忆犹新。在遗址东部地势较低的二级阶地范围内（茂县羌族博物馆灾后重建新址所在地），我们勘探发现了深度在 2 米以上的纯净淤沙堆积，当属于洪水消退后形成的地层现象。

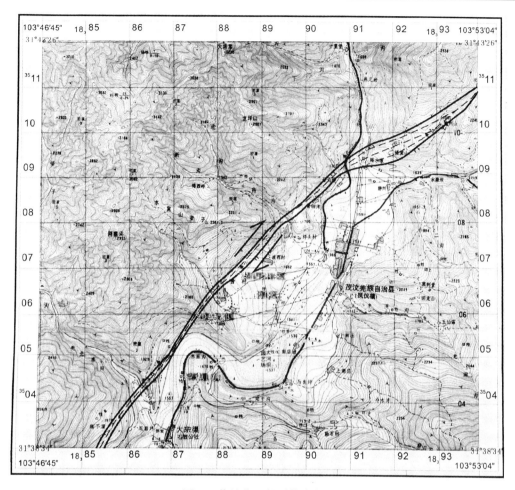

图三　茂县盆地断裂带分布图

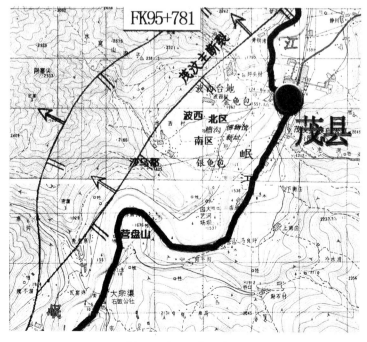

图四　遗址环境示意图

三、采 集 遗 物

本次调查采集遗物较为丰富，依质地分为石器、玉器、陶器三类（器物编号为2008SMB 采：×号，以下简写为采：×号）。现分类介绍如下。

1. 石器

数量较为丰富，包括打制石器、磨制石器。

（1）打制石器

以石片石器数量最多，所选石料石质坚硬，器形包括砍砸器、砍伐器、切割器、刮削器、尖状器、斧、刀、刻划器等。现依据器形分类介绍如下。

砍砸器　4件。依据平面形状，分为二型。

A 型　1件。盘状砍砸器。采：67，灰褐色夹白色斑点，石质坚硬。器体厚重，周边及两面遍布砸击疤痕。长径8.5、短径7.9、厚4厘米（图五，5；图版五，2）。

B 型　3件。不规则形。采：61，灰色，石质坚硬。略呈椭圆形，一面保留有卵石自然面，一面为劈裂面，上下端有打击疤痕。长径11、短径9、厚2.3厘米（图六，1）。采：63，青灰色，石质坚硬。略呈梯形，背部打制平齐，一面局部保留卵石自然面，另一面为劈裂面，两侧及刃端有砸击疤痕。长7.1、背宽8.3、刃宽6.5、厚1.7厘米（图六，2）。采：65，深灰色，石质坚硬。略呈方形，背部略弧，一面保留卵石自然面，另一面为劈裂面，两侧经加工，下端有使用痕迹。长10.5、宽8.7、厚2厘米（图六，4）。

砍伐器　1件。采：80，灰黑色，石质坚硬。略呈长方形，弧背，直刃，两侧略经加工，一面局部保留卵石自然面，另一面为劈裂面，背部有打击疤点，刃部可见使用痕迹。长10.2、宽7.5、厚3厘米（图六，3）。

切割器　8件。石质坚硬，多由剥离石片加工而成。采：75，灰白色。略呈长方形，系剥离石片加工而成，直刃，一面为劈裂面，可见打击疤点，另一面为卵石自然面。长7.5、宽4.9、厚0.9厘米（图七，6）。采：77，深灰色。利用剥离石片加工而成，弧刃，背部平齐，一面为卵石自然面，另一面为劈裂面，刃部有使用痕迹。长9.6、宽5.6、背厚1.5厘米（图八，2）。采：79，灰白色。平面略呈三角形，握端较厚，弧刃，一面局部保留卵石自然面，另一面为劈裂面，可见打击疤点及放射线，刃部有使用痕迹。刃长12.6、宽6.5、厚3厘米（图八，1）。采：83，深灰色。略呈长条形，弧刃，背部平齐，一面为卵石自然面，另一面为劈裂面，两面均有剥片疤痕，背端有打击疤点。长8.3、宽3.7、厚1.2厘米（图八，3）。采：85，深灰色。略呈椭圆形，一面为卵石自然面，另一面为劈裂面，背端有打击疤点。采：87，青灰色。弧刃，两面均有打片疤点。长6.5、宽4.5、厚1.4厘米（图八，5）。采：91，青灰色。弧刃，背端有打击疤点，两面均有剥片疤痕，背端有打击疤点。长6.6、宽3.9、厚1.8厘米（图八，4）。采：97，青黑色。靴形，弧刃，两面均有剥片疤痕，背端有打击疤点。刃宽 5.3、长 4.4、厚 1.1 厘米（图五，3）。

　　刮削器　2 件。采：73，黑色，石质轻巧坚硬。刃口内凹可见使用痕迹，两面均为劈裂面，弧背。长 5.8、宽 5.1、厚 1.6 厘米（图八，6）。采：76，灰褐色，石质坚硬。

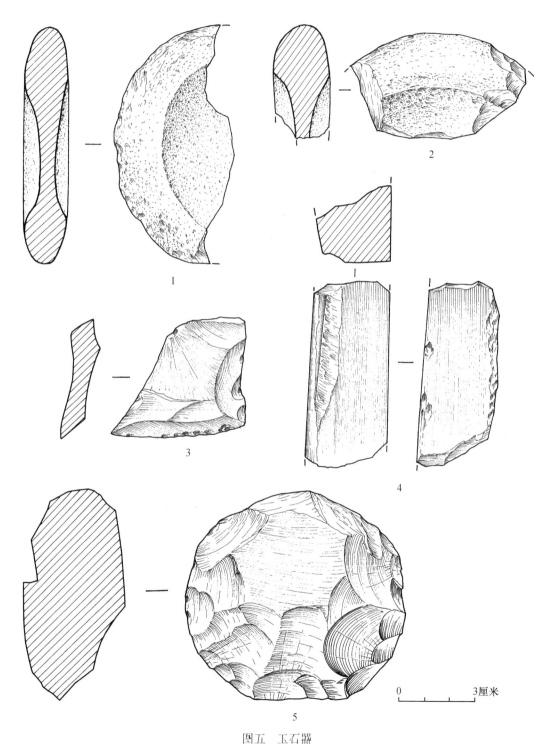

图五　玉石器

1、2. 玉臼形器（采：70、采：66）　3. 打制石切割器（采：97）　4. 玉方形器（采：64）

5. A 型打制石砍砸器（采：67）

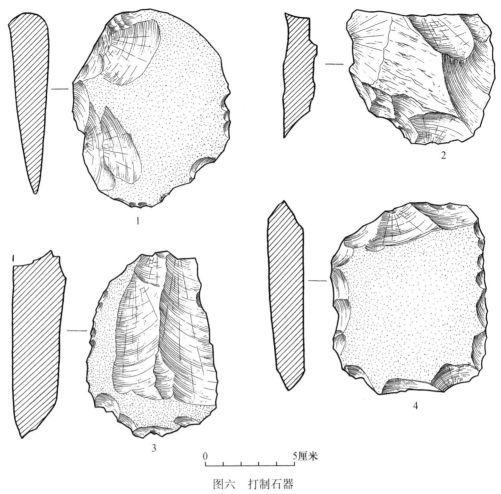

图六　打制石器

1、2、4. B型砍砸器（采：61、采：63、采：65）　3. 砍伐器（采：80）

弧背，刃口内凹，一面局部保留卵石自然面，另一面为劈裂面，可见打击疤点。长 7.9、宽 5.2、厚 1.5 厘米（图八，7）。

斧　1件。采：94，青黑色。略呈长条梯形，系削离石片加工而成，弧刃较宽，两侧斜平，一面为卵石自然面，另一面为劈裂面，有打击疤点。刃宽 4.7、背宽 2.5、厚 0.9、高 8 厘米（图七，7）。

刀　3件。采：92，灰色。弧刃，背部平齐。长 5.8、宽 3.2、厚 0.4 厘米（图七，2）。采：98，青灰色，石质坚硬。系削离石片加工而成，略呈长方形，弧刃，一面局部保留卵石自然面，另一面为劈裂面，有打击疤点和放射线。长 6.5、宽 4.3、厚 1 厘米（图七，3）。采：99，深灰色。已残断，直刃。残长 4.4、宽 3.4、厚 0.5 厘米（图七，5）。

石坯　2件。采：78，灰黑色，石质坚硬。已残断，略成亚腰形。残长 7.8、宽 4.2、厚 1 厘米（图七，8）。采：82，灰白色，石质坚硬。已残，略成长条梯形，一侧及下端有打击加工痕迹，一面保留卵石自然面。长 10.2、上宽 3.8、下宽 5.3、厚 1.1 厘米（图九，1）。

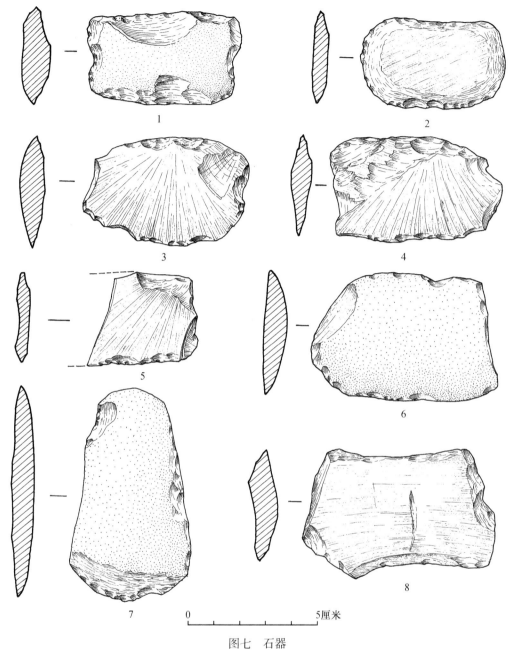

图七　石器

1. 磨制刀（采∶96）　2、3、5. 打制刀（采∶92、采∶98、采∶99）　4. 磨制石器残片（采∶90）
6. 打制切割器（采∶75）　7. 打制斧（采∶94）　8. 石坯（采∶78）

　　打制石器还包括少量的细石器，器形有石核、尖状器、石片石器等，以燧石为主。现依照器形分类介绍如下。

　　石核　2件。采∶74，青黑色燧石。锥状，台面较宽，器表有多道纵向长条形细石叶剥离疤痕，台面周边可见剥片打击点。长 3.1、宽 3.2、台面厚 2.8 厘米（图一〇，1；图版五，5）。采∶103，白色石英，半透明。表面有两道纵向长条形石片剥离疤迹。长 2.8、宽 1.5、厚 1.2 厘米（图一〇，3）。

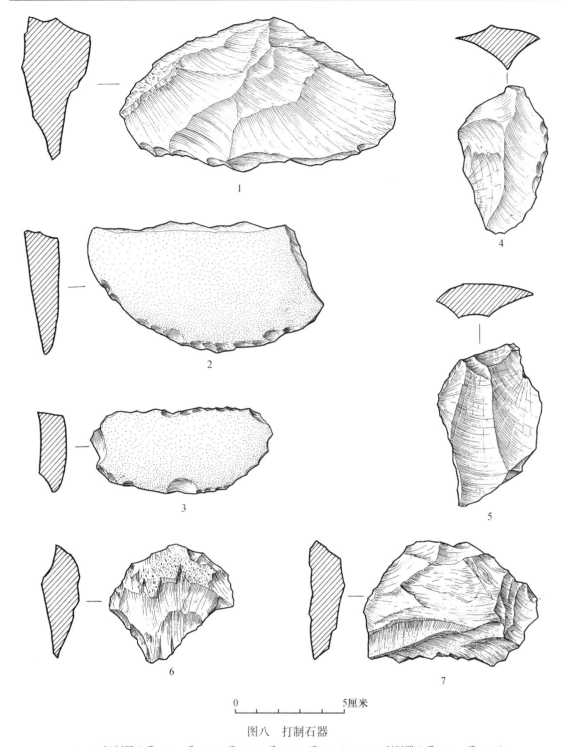

图八　打制石器

1~5. 切割器（采：79、采：77、采：83、采：91、采：87）6、7. 刮削器（采：73、采：76）

　　尖状器　1件。采：100，灰白色，石质坚硬。器体小巧，两侧经琢击加工，尖端略
残断，下端斜平，两面均见剥片疤痕。残长 4、宽 3.3、厚 0.8 厘米（图一〇，2）。

　　石片石器　1件。采：72，黑色燧石。表面有多处剥片疤痕。长 1.7、宽 1.6、厚 0.9
厘米（图一〇，4）。

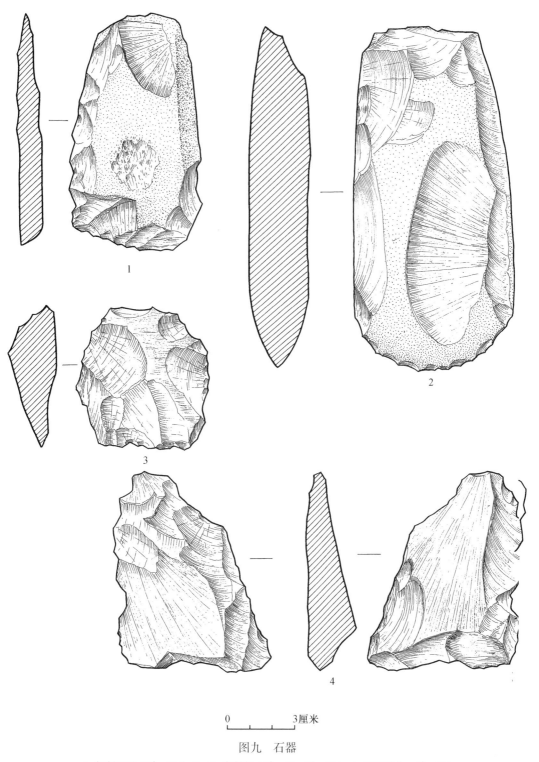

图九 石器

1. 打制石坯（采∶82） 2、3. 磨制斧（采∶60、采∶71） 4. 石器残片（采∶69）

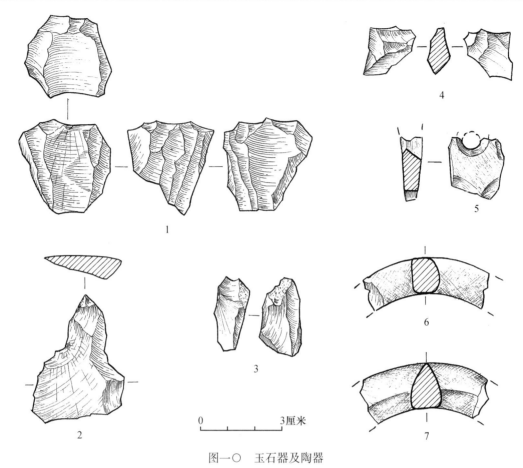

图一〇　玉石器及陶器

1、3. 打制石核（采：74、采：103）　2. 打制石尖状器（采：100）　4. 打制石片石器（采：72）
5. 纹饰陶片（采：105）　6. 磨制石环（采：104）　7. 玉环镯形器（采：68）

（2）磨制石器

器形包括斧、刀、环等。现依照器形分类介绍如下。

斧　2件。采：60，青灰色夹白斑，石质坚硬。长条梯形，器体厚重，局部磨光，弧刃中锋，背端打平，一面局部保留卵石自然面，另一面为劈裂面，刃部可见使用痕迹。长 14.7、刃宽 7、背宽 4.6、厚 2.7 厘米（图九，2；图版五，1）。采：71，深灰色，石质坚硬。刃部残片，表面局部磨光，弧刃，中锋。残长 6.2、刃宽 5.8、厚 2.1 厘米（图九，3）。

刀　1件。采：96，深灰色，器体小巧。略成长方形，背部较厚，两侧打制出缺槽便于系绳，弧刃，一面局部保留卵石自然面，另一面为劈裂面。长 6.1、宽 3.5、厚 1.2厘米（图七，1）。

环　1件。采：104，淡绿色板岩易起层。残断，内壁磨平，外壁凸起。高 1、厚 1.3厘米（图一〇，6）。

石器残片　2件。采：69，淡绿色，石质坚硬。一面有磨光痕迹，一侧有打击加工痕迹。残长 8.5、宽 6.5、厚 2.1 厘米（图九，4）。采：90，淡绿色，石质坚硬。一面局部磨光。残长 6.9、宽 3.9、厚 0.9 厘米（图七，4）。

2. 玉器

均为白色大理石质地，磨制加工精细，选择精当，器形有环镯形器、方形器、臼形器。现依据器形分类介绍如下。

环镯形器　1 件。采：68，残断，内壁磨平，外壁尖状，通体磨光。高 1.1、厚 1.6 厘米（图一〇，7）。

方形器　1 件。采：64，已残，器体厚重，表面磨光，一侧保留开片的切割及断裂痕迹，加工工艺先进，用途不明。残长 6.9、残宽 3、厚 3.3 厘米（图五，4；图版五，3）。

臼形器　2 件。已残，周边及两面有琢击加工痕迹，两面内凹。采：66，残宽 3.9、厚 2.2 厘米（图五，2；图版五，4）。采：70，直径 8.9、厚 1.7 厘米（图五，1）。

3. 陶器

采集的陶器多为残片，可分泥质陶和夹砂陶两大陶系，其中以泥质陶为主，所占比例为采集陶器总数的 70%；夹砂陶分夹粗砂和夹细砂两种，所占比例为采集陶器总数的 30%。泥质陶以泥质红陶为主，占采集陶器总数的 25%；次为泥质灰陶，占 22%；再次为泥质褐陶，占 21%；泥质黑陶最少，仅占 2%。夹砂陶以夹砂褐陶为主，占采集陶器总数的 28%；夹砂灰陶最少，仅占 2%。

纹饰以素面为主，占采集陶器的 47%，次为线纹（包括纵向、横向、斜向线纹、交错线纹及组合而成的网格纹）和绳纹（包括纵向、横向、斜向绳纹、交错绳纹及组合而成的网格纹），分别占 27% 和 18%，此外还有少量的素面磨光、附加堆纹、彩陶、素面、花边口沿＋线纹、附加堆纹＋绳纹、附加堆纹＋划纹、穿孔、凹线纹等（图一一；附表）。

陶器器形以平底器为主，有少量尖底器。器形有长颈罐、小口瓶、尖底瓶、盆、钵、碗、壶形器等。现依据器形分类介绍如下。

长颈罐　7 件。夹砂褐陶，侈口，方唇。依据口部装饰，分为二型。

A 型　4 件。绳纹花边口沿。采：10，颈部表面饰较浅的纵向绳纹。残高 3.2 厘米（图一二，1）。采：45，颈部表面饰纵向绳纹。残高 2.4 厘米（图一二，3）。采：52，胎夹细砂。颈部表面饰斜向绳纹。残高 2.1 厘米（图一二，5）。采：54，颈部表面饰斜向绳纹。残高 2.5 厘米（图一二，11）。

B 型　3 件。锯齿状花边口沿。采：41，颈部表面饰交错线纹。残高 3.5 厘米（图一二，6）。采：46，颈部表面饰纵向绳纹及戳印纹。残高 4 厘米（图一二，2）。采：49，颈部表面饰纵向绳纹。残高 3.3 厘米（图一二，4）。

小口瓶　4 件。依据口部特征及陶质陶色，分为二式。

Ⅰ式：1 件。双唇口。采：62，细泥红陶。直口，口内壁略内凹，尖唇。内口径 8、外口径 11.9、残高 4.4 厘米（图一二，7）。

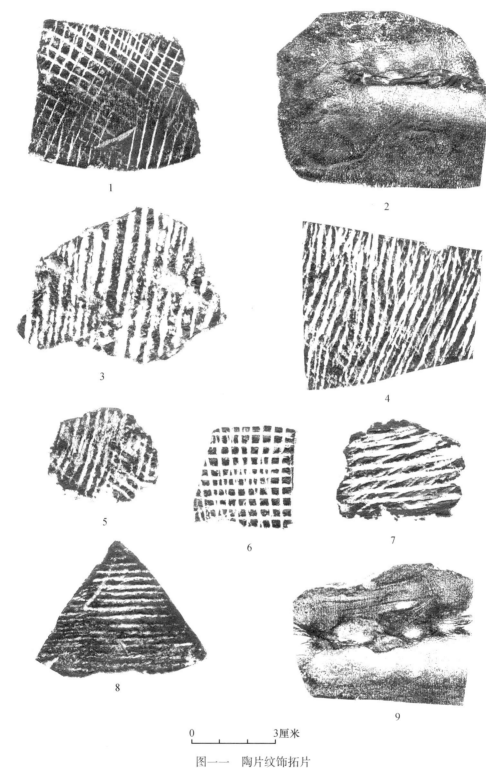

图一一　陶片纹饰拓片

1、6. 网格纹（采：20、采：30）　2、9. 鸡冠状錾（采：25、采：29）　3. 纵向粗绳纹（采：32）

4. 纵向及斜向绳纹（采：5）　5. 交错绳纹（采：43）　7. 斜向绳纹（采：47）

8. 横向线纹（采：13）

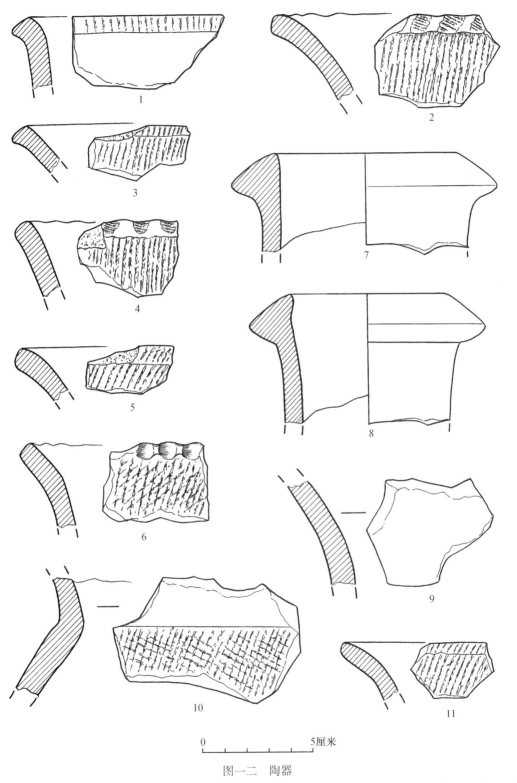

0   5厘米

图一二 陶器

1、3、5、11. A 型长颈罐（采：10、采：15、采：52、采：54） 2、4、6. B 型长颈罐（采：46、采：49、采：41）
7. Ⅰ式小口瓶（采：62） 8～10. Ⅱ式小口瓶（采：1、采：9、采：7）

Ⅱ式：3件。敛口，口内壁有一周凹槽。泥质灰陶。采：1，沿面有一周凹槽，圆唇，外唇内卷，直颈。内口径7、外口径10.5、残高5.5厘米（图一二，8）。采：7，肩部残片，颈部抹光，广肩。两面饰交错绳纹。残高4.9厘米（图一二，10）。采：9，颈部残片。表面饰较浅的戳印纹。残高4.6厘米（图一二，9）。

尖底瓶　1件。采：19，泥质灰陶。近底部残片，壁较厚，内壁可见泥条粘接痕迹，底略呈锐角。残高4.3厘米（图一三，1）。

盆　10件。根据口沿特征，分为三型。

A型　4件。敛口。依据沿部特征，分为二式。

Ⅰ式：3件。沿下有一周凹槽，沿内唇有一周凸棱。采：2，泥质灰陶。尖唇。口径33.9、最大腹径37.5、残高5厘米（图一三，3）。采：3，泥质灰陶。表面磨光，尖唇，内壁面有刮抹痕。口径33.9、最大腹径36.6、残高7.2厘米（图一三，2；图版七，5）。采：35，泥质褐陶。圆唇。口径29.2、残高3.5厘米（图一三，8）。

Ⅱ式：1件。沿内卷成一周凸棱。腹表饰纵向绳纹。采：27，泥质褐陶。尖唇。残高2.5厘米（图一三，5）。

B型　5件。口微敛，折沿。依据表面装饰，分为二式。

Ⅰ式：3件。泥质褐陶，素面。采：24，圆唇，鼓腹。口径29.1、腹径27、残高6厘米（图一三，4；图版七，4）。采：42，沿面斜平，圆唇。残高1.9厘米（图一三，14）。采：101，口部残，鼓腹。

Ⅱ式：2件。彩陶。采：40，细泥红陶，表面磨光。口部残。以黑彩在腹表绘相交的线条纹。残高4.7厘米（图一四，8）。采：55，细泥褐陶，表面磨光。尖唇。以黑彩在腹表及沿面绘斜向线条纹。残高4厘米（图一三，6）。

C型　1件。大口，卷沿。采：34，泥质灰陶，厚胎。口微侈，方唇。残高3.7厘米（图一三，7）。

钵　9件。依据口沿特征，分为三型。

A型　4件。敛口，沿下有一周凹弦纹，内唇面有一周凹棱。采：11，泥质灰陶。口残。内壁有泥条粘接痕迹。采：51，泥质灰陶。尖唇。残高2.9厘米（图一三，10）。采：54，泥质褐陶。尖唇。残高3.3厘米（图一五，2）。采：58，泥质灰陶。圆唇。残高2.5厘米（图一三，12）。

B型　3件。敛口，内唇面有一组凸棱。采：25，泥质红褐陶。尖唇。内壁有修整的刮抹痕，上腹表有鸡冠状錾。口径24、腹径25.2、残高6厘米（图一一，2；图一三，9；图版七，2）。采：29，泥质褐陶。口部残。上腹表饰鸡冠状錾。残高3.8厘米（图一一，9；图一四，1）。采：36，泥质灰陶，表面磨光。圆唇。残高3厘米（图一五，7）。

C型　2件。侈口，口部加厚，圆唇。采：8，泥质褐陶。外壁有轮旋痕。残高2.6厘米（图一五，8）。采：23，泥质红褐陶。

碗　7件。依据内沿面有无凸棱，分为二式。

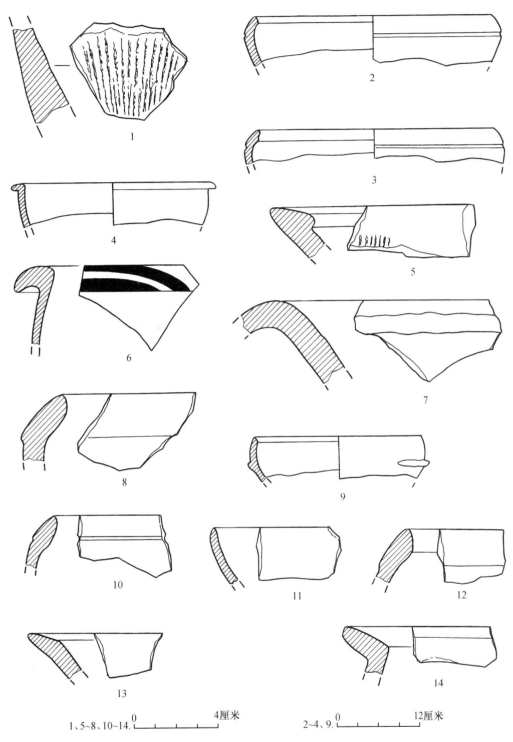

图一三　陶器

1. 尖底瓶（采：19）　2、3、8. A Ⅰ式盆（采：3、采：2、采：35）　4、14. B Ⅰ式盆（采：24、采：42）

5. A Ⅱ式盆（采：27）　6. B Ⅱ式盆（采：55）　7. C 型盆（采：34）　9. B 型钵（采：25）

10、12. A 型钵（采：51、采：58）　11. Ⅱ式碗（采：56）　13. 壶形器（采：142）

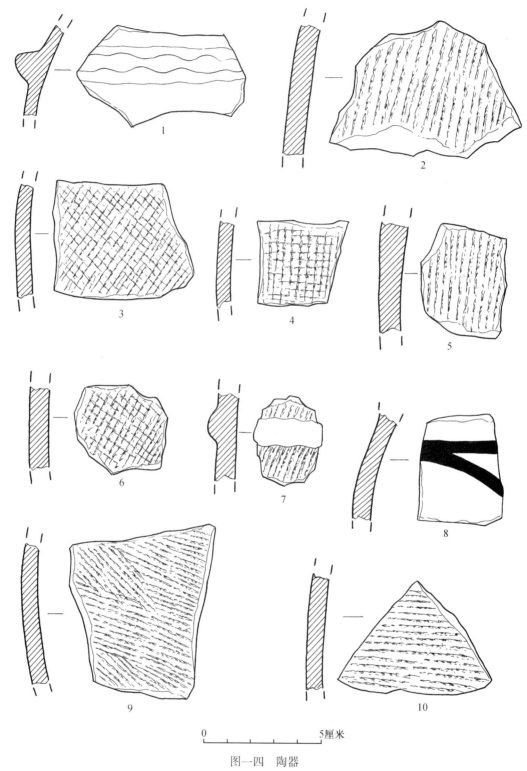

0　　　　　　　　　5厘米

图一四　陶器

1. B 型钵（采：29）　2～7、9、10. 纹饰陶片（采：32、采：6、采：30、采：47、采：43、采：59、采：5、采：13）

8. B Ⅱ式盆（采：40）

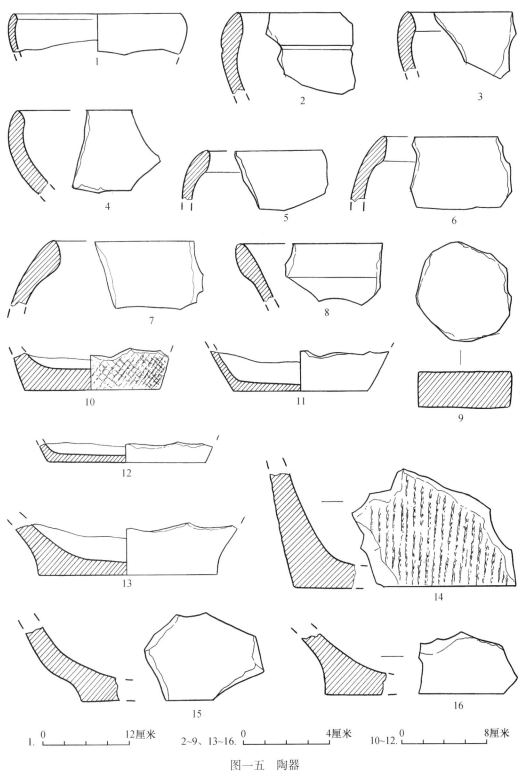

图一五　陶器

1、3～6. Ⅰ式碗（采：26、采：101、采：14、采：18、采：4）2. A 型钵（采：54）7. B 型钵（采：36）8. C 型钵
（采：8）9. 饼形器（采：12）10～16. 器底（采：39、采：204、采：38、采：37、采：33、采：21、采：53）

Ⅰ式：5件。敛口，尖唇，内沿面有一周凸棱。采：4，泥质红褐陶。残高3.2厘米（图一五，6）。采：14，泥质红褐陶。残高3.5厘米（图一五，4）。采：18，泥质红褐陶。残高2.6厘米（图一五，5）。采：26，泥质褐陶。内壁面有轮旋痕。口径22、腹径24、残高5.1厘米（图一五，1）。采：101，泥质红褐陶，表面磨光。残高2.5厘米（图一五，3）。

Ⅱ式：2件。直口，唇内壁无凸棱。采：56，泥质灰陶。残高2.4厘米（图一三，11）。采：16，泥质红褐陶。

壶形器　2件。采：142，泥质褐陶。侈口，尖唇。残高2厘米（图一三，13）。采：28，夹细砂褐陶，薄胎。方唇，细长颈。

器耳　1件。采：22，泥质灰陶。略呈梯形。表面饰斜向线纹。

饼形器　1件。采：12，泥质灰陶，厚胎，周边磨光。直径4.2、厚1.5厘米（图一五，9）。

器底　9件。采：15，夹砂褐陶。平底。采：21，泥质灰陶。火候较高，小平底。残高3.1厘米（图一五，15）。采：204，泥质褐陶，薄胎。直壁，平底。外底面饰斜向绳纹。底径12、残高3.5厘米（图一五，11）。采：33，夹粗砂褐陶，厚胎。平底。器表饰纵向绳纹，底和壁有明显粘接痕。残高4.8厘米（图一五，14）。采：37，夹砂褐陶。平底外折成假圈足底。底径8、残高2厘米（图一五，13）。采：38，夹砂褐陶，火候略高。平底。底径14、残高1.5厘米（图一五，12）。采：39，夹粗砂褐陶，厚胎。直壁，平底，器表饰交错绳纹。底径12、残高3.4厘米（图一五，10）。采：53，夹粗砂褐陶。平底外折成假圈足底，断口磨光。残高2.6厘米（图一五，16）。采：57，夹粗砂褐陶。平底。外底面饰纵向绳纹，底、壁交接处有明显粘接痕，并饰斜向绳纹。

纹饰陶片　13件。采：5，泥质灰陶。表面饰纵向及斜向绳纹（图一一，4；图一四，9）。采：6，泥质灰陶。表面饰交错线纹构成的网格纹（图一四，3）。采：13，泥质红褐陶。表面饰横向线纹（图一一，8；图一四，10）。采：20，泥质红褐陶。表面饰交错线纹构成的网格纹（图一一，1）。采：30，泥质灰陶。表面饰交错线纹构成的网格纹（图一一，6；图一四，4）。采：32，泥质褐陶。表面饰纵向粗绳纹（图一一，3；图一四，2）。采：31，夹砂褐陶，厚胎。表面饰纵向线纹，并加贴横向泥条堆纹（其上再饰纵向线纹）。采：43，夹粗砂褐陶。表面饰交错绳纹（图一一，5；图一四，6）。采：44，夹粗砂褐陶。表面饰纵向绳纹。采：47，夹粗砂褐陶，表面饰斜向绳纹（图一一，7；图一四，5）。采：48，泥质黑陶。表面饰交错线纹构成的网格纹。采：59，夹粗砂褐陶。表面饰斜向绳纹及泥条附加堆纹（图一四，7）。采：105，泥质褐陶。表面有单向穿孔（图一〇，5）。

窑内烧结物　4件。采：86、采：88，灰绿色，质地坚硬。表面遍布气孔（图版七，6）。

四、初 步 认 识

1. 年代与文化因素

本次调查采集陶器的地点集中于遗址北区东部及东南部的断面附近，根据陶器特征的比较，年代应晚于 2002 年试掘的 G1（位于遗址北区的西部偏中地带，年代与仰韶文化庙底沟类型晚段相当）。

采集陶片中的 Ⅰ 式、Ⅱ 式小口瓶与甘肃省秦安大地湾遗址[8]第四期文化出土的 A 型 Ⅱ 式尖底瓶（T400 ③：11、H862：11）口部特征相似，直口双唇，内唇渐低，但仍高于外唇；采集的锐角底尖底瓶与大地湾第四期的 B 型 Ⅱ 式尖底瓶（H403：1）特征相似，乳突状尖底近直角；采集的 A 型 Ⅰ 式盆、A 型钵、Ⅰ 式碗分别与大地湾第四期的 A 型 Ⅱ 式瓮（F820：11）口部、C 型 Ⅰ 式深腹盆（H2：5）、B 型 Ⅰ 式及 Ⅱ 式钵（F400：8、H3103：5）的特征相似。可见，本次采集陶器的年代与大地湾第四期文化的第 Ⅰ 段、第 Ⅱ 段的年代相近，上限不晚于距今 5500 年，下限在距今 5000 年以上。

与隔江相距不过 1500 米的营盘山遗址[9]相比较，波西遗址采集陶片中仅见零星彩陶，且有一定数量的尖底瓶及双唇式小口瓶，以及内唇带凸棱的敛口盆、钵等，判定其年代早于营盘山遗址的主体遗存。

结合 2002 年和 2003 年的试掘材料来看，波西遗址的年代跨度较长，上限接近距今 6000 年，下限在距今 5000 年以上，有利于建立更为完备的岷江上游新石器文化发展序列。

从出土陶器面貌来看，波西遗址与仰韶文化中期晚段及仰韶晚期文化的相似之处较多，而两侧带缺槽的长方形石刀、白色大理石玉环镯形器等文化因素，也应属于黄河上游同期文化。但遗址出土的夹砂褐陶侈口罐、器体宽大的磨制石斧、剥离石片加工而成的各类打制石器和较为发达的细石器等文化因素，与甘肃、青海以及陕西境内的同时期文化遗存相比较，存在较大差异，这类文化因素的性质和渊源还有待于深入探讨，可能属于川西北高原山地新石器时代的本土文化传统。

2. 本次调查工作的意义

本次考古调查和勘探是"5·12"汶川县特大地震发生以后在四川极重灾区首次开展的田野考古工作，也是 2000 年以来岷江上游考古调查、发掘工作以及岷江上游新石器时代文化研究的延续和重要组成内容。经过实地踏查并参阅相关资料，对遗址所在茂县盆地的地质、地理环境有了一定的了解，有助于对岷江上游中心文化区研究的深入化、系统化。同时，对遗址的文化堆积分布与内涵有了更加深入和全面的认识，为进一步考古发掘工作奠定了基础。

附记：参加本次调查的人员包括成都文物考古研究院陈剑、苏奎、李彦川，阿坝藏族羌族自治州文物管理所陈学志、范永刚、邓小川，茂县羌族博物馆蔡清、张黎勇、刘永文等。茂县文化体育局、茂县凤仪镇人民政府对本次调查工作予以大力支持，特此致谢。

绘图：卢引科　曹桂梅

拓片：戴福尧

执笔：陈　剑　陈学志　蔡　清　范永刚　刘永文

注　释

［1］　成都文物考古研究院、阿坝藏族羌族自治州文物管理所：《岷江上游考古调查报告》，待刊。

［2］　成都文物考古研究所、阿坝藏族羌族自治州保管所、茂县羌族博物馆：《四川茂县波西遗址 2002 年的试掘》，《成都考古发现》（2004），科学出版社，2006 年。

［3］　资料现存成都文物考古研究院。

［4］　张岳桥、杨农、孟晖：《岷江上游深切河谷及其对川西高原隆升的响应》，《成都理工大学学报（自然科学版）》2005 年第 4 期。

［5］　高玄彧、李勇：《岷江上游和中游几个河段的下蚀率对比研究》，《长江流域资源与环境》2006 年第 4 期。

［6］　杨农、张岳桥、孟辉、张会平：《川西高原岷江上游河流阶地初步研究》，《地质力学学报》2003 年第 4 期。

［7］　四川省地震局：《一九三三年叠溪地震》，四川科学技术出版社，1983 年；潘志远：《叠溪古城遗址》，《四川文物》1987 年第 1 期；沈家五：《1933 年四川叠溪地震堵塞岷江的特大水灾》，《民国档案》1988 年第 1 期；江在雄、徐吉廷、李天华：《1933 年叠溪地震洪水及 1986 年崛江水患——兼论岷江水患成因和整治对策》，《灾害学》1989 年第 4 期；闫小兵、安卫平、赵晋泉等：《叠溪地震遗迹拾零》，《山西地震》2009 年第 3 期；李德英、高松：《地震灾害与社会反应——以 1933 年四川叠溪地震为中心的考察》，《史学月刊》2010 年第 1 期。

［8］　甘肃省博物馆文物工作队：《甘肃秦安大地湾遗址 1978 至 1982 年发掘的主要收获》，《文物》1983 年第 11 期；郎树德、许永杰、水涛：《试论大地湾仰韶晚期遗存》，《文物》1983 年第 11 期；甘肃省文物考古研究所：《秦安大地湾——新石器时代遗址发掘报告》，文物出版社，2006 年，第 397～658 页。

［9］　成都市文物考古研究所、阿坝藏族羌族自治州文管所、茂县博物馆：《四川茂县营盘山遗址试掘报告》，《成都考古发现》（2000），科学出版社，2002 年；蒋成、陈剑：《岷江上游考古新发现述析》，《中华文化论坛》2001 年第 3 期；蒋成、陈剑：《2002 年岷江上游考古的收获与探索》，《中华文化论坛》2003 年第 4 期；成都文物考古研究院、阿坝藏族羌族自治州文物管理所、茂县羌族博物馆：《茂县营盘山新石器时代遗址》，文物出版社，2018 年。

附表　采集陶片陶质陶色及纹饰统计表

纹饰＼陶质陶色	泥质陶				夹砂陶		合计	百分比
	红	褐	黑	灰	褐	灰		
线纹（包括纵向、横向、斜向线纹、交错线纹及组合而成的网格纹）	60	39	6	54		2	161	27
绳纹（包括纵向、横向、斜向绳纹、交错绳纹及组合而成的网格纹）		2			103		105	18
附加堆纹	1	1					2	0.3
彩陶	3						3	0.5
素面磨光	6	6	4	12			28	5
素面	78	76		64	61	7	286	47
花边口沿＋线纹					2		2	0.3
附加堆纹＋绳纹	1				6		7	1
附加堆纹＋划纹		1					1	0.1
穿孔		1					1	0.1
凹线纹		2		2			4	0.7
合计	149	128	10	132	172	9	600	100
	419				181			
百分比	25	21	2	22	28	2		
	70				30			

［原载《成都考古发现》（2008），科学出版社，2010 年，第 1～24 页］

茂县安乡遗址调查简报

成 都 文 物 考 古 研 究 院
阿坝藏族羌族自治州文物管理所
茂 县 羌 族 博 物 馆

一、引　言

安乡遗址位于四川省阿坝藏族羌族自治州茂县南新镇安乡村四组的安乡村小学校内（图一），北距南新镇政府驻地 2.5 千米，地处岷江上游东岸高半坡地之上，高出河床约900 米（图版八），地理坐标为东经 103°46′、北纬 31°36′。安乡小学建于四组村中一块小平地上，周围为农户及坡状梯田（图版九）。遗址平面略呈长方形，南北长 80、东西宽

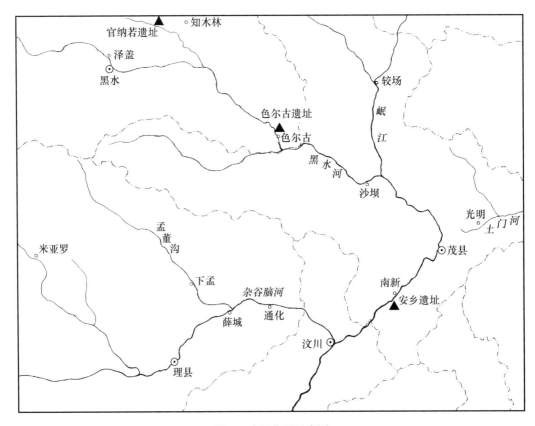

图一　遗址位置示意图

25 米，总面积约 2000 平方米。2005 年 8 月，安乡村小学修建教学楼，在挖掘基础时发现了一些破碎陶片、磨光石器、红烧土块及少量兽骨。工地负责人邓明华以前参观过茂县羌族博物馆内的营盘山遗址出土文物展览，具备一定的文物基础知识，他意识到这可能是一处早期人类活动的地方，于是停止施工并上报有关单位。茂县羌族博物馆、阿坝藏族羌族自治州文物管理所、成都文物考古研究所（现成都文物考古研究院）立即派业务人员赶往现场进行实地调查，对出土的陶片、石器、兽骨等遗物予以全面收集，并对遗址地理环境及文化层堆积情况进行踏查、勘测。

根据现场调查，遗址主要分布在平地的北半部分，部分因施工而遭到破坏。遗址主要包括两个时期的文化堆积，一类为秦汉时期的石棺葬遗存，直接埋藏于新石器文化遗存之上，但墓葬多被严重破坏，形制及随葬器物等情况不明；另一类为新石器时代文化遗存，从所暴露的断面来看，文化层距地表深约 0.8、厚 1 米左右，为黑褐色黏土，内含大量的早期陶片、石器、兽骨及红烧土块。

二、采集器物

采集遗物包括陶器和玉石器（编号为 2005SMA 采：×，以下省略 2005SMA）。现予以分类介绍。

1. 陶器

陶器以夹砂褐陶、泥质灰陶、泥质红褐陶为主。纹饰包括斜向细绳纹、线纹、凹弦纹、附加堆纹、平行线条纹及弧线纹彩陶等，夹砂褐陶侈口罐唇面多饰绳纹。器形包括平唇口及喇叭口高领罐、双唇口瓶、尖唇敛口钵、大口彩陶罐、细颈小口彩陶瓶、彩陶盆、侈口罐、钵、碗、杯、器盖等。均为手制，一些器物经过慢轮修整。现分类予以介绍。

瓶　5 件。依据口径及器体大小，分为二型。

A 型　3 件。口径及器体均较大。依据口部特征，分为三式。

Ⅰ式：1 件。双唇口。采：8，泥质灰陶。尖唇，直颈，广肩，内壁有泥条盘筑痕迹。口径 9.6、残高 9.4 厘米（图二，1）。

Ⅱ式：1 件。平唇口。采：6，泥质灰陶。折沿，方唇，束颈。口径 16、残高 10.2 厘米（图二，3）。

Ⅲ式：1 件。喇叭口。采：7，泥质褐陶。沿外翻，尖唇。口径 12.8、残高 4.8 厘米（图二，6）。

B 型　2 件。口径及器体均较小，薄壁，尖唇。依据口部特征，分为二式。

Ⅰ式：1 件。双唇口。采：22，泥质灰陶。口径 10、残高 3.2 厘米（图二，4）。

Ⅱ式：1 件。喇叭口。采：4，泥质红陶。直颈。颈部表面以黑彩绘制平行线条纹，黑彩已剥落。口径 4、残高 4.2 厘米（图二，2）。

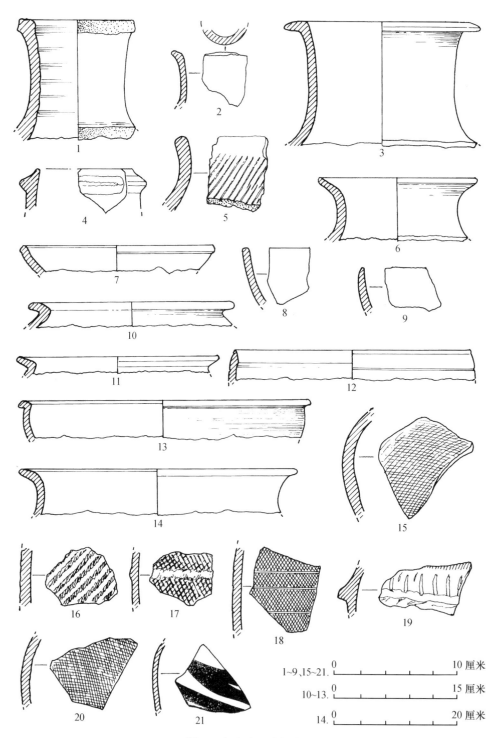

图二　安乡遗址采集陶器

1. A I 式瓶（采：8） 2. B II 式瓶（采：4） 3. A II 式瓶（采：6） 4. B I 式瓶（采：22） 5. 侈口罐（采：11）
6. A III 式瓶（采：7） 7. 盖盘（采：13） 8. 钵（采：20） 9. 碗（采：21） 10. 彩陶大口罐（采：3）
11、14. A 型盆（采：14、采：2） 12. 敛口钵（采：15） 13. B 型盆（采：12） 15～20. 纹饰陶片（采：16、
采：18、采：24、采：23、采：17、采：19） 21. 彩陶片（采：5）

彩陶大口罐　1件。采：3，泥质红陶。敛口，卷沿，圆唇。腹表黑彩多数脱落。口径25.5、残高2.7厘米（图二，10）。

侈口罐　1件。采：11，夹砂褐陶。沿外翻，方唇。唇表及腹表饰斜向绳纹。残高6厘米（图二，5）。

盆　3件。依据口部特征，分为二型。

A型　2件。折沿，束颈。采：14，彩陶，泥质红陶。圆唇。沿表及器表黑彩脱落。口径24.9、残高1.8厘米（图二，11）。采：2，彩陶，泥质红陶。大口，圆唇，深腹。腹表黑彩多数脱落。口径50.6、残高6.8厘米（图二，14）。

B型　1件。敛口，卷沿。采：12，泥质褐陶。尖唇，圆腹。口径36、残高4.5厘米（图二，13）。

钵　1件。采：20，泥质灰陶。圆唇，弧壁。残高4.4厘米（图二，8）。

敛口钵　1件。采：15，泥质红陶。尖唇，口内壁有一道凸棱，鼓腹。沿部表面饰一周凹弦纹。口径28.5、最大腹径30、残高3厘米（图二，12）。

碗　1件。采：21，泥质红陶。敞口，尖唇。残高3.2厘米（图二，9）。

盖盘　1件。采：13，泥质褐陶。圆唇。口径16、残高2厘米（图二，7）。

杯底　1件。采：10，夹砂褐陶。直壁，平底。底径4.4、残高3厘米（图三，2）。

彩陶片　1件。采：5，泥质红陶，壁薄。表面以黑彩绘制平行弧线条（图二，21）。

器底　3件。平底。采：26，泥质褐陶。腹表饰斜向细绳纹。底径13、残高3厘米（图三，1）。采：25，泥质灰陶。底径10厘米（图三，3）。采：9，夹砂灰陶。底径11.6、残高1.6厘米（图三，4）。

纹饰陶片　6件。采：16，泥质灰陶。表面饰交错线纹（图二，15）。采：18，夹砂褐陶。表面饰粗绳纹（图二，16）。采：24，夹砂灰陶。表面饰交错绳纹，并加波浪形泥条附加堆纹（图二，17）。采：23，泥质褐陶。表面饰交错细绳纹，并加饰平行凹弦纹（图二，18）。采：17，泥质褐陶。器表有鸡冠状錾耳及绳纹（图二，19）。采：19，泥质灰陶。表面饰交错线纹（图二，20）。

2. 玉石器

采集玉器有通体磨光的长条形双端刃玉凿，采集细石器有黑色燧石片刻划器、雕刻器等。

玉凿　1件。采：1，淡绿色。略残，通体磨光，双端刃，长条形，一端为圭形，弧刃，另一端呈铲状，弧刃，侧锋。长11.7、宽2.1、厚2.4厘米（图三，5；图版一〇，1）。

石刻划器　1件。采：27，黑色燧石。表面有长条形石叶剥离痕迹。长4.2、宽1.2厘米（图三，7）。

石雕刻器　1件。采：28，黑色燧石。长3.2、宽1.2厘米（图三，6）。

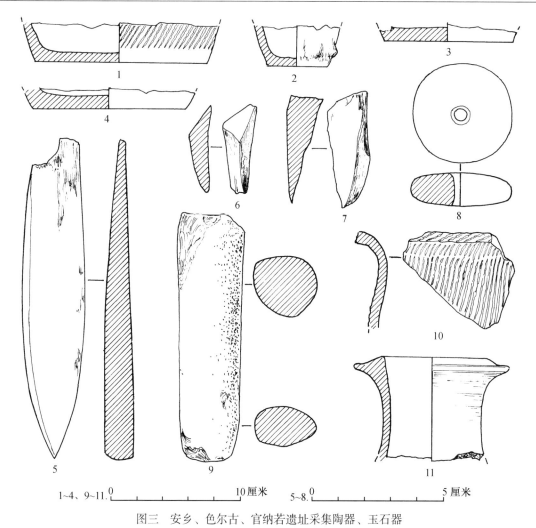

图三　安乡、色尔古、官纳若遗址采集陶器、玉石器

1、3、4. 陶器底（采：26、采：25、采：9）2. 陶杯底（采：10）5. 玉凿（采：1）6. 石雕刻器（采：28）
7. 石刻划器（采：27）8. 石纺轮（2000SHS 采：2）9. 石杵（2000SHS 采：1）
10. 陶侈口罐（2000SHG 采：2）11. 陶双唇口瓶（2000SHG 采：1）

三、结　语

根据出土陶器特征分析，遗址的新石器时代遗物可以分为两组：第一组以双唇口陶瓶、内沿带凸棱的尖唇敛口陶钵、泥质褐陶及灰陶线纹陶片等为代表；第二组以喇叭口陶瓶、大口彩陶盆、弧线纹黑彩陶片等为代表。两组遗物分别代表前后两个时期的遗存，前期遗存与甘肃秦安大地湾遗址第四期遗存[1]、天水师赵村遗址第四期遗存[2]、陕西宝鸡福临堡遗址第三期遗存前段[3]等仰韶晚期文化遗存的同类陶器的特征相似，距今年代为5300～5000年。后期遗存与甘肃东乡林家遗址[4]、师赵村遗址第五期遗存[5]等马家窑类型文化遗存的同类器物相似，距今年代为5000～4800年。

遗址内涵与邻近地区的茂县营盘山遗址[6]、汶川县姜维城遗址[7]相近，应属于同一文化系统。安乡遗址的发现为探讨岷江上游新石器时代文化的内涵、序列谱系、地理环境与遗址分布的关系等课题提供了新的实物资料。

　　附记：参加本次调查的人员有茂县羌族博物馆的刘永文、张黎勇，阿坝藏族羌族自治州文物管理所的陈学志等。感谢工地负责人邓明华及安乡小学校对调查工作的支持。

绘图：杨文成

执笔：蒋　成　陈　剑　陈学志　刘永文

注　释

[1]　甘肃省博物馆文物工作队：《甘肃秦安大地湾遗址1978至1982年发掘的主要收获》，《文物》1983年第11期；郎树德、许永杰、水涛：《试论大地湾仰韶晚期遗存》，《文物》1983年第11期；谢端琚：《甘青地区的史前考古》，文物出版社，2002年。

[2]　中国社会科学院考古研究所：《师赵村与西山坪》，中国大百科全书出版社，1999年。

[3]　宝鸡市考古工作队、陕西省考古研究所宝鸡工作站：《宝鸡福临堡——新石器时代遗址发掘报告》，文物出版社，1993年。

[4]　甘肃省文物工作队、临夏回族自治州文化局、东乡族自治县文化馆：《甘肃东乡林家遗址发掘报告》，《考古学集刊》（4），中国社会科学出版社，1984年。

[5]　中国社会科学院考古研究所：《师赵村与西山坪》，中国大百科全书出版社，1999年。

[6]　成都市文物考古研究所、阿坝藏族羌族自治州文管所、茂县博物馆：《四川茂县营盘山遗址试掘报告》，《成都考古发现》（2000），科学出版社，2002年；蒋成、陈剑：《岷江上游考古新发现述析》，《中华文化论坛》2001年第3期；蒋成、陈剑：《2002年岷江上游考古的收获与探索》，《中华文化论坛》2003年第4期；成都文物考古研究院、阿坝藏族羌族自治州文物管理所、茂县羌族博物馆：《茂县营盘山新石器时代遗址》，文物出版社，2018年。

[7]　王鲁茂、黄家祥：《汶川姜维城发现五千年前文化遗存》，《中国文物报》2000年11月26日第1版；黄家祥：《汶川县姜维城新石器时代遗址及汉明城墙》，《中国考古学年鉴·2001》，文物出版社，2002年；黄家祥：《汶川姜维城遗址发掘的初步收获》，《四川文物》2004年第3期；四川省文物考古研究所、阿坝州文物管理所、汶川县文物管理所：《四川汶川县姜维城新石器时代遗址发掘报告》，《四川文物》2004年增刊；四川省文物考古研究所、阿坝州文物管理所、汶川县文化体育局：《四川汶川县姜维城新石器时代遗址发掘简报》，《考古》2006年第11期。

附表　安乡遗址2005年采集陶片陶质陶色及纹饰统计表

纹饰 ＼ 陶质陶色	泥质陶			夹砂陶		合计	百分比
	红	褐	灰	褐	灰		
素面	8	9	10			27	50
粗绳纹				3	1	4	7.4

续表

纹饰＼陶质陶色	泥质陶			夹砂陶		合计	百分比
	红	褐	灰	褐	灰		
细绳纹		3	2		2	7	12.9
彩陶	5					5	9.3
凹弦纹	1					1	1.85
线纹			5			5	9.3
鸡冠錾耳加绳纹		1				1	1.85
复合纹饰			2		1	3	5.55
绳纹花边口				1		1	1.85
合计	14（25.9%）	13（24.1%）	19（35.2%）	4（7.4%）	4（7.4%）	54	100
	46（85.2%）			8（14.8%）			

附录：

黑水县晴朗乡官纳若遗址2000年采集陶片

双唇口瓶　2000SHG 采：1，泥质红陶。圆唇，直颈。口外径 11.9、内径 8、残高 7.6 厘米（图三，11；图版一○，4）。

侈口罐　2000SHG 采：2，夹砂褐陶。卷沿，方唇，溜肩。唇面饰斜向绳纹花边口沿，器表饰纵向绳纹。残高 7 厘米（图三，10）。

其中，双唇口陶瓶应属于仰韶晚期文化遗物。

黑水县色尔古遗址2000年采集石器

杵　2000SHS 采：1，灰白色，长条柱状卵石。上端打制平齐，下端可见使用痕迹。长 18.2、直径 4.6 厘米（图三，9）。

纺轮　2000SHS 采：2，深灰色。扁平状，中部较厚，正中双向钻出圆孔。直径 3.8、孔径 0.5、厚 1.2 厘米（图三，8）。

［原载《成都考古发现》（2005），科学出版社，2007 年，第 1～7 页］

茂县安乡遗址2006年调查简报

成 都 文 物 考 古 研 究 院
阿坝藏族羌族自治州文物管理所
茂 县 羌 族 博 物 馆

安乡遗址位于四川省阿坝藏族羌族自治州茂县南新镇安乡村四组的安乡村小学校内（图一），北距南新镇政府驻地2.5千米，地处岷江上游东岸坡地之上，高出河床约900米，地理坐标为东经103°36′、北纬31°36′。安乡小学建于四组村中一块小平地上，周围为农户及坡状梯田。遗址平面略呈长方形，南北长80、东西宽25米，总面积约2000平方米。2005年8月，安乡村小学修建教学楼，在挖掘基础时发现了一些破碎陶片、磨光石器、红烧土块及少量兽骨。成都文物考古研究所（现成都文物考古研究院）联合阿坝

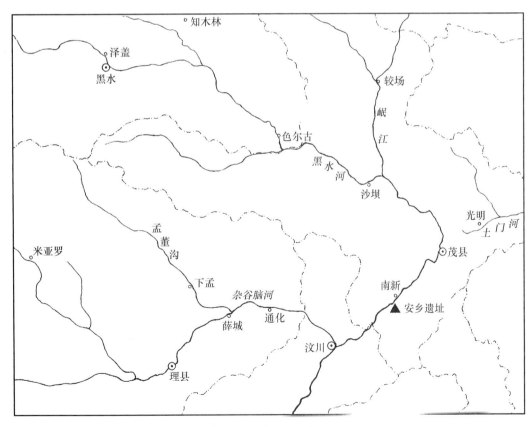

图一　遗址位置示意图

藏族羌族自治州文物管理所和茂县羌族博物馆对遗址进行了现场调查，获得了一批新石器时代文化遗物[1]。2006年10月，成都文物考古研究所、阿坝藏族羌族自治州文物管理所、茂县羌族博物馆再次对遗址进行了调查。虽然安乡小学校内教学楼建设工地上发现文化层堆积的地点已被水泥楼房、水泥地面覆盖，无法进一步发掘，但在外部的断面上采集到了较为丰富的陶片等遗物。又在小学校以上的公路边断面上发现文化层堆积，并采集大量陶片等遗物。安乡遗址地处岷江东岸小支流南岸三级阶地所在的坡地之上，南临一条自然冲沟，北靠山脊。遗址中心部位因民居密集，破坏较为严重，残留面积不大。采集陶片与营盘山遗址相比，具有早期遗存的特点。安乡遗址对于探讨岷江上游小支流两岸的遗址分布规律及特征有启示意义。现将情况介绍如下。

一、采集器物

采集的器物包括陶器和骨器两类，以下分别介绍。

1. 陶器

陶器以夹砂黄褐陶、夹砂灰陶以及泥质灰陶为主，纹饰包括各式细绳纹、弦纹、网格纹等。器类包括喇叭口高领罐、盆、卷沿罐、瓶等。

喇叭口高领罐　1件。采：9，泥质灰陶。仅存颈部，敞口，卷沿，长束颈。素面。残高6厘米（图二，3）。

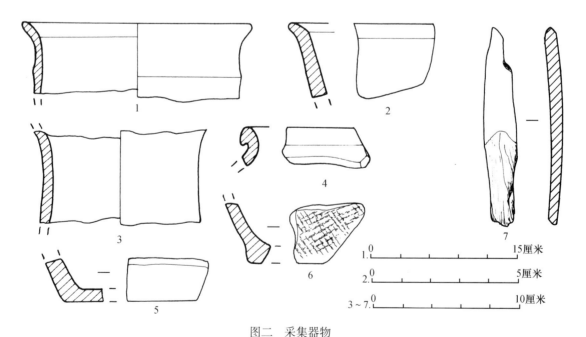

图二　采集器物

1. 陶盆（采：15）2. 陶瓶（采：6）3. 陶喇叭口高领罐（采：9）4. 陶卷沿罐（采：14）

5、6. 陶器底（采：11、采：1）7. 骨器（采：8）

盆　1件。采：15，泥质灰陶。侈口，卷沿，直腹，腹部以下残。素面。口径24、残高7.2厘米（图二，1；图版一〇，3）。

卷沿罐　1件。采：14，夹砂灰陶。侈口，卷沿外翻，束颈，颈以下残。素面。残高2.7厘米（图二，4）。

瓶　1件。采：6，夹砂灰陶。侈口，卷沿近折，颈部内收，颈部以下残。表面绳纹磨光。残高2.5厘米（图二，2）。

器底　2件。采：11，夹砂黄褐陶。斜壁，平底。素面。残高2.8厘米（图二，5）。采：1，夹砂黄褐陶。斜壁，平底。表面饰交错细绳纹。残高4厘米（图二，6）。

绳纹陶片　6件。采：2，夹砂灰陶。表面饰交错细绳纹。残高3.4厘米（图三，5）。采：3，夹砂黄褐陶。表面饰斜向细绳纹。残高4.9厘米（图三，2）。采：4，泥质灰陶。表面饰网格纹。残高2.9厘米（图三，7）。采：7，泥质灰陶。表面饰交错细绳纹。残高3.2厘米（图三，4）。采：12，泥质灰陶。表面饰交错细绳纹，中间以凹弦纹间隔。残高4.2厘米（图三，3）。采：13，夹砂红褐陶。表面饰交错绳纹。残高3.1厘米（图三，6）。

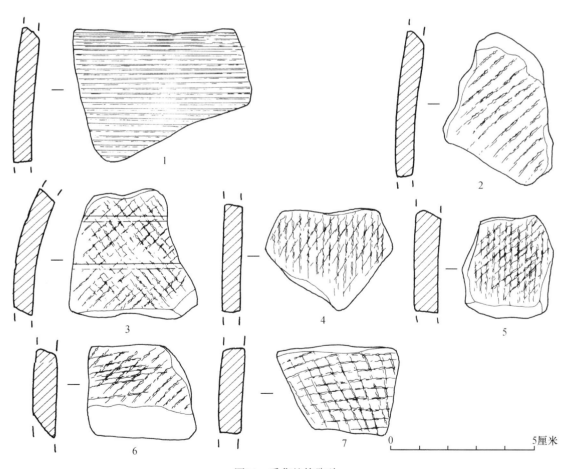

图二　采集纹饰陶片

1. 弦纹（采：5）2～7. 绳纹（采：3、采：12、采：7、采：2、采：13、采：4）

弦纹陶片　1件。采：5，泥质灰陶。表面饰压印而成的弦纹，非常规整。残高 4.4 厘米（图三，1）。

2. 骨器

骨器　1件。采：8，可能是锥一类的器物，上下两端残缺，有一定弧度。残长 13.4 厘米（图二，7；图版一〇，2）。

二、结　　语

本次调查所获陶器与 2005 年第一次采集的部分陶器特征较为接近，均以泥质灰陶、夹砂灰陶、夹砂褐陶等为主，纹饰主要为绳纹，器类如高领罐、盆、瓶等也较为接近。但本次采集陶器没有彩陶，年代可能晚于第一次调查所获遗物，年代上限不超过距今 5000 年，属于仰韶时代中晚期。两次调查所获陶器的差异说明安乡遗址内涵较为丰富，需进一步发掘才能弄清其文化面貌。

岷江上游较多新石器时代的遗址均分布在海拔 1500 米以上的阶地之上，且呈现出年代越晚所处海拔位置越高的特征。安乡遗址地处岷江东岸小支流南岸三级阶地所在的坡地之上，高出河床约 900 米，是岷江上游目前发现的出土彩陶文化因素陶器海拔最高的遗址，其位置与岷江上游仰韶中晚期其他遗址的分布具有相似的特征。仰韶中晚期先民居住在高地可能说明当时地理环境的改变。有学者认为这一现象与公元前 3000 年左右全球包括我国各地都存在一次突发性的、变化幅度较大的环境恶化事件有关系[2]，这次事件也是我国新石器文化中期文化衰落、文化断层出现的主要原因。因此，可能是仰韶中晚期的环境恶化事件导致了岷江上游的先民搬至更高的台地上，以适应环境的变化并生存下去。

附记：参加本次调查工作的人员有成都文物考古研究院蒋成、陈剑、徐龙，阿坝藏族羌族自治州文物管理所范永刚，茂县羌族博物馆蔡清等。

绘图：陈　睿　孙志辉
执笔：田剑波　陈　剑　范永刚　蔡雨茂

注　释

［1］　成都文物考古研究所、阿坝藏族羌族自治州文物管理所、茂县羌族博物馆：《四川茂县安乡遗址调查简报》，《成都考古发现》（2005），科学出版社，2007 年。

［2］　朱艳、陈发虎、张家武、安成邦：《距今五千年左右环境恶化事件对我国新石器文化的影响及其原因的初步探讨》，《地理科学进展》2001 年第 2 期。

［原载《成都考古发现》（2015），科学出版社，2017 年，第 13～17 页］

理县箭山寨遗址2000年的调查

成 都 文 物 考 古 研 究 院
阿坝藏族羌族自治州文物管理所
理 县 文 物 管 理 所

一、引　言

　　箭山寨遗址位于四川省阿坝藏族羌族自治州理县薛城镇箭山村（图一），地处杂谷脑河南岸四级以上缓坡地带（图版一一），高出河谷约 800 米（海拔 2450 米）。该遗址历年来经过多次考古调查、试掘：1957 年四川省文物管理委员会在此采集到磨制石器[1]；1964 年四川大学考古专业教师林向、童恩正在此调查并试掘，采集大量陶片及磨制石器[2]；1982 年以来阿坝藏族羌族自治州文物管理所多次进行调查[3]。

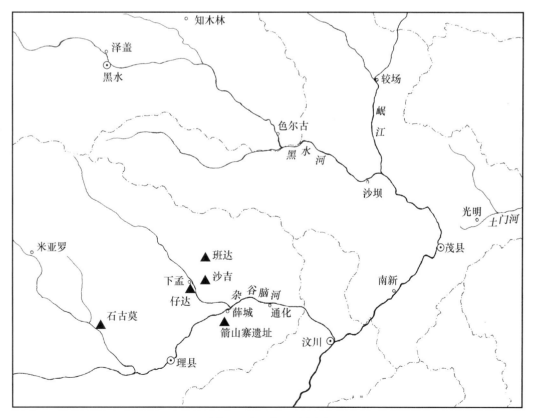

图一　遗址位置示意图

2000 年 6 月以来，为配合《中国文物地图集·四川分册》编写工作的顺利进行，在四川省文物局的统一部署下，成都市文物考古研究所（现成都文物考古研究院）会同阿坝藏族羌族自治州文物管理所、理县文物管理所、茂县羌族博物馆等当地文博单位，在岷江上游地区开展了全面、详细的考古调查，并以调查为基础，对茂县营盘山遗址进行了全面勘探和试掘。本次工作前后历时近三个月，取得了丰硕的成果，考古调查共发现新石器时代文化遗址和遗物采集点达 82 处 [4]。2000 年 8 月对理县箭山上寨（即四川大学教师试掘地点附近）进行了详细调查。遗址中心位于箭山上寨以东约 200 米处，文化层堆积厚达 2 米以上（剖面上发现灰坑等遗迹）。遗址面积尚不清楚，黄土发育较好。地表种植玉米、大豆等作物。在断面发现灰坑等遗迹，采集到较为丰富的陶片和磨制玉石器，陶片以夹砂褐、灰陶为主，另有少量泥质红陶、黑皮陶，发现了马家窑文化类型的彩陶片，器形有平底器、矮圈足器、带耳器等；磨制玉石器包括斧、锛、凿、铲带肩石器等物。现将调查采集遗物简要介绍于下。

此外，2000 年考古调查时在理县境内其他新石器时代遗址还采集了多件玉石器，一并介绍于后。

二、采 集 器 物

采集器物包括玉石器、陶器及少量兽骨。现予以分类介绍。

1. 玉石器

包括通体磨光的玉斧、锛，石斧、圭形凿、铲等器类（编号为 2000SLJ 采），选材考究，加工精细。

玉锛　2 件。2000SLJ 采：21，淡绿色，质地细腻温润。长条形，略残，表面磨光，刃部略宽，弧刃，侧锋。长 13.3、刃宽 4.7、厚 1.5 厘米（图二，6；图版一二，1）。2000SLJ 采：25，灰绿色。梯形，通体磨光，斜肩，直刃，侧锋。长 8、刃宽 4、肩宽 3、厚 1.2 厘米（图三，5；图版一二，2）。

玉斧　1 件。2000SLJ 采：23，灰绿色。已残断，表面磨光，梯形。残长 6.6、肩宽 2.6、厚 1.8 厘米（图三，7；图版一二，3）。

石斧　2 件。2000SLJ 采：22，灰白色。残甚，表面磨光，弧刃，中锋，器体厚重。残长 7.4、残宽 3.2、厚 2 厘米（图三，6；图版一二，5）。2000SLJ 采：24，深灰色。一侧及两面磨光，窄长条形，刃部较宽，弧刃，中锋，可见使用痕迹。残长 10.9、刃宽 4.4、厚 2 厘米（图三，2；图版一二，4）。

石凿　1 件。2000SLJ 采：26，深灰色。已残断，断口有切割痕迹，通体磨光，直刃。残长 6.6、厚 1 厘米（图三，4；图版一二，6）。

　　石铲　1件。2000SLJ采：27，灰黑色。一侧有肩，弧刃，中锋。长 15.6、最宽 7、厚 2 厘米（图版一二，7）。

　　打制石坯　1件。2000SLJ采：31，白色石英石。梯形。长 5、宽 4、厚 1 厘米（图二，4）。

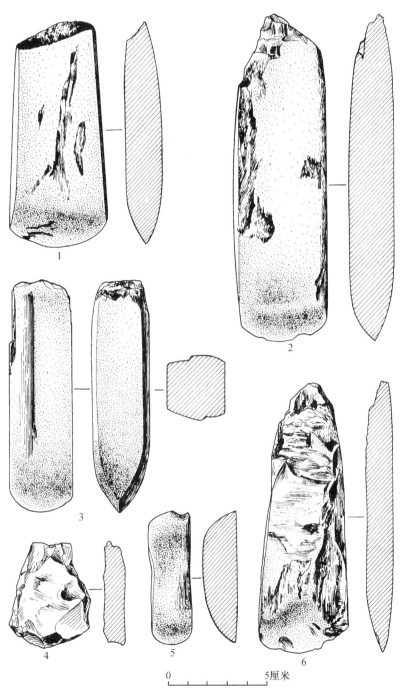

图一　理县 2000 年采集玉石器

1. 石斧（2000SLSX 采：1）　2. 玉斧（2000SLSG 采：1）　3. 石凿（2000SLXB 采：1）　4. 打制石坯（2000SLJ 采：31）
5. 玉弓形器（2000SLXB 采：2）　6. 玉锛（2000SLJ 采：21）

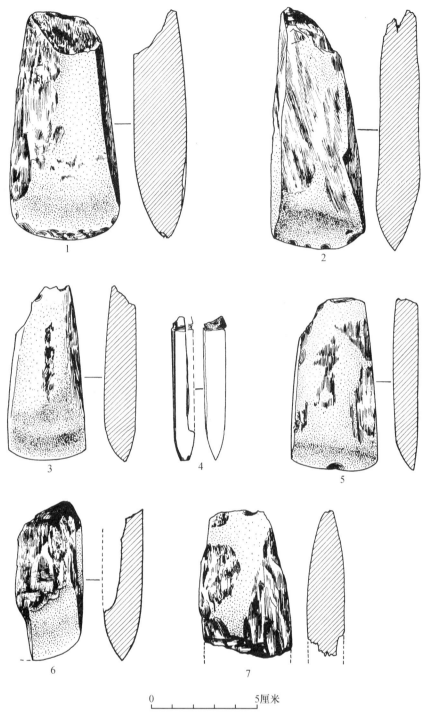

0　　　　　　　　　　　5厘米

图三　理县2000年采集玉石器

1~3、6. 石斧（2000SLXB 采：3、2000SLJ 采：24、2000SLZD 采：1、2000SLJ 采：22）

4. 石凿（2000SLJ 采：26）　5. 玉锛（2000SLJ 采：25）　7. 玉斧（2000SLJ 采：23）

2. 陶器

采集陶片以夹砂褐陶、泥质红褐陶、夹砂灰陶为主，尤以夹较细的白色石英颗粒最具特色。纹饰包括绳纹、线纹、弦纹、附加堆纹、彩陶、划纹等（图四），陶器内壁多刮抹痕迹。器形包括侈口罐、小口带耳罐、折沿罐、长颈罐、卷沿盆、器盖、钵等。现分器类予以介绍。

图四　箭山寨遗址采集陶片纹饰拓本

1. 间断凸弦纹（2000SLJ 采：7）　2. 粗划纹（2000SLJ 采：12）　3. 斜向绳纹（2000SLJ 采：9）

　　侈口罐　1 件。2000SLJ 采：20，夹细砂褐陶。卷沿，方唇。内外壁面有刮抹痕迹。残高 8.8 厘米（图五，1）。

　　小口带耳罐　1 件。2000SLJ 采：15，夹细砂黑褐陶。卷沿，方唇，鼓腹，宽扁耳。残高 4.5、耳宽 2.3 厘米（图五，2）。

　　折沿罐　1 件。2000SLJ 采：8，泥质黑陶。侈口，方唇。残高 3.3 厘米（图五，8）。

　　长颈罐　1 件。2000SLJ 采：4，夹细砂黑陶。方唇。沿外加贴一周泥条。残高 2.8 厘米（图五，5）。

　　卷沿盆　1 件。2000SLJ 采：6，泥质灰陶，内壁磨光。方唇。沿外壁有斜向细线纹。残高 3 厘米（图五，3）。

　　器耳　2 件。泥质褐陶。宽扁状弧耳，均为齐家文化陶片。2000SLJ 采：28，表面有纵向划痕。耳宽 2.3 厘米（图五，12）。2000SLJ 米：29，耳宽 2.1 厘米（图五，13）。

　　器盖　1 件。2000SLJ 采：19，夹细砂灰陶。圆纽略残，浅腹。残高 6 厘米（图五，14）。

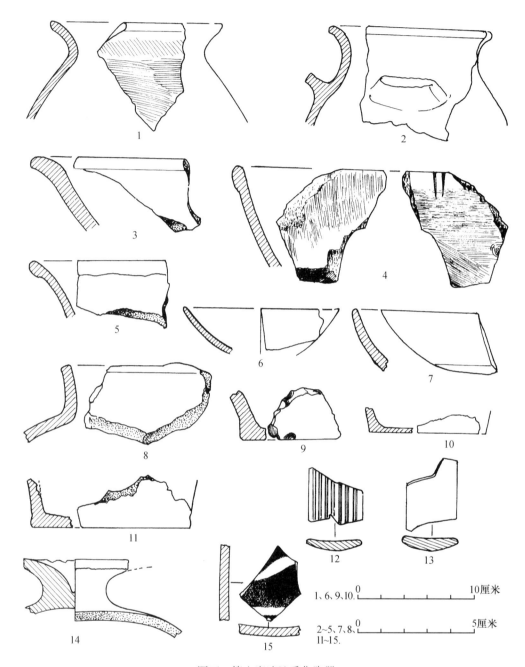

图五　箭山寨遗址采集陶器

1. 侈口罐（2000SLJ采：20）　2. 小口带耳罐（2000SLJ采：15）　3. 卷沿盆（2000SLJ采：6）　4. 钵（2000SLJ采：3）
5. 长颈罐（2000SLJ采：4）　6、7. 盖盘（2000SLJ采：2、2000SLJ采：1）　8. 折沿罐（2000SLJ采：8）　9～11. 器底
（2000SLJ采：16、2000SLJ采：14、2000SLJ采：11）　12、13. 器耳（2000SLJ采：28、2000SLJ采：29）　14. 器盖
（2000SLJ采：19）　15. 彩陶片（2000SLJ采：30）

　　盖盘　2件。夹细砂灰陶。圆唇，浅腹。2000SLJ采：2，盘口径13.4、残高4厘米
（图五，6）。2000SLJ采：1，残高2.5厘米（图五，7）。

　　钵　1件。2000SLJ采：3，夹细砂褐陶。口略外撇，方唇。外壁饰纵向细线纹，内
壁有横向的刮抹痕。残高4.6厘米（图五，4）。

　　器底　3 件。2000SLJ 采：14，夹砂褐陶。平底，直壁。底径 10、残高 1.6 厘米（图五，10）。2000SLJ 采：11，夹细砂褐陶。平底略外折。底径 7、残高 2.1 厘米（图五，11）。2000SLJ 采：16，夹粗砂褐陶。厚壁，平底略外折。残高 4.2 厘米（图五，9）。

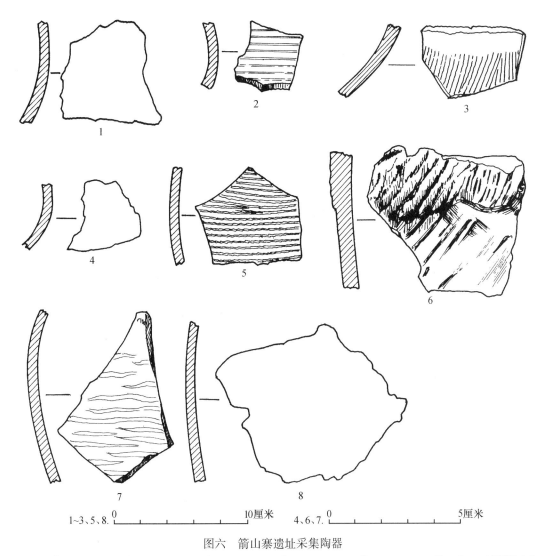

图六　箭山寨遗址采集陶器

1、4～7. 陶片（2000SLJ 采：18、2000SLJ 采：5、2000SLJ 采：12、2000SLJ 采：9、2000SLJ 采：7）　2. 罐颈部残片（2000SLJ 采：13）　3. 罐肩部残片（2000SLJ 采：10）　8. 罐腹部残片（2000SLJ 采：17）

　　彩陶片　1 件。2000SLJ 采：30，细泥褐陶，表面磨光。以黑彩绘制弧线条纹（图五，15）。

　　罐残片　3 件。2000SLJ 采：13，罐颈部残片。泥质褐陶。外壁有旋痕（图六，2）。2000SLJ 采：10，罐肩部残片。泥质褐陶，厚胎。表面有竖向划痕（图六，3）。2000SLJ 采：17，罐腹部残片。夹细砂褐陶，夹细白色石英颗粒。内外壁面施陶衣（图六，8）。

　　陶片　5 件。2000SLJ 采：9，夹粗砂褐陶。表面饰斜向绳纹（图六，6）。2000SLJ 采：18，夹砂灰陶。素面（图六，1）。2000SLJ 采：5，泥质灰陶，薄胎。颈部残片（图六，4）。2000SLJ 采：7，泥质褐陶。表面有间断的凸旋纹。为齐家文化陶片（图六，7）。2000SLJ 采：12，泥质褐陶。表面饰粗划纹。为齐家文化陶片（图六，5）。

三、结　语

　　根据本次采集陶片，并结合 1964 年四川大学教师试掘出土资料，可以对箭山寨遗址的时代及文化面貌有较为全面的了解。遗址出土的彩陶片均为黑彩绘制，图案题材包括垂帐纹、平行及相交的弧线条纹等，部分器物有内彩，与马家窑类型文化的彩陶器相似[5]。出土的泥质陶带錾盆、钵、碗，夹砂陶罐等器物均与茂县营盘山遗址[6]、汶川县姜维城遗址[7]出土的同类器相似。因此，箭山寨遗址的时代与以营盘山、姜维城遗址主体遗存为代表的岷江上游新石器时代文化相同，绝对年代距今 5000 年左右，且属于同一种文化系统。但具体遗址的文化面貌有一定差异，如箭山寨遗址陶片多夹较细的白色石英颗粒，表面常见刮抹痕迹。

　　另外，理县箭山寨遗址 2000 年调查采集陶片中也包含典型的齐家文化陶片[8]，如泥质褐陶的宽扁状弧形器耳、表面有间断凸旋纹的泥质褐陶片、表面饰粗划纹的泥质褐陶片等。齐家文化风格的陶器在岷江上游以南的西昌大洋堆遗址等均有出土，但其年代为商周时期，而箭山寨新石器时代遗址的齐家文化陶片为川西地区首次发现。这为探讨岷江上游以及川西高原新石器时代文化的内涵及谱系序列等问题提供了新的资料、线索和启示。

　　附记：参加本次调查的人员包括成都文物考古研究院陈剑、李平、徐龙，阿坝藏族羌族自治州文物管理所陈学志，理县文物管理所杨碧嫦，茂县羌族博物馆蔡清等。

　　　　　　　　　　　　绘图：杨文成
　　　　　　　　　　　　拓片：代堂才　代福尧
　　　　　　　　　　　　执笔：蒋　成　陈　剑　陈学志

注　释

[1]　四川省文物管理委员会：《四川茂汶羌族自治县考古调查》，《考古》1959 年第 9 期。

[2]　四川大学历史系考古教研组：《四川理县汶川县考古调查简报》，《考古》1965 年第 12 期。

[3]　徐学书：《岷江上游新石器时代文化的初步研究》，《考古》1995 年第 5 期。

[4]　成都文物考古研究院、阿坝藏族羌族自治州文物管理所：《岷江上游考古调查报告》，待刊。

[5]　陈剑：《川西彩陶的发现与初步研究》，《古代文明》（第五卷），文物出版社，2006 年。

[6]　成都市文物考古研究所、阿坝藏族羌族自治州文管所、茂县博物馆：《四川茂县营盘山遗址试掘报告》，《成都考古发现》（2000），科学出版社，2002 年；蒋成、陈剑：《岷江上游考古新发现述析》，

《中华文化论坛》2001 年第 3 期；蒋成、陈剑：《2002 年岷江上游考古的收获与探索》，《中华文化论坛》2003 年第 4 期；成都文物考古研究院、阿坝藏族羌族自治州文物管理所、茂县羌族博物馆：《茂县营盘山新石器时代遗址》，文物出版社，2018 年。

[7]　王鲁茂、黄家祥：《汶川姜维城发现五千年前文化遗存》，《中国文物报》2000 年 11 月 26 日第 1 版；黄家祥：《汶川县姜维城新石器时代遗址及汉明城墙》，《中国考古学年鉴·2001》，文物出版社，2002年；黄家祥：《汶川姜维城遗址发掘的初步收获》，《四川文物》2004 年第 3 期；四川省文物考古研究所、阿坝州文物管理所、汶川县文物管理所：《四川汶川县姜维城新石器时代遗址发掘报告》，《四川文物》2004 年增刊；四川省文物考古研究所、阿坝州文物管理所、汶川县文化体育局：《四川汶川县姜维城新石器时代遗址发掘简报》，《考古》2006 年第 11 期。

[8]　陈剑：《江源地区新石器文化的序列与黄河上游新石器文化南传的阶段性》，《江源文明——大禹文化与江源文明学术研讨会论文集》，巴蜀书社，2006 年。2004 年 8 月，笔者之一陪同甘肃省文物考古研究所副所长王辉研究员查看箭山寨遗址采集陶片，王辉先生确认有少量细泥红褐陶薄胎陶片属于齐家文化的典型器物。

附表　箭山寨遗址2000年采集陶片统计表

陶质陶色 纹饰	泥质陶		夹砂陶		合计	百分比
	红褐	灰	褐	灰		
划纹	1	1	22		24	21.6
彩陶	1				1	0.9
绳纹	2	1	2		5	4.5
线纹		3			3	2.7
方格纹				1	1	0.9
素面	11	1	50	12	74	66.7
弦纹		1			1	0.9
泥条附加堆纹	1			1	2	1.8
合计	16（14.4%）	7（6.3%）	74（66.7%）	14（12.6%）	111	100
	23（20.7%）		88（79.3%）			

附录：

理县下孟乡班达寨遗址2000年采集玉石器

石凿　2000SLXB 采：1，深灰色，有纵向纹理。器体厚重，通体磨光，两面均磨出纵向窄棱，弧刃，中锋。长 11.5、宽 3、厚 2.5 厘米（图二，3；图版一三，2）。

玉弓形器　2000SLXB 采：2，墨绿色，表面有纵向黑色纹埋。通体磨光，两侧各磨出有手宽的凹槽。长 6.5、宽 2.1、厚 1.8 厘米（图二，5；图版一三，1）。

石斧　2000SLXB 采：3，黑色。肩部残断，通体磨光，刃部较宽，刃部有使用痕迹，弧刃，中锋。残长 10.2、宽 5.2、厚 2.5 厘米（图三，1；图版一四，3）。

理县下孟乡仔达寨遗址2000年采集石器

石斧　2000SLZD 采：1，深灰色。梯形，肩部残断，通体磨光，弧刃，中锋。残长 8.2、刃宽 3.6、厚 1.5 厘米（图三，3；图版一四，2）。

理县下孟乡沙吉村下寨遗址2000年采集石器

石斧　2000SLSX 采：1，深灰色夹黑色杂质。长条形，肩部残断，通体磨光，弧刃，中锋。残长 11、刃宽 5、厚 1.8 厘米（图二，1；图版一四，1）。

理县古尔沟镇石古莫遗址2000年采集玉器

玉斧　2000SLSG 采：1，深灰色。长条形，肩部残断，通体磨光，弧刃，中锋。残长 16、宽 4.5、厚 2.3 厘米（图二，2；图版一三，3）。

［原载《成都考古发现》（2005），科学出版社，2007 年，第 15～24 页］

汶川县龙溪寨遗址2009年调查简报

汶 川 县 文 物 管 理 所
成 都 文 物 考 古 研 究 院
阿坝藏族羌族自治州文物管理所

一、引　言

　　2008 年，全国重点文物保护单位——布瓦群碉在 "5·12" 汶川县特大地震中受到严重损坏，在 "藏羌碉楼及村寨"（中国世界文化遗产预备名单之一）的灾后维修重大工程中，布瓦群碉的维护修缮是重要组成内容之一。为科学、系统地推进布瓦群碉的灾后维修工作，根据四川省文物局的统一部署，汶川县文物管理所、成都文物考古研究所（现成都文物考古研究院）、阿坝藏族羌族自治州文物管理所联合组成 "布瓦黄泥群碉及民居村寨" 田野考古调查及勘探工作队，承担本项维修系统工程的前期考古工作。自 2009 年 4 月 29 日开始，工作队入驻布瓦村，开展了系列的田野考古工作。继在小布瓦和龙山组范围内发现和确认了一处新石器时代遗址（命名为布瓦遗址）之后 [1]，又对布瓦村境内的石棺葬及其他墓葬遗存进行了详细的调查工作 [2]。同时，对布瓦碉楼群开展了详细勘查，并选择一处残黄土碉楼和一处黄土碉楼遗址进行了解剖 [3]。此外，为配合汶川县第三次全国文物普查工作，调查发现了龙溪寨新石器时代遗址。

　　龙溪寨遗址附近地区曾多次发现过新石器时代、商周时期及汉代的遗物、墓葬等。例如，1979 年秋，西南师范学院（今西南大学）历史系唐昌朴就在龙溪沟内的布兰村采集到彩陶碎片若干件 [4]。又如 1987 年 12 月 24 日，汶川县龙溪乡阿尔村两名小学生在村北 150 米处耕地中玩耍时，偶然发现埋藏在地下的一件夔龙纹青铜罍，罍中盛一件螺旋纹柄 "山" 字格青铜剑。事后，阿坝藏族羌族自治州文物管理所会同汶川县文化馆派人前往现场进行了调查。发现夔龙纹青铜罍出于村北第四纪黄色粒土堆积山坡土坎断层下方耕地中，东距土坎 1.6 米。西面是呈缓坡的农耕地，罍四周皆农耕土，为从山上被洪水冲刷而下的黄色黏土。罍出于地表以下 0.4 米，斜置，腹中除装一件 "山" 字格青铜剑外，还填满了与表土相同的泥土。在罍下面泥土中清理出一些完好的青稞粒、残铁器块，民国时期的残瓦片等。据调查，在土坎上方，原有一处山神庙，罍底所出残瓦片当即原山神庙顶所覆瓦。根据青铜罍出土情形分析，该罍原系埋藏于土坎上方地下，数十年前因山洪随同山上泥土一起被冲下土坎并埋于今出土地 [5]。又如 1983 年 5 月至 1987

年 6 月，阿坝藏族羌族自治州文物管理所先后数次分别对汶川县克枯乡河坝村及龙溪乡岩墓进行了调查。河坝村岩墓位于杂谷河东北岸，距汶川县城 4 千米，分布于河坝村附近南北长约 500 米的范围内，从东南向西北分别编号为 M1～M19。1978 年在农田基本建设时在直台村发现岩墓 1 座，位于河坝村西北 9 千米的直台山上部，东南距直台村约200 米处。直台村岩墓的墓向 193°，墓门呈长方形，高 0.8、宽 1.2 米，墓道进深 0.7 米。墓室呈梯形，平顶，长 5.6、前宽 2.8、后宽 3.2、高 1.4 米。墓壁上保留了金属工具由下向上的斜凿痕迹，每条凿痕长 6～7、宽 1.5 厘米。该墓形制与直台村西汉石棺墓的形制一致。墓中随葬品大多当场被毁，仅 1 件泥质灰陶乳钉罐幸免，由汶川县文化馆文物干部收回保存于县文化馆[6]。可见，龙溪寨附近的文物遗存丰富，历史底蕴深厚，发现新石器时代遗址是预料之中的事情。

龙溪寨遗址位于汶川县龙溪乡龙溪村境内（图一），小地名"壳夺"（羌语音译），处于岷江上游一级支流杂谷脑河的支流龙溪沟东岸四级阶地以上的坡地之上（图版一五）。地理坐标为东经 103°34′39″、北纬 31°36′33″，海拔为 2200～2400 米，高出老龙溪寨约 100 米。遗址表面原为缓坡状地貌，现已改建为多级梯田（图版一六）。遗址东西长约 350、南北宽约 300 米，面积近 10 万平方米。保存较好的中心区域面积在 2 万平方米左右。据断面观察，原生文化层厚度在 0.5～2 米（图版一七）。断面上发现多处大型灰坑及红烧土堆积遗存。采集遗物包括玉石器、细石器、陶器和动物骨骼（图二）等。玉石器有斧、凿、刮削器等，质地细腻。细石器为黑色燧石，包括长条形细石叶、小石片等。陶器数量及种类丰富，以泥质灰陶、泥质黑皮陶、夹砂褐陶为主；纹饰有线纹、细绳纹、划纹、瓦棱纹、戳印纹、泥条附加堆纹、锯齿状及绳纹花边口沿等，有个别线条纹彩陶片（图三、图四；附表）；器形包括罐、钵、盆等。

二、采 集 遗 物

遗址中采集遗物包括陶器、玉石器两类，以下分别介绍。

1. 陶器

遗址采集陶器从陶系和器类上可分为两组。

第一组，泥质陶占绝大多数，有泥质红陶、灰陶、黑皮陶，器形包括钵、盆、直口罐；夹砂陶很少，主要为褐陶，纹饰有细线网格纹等，器形有长颈罐和侈口罐等。

长颈罐　1 件。采：18，夹砂黄褐陶。卷沿，圆唇，颈较直，颈部以下残。颈部以下饰压印网格纹。残高 4.7 厘米（图五，1）。

侈口罐　1 件。采：14，夹砂黄褐陶。卷沿，方唇，颈部以下残。口沿外侧饰戳印纹，颈部以下饰竖向绳纹。口径 16、残高 4 厘米（图六，9）。

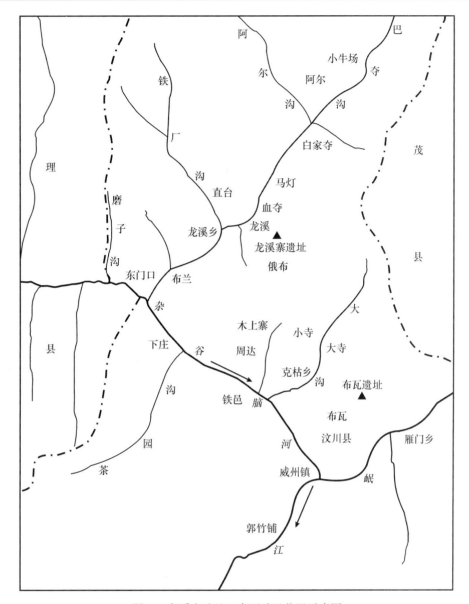

图一　龙溪寨遗址、布瓦遗址位置示意图

　　直口罐　2 件。采：24，泥质灰陶。折沿，圆唇，颈部较直，腹部以下残。素面。口径 24、残高 5.6 厘米（图七，3）。采：43，泥质黑皮陶。折沿，圆唇微外翻，颈部较直，颈部以下残。素面。口径 26、残高 3.5 厘米（图七，1）。

　　钵　1 件。采：44，泥质红陶。仅存口沿。素面。残高 2.2 厘米（图七，11）。

　　盆　1 件。采：31，泥质灰陶。浅盘，沿底过渡平滑。素面。口径 24、残高 4.6 厘米（图七，12）。

　　陶片　1 件。采：45，泥质灰陶。可能是器物的腹部。素面。残高 4 厘米（图七，9）。

　　第二组，以泥质陶为主，泥质陶主要为灰陶，黄褐陶、黑皮陶也占一定比例；夹砂陶主要包括灰陶、黄褐陶、黑陶和黑皮陶等。陶器大多装饰各类纹饰，泥质陶的纹饰主

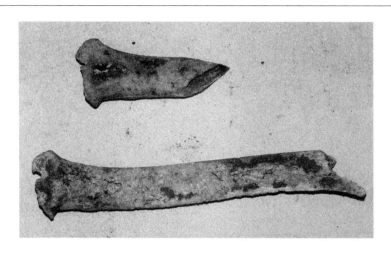

图二　采集动物骨骼

要为压印的交错菱形绳纹，还包括瓦棱纹、戳印纹、弦纹及附加堆纹和其他纹饰的组合类纹饰；夹砂陶纹饰主要为交错菱形绳纹，还包括绳纹、附加堆纹及组合纹饰、戳印纹和凹弦纹等。

夹砂陶器类包括花边口沿罐、侈口罐、折沿罐等。

花边口沿罐　3件。采：12，夹砂黄褐陶。卷沿，圆唇，颈部以下残。唇部饰压印的绳纹花边，颈部以下饰交错绳纹。口径16、残高3厘米（图五，3）。采：17，夹砂灰陶。折沿，方唇，颈部较直，颈部以下残。唇部饰压印的绳纹花边，唇部以下通体饰横向绳纹。口径17、残高5.8厘米（图七，2）。采：20，夹砂灰陶。卷沿，圆唇，颈部以下残。唇部饰压印的绳纹花边，唇部以下通体饰横向绳纹。口径20、残高3.6厘米（图七，7）。

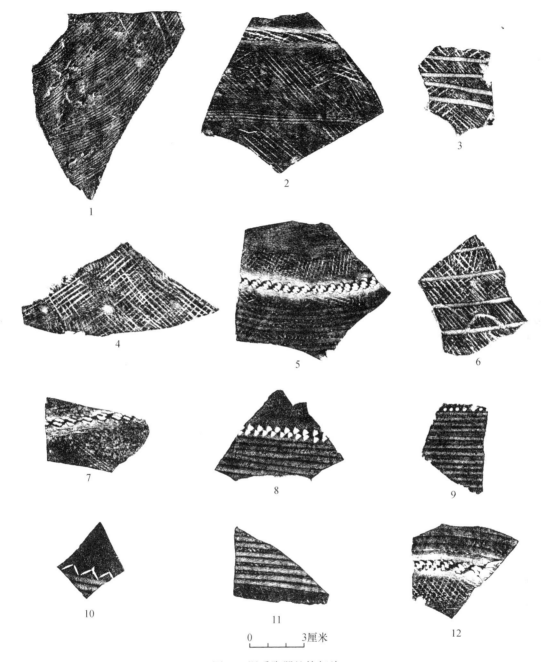

图三　泥质陶器纹饰拓片

1. 弦纹（采：55）　2. 附加堆纹＋交错绳纹（采：56）　3、6. 瓦棱纹＋交错绳纹（采：57、采：60）

4. 交错绳纹（采：58）　5. 交错绳纹＋附加堆纹＋瓦棱纹（采：59）　7. 附加堆纹（采：61）

8～10. 戳印纹＋瓦棱纹（采：62～采：64）　11. 瓦棱纹（采：65）

12. 瓦棱纹＋附加堆纹＋交错绳纹（采：66）

　　侈口罐　2 件。采：13，夹砂灰陶。卷沿，圆唇，颈部以下残。素面。残高 3 厘米（图六，5）。米：19，夹砂黑皮陶。卷沿，方唇，颈部较直，颈部以下残。素面。口径 14、残高 4 厘米（图七，6）。

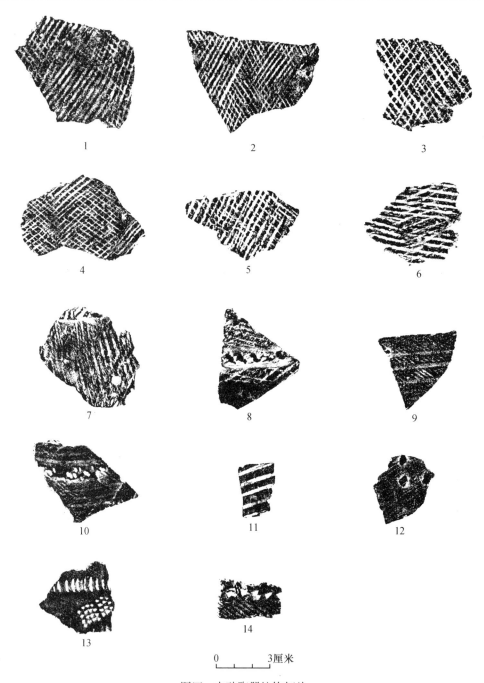

图四　夹砂陶器纹饰拓片

1～7. 交错绳纹（采：67～采：73）　8. 附加堆纹＋交错绳纹（采：74）　9. 瓦棱纹＋绳纹（采：75）
10. 戳印附加堆纹＋瓦棱纹（采：76）　11. 瓦棱纹（采：77）　12. 堆塑泥钉（采：78）　13. 戳印纹
（采：79）　14. 戳印纹＋绳纹（采：80）

　　折沿罐　1件。采：11，夹砂黑褐陶。折沿，圆唇，颈微束，肩部微鼓，肩部以下残。素面。口径16、残高4.6厘米（图七，5）。

　　器底　1件。采：16，夹砂黑褐陶。下腹斜直，平底。下腹部饰交错绳纹。底径6.1、残高6.7厘米（图六，13）。

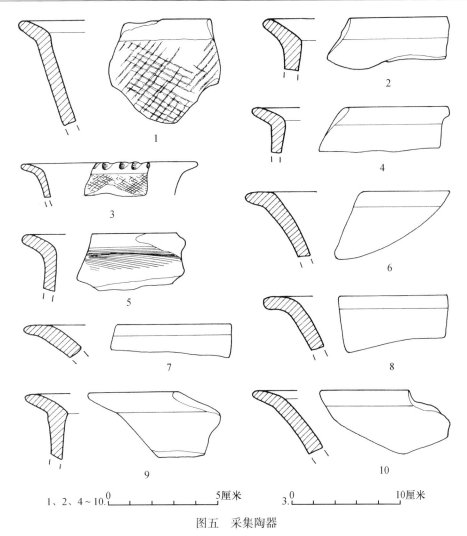

图五　采集陶器

1. 长颈罐（采：18）　2、6、8、9. 侈口罐（采：46、采：26、采：42、采：37）　3. 花边口沿罐（采：12）
4、5. 直口罐（采：40、采：39）　7、10. 喇叭口形器（采：30、采：38）

　　圈足　1件。采：21，夹砂黑皮陶。下腹斜直，圈足残。素面。残高 2.5 厘米（图六，10）。

　　泥质陶器器类包括喇叭口形器、侈口罐、直口罐、豆等。

　　喇叭口形器　10件。采：22，泥质灰陶。卷沿，厚圆唇，颈部以下残。素面。残高 5.2 厘米（图六，8）。采：25，泥质灰陶。卷沿，圆唇，颈部以下残。素面。口径 20.2、残高 2.6 厘米（图六，4）。采：27，泥质灰陶。卷沿，圆唇，颈部以下残。素面。残高 2.4 厘米（图六，1）。采：30，泥质灰陶。卷沿，沿面上有轻微的凸起，圆唇，颈部以下残。素面。残高 1.4 厘米（图五，7）。采：32，泥质灰陶。卷沿，沿面上有轻微的凸起，圆唇，颈部以下残。素面。残高 2.3 厘米（图六，6）。采：29，泥质灰陶。卷沿，圆唇，颈部以下残。素面。口径 18、残高 3 厘米（图六，3）。采：34，泥质灰陶。卷沿，颈部饰一道压印的附加堆纹。残高 8.6 厘米（图七，8）。采：35，泥质黑皮陶。卷沿，圆唇，

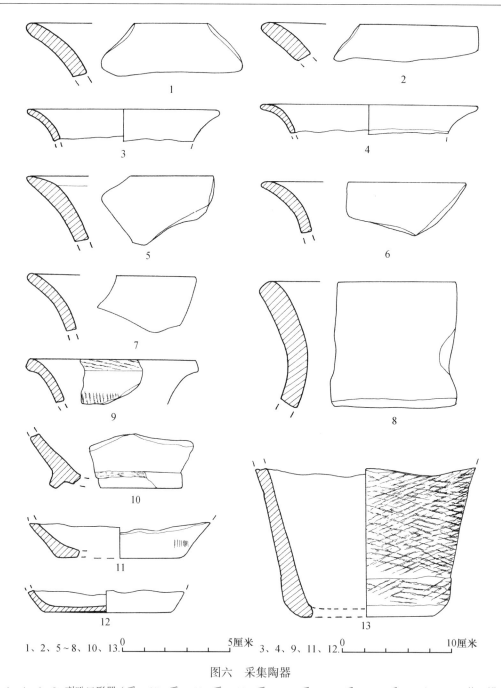

图六　采集陶器

1～4、6～8. 喇叭口形器（采：27、采：41、采：29、采：25、采：32、采：35、采：22）5、9. 侈口罐
（采：13、采：14）10. 圈足（采：21）11～13. 器底（采：23、采：33、采：16）

颈部以下残。素面。残高 2.6 厘米（图六，7）。采：38，泥质灰陶。卷沿，沿面上有轻
微的凸起，圆唇，颈部以下残。素面。残高 2.8 厘米（图五，10）。采：41，泥质黑皮
陶。卷沿，圆唇，颈部以下残。素面。残高 1.7 厘米（图六，2）。

　　侈口罐　5 件。采：26，泥质灰陶。折沿，圆唇，颈部向内斜直，颈部以下残。素
面。残高 2.9 厘米（图五，6）。采：46，泥质黄褐陶。折沿，圆唇，颈部以下残。素面。

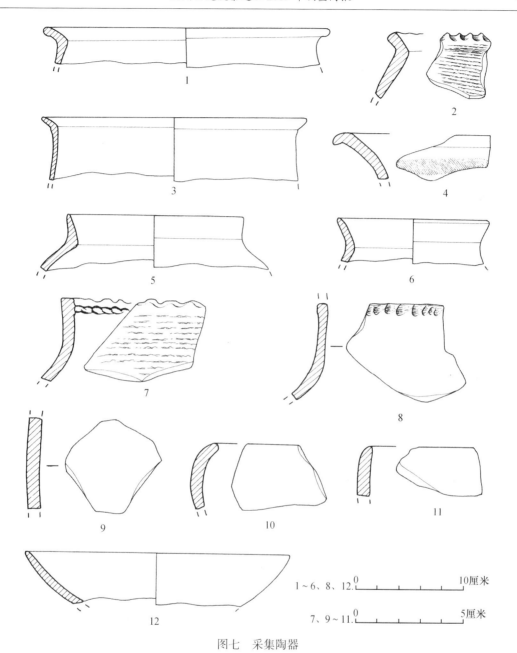

图七　采集陶器

1、3. 直口罐（采：43、采：24）2、7. 花边口沿罐（采：17、采：20）4、6. 侈口罐（采：36、采：19）
5. 折沿罐（采：11）8. 喇叭口形器（采：34）9. 陶片（采：45）10. 豆（采：28）
11. 钵（采：44）12. 盆（采：31）

残高 2.3 厘米（图五，2）。采：36，泥质灰陶。折沿，厚圆唇，颈部较长，肩部略微凸出，肩部以下残。沿下饰细密的斜向线纹。残高 4 厘米（图七，4）。采：37，泥质灰陶。折沿，圆唇，颈部以下残。素面。残高 3 厘米（图五，9）。采：42，泥质黑皮陶。卷沿，圆唇，颈部以下残。素面。残高 2.4 厘米（图五，8）。

　　直口罐　2 件。采：39，泥质黑皮陶。卷沿，圆唇，颈部以下残。颈部有刻划的线纹。残高 2.5 厘米（图五，5）。采：40，泥质黑皮陶。折沿，圆唇，颈部以下残。素面。

残高 2 厘米（图五，4）。

豆　1 件。采：28，泥质灰陶。口沿较直，浅盘。素面。残高 3 厘米（图七，10）。

器底　2 件。采：23，泥质灰陶。平底。外侧饰压印的条纹，内壁有刮削的痕迹。底径 11.4、残高 3 厘米（图六，11）。采：33，泥质灰陶。平底。素面。底径 12、残高 2 厘米（图六，12）。

2. 玉石器

共 7 件，其中 6 件为磨制玉石器，包括斧、凿、刮削器等类；1 件为打制石器。遗址与盛产龙溪玉的马灯玉矿隔龙溪沟相望，部分玉石器质地与龙溪玉相似，应为本地生产。

斧　1 件。采：1，青灰色石质。表面双面磨光，刃部双面磨光，中锋，近端残缺，刃部有细小的崩裂痕迹，经过使用。残长 8.5、宽 3.7、厚 2.1 厘米（图八，1；图版一八，1）。

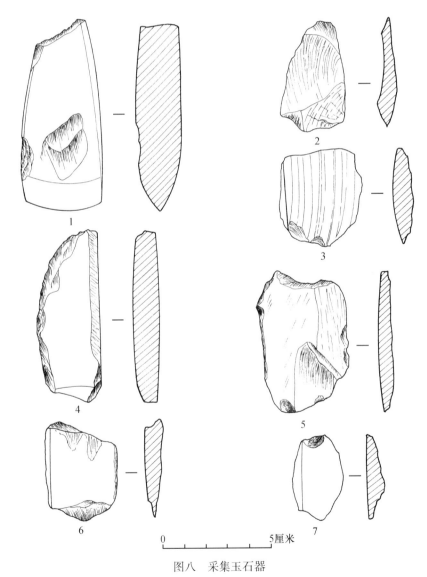

0　　　　　　5 厘米

图八　采集玉石器

1. 斧（采：1）2. 石片工具（采：6）3、7. 刮削器（采：4、采：7）4. 凿（采：2）5、6. 石器（采：3、采：5）

凿　1件。采：2，青灰色石质。表面双面磨光，刃部双面磨光，刃部下端残缺。残长 7.7、宽 2.9、厚 1.2 厘米（图八，4；图版一八，2）。

刮削器　2件。均为从完整的磨制石器剥离而来。采：4，黑色石质。一面磨光，刃部弧形磨光，刃部磨损严重，经过使用。残长 4.3、残宽 3.7、厚 0.9 厘米（图八，3；图版一九，2）。采：7，灰色石质。一面磨光，刃部磨光，刃部磨损似经过使用。残长 3.8、残宽 2.3、厚 0.8 厘米（图八，7；图版一九，1）。

其他残损石器　2件。均为磨制石器剥离而来，因断裂而不知其完整器形。采：3，青灰色石质。一面磨光，两端断裂。残长 6.3、残宽 4.1、厚 0.7 厘米（图八，5；图版一八，3）。采：5，青灰色石质。一面磨光，两端断裂。残长 4、残宽 3.3、厚 0.7 厘米（图八，6；图版一八，4）。

石片工具　1件。采：6，黑色燧石。从石核上剥离下来的石片，一面较为锋利，可能用于刮削。残长 4.8、残宽 3、厚 0.8 厘米（图八，2；图版一九，5）。

细石叶　2件。黑色燧石。采：81，略弧，一面有脊（图版一九，3）。采：82，残断（图版一九，4）。

三、结　语

龙溪寨遗址中出土的陶器可分为两组，应该代表了不同的文化类型。

第一组陶器包括：细泥质红陶线条纹彩陶器、泥质红陶钵碗形器、夹砂褐陶绳纹花边口沿侈口罐、夹细砂褐陶薄胎网格纹罐、泥质红陶卷沿盆、泥质磨光黑皮陶折沿罐、泥质磨光黑皮陶折沿钵等。与营盘山遗址[7]、姜维城遗址等仰韶时代晚期遗址出土的同类陶器特征相似，应该属于营盘山一类遗存[8]，即马家窑文化。参照营盘山遗址的年代，以红陶钵为代表的这类遗存年代在仰韶时代晚期，距今约 5000 年。

第二组陶器以泥质陶为主，灰陶占绝大多数，流行交错绳纹、瓦棱纹、附加堆纹、戳印纹等纹饰，器类主要包括泥质陶喇叭口形器、侈口罐、直口罐，夹砂陶花边口沿罐、侈口罐等。这些特征与沙乌都遗址 H1[9]、白水寨遗址[10]、下关子遗址[11]等出土陶器特征非常接近，应属于所谓"沙乌都遗存"[12]，其年代晚于营盘山一类遗存，属于龙山时代早期。

龙溪寨遗址上述两组遗存的文化面貌具有明显的过渡性特征，遗存年代跨越了仰韶时代晚期和龙山时代早期，年代在距今 5000～4800 年。龙溪寨遗址的发现为深入探讨川西北高原地区以营盘山一类遗存为代表的仰韶晚期文化和"沙乌都遗存"为代表的龙山早期文化之间的关系，提供了新的契机，值得进行进一步的发掘和研究。

附记：参加本次调查的人员包括成都文物考古研究院陈剑，汶川县文物管理所邓俊、袁平等。

绘图：孙智辉　陈　睿

执笔：田剑波　陈　剑　罗进勇　邓　勇

注　释

[1]　汶川县文物管理所、成都文物考古研究所、阿坝藏族羌族自治州文物管理所：《四川汶川县布瓦遗址
　　　　2009 年调查简报》,《成都考古发现》（2010）,科学出版社,2012 年。

[2]　汶川县文管所、成都文物考古研究所、阿坝藏族羌族自治州文管所：《四川汶川县布瓦石棺葬 2009 年
　　　　的调查》,《成都考古发现》（2008）,科学出版社,2010 年。

[3]　汶川县文物管理所、成都文物考古研究所、阿坝藏族羌族自治州文物管理所：《四川汶川县布瓦碉楼
　　　　群的调查与勘探》,待刊。

[4]　邓少琴：《巴蜀之先旧称人皇为氏族部落之君》,《邓少琴西南民族史地论集》,巴蜀书社,2001 年；
　　　　唐昌朴：《从龙溪考古调查看石棺葬文化的兴起与羌族的关系》,转引自邓少琴：《巴蜀之先旧称人皇
　　　　为氏族部落之君》,《邓少琴西南民族史地论集》,巴蜀书社,2001 年。

[5]　阿坝州文管所：《汶川发现西周时期蜀文化青铜罍》,《四川文物》1989 年第 4 期。

[6]　阿坝州文物管理所：《杂谷脑河下游西汉岩墓调查简报》,《四川文物》1989 年第 2 期。

[7]　成都市文物考古研究所、阿坝藏族羌族自治州文管所、茂县博物馆：《四川茂县营盘山遗址试掘报
　　　　告》,《成都考古发现》（2000）,科学出版社,2002 年；蒋成、陈剑：《岷江上游考古新发现述析》,
　　　　《中华文化论坛》2001 年第 3 期；蒋成、陈剑：《2002 年岷江上游考古的收获与探索》,《中华文化论
　　　　坛》2003 年第 4 期；成都文物考古研究院、阿坝藏族羌族自治州文物管理所、茂县羌族博物馆：《茂
　　　　县营盘山新石器时代遗址》,文物出版社,2018 年。

[8]　成都市文物考古研究所、阿坝藏族羌族自治州文管所、茂县博物馆：《四川茂县营盘山遗址试掘报
　　　　告》,《成都考古发现》（2000）,科学出版社,2002 年。

[9]　成都文物考古研究所、阿坝藏族羌族自治州文物保管所、茂县羌族博物馆：《四川茂县沙乌都遗址调
　　　　查简报》,《成都考古发现》（2004）,科学出版社,2006 年。

[10]　成都文物考古研究所、阿坝藏族羌族自治州文物管理所、茂县羌族博物馆：《四川茂县白水寨和沙乌
　　　　都遗址 2006 年调查简报》,《四川文物》2007 年第 6 期。

[11]　成都文物考古研究所、阿坝藏族羌族自治州文物管理所、茂县羌族博物馆：《四川茂县下关子遗址试
　　　　掘简报》,《成都考古发现》（2006）,科学出版社,2008 年。

[12]　陈剑：《波西、营盘山及沙乌都——浅析岷江上游新石器文化演变的阶段性》,《考古与文物》2007 年
　　　　第 5 期。

附表　采集陶片陶质陶色及纹饰统计表

纹饰 ＼ 陶质陶色	夹砂					泥质				总计	百分比
	黄褐	灰褐	黑褐	灰	黑皮	黄褐	红褐	黑皮	灰		
绳纹	7		7	15		6		2	19	56	19
网格纹	6		2	9		2			12	31	10.5

续表

纹饰	夹砂					泥质				总计	百分比
陶质陶色	黄褐	灰褐	黑褐	灰	黑皮	黄褐	红褐	黑皮	灰		
附加堆纹	4		2	3				1	14	24	8.1
戳印纹	1			1				2	4	8	2.7
瓦棱纹				1		1		4	18	24	8.1
弦纹									2	2	0.7
素面	4	16	4		4	5	2	30	85	150	50.8
合计	22	16	15	29	4	14	2	39	154	295	
百分比	7.5	5.4	5	9.8	1.4	4.7	0.7	13.2	52.2		100

［原载《成都考古发现》（2015），科学出版社，2017 年，第 1～12 页］

茂县沙乌都遗址调查简报

成 都 文 物 考 古 研 究 院
阿 坝 藏 族 羌 族 自 治 州 文 物 管 理 所
茂 县 羌 族 博 物 馆

　　沙乌都遗址位于四川省阿坝藏族羌族自治州茂县凤仪镇水西村，地理坐标为东经103°51′、北纬31°40′。遗址地处岷江北岸三级阶地以上的大山中部向外延伸的山脊地带，高出岷江河床约300米，与营盘山遗址隔岸相望，二者间的直线距离不足800米（图一；图版二〇）。遗址南面为较直的陡坡，紧临岷江转弯处（图版二一）；北面不远处有一条较深的自然冲沟，与波西遗址隔沟相望（图版二二，1）；东面为山脊的尽头，中国移动茂县微波站（原茂县电视差转台）位于其上；西面可攀缘上山。遗址可分为上下两个小地理单元。2002年10月成都市文物考古研究所（现成都文物考古研究院）等单位在对营盘山遗址进行环境调查时发现。

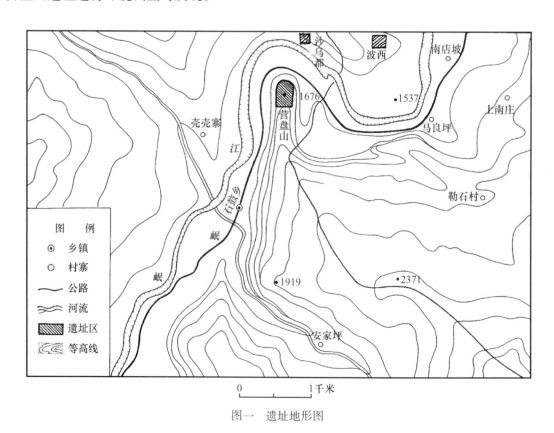

图一　遗址地形图

本次调查在沙乌都遗址上部的山脊低凹地带因种植花椒而开挖的断面上发现一处残存的灰坑遗迹（编号为2002SMSH1，以下简写为H1）（图版二二，2），经发掘清理，出土了一定数量的陶器残片、红烧土块、石器残片和兽骨、牙齿（图版二三，2）等遗物。

一、出 土 遗 物

出土陶片包括夹砂灰陶、夹砂褐陶、泥质灰陶和泥质磨光黑皮陶等类，不见彩陶和细泥质红褐陶；纹饰有绳纹、瓦棱纹、较细的附加堆纹（表面又饰压印纹）、绳纹及锯齿状花边口沿装饰、戳印纹等（图二），陶器内壁常见划抹痕迹；器形包括侈口罐、溜肩罐、敛口罐、折沿小罐、长颈罐、喇叭口壶形器、带流器等。

溜肩罐　1件。H1：1，夹细砂褐陶。侈口，尖唇，长颈。器表饰较浅的绳纹，内壁可见划抹痕迹，唇面压印斜向绳纹形成较浅的锯齿状花边，颈部有多周凹弦纹。残高8.8厘米（图二，1；图三，3；图版二三，3）。

侈口罐　4件。H1：2，夹细砂外褐内黑陶，薄胎。翻沿，尖唇。器表及内壁可见划抹痕迹，唇面压印斜向绳纹形成较浅的锯齿状花边，颈部加贴横向及斜向小泥条附加堆纹。口径21、残高4.4厘米（图二，10；图三，1；图版二三，5）。H1：11，夹细砂褐陶。卷沿，圆唇。沿面及器表饰较浅的绳纹，唇面按压锯齿状花边并饰横向浅绳纹，颈部加贴两周泥条附加堆纹。残高6厘米（图二，4；图三，11；图版二三，6）。H1：12，夹砂褐陶。卷沿，方唇。内壁可见划抹痕迹，唇面压印较浅的锯齿状花边。残高3.8厘米（图二，5；图三，15；图版二四，2）。H1：17，夹细砂褐陶。卷沿，方唇。器表及内壁可见划抹痕迹，唇面压印锯齿状花边（其上又饰斜向绳纹），颈部加贴横向小泥条附加堆纹（图三，5）。

折沿小罐　1件。H1：6，夹细砂外褐内黑陶。方唇。唇面及内沿面饰斜向细绳纹。残高3.8厘米（图二，8；图三，14；图版二四，1）。

敛口罐　1件。H1：16，泥质磨光褐陶，厚胎。圆唇，鼓腹（图三，12）。

长颈罐　1件。H1：15，夹细砂褐陶。侈口，卷沿，方唇。唇面饰斜向绳纹（图三，13）。

喇叭口壶形器　7件。H1：3，泥质磨光黑皮陶。卷沿，圆唇。器表及内壁可见划抹痕迹。口径20.2、残高2.6厘米（图三，7；图版二三，4）。H1：4，泥质磨光黑皮陶。翻沿，圆唇，长颈。内壁可见划抹痕迹。口径21、残高2.8厘米（图三，6）。H1：5，泥质磨光黑皮陶。卷沿，圆唇。颈表可见斜向划抹痕迹。口径19、残高1.8厘米（图三，9）。H1：23，泥质磨光灰陶。翻沿，圆唇。颈部有划抹痕迹（图三，2）。H1：27，泥质磨光黑皮陶。翻沿，圆唇（图三，10）。H1：28，泥质磨光褐陶。翻沿，方唇（图三，4）。H1：26，泥质磨光褐陶。翻沿，圆唇（图三，8）。

器流　1件。H1：9，泥质褐陶。较宽。长7.8、宽8.4厘米。

陶片　10件。H1：10，泥质褐陶。内壁可见划抹痕迹，器表饰横向小泥条附加堆

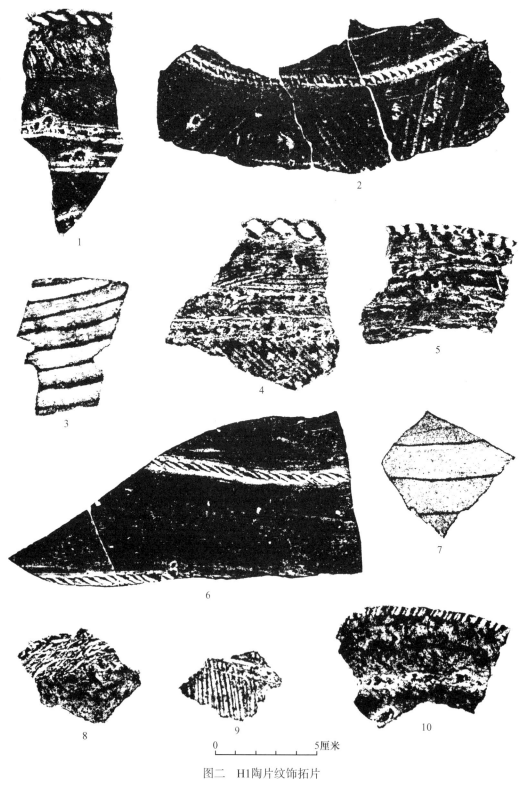

图二　H1陶片纹饰拓片

1. H1：1　2. H1：19　3. H1：7　4. H1：11　5. H1：12　6. H1：8
7. H1：13　8. H1：6　9. H1：20　10. H1：2

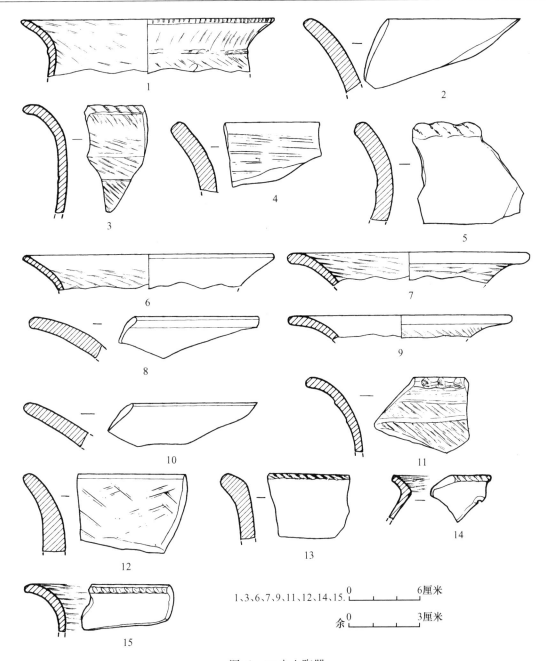

图三 H1出土陶器

1、5、11、15. 侈口罐（H1：2、H1：17、H1：11、H1：12） 2、4、6～10. 喇叭口壶形器（H1：23、H1：28、H1：4、
H1：3、H1：26、H1：5、H1：27） 3. 溜肩罐（H1：1） 12. 敛口罐（H1：16）
13. 长颈罐（H1：15） 14. 折沿小罐（H1：6）

纹。残高8.4厘米（图四，8）。H1：7，泥质磨光灰陶。内壁可见划抹痕迹，器表饰较窄
的瓦棱纹。残高7厘米（图二，3；图四，4；图版二四，4）。H1：19，泥质磨光褐陶。
内壁可见划抹痕迹，器表压印多组曲折状暗弦纹，并加贴横向小泥条附加堆纹（其上又
饰戳印纹）。残高7厘米（图二，2；图四，2；图版二四，3）。H1：25，泥质磨光灰陶。
颈部残片。器表饰横向及斜向米粒状压印纹（图四，5）。H1：13，泥质磨光黑皮陶，厚

胎。饰较宽的瓦棱纹（图二，7；图四，6）。H1：18，泥质磨光黑皮陶，薄胎。饰较宽的瓦棱纹（图四，3）。H1：8，泥质磨光灰陶。内壁可见划抹痕迹，器表加贴横向小泥条附加堆纹（其上又饰斜向压印纹）（图二，6；图四，1；图版二四，5）。H1：20，夹细砂褐陶。内壁可见划抹痕迹，表面饰纵向细绳纹并加贴横向小泥条附加堆纹（图二，9；图四，9）。H1：22，夹细砂褐陶。表面饰斜向细绳纹及横向凹弦纹（图四，7）。H1：14，泥质磨光灰陶。表面有横向划抹痕迹（图四，10）。

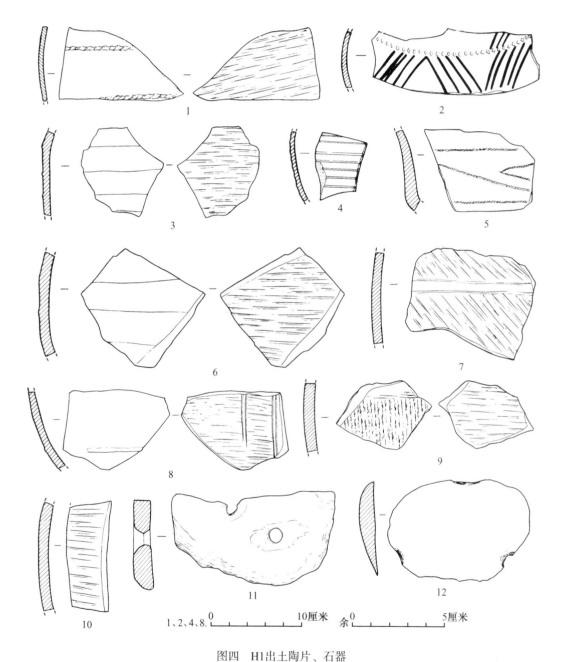

图四　H1出土陶片、石器

1~10. 陶片（H1：8、H1：19、H1：18、H1：7、H1：25、H1：13、H1：22、H1：10、H1：20、H1：14）

11. 石穿孔器（H1：24）　12. 石切割器（H1：21）

此外，出土遗物还包括少量磨制、打制石器及兽骨、牙齿等。

穿孔器　1件。H1∶24，灰色板岩。已残，孔系双向钻成。孔径0.7、厚1厘米（图四，11；图版二三，1）。

切割器　1件。H1∶21，灰白色。长方形，系卵石剥离石片加工而成，两侧经二次修整，平刃，一面为劈裂面，可见打击疤点及放射线，另一面保留卵石自然面。长7.8、宽5.5厘米（图四，12）。

二、结　语

沙乌都遗址虽然与营盘山遗址隔河相望，二者间的直线距离不足800米，但其文化面貌存在较大差异，沙乌都遗址出土陶器中不见营盘山遗址常见的烧制火候较高的彩陶器及细泥红褐陶器[1]。与成都平原各史前古城遗址为代表的宝墩文化的出土陶器相比[2]，沙乌都出土的夹砂灰陶、褐陶侈口罐多装饰绳纹和锯齿状花边，这正是宝墩文化的典型特征之一；沙乌都的泥质磨光陶喇叭口长颈壶形器与宝墩遗址出土的泥质灰白陶高领罐、喇叭口壶的形态相近；而沿面、唇面饰绳纹的夹砂褐陶罐，饰瓦棱纹的泥质黑皮陶器等遗物也能在宝墩遗址找到相似的器物。这些陶器方面的共性表明沙乌都遗址的内涵与成都平原宝墩文化存在较为密切的联系，根据宝墩遗址的年代测试数据判定沙乌都遗址的时代应晚于营盘山遗址，其年代推测为距今4500年左右。以沙乌都遗址主体为代表的岷江上游新发现的一种文化遗存，可以将之命名为"沙乌都遗存"。在夹砂褐陶及泥质灰陶系方面、装饰绳纹及纹唇风格等方面延续发展了营盘山遗存的文化因素，更多地表现出浓郁的本地文化特色。

沙乌都遗存与成都平原宝墩文化存在较为密切的联系，为探讨岷江上游与成都平原两地新石器文化的关系提供了新的实物资料，也为探寻古蜀文明的渊源提供了新的线索和启示。

附记：参加本次试掘的人员有成都文物考古研究院蒋成（领队）、陈剑、李平，阿坝藏族羌族自治州文物管理所陈学志，茂县羌族博物馆蔡清等。整理及简报编写由陈剑负责。

绘图：党国平

拓片：戴堂才　戴福尧

执笔：蒋　成　陈　剑　陈学志　蔡　清

注　释

［1］　成都市文物考古研究所、阿坝藏族羌族自治州文管所、茂县博物馆：《四川茂县营盘山遗址试掘报

告》,《成都考古发现》(2000),科学出版社,2002年;蒋成、陈剑:《岷江上游考古新发现述析》,《中华文化论坛》2001年第3期;蒋成、陈剑:《2002年岷江上游考古的收获与探索》,《中华文化论坛》2003年第4期。

[2]　成都市文物考古工作队、四川联合大学考古教研室、新津县文管所:《四川新津县宝墩遗址调查与试掘》,《考古》1997年第1期;中日联合考古调查队:《四川新津县宝墩遗址1996年发掘简报》,《考古》1998年第1期;成都市文物考古研究所、四川大学历史系考古教研室、早稻田大学长江流域文化研究所:《宝墩遗址——新津宝墩遗址发掘和研究》,有限会社阿普(ARP),2000年;王毅、孙华:《宝墩村文化的初步认识》,《考古》1999年第8期;王毅、蒋成:《成都平原早期城址的发现及初步研究》,《夏禹文化研究》,巴蜀书社,2000年;江章华、颜劲松、李明斌:《成都平原的早期古城址群——宝墩文化初论》,《中华文化论坛》1997年第4期。

附表一　H1出土陶片陶质陶色及纹饰统计表

数量 纹饰	陶质　陶色 夹砂陶		泥质陶			合计	百分比
	灰	褐	灰	褐	黑皮		
纵向绳纹		4			1	5	7
纵向线纹		2	1			3	4
附加堆纹		5	6			11	16
瓦棱纹			1		3	4	6
花边口沿		7				7	10
戳印纹		2	6			8	11
素面	3	8	13	5	4	33	46
合计	3	28	27	5	8	71	100
	31		40				
百分比	4	40	38	7	11	100	
	44		56				

附表二　H1出土陶片陶质陶色及器形统计表

数量 器形	陶质　陶色 泥质陶			夹砂陶	合计	百分比
	灰	褐	黑皮	褐		
罐	4		1	7	12	60
喇叭口长颈壶形器	1	2		4	7	35
带流器		1			1	5
合计	5	3	5	7	20	100
百分比	25	15	25	35	100	

[原载《成都考古发现》(2004),科学出版社,2006年,第13~19页]

茂县白水寨及下关子遗址调查简报

成 都 文 物 考 古 研 究 院
阿坝藏族羌族自治州文物管理所
茂 县 羌 族 博 物 馆

一、白水寨遗址

白水寨遗址位于四川省阿坝藏族羌族自治州茂县南新镇白水寨村（图一；图版二六），高出岷江河谷约 150 米，位于岷江东岸二级台地上（图版二七、图版二八）。2000 年 7 月，成都市文物考古研究所（现成都文物考古研究院）、阿坝藏族羌族自治州文物管理所、茂县羌族博物馆到此进行实地调查，发现大量石棺葬群，因修建白水电站大量取土，石棺葬群几乎盗掘一空。石棺葬分布地以下为白水寨城堡所在，地表可见南北向城堡夯土墙，宽

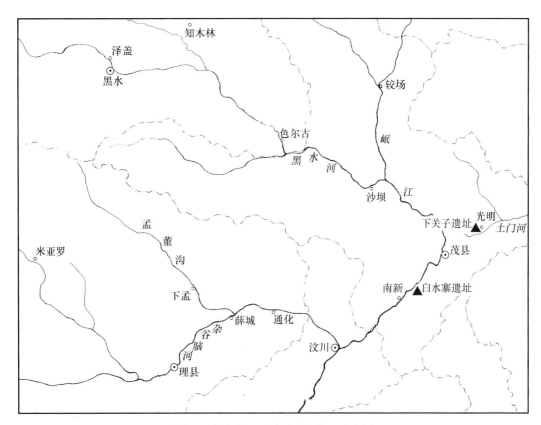

图一　白水寨、下关子遗址位置示意图

约4、高约3米，其修建年代约为明代，此类城堡在岷江上游地区还有多处。

遗址范围内采集遗物包括磨制石斧，烧制火候较高的泥质磨光陶瓦棱纹罐、钵、泥质褐陶勺（编号为2000SMBS采：×，以下省略"2000SMBS"）等。

1. 石器

斧　1件。采：11，灰黑色。肩部残断，长条形，通体磨光，弧刃，中锋，器体厚重。残长10、刃宽5.6、厚2厘米（图二，11；图版三〇，1）。

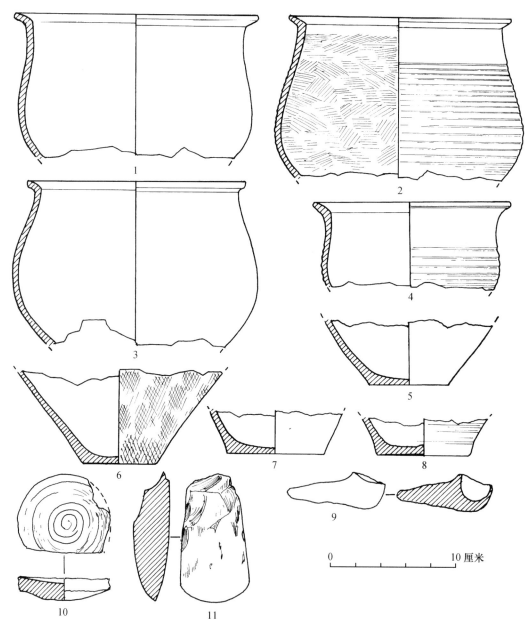

图二　白水寨遗址采集陶、石器

1、2. 陶折沿罐（采：6、采：9）3. 陶敛口鼓腹罐（采：10）4. 陶浅腹罐（采：8）5~7、10. 陶器底（采：1、采：4、采：2、采：3）8. 陶罐底（采：7）9. 陶勺（采：5）11. 石斧（采：11）

2. 陶器

采集陶器以泥质灰陶、黑皮陶为主，表面多磨光。纹饰以较宽和较窄的瓦棱纹为主（图三）。器形包括浅腹罐、折沿罐、敛口鼓腹罐、勺等。现予以分类介绍。

浅腹罐　1件。采：8，泥质灰陶，内外壁面施陶衣并打磨光亮。折沿，圆唇。腹部饰瓦棱纹。口径16、最大腹径14.4、残高6.6厘米（图二，4；图版三〇，5）。

折沿罐　2件。圆唇。采：6，泥质灰陶，内外壁磨光。鼓腹。口径19.8、最大腹径19、残高11厘米（图二，1；图版三〇，2）。采：9，泥质磨光黑皮陶。腹微鼓。上腹饰平行的瓦棱纹，下腹饰交错的线纹，内壁有刮抹痕。口径18、最大腹径20、残高12.4厘米（图二，2；图版三〇，3）。

敛口鼓腹罐　1件。采：10，泥质灰陶，表面磨光。小口，折沿，尖唇。内壁有刮抹痕。口径17.8、最大腹径20、残高12.5厘米（图二，3；图版三〇，6）。

勺　1件。采：5，泥质褐陶。敛口，口略残，短柄。口径3.6、柄长4.2、高2.8厘米（图二，9；图版三〇，7）。

器底　4件。平底或小平底。采：1，泥质灰陶，表面磨光。斜直壁。底径6.4、残高5厘米（图二，5）。采：4，泥质磨光黑皮陶。下腹饰交错的线纹，内壁有刮抹痕。底径6、残高7.6厘米（图二，6；图版三〇，4）。采：2，泥质灰陶，表面磨光。直壁，平底。底径8、残高3.4厘米（图二，7）。采：3，泥质灰陶。底内凹。残高1.6厘米（图二，10）。

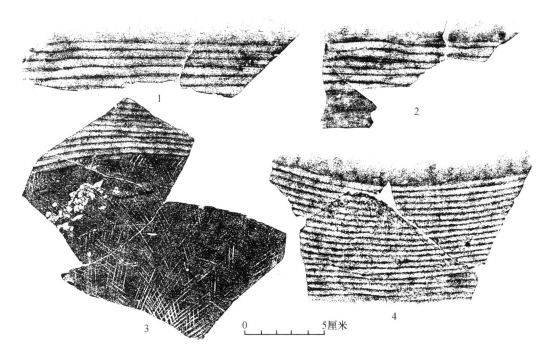

图三　白水寨遗址采集陶片纹饰拓片

1、2、4. 瓦棱纹（采：9、采：1、采：8）　3. 瓦棱纹及划纹（采：4）

罐底　1件。采：7，夹细砂黑陶。平底。内底可见制作的同心圆。底径7.4、残高3厘米。应为石棺葬的随葬陶器（图二，8）。

二、下关子遗址

下关子遗址是涪江一级支流——土门河流域的一处重要的新石器时代遗址。土门河发源于茂县土地岭（岷江与涪江的分水岭），进入北川县境内后，汇入多条支流，中游一段又称湔江，至江油市境内注入涪江。土门河（湔江）流域堪称川西高原至四川盆地的又一条重要的文化走廊。下关子遗址位于茂县光明乡马蹄溪村四组，2000年7月，由成都市文物考古研究所、阿坝藏族羌族自治州文物管理所、茂县羌族博物馆调查发现。台地范围内分布有密集的石棺葬，多数被盗掘。新石器时代遗存被石棺葬打破。下关子遗址的地形及地层堆积与营盘山遗址非常相似，遗址位于土门河北岸三级阶地的台地上，北临小关子沟（自然冲沟）、南靠土门河，茂（县）北（川）公路从台地下部穿过。遗址平面呈长方形，东西长约400、南北宽约100米，高出土门河谷约80米。

遗址范围内采集遗物包括陶器和少量石器（编号为2000SMX采：×，以下省略"2000SMX"）。

1. 石器

穿孔石片　1件。采：15，扁平浅绿色片页岩。表面有单向圆形钻孔。孔径0.6、厚0.7厘米（图四，14）。

2. 陶器

采集陶片以夹砂褐陶、泥质褐陶及灰陶为主。纹饰有绳纹、附加堆纹、锯齿状花边装饰等。器形包括侈口罐、长颈罐、喇叭口壶形器、钵、豆盘、带耳罐等。

侈口罐　1件。采：5，夹细砂褐陶。尖唇。残高4.6厘米（图四，6）。

长颈罐　2件。夹细砂褐陶。采：12，圆唇。残高2.8厘米（图四，3）。采：7，方唇。残高4厘米（图四，5）。

喇叭口壶形器　2件。圆唇，束颈。采：1，泥质红褐陶。口径17、残高4.6厘米（图四，4）。采：6，泥质灰陶。口径14、残高2.4厘米（图四，7）。

钵　1件。采：8，泥质褐陶。尖唇，浅腹。残高3厘米（图四，8）。

豆盘　2件。夹细砂褐陶，圆唇。采：9，直口，浅腹。口径14、残高3厘米（图四，1）。采：10，敛口。口径12、残高1.4厘米（图四，2）。

器底　4件。夹砂褐陶，平底或小平底。采：14，底外折。器表饰纵向绳纹。底径8、残高2.4厘米（图四，9）。采：11，底外折。底径5.6、残高2.2厘米（图四，10）。

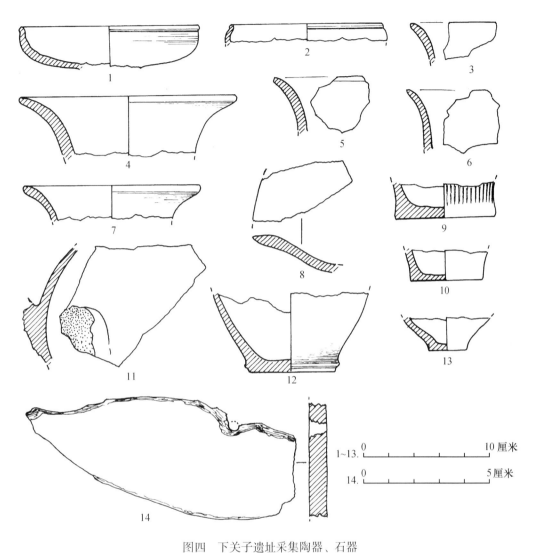

图四　下关子遗址采集陶器、石器

1、2. 陶豆盘（采：9、采：10）　3、5. 陶长颈罐（采：12、采：7）　4、7. 陶喇叭口壶形器（采：1、采：6）
6. 陶侈口罐（采：5）　8. 陶钵（采：8）　9、10、12、13. 陶器底（采：14、采：11、采：2、采：16）
11. 陶带耳罐残片（采：3）　14. 穿孔石片（采：15）

采：2，底外壁有一周凸棱。底径 6.8、残高 6.2 厘米（图四，12）。采：16，底径 3、残高 2.5 厘米（图四，13）。

带耳罐残片　1件。采：3，泥质灰陶。残高 9 厘米。应为石棺葬随葬器（图四，11）。

三、结　语

与以营盘山遗址为代表的包含彩陶文化因素的系列史前时期遗址相比，白水寨与下关了遗址是茂县地区新发现的两处文化面貌较为独特的遗址，在年代及文化系统上与前者存在一定的差异。白水寨遗址采集的磨光泥质灰陶及黑皮陶瓦棱纹罐等器物，与营盘山遗址上层部分地层单位出土的同类陶器特征相似[1]，年代也不会差异太久。而下关子遗址采集的泥质陶喇叭口长颈壶形器、花边口沿装饰夹砂陶罐等器物，以及夹砂陶表面拍印绳纹、线纹种类和风格，则与茂县沙乌都遗址[2]采集的同类陶器特征相似，文化性质及年代基本相同。白水寨遗址的年代略早于下关子遗址，时代均为龙山时代早期。

下关子遗址采集的陶片特征，与四川盆地西北缘的绵阳市边堆山遗址[3]、江油市大水洞遗址[4]出土的同类陶片相比也存在较多相似性，均为四川盆地龙山时代土著文化的重要组成内容，与成都平原的宝墩文化[5]之间关系密切，属于同一文化系统。下关子遗址是土门河流域首次发现的新石器时代遗址，对探讨川西高原与四川盆地腹心之间的文化交流等课题提供了珍贵资料，具有填补空白的重要学术价值。

白水寨、下关子遗址从时间、空间方面，均为探讨川西高原史前文化与成都平原宝墩文化的关系提供了中介连接点，也为古蜀文明探源工作增添了新的内容。

附记：参加白水寨遗址 2000 年调查的人员有成都文物考古研究院蒋成、陈剑、程远福、李平、付秀彬，阿坝藏族羌族自治州文物管理所陈学志，茂县羌族博物馆蔡清、肖青松、刘永文。参加下关子遗址 2000 年调查的人员有成都文物考古研究院陈剑、周志清、程远福、李平、付秀彬，阿坝藏族羌族自治州文物管理所陈学志，都江堰市文物局樊拓宇。

　　　　　绘图：杨文成
　　　　　拓片：代堂才　代福尧
　　　　　执笔：蒋　成　陈　剑　陈学志　蔡　清

注　释

[1]　成都市文物考古研究所、阿坝藏族羌族自治州文管所、茂县羌族博物馆：《四川茂县营盘山遗址试掘报告》，《成都考古发现》（2000），科学出版社，2002 年；蒋成、陈剑：《岷江上游考古新发现述析》，《中华文化论坛》2001 年第 3 期；蒋成、陈剑：《2002 年岷江上游考古的收获与探索》，《中华文化论坛》2003 年第 4 期；成都文物考古研究院、阿坝藏族羌族自治州文物管理所、茂县羌族博物馆：《茂县营盘山新石器时代遗址》，文物出版社，2018 年。

[2]　成都文物考古研究所、阿坝藏族羌族自治州文物保管所、茂县羌族博物馆：《四川茂县沙乌都遗址调查简报》，《成都考古发现》（2004），科学出版社，2006 年。

[3]　西南博物院筹备处：《宝成铁路修筑工程中发现的文物简介》，《文物参考资料》1954 年第 3 期；中国社会科学院考古研究所四川工作队：《四川绵阳市边堆山新石器时代遗址调查简报》，《考古》1990 年第 4 期；王仁湘、叶茂林：《四川盆地北缘新石器时代考古新收获》，《三星堆与巴蜀文化》，巴蜀书社，1993 年。

[4]　胡昌钰：《四川江油市发现新石器时代洞穴遗址》，《中国文物报》2005 年 11 月 30 日第 1 版；四川

省文物考古研究院、绵阳市博物馆、江油市文物管理所:《四川江油市大水洞新石器时代遗址发掘简报》,《四川文物》2006 年第 6 期。

[5] 成都市文物考古工作队、四川联合大学考古教研室、新津县文管所:《四川新津县宝墩遗址调查与试掘》,《考古》1997 年第 1 期;中日联合考古调查队:《四川新津县宝墩遗址 1996 年发掘简报》,《考古》1998 年第 1 期;成都市文物考古研究所、四川大学历史系考古教研室、早稻田大学长江流域文化研究所:《宝墩遗址——新津宝墩遗址发掘和研究》,有限会社阿普(ARP),2000 年;王毅、孙华:《宝墩村文化的初步认识》,《考古》1999 年第 8 期;王毅、蒋成:《成都平原早期城址的发现及初步研究》,《夏禹文化研究》,巴蜀书社,2000 年;江章华、颜劲松、李明斌:《成都平原的早期古城址群——宝墩文化初论》,《中华文化论坛》1997 年第 4 期。

［原载《成都考古发现》(2005),科学出版社,2007 年,第 8～14 页］

茂县白水寨和沙乌都遗址2006年调查简报

成 都 文 物 考 古 研 究 院
阿坝藏族羌族自治州文物管理所
茂 县 羌 族 博 物 馆

一、白水寨遗址

白水寨遗址于 2000 年由成都市文物考古研究所（现成都文物考古研究院）、阿坝藏族羌族自治州文物管理所、茂县羌族博物馆调查确认[1]。遗址位于阿坝藏族羌族自治州茂县南新镇白水寨村，处于岷江东岸二级阶地台地之上（图一），白水寨明代城堡（白水寨村委会驻地所在，村寨民居集中之处）以东。

通过对 2000 年调查采集的泥质灰陶、磨光黑皮陶罐、泥质褐陶勺等陶器及磨制石斧的整理分析，发现遗址的新石器时代陶器面貌与营盘山等含彩陶文化因素的遗存有较大差异，年代上也应有差别，具有明显的过渡性特征。遂于 2006 年 10 月进一步实地调查，以取得更为丰富的实物资料，从而对遗址内涵有更为准确的认识。

遗址因村民建房取土破坏严重，2000 年实地调查时已有较大规模取土活动。2006 年调查时发现，后来的取土活动更为严重，且有盗掘石棺葬的现象，现场已暴露 3 座以上的石棺葬，人骨架残片随地可见。

在遗址范围内的两处地点发现有文化层堆积：其一在取土场的北部断面之上，为红褐土层及灰褐土层，并采集到大量的泥质灰陶片、夹砂褐陶片、磨制石刀等遗物（图版二九，上）；其二位于遗址南部机耕道边的断面上（图版二九，下）发现灰坑等遗迹，填土为灰黑土，结构疏松，包含泥质灰陶片、木炭、带有木棍插抹痕迹的红烧土块等遗物。

白水寨遗址地处别立山的山脚地带，其上部为别立下寨、中寨、上寨，均发现了石棺葬，如卡花、桠口墓地[2]，上寨还发现有汉代砖室墓。2003 年发生了严重的盗掘现象，出土大量精美的青铜器及陶器[3]，而中寨还发现了史前遗址。可见，别立山腰、山脚一带为岷江上游地区又一处文化中心，分布有从新石器时代至汉代的文化遗址、墓葬等。

采集遗物包括石器、陶器等，现对采集的 13 件标本予以分类介绍（编号 06SMBS采：×，以下省略"06SMBS"）。

1. 石器

仅 2 件。

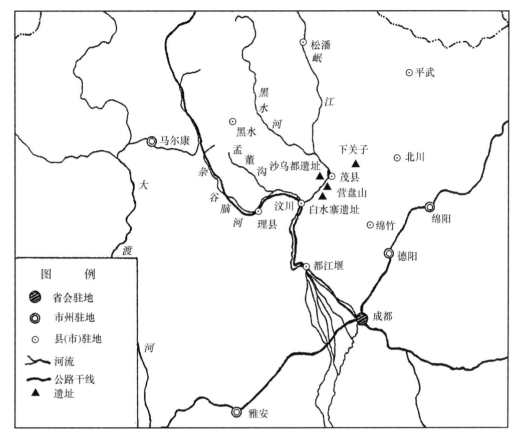

图一　白水寨和沙乌都遗址位置示意图

切割器　1 件。采：2，灰色。打制，剥离石片加工而成，一面保留卵石自然面，可见打击疤点，另一面为劈裂面，周边有琢击加工痕迹。长 9.2、宽 7、厚 1.3 厘米（图二，1；图版三一，2）。

刀　1 件。采：10，淡绿色。通体磨光，已残断，长方形，器体较薄，背部及一端有切割的凹槽，直刃，侧锋。残长 6.2、宽 2.9、厚 0.2 厘米（图二，2；图版三一，1）。

2. 陶器

数量较为丰富。从陶质陶色来看，泥质灰陶最多，夹砂褐陶次之。陶器多为素面且磨光，纹饰包括瓦棱纹、绳纹、线纹、小圆点戳印纹、锯齿状花边口沿装饰等（图三）。器形包括壶形器、鼓腹罐、折沿罐、侈口罐等。

喇叭口长颈壶形器　1 件。采：7，泥质灰黑陶，厚胎，表面磨光。圆唇，束颈。沿下表面可见慢轮旋痕。口径 24、残高 6.3 厘米（图四，1；图版三一，4）。

鼓腹罐　3 件。表面磨光，火候较高，薄胎。敛口，沿面斜平。内壁密布斜向刮抹痕。依据表面纹饰，分为二式。

I 式：1 件。腹表饰较窄的瓦棱纹。采：3，泥质灰黑陶。方唇。唇面有一周凹弦纹。口径 18、残高 7.8 厘米（图四，2；图版三一，3）。

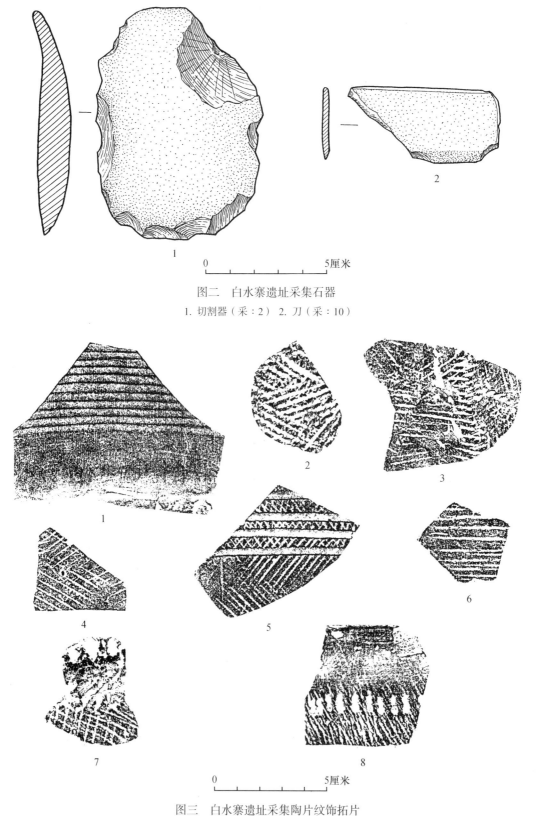

0 　　　　　　　　　　5厘米

图二　白水寨遗址采集石器

1. 切割器（采：2）　2. 刀（采：10）

0 　　　　　　　　　　5厘米

图三　白水寨遗址采集陶片纹饰拓片

1. 瓦棱纹（采：3）　2、3、6. 绳纹（采：19、采：13、采：28）　4. 交错线纹（采：16）　5. 交错线纹＋凹弦纹
（采：14）　7. 绳纹＋锯齿状花边纹（采：5）　8. 绳纹＋戳印纹（采：6）

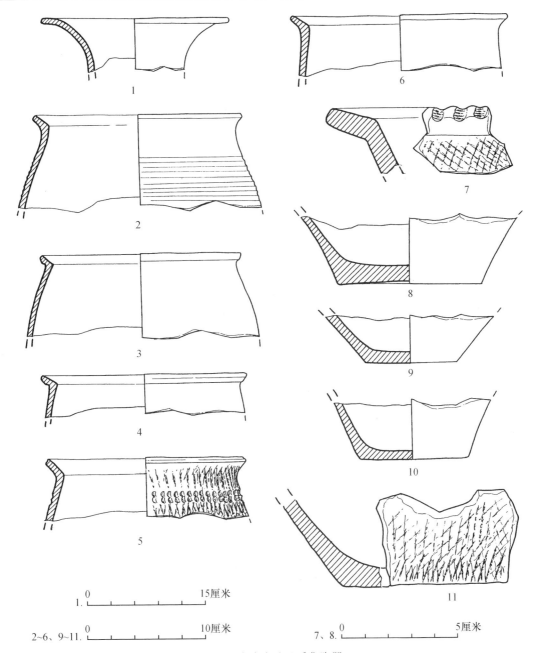

图四　白水寨遗址采集陶器

1. 喇叭口长颈壶形器（采：7）　2. Ⅰ式鼓腹罐（采：3）　3、4. Ⅱ式鼓腹罐（采：12、采：20）　5. Ⅰ式折沿罐（采：6）
6. Ⅱ式折沿罐（采：8）　7. 侈口罐（采：5）　8~11. 器底（采：23、采：21、采：24、采：13）

　　Ⅱ式：2 件。素面。泥质灰陶。尖唇。采：12，沿下保留修整的刮削痕迹。口径 17、残高 7 厘米（图四，3）。采：20，口径 17.5、残高 3.8 厘米（图四，4）。

　　折沿罐　2 件。大口，斜腹。依据表面纹饰，分为二式。

　　Ⅰ式：1 件。表面饰绳纹，上腹饰两周小圆点戳印纹。采：6，夹砂灰陶。方唇。颈部表面有慢轮旋痕，素面。口径 17、残高 5 厘米（图四，5；图版二一，5）。

　　Ⅱ式：1 件。素面。采：8，圆唇。表面磨光。口径 19、残高 4.6 厘米（图四，6）。

侈口罐　1件。采：5，夹砂褐陶。折沿，方唇。饰交错绳纹及锯齿状花边口沿装饰。残高2.8厘米（图四，7）。

器底　4件。平底及小平底。采：23，泥质灰陶，薄胎，表面磨光。小平底略内凹。内壁可见手制捏压痕迹。底径6.2、残高2.9厘米（图四，8）。采：21，泥质磨光黑皮陶。内壁可见修整刮抹痕迹。底径8.2、残高4厘米（图四，9）。采：24，泥质灰黑陶。底径9.5、残高5厘米（图四，10）。采：13，夹砂褐陶。底壁交接处饰纵向绳纹，腹部饰交错绳纹。残高8厘米（图四，11）。

还发现带有木棍插抹痕迹的红烧土块（图版三一，6）。

二、沙乌都遗址

遗址位于阿坝藏族羌族自治州茂县凤仪镇水西村（图一），南面与营盘山遗址隔岷江河相望，于2002年10月对营盘山遗址进行环境调查时发现[4]，2006年进行复查，取得了新的收获。首先在2002年调查采集遗物地点（遗址南部的东西向山脊）所在阶地上，发现有暴露的灰坑；其次在上部山脊垭口的地表也发现了灰坑。表明遗址的南部地带有不连续的早期堆积，主要为灰坑遗存。遂对遗址南部山脊表面的灰坑遗存进行清理，出土较为丰富的陶片，并对灰坑填土取样以备浮选。

遗址北部又有一条东西向的山脊，与南部山脊相隔一条凹沟。在北部的山脊上也发现有不连续的文化层堆积，清理出土较为丰富的泥质黄褐陶、泥质褐陶片和打制石刀、石斧等遗物。

南北两条山脊之间的较为平缓的凹沟地带，又在修建农村引水工程所开挖的水沟边泥土中，采集到少量泥质灰陶喇叭口长颈壶形器的口沿残片等，应为此处地层中的包含物。可见，沙乌都遗址的地层堆积情况较为复杂，除了南北两条山脊地带有不间断的文化层堆积外，山脊之间的凹沟地带也分布有文化层堆积。

鉴于遗址南北山脊所采集的陶片风格有一定差异，而山脊之间较为平缓的凹沟地带采集陶片与北部山脊采集陶片风格相似，故宜分区对遗址遗存进行介绍。北区包括北部山脊和南北山脊之间较为平缓的凹沟地带；南区则为南部山脊。

（一）北区

北区采集遗物包括打制石器、陶器等。现对选择的18件标本分类进行介绍（编号06SMS北采：×，以下省略"06SMS"）。

1. 打制石器

仅见两侧带缺槽的刀和亚腰形铲。

刀　1 件。北采：11，深灰色。剥离石片加工而成，两面均为劈裂面，背部有两处剥片的打击点，两侧打出缺槽，弧刃，有使用痕迹。长 10.2、宽 5.8、背厚 0.9 厘米（图五，1；图版二五，2）。

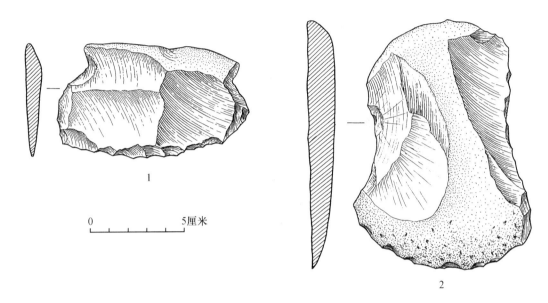

图五　沙乌都遗址北区采集打制石器

1. 刀（北采：11）　2. 铲（北采：13）

铲　1 件。北采：13，深灰色。亚腰形，一面局部保留卵石自然面，另一面为劈裂面，可见打击疤点，弧刃。长 12.7、刃宽 9.5、肩宽 7.7、厚 1.4 厘米（图五，2；图版二五，1）。

2. 陶器

北区采集陶器以泥质灰陶、泥质褐陶、夹砂褐陶为主，多为素面且磨光，纹饰有泥条附加堆纹（图六），器形包括喇叭口壶形器、卷沿大口罐、侈口罐、卷沿深腹盆等。

喇叭口壶形器　2 件。泥质灰陶，厚胎。圆唇。北采：16，口径 19、残高 2.4 厘米（图七，1）。北采：17，口径 18、残高 4.5 厘米（图七，2）。

卷沿大口罐　1 件。北采：15，泥质褐陶，表面磨光。圆唇，长颈，鼓腹，内部有划抹痕。口径 27、残高 9.3 厘米（图七，3；图版二五，3）。

侈口罐　2 件。北采：1，夹砂褐陶。残高 2.7 厘米（图七，4）。北采：10，泥质灰陶，表面磨光。尖唇，长颈。残高 3.9 厘米（图七，5）。

直口罐　1 件。北采：7，夹砂褐陶。方唇。口径 22、残高 7.2 厘米（图七，6）。

小口罐　1 件。北采：6，夹砂黑褐陶，薄胎。圆唇，束颈。残高 3.5 厘米（图七，7）。

卷沿敛口罐　1 件。北采：14，泥质灰陶，厚胎。圆唇，鼓腹。口径 29、残高 6 厘米（图七，8；图版二五，4）。

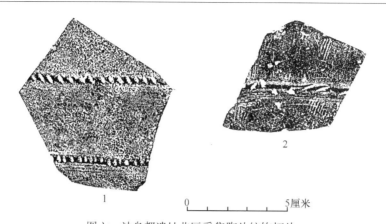

图六　沙乌都遗址北区采集陶片纹饰拓片

1. 泥条附加堆纹＋戳印纹（北采：9）　2. 泥条附加堆纹（北采：18）

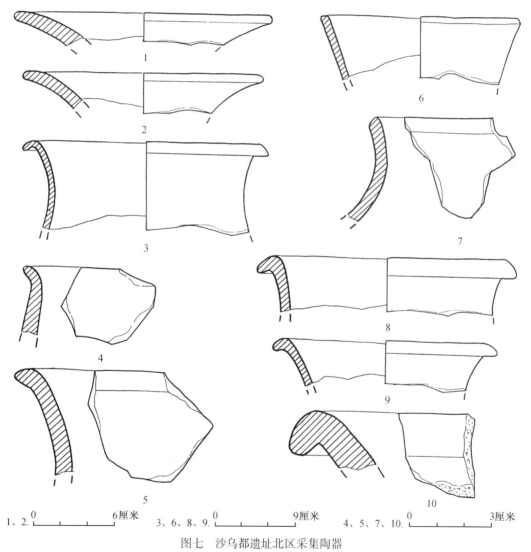

图七　沙乌都遗址北区采集陶器

1、2. 喇叭口壶形器（北采：16、北采：17）　3. 卷沿大口罐（北采：15）　4、5. 侈口罐（北采：1、北采：10）

6. 直口罐（北采：7）　7. 小口罐（北采：6）　8. 卷沿敛口罐（北采：14）

9、10. 卷沿深腹盆（北采：8、北采：4）

卷沿深腹盆　2件。泥质褐陶，厚胎，表面磨光。敛口，圆唇。北采：8，口径25、残高5.4厘米（图七，9；图版二五，5）。北采：4，残高3厘米（图七，10）。

器底　3件。平底。北采：12，泥质灰陶。内底有手制泥条盘痕。底径7、残高1.5厘米（图八，1）。北采：2，泥质褐陶，薄胎。直壁。底径5.8、残高3厘米（图八，2）。北采：3，泥质褐陶，薄胎。直壁。底径5、残高2厘米（图八，3）。

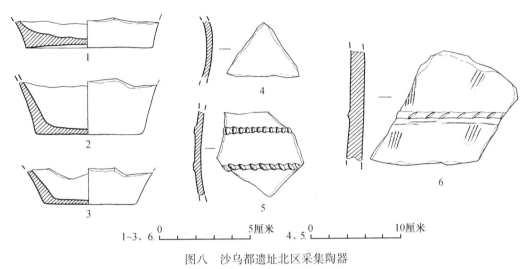

图八　沙乌都遗址北区采集陶器

1～3. 器底（北采：12、北采：2、北采：3）　4～6. 陶片（北采：5、北采：9、北采：18）

陶片　3件。北采：5，泥质褐陶，表面磨光（图八，4）。北采：9，泥质灰陶，表面磨光。饰横向细泥条附加堆纹（其上又饰印纹），内壁有刮抹痕（图八，5）。北采：18，泥质灰陶。表面饰纵向细绳纹和横向细泥条附加堆纹（图八，6）。

（二）南区

南区采集陶器以夹砂褐陶、泥质褐陶为主，多为素面，纹饰包括花边口沿、附加堆纹、线纹、绳纹、弦纹等（图九），器形包括喇叭口长颈壶形器、侈口罐、器底等。现对选择的21件标本分类进行介绍（编号06SMS南采：×，以下省略"06SMS"）。

喇叭口长颈壶形器　6件。南采：6，泥质磨光黑皮陶。圆唇。唇下有一周斜向绳纹。口径20、残高2厘米（图一〇，1）。南采：7，泥质磨光黑皮陶。圆唇。内外壁面可见划抹痕迹。口径21、残高9.3厘米（图一〇，2）。南采：8，泥质褐陶。口径30、残高2.4厘米（图一〇，3）。南采：10，泥质褐陶。尖唇。口径22.6、残高3厘米（图一〇，4）。南采：14，泥质褐陶。残高2.5厘米（图一〇，5）。南采：20，泥质褐陶。尖唇。残高2.1厘米（图一〇，7）。

侈口罐　4件。夹砂黑褐陶。锯齿状花边口沿。南采：2，花边口沿较浅。内外壁可见刮抹痕迹，颈部加贴横向泥条附加堆纹。口径19.7、残高5厘米（图一〇，6）。

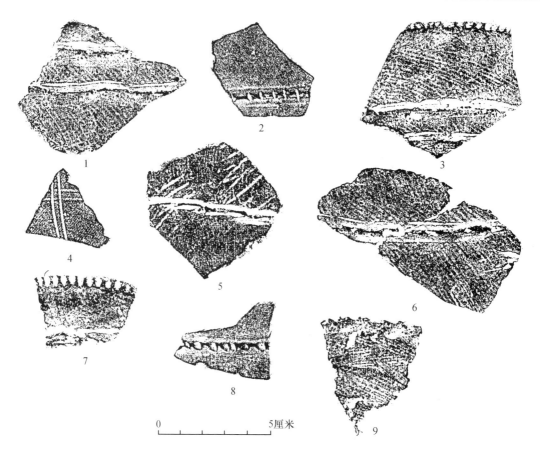

图九　沙乌都遗址南区采集陶片纹饰拓片

1、6、8. 泥条附加堆纹（南采：11、南采：12、南采：15）　2. 泥条附加堆纹＋戳印纹（南采：4）　3. 泥条附加堆纹＋
花边口沿（南采：2）　4. 相交的凹弦纹（南采：18）　5. 绳纹＋凹弦纹（南采：9）　7. 花边口沿＋泥条附加堆纹
（南采：5）　9. 花边口沿（南采：3）

南采：3，花边口沿较深。残高3.4厘米（图一〇，8）。南采：5，花边口沿较浅。颈部加贴横向泥条附加堆纹。残高2.1厘米（图一〇，9）。南采：11，肩部残片。表面饰横向泥条附加堆纹（图一一，1）。

　　器底　4件。平底。南采：13，泥质灰陶，表面磨光。残高2厘米（图一〇，11）。南采：16，夹砂黑褐陶。底外折。表面饰斜向划抹痕。残高3厘米（图一〇，10）。南采：17，夹砂黑褐陶。直壁，底外折。底径9、残高1厘米（图一〇，12）。南采：21，夹砂黑褐陶。直壁，底外折。残高2厘米（图一〇，13）。

　　纹饰陶片　7件。南采：1，泥质磨光黑皮陶。器表饰瓦棱纹（图一一，4）。南采：4，泥质褐陶，表面磨光。饰横向泥条附加堆纹，其上再饰压印纹（图一一，3）。南采：9，夹砂黑褐陶。表面饰斜向绳纹并划出横向的凹弦纹（图一一，2）。南采：12，夹砂黑褐陶。表面饰横向泥条附加堆纹（图一一，5）。南采：15、南采：19，泥质磨光黑皮陶。饰横向泥条附加堆纹，其上再饰压印纹（图一一，7、8）。南采：18，泥质磨光黑皮陶。表面饰交叉的凹弦纹（图一一，6）。

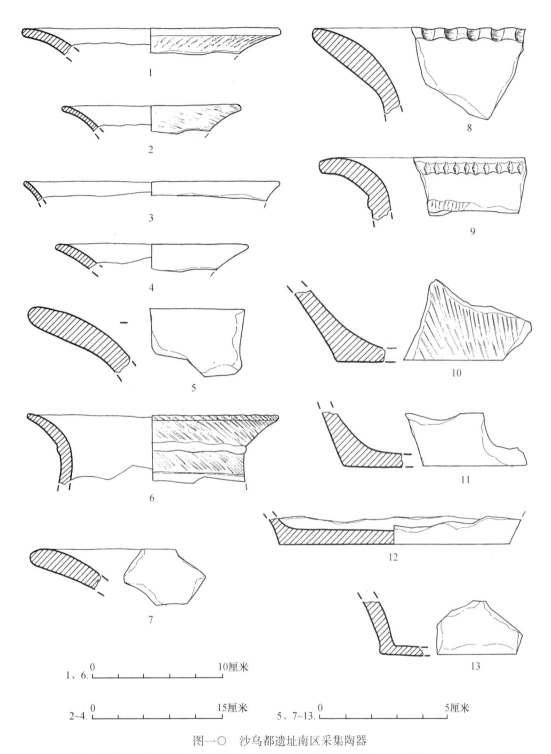

图一〇　沙乌都遗址南区采集陶器

1～5、7. 喇叭口长颈壶形器（南采：6、南采：7、南采：8、南采：10、南采：14、南采：20）6、8、9. 侈口罐
（南采：2、南采：3、南采：5）10～13. 器底（南采：16、南采：13、南采：17、南采：21）

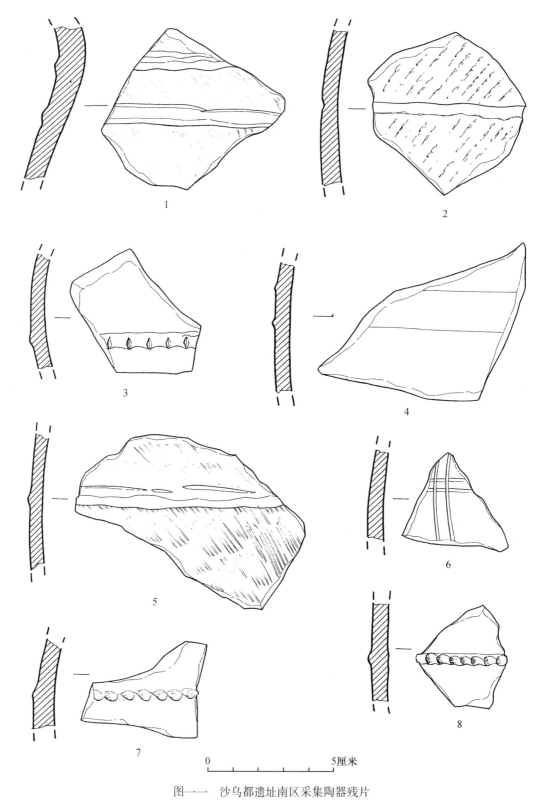

图一一　沙乌都遗址南区采集陶器残片

1. 侈口罐（南采：11）　2～8. 陶片（南采：9、南采：4、南采：1、南采：12、南采：18、南采：15、南采：19）

三、结　语

　　白水寨遗址 2000 年和沙乌都遗址 2002 年的采集陶片均不见彩陶和细泥质红褐陶，与岷江上游营盘山、姜维城、箭山寨等含彩陶因素的遗存差别较大，文化面貌独具特色，而与四川盆地腹心地区的新石器时代遗存的面貌有较多相似性，应同属于一个文化系统。2006 年复查取得的实物资料不仅进一步证实了这一判断，而且对沙乌都遗址的分布范围及文化内涵又有了新的认识。

　　将其与相邻的几处年代基本确定、内涵明晰的新石器时代遗址进行对比，可以对白水寨和沙乌都两处遗址的年代及分期、文化性质等问题有深入的了解。

　　茂县营盘山遗址与沙乌都遗址隔江相望，与白水寨遗址也相距不远。其主体堆积属于仰韶时代晚期遗存，但其上层的部分地层单位的年代已进入龙山时代早期。例如，2002 年第三试掘地点 5 组和第四试掘地点 2 组地层单位，仅分布于遗址的局部地带。以 2002SMYH25 为代表，出土陶器特征独特，夹砂陶所占比例高于泥质陶；器形包括夹砂陶戳印纹敛口鼓腹罐、侈口花边罐、侈口及敛口小罐、直口罐，泥质灰陶大口罐、喇叭口高领罐、高领壶形器、假圈足器，泥质磨光陶瓦棱纹盆、敛口曲腹盆等。尤其以饰粗细瓦棱纹的泥质磨光陶深腹盆、鼓腹罐，饰成组的锥点戳印纹的敛口罐等最有特色。与遗址主体遗存的陶器面貌的差异较大，年代应更晚。营盘山遗址的 ^{14}C 年代测试数据的上限在距今 5300 年左右，主体处于仰韶时代晚期，下限在距今 4600 年左右，已进入仰韶时代向龙山时代过渡的偏早时期。遗址上层堆积中的部分遗存不仅文化面貌发生了变异，从年代上可以划入龙山时代早期[5]。

　　白水寨遗址采集陶片中包含磨光泥质灰陶及黑皮陶瓦棱纹罐、饰小圆点戳印纹泥质陶折沿罐等器物，与前述营盘山遗址上层部分遗存的同类陶器特征相似；夹砂陶还保留交错绳纹及箍带状附加堆纹的特征，与营盘山遗址主体遗存夹砂陶相似，年代也不会相差太远。

　　沙乌都遗址北区（含北部山脊和南北山脊之间的凹沟地带）出土陶片的陶质陶色以泥质灰陶、褐陶为主，夹砂褐陶次之；器形有卷沿高领罐、喇叭口长颈壶形器等。而南区出土陶片的陶质陶色以夹砂褐陶为主，泥质褐陶和泥质磨光黑皮陶次之；纹饰有绳纹、瓦棱纹、较细的附加堆纹（表面又饰压印纹）、绳纹及锯齿状花边口沿装饰、戳印纹等，陶器内壁常见划抹痕迹；器形包括侈口罐、溜肩罐、喇叭口长颈壶形器、钵、带流器等。尽管总体文化面貌相似，但两者之间的差异也非常明显。北区遗存与南区遗存的年代应有一定的差别。北区遗存的文化面貌与白水寨遗址出土陶片风格相似，如均以泥质灰陶最多，器形均有卷沿高领罐、喇叭口长颈壶形器等。而南区遗存则与成都平原宝墩文化[6]的联系更为密切，如夹砂灰陶、褐陶侈口罐多装饰绳纹和锯齿状花边，正是宝墩文化的典型特征之一；泥质磨光陶喇叭口长颈壶形器与宝墩遗址出土的泥质灰白陶高领罐、喇叭口壶的形态相近;而沿面、唇面饰绳纹的夹砂褐陶罐,饰瓦棱纹的泥质黑皮陶器等遗物也能在宝墩遗址找到相似的器物。根据已有的 ^{14}C 年代测试数据及陶器的对比研究,多数学者赞同宝墩文化的年代上限在距今 4500 年左右,明显晚于营盘山遗址的年代下限。可见,沙乌都遗址北区遗存的年代应早于南区遗存。

白水寨和沙乌都遗址的年代属于龙山时代早期,目前可以将其文化遗存分为前、后两段:第 1 段:以白水寨遗址主体遗存,与营盘山遗址上层部分地层单位出土陶片相似,沙乌都遗址北区的部分遗存可归入本段。其文化面貌的过渡性特征较为明显;第 2 段:以沙乌都遗址南区堆积为代表。其中,第 2 段遗存(沙乌都遗址南区遗存)与涪江流域的茂县下关子遗址[7]、江油大水洞遗址[8],岷江上游的汶川县高坎遗址[9]的文化面貌相似。所出土陶器的特征共性是主要的,如夹细砂陶所占比例最高,纹饰以绳纹为主体,流行绳纹及锯齿状花边口沿装饰,均为平底器及假圈足器,器形以罐、壶、钵类为主;磨制石器以小型的斧、锛、凿最多。已不像白水寨遗址、沙乌都遗址北区那样所带有浓郁的过渡性风格。

沙乌都遗址南区遗存、下关子遗址、大水洞遗址、高坎遗址与绵阳边堆山遗址[10]相比较:边堆山遗址出土陶器少见瓦棱纹,而圈足豆在其他遗址不出;下关子等遗址出土的饰绳纹加凹弦纹的泥质陶片、绳纹加箍带状附加堆纹的夹砂陶片等文化因素,则在边堆山遗址少有发现。两者之间的距离相距不远,地理条件较为相似,产生上述文化面貌的差异主要还是时代不同的原因。再结合沙乌都等遗址与营盘山遗址主体遗存之间的文化联系比较密切的情况,判定边堆山遗址的年代应略晚于前者。

白水寨及沙乌都遗址的发现有助于了解四川盆地西北缘的龙山时代遗存的内涵及演变情况[11],为探讨川西北高原与四川盆地之间新石器文化的关系提供了重要的中间环节性质的实物资料,对于建立四川地区较为完备的新石器文化区系类型体系,以及古蜀文明渊源的研究均有重要学术意义。

附记:参加调查的人员有成都文物考古研究院蒋成、陈剑、徐龙,阿坝藏族羌族自治州文物管理所陈学志、范永刚,茂县羌族博物馆蔡清。资料整理及报告编写为陈剑、陈学志。

绘图:曹桂梅

拓片:代堂才　代福尧

执笔:蒋　成　陈　剑　陈学志　蔡　清　范永刚

注　释

[1]　成都文物考古研究所、阿坝藏族羌族自治州文物管理所、茂县羌族博物馆:《四川茂县白水寨及下关子遗址调查简报》,《成都考古发现》(2005),科学出版社,2007 年。

[2]　蒋宣忠：《四川茂汶别立、勒石村的石棺葬》，《文物资料丛刊》（9），文物出版社，1985 年。

[3]　资料现存茂县羌族博物馆。

[4]　成都文物考古研究所、阿坝藏族羌族自治州文物保管所、茂县羌族博物馆：《四川茂县沙乌都遗址调查简报》，《成都考古发现》（2004），科学出版社，2006 年。

[5]　成都市文物考古研究所、阿坝藏族羌族自治州文管所、茂县羌族博物馆：《四川茂县营盘山遗址试掘报告》，《成都考古发现》（2000），科学出版社，2002 年；蒋成、陈剑：《岷江上游考古新发现述析》，《中华文化论坛》2001 年第 3 期；蒋成、陈剑：《2002 年岷江上游考古的发现与探索》，《中华文化论坛》2003 年第 4 期；成都文物考古研究院、阿坝藏族羌族自治州文物管理所、茂县羌族博物馆：《茂县营盘山新石器时代遗址》，文物出版社，2018 年。

[6]　成都市文物考古工作队、四川联合大学考古教研室、新津县文管所：《四川新津县宝墩遗址调查与试掘》，《考古》1997 年第 1 期；中日联合考古调查队：《四川新津县宝墩遗址 1996 年发掘简报》，《考古》1998 年第 1 期；王毅、孙华：《宝墩村文化的初步认识》，《考古》1999 年第 8 期；王毅、蒋成：《成都平原早期城址的发现及初步研究》，《夏禹文化研究》，巴蜀书社，2000 年；江章华、颜劲松、李明斌：《成都平原的早期古城址群——宝墩文化初论》，《中华文化论坛》1997 年第 4 期；江章华、王毅、张擎：《成都平原早期城址群及其考古学文化初论》，《苏秉琦与当代中国考古学》，科学出版社，2001 年。

[7]　成都文物考古研究所、阿坝藏族羌族自治州文物管理所、茂县羌族博物馆：《四川茂县白水寨及下关子遗址调查简报》，《成都考古发现》（2005），科学出版社，2007 年；成都文物考古研究所、阿坝藏族羌族自治州文物管理所、茂县羌族博物馆：《四川茂县下关子遗址试掘简报》，《成都考古发现》（2006），科学出版社，2008 年。

[8]　胡昌钰：《四川江油市发现新石器时代洞穴遗址》，《中国文物报》2005 年 11 月 30 日第 1 版；四川省文物考古研究院、绵阳市博物馆、江油市文物管理所：《四川江油市大水洞新石器时代遗址发掘简报》，《四川文物》2006 年第 6 期。

[9]　资料现存成都文物考古研究院。

[10]　王仁湘、叶茂林：《四川盆地北缘新石器时代考古新收获》，《三星堆与巴蜀文化》，巴蜀书社，1993 年；何志国：《绵阳边堆山文化初探》，《四川文物》1993 年第 6 期。

[11]　陈剑：《四川盆地西北缘龙山时代考古新发现述析》，《中华文化论坛》2007 年第 2 期。

附表一　白水寨遗址2006年采集陶片陶质陶色及纹饰统计表

陶质陶色 纹饰	泥质陶			夹砂陶	合计	百分比
	红褐	灰	黑皮	褐		
斜向线纹		5			5	5.8
斜向绳纹	5			3	8	9.3
交错绳纹	1	2		4	7	8.1
素面	5	5		4	14	16.3
磨光		36	5		41	47.7
花边口沿				1	1	1.2

续表

纹饰＼陶质陶色	泥质陶			夹砂陶	合计	百分比
	红褐	灰	黑皮	褐		
绳纹＋凹弦纹		4			4	4.6
绳纹＋戳印				1	1	1.2
瓦棱纹		5			5	5.8
合计	11	57	5	13	86	100
	73			13		
百分比	12.8	66.3	5.8	15.1		
	84.9					

附表二　沙乌都遗址北区2006年采集陶片陶质陶色及纹饰统计表

纹饰＼陶质陶色	泥质陶		夹砂褐陶	合计	百分比
	褐	灰			
附加堆纹	2			2	3.5
素面	10	17	10	37	65
磨光	10	8		18	31.5
合计	22	25	10	57	100
	47				
百分比	38.5	44	17.5		
	82.5				

附表三　沙乌都遗址南区2006年采集陶片陶质陶色及纹饰统计表

纹饰＼陶质陶色	泥质陶			夹砂褐陶	合计	百分比
	褐	灰	黑皮			
附加堆纹	3	1		10	14	18
交错线纹				9	9	12
素面	23	2		16	41	53
磨光		2	6		8	10
瓦棱纹	1				1	1.5
花边口沿				3	3	4
绳纹＋凹弦纹				1	1	1.5
合计	27	5	6	39	77	100
	38					
百分比	35	6.5	6	50.5		
	49.5					

［原载《成都考古发现》（2006），科学出版社，2008年，第15～30页］

茂县下关子遗址试掘简报

成 都 文 物 考 古 研 究 院
阿 坝 藏 族 羌 族 自 治 州 文 物 管 理 所
茂 县 羌 族 博 物 馆

一、引　言

　　下关子遗址于 2000 年 7 月由成都市文物考古研究所（现成都文物考古研究院）、阿坝藏族羌族自治州文物管理所、茂县羌族博物馆业务人员调查发现[1]，是土门河流域的一处大型河谷台地聚落遗址。土门河为涪江上游的一级支流，发源于茂县县城以东的土地岭（即岷江上游与涪江上游的分水岭），沿途流经茂县土门片区的光明乡、富顺乡（甘沟，即原土门区公所驻地）、土门乡及东兴乡，然后流入北川县境内。土门河在北川县境内有多个名称，并汇入了两条重要的支流——青片河及白草河。前者发源于北川县西北部与松潘县交界处，自西北斜向东南纵贯北川县西部，并在该县的墩上乡注入土门河，汇流后又称干沟河。白草河共有两源，东源称洒尔沟，发源于平武县西部；西源称白草河，发源于松潘县东部。白草河流经北川县中部小坝区。该区辖小坝、片口、开坪 3 个羌族乡及外北、挑龙、小园 3 个羌族、藏族乡，可谓典型的羌、藏杂居地带。白草河在北川县的禹里乡（原治城乡，旧石泉县今北川县治所）附近注入土门河后又称湔江。土门河进入江油市境内又称通口河，并最后在江油市青莲镇附近注入涪江。

　　土门河（湔江）流经地区处于中国地理的第一级阶地青藏高原向第二级阶地四川盆地过渡的地带，属于四川盆地西北缘的山地浅丘地区。而山间的河流两岸或两河交汇处有一些发育较好的台地，地势较为平坦，利于人类定居生活。

　　下关子遗址地处交通要冲。土门河沿线，从茂县县城出发，翻越土地岭，沿土门河（湔江），经茂县光明乡、富顺乡、土门乡、东兴乡，北川县墩上乡、治城乡、北川县城、江油、安县、绵阳市区等地进入四川盆地腹心地区的交通线路，从古至今都是四川盆地与川西北高原间的一条重要通道[2]。这条交通要道北面还有一条支线，可称为白草河支线。据李绍明考证，自北川治城羌族乡（元石泉县治），沿白草河而上，经小坝、片口，以至松潘白羊乡有一条古道，白羊乡以上沿白羊河，通过镇江即达松潘[3]。

　　下关子遗址在行政区划上隶属于阿坝藏族羌族自治州茂县光明乡马蹄溪村四组和中心村一组（图一；图版三二，1），地处涪江一级支流土门河北岸三级阶地的台地之上

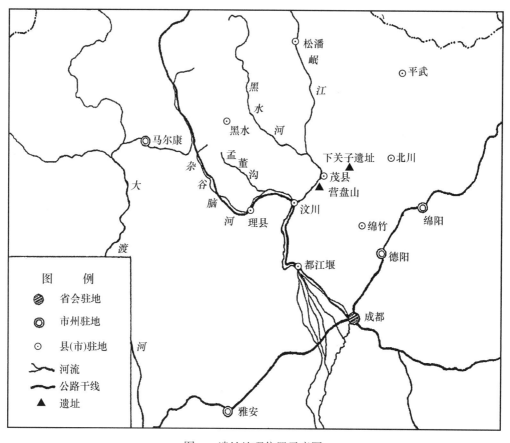

图一　遗址地理位置示意图

（图版三二，2），东距光明乡政府驻地约 1000 米，南邻绵阿公路及土门河正流下关子沟，北靠小关子沟，西面为中心村驻地上街（图版三三）。台地地表呈缓坡状（图版三四），总面积在 20 万平方米以上。遗址地表种植大量蔬菜，在台地范围内均可采集到新石器时代的陶片。

　　现有考古资料表明，下关子遗址所在台地、东部的上关子阶地以及对岸的马蹄溪村台地是土门河流域的古代文化遗存密集分布地，不仅有新石器时代遗址，还有数量庞大的石棺葬，马蹄村汉代石棺葬出土有精美的青铜器，如镌斗、洗等[4]。

　　鉴于下关子遗址 2000 年调查采集陶片特征与岷江上游新石器遗址有明显差异，但与绵阳边堆山遗址等有较多联系，我们认为该遗址在深入推进四川盆地的新石器文化体系研究中具有重要的关联作用，值得开展进一步的调查和试掘工作。因此，2006 年 11 月中旬，成都文物考古研究所（现成都文物考古研究院）、阿坝藏族羌族自治州文物管理所、茂县羌族博物馆联合对遗址所在台地及其周邻环境进行了调查，发现台地及附近的马蹄村下关台盗掘石棺葬的活动较为严重。在调查的基础上选择遗址东部边缘地带进行试掘，布 3 米 ×5 米探方 1 个（方向为 0°，编号 2006SMXT1，以下简写为 T1）。试掘地点位于台地的东部边缘地带，后期农田基本建设改土活动对上部的堆积破坏较多。试掘地层可分为 4 层，新石器文化层堆积厚度约 0.5 米。出土遗物包括陶器、石器、骨器等。

二、地 层 堆 积

本次试掘地点位于遗址东部较窄处的边缘地带，低于遗址中心所在的阶地 2 米以上，上部未见石棺葬遗存。T1 的地层堆积可分 4 层，其中第 3、4 层为新石器时代文化层，堆积略呈倾斜状，在探方内局部缺失。现以其东壁为例进行详细介绍如下（图二）：

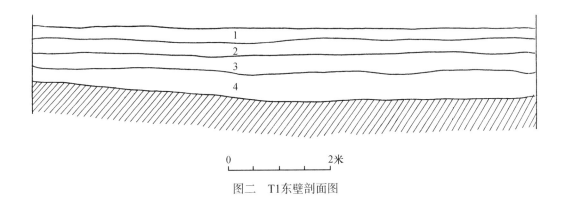

图二　T1东壁剖面图

第 1 层：灰黄色农耕土层，夹杂石块、植物根茎、塑料残片等杂物。厚 10～60 厘米。

第 2 层：黄褐色土层，结构较为紧密，在探方中西部缺失，包含石块、陶片、石器、青花瓷片等遗物。距地表深 10～50、厚 0～20 厘米。

第 3 层：灰褐色土层，夹杂白色硝盐及石块，土质干燥，结构疏松，在探方中西部缺失，包含各类陶片、磨制及打制石器、红烧土块、兽骨等遗物。距地表深 30～45、厚 0～25 厘米。

第 4 层：灰黑色土层，主要分布于探方的东北部，包含各类陶片、磨制及打制石器、红烧土块、骨器、兽骨等遗物。距地表深 40～50、厚 0～30 厘米。

第 4 层以下为黄色生土。

其中，第 1 层为近现代地层，第 2 层为明清时期地层，第 3 层及第 4 层为新石器时代地层。

三、出 土 遗 物

出土遗物包括陶器、石器、骨器等。陶器包括夹砂黑褐及灰褐陶、泥质灰陶、泥质磨光黑皮陶、泥质褐陶等。纹饰有斜向及交错的绳纹、泥条附加堆纹、戳印纹、较深的锯齿状及较浅的齿状花边口沿装饰、绳纹花边口沿装饰、瓦棱纹、斜向及交错线纹、乳钉纹等（图三～图七；图二一，6、7；图版三九，4；图版四〇，1）。陶器以手制为主，部分经过慢轮修整加工，多数陶器内壁可见明显的刮抹痕迹。主要为平底器，多数器底外折呈假圈足底，器形包括侈口罐、鼓腹罐、长颈鼓腹罐、敛口罐、直口罐、喇叭口长颈壶形器、臼等。石器包括打制和磨制石器，器形有刀、穿孔刀、锛、斧、切割器、砍砸器、尖状器、盘状器等。骨器有笄等。现按照质地予以分类介绍。

1. 石器

出土石器包括打制、磨制两类，以前者数量最多。现依出土地层单位进行详细介绍。

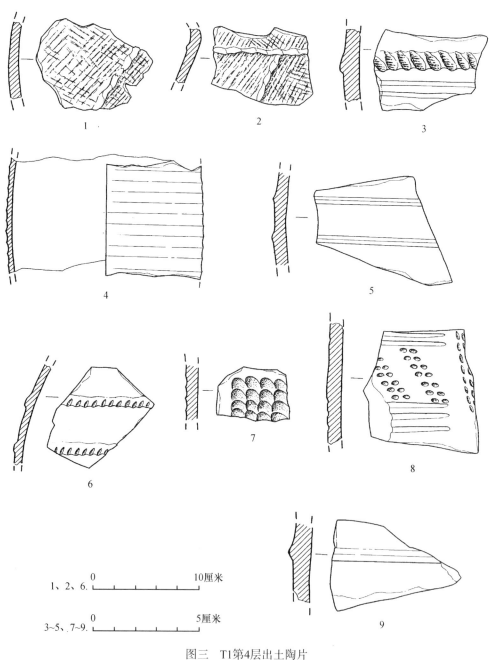

图三　T1第4层出土陶片

1. T1④：4　2. T1④：24　3. T1④：71　4. T1④：49　5. T1④：57　6. T1④：47
7. T1④：116　8. T1④：68　9. T1④：88

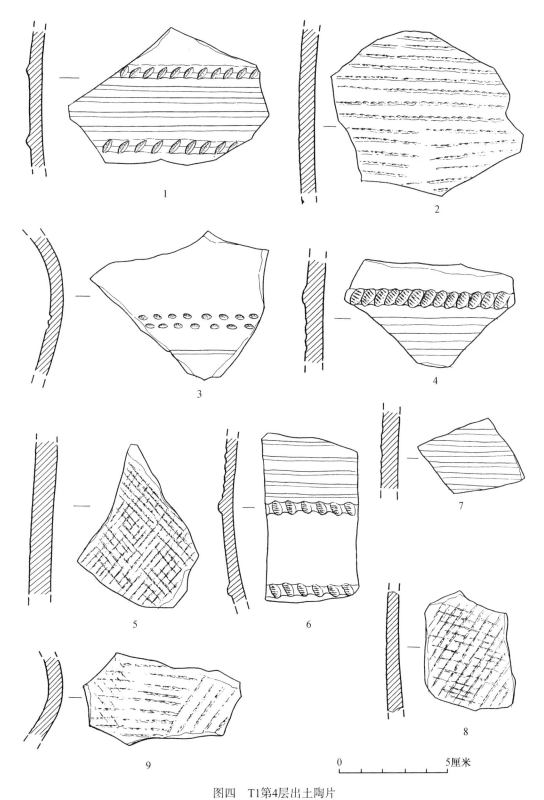

图四　T1第4层出土陶片

1. T1④:80　2. T1④:54　3. T1①:58　4. T1④:86　5 T1④:63　6. T1④:77

7. T1④:79　8. T1④:85　9. T1④:62

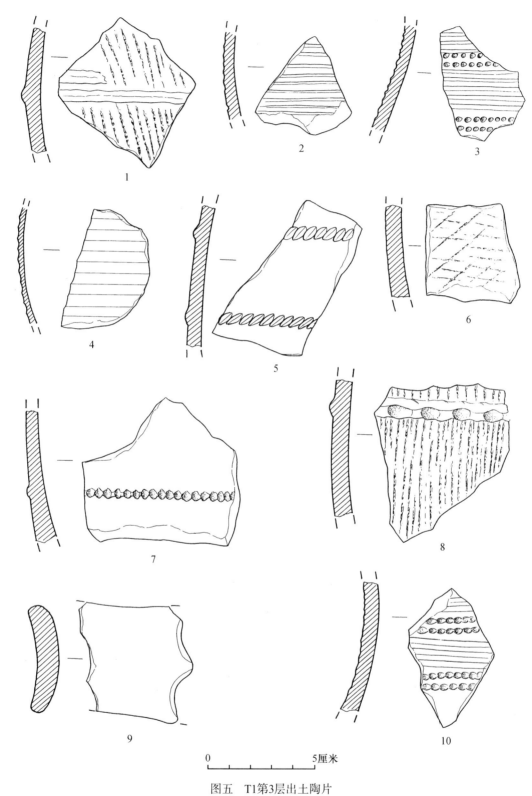

图五　T1第3层出土陶片

1~8、10. 陶片（T1③：15、T1③：32、T1③：23、T1③：19、T1③：24、T1③：35、
T1③：22、T1③：33、T1③：13）9. 器耳（T1③：16）

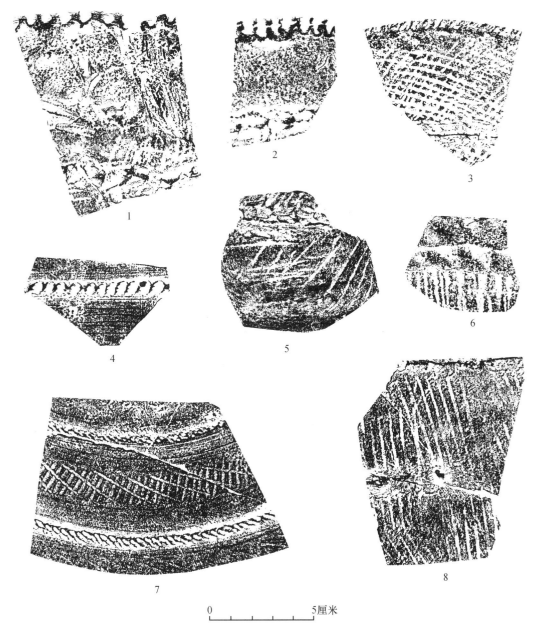

图六　T1第4层出土陶片纹饰拓片

1. T1④：20　2. T1④：56　3. T1④：50　4. T1④：86　5. T1④：87　6. T1④：32

7. T1④：67、T1④：34　8. T1④：42

（1）T1第4层出土石器

打制石器数量较为丰富，包括砍砸器、砍斫器、切割器等，尤其以剥离加工而成的石片石器数量最多且最具特色。

砍砸器　4件。器体厚重。依据形状的不同，分为三型。

A型　1件。盘状砍砸器。T1④：13，青灰色。扁平卵石加工而成，周边有砸击使用痕迹。长径13.2、短径12、厚1.8厘米（图八，7）。

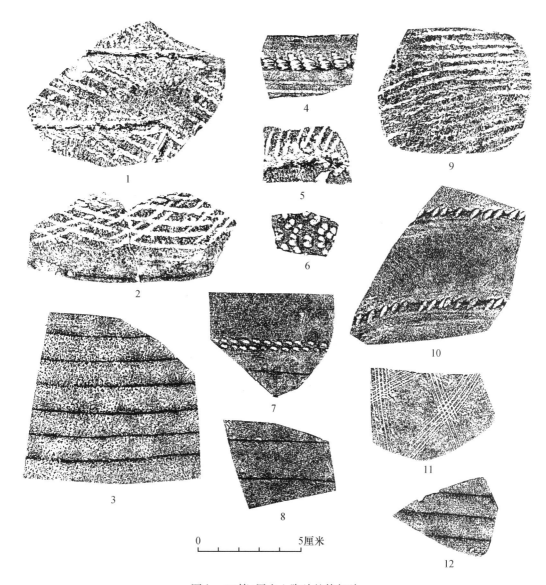

0　　　　　　　　5厘米

图七　T1第4层出土陶片纹饰拓片

1. T1④：21　2. T1④：51　3. T1④：49　4. T1④：71　5. T1④：26　6. T1④：119　7. T1④：58

8. T1④：57　9. T1④：52　10. T1④：47　11. T1④：61　12. T1④：89

　　B型　2件。方形及梯形砍砸器。T1④：7，白色卵石。两面均保留自然面，下端较宽，有使用的砸击痕迹。长12.3、上宽4.5、下宽8.5、厚3.5厘米（图九，1）。T1④：8，灰色。器体厚重，一面保留卵石自然面，另一面为劈裂面，一侧及下端可见使用痕迹。长9.8、宽9.5、厚2.9厘米（图九，4）。

　　C型　1件。三角形砍砸器。T1④：10，深灰色。两侧打缺，下端较宽，有砸击使用痕迹。长10.7、最宽9.8、厚2.8厘米（图九，2）。

　　砍斫器　1件。T1④：12，灰白色。一面保留卵石自然面，另一面为劈裂面，周边有使用的打击疤痕。长10、宽8.3、厚2.5厘米（图九，3）。

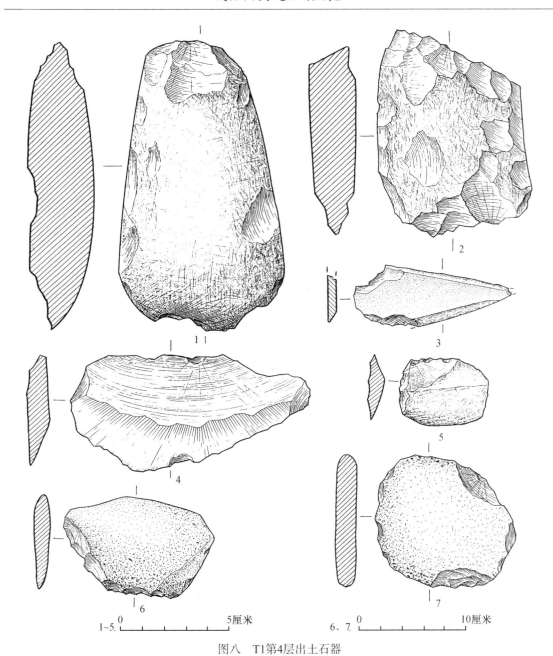

图八 T1第4层出土石器
1、2. 斧（T1④：2、T1④：4）3. 刀（T1④：3）4. B型切割器（T1④：11）5. 锛（T1④：5）
6. A型切割器（T1④：9）7. A型砍砸器（T1④：13）

切割器 2件。依据形状的不同，分为二型。

A型 1件。梯形。T1④：9，灰白色。两面均保留卵石自然面，刃部较短，背部略长，背部可见加工的打击疤痕，刃部有使用痕迹。刃长6.5、背长13.8、宽8.9、厚1.1厘米（图八，6）。

B型 1件。长梭形。T1④：11，灰色夹白斑。剥离石片加工而成，侧刃，背部可见两处剥片打击点，两面均为劈裂面。长11、宽5、厚1厘米（图八，4）。

磨制石器数量不多，仅见斧、刀、小锛等类。

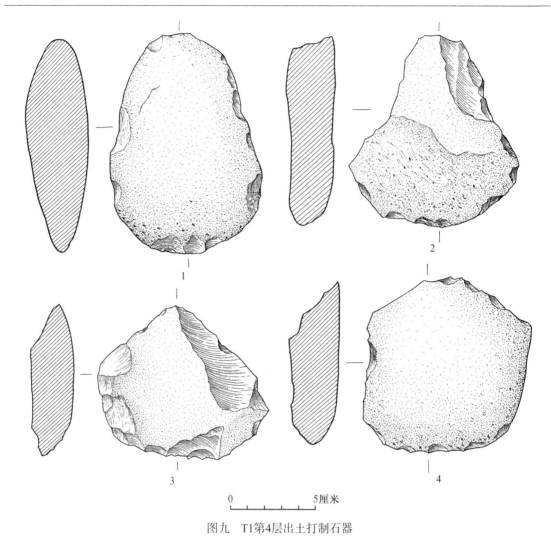

图九　T1第4层出土打制石器

1、4. B 型砍砸器（T1④：7、T1④：8）　2. C 型砍砸器（T1④：10）　3. 砍斫器（T1④：12）

斧　2件。灰黑色，通体磨光。T1④：2，刃部略残，平面呈梯形，器体宽大厚重，弧刃，中锋。长13、刃宽7.6、肩宽4.5、厚3厘米（图八，1；图版三五，1）。T1④：4，肩部残断，通体磨光，平面略成长方形。残长8.5、宽7、厚2.2厘米（图八，2；图版三五，2）。

刀　1件。较薄。T1④：3，褐色。残甚，刃部磨光。残长7.4、厚0.4厘米（图八，3；图版三五，3上）。

小锛　1件。T1④：5，深灰色。系从磨光残石器上制取极薄有刃缘的小石片加工而成，平面略呈方形，一面为劈裂面，另一面保留卵石自然面，局部磨光，两侧较锋利，肩部较平，直刃。长4.1、宽3、最厚0.7厘米（图八，5；图版三五，3下）。

（2）T1 第 3 层出土石器

打制石器包括切割器和穿孔石片。

切割器　1件。三角形，弧刃。T1③：2，深灰色。表面呈三角形，剥离石片加工而成，一面局部保留卵石面，另一面为劈裂面。长 7.5、刃宽 6、厚 0.8 厘米（图一〇，4；图版三六，1）。

穿孔石片　1 件。T1③：3，淡绿色。圆形，器体小而薄，中有一小穿孔。直径 2.5、孔径 0.3、厚 0.2 厘米（图一〇，2）。

磨制石器仅见穿孔石刀。

穿孔石刀　1 件。T1③：1，青灰色。表面呈长方形，残断，通体磨光，双向穿孔，直刃，侧锋。残长 5.2、宽 4.6、厚 0.8 厘米（图一〇，1；图版三五，4）。

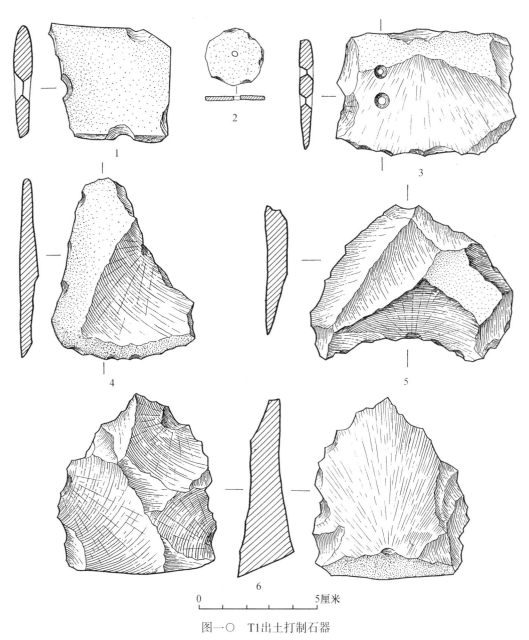

图一〇　T1出土打制石器

1. 穿孔石刀（T1③：1）　2、3. 穿孔石片（T1③：3、T1②：1）　4. 切割器（T1③：2）

5. 刮削器（T1②：2）　6. 尖状器（T1①：1）

（3）T1第2层、第1层出土石器和采集石器

切割器　1件。T1①：6，青灰色。三角形，弧刃，已残断，一面为卵石自然面，另一面为劈裂面。残长7.1、宽4、厚1.1厘米（图一一，2）。

刮削器　1件。T1②：2，深灰色。靴形，系剥离石片加工而成，刃部内凹，背部有剥片的打击痕迹。长8.6、宽5.5、厚0.9厘米（图一〇，5）。

尖状器　2件。T1①：1，深灰色。已残断，两面均为劈裂面，一面周边遍布打击疤点及放射线，另一面近背部可见纵向打击疤点及放射线，背部保留加工台面。残长7.5、宽6.6、厚2.3厘米（图一〇，6）。采：4，灰白色夹横向青色纹理。一端保留加工台面，一侧可见斜向打击疤点及放射线。长5.7、宽2.9、厚1厘米（图一一，5；图版三六，2）。

刻划器　1件。采：10，系剥离石片加工而成，略呈椭圆形，一面局部保留卵石面，另一面为劈裂面，可见打击点及放射线，弧刃。长2.6、宽2、厚0.5厘米（图一一，3）。

饼形器　1件。T1①：9，灰白色。周边有琢击加工的痕迹。长7.4、宽6.1、厚1.3厘米（图一一，1）。

穿孔石片　1件。T1②：1，深灰色。长方形，残断，周边加工平齐，表面有两个双向穿孔。残长7.5、宽5.3、孔径0.3、厚0.6厘米（图一〇，3；图版三五，5）。

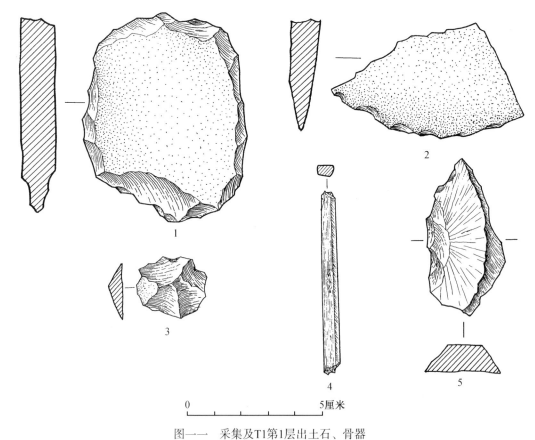

图一一　采集及T1第1层出土石、骨器

1. 石饼形器（T1①：9）　2. 石切割器（T1①：6）　3. 石刻划器（采：10）

4. 骨笄（T1④：1）　5. 石尖状器（采：4）

2. 陶器

数量及种类均较为丰富，以 T1 第 4 层、第 3 层出土数量最多。现按出土地层单位并依器类进行详细介绍。

（1）T1 第 4 层出土陶器

鼓腹罐　1 件。T1④：20，夹砂黑褐陶。大口，锯齿状花边口沿，沿外翻，颈内束。肩加贴波浪式附加堆纹，内外壁面可见手制刮抹痕。口径 26、残高 9.3 厘米（图一二，1；图版三七，2）。

侈口罐　23 件。依据口沿特征，分为二型。

A 型　14 件。有花边口沿装饰。依据花边口沿的制作方法，分为二亚型。

Aa 型　5 件。有齿状花边口沿装饰。依据花边的深浅，分为二式。

Ⅰ式：4 件。有较深的锯齿状花边口沿装饰。T1④：78，夹砂黑褐陶。锯齿状花边口沿。颈外壁饰斜向绳纹。残高 2.5 厘米（图一二，4）。T1④：55，夹砂红褐陶。颈外壁饰斜向绳纹。残高 3.2 厘米（图一二，5）。T1④：56，夹砂黑褐陶。沿外翻，鼓腹。上腹加贴横向泥条附加堆纹。口径 28、残高 4.5 厘米（图一二，6）。T1④：72，夹砂黑褐陶。残高 3.2 厘米（图一三，2）。

Ⅱ式：1 件。有浅齿状花边口沿装饰。T1④：84，夹砂黑褐陶。颈内凹。颈外壁饰斜向绳纹，内壁有手制刮抹痕迹。残高 3.2 厘米（图一二，7）。

Ab 型　9 件。装饰绳纹花边口沿。依据花边的深浅，分为二式。

Ⅰ式：2 件。有略深的波浪式绳纹花边口沿装饰。T1④：48，夹砂褐陶。颈部内凹。外壁表面饰斜向绳纹，肩部加饰泥条附加堆纹。残高 5.8 厘米（图一二，2）。T1④：36，夹砂褐陶。颈部略长。表面饰斜向绳纹，内壁有手制刮抹痕迹。口径 23、残高 4.2 厘米（图一二，9；图版三六，3）。

Ⅱ式：7 件。有较浅的绳纹花边口沿装饰。T1④：65，夹砂红褐陶。颈外壁饰斜向绳纹，肩部加贴细泥条附加堆纹。残高 4.3 厘米（图一二，3）。T1④：82，夹砂黑褐陶。绳纹花边口沿，颈外壁饰斜向细绳纹。口径 15、残高 3.2 厘米（图一二，8）。T1④：90，夹砂黑褐陶。器表饰斜向绳纹。残高 2.5 厘米（图一二，10）。T1④：94，夹砂黑褐陶。颈外壁饰斜向绳纹。残高 2.1 厘米（图一四，1）。T1④：50，夹砂灰褐陶。长颈，束颈。沿外壁饰交错绳纹，上腹加贴横向泥条附加堆纹。口径 24、残高 6 厘米（图一四，5；图版三六，5）。T1④：64，夹砂灰褐陶。长颈。颈外壁饰交错绳纹，上腹加贴横向泥条附加堆纹。残高 3.7 厘米（图一四，13）。T1④：108，夹砂黑褐陶。残高 3.3 厘米。

B 型　9 件。唇面无纹饰。T1④：91，夹砂黑褐陶。圆唇。残高 2.4 厘米（图一二，11）。T1④：103，夹砂黑褐陶。圆唇。残高 1.6 厘米（图一四，4）。T1④：110，夹砂红褐陶，薄胎。方唇。颈外壁饰斜向绳纹，肩部加贴泥条附加堆纹。残高 2.5 厘米（图一四，7）。T1④：87，夹砂黑褐陶。圆唇，长颈。颈外壁饰杂乱的绳纹，上腹饰斜

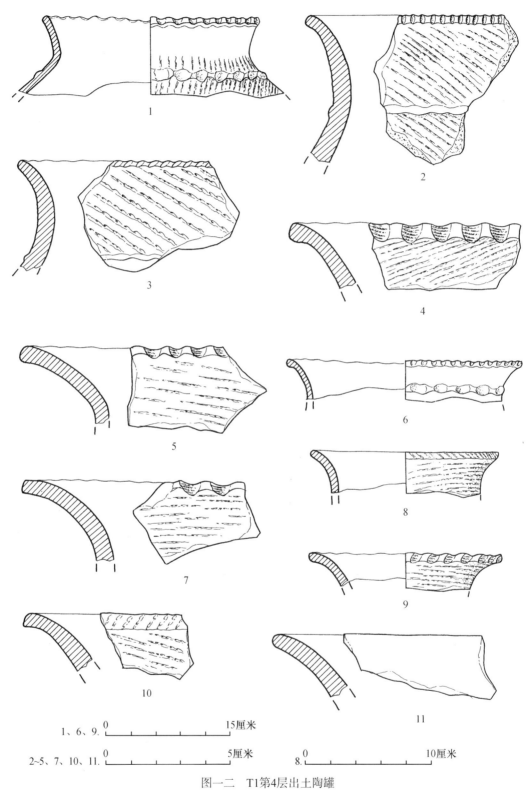

图一二　T1第4层出土陶罐

1. 鼓腹罐（T1④：20）　2、9. AbⅠ式侈口罐（T1④：48、T1④：36）　3、8、10. AbⅡ式侈口罐（T1④：65、
T1④：82、T1④：90）　4~6. AaⅠ式侈口罐（T1④：78、T1④：55、T1④：56）　7. AaⅡ式侈口罐
（T1④：84）　11. B型侈口罐（T1④：91）

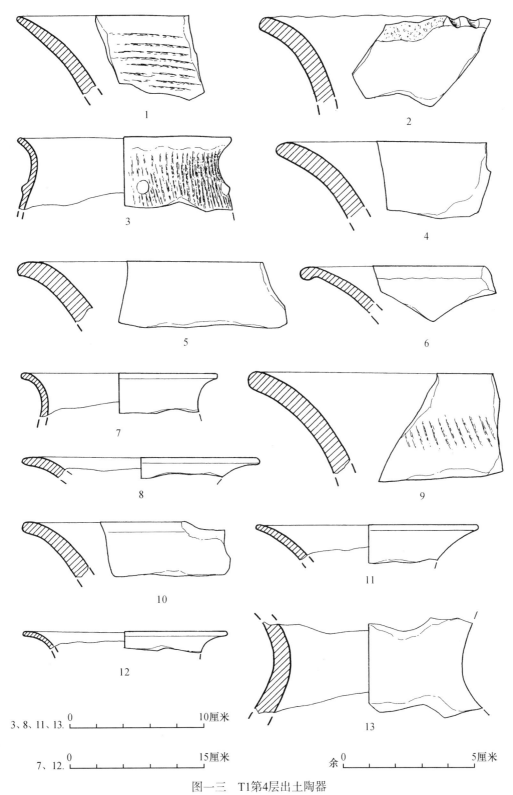

图一三 T1第4层出土陶器

1、5. B型侈口罐（T1④：181、T1④：106） 2. AaI式侈口罐（T1④：72） 3、4. 小口罐（T1④：81、T1④：97） 6~13 喇叭口长颈壶形器（T1④：100、T1④：75、T1④：66、T1④：98、T1④：105、T1④：76、T1④：60、T1④：45）

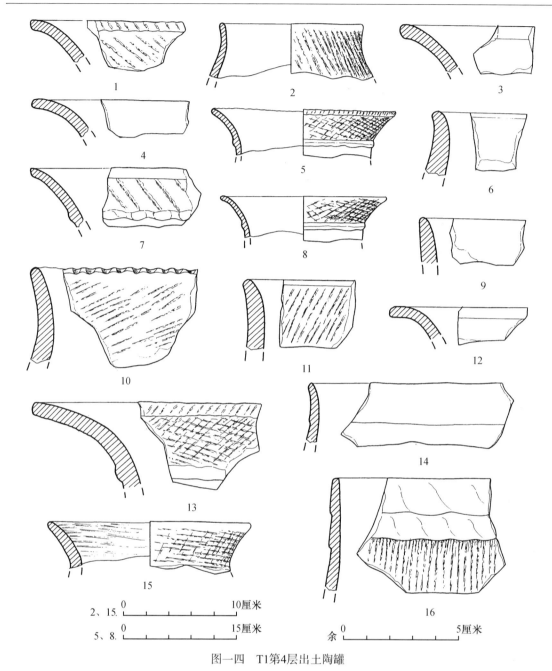

图一四　T1第4层出土陶罐

1、5、13. AbⅡ式侈口罐（T1④：94、T1④：50、T1④：64）　2、9~11、14、16. 直口罐（T1④：59、T1④：118、
T1④：74、T1④：109、T1④：113、T1④：32）　3、6. 敛口罐（T1④：117、T1④：104）
4、7、8、12、15. B型侈口罐（T1④：103、T1④：110、T1④：87、T1④：120、T1④：43）

向绳纹并加贴横向泥条附加堆纹。口径22、残高5.7厘米（图一四，8；图版三七，1）。
T1④：120，夹砂褐陶。方唇。残高1.6厘米（图一四，12）。T1④：43，夹砂黑褐陶。
沿外翻，圆唇。颈外壁饰交错绳纹，内壁可见手制刮抹痕迹，肩部加贴泥条附加堆纹。
口径18、残高4厘米（图一四，15；图版三六，6）。T1④：181，夹砂黑褐陶。尖唇。
沿外壁饰斜向绳纹。残高3厘米（图一三，1）。T1④：106，夹砂褐陶。尖唇。沿外壁加贴泥条。残高 2.3 厘米（图一三，5）。T1 ④：95，夹砂黑褐陶。表面饰斜向绳纹。

敛口罐　2 件。圆唇。T1 ④：117，夹砂黑褐陶。残高 2 厘米（图一四，3）。T1 ④：104，泥质灰陶。残高 2.5 厘米（图一四，6）。

直口罐　7 件。T1 ④：74，夹砂红褐陶。锯齿状花边口沿，颈外壁饰斜向细绳纹。残高 4.3 厘米（图一四，10）。T1 ④：59，泥质灰陶。圆唇，矮颈，广肩。表面饰斜向线纹。口径 13、残高 4.4 厘米（图一四，2；图版三七，4）。T1 ④：109，夹砂褐陶。方唇。外壁饰纵向细绳纹。残高 2.9 厘米（图一四，11）。T1 ④：118，夹砂黑褐陶。尖唇。残高 2 厘米（图一四，9）。T1 ④：113，夹砂褐陶。尖唇。沿外壁加贴泥条。残高 2.7 厘米（图一四，14）。T1 ④：32，夹砂红褐陶。方唇。上有纵向划痕，口部外壁加贴两道泥条附加堆纹，器表饰纵向绳纹。残高 4.9 厘米（图一四，16；图版三七，3）。T1 ④：107，夹砂黑褐陶，厚胎。绳纹花边口沿，外壁饰斜向绳纹。

小口罐　4 件。T1 ④：81，夹砂黑褐陶。卷沿，圆唇，束颈，鼓腹。上腹饰乳钉纹。口径 16、残高 5 厘米（图一三，3；图版三七，5）。T1 ④：97，泥质磨光黑皮陶。圆唇，鼓腹。残高 2.7 厘米（图一三，4）。T1 ④：18，夹砂黑褐陶。肩部残片。器表饰斜向绳纹并加贴横向及斜向小泥条附加堆纹（图一五，1）。T1 ④：21，腹部残片。夹砂黑褐陶。器表饰斜向绳纹并加贴斜向小泥条附加堆纹（图一五，2）。

喇叭口长颈壶形器　12 件。此类器物数量较多，但多系口沿残片，拼接陶片可复原出肩及上腹的形状（图一五，3），与新津县宝墩遗址出土的喇叭口壶形器形制相似，故参照定名。T1 ④：100，泥质灰陶，表面磨光。圆唇。残高 1.9 厘米（图一三，6）。T1 ④：75，泥质褐陶，表面磨光。内壁有手制刮抹痕迹。圆唇。口径 22、残高 4.5 厘米（图一三，7；图版三八，1）。T1 ④：98，泥质红褐陶，内外表面磨光。圆唇。颈部饰斜向线纹。残高 3.9 厘米（图一三，9）。T1 ④：66，泥质灰陶，表面磨光。胎略厚。口径 18、残高 1.6 厘米（图一三，8）。T1 ④：105，泥质磨光黑皮陶，表面磨光。圆唇。残高 2 厘米（图一三，10）。T1 ④：76，泥质灰陶，表面磨光。圆唇，薄壁。口径 17、残高 2.7 厘米（图一三，11）。T1 ④：45，泥质灰陶，表面磨光。广肩，厚壁。残高 6.8 厘米（图一三，13；图版三八，2）。T1 ④：60，泥质磨光黑皮陶。口径 23、残高 1 厘米（图一三，12）。T1 ④：67，肩部残片。泥质灰陶，表面磨光。器表饰带状细泥条附加堆纹，其上有密集的戳印纹，器表还有带状的交错凹弦纹组成的网格纹，内壁可见手制刮抹痕迹。残高 26.5 厘米（图一五，3；图版三八，3）。T1 ④：34，泥质灰陶，表面磨光。广肩。肩部加贴较细的横向泥条附加堆纹，其上有密集的戳印纹。T1 ④：182，泥质灰陶，内外磨光。T1 ④：112，泥质灰陶，表面磨光。圆唇。

敛口钵　1 件。T1 ④：46，泥质磨光黑皮陶。圆唇，浅腹。口径 17、残高 3.2 厘米（图一六，1；图版三八，4）。

敞口钵　1 件。T1 ④：111，泥质褐陶，表面磨光。圆唇，浅腹。残高 3.1 厘米（图一六，2）。

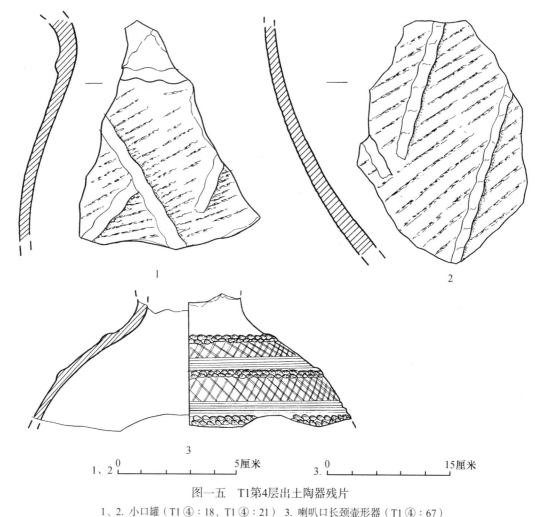

1、2 0   5厘米　　　3. 0   15厘米

图一五　T1第4层出土陶器残片

1、2. 小口罐（T1④：18、T1④：21）　3. 喇叭口长颈壶形器（T1④：67）

臼　1件。T1④：6，泥质褐陶。圜底。

器底　12件。平底或假圈足底。T1④：14，夹砂红褐陶。底外折呈假圈足底。外壁表面饰斜向线纹。残高4厘米（图一六，3；图版三九，3）。T1④：22，夹砂黑褐陶。斜壁。外壁表面饰斜向绳纹。残高3.5厘米（图一六，4）。T1④：23，夹砂褐陶。平底外折呈假圈足底。器表饰绳纹。底径7、残高2.5厘米（图一六，5）。T1④：69，泥质褐陶。平底。底径8、残高1.8厘米（图一六，6）。T1④：53，泥质灰陶。斜壁。底径12、残高1.5厘米（图一六，7）。T1④：73，泥质灰陶。内外壁面磨光。底径12、残高1.8厘米（图一六，8）。T1④：26，夹砂黑褐陶。底外折呈假圈足底。表面饰斜向绳纹。残高1.9厘米（图一六，9）。T1④：25，夹砂黑褐陶。底外折呈假圈足底。底径6、残高2.1厘米（图一六，10）。T1④：70，夹砂黑褐陶。壁面饰交叉成组线纹组成的方格状装饰，外底饰交错线纹。底径8、残高1.5厘米（图一六，11；图版三九，2）。T1④：27，夹砂黑褐陶。残高2厘米（图一六，12）。T1④：17，夹砂黑褐陶。平底内凹。T1④：28，夹砂红褐陶。平底外折呈假圈足底。

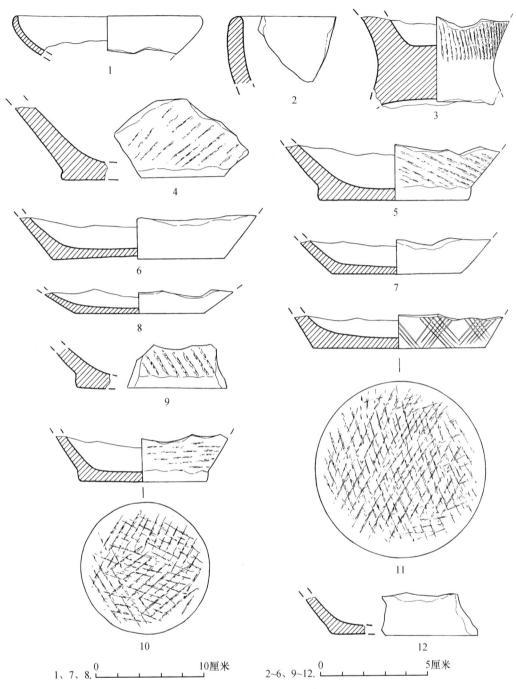

图一六 T1第4层出土陶器

1. 敛口钵（T1④：46） 2. 敞口钵（T1④：111） 3~12. 器底（T1④：14、T1④：22、T1④：23、T1④：69、
T1④：53、T1④：73、T1④：26、T1④：25、T1④：70、T1④：27）

（2）T1 第 3 层出土陶器

侈口罐 9件。依据口沿特征，分为二型。

A 型 9件。有花边口沿装饰。依据花边口沿的制作方法，分为二亚型。

Aa 型 5件。有齿状花边口沿装饰。依据花边的深浅，分为二式。

　　Ⅰ式：2件。有较深的锯齿状花边口沿装饰。夹砂黑褐陶。T1③：27，颈外壁饰交错绳纹。残高3.2厘米（图一七，3；图版三六，4）。T1③：30，颈内凹。沿外侧夹贴泥条，表面拍印交错细绳纹。残高2.5厘米（图一七，11）。

　　Ⅱ式：3件。有浅齿状花边口沿装饰。T1③：8，夹砂褐陶。残高1.9厘米（图一七，6）。T1③：34，夹砂黑褐陶。残高2.7厘米（图一七，8）。T1③：29，夹砂黑褐陶。外壁饰斜向绳纹。残高2.1厘米（图一七，9）。

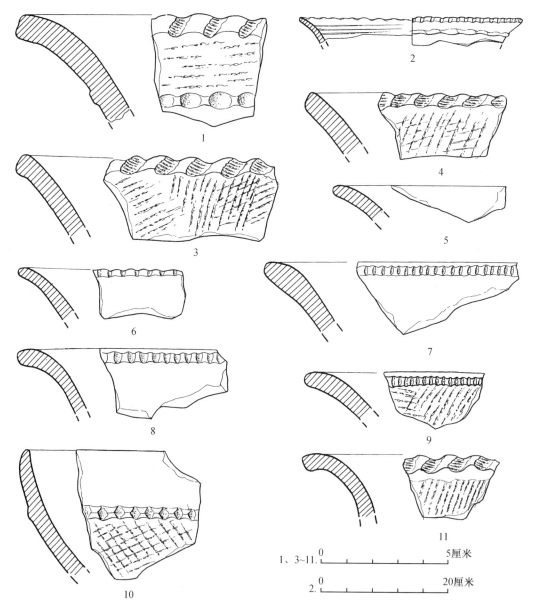

图一七　T1第3层出土陶器

1、4. Ab Ⅰ式侈口罐（T1③：28、T1③：25）　2、7. Ab Ⅱ式侈口罐（T1③：5、T1③：26）　3、11. Aa Ⅰ式侈口罐（T1③：27、T1③：30）　5. 喇叭口长颈壶形器（T1③：10）　6、8、9. Aa Ⅱ式侈口罐（T1③：8、T1③：34、T1③：29）　10. 深腹钵（T1③：31）

Ab 型　4件。有绳纹花边口沿装饰。依据花边的深浅，分为二式。

Ⅰ式：2件。有略深的波浪式绳纹花边口沿装饰。T1③：28，夹砂褐陶。颈外壁饰斜向绳纹，上腹加贴泥条附加堆纹。残高4.3厘米（图一七，1）。T1③：25，夹砂黑褐陶。器表饰交错绳纹。残高2.6厘米（图一七，4）。

Ⅱ式：2件。有较浅的绳纹花边口沿装饰，厚胎。T1③：5，夹砂褐陶。上腹加贴小泥条附加堆纹。口径35、残高4厘米（图一七，2）。T1③：26，夹砂黑褐陶。残高2.8厘米（图一七，7）。

喇叭口长颈壶形器　1件。T1③：10，泥质磨光黑皮陶。圆唇。残高1.4厘米（图一七，5）。

深腹钵　1件。T1③：31，夹砂黑褐陶。敛口，圆唇。腹部饰交错绳纹，上腹加贴泥条附加堆纹。残高5厘米（图一七，10）。

器底　5件。平底。T1③：12，泥质褐陶。内壁有刮抹痕。残高3.3厘米（图一八，1）。T1③：14，泥质灰陶，表面磨光。底径9.5、残高3厘米（图一八，2）。T1③：9，泥质灰陶。底径10、残高2厘米（图一八，3）。T1③：18，泥质褐陶。表面施陶衣并饰斜向划纹。残高2厘米（图一八，4）。T1③：7，泥质褐陶。残高1.8厘米（图一八，5）。

器耳　1件。T1③：16，泥质褐陶。已残，宽扁状，耳端呈"三"字形。残长5.3、宽5、厚1.1厘米（图五，9；图版三九，1）。

第3、4层出土陶器的整体特征差异不大，如陶质陶色均以夹砂褐陶、泥质灰陶为主，另有少量泥质磨光黑皮陶和泥质红褐陶，泥质陶多于夹砂陶；器形包括侈口罐、鼓腹罐、长颈鼓腹罐、敛口罐、直口罐、喇叭口长颈壶形器等，主要为平底器，多数器底外折呈假圈足底；纹饰的种类也差异不大。同时，两者之间也存在细微差别：第3层的线纹较第4层明显增多，绳纹和瓦棱纹则数量减少；第3层不见B型侈口罐，第4层不见折沿盆等。但这尚不足以作为分期的依据。

此外，T1第1、2层等晚期地层也出土了少量新石器时期陶片（图一九、图二〇），可辨器形包括以下几种。

喇叭口长颈壶形器　2件。泥质磨光黑皮陶。T1①：7，圆唇。残高1.2厘米（图一九，5）。T1①：10，颈部残片。残高5厘米（图二〇，1）。

折沿盆　1件。T①：11，泥质褐陶。敛口，尖唇。残高2.6厘米（图一九，7）。

器底　1件。T1②：10，夹砂黑褐陶。平底，内底凸起（图一九，8）。

还采集了少量新石器时期陶片（图二一），可辨器形包括以下几类。

长颈罐　2件。夹细砂褐陶。圆唇。采：9，敞口。残高2厘米（图二一，2）。采：8，直口。唇面饰两行相交的斜向绳纹，颈部饰纵向细绳纹。残高2.1厘米（图二一，3）。

图一八　T1第3层出土陶器

1～5. 器底（T1③：12、T1③：14、T1③：9、T1③：18、T1③：7）6～9. 陶片（T1③：17、T1③：11、

T1③：21、T1③：6）

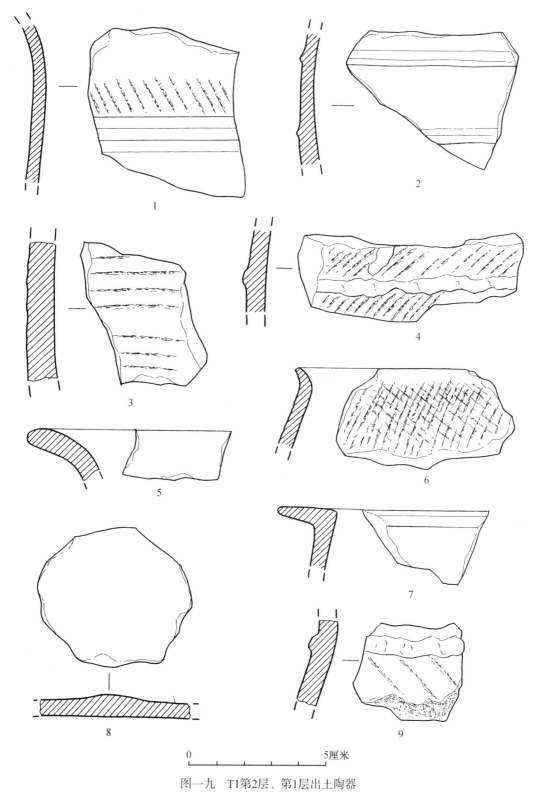

图一九　T1第2层、第1层出土陶器

1~4、9. 陶片（T1②：5、T1②：4、T1②：7、T1②：6、T1②：9）　5. 喇叭口长颈壶形器（T1①：7）　6. 敛口罐
（T1②：8）　7. 折沿盆（T1①：11）　8. 器底（T1②：10）

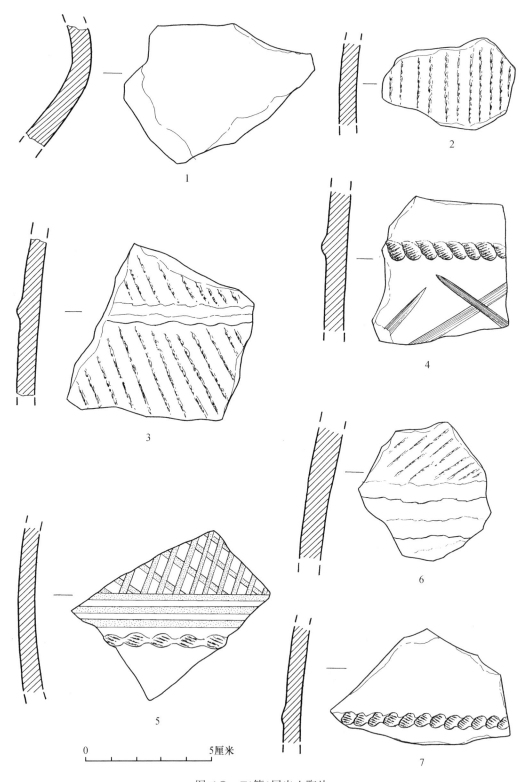

图二〇　T1第1层出土陶片

1. T1①：10　2. T1①：12　3. T1①：3　4. T1①：2　5. T1①：4　6. T1①：13　7. T1①：5

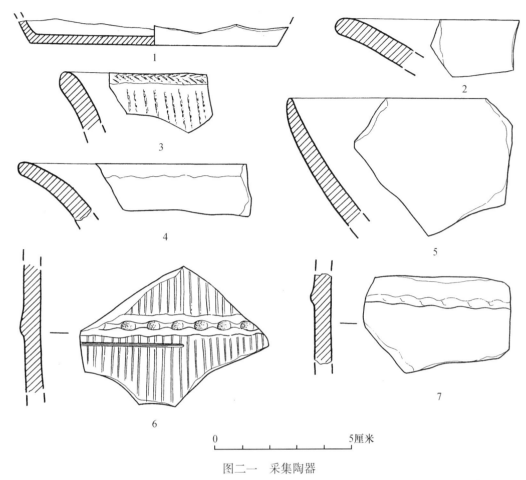

图二一　采集陶器

1. 器底（采：1）　2、3. 长颈罐（采：9、采：8）　4. 喇叭口长颈壶形器（采：2）　5. 敞口钵（采：3）
6、7. 陶片（采：7、采：5）

喇叭口长颈壶形器　1件。采：2，泥质褐陶，内外表面磨光。圆唇，束颈。残高2厘米（图二一，4）。

敞口钵　1件。采：3，夹细砂黑褐陶。尖唇，弧壁。残高4.5厘米（图二一，5）。

器底　1件。采：1，泥质褐陶。斜直壁，平底。底径9.1、残高0.8厘米（图二一，1）。

3. 骨器

仅见笄。

笄　1件。T1④：1，淡黄色，表面磨光，骨质坚硬。残断，断面呈扁状。残长6.5、断面长0.6、宽0.4厘米（图一一，4；图版四〇，2）。

此外，对第3层地层中出土的动物骨骼进行了全面收集，鉴定结果发现属种有马、猪、水鹿、斑鹿、麂和鸟类等（图版四〇，3～5）。其中马虽然仅发现1颗左上门齿（图版四〇，6），却是川西北地区目前发现的全新世最早的标本材料，为探讨川西北地区马的起源和驯化提供了重要材料。

另外在第 3 层中发现了 1 件人左下颌枝，保留有 P1（第一前臼齿）和 M1（第一臼齿），M1 从磨蚀度观察，有 3 个齿质点，大概为 3°，年龄为 25～30 岁。

四、初 步 认 识

1. 文化性质与年代

下关子遗址 2000 年进行了调查，2006 年的试掘又发现了原生文化层堆积，采集和出土遗物包括锯齿状花边口沿装饰陶片、喇叭口长颈壶形器等，以及夹砂陶表面拍印绳纹、线纹种类和风格，不见火候较高的彩陶和细泥红陶，初步判定下关子遗址的文化内涵与以茂县营盘山遗址[5]等含彩陶文化因素的仰韶时代晚期遗存之间存在较大差异，属于不同的文化系统。但与四川盆地西北缘的绵阳市边堆山遗址[6]、江油市大水洞遗址[7]的文化内涵有些近似。

依据四川盆地西北缘地区的龙山时代诸遗址的文化特征，可初步分为三类[8]。

第一类以岷江上游的茂县白水寨遗址[9]、沙乌都遗址[10]北区为代表，白水寨遗址出土陶片中包含磨光泥质灰陶及黑皮陶瓦棱纹罐、饰小圆点戳印纹泥质陶折沿罐等器物，与营盘山遗址上层部分遗存的同类陶器特征相似；夹砂陶还保留交错绳纹及箍带状附加堆纹的特征，与营盘山遗址主体遗存夹砂陶相似，年代也不会差异太远。沙乌都遗址北区（含北部山脊和南北山脊之间的凹沟地带）出土陶片包括较多的泥质灰陶、泥质褐陶等，器形有卷沿高领罐、喇叭口长颈壶形器等，特征与南部山脊灰坑出土及采集陶片略有差异，而与白水寨遗址出土陶片风格相似。两遗址文化面貌的过渡性特征明显。

第二类包括涪江上游的下关子、大水洞遗址，以及岷江上游的茂县沙乌都遗址南区、汶川县高坎遗址[11]等。其陶器特征的共性是主要的，如夹细砂陶所占比例最高，纹饰以绳纹为主体，流行绳纹及锯齿状花边口沿装饰，均为平底器及假圈足器，器形以罐、壶、钵类为主；磨制石器以小型的斧、锛、凿最多。已不像第一类遗址那样带有浓郁的过渡性风格。

第三类以边堆山遗址为代表。与下关子遗址等相比较，出土陶器少见瓦棱纹，而圈足豆在其他遗址不出；下关子等遗址出土的饰绳纹加凹弦纹的泥质陶片、绳纹加箍带状附加堆纹的夹砂陶片等文化因素，则在边堆山遗址少有发现。两者之间的距离相距不远，地理条件较为相似，产生上述文化面貌上的差异主要还是时代不同的原因。再结合沙乌都等遗址与营盘山遗址主体遗存之间的文化联系比较密切的情况，判定边堆山遗址的年代应略晚于前者。

上述三类遗址分别代表了四川盆地西北缘地区的龙山时代考古学文化的不同发展阶段。第 1 段：以白水寨遗址的主体遗存为代表，陶器特征与营盘山遗址上层部分地层单位出土同类器物相似，沙乌都遗址北区的部分遗存可归入本段。第2段：首先发现于沙乌都遗址南区堆积，以H1出土的陶器为代表，就目前的材料来看，大水洞、下关子及高坎遗址可以归入此段。第3段：以边堆山遗址的主体遗存为代表。

以下关子遗址为代表的四川盆地西北缘地区龙山时代考古学遗存与成都平原的宝墩文化[12]之间关系也较为密切，应属于同一文化系统。盆地腹心地区成都平原的新石器时代文化，是以新津县宝墩古城等史前古城遗址为代表的宝墩文化。下关子遗址出土的夹砂灰陶、褐陶侈口罐多装饰绳纹花边口沿装饰，正是宝墩文化的典型特征之一；泥质磨光陶喇叭口长颈壶形器与宝墩遗址出土的泥质灰白陶高领罐、喇叭口壶的形态相近；两处遗址均多见外折呈假圈足底的器底；均出土饰瓦棱纹的泥质黑皮陶、泥质灰陶等。这些陶器方面的共性表明四川盆地西北缘龙山时代考古学文化的内涵与成都平原宝墩文化存在较为密切的联系，是否为直接的渊源关系尚待深入研究。

但下关子遗址为代表的这类山地性遗址与地处成都平原的宝墩文化古城遗址相比，在地理环境、地貌特征、年代与文化内涵方面也存在一定差异。如宝墩遗址基本不见下关子侈口罐常见的锯齿状花边口沿装饰；宝墩遗址出土一定数量的矮圈足及圈足器如尊、罐等在下关子遗址也基本未见；同时，宝墩遗址较为常见的盘口尊、水波纹装饰等特征也是下关子遗址所未有的。

四川盆地东北缘地区的广元张家坡遗址[13]、邓家坪遗址[14]、巴中月亮岩遗址[15]、通江擂鼓寨遗址[16]等新石器时代遗址，与盆地西北缘地区以下关子遗址为代表的龙山时代考古学文化遗存之间，尽管在时代上有的有一定差异，有的基本相同，但文化面貌上存在较多的共同性。但各遗址也有不可忽视的自身特点。从总体来看，应属于同一文化系统，即四川盆地土著文化系统，与川西高原含彩陶因素的文化分别属于两个文化系统。

总之，下关子遗址属于四川盆地的龙山时代考古学文化，与中原地区龙山时代早期文化，甘青地区的半山、马厂类型文化大约同时，年代晚于马家窑类型文化，距今年代在4800～4500年。

鉴于下关子遗址仅进行了小规模试掘，文化内涵尚未全面明晰，地层单位及出土实物资料的数量还比较有限，目前难以进行深入的分期研究。

2. 聚落形态

依据遗址的地理条件、面积等特征，可以将四川盆地西北缘的龙山时代聚落遗址划分为三类。

（1）洞穴型聚落遗址，面积较小，堆积较薄，地理环境条件较差，不利于长期定居生活。以江油大水洞遗址为代表，属于临时性的小聚落。

（2）山间坡地型聚落遗址，背山面水，面积略大，堆积厚薄不均，地理环境条件较好。茂县沙乌都遗址、汶川县高坎遗址及绵阳边堆山遗址均属于这类遗址，属于一般性的定居生活聚落。

（3）河谷台地型聚落遗址，地势开阔，面积较大，堆积较厚，地理环境条件优越。可以下关子遗址为代表。下关子遗址所在台地跨越两个行政村（光明乡中心村及马蹄溪村），总面积在 20 万平方米以上，调查中在台地范围内均采集有龙山时代陶片，遗址的面积与台地不会差别太大。遗址北面隔下关子沟与上关子台地相望，上关子台地的南部缓坡地带也采集有龙山时代陶片和白色大理石环镯形器等遗物，又是一处龙山时代遗址。下关子遗址可能为四川盆地西北缘的中心性大型聚落遗址之一。

在上述三种遗址中，洞穴型遗址出现的时间最早。本地区北川县境内早在旧石器时代晚期就已有人类居住的洞穴型遗址，如烟云洞遗址等[17]。

作为四川盆地西北缘地区一处面积较大的河谷台地型聚落遗址，下关子遗址坐山面水，优越的地理环境条件宜于人类长期定居生活。其分布面积、周边地理环境条件的优越程度、文化层堆积厚度等，均超过附近的沙乌都、高坎、边堆山、大水洞等山间坡地型和洞穴型聚落遗址，可能为四川盆地西北缘地区的一处中心性聚落遗址，值得开展进一步的考古勘探、发掘工作，将为四川地区新石器时代考古研究提供不可多得的实物资料。

同时，下关子遗址的考古新发现，使得岷江上游新石器时代文化和成都平原宝墩文化在时间上、空间上的关系更为密切。

附记：参加 2006 年调查的人员有成都文物考古研究院蒋成、陈剑，阿坝藏族羌族自治州文物管理所陈学志、范永刚、邓小川，茂县羌族博物馆蔡清、刘永文。参加试掘的人员有陈剑、陈学志、邓小川。资料整理及报告编写为陈剑、陈学志。出土骨骼由何锟宇鉴定。

绘图：曹桂梅

拓片：代堂才　代福尧

执笔：蒋　成　陈　剑　陈学志　蔡　清　范永刚

注　释

［ 1 ］　成都文物考古研究所、阿坝藏族羌族自治州文物管理所、茂县羌族博物馆：《四川茂县白水寨及下关子遗址调查简报》，《成都考古发现》（2005），科学出版社，2007 年。

［ 2 ］　陈剑：《川西北高原与四川盆地间的史前交通考述——从四川盆地西北缘地区史前考古新发现谈起》，《三星堆研究（二）——三星堆与南方丝绸之路青铜文化学术研讨会论文集》，文物出版社，2007 年；蓝勇：《四川古代交通路线史》，西南师范大学出版社，1989 年。

［ 3 ］　李绍明：《北川小坝元代石刻题记考略》，《四川文物》1989 年第 2 期。

［ 4 ］　资料现存茂县羌族博物馆。

[5] 成都市文物考古研究所、阿坝藏族羌族自治州文管所、茂县羌族博物馆：《四川茂县营盘山遗址试掘报告》，《成都考古发现》（2000），科学出版社，2002年；蒋成、陈剑：《岷江上游考古新发现述析》，《中华文化论坛》2001年第3期；蒋成、陈剑：《2002年岷江上游考古的发现与探索》，《中华文化论坛》2003年第4期；成都文物考古研究院、阿坝藏族羌族自治州文物管理所、茂县羌族博物馆：《茂县营盘山新石器时代遗址》，文物出版社，2018年。

[6] 西南博物院筹备处：《宝成铁路修筑工程中发现的文物简介》，《文物参考资料》1954年第3期；中国社会科学院考古研究所四川工作队：《四川绵阳市边堆山新石器时代遗址调查简报》，《考古》1990年第4期；何志国：《绵阳边堆山文化初探》，《四川文物》1993年第6期；王仁湘、叶茂林：《四川盆地北缘新石器时代考古新收获》，《三星堆与巴蜀文化》，巴蜀书社，1993年。

[7] 胡昌钰：《四川江油市发现新石器时代洞穴遗址》，《中国文物报》2005年11月30日第1版；四川省文物考古研究院、绵阳市博物馆、江油市文物管理所：《四川江油市大水洞新石器时代遗址发掘简报》，《四川文物》2006年第6期。

[8] 陈剑：《四川盆地西北缘龙山时代考古新发现述析》，《中华文化论坛》2007年第2期。

[9] 成都文物考古研究所、阿坝藏族羌族自治州文物管理所、茂县羌族博物馆：《四川茂县白水寨及下关子遗址调查简报》，《成都考古发现》（2005），科学出版社，2007年；成都文物考古研究所、阿坝藏族羌族自治州文物管理所、茂县羌族博物馆：《四川茂县白水寨和沙乌都遗址2006年的调查》，《四川文物》2007年第6期。

[10] 成都文物考古研究所、阿坝藏族羌族自治州文物管理所、茂县羌族博物馆：《四川茂县沙乌都遗址调查简报》，《成都考古发现》（2004），科学出版社，2006年；成都文物考古研究所、阿坝藏族羌族自治州文物管理所、茂县羌族博物馆：《四川茂县白水寨和沙乌都遗址2006年调查简报》，《四川文物》2007年6期。

[11] 资料现存成都文物考古研究院。

[12] 成都市文物考古工作队、四川联合大学考古教研室、新津县文管所：《四川新津县宝墩遗址调查与试掘》，《考古》1997年第1期；中日联合考古调查队：《四川新津县宝墩遗址1996年发掘简报》，《考古》1998年第1期；成都市文物考古研究所、四川大学历史系考古教研室、早稻田大学长江流域文化研究所：《宝墩遗址——新津宝墩遗址发掘和研究》，有限会社阿普（ARP），2000年；王毅、孙华：《宝墩村文化的初步认识》，《考古》1999年第8期；王毅、蒋成：《成都平原早期城址的发现及初步研究》，《夏禹文化研究》，巴蜀书社，2000年；江章华、颜劲松、李明斌：《成都平原的早期古城址群——宝墩文化初论》，《中华文化论坛》1997年第4期；江章华、王毅、张擎：《成都平原早期城址群及其考古学文化初论》，《苏秉琦与当代中国考古学》，科学出版社，2001年。

[13] 中国社会科学院考古研究所四川工作队、四川省广元市文物管理所：《四川广元市张家坡新石器时代遗址的调查与试掘》，《考古》1991年第9期。

[14] 王仁湘、叶茂林：《四川盆地北缘新石器时代考古新收获》，《三星堆与巴蜀文化》，巴蜀书社，1993年。

[15] 雷雨、陈德安：《巴中月亮岩和通江播鼓寨遗址调查简报》，《四川文物》1991年第6期。

[16] 雷雨、陈德安：《巴中月亮岩和通江播鼓寨遗址调查简报》，《四川文物》1991年第6期；四川省文

物考古研究所、通江县文物管理所:《通江擂鼓寨遗址试掘报告》,《四川考古报告集》,文物出版社,1998 年。

[17]　叶茂林、邓天富:《记北川县采集的化石材料》,《四川文物》1993 年第 6 期;四川省文物考古研究院、绵阳市博物馆、北川县文物管理所:《四川北川县烟云洞旧石器时代遗址发掘简报》,《四川文物》2006 年第 6 期。

附表一　T1第4层出土陶片陶质陶色及纹饰统计表

纹饰 ＼ 陶质陶色	泥质陶			夹砂陶	合计	百分比
	红褐	灰	黑皮	褐		
斜向线纹	1	4		16	21	3
交错线纹	1	1		8	10	1
平行线纹	2				2	0.3
斜向绳纹				58	58	7
交错绳纹				19	19	2
附加堆纹	4	88	2	93	187	23.7
素面	24	88	43	186	341	43
戳印纹	2	4	3（加磨光）		9	1
凹弦纹	1	7（加绳纹）+1			9	1
压印花边口沿		14			14	2.5
锯齿状花边口沿		13			13	2.5
磨光	9	72			81	10
瓦棱纹	5	8	8+1（加戳印纹）		22	3
合计	49	300	57	380	786	100
	406					
百分比	6.5	38	7.5	48		
	52					

附表二　T1第3层出土陶片陶质陶色及纹饰统计表

纹饰 ＼ 陶质陶色	泥质陶			夹砂陶	合计	百分比
	红褐	灰	黑皮	褐		
斜向线纹	1			15	16	11
交错线纹				5	5	4
交错绳纹				1	1	1
附加堆纹	1	15	4	8	28	20
素面	8	27	17	22	74	53
凹弦纹	1				1	1
压印花边口沿				6	6	4
锯齿状花边口沿				4	4	3
磨光		3			3	2

续表

纹饰 \ 陶质陶色	泥质陶			夹砂陶	合计	百分比
	红褐	灰	黑皮	褐		
瓦棱纹			2		2	1
合计	11	45	23	61	140	100
	79					
百分比	8	32	16	44		
	56					

［原载《成都考古发现》（2006），科学出版社，2008 年，第 31～62 页］

汶川县布瓦遗址2009年调查简报

汶 川 县 文 物 管 理 所

成 都 文 物 考 古 研 究 院

阿 坝 藏 族 羌 族 自 治 州 文 物 管 理 所

2009年4、5月，为科学、系统地推进布瓦群碉的灾后维修工作，根据四川省文物局的统一部署，汶川县文物管理所、成都文物考古研究所（成都文物考古研究院）、阿坝藏族羌族自治州文物管理所联合组成"布瓦黄泥群碉及民居村寨"田野考古调查及勘探工作队承担维修系统工程的前期考古工作，开展了系列的田野考古工作，对布瓦村境内的石棺葬遗存进行了详细调查，并发现和确认了一处新石器时代遗址（依据考古学惯例命名为布瓦遗址），现将布瓦遗址的调查资料汇报如下（布瓦石棺葬遗存的调查资料已另文刊布[1]）。

一、地理人文环境及文化层堆积

布瓦遗址位于汶川县威州镇布瓦村三组（龙山组），岷江与杂谷脑河交汇处附近（图一；图版四一）。地处岷江西岸、杂谷脑河东北岸的四级阶地之上。地理坐标为东经103°35′37″、北纬31°29′49″。遗址平面呈不规则形（图版四二），东西最大长度约500、南北最大宽度约200米，总面积约5万平方米。保存较好的中心区域东西长约200、南北宽约50米，面积近1万平方米，中心地点海拔为2134米。

遗址所在布瓦村的地理位置处于较为重要的区位节点之上（图版四三、图版四四），为俯瞰杂谷脑河与岷江的交汇处，左控雁门，右依威州，北上沿岷江河谷可抵茂县、松潘县；西进沿杂谷脑河河谷直达理县，翻越鹧鸪山抵马尔康市、金川县；南下顺岷江河谷可至都江堰、成都。从川西北高原山地现有民族聚居分布的格局来看，布瓦处于羌区、藏区和汉区的交汇结合部。故布瓦历代是兵家必争之地，明清时期布瓦村境内建有防御性质设施的黄土碉楼及石砌碉楼总数达49座[2]。

布瓦遗址所在地范围内有过多次考古调查工作。1964年3月，为了进一步研究岷江上游的石棺葬，四川大学历史系派遣童恩正赴茂县、理县、汶川地区进行了一次调查，并对一些崩塌严重的石棺墓做了部分发掘，其中在汶川县大布瓦寨发掘了2座墓[3]，编号为SDM1、SDM2，均已残，方向为北偏东30°。据调查者记载，汶川县大布瓦寨在今汶川县城（旧威州镇）以北，隔江相望，高出河谷约800米，墓地在大布瓦寨以西约

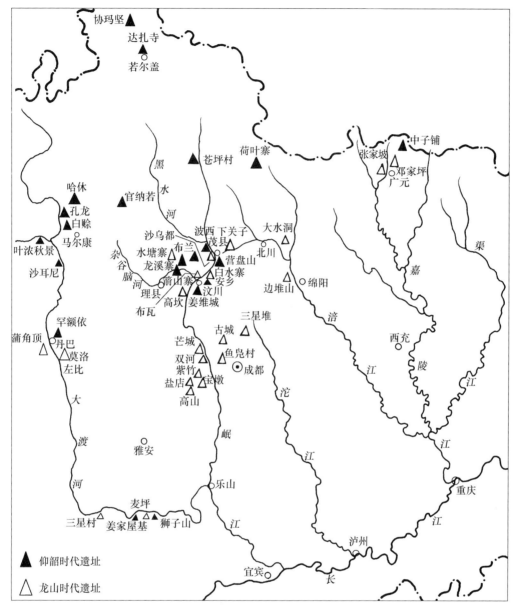

图一　川西地区仰韶、龙山时代遗址分布及布瓦遗址位置示意图

1 千米，当地人称"玉畈依"（或许即今"帕依"），据勘查估计，墓葬区面积大约在 5000
平方米。1980 年 5 月，四川大学教师林向只身赴汶川县进行民族考古调查，采集到姜维
城遗址出土的彩陶片，布瓦寨出土的石器、陶片等标本[4]，记录了羌族的口头传说《羌
戈大战》与《木姐珠与冉必娃》。另据汶川县文物管理所库房所藏文物档案记载[5]：1977
年，汶川县威州镇布瓦村修建盘山机耕道时，挖出西汉石棺葬墓。汶川县文化馆汪友伦
同志闻讯后赶往现场，采集到一件带有刻划文字的泥质灰黑陶豆，其他出土的陶器均被
农民挖毁。陶豆微敛口，折沿，斜腹，盘外底凸起，矮圈足，盘腹表面有对称阴刻篆书
体"帝（？）朱（？）"两字（也有人认为是"辛未"两字），笔画纤细。2009 年，汶川县
文物管理所、成都文物考古研究所、阿坝藏族羌族自治州文物管理所联合对布瓦村境内

的石棺葬遗存进行了详细的调查工作，在大帕依地点发现了一处石棺葬墓群，同时在大布瓦地点采集到随葬陶器 50 余件[6]。

布瓦遗址周临地区也进行过多次考古调查和发掘工作。早在 20 世纪二三十年代，法国地质学家叶长青牧师、华西大学林名均就已在汶川县威州镇（应即姜维城遗址）发现了彩陶[7]。1964 年，四川大学历史系在理县箭山寨遗址进行了调查和小规模试掘，并调查了汶川县姜维城遗址，均采集和出土了彩陶[8]。1975 年在位于汶川县威州镇杂谷脑河南岸增坡村北山腰耕地中曾发现一处玉石器窖藏[9]，当地村民在农田基本建设中发现 14 件玉石器，现存 12 件，器形包括梯形斧、长条三角形斧、长方形斧、梯形首长方形锛、三角形锛、长条形锛、圭形凿、长方形凿。1979 年秋，西南师范学院历史系唐昌朴在汶川县龙溪沟内的布兰村采集到彩陶碎片若干件[10]。阿坝藏族羌族自治州文物管理所等地方文博单位也陆续进行了调查，在汶川县姜维城遗址等处采集有彩陶等遗物。1987 年 12 月 24 日，汶川县龙溪乡阿尔村两名小学生在村北 150 米处耕地中玩耍时，偶然发现埋藏在地下的一件夔龙纹青铜罍，罍中盛一件螺旋纹柄"山"字格青铜剑，该罍原系埋藏于土坎上方地下，数十年前因山洪随同山上泥土一起被冲下土坎并埋于今出土地[11]。2000 年 7 月，四川省文物考古研究所（四川省文物考古研究院）等对汶川县姜维城遗址进行了正式发掘[12]。2003 年，四川省文物考古研究院等对汶川县姜维城遗址再次进行了正式发掘[13]。2009 年，为配合汶川县第三次全国文物普查工作，汶川县文物管理所、成都文物考古研究所、阿坝藏族羌族自治州文物管理所联合在布瓦遗址西北、杂谷脑河支流龙溪河东岸调查发现了龙溪寨新石器时代遗址[14]。

上述考古工作表明，布瓦遗址及其周边地区的古代文化遗存内涵相当丰富，既有新石器时代文化遗址，也有商周时期青铜器等遗物，还有汉代石棺葬、明清时期的碉楼和村寨等，表明人类长期在此定居生活。因此，布瓦遗址的发现有着极其深厚的人文历史底蕴。

遗址表面原为斜坡状地貌，现已改建为多级梯田，地表种植有果树、玉米、蔬菜等作物。调查时在遗址中心区域的断面之上发现了原生文化层（图版四五），厚 0.3～0.5 米，上部的晚期覆盖层厚达约 3 米。发现了灰坑、红烧土和炭屑堆积等遗迹现象。

二、采 集 遗 物

在遗址范围内采集有较为丰富的陶片、石器等遗物，多为残件。其中石器为磨制的石斧、残石器和砺石各 1 件，打制的饼形砍伐器、刻划器及石片各 1 件。采集陶片的陶质陶色以夹细砂褐陶、夹细砂红褐陶、泥质灰陶为主，其次是泥质黑陶、泥质红褐陶等，夹砂陶多为夹较细的石英颗粒（附表）；陶器纹饰包括绳纹、划纹、细泥条附加堆纹、瓦棱纹、戳印纹、凹弦纹、锯齿状花边口沿装饰等，泥质陶表面多磨光；器形包括喇叭口长颈壶形器、侈口罐、凹沿罐、钵、杯、磨边陶片等。现分类予以详细介绍（采集器物标本编号为 2009SWBW 采：×，以下简称采：×）。

1. 石器

斧　1件。采：1，青黑色，质地坚硬。仅存刃端，表面局部磨光，弧刃可见使用而产生的疤痕。残长5.1、宽4.8、厚2.3厘米（图二，2；图版四六，1）。

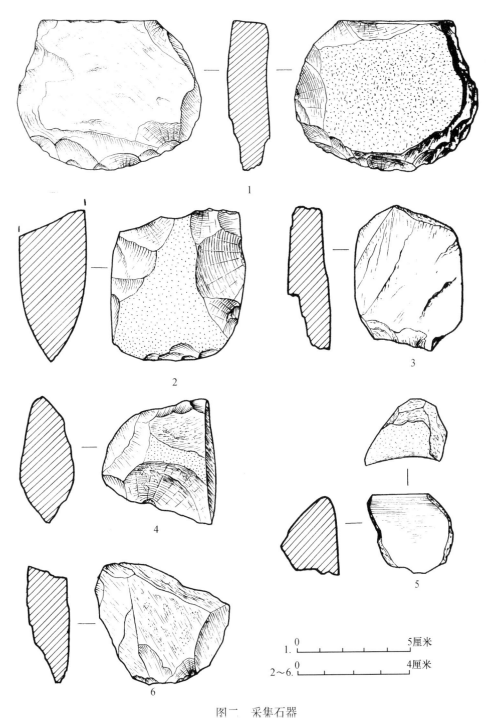

图一　采集石器

1. 砍伐器（采：2）　2. 斧（采：1）　3. 石片（采：34）　4. 残石器（采：3）
5. 砺石（采：50）　6. 刻划器（采：35）

残石器　1件。采：3，青灰色。断裂，表面局部磨光。残长 3.7、宽 4.3、厚 1.9 厘米（图二，4；图版四六，2）。

砺石　1件。采：50，红褐色细砂石。残甚，保留一个磨面。残高 2.5 厘米（图二，5）。

砍伐器　1件。采：2，一面为白色，另一面为灰色。握端打制平齐，两侧斜平，弧刃可见使用痕迹。长 8.2、宽 6.4、厚 1.8 厘米（图二，1；图版四六，3）。

刻划器　1件。采：35，灰白色石英石。背端斜平，下端有使用而产生的疤痕。长 4.1、宽 3.6、厚 1.3 厘米（图二，6）。

石片　1件。采：34，白色石英石。略呈长方形。长 4.5、宽 3.9、厚 1.4 厘米（图二，3）。

2. 陶器

长颈罐　3件。依据口沿部分的特征，分为二型。

A 型　1件。沿外折。采：8，泥质褐陶，表面磨光。侈口，尖唇，束颈。残高 4.5 厘米（图三，1；图版四七，1）。

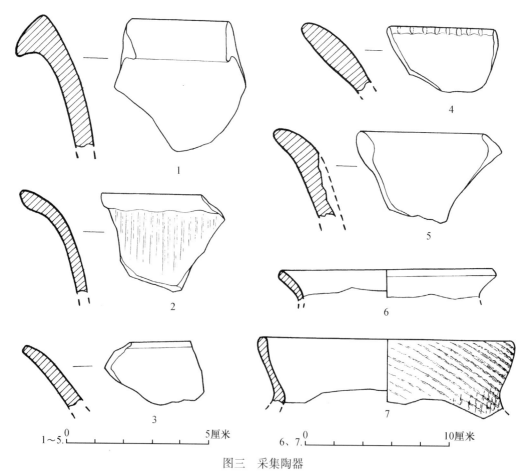

图三　采集陶器

1. A 型长颈罐（采：8）　2、3. B 型长颈罐（采：45、采：29）　4. A 型侈口罐（采：16）

5、6. B 型侈口罐（采：20、采：33）　7. 凹沿罐（采：11）

B 型 2 件。沿外翻。采：29，泥质褐陶，薄胎。方唇。残高 2.2 厘米（图三，3）。采：45，泥质外灰内褐陶，薄胎内掺白色细石英颗粒。敞口，尖唇，溜肩。颈部表面饰纵向刷划纹。残高 3 厘米（图三，2；图版四七，2）。

喇叭口长颈壶形器 8 件。采：5，泥质褐陶，内外壁面磨光，厚胎。肩部残片。残高 4 厘米（图四，3；图版四六，4 右）。采：13，泥质灰陶。上腹部残片。器表饰横向泥条附加堆纹（表面又加压斜向绳纹），内壁有斜向抹划痕。残高 6.5 厘米（图四，1）。采：21，泥质外褐内灰陶。腹部残片。器表饰横向的宽瓦棱纹及纵向细划纹，内壁有横向抹划痕。残高 4.5 厘米（图四，2）。采：9，泥质灰陶，内外壁面磨光，薄胎。颈部残片。器表有抹痕。残高 7 厘米（图五，4；图版四六，4 左）。采：14，泥质灰陶，表面磨光。口部残片，侈口，卷沿，尖唇，束颈。残高 3.5 厘米（图五，5；图版四六，5）。采：15，泥质灰陶。腹部残片。器表饰横向泥条附加堆纹（表面又加压斜向绳纹）及斜向划纹，内壁有斜向抹划痕。残高 5 厘米（图五，1）。采：17，泥质灰陶。腹部残片。器表饰横向细泥条附加堆纹（表面又加压纵向凹槽）。残高 5.5 厘米（图五，2）。采：121，泥质灰陶。肩部残片。器表磨光并饰横向平行及斜向划纹。残高 4.5 厘米（图五，3）。

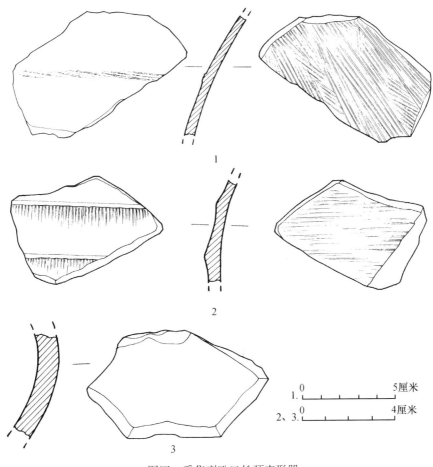

图四 采集喇叭口长颈壶形器
1. 采：13 2. 采：21 3. 采：5

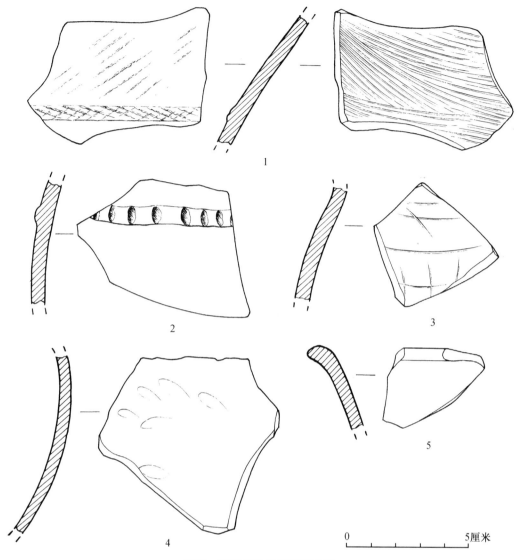

图五 采集喇叭口长颈壶形器

1. 采：15 2. 采：17 3. 采：121 4. 采：9 5. 采：14

侈口罐 3件。依据陶质陶色及装饰风格，分为二型。

A型 1件。夹砂陶，花边口沿装饰。采：16，夹细砂褐陶。沿外翻，方唇。唇面压印凹槽成浅锯齿状花边口沿。残高2.5厘米（图三，4）。

B型 2件。泥质褐陶。素面。采：20，沿外卷，圆唇。残高3厘米（图三，5；图版四七，3）。采：33，薄胎，表面磨光。方唇，束颈。口径15、残高1.8厘米（图三，6）。

凹沿罐 1件。采：11，泥质黑褐陶。沿外翻，方唇，束颈。沿外壁饰斜向绳纹，颈部外壁饰纵向绳纹。口径18、残高5厘米（图三，7；图版四七，4）。

钵 2件。采：31，泥质褐陶，薄胎。敞口，尖唇。残高1.5厘米（图六，4）。采：47，泥质褐陶。敞口，方唇，沿外加贴一周凸棱，斜腹。残高3.2厘米（图六，3）。

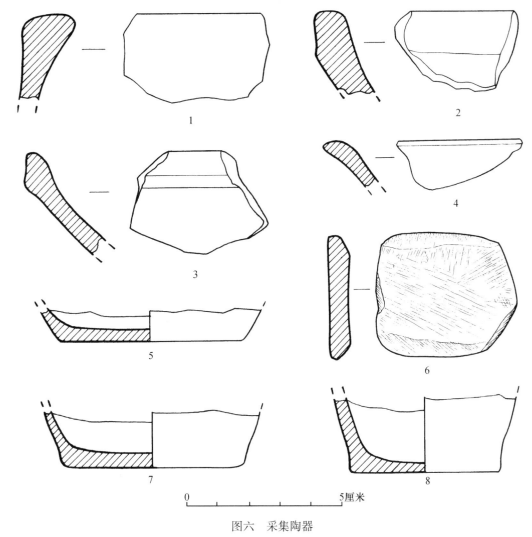

图六　采集陶器

1、2. 盆（采：46、采：48）3、4. 钵（采：47、采：31）5、7. 器底（采：6、采：30）
6. 磨边陶片（采：4）8. 杯（采：26）

盆　2 件。采：46，夹细砂褐陶。敛口，厚沿，圆唇。残高 2.6 厘米（图六，1）。采：48，夹细砂褐陶，厚胎。直口，方唇。残高 2.5 厘米（图六，2）。

杯　1 件。采：26，泥质褐陶，薄胎。直腹，小底平，底外折成假圈足状。底径 5、残高 2.4 厘米（图六，8）。

器底　2 件。采：6，泥质磨光黑皮陶。斜腹，平底。外表有细划纹。底径 6、残高 1.2 厘米（图六，5）。采：30，泥质灰陶，薄胎。斜直腹，小底平，底外折成假圈足状。底径 6、残高 1.8 厘米（图六，7）。

磨边陶片　1 件。采：4，泥质灰陶。略呈长方形，周边及一面磨光。长 4.5、宽 4、厚 0.7 厘米（图六，6；图版四七，6）。

纹饰陶片　11 件。米：7，泥质灰陶，厚胎。表面饰斜向绳纹，内壁有手制的压痕。残高 3.2 厘米（图七，3）。采：10，泥质灰褐陶，厚胎。表面磨光并饰斜向的戳印纹。

残高 4.2 厘米（图七，5）。采：12，泥质灰陶，厚胎。表面磨光并饰斜向的划纹。残高
5.8 厘米（图八，2）。采：18，泥质灰黑陶，内外壁面磨光。腹部残片。器表饰较窄的横
向瓦棱纹。残高 3.8 厘米（图八，3）。采：19，泥质灰陶。表面磨光并饰较宽的横向平
行瓦棱纹，内壁有斜向抹划痕。残高 5 厘米（图八，1）。采：23，泥质褐陶。表面磨
光并饰平行的横向绳纹及戳印纹。残高 3 厘米（图七，7；图版四七，5 右）。采：25，
泥质褐陶。表面磨光并饰两组四排平行的戳印纹。残高 2.6 厘米（图七，1；图版四七，
5 左）。采：27，夹细砂褐陶。表面加贴泥条附加堆纹（上有刻划的斜向凹槽）。残高
2.7 厘米（图七，6）。采：28，泥质灰陶，薄胎。表面饰斜向的细绳纹。残高 3.5 厘米
（图七，2）。采：37，泥质灰陶，薄胎。表面磨光并饰较宽的横向平行瓦棱纹。残高
2.8 厘米（图七，4）。采：41，夹细砂黑褐陶，薄胎。器表饰纵向细划纹。残高 4 厘米
（图七，8）。

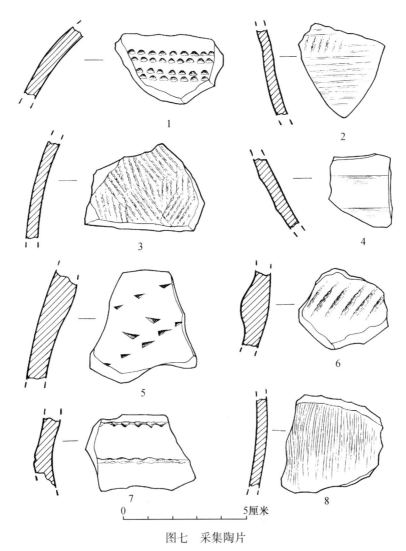

图七　采集陶片

1、5. 戳印纹（采：25、采：10）　2. 细绳纹（采：28）　3. 斜向绳纹（采：7）　4. 瓦棱纹（采：37）

6. 泥条附加堆纹（采：27）　7. 绳纹＋戳印纹（采：23）　8. 细划纹（采：41）

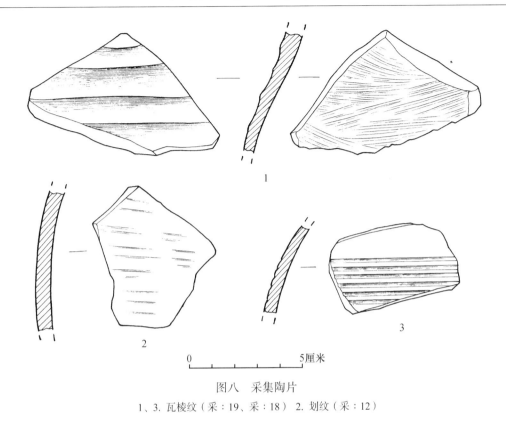

图八　采集陶片

1、3. 瓦棱纹（采：19、采：18）　2. 划纹（采：12）

三、初　步　认　识

1. 年代及文化性质的初步判定

　　布瓦遗址采集的陶器与隔岷江相望的姜维城新石器时代遗址的陶器有较大差别，不见彩陶器、双唇口陶瓶、细泥质红陶钵和陶碗等主要器形，其年代和文化性质也应不同。但布瓦遗址采集的陶器与茂县下关子遗址[15]、沙乌都遗址[16]、白水寨遗址[17]，江油大水洞遗址[18]，绵阳边堆山遗址[19] 等的陶器特征相似。例如，其中的喇叭口长颈壶形器与下关子、沙乌都、白水寨的同类器特征相近，A 型浅锯齿状花边口沿侈口罐与下关子 Aa Ⅱ 式侈口罐、沙乌都 H1 出土的侈口罐特征相似，B 型侈口罐则与白水寨 Ⅱ 式折沿罐特征相近，装饰的较宽和较窄的瓦棱纹、戳印纹等也是下关子、沙乌都、白水寨等遗址常见的陶器装饰风格。

　　因此，布瓦遗址的年代与文化性质与下关子、沙乌都、白水寨、大水洞、边堆山等遗址相当，属于四川盆地新石器时代的本土文化，年代上限约为距今 4800 年，与黄河流域龙山时代的早期相当。

2. 文化因素分析

　　布瓦遗址采集陶器的主体文化因素，如喇叭口长颈壶形器、浅锯齿状花边口沿侈口罐等器形，装饰瓦棱纹、戳印纹、细绳纹等特征，与四川盆地多处龙山时代遗址的主体风格相近，应是盆地本土文化因素的重要内容，其中，喇叭口长颈壶形器等器形还与成都平原宝墩文化[20]的同类陶器相似。布瓦遗址采集陶器中的少量细泥质红陶片等则与姜维城、营盘山等遗址的同类器特征相近，应是承袭了岷江上游仰韶时代文化因素的表现。

当然，布瓦遗址所采集的陶器数量有限，尚不能全面反映遗址的文化内涵，要全面认识遗址的文化面貌和性质还需要开展进一步的考古勘探和发掘工作。

3. 聚落分布与地理环境的关系

汶川县城处于杂谷脑河与岷江的交汇地带，在此两条狭长的河谷阶地及山脊之上，发现了姜维城、布瓦遗址和增坡玉石器窖藏等多处新石器时代遗址。其垂直分布差异特征也较明显：仰韶时代晚期的姜维城遗址处于岷江与杂谷脑河交汇处东南岸的三级阶地之上，海拔不到 1400 米；而龙山时代的布瓦遗址则位于杂谷脑河东岸靠近山脊的坡地之上，海拔约 2100 米，龙山时代晚期至夏商时期的增坡玉石器窖藏也是处于杂谷脑河西岸三级阶地以上的坡地之上，海拔约 1850 米。

本地点史前遗址分布的海拔与遗址时代之间关系表现出相同的规律性，遗址的时代越晚，所处的海拔越高，尤其是龙山时代（距今年代在 4800 年以内）的文化遗址，多数已位于临近山脊的坡地之上，海拔基本在 2000 米。这一规律与甘肃省秦安大地湾大型遗址群的内部分布差异特征相似[21]。有学者认为这一现象与公元前 3000 年左右全球都存在的一次突发性、变化幅度较大的环境恶化事件有关[22]，这次环境恶化事件也是我国新石器时代中期文化衰落以及出现文化断层的主要原因。这一环境恶化事件导致了洪水、气候趋于干冷化等灾害性现象的发生，致使原来人类定居生活的区域不再宜居，从而出现了定居地点迁移的现象。

据此解释，汶川县城河谷地区史前遗址分布的变迁现象（茂县盆地即城关河谷冲积平原范围内的诸史前遗址，如波西、营盘山、沙乌都遗址等，其分布规律也与之相似）也应当与这一环境恶化事件有关。当然，造成环境恶化的原因是多方面多角度的，除了大规模降温和干旱的环境恶化事件外，聚落的不断扩大以及人口的飞速增长而产生的影响也不容忽视。对于大地湾遗址群和岷江上游地区史前遗址分布的海拔与遗址时代之间关系表现出相同的规律性现象，需要结合多学科进行深入的探讨。

概言之，布瓦遗址是岷江上游地区的一处在时间及空间分布上均具有关节点性质的新石器时代遗址。它的发现丰富了岷江上游乃至四川地区的新石器时代文化的研究内涵，有助于建立较为完备的文化演变序列，为探讨黄河上游与长江上游新石器时代文化的交流互动，以及岷江上游地区新石器时代聚落遗址的时空分布规律及其与环境变迁的互动关系等重大学术课题提供了难得的实物资料。这也是"5·12"汶川县特大地震发生以后，震中地区第三次全国文物普查工作中最为重要的考古发现之一，对于汶川地方历史文化研究也有一定的促进作用。

　　附记：参加本次调查的人员包括成都文物考古研究院陈剑、李平，阿坝藏族羌族自治州文物管理所邓勇，汶川县文物管理所罗进勇、易波、吴意等。汶川县威州镇布瓦村党支部及村委会对本次调查工作予以了大力支持，特此致谢。

绘图：李福秀

执笔：陈　剑　罗进勇　邓　勇　易　波

注　释

[1]　汶川县文管所、成都文物考古研究所、阿坝藏族羌族自治州文管所：《四川汶川县布瓦石棺葬 2009 年的调查》，《成都考古发现》（2008），科学出版社，2010 年。

[2]　汶川县文物管理所、成都文物考古研究院、阿坝藏族羌族自治州文管所：《四川汶川县布瓦碉楼群的调查与勘探》，待刊；季富政：《岷江上游的文明记忆：羌族碉楼与村寨》，《中国文化遗产》2008 年第 4 期；唐飞：《羌族碉楼与震后调查》，《中国文化遗产》2008 年第 4 期。

[3]　冯汉骥、童恩正：《岷江上游的石棺葬》，《考古学报》1973 年第 2 期。

[4]　林向：《田野考古三十年》，《巴蜀文化研究通讯》2010 年第 1 期。

[5]　资料现存汶川县文物管理所。

[6]　汶川县文管所、成都文物考古研究所、阿坝藏族羌族自治州文管所：《四川汶川县布瓦石棺葬 2009 年的调查》，《成都考古发现》（2008），科学出版社，2010 年。

[7]　林名均：《四川威州彩陶发现记》，《说文月刊·巴蜀专号》（第四卷），1944 年；郑德坤著，秦学圣译：《四川石器时代文化》，四川省文物管理委员会编印：《四川石器时代译文资料》，1983 年。

[8]　四川大学历史系考古教研组：《四川理县汶川县考古调查简报》，《考古》1965 年第 12 期；阿坝藏族羌族自治州文物管理所编：《阿坝文物览胜》，四川民族出版社，2002 年，第 74～76 页。

[9]　徐学书：《岷江上游新石器时代文化的初步研究》，《考古》1995 年第 5 期。

[10]　邓少琴：《巴蜀之先旧称人皇为氏族部落之君》，《邓少琴西南民族史地论集》，巴蜀书社，2001 年；唐昌朴：《从龙溪考古调查看石棺葬文化的兴起与羌族的关系》，会议打印稿，1985 年。

[11]　阿坝州文管所：《汶川发现西周时期蜀文化青铜罍》，《四川文物》1989 年第 4 期。

[12]　王鲁茂、黄家祥：《汶川姜维城发现五千年前文化遗存》，《中国文物报》2000 年 11 月 26 日第 1 版；黄家祥：《汶川县姜维城新石器时代遗址及汉明城墙》，《中国考古学年鉴·2001》，文物出版社，2002 年，第 277、278 页；黄家祥：《汶川姜维城遗址发掘的初步收获》，《四川文物》2004 年第 3 期；四川省文物考古研究所、阿坝州文物管理所、汶川县文化体育局：《四川汶川县姜维城新石器时代遗址发掘简报》，《考古》2006 年第 11 期。

[13]　四川省文物考古研究所、阿坝州文物管理所、汶川县文物管理所：《四川汶川县姜维城新石器时代遗址发掘报告》，《四川文物》2004 年增刊。

[14]　汶川县文物管理所、成都文物考古研究院、阿坝藏族羌族自治州文物管理所：《汶川县龙溪寨遗址 2009 年调查简报》，《成都考古发现》（2015），科学出版社，2017 年。

［15］　成都文物考古研究所、阿坝藏族羌族自治州文物管理所、茂县羌族博物馆：《四川茂县白水寨及下关
　　　　子遗址调查简报》，《成都考古发现》（2005），科学出版社，2007 年；成都文物考古研究所、阿坝藏
　　　　族羌族自治州文物管理所、茂县羌族博物馆：《四川茂县下关子遗址试掘简报》，《四川文物》2008 年
　　　　第 2 期；成都文物考古研究所、阿坝藏族羌族自治州文物管理所、茂县羌族博物馆：《四川茂县下关
　　　　子遗址试掘简报》，《成都考古发现》（2006），科学出版社，2008 年。

［16］　成都文物考古研究所、阿坝藏族羌族自治州文物保管所、茂县羌族博物馆：《四川茂县沙乌都遗址调
　　　　查简报》，《成都考古发现》（2004），科学出版社，2006 年；成都文物考古研究所、阿坝藏族羌族自
　　　　治州文物管理所、茂县羌族博物馆：《四川茂县白水寨和沙乌都遗址 2006 年调查简报》，《四川文物》
　　　　2007 年第 6 期；成都文物考古研究所、阿坝藏族羌族自治州文物管理所、茂县羌族博物馆：《四川茂
　　　　县白水寨和沙乌都遗址 2006 年调查简报》，《成都考古发现》（2006），科学出版社，2008 年。

［17］　成都文物考古研究所、阿坝藏族羌族自治州文物管理所、茂县羌族博物馆：《四川茂县白水寨及下
　　　　关子遗址调查简报》，《成都考古发现》（2005），科学出版社，2007 年；成都文物考古研究所、阿坝
　　　　藏族羌族自治州文物管理所、茂县羌族博物馆：《四川茂县白水寨和沙乌都遗址 2006 年调查简报》，
　　　　《四川文物》2007 年第 6 期；成都文物考古研究所、阿坝藏族羌族自治州文物管理所、茂县羌族博
　　　　物馆：《四川茂县白水寨和沙乌都遗址 2006 年调查简报》，《成都考古发现》（2006），科学出版社，
　　　　2008 年。

［18］　胡昌钰：《四川江油市发现新石器时代洞穴遗址》，《中国文物报》2005 年 11 月 30 日第 1 版；四川
　　　　省文物考古研究院、绵阳市博物馆、江油市文物管理所：《四川江油市大水洞新石器时代遗址发掘简
　　　　报》，《四川文物》2006 年第 6 期。

［19］　中国社会科学院考古研究所四川工作队：《四川绵阳市边堆山新石器时代遗址调查简报》，《考古》
　　　　1990 年第 4 期；王仁湘、叶茂林：《四川盆地北缘新石器时代考古新收获》，《三星堆与巴蜀文化》，
　　　　巴蜀书社，1993 年；何志国：《绵阳边堆山文化初探》，《四川文物》1993 年第 6 期。

［20］　成都市文物考古工作队、四川联合大学考古教研室、新津县文管所：《四川新津县宝墩遗址调查与试
　　　　掘》，《考古》1997 年第 1 期；中日联合考古调查队：《四川新津县宝墩遗址 1996 年发掘简报》，《考
　　　　古》1998 年第 1 期；成都市文物考古研究所、四川大学历史系考古教研室、早稻田大学长江流域文
　　　　化研究所：《宝墩遗址——新津宝墩遗址发掘和研究》，有限会社阿普（ARP），2000 年，第 99～121
　　　　页；王毅、孙华：《宝墩村文化的初步认识》，《考古》1999 年第 8 期；王毅、蒋成：《成都平原早期
　　　　城址的发现及初步研究》，《夏禹文化研究》，巴蜀书社，2000 年；江章华、颜劲松、李明斌：《成都
　　　　平原的早期古城址群——宝墩文化初论》，《中华文化论坛》1997 年第 4 期。

［21］　郎树德：《甘肃秦安县大地湾遗址聚落形态及其演变》，《考古》2003 年第 6 期；郎树德：《大地湾遗
　　　　址房屋遗存的初步研究》，《考古与文物》2002 年第 5 期；甘肃省文物考古研究所：《秦安大地湾——
　　　　新石器时代遗址发掘报告》，文物出版社，2006 年，第 694～707 页。

［22］　朱艳、陈发虎、张家武、安成邦：《距今五千年左右环境恶化事件对我国新石器文化的影响及其原因
　　　　的初步探讨》，《地理科学进展》2001 年第 2 期；张宏彦：《渭水流域的古环境与古文化》，《考古文物
　　　　研究——纪念西北大学考古专业成立四十周年文集（1956～1996）》，三秦出版社，1996 年。

附表 采集陶片陶质陶色及纹饰统计表

陶质陶色 纹饰	泥质陶			夹砂陶			合计	百分比
	红	灰	褐	褐	红褐	灰褐		
斜向线纹	加瓦棱纹 1	1					2	1
刷划纹				1	1	3	5	2.5
平行线纹		2					2	1
斜向绳纹		加戳印纹 1	1	1	3	3	9	4
交错绳纹		1			1		2	1
附加堆纹		1	4				5	2.5
素面	3	7		76	27	10	123	57
戳印纹	1		2				3	1.5
凹弦纹	1	5	1		1		8	3.5
锯齿状花边口沿				1			1	0.5
磨光	2	30	21				53	24.5
瓦棱纹		2					2	1
合计	8	50	29	79	33	16	215	100
	87			128				
百分比	3.5	23	14	36.5	15.5	7.5		
	40.5			59.5				

［原载《成都考古发现》（2010），科学出版社，2012 年，第 1～15 页］

茂县二不寨遗址调查简报

阿坝藏族羌族自治州文物管理所

　　2014年3月22日，阿坝藏族羌族自治州文物管理所工作人员在茂县开展阿坝藏族羌族自治州碑刻资料调查时，于茂县曲谷乡二不寨村一处断坎上发现一处古文化遗址。工作人员随即对遗址进行了仔细的考古调查，初步了解了遗址的基本情况。

　　遗址位于茂县曲谷乡二不寨村一组，南距村委会约300米，地处岷江支流黑水河西岸高半山坡地，高出河岸700余米，海拔2450米，暂命名为"二不寨遗址"。此地原属坡地，后期因改土逐渐形成梯级台地，遗址所在台地上为村寨和荒地，下为两座农房，断坎下是连接寨子和村委会的小路（图版四八，1）。

　　根据遗址暴露的断面来看，地层厚约4.5、宽约30米，可分为4层。

　　第1层为近现代地层，厚1～1.2米，主要是滑坡和改土造田形成。

　　第2层为秦汉时期地层，厚1.8～2米，包含石墙、柱础、红烧土、陶片、兽骨等遗物。其中墙体有三道，组成了两间房址。F2面积约9平方米，房中残存一块倒置的青灰石长方体柱础。石墙为乱石砌筑而成，层间加有黄泥作为黏合剂，以小石块支垫填缝，砌筑方式同周围近现代建筑基本相似（图版四八，2）。

　　第3、4层为新石器时代晚期地层，厚约1米，包含陶片、木屑、木骨泥墙残块、兽骨等遗物。

　　此外，遗址主要堆积北侧断面上残存有一处袋状窑址，周壁及烟道处有明显的烧结层。

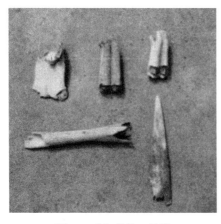

图一　采集兽骨、骨器

　　通过实地调查，工作人员在地表和断面上采集到陶片24片、兽骨4块、木骨泥墙残件1块、骨削1件等遗物（图一）。陶片以夹砂陶为主，多夹粗砂和石英石，泥质陶较少；有红褐陶、灰陶、黑褐陶；纹饰以绳纹为主，多为内外同饰；器形主要是夹砂敞口罐、折沿方唇花边口沿罐、泥质灰陶罐、夹细砂核桃口双耳罐、方唇侈口罐、磨光灰褐陶罐等。木骨泥墙残件为红烧土结块。木骨痕迹明显。骨削残长8厘米，使用痕迹明显。兽骨以动物牙齿为主。

结合采集器物的器形、纹饰、文化因素等方面的分析，我们认为二不寨遗址采集器物可分为两种早晚不同的遗存，即新石器时代晚期遗存（图版四九，1、2）和秦汉时期遗存（图版四九，3）。秦汉时期遗存中的遗物，尤其是核桃口双耳罐和磨光灰褐陶罐同周边石棺葬和大渡河上游秦汉时期遗址中出土的器物相似。新石器时代晚期遗存中木骨泥墙残件和泥质灰陶罐同茂县营盘山、汶川姜维城、马尔康哈休、金川刘家寨等遗址中出土的同类器物相似，年代当在新石器时代晚期；夹砂敞口罐、方唇折沿花边口沿罐同茂县沙乌都、茂县下关子、北川大水洞等岷江流域和涪江流域龙山时代遗址出土的同类器物相似，年代当在龙山文化晚期。因此，二不寨遗址的遗存可分为三个时段，即营盘山文化晚期、龙山文化晚期及秦汉时期。

二不寨遗址地层明显、堆积丰富，出土遗物极具代表性，是黑水河流域继2000年考古调查之后的重要考古发现，也是黑水河流域首次发现的新石器时代晚期遗存。它的发现，为研究岷江上游流域早期文化传播提供了新的基础材料，遗址的具体年代和内涵特征有待于进一步考古发掘和研究。

执笔：邓　勇

黑水县白尔窝等遗址调查简报

成都文物考古研究院

2015 年 4 月 20 日，由阿坝藏族羌族自治州文物管理所、黑水县文化体育广电新闻出版局组成的联合考古调查队在黑水县开展古文化遗址调查时，于扎窝乡白尔窝村发现一处彩陶文化遗址（图版五〇，1、2）。

2016 年，为推进国家"一带一路"倡议建设及丝绸之路的考古工作和文化遗产保护工作，配合国家大遗址保护成都片区相关工作的实施，加强"十三五"时期成都阿坝区域文化交流合作，提升区域文化一体化发展水平，实现合作共赢，成都文物考古研究院与阿坝藏族羌族自治州文物管理所、茂县羌族博物馆联合开展丝绸之路河南道的考古调查及勘探工作。在茂县南新镇别立村上、中、下三寨及白水寨进行实地调查，发现了原生文化层并采集陶片、红烧土等遗物，并对黑水县黑水河流域的官纳若遗址、白尔窝遗址、色尔古遗址进行了现场调查。黑水河为岷江一级支流，发源于川西北高原草地，在茂县两河口汇入岷江。白尔窝遗址位于黑水县扎窝乡白尔窝村，在遗址断坎上发现灰坑、房址踏面、石砌灶坑等遗迹，在地表和断面上采集有彩陶片、穿孔石刀、陶纺轮、穿孔陶片、泥质陶片、夹砂陶片等遗物（图版五〇，3、4）。根据初步的分析，白尔窝遗址的延续时间较长，距今 5000～2000 年，包含了新石器时代晚期、龙山文化晚期、秦汉时期三个阶段的文化遗存。从采集陶片的陶质陶色，尤其是纹饰来看，白尔窝遗址的遗存带有十分强烈的地域性文化因素，与周边的同时代遗址相比，存在较大差异。白尔窝遗址的发现，说明从距今 5000 年开始，小黑水河地区已有人类居住和生活，新石器时代晚期的考古学文化已经传播到了小黑水河流域。白尔窝遗址发现的彩陶，是黑水河流域的首次发现，为研究川西北彩陶文化的分布和传播提供了新的证据和研究材料，具有十分重要的考古学意义。

为进一步了解若尔盖草原沙化地带古文化遗址的分布规律、文化堆积、文化面貌、文化内涵及与周边地区早期文化的联系与互动等相关内容，考古人员对若尔盖县草地上的协玛坚遗址进行了调查及勘探，这里属于黄河上游的支流黑河及白河流域。在达尼东遗址采集到陶片、细石器、炭屑标本等遗物；在曲茹坚东和曲茹坚西遗址分别进行了试掘，出土了细石器和牛骨等遗物；在协玛坚遗址的试掘中，首次在此类古文化遗址中找到了清晰的层位关系，发现了较为明确的文化堆积，出土了绳纹花边口沿罐、羊颌骨等数量较多的遗物，同时在地表采集到细石叶、磨制石锛、灰陶直口罐（残）等实物标本。

过去认为在若尔盖草原沙化地带以细石器、彩陶等遗物为代表的这类古文化遗址是一种文化面貌较为单一的新石器时代晚期游牧文化遗址，从生业方式和时代早晚上都区别于农区以磨制石器、陶片等遗物为代表的农耕文化遗址。但是通过对协玛坚遗址 ^{14}C 样本测年数据（距今 4700 年、距今 2900 年）的分析和此次调查和试掘材料的整理，认为仅仅在若尔盖草原沙化区域就已经存在至少两类时代早晚不同、生业方式不同、分布地域不同的古文化遗址。在达尼东、曲茹坚东、曲茹坚西等遗址中，采集品有大量的细石器，少量的夹砂、饰粗绳纹、火候较低的陶片，少见磨制石器；而在协玛坚遗址，采集品有较多的磨制石器、彩陶器、带泥条附加堆纹的陶罐口沿、饼状器底，细石器则较少。从采集的标本数量对比可以看出：以协玛坚遗址为代表的白河流域和以达尼东、曲茹坚东、曲茹坚西遗址为代表的黑河流域的古遗址在文化面貌上有较大差异。从试掘情况来看，协玛坚遗址出土器物以戳印花边口沿并在沿下饰泥条附加堆纹的花边口沿罐和饼状器底及羊骨为主要特征，不见细石器；而曲茹坚东和曲茹坚西遗址的出土物以细石器和牛骨为主要特征，不见陶片。这可能意味着两类文化遗址的生业方式或者年代有所区别。从两类遗址分布的地理环境来看，黑河流域的沙化地带分布面积较广，多集中在草原腹地，远离山脉和林区；白河流域的沙化地带分布面积较小，靠近山脉和农区。两者受到农耕文化影响的不同，可能是导致两者文化面貌和生业方式不同的一个原因。协玛坚遗址的试掘结果表明，若尔盖草原地区目前所知最早的文化遗存应该是马家窑文化时期的彩陶，然后是稍晚的以戳印花边和泥条附加堆纹罐为特征的遗存，以细石器为代表的遗址在年代上可能要更晚一些。

此外，还对若尔盖县降碑卡拉、日莫卡供、龙杨卡拉、抗拉卡拉、贡桑甲卡和哈都卡甲卡等古城遗址进行田野调查，采集到大量陶片。时间跨度从新石器时代晚期至秦汉时期均有发现。通过本次采集的陶片可以从侧面对若尔盖县境内古城址的时代属性研究提出新的问题，为下一步对草原古城址、古文化遗址的研究提供了新的素材和方向[1]。

执笔：陈　剑　周志清　何锟宇　闫　雪

注　释

[1] 陈剑、周志清、何锟宇等：《丝绸之路河南道（四川阿坝州段）考古调查》，《中国考古学年鉴·2017》，中国社会科学出版社，2018 年。

松潘地区史前考古发现[1]

成 都 文 物 考 古 研 究 院
阿坝藏族羌族自治州文物管理所

一、松潘地区的地理人文环境

松潘县位于四川省阿坝藏族羌族自治州东北部，地理坐标为东经 102°38′～104°15′、北纬 32°06′～33°09′。东接平武县，南依茂县，东南与北川县相邻，西及西南紧靠红原县、黑水县，北与九寨沟县、若尔盖县接壤。县境东西长 180、南北宽 112.5 千米，全县面积 8608.37 平方千米。县城进安镇，海拔 2849.5 米，距省会成都 335、距州府马尔康 431 千米。

松潘县主要为藏族聚居区，南部为羌族聚居区，县城附近为回族聚居区。现居人口以藏族、羌族、回族、汉族为主，另外还有苗族、彝族、蒙古族、土家族、傈僳族、满族、瑶族、侗族、纳西族、布依族、白族、壮族、傣族等其他民族。2004 年，松潘县辖 2 个镇（进安、川主寺）、21 个乡（大寨、青云、牟尼、安宏、镇坪、白羊、大姓、岷江、小河、黄龙、红土、红扎、小姓、燕云、草原、山巴、水晶、镇江关、施家堡、上八寨、下八寨）、2 个民族乡（进安回族、十里回族）。

松潘县地处岷山山脉中段，属青藏高原东缘。地貌东西差异明显，以高山为主；地形起伏显著，相对高差比较大，最低处白羊乡梭子口海拔为 1082 米，最高处岷山主峰雪宝顶海拔 5588 米，相对高差 4506 米。松潘县县城海拔约 2850 米。松潘山势陡峭雄伟，主要有雪宝顶、弓嘎岭、哲波卡、桦子岭、金蓬山、垮石岩、红星岩、辣子山等山体。由于地形复杂，海拔悬殊，松潘的气候具有按流域呈明显变化的特点，小气候多样且灾害性天气活动频繁。涪江流域湿润多雨、四季分明；岷江流域少部分地区干旱少雨，大部地区则寒冷潮湿，冬长无夏、春秋相连、四季不明。各地降水分布不均，但干雨季分明，雨季降水量占全年降水量的 72% 以上，多年平均气温 5.7℃，年极端最低气温为 –21.1℃，多年平均降水量 720 毫米。松潘县自然景观复杂多样、门类齐全、数量众多、品位极高。黄龙风景名胜区及其所涵盖的黄龙沟主景区和丹云峡、红星岩、雪宝顶、牟尼沟等外围景区（点），已被列入《世界自然遗产名录》。松潘县是岷江、涪江两大水系的发源地，境内有两大水系干流及支流 200 多条，有 39 条流域面积大于 50 平方千米的河流，包括岷江、涪江、热务曲、毛尔盖河、白草河主要河流 5 条，大小河流最终汇成了年平均径流总量为 40.2 亿立方米的岷江和涪江两大水系[2]。

总体来看，松潘地区是青藏高原与川西北山地的过渡地带，也是羌族聚居区与藏族聚居区的结合部。自然环境与人文景观均具有复杂多样性的特征。

二、松潘地区史前考古的新发现

松潘地区的史前考古工作基本处于空白，仅有一些零星的线索。据徐学书介绍，1990 年松潘县元坝乡"中国工农红军长征纪念碑"碑园内建房施工中出土 2 件磨制半月形穿孔石刀[3]。此外，四川大学博物馆馆藏中尚有标明为松潘附近出土的打制盘状砍砸器 1 件，为民国时期华西大学博物馆旧藏移交下来的藏品。另据调查了解，在松潘县南部岷江东岸的太平乡等地过去亦曾发现过磨制石器。1993 年 1～10 月，中国社会科学院考古研究所四川工作队进行"丝绸之路河南道"考古调查时，发现川主寺居民在建房处理地基时挖出 5 件石器，其中有 2 件半月形石刀[4]。2000 年以来，成都文物考古研究院等单位在松潘县进行了考古调查，又获得了一些新的发现与线索。

1. 川主寺石嘴遗址

2000 年 7 月，成都市文物考古研究所（现成都文物考古研究院）、阿坝藏族羌族自治州文物管理所、松潘县文物管理所联合进行实地考古调查并确认了遗址。川主寺镇石嘴遗址位于岷江西岸二级台地上（近山脚地带）（图版五一；图版五二，1），遗址东部紧靠松（潘）九（寨沟）公路的跨岷江桥边，紧临川主寺镇主街，东隔岷江与"中国工农红军长征纪念碑"碑园（四川省文物保护单位）相望。地理坐标为东经 103.61795°、北纬 32.77859°，海拔约 3050 米，高出岷江河床约 30 米。东西宽约 50、南北长约 500 米，遗址在修建公路及房屋时被部分破坏，现存面积约 25000 平方米。上部有较厚的晚期泥石层堆积，文化层堆积厚 1～3 米（图版五二，2），可分为 3 层（分别为淡红色土、灰色土、黑色土），包含有大量红烧土、炭屑、陶片、骨渣、植物化石等物。采集有大量夹砂红褐陶片、骨片，其年代可能早至新石器时代。在调查过程采集到少量陶片，均为夹粗砂陶，陶色有红褐、黑褐等品种，陶质甚差，烧制温度不高，部分陶片外表可见红色陶衣。另采集有打制石器 1 件。据陶片的原始特征及采集有磨制弯月形穿孔石刀等情况，初步判定遗址的时代为新石器时代[5]。

川主寺石嘴遗址曾出土了 2 件弯月形穿孔石刀等文物，现由"中国工农红军长征纪念碑"碑园管理处原主任泽忠卡收藏[6]。编号分别为 2000SSCS 采：1、2000SSCS采：2。其中 2000SSCS 采：1，已断成两截，但可以粘接修复，刀背略有残缺，刀身中间近背部有二双向穿孔，直刃，两端较窄。长约 20、宽 5～7 厘米（图版五三，1）。2000SSCS 采：2，残缺较甚，虽经粘接，一端仍缺失，刀身中间近背部亦有二双向穿孔，仍为直刃，两端略宽。残长 18、宽 5～7 厘米（图版五三，2）。

但岷江上游其他地区如茂县营盘山、汶川县姜维城等多数新石器时代遗址，均未发现此类弯月形直刃穿孔石刀，而是以长方形石刀为主。凉山彝族自治州安宁河流域及云南地区新石器时代遗址出土数量较多的弯月形穿孔石刀。长方形石刀属于仰韶文化及马家窑文化的典型器物，是黄河上游新石器时代文化南向交流、传播的实物例证。川主寺石嘴遗址出土的弯月形直刃穿孔石刀的年代应略晚于茂县营盘山、汶川县姜维城等遗址。陈良伟认为该石刀的形状与云南省和新疆阿克塔拉遗址所出的石刀十分相似，故判断川主寺石嘴遗址的年代为公元前 2000 年前后的铜石并用时代[7]。根据我们采集的陶器特征来看，该遗址的年代下限应不晚于距今 4500 年。

2. 苍坪村遗址

2000 年 7 月，成都市文物考古研究所、阿坝藏族羌族自治州文物管理所、松潘县文物管理所联合进行实地考古调查时发现。苍坪村遗址位于岷江西岸二级台地上（图版五四、图版五五），进安镇苍坪村委会即位于其上，高出岷江河床约 50 米。地理坐标为东经 103.59432°、北纬 32.64050°，海拔约 2950 米。背靠将军岭（又称西山），南为窑沟（自然冲沟），台地南北长 500、东西宽 400 米（图版五六）。明清时期松潘县城内的监狱等众多机构即位于台地上。台地西南为松潘古城墙，下部主要为夯土结构。我们从城墙的夯土层中采集了大量夹砂红褐陶片，其年代可能早至新石器时代，修建该段城墙的取土位置可能在附近地区，据采集的新石器时代陶片判定附近应有史前文化遗址[8]。同时，在台地东侧的断面上发现了厚 1 米以上的文化层堆积，包含陶片、红烧土、兽骨等遗物。

2006 年，四川省文物考古研究院组织专业技术人员在工程建设项目所在地文物管理部门的协助参与下，积极开展工程建设范围内的田野考古调查、文物勘探和试掘工作，取得了一定的收获。同时，又对松潘苍坪遗址进行了调查试掘，发现在该遗址东南一处断崖处暴露有文化层堆积，耕土层下即为文化层堆积，厚约 2 米。断面暴露两个晚期的灰坑有打破关系。为了进一步了解遗址的堆积情况，在遗址区范围内布 3 个 2 米 × 5 米的探方进行试掘，基本摸清了遗址地层堆积的情况。耕土层下的第 2、3 层为明代层，出土板瓦、筒瓦、瓦当、浮雕花纹砖等建筑材料，明代青花瓷碗残片、釉陶器残片等废弃的生活用品。第 3 层下有厚约 2 米的泥石流滑坡层，泥石流滑坡层下有厚约 0.5 米的烧土灰烬层，这 0.5 米厚的烧土灰烬层还可细分为 3 层或 4 层，每层间有一很薄经火烧后的黑色灰烬，灰烬中含有较多的动物骨骸，包括肢骨、肋骨、下颌骨等。有用火遗迹，如烧火坑，平地烧火形成一小片一小片的红烧土，这种有形的一小片一小片的红烧土下面与生土相连，其功能应具有火塘的性质，火塘周边应当是人们的聚集活动面。因试掘面积小，不能判断当时人们聚集活动面的范围有多大。遗址早期堆积中包含物很少，出土 2 件用残的石器显得较为原始[9]。

3. 东裕村遗址

2000 年 7 月，成都市文物考古研究所、阿坝藏族羌族自治州文物管理所、松潘县文物管理所联合进行实地考古调查时发现。东裕村遗址位于岷江东岸二级台地上（图版五七），高出河谷约 100 米。东西宽约 150、南北长约 200 米。遗址西南部 500 米处为松潘县隐仙拱北，西部 200 米处为松潘县光照亭拱北，南部 300 米处为松潘县委党校。地理坐标为东经 103.59879°、北纬 32.64501°，海拔约 2900 米（图版五八）。地表种植蔬菜、小麦、青稞。遗址的文化层堆积厚 1～2 米，夹有大量红烧土、炭屑、陶片，其上有厚达 1 米的覆盖层。遗址中心有一处长 15、宽约 10、高约 2 米的人工垒筑土台（图版五九、图版六〇），年代晚于其下的文化层堆积。采集有大量夹砂红褐陶片（图版六一），其年代可能早至新石器时代。具体情况有待进一步的勘探发掘工作来明晰。

执笔：陈　剑　陈学志

注　　释

[1] 陈剑、陈学志：《走廊与交融：松潘地区的考古发现与初步研究》，《松潘历史文化研究文集》，四川人民出版社，2014 年。

[2] 四川省阿坝藏族羌族自治州松潘县志编纂委员会编：《松潘县志》，民族出版社，1999 年。

[3] 徐学书：《岷江上游新石器时代文化的初步研究》，《考古》1995 年第 5 期。

[4] 陈良伟：《丝绸之路河南道》，中国社会科学出版社，2002 年。

[5] 资料现存成都文物考古研究院。

[6] 2000 年 7 月 16 日，笔者在现场调查时蒙泽忠卡热情接待，不仅指点了遗址的具体分布地点，而且提供了收藏的 2 件弯月形穿孔石刀（一件已残）供拍照。特致谢忱。

[7] 陈良伟：《丝绸之路河南道》，中国社会科学出版社，2002 年。

[8] 资料现存成都文物考古研究院。

[9] 四川省文物考古研究院：《2006 年四川省文物考古研究院考古调查勘探试掘取得新成果》，《四川文物》2007 年第 1 期。

（引自陈剑、陈学志：《走廊与交融：松潘地区的考古发现与初步研究》，

《松潘历史文化研究文集》，四川人民出版社，2014 年，第 90～95 页）

贰　大渡河上游地区新石器时代遗存

马尔康市孔龙遗址调查简报

成 都 文 物 考 古 研 究 院
阿坝藏族羌族自治州文物管理所
马 尔 康 市 文 化 体 育 局

一、引　　言

　　孔龙遗址位于四川省马尔康市脚木足乡孔龙村（图一；图版六二、图版六三），地处脚木足河北岸二级阶地之上。脚木足河为大渡河的上游，发源于川青交界的果洛山，流经阿坝县、马尔康市，至金川县内称大金川，又至丹巴县，大、小金川汇合始称大渡河，最后在乐山注入岷江。孔龙遗址北距孔龙村寨子约 50 米，东西长 500、南北宽 200 米，地表种植蔬菜、荞麦等作物（图版六四）。

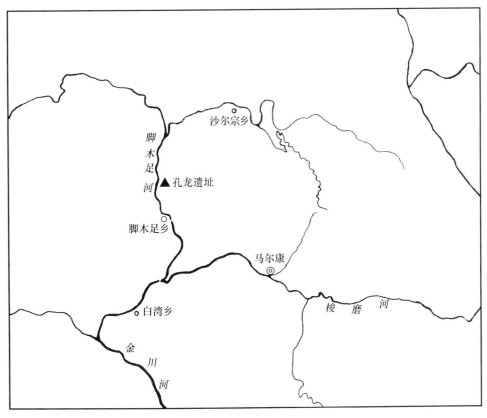

图一　遗址位置示意图

　　1989 年 11 月，阿坝藏族羌族自治州文物管理所徐学书、陈学志与四川大学考古专业教师林向、马继贤、李永宪等选择学生实习地点时，到此进行过调查[1]。2000 年 9 月，成都市文物考古研究所（现成都文物考古研究院）、阿坝藏族羌族自治州文物管理所、茂县羌族博物馆业务人员又进行了实地调查。采集到大量陶片、盘状打制石器、磨光穿孔石刀等遗物。从临河边取土处凹坑四壁观察，文化层堆积厚约 0.5 米。现将采集器物介绍如下。

二、采 集 器 物

　　采集器物包括磨制及打制石器、陶器及少量兽骨（编号为 2000SMK 采：×，以下省略"2000SMK"）。现予以分类介绍。

1. 陶器

　　采集陶器以夹砂褐陶、泥质灰陶为主；纹饰以绳纹、线纹、泥条附加堆纹为主，罐类器物唇部多拍印绳纹形成花边口沿装饰（图二、图三）；器形包括罐、小口瓶、盆、碗等，夹粗砂褐陶罐类器物的胎多较厚重。还采集有窑内烧结物（图版六六，5）。现依器形对标本进行分类介绍。

　　小口瓶　5 件。依据口径及器体大小，分为二式。

　　I 式：3 件。双唇口，直颈。泥质灰陶。采：15，沿面内凹，尖唇，口内有一周凹槽。口内径 8、口外径 11.4、残高 4.6 厘米（图四，1；图版六五，4）。采：14，圆唇。外唇面有一周轨道，内唇内壁有一道凹槽。口内径 7、口外径 12、残高 4.2 厘米（图四，2；图版六六，1）。采：43，颈部残片。内壁有泥条粘接痕迹。残高 6.4 厘米（图四，5）。

　　II 式：2 件。喇叭口，卷沿，直颈。采：11，泥质褐陶。圆唇。口径 12.2、残高 4.3厘米（图四，3）。采：16，泥质灰陶。尖唇。残高 6 厘米（图四，4）。

　　尖底瓶残片　1 件。采：10，泥质灰陶。内壁有明显的泥条粘接痕迹，外壁饰斜向线纹。残高 7.2 厘米（图四，6）。

　　卷沿罐　2 件。泥质灰陶。圆唇，溜肩。采：4，表面饰斜向线纹。残高 3.4 厘米（图四，15）。采：7，残高 3.2 厘米（图四，16）。

　　短颈罐　1 件。采：12，泥质褐陶。直口，折沿，尖唇，鼓腹。残高 4 厘米（图四，13）。

　　敛口罐　1 件。采：21，夹粗砂褐陶。方唇，鼓腹。唇表及腹表饰斜向绳纹，上腹加贴多道泥条附加堆纹。残高 9 厘米（图四，23；图版六六，2）。

　　侈口罐　4 件。方唇，鼓腹。采：18，夹砂褐陶。器表饰交错细绳纹，唇面饰斜向绳纹，上腹加贴斜向泥条。残高 7.4 厘米（图四，18；图版六六，3）。采：20，夹砂褐陶。器表饰交错绳纹，唇面饰斜向绳纹。残高 7.4 厘米（图四，19）。采：17，夹砂褐陶。器表饰交错细绳纹，唇面及沿面饰斜向绳纹。残高 6.6 厘米（图四，21；图版六六，4）。

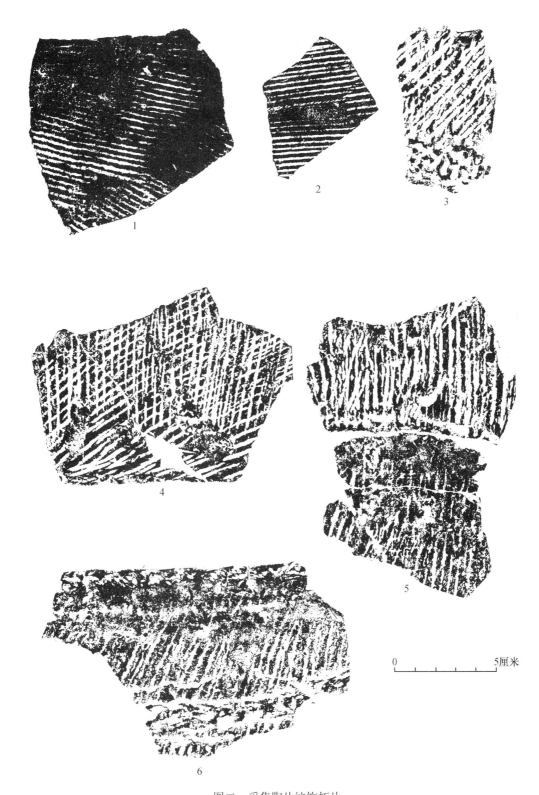

图二　采集陶片纹饰拓片
1. 斜向细绳纹（采·36）　2. 斜向线纹（采·27）　3. 绳纹（采·23）　4. 交错绳纹（采·30）
5. 纵向、交错绳纹（采：32）　6. 绳纹＋附加堆纹（采：21）

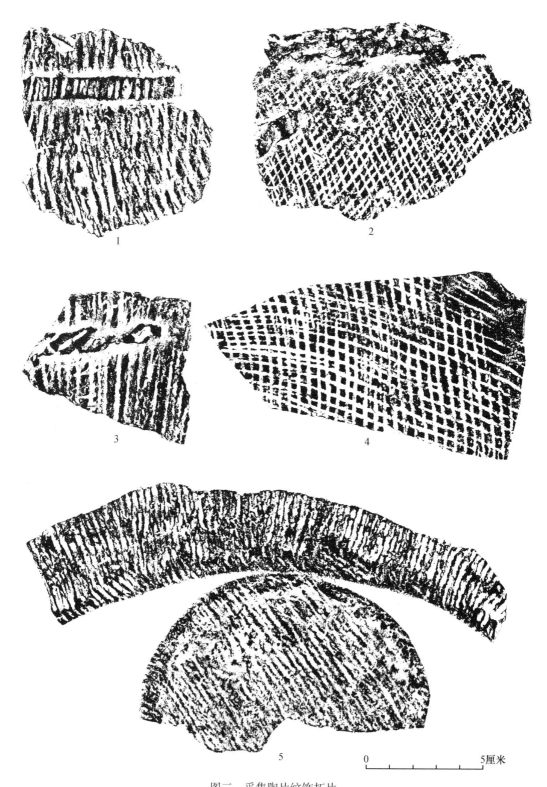

图三　采集陶片纹饰拓片

1～3. 绳纹＋附加堆纹（采：2、采：18、采：25）　4. 交错细绳纹（采：35）　5. 绳纹（采：28）

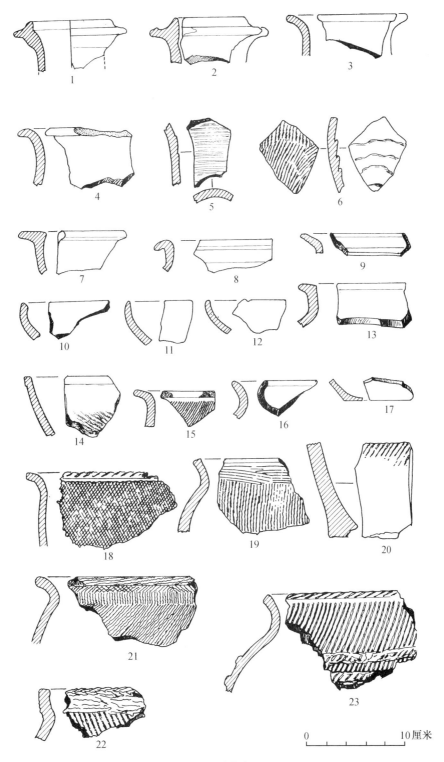

图四　采集陶器

1、2、5. Ⅰ式小口瓶（采：15、采：14、采：43）　3、4. Ⅱ式小口瓶（采：11、采：16）　6. 尖底瓶残片（采：10）
7～9. 盆（采：9、采：13、采：1）　10. 敛口钵（采：5）　11、12. 碗（采：6、采：2）　13. 短颈罐（采：12）
14. 盘（采：3）　15、16. 卷沿罐（采：4、采：7）　17、20. 器底（采：8、采：39）　18、19、21、22. 侈口罐
（采：18、采：20、采：17、采：19）　23. 敛口罐（采：21）

采：19，夹粗砂褐陶。沿部加厚。器表及唇面饰交错绳纹。残高 4.8 厘米（图四，22）。

盆　3 件。折沿。采：9，泥质褐陶。圆唇。残高 4 厘米（图四，7）。采：13，泥质灰陶。圆唇，颈部内凹，深腹。残高 3 厘米（图四，8）。采：1，泥质褐陶，表面磨光。方唇。残高 2.3 厘米（图四，9）。

敛口钵　1 件。采：5，泥质灰陶，表面磨光。尖唇。唇内有一道凸棱。残高 3.2 厘米（图四，10）。

碗　2 件。采：6，泥质褐陶，表面磨光。敛口，圆唇。残高 4 厘米（图四，11）。采：2，泥质红陶。敞口，尖唇，浅腹。残高 3.2 厘米（图四，12）。

盘　1 件。采：3，泥质褐陶，表面磨光。方唇。唇内有一周凹弦纹。残高 6 厘米（图四，14）。

器底　11 件。平底或小平底，夹砂陶器底多系罐底。采：8，泥质褐陶。残高 2 厘米（图四，17）。采：39，泥质褐陶。残高 9.2 厘米（图四，20）。采：38，泥质灰陶，厚胎。斜壁，外底内凹。器表饰斜向绳纹。残高 4.2 厘米（图五，1）。采：31，夹砂灰陶，厚胎。器表饰纵向绳纹，底部饰交错绳纹。复原底径 18.6、残高 4 厘米（图五，2）。采：33，泥质红陶。器表及外底均饰交错绳纹。复原底径 11、残高 3 厘米（图五，3）。采：37，夹砂灰陶，厚胎。表面饰交错绳纹，内壁有手制抹痕。残高 9 厘米（图五，4）。采：29，夹砂褐陶。器表饰交错绳纹，内底饰交错绳纹，外底饰纵向绳纹。残高 8 厘米（图五，5）。采：30，夹砂灰陶，厚胎。表面饰交错绳纹，内壁有手制抹痕。残高 7.4 厘米（图五，6；图版六七，1）。采：28，泥质灰陶。直壁，外底内凹。外底饰斜向绳纹，器表饰纵向绳纹。底径 12、残高 3.9 厘米（图五，7；图版六七，2）。采：32，夹砂褐陶。器表饰纵向绳纹，内底饰交错绳纹，外底饰纵向绳纹。残高 6.3 厘米（图五，8；图版六七，3）。采：34，泥质灰陶。器表饰斜向绳纹。底径 14.8、残高 4.6 厘米（图五，9）。

纹饰陶片　11 件。采：42，泥质灰陶。表面饰斜向线纹加波浪式泥条附加堆纹（图六，1）。采：26，夹砂褐陶。表面饰交错绳纹加横向泥条，泥条表面压印纵向绳纹（图六，2）。采：24，夹砂褐陶。表面饰交错绳纹加泥条，泥条表面压印纵向绳纹（图六，3）。采：22，泥质灰陶。表面饰斜向线纹加波浪式泥条附加堆纹（图六，4）。采：25，夹砂褐陶。表面饰纵向绳纹加横向泥条，泥条表面压印斜向绳纹（图六，5）。采：23，夹砂褐陶。表面饰交错绳纹加泥条，泥条表面压印横向绳纹（图六，6）。采：35，泥质灰陶。表面饰交错细绳纹，内壁有手制抹痕（图六，7）。采：40，泥质灰陶。表面饰交错细绳纹（图六，8）。采：27，泥质灰陶。表面饰斜向线纹（图六，9）。采：41，泥质褐陶，薄胎。表面饰斜向线纹，内壁有手制抹痕（图六，10）。采：36，泥质灰陶。表面饰斜向细绳纹，内壁有手制抹痕（图六，11）。

2. 石器

数量较少，包括磨制的穿孔刀、砺石，打制的盘状砍砸器等。

穿孔刀　1件。采：49，灰黑色，通体磨光。已残断，直刃，中锋，中部有双向两穿孔。残长4.8、宽4.2、孔径0.5、厚0.4厘米（图五，11；图版六五，2）。

砺石　1件。采：50，灰色砂石。已残断，有多个磨面及凹槽。残长8、宽5.6、厚1.8厘米（图五，10；图版六五，1）。

盘状砍砸器　1件。采：51，灰褐色。周边遍布打击疤痕，两面局部保留卵石自然面。长径12、短径11、厚3厘米（图五，12；图版六五，3）。

遗址范围内还采集有个别细泥质褐底黑彩陶片及少量兽骨。

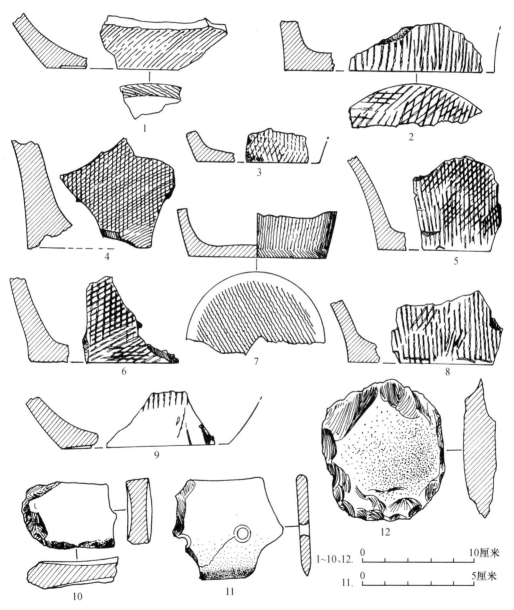

图五　采集陶器、石器

1~9. 陶器底（采：38、采：31、采：33、采：37、采：29、采：30、采：28、采：32、采：34）　10. 砺石（采：50）

11. 穿孔石刀（采：49）　12. 石盘状砍砸器（采：51）

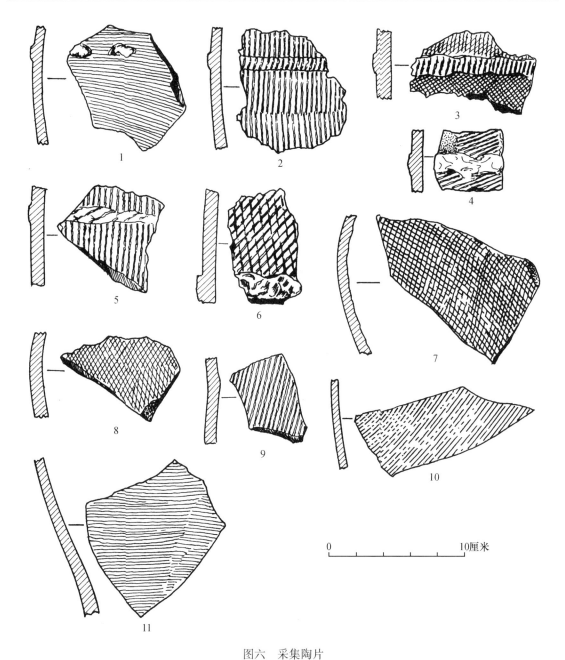

图六　采集陶片

1. 采∶42　2. 采∶26　3. 采∶24　4. 采∶22　5. 采∶25　6. 采∶23　7. 采∶35　8. 采∶40　9. 采∶27
10. 采∶41　11. 采∶36

三、结　语

孔龙遗址采集遗物中的泥质灰陶双唇式口（退化重唇口）瓶、平唇口瓶、细泥红陶碗钵、泥质陶尖唇敛口钵、泥质红陶卷沿盆等陶器，与甘肃秦安大地湾遗址第四期文化遗存[2]、天水师赵村遗址第四期遗存[3]、陕西宝鸡福临堡遗址第三期遗存前段[4]等仰韶文化晚期遗存的同类陶器的特征相似，年代也应相差不远。孔龙遗址的年代略早于营盘山遗址的主体遗存[5]，但晚于茂县波西遗址下层遗存[6]。而大地湾四期的 ^{14}C 年代为距今 5500～4900 年，营盘山遗址的 ^{14}C 年代在距今 5300～4600 年，判定孔龙遗址的距今年代为 5500～5300 年。

遗址仅出土少量细泥褐底黑色线条纹彩陶片，与脚木足河流域的其他几处新石器时代遗址如白赊遗址、哈休遗址、叶浓秋景遗址相比，尽管属于同一文化系统，但彩陶的数量明显较少，其原因可能与年代的差异有关，孔龙遗址的年代略早于前三处[7]。遗址范围内采集到一组以夹砂褐陶侈口罐、鼓腹罐、卷沿罐等为代表的遗物，所占比例最高，属于地方土著文化因素，是确定遗址文化性质的重要依据。

孔龙遗址是大渡河上游地区首次发现的包含较多仰韶文化晚期因素的遗址，对于探讨本地区新石器时代文化的演变序列谱系，川西高原乃至四川地区史前文化的区系类型体系，仰韶文化的扩张及空间分布，黄河上游与长江上游史前文化的互动关系等课题提供了新的实物资料。

后记：参加本次调查的人员包括成都文物考古研究院陈剑、李平、徐龙，阿坝藏族羌族自治州文物管理所陈学志，茂县羌族博物馆蔡清。时任马尔康县人民政府县长助理陈湘及马尔康县文化体育局局长刘培庚，亲自陪同前往遗址现场实地调查，仅致谢忱！

绘图：杨文成

拓片：代堂才　代福尧

执笔：陈　剑　陈学志

注　释

［1］　四川联合大学历史系考古教研室编：《四川大学考古专业三十五年·大事记》(内部资料)，1995 年。

［2］　甘肃省博物馆文物工作队：《甘肃秦安大地湾遗址 1978 至 1982 年发掘的主要收获》，《文物》1983 年第 11 期；郎树德、许永杰、水涛：《试论大地湾仰韶晚期遗存》，《文物》1983 年第 11 期；谢端琚：《甘青地区的史前考古》，文物出版社，2002 年。

［3］　中国社会科学院考古研究所：《师赵村与西山坪》，中国大百科全书出版社，1999 年。

［4］　宝鸡市考古工作队、陕西省考古研究所宝鸡工作站：《宝鸡福临堡——新石器时代遗址发掘报告》，文物出版社，1993 年。

［5］　成都市文物考古研究所、阿坝藏族羌族自治州文管所、茂县羌族博物馆：《四川茂县营盘山遗址试掘报告》，《成都考古发现》(2000)，科学出版社，2002 年；蒋成、陈剑：《岷江上游考古新发现述析》，《中华文化论坛》2001 年第 3 期；蒋成、陈剑：《2002 年岷江上游考古的收获与探索》，《中华文化论坛》2003 年第 4 期；成都文物考古研究院、阿坝藏族羌族自治州文物管理所、茂县羌族博物馆：《茂县营盘山新石器时代遗址》，文物出版社，2018 年。

[6]　成都文物考古研究所、阿坝藏族羌族自治州文物保管所、茂县羌族博物馆：《四川茂县波西遗址 2002
　　　　年的试掘》，《成都考古发现》（2004），科学出版社，2006 年。

[7]　陈剑、陈学志：《大渡河上游史前文化寻踪》，《中华文化论坛》2006 年第 3 期。

附表　采集陶片陶质陶色及纹饰统计表

陶质陶色\纹饰	泥质陶			夹砂陶			合计	百分比
	红	褐	灰	红	褐	黑		
素面	7	10	32				49	34.8
斜向绳纹	2		31	3	6	23	65	46.1
交错绳纹		3	10			3	16	11.3
附加堆纹			2		1	4	7	5
花边口沿					1	3	4	2.8
合计	9（6.4%）	13（9.2%）	75（53.2%）	3（2.1%）	8（5.7%）	33（23.4%）	141	100
	97（68.8%）			44（31.2%）				

［原载《成都考古发现》（2005），科学出版社，2007 年，第 41～50 页］

马尔康市哈休遗址2003、2005年调查简报

阿坝藏族羌族自治州文物管理所
四川省文物考古研究院
成都文物考古研究院
马尔康市文化体育局

一、引　言

　　哈休遗址是近年来大渡河上游地区史前考古的重要成果之一。大渡河上游地区包括今阿坝藏族羌族自治州的马尔康市、小金县、金川县、壤塘县西部及甘孜藏族自治州丹巴县的东部，面积约9.2万平方千米，现主要居民为嘉绒藏族。这一地区位于藏东边缘，北接甘青地区，东临岷江上游，南通凉山及云贵高原，有着较为特殊的地理位置。历史上该地区是长江上游和黄河上游两大文化区之间的一条文化走廊和民族走廊，在探讨中国古代南北文化的时空关系、民族交往和迁徙等课题方面具有极其重要的学术意义。

　　2000年以前，对大渡河上游的考古调查发掘工作开展不多，仅有20世纪80年代由四川省文物考古研究所（现四川省文物考古研究院）等单位发掘的丹巴县罕额依遗址[1]。1987年全省文物普查工作仅在这一区域发现少数几处史前遗址及采集点，有关资料也未发表。因此，对于该区域史前文化的认识还存在较多的空白之处。为了解该地区早期人类活动的遗迹，同时配合《中国文物地图集·四川分册》的编撰工作，根据四川省文物局的统一部署，阿坝藏族羌族自治州文物管理所、四川省文物考古研究所会同相关县的文化、文物部门，联合组成大渡河上游考古队，于2003年4～6月对大渡河上游大、小金川流域的马尔康县（现马尔康市）、金川县、小金县、壤塘四县进行考古调查，发现新石器时代至秦汉时期的古文化遗址及采集点104处。哈休遗址即为本次调查时发现。2005年，阿坝藏族羌族自治州文物管理所、成都文物考古研究所（现成都文物考古研究院）与马尔康县文化体育局又对该遗址及其周围地区进行进一步的调查核实，确认了10余处新石器时代至秦汉时期的古文化遗址及采集点。

　　哈休遗址位于四川省阿坝藏族羌族自治州马尔康市沙尔宗乡西北约1500米的哈休村一组（图一），茶堡河北岸三级台地，地理位置为东经102°9.4′、北纬32°10.3′，海拔2840米。台地为八谷脑山向外延伸的山脊地带，高出茶堡河约80米，平面略成长方形，北面紧依八谷脑山，东面为一条较深的自然冲沟，南面为较直的陡坡，隔河为沙（尔宗）

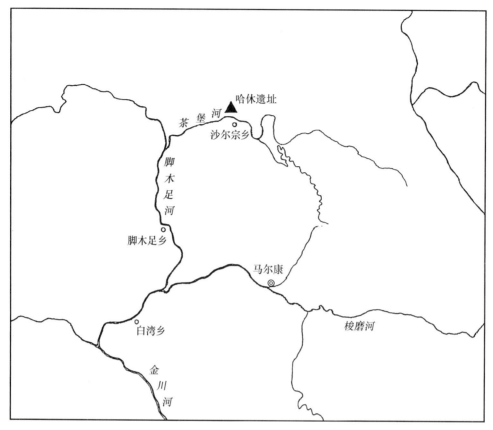

图一　遗址位置示意图

马（尔康）公路，西为峭壁，下临布尔库沟。台地缓坡状堆积，东西宽约380、南北宽约260米，总面积约10万平方米。地表常年种植小麦、胡豆、土豆等作物。遗址北部断面发现原生文化堆积，距地表深1~2、长约30、厚0.5米，内含大量陶片、炭屑、烧土块、兽骨等。在断层中部有一处灰坑遗迹，长1.8、厚0.6~0.2米，内含大量陶片、兽骨、彩陶等。遗址中部有一雨水长期冲刷形成的冲沟，将遗址分为东、西两部分，西部台地面积占遗址面积的2/3。整个台地黄土发育较发达，厚达10余米。

调查结果表明，哈休遗址的文化堆积可分为两个时期，其中秦汉时期遗存主要位于遗址南部的台地边缘，但破坏严重。新石器时代遗存的分布面积较广，其中心部分位于遗址西北部的台地上，面积近万平方米，局部因晚期改土受到破坏。

2003年、2005年两次调查均在地表采集了一定数量的陶器残片、石器、兽骨等遗物（编号分别为2003SMH采：×、2005SMH采：×，以省略"SMH"）。现将有关情况简报如下。

二、地层堆积

该遗址地表经多次改土，现已成四级梯田。在第四级梯田的断坎上，可较为清晰地看见该遗址的地层堆积情况。

第 1 层：灰黄色农耕土，结构疏松，略夹碎石颗粒，内含少量陶片、植物根茎、玻璃等。厚 15～30 厘米。

第 2 层：黄土层，质地紧密，呈块状，夹少量碎石、较多白色硝粒，内含较多新石器时代及秦汉时期陶片、少量红烧土、灰烬及兽骨等。距地表深 80～140、厚 65～110 厘米。

第 3 层：紫褐色土层，质地紧密，夹少许碎石颗粒，内含少许兽骨，零星灰烬、红烧土块及白色硝粉，未见陶片。距地表深 105～210、厚 25～70 厘米。

第 4 层：灰褐色土，质地疏松，内含大量的泥质红陶、泥质褐陶、泥质灰陶，夹粗砂灰陶、褐陶片，少量彩陶、石器及大量的灰烬、红烧土块、炭屑、兽骨等。距地表深 145～280、厚 40～70 厘米。

第 4 层以下为黄沙土，质地疏松，纯净，为生土。

三、采 集 器 物

哈休遗址采集的新石器时代遗物标本包括有陶器、石器及兽骨等。此外，还采集了少量秦汉时期陶片。现分类予以介绍。

1. 新石器时代石器

数量不多，以打制石器为主，包括切割器、砍伐器、刀、环形器等。

切割器　4 件。2005 采：34，深灰色。弧刃，一面为劈裂面，可见打击疤点，另一面局部保留卵石自然面。长 9、宽 5.6、厚 1.4 厘米（图二，1）。2005 采：38，深灰色。弧刃，一面为劈裂面，另一面保留自然卵石面。长 7、宽 4.8、厚 1.2 厘米（图二，4）。2003 采：29，灰白色。弧刃，一面为卵石自然面，另一面为劈裂面。长 11、宽 9、厚 1.6 厘米（图二，7）。2005 采：37，青灰色夹白斑。背端保留卵石自然面，两面均为劈裂面，弧刃。长 9、宽 7.8、厚 1.8 厘米（图二，8）。

砍伐器　2 件。2005 采：35，灰色。一面为劈裂面，另一面保留卵石自然面，斜刃。长 13.4、宽 9、厚 2 厘米（图二，3）。2005 采：10，深灰色。直刃，一面为劈裂面，可见打击疤点，另一面保留自然卵石面。长 12.2、宽 9.6、厚 2 厘米（图二，6）。

刀　1 件。2003 采：28，灰白色。打制，一端为劈裂面，另一端保留卵石自然面，直刃。长 10.6、宽 6、厚 1.2 厘米（图二，2）。

饼形器　1 件。2003 采：27，深灰色片页岩。打制，周边经琢击加工。长径 7、短径 6.8、厚 0.8 厘米（图二，5）。

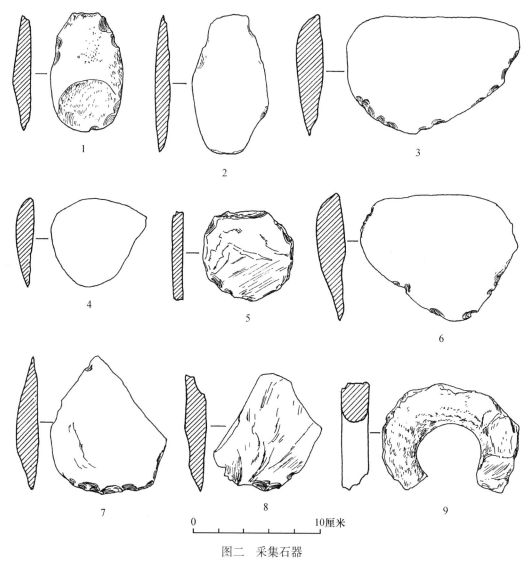

图二　采集石器

1、4、7、8. 切割器（2005 采：34、2005 采：38、2003 采：29、2005 采：37）

2. 刀（2003 采：28）　3、6. 砍伐器（2005 采：35、2005 采：10）

5. 饼形器（2003 采：27）　9. 环形器（2005 采：30）

　　环形器　1 件。2005 采：30，灰黑色。已残断，中部穿孔经琢击加工。内径 5、外径 10.4、厚 2 厘米（图二，9）。

2. 新石器时代陶器

　　出土陶片的陶质陶色包括泥质红陶、泥质灰陶、泥质褐陶、夹粗砂红褐陶、夹粗砂灰陶、夹粗砂褐陶等。纹饰主要有素面、磨光、绳纹、线纹、网格纹、附加堆纹、绳纹加附加堆纹、绳纹花边口沿加附加堆纹及少量彩陶等（图三、图四），器形主要有敛口钵、折腹钵、敛口深腹钵、卷沿罐、高领罐、缸、盆、瓶等。多为手制，部分有慢轮修整痕迹。

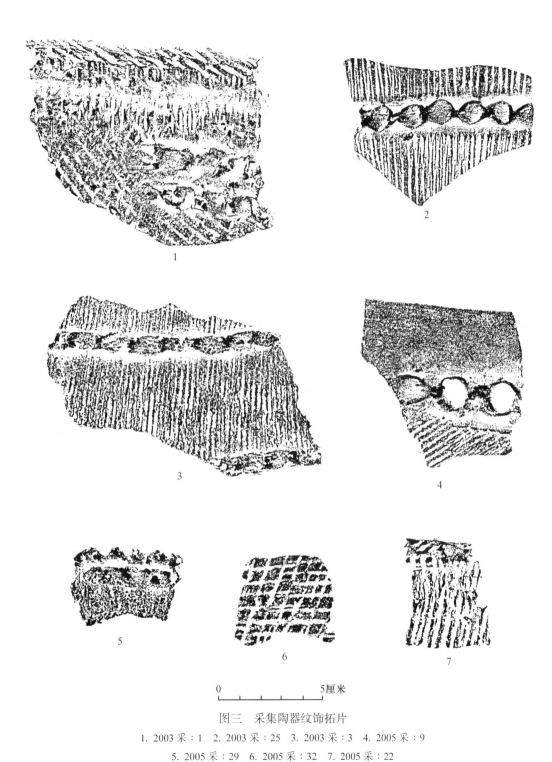

图三　采集陶器纹饰拓片

1. 2003 采：1　2. 2003 采：25　3. 2003 采：3　4. 2005 采：9

5. 2005 采：29　6. 2005 采：32　7. 2005 采：22

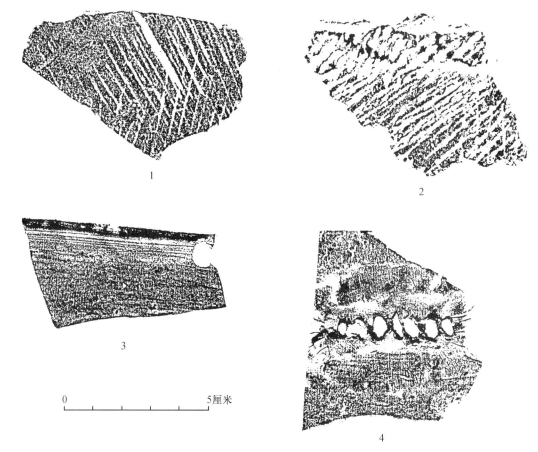

图四　采集陶器纹饰拓片

1. 2005 采：16　2. 2003 采：31　3. 2003 采：9　4. 2003 采：6

　　彩陶瓶　3件。2003 采：8，细泥黄褐陶，表面磨光。折沿，方唇，直颈。以黑彩于颈表绘平行线条纹，沿部有慢轮修整痕迹。口径 12、残高 3.2 厘米（图五，1）。2005 采：17，细泥红陶。喇叭口，卷沿，尖唇。颈部以黑彩绘线条纹，口部可见慢轮旋痕。口径 10.6、残高 2 厘米（图五，2）。2005 采：11，细泥红陶，厚胎。瓶颈部残片。颈表以黑彩绘宽线条纹，有切割断裂痕迹。残高 3 厘米（图五，3）。

　　平唇口瓶　1件。2005 采：18，泥质灰陶。折沿，沿面内凹，直颈。口径 12、残高 5 厘米（图五，4）。

　　大口罐　1件。2005 采：1，泥质灰陶，表面磨光。卷沿，圆唇，鼓腹。颈部饰斜向细绳纹并抹光。口径 40.4、残高 8.4 厘米（图五，15）。

　　卷沿罐　2件。圆唇。2003 采：17，泥质黑皮陶，表面磨光。口径 27.6、残高 3.9 厘米（图五，13）。2005 采：4，泥质褐陶。鼓腹。表面饰斜向绳纹并抹光。口径 24、残高 6 厘米（图五，16）。

　　长颈罐　1件。2005 采：22，夹砂褐陶。圆唇。表面饰纵向绳纹。残高 5 厘米（图五，6）。

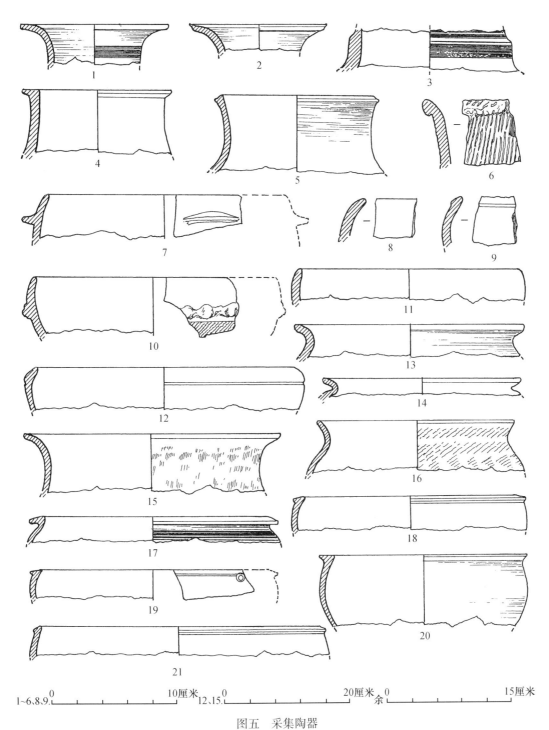

图五　采集陶器

1~3. 彩陶瓶（2003 采：8、2005 采：17、2005 采：11）　4. 平唇口瓶（2005 采：18）　5、6. 长颈罐

（2003 采：5、2005 采：22）　7、8、11. A Ⅱ式钵（2003 采：19、2005 采：30、2005 采：12）

9. A Ⅲ式钵（2005 采：21）　10. 深腹盆（2005 采：9）　12. A Ⅰ式钵（2005 采：3）

13、16. 卷沿罐（2003 采：17、2005 采：4）　14. 敛口盆（2005 采：24）　15. 大口罐

（2003 采：1）　17. 彩陶盆（2003 采：11）　18~20. D Ⅰ式钵（2003 采：22、

2003 采：9、2003 采：12）　21. B Ⅱ式钵（2005 采：19）

　　小口罐　2件。泥质褐陶。圆唇，鼓腹。2003 采：18，厚胎。折沿，凹颈。沿面有
斜向划纹。口径 12.4、残高 5 厘米（图六，2）。2005 采：20，残高 5 厘米（图六，13）。

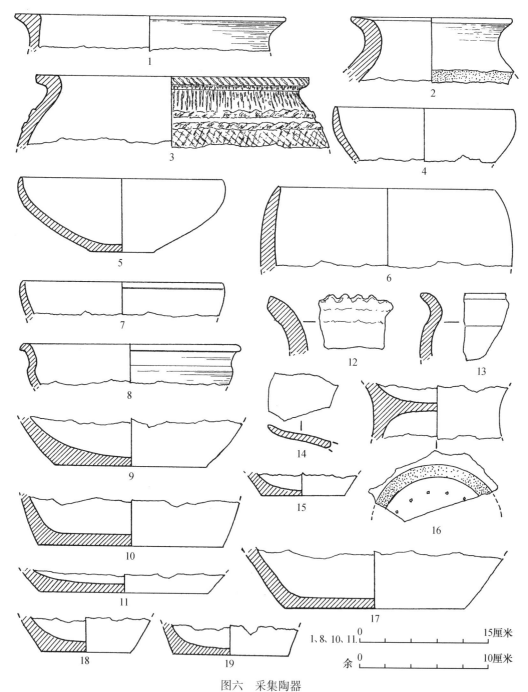

图六　采集陶器

1. 缸（2005 采：15） 2、13. 小口罐（2003 采：18、2005 采：20） 3. 敛口罐（2003 采：1） 4. I 式碗（2003 采：13）

5、7. II 式碗（2003 采：2、2005 采：28） 6. A II 式钵（2005 采：5） 8. A III 式钵（2003 采：4）

9~11、15、17~19. 器底（2005 采：2、2003 采：7、2003 采：23、2003 采：10、

2003 采：20、2003 采：16、2005 采：27） 12. 侈口罐（2005 采：29）

14. 碟（2003 采：24） 16. 圈足器（2005 采：7）

侈口罐 1件。2005 采：29，夹砂褐陶，厚胎。唇面压印锯齿状花边，颈部加贴泥条附加堆纹，器表饰纵向绳纹。残高4厘米（图六，12）。

敛口罐 1件。2003 采：1，夹砂褐陶，厚胎。折沿，方唇，鼓腹。腹表饰交错绳纹，并加饰成组的泥条附加堆纹，颈部饰纵向绳纹，唇表饰斜向绳纹，沿面饰交错绳纹。口径21.4、残高5厘米（图六，3；图版八五，5）。

彩陶盆 1件。2003 采：11，细泥灰褐陶，表面磨光。敛口，折沿，圆唇。鼓腹。以黑彩在沿面绘弧线条及齿叶纹，在腹表绘粗细线条纹。口径30、残高3厘米（图五，17）。

深腹盆 1件。2005 采：9，泥质灰陶。敛口，圆唇。腹表饰斜向细绳纹，上腹加鸡冠状鋬。口径19.4、残高6.6厘米（图五，10）。

敛口盆 1件。2005 采：24，泥质灰陶，表面磨光。折沿，圆唇。口径24、残高1.8厘米（图五，14）。

缸 1件。2005 采：15，泥质褐陶，厚胎，表面磨光。直口，圆折沿。口径31.5、残高3.6厘米（图六，1）。

钵 11件。依据口沿、腹部特征，分为二型。

A型 7件。深腹。依据口部、腹部特征，分为三式。

Ⅰ式：1件。曲腹内收。2005 采：3，泥质褐陶，表面磨光。敛口，尖唇。口内壁有一道凸棱，外沿有一周凹弦纹。口径41.2、残高6.4厘米（图五，12）。

Ⅱ式：4件。圆腹，表面磨光。2003 采：19，泥质黑陶。敛口，圆唇。上腹加扁状鋬。口径28.5、残高5.1厘米（图五，7）。2005 采：30，泥质褐陶。敞口，圆唇。残高3厘米（图五，8）。2005 采：12，泥质灰陶。口微敛，尖唇。口径26.1、残高3.6厘米（图五，11）。2005 采：5，泥质褐陶。敛口，圆唇。口径16.6、最大腹径19.4、残高5.8厘米（图六，6）。

Ⅲ式：2件。折腹，表面磨光。2005 采：21，泥质黑皮陶。直口，圆唇外翻。残高3.6厘米（图五，9）。2003 采：4，泥质灰陶。卷沿，尖唇。口径26.1、腹径24、残高4.5厘米（图六，8）。

B型 4件。折沿。依据口部特征，分为二式。

Ⅰ式：3件。敛口，表面磨光。2003 采：22，泥质灰陶。尖唇。口径27.4、残高2.4厘米（图五，18）。2003 采：9，泥质黑皮陶，火候较高。尖唇。沿下有单向穿孔。口径30、残高3.6厘米（图五，19）。2003 采：12，泥质黑皮陶。圆唇，鼓腹。口径24.6、最大腹径25.5、残高7.8厘米（图五，20）。

Ⅱ式：1件。直口。2005 采：19，泥质灰陶，表面磨光。尖唇外翻。口径34.5、残高3.3厘米（图五，21）。

碗 3件。依据口部特征，分为二式。

Ⅰ式：1件。直口。2003 采：13，泥质褐陶，表面磨光。尖唇。口部外表有成组的纵向划纹。口径 14、残高 4 厘米（图六，4）。

Ⅱ式：2 件。敛口。2003 采：2，泥质褐陶，口部磨光。尖唇，小平底。口径 16、底径 5、高 5.4 厘米（图六，5）。2005 采：28，泥质黄褐陶，表面磨光。圆唇。口径 16、残高 2.3 厘米（图六，7）。

碟　1 件。2003 采：24，泥质褐陶。敞口，圆唇。残高 2 厘米（图六，14）。

圈足器　1 件。2005 采：7，泥质褐陶。外底有一周圆点戳印纹。底径 10、残高 4 厘米（图六，16）。

器底　7 件。平底或小平底。2005 采：2，泥质褐陶，厚胎。外底饰斜向细绳纹。底径 12、残高 3.6 厘米（图六，9）。2003 采：7，夹砂褐陶。底径 21.9、残高 5.1 厘米（图六，10）。2003 采：23，泥质灰陶。底径 20.1、残高 1.8 厘米（图六，11）。2003 采：10，泥质褐陶。底径 6.5、残高 1.6 厘米（图六，15）。2003 采：20，泥质灰陶，厚胎，表面磨光。底径 14、残高 6.4 厘米（图六，17）。2003 采：16，泥质褐陶，厚胎，表面磨光。底径 7、残高 2.6 厘米（图六，18）。2005 采：27，泥质灰陶，表面磨光。直壁。底径 9、残高 2.2 厘米（图六，19）。

刀　1 件。2005 采：14，泥质褐陶。直刃，中锋，系陶器残片磨出刃部。残长 3.6、残宽 4.6 厘米（图七，1）。

彩陶片　3 件。表面磨光，黑彩。2005 采：33，细泥灰褐陶。绘宽弧线条纹（图七，4）。2005 采：13，细泥红陶。钵残片。内壁绘交接弧线条纹（图七，5）。2005 采：26，细泥红陶。绘交接弧线条纹（图七，6）。

纹饰陶片　9 片。2003 采：6，泥质灰陶。表面加鸡冠状錾（图七，7）。2003 采：25，泥质灰陶。表面饰纵向绳纹，加泥条附加堆纹（图七，8）。2005 采：16，泥质褐陶。表面饰交错绳纹加横向划纹（图七，9）。2005 采：25，泥质灰陶。表面饰交错线纹并局部抹光并加泥条附加堆纹（图七，10）。2003 采：3，夹砂褐陶。表面饰纵向细绳纹，加带状泥条附加堆纹（图七，11）。2005 采：6，泥质褐陶。表面饰交错线纹并局部抹光（图七，12）。2005 采：8，泥质灰陶。颈部磨光，肩部饰交错细绳纹（图七，13）。2005 采：32，夹砂褐陶。表面饰交错粗绳纹（图七，14）。2005 采：31，夹砂褐陶。表面饰斜向绳纹，并加泥条附加堆纹，其表面又压印横向绳纹（图七，15）。

3. 秦汉时期陶器

长颈罐　1 件。2003 采：5，夹细砂褐陶，表面磨光。方唇，束颈。口径 12.8、残高 6 厘米（图五，5）。

器耳　2 件。夹细砂褐陶。2003 采：26，略窄。耳宽 2.6 厘米（图七，2）。2003 采：15，宽扁。耳宽 4.2 厘米（图七，3）。

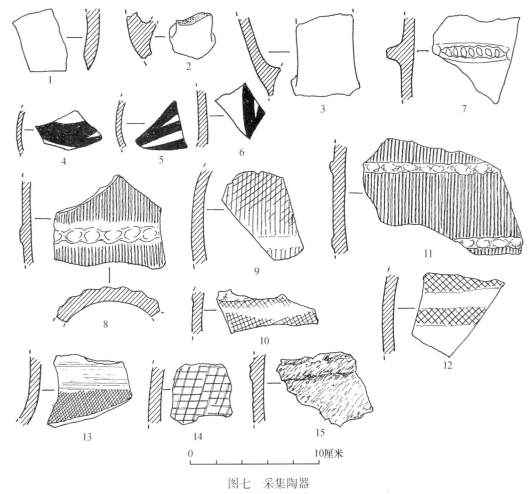

图七　采集陶器

1. 刀（2005 采：14）　2、3. 器耳（2003 采：26、2003 采：15）　4～6. 彩陶片（2005 采：33、2005 采：13、
2005 采：26）　7～15. 纹饰陶片（2003 采：6、2003 采：25、2005 采：16、2005 采：25、2003 采：3、
2005 采：6、2005 采：8、2005 采：32、2005 采：31）

四、结　　语

　　哈休遗址采集陶器包括泥质黄褐陶线条纹彩陶瓶、粗细弧线条纹敛口折沿彩陶盆（灰褐底色，腹表及沿面施彩）、弧线纹内彩钵、泥质灰陶折沿平唇口瓶、带錾盆、夹砂褐陶敛口鼓腹罐（沿面、唇面及腹表饰绳纹，上腹装饰横向鸡冠状錾）、上腹带穿孔的泥质磨光黑皮陶钵、饰绳纹及箍带状附加堆纹的夹砂褐陶片和泥质灰陶片等。石器包括打制石刀、石环形器等。

　　从文化因素上分析，哈休遗址采集的新石器时代遗物可以初步分为三组。

　　甲组：包括平唇口瓶，A I 式钵（敛口，尖唇，曲腹，口内壁有一道凸棱，外沿有一道凹弦纹），I 式细泥褐陶直口碗，泥质红陶卷沿盆，变体鸟纹彩陶器等。

　　乙组：包括饰平行线条纹的喇叭口彩陶瓶，沿面绘弧线条及齿叶纹的敛口彩陶盆，

AⅡ式圆腹钵、Ⅲ式折腹钵，Ⅱ式敛口碗，磨制刀等。

丙组：包括锯齿状花边口沿侈口罐，B型折沿钵，大口罐，卷沿罐，小口罐，长颈罐，深腹盆，夹砂褐陶敛口鼓腹罐（沿面、唇面及腹表饰绳纹，上腹装饰泥条附加堆纹），饰绳纹及箍带状附加堆纹的夹砂褐陶片和泥质灰陶片，打制石片石器等。

甲组因素与甘肃秦安大地湾遗址四期遗存[2]、天水师赵村遗址四期遗存[3]、陕西宝鸡福临堡遗址第三期遗存前段[4]等仰韶文化晚期遗存的同类陶器的特征相似，如大地湾遗址四期（仰韶文化晚期）的敛口钵（H359：1）、敛口瓮（T103：36）的口沿特征与哈休遗址AⅠ式陶钵相似，大地湾四期的小口尖底陶瓶以平唇口为主（如H374：22）；师赵村遗址四期的小口尖底陶瓶（T113③：135、T115③：41）、陶壶（T113③：132）也均为平唇口，C型钵（T112③：132）也为敛口、曲腹、尖唇且口内壁有一道凸棱。它们的年代也应相近，为距今5300～5000年。

乙组因素与甘肃东乡林家遗址[5]、天水师赵村遗址第五期遗存等遗存的同类器相似，应系马家窑类型文化南传影响的产物，其年代为距今5000～4700年。

丙组因素与甘青地区仰韶文化晚期遗存、马家窑文化马家窑类型遗存之间存在较大差异，而与大渡河上游其他新石器文化遗址，以及岷江上游地区的茂县营盘山[6]、汶川姜维城遗址[7]等新石器文化遗存之间存在不同程度的相似性，应为川西北高原所独有的地方土著文化因素。

遗址能否进行分期以及上述三组文化因素相互之间的关系如何，有待于进一步的发掘来明晰。

综上所述，哈休遗址新石器时代文化内涵较为丰富，且年代也有一定跨度，为距今5300～4700年。

马尔康境内新发现的孔龙遗址[8]、白赊遗址[9]等，与哈休遗址的文化内涵基本相同，应是大渡河上游地区的一种包含较多仰韶晚期文化和马家窑类型文化因素的新石器时代地方文化类型。该类遗址的发掘与研究对于建立川西北高原乃至四川地区的较为完备的新石器时代区系文化类型体系，探讨黄河上游与长江上游新石器时代文化的交流互动关系等问题，具有十分重要的价值。

附记：参加历次调查的人员有成都文物考古研究院蒋成、陈剑，阿坝藏族羌族自治州文物管理所陈学志、范永刚、杨光琼、邓勇、邓小川，马尔康市文化体育局张燕、王刚、杨昕等。

　　　　　　　　　　　　　　　　绘图：杨文成
　　　　　　　　　　　　　　　　拓片：代堂才　代福尧
　　　　　　　　　　　　　　　　执笔：陈　剑　陈学志　范永刚　杨　昕

注　释

［1］ 四川省文物考古研究所、甘孜藏族自治州文化局：《丹巴县中路乡罕额依遗址发掘简报》，《四川考古报告集》，文物出版社，1998 年。

［2］ 甘肃省博物馆文物工作队：《甘肃秦安大地湾遗址 1978 至 1982 年发掘的主要收获》，《文物》1983 年第 11 期；郎树德、许永杰、水涛：《试论大地湾仰韶晚期遗存》，《文物》1983 年第 11 期；谢端琚：《甘青地区的史前文化》，文物出版社，2002 年。

［3］ 中国社会科学院考古研究所：《师赵村与西山坪》，中国大百科全书出版社，1999 年。

［4］ 宝鸡市考古工作队、陕西省考古研究所宝鸡工作站：《宝鸡福临堡——新石器时代遗址发掘报告》，文物出版社，1993 年。

［5］ 甘肃省文物工作队、临夏回族自治州文化局、东乡族自治县文化馆：《甘肃东乡林家遗址发掘报告》，《考古学集刊》（4），中国社会科学出版社，1984 年。

［6］ 成都市文物考古研究所、阿坝藏族羌族自治州文管所、茂县羌族博物馆：《四川茂县营盘山遗址试掘报告》，《成都考古发现》（2000），科学出版社，2002 年；蒋成、陈剑：《岷江上游考古新发现述析》，《中华文化论坛》2001 年第 3 期；蒋成、陈剑：《2002 年岷江上游考古的收获与探索》，《中华文化论坛》2003 年第 4 期；成都文物考古研究院、阿坝藏族羌族自治州文物管理所、茂县羌族博物馆：《茂县营盘山新石器时代遗址》，文物出版社，2018 年。

［7］ 王鲁茂、黄家祥：《汶川姜维城发现五千年前文化遗存》，《中国文物报》2000 年 11 月 26 日第 1 版；黄家祥：《汶川县姜维城新石器时代遗址及汉明城墙》，《中国考古学年鉴·2001》，文物出版社，2002 年；黄家祥：《汶川姜维城遗址发掘的初步收获》，《四川文物》2004 年第 3 期；四川省文物考古研究所、阿坝州文物管理所、汶川县文物管理所：《四川汶川县姜维城新石器时代遗址发掘报告》，《四川文物》2004 年增刊；四川省文物考古研究所、阿坝州文物管理所、汶川县文化体育局：《四川汶川县姜维城新石器时代遗址发掘简报》，《考古》2006 年第 11 期。

［8］ 成都文物考古研究所、阿坝藏族羌族自治州文物管理所、马尔康县文化体育局：《四川马尔康县孔龙村遗址调查简报》，《成都考古发现》（2005），科学出版社，2007 年。

［9］ 四川省文物考古研究院、阿坝藏族羌族自治州文物管理所、成都文物考古研究所等：《四川马尔康县白赊村遗址调查简报》，《成都考古发现》（2005），科学出版社，2007 年。

附表一　2003年采集陶片陶质陶色及纹饰统计表

纹饰 ＼ 陶质陶色	泥质陶				夹砂陶	合计	百分比
	红	褐	灰	黑	红褐		
素面	5	10	8	4		27	49
彩陶	1	1				2	3
花边口沿					1	1	2
绳纹			9		?	11	20
交错绳纹	2	2			2	6	11

续表

陶质陶色 纹饰	泥质陶				夹砂陶	合计	百分比
	红	褐	灰	黑	红褐		
附加堆纹			3		2	5	10
交错线纹			3			3	5
合计	8	13	23	4	9	57	100
	48				9		
百分比	14.5	23.6	41.8	7.4	12.7		
	82.3				12.7		

附表二　　2005年采集陶片陶质陶色及纹饰统计表

陶质陶色 纹饰	泥质陶				夹砂陶		合计	百分比
	红	褐	灰	黑	红褐	灰		
素面	4	6	5		1		16	17
彩陶	5						5	5
磨光	1	14	11	6			32	34
网格纹		4	5		2	1	12	13
绳纹 + 磨光			1				1	1
网格纹 + 抹纹 + 附加堆纹		1	1				2	2
绳纹 + 附加堆纹			1		1		2	2
绳纹		3	9		6	4	22	24
交错绳纹		1					1	1
花边口沿 + 附加堆纹					1		1	1
合计	10	29	33	6	11	5	94	100
	78				16			
百分比	10.6	30.9	35.1	6.4	11.7	5.3		
	83				17			

［原载《成都考古发现》（2006），科学出版社，2008年，第1～14页］

马尔康市哈休遗址2006年的试掘

阿坝藏族羌族自治州文物管理所
成 都 文 物 考 古 研 究 院
马 尔 康 市 文 化 体 育 局

一、引 言

马尔康市因驻地有"马尔康"寺庙而得名。马尔康，藏语意为"火苗旺盛的地方"，引申为"兴旺发达之地"。位于四川省西北部，阿坝藏族羌族自治州中部，东与红原县、理县交界，南与金川县、小金县相邻，西与壤塘县接壤，北与红原县、阿坝县相连。地理坐标为东经101°17′~102°41′、北纬30°35′~32°24′。县域呈长方形，东西长134、南北宽90千米，县境面积6632.72平方千米。

马尔康市地处四川盆地的西北，青藏高原与四川盆地过渡带，属川西北丘状高原山地地区，海拔2180~5301米。地形呈不规则长方形，地势由东北向西南逐渐降低。位于东北走向的龙门山、西北走向的鲜水河断裂带及松潘地块交汇地区。地质构造复杂，地层多为三叠系砂岩、板岩和变质岩等。境内山岭连绵，沟谷陡峻。土壤主要为山地灰褐土、山地棕壤土、山地褐色土、山地棕褐土、山地高山草甸土等。域内有3条大河流、69条溪流，河谷幽深，水流湍急，水位落差大，水资源和水能资源丰富，其中主要河流为脚木足河。梭磨河由市东部入境，在热脚和脚木足河交汇，境内流长91千米。茶堡河发源于梭磨乡北部大青坪，由东向西在龙头滩汇入脚木足河，长67千米。脚木足河（麻尔曲河和草登河）源于青海省班玛县境内，由阿坝藏族羌族自治县入西北境，于可尔因与杜柯河汇合后经党坝入金川县境，境内流长124千米。境内属高原大陆季风气候，主要气候特征为：干雨季明显，四季不分明，大部地区无夏，日照充沛，温差较大，干季大风日多。全年平均气温8~9℃，年降水量753毫米左右，日照在1500小时以上，绝对无霜期120天左右。马尔康市自然条件优越，集土地、水力、矿产、森林、动植物、中药材等资源于一体，被誉为川西北高原的"聚宝盆"。境内林地面积16.8万余公顷，活立林蓄积量64.3万立方米。主要树种有冷杉、云杉、落叶松以及桦树、高山栎等。高山密林栖息着国家级保护动物金钱豹、白唇鹿、梅花鹿、扭角羚等。境内河流湍急，湖泊罗列，有丰富的水资源。水草丰茂的高山草场占全市总面积的15.8%，是适宜畜牧业生产的天然牧场。

全市 2006 年辖 3 镇 11 乡、104 个村、234 个村民小组，境内居住着藏、羌、回、汉等 15 个民族，总人口 5.47 万。其中藏族占 63%，汉族占 34%，其他民族占 3%，境内系藏族聚居地，主要居住着嘉绒藏族，嘉绒系"嘉尔莫查绒洼绒"的简称，意为住在嘉莫墨尔多山周围气候温和的河谷地带的居民。这是在千百年的历史进程中吐蕃与古代羌族诸部长期杂居相互融合、共同发展的结果，从而形成了独特的嘉绒文化。全县有寺庙 61 座，分属宁玛、萨迦、觉囊、噶举、格鲁五个藏传佛教教派和苯波教派。在整个藏区乃至东南亚各国享有盛誉。民居、饮食、服饰、歌舞、礼仪、婚俗、节日、民间工艺品都有自己的特色。

马尔康市历史悠久。秦属湔氐道辖地。两汉隶汶山郡。唐、宋曾属羁縻 32 州。元隶吐蕃宣慰司。明永乐年间属杂谷安抚司。清乾隆时属理番直隶厅，嘉庆时属杂谷直隶厅。民国属理番县（理县）。1950 年 12 月，茂县专署派工作团深入四土地区（是以原嘉绒 18 土司中卓克基、松岗、党坝、梭磨四个土司属地为雏形建立起来的，故有"四土地区"之称），成立了四土和绰斯甲地区临时工作委员会。1951 年 8 月，四土地区宣告和平解放，9 月成立了四土阿坝绰斯甲临时军政委员会。1953 年 4 月，经政务院批准设立四川省藏族自治区马尔康办事处。1956 年 4 月国务院批准正式建立了马尔康县，县城驻地为马尔康镇。2015 年 11 月，经国务院批准，马尔康撤县设市。

2000 年以前，马尔康县境内仅开展过零星的考古工作，基础较为薄弱，1989 年 11 月。阿坝藏族羌族自治州文物管理所徐学书、陈学志与四川大学考古专业教师林向、马继贤、李永宪等选择学生实习地点时，对孔龙遗址进行过调查[1]。1992 年，阿坝藏族羌族自治州文物管理所在孔龙村清理了 10 余座石棺葬[2]。

2000 年 9 月以来，成都市文物考古研究所（现成都文物考古研究院）、阿坝藏族羌族自治州文物管理所、茂县羌族博物馆业务人员对白赊、孔龙遗址先后进行了实地调查[3]。2003、2004 年，为配合《中国文物地图集·四川分册》的编写工作，根据四川省文物局的安排布置，阿坝藏族羌族自治州文物管理所会同四川省文物考古研究院、成都市文物考古研究所，在有关县文化体育局、文化馆、文物管理所的协助配合下，开展了对大渡河上游地区马尔康县、金川县、小金县、壤塘县四县的古文化遗址考古调查，发现新石器时代至秦汉时期的遗址及采集点计 104 处，哈休遗址即在本次调查时发现。2005 年 12 月，阿坝藏族羌族自治州文物管理所、成都文物考古研究所（现成都文物考古研究院）、马尔康县文化体育局三家单位又对大渡河上游脚木足河及其支流茶堡河两岸地区进行了详细的复查，确认了包括哈休遗址在内的 10 余处新石器时代至秦汉时期的古文化遗址及采集点[4]。2005 年 12 月初，阿坝藏州羌族自治州文物管理所、成都文物考古研究所、马尔康县文化体育局对该县木尔溪遗址进行了试掘工作[5]。上述工作有助于认识大渡河上游的新石器时代和秦汉时期考古学文化的内涵。

自 2000 年以来，岷江上游新石器时代考古工作取得系列重要成果，尤其是茂县营盘山遗址的发掘引起学术界的广泛关注。为深入认识川西北高原山地的新石器时代文化内涵，探讨黄河上游与长江上游新石器时代文化的互动关系，有必要在岷江上游以西、以北地区如大渡河上游地区进行考古调查、试掘工作，将岷江上游新石器时代考古取得的成果进一步拓展。

2006 年 4 月，为深入了解大渡河上游新石器时代文化面貌及其内涵，经四川省文物局同意，三家单位在前期调查的基础上，对哈休遗址进行了试掘。选择哈休遗址进行试掘是基于下列学术方面的原因。

首先，哈休遗址经过两次调查，采集遗物较为丰富，并发现有厚度在 2 米以上的原生文化层堆积，工作基础较好。

其次，从遗址采集的遗物来看，包含三种文化因素：甲组因素与甘肃秦安大地湾遗址四期遗存等仰韶文化晚期遗存的同类陶器的特征相似；乙组因素与甘肃东乡林家遗址等遗存的同类器相似，应系受马家窑类型文化南传影响的产物；丙组因素与岷江上游地区的茂县营盘山、汶川姜维城遗址等新石器时代文化遗存之间存在不同程度的相似性，应为川西北高原所独有的地方土著文化因素。可见，哈休遗址不仅文化内涵较为丰富，年代跨度也较长，为距今 5500～4700 年。

最后，遗址地处大渡河上游脚木足河的一级支流茶堡河北岸，与同处于脚木足河流域的孔龙遗址、白赊遗址等相比较，是目前大渡河上游地区发现的海拔最高、地理位置最靠北、距离西北甘青地区最近的一处新石器时代遗址，占据独特的地域位置，是黄河上游与长江上游南北文化交流互动轨迹上的重要地理中介点。

本次试掘发现灰坑、灰沟等遗迹 10 余处，出土了陶器、玉石器、骨角器、蚌器、兽骨等类遗物上千件。并对灰坑内的填土进行浮选，发现粟等农作物炭化物。试掘工作取得较为丰硕的成果。

哈休遗址地处茶堡河北岸三级阶地之上，行政区划隶属于马尔康市沙尔宗乡哈休村一组（图一；图版六九、图版七〇），地理位置为东经 102°9.4′、北纬 32°10.3′，海拔2840 米，高出河床 80 米。遗址东南距乡政府驻地 1500 米，北靠八谷脑山，西临布尔库沟，南面隔河为沙（尔宗）马（尔康）公路。遗址表面地势略呈缓坡状，东西长约 380、南北宽约 260 米，总面积约 10 万平方米（图二；图版七一），地表常年种植小麦、胡豆、土豆等旱地农作物。

遗址的文化堆积可分为两个时期，其中秦汉时期遗存主要位于遗址南部的台地边缘，但破坏严重。新石器时代遗存的分布面积较广，其中心部分位于遗址西北部的台地上，面积近万平方米，局部因晚期改土受到破坏。

试掘地点选择在遗址中心北部的台地边缘，共布 5 米 ×5 米探方 6 个（编号为2006SMHT1～2006SMHT6，以下省略"2006SMH"），其中 T3 未做发掘。各方均预留东隔梁和北隔梁，实际发掘面积为 4 米 ×4 米，后 T2 因清理灰坑需要，在南壁做 1 米 ×3米扩方。总发掘面积 83 平方米（图版七二）。

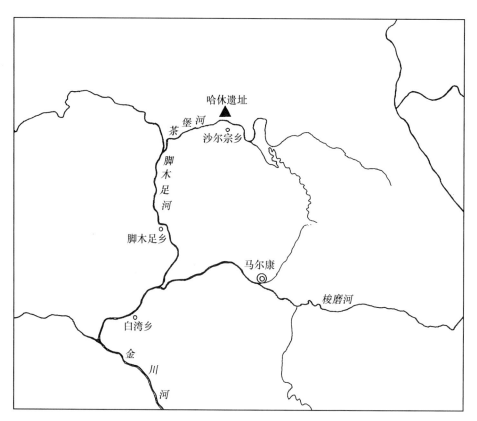

图一　遗址位置示意图

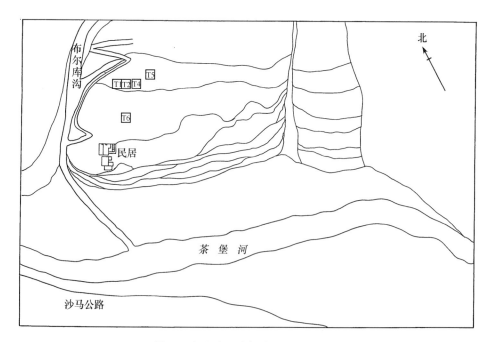

图二　遗址平面示意图（T3未发掘）

二、地 层 堆 积

根据土质、土色及包含物的区别，哈休遗址的地层堆积可分 5 层。第 1 层为现代农耕土，基本呈水平分布；第 2～5 层均为由西北向东南倾斜呈坡状的堆积；第 3 层仅出现于 T1 的南部、T2 的大部。从整个地层堆积情况判断，此次试掘地点已近遗址的边缘地带，遗址的中心在试掘地点的南面，已基本被破坏。现以 T1、T2、T4 南壁剖面为例说明（图版七五）。

1. T1、T2南壁剖面

第 1 层：灰黄色农耕土层，土质疏松，内夹少量的碎石块、植物根茎等。出土少量早期陶片、兽骨等遗物。本层分布于整个探方，且由北向南略呈倾斜状堆积。厚约 20 厘米。

第 2 层：黄褐色土层，质地紧密呈块状，含碱，泛白，中间夹杂少量的碎石、泥核等。出土彩陶片、泥质灰陶片、夹粗砂绳纹褐陶片、鹿骨以及其他兽骨等遗物。本层分布于整个探方，且由西北向东南呈倾斜状堆积。距地表深约 20、厚 25～80 厘米。

第 3 层：黄色土层，质地紧密，较纯净。出土少量新石器时代陶片、兽骨等遗物。本层主要分布于探方北部以外的其他区域，且由北向南略呈倾斜状堆积。距地表深约 50、厚 0～22 厘米。H5、H8、H9 开口于该层下。

第 4 层：紫褐色土层，质地紧密。出土少量新石器时代陶片和兽骨等遗物。本层主要分布于探方的东北部，且由北向南呈倾斜状堆积。距地表深约 55、厚 0～22 厘米。H3、H4 开口于第 4 层下。

第 4 层下为黄沙生土，疏松纯净（图三、图四）。

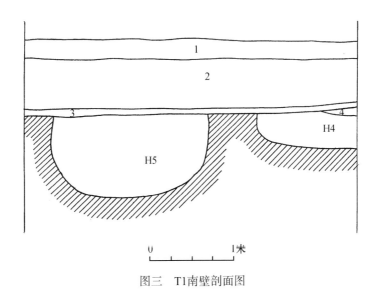

图三　T1南壁剖面图

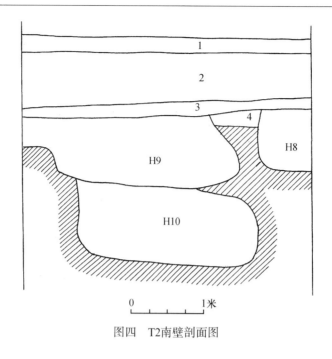

图四　T2南壁剖面图

2. T4南壁剖面

第1层：灰黄色疏松的农耕土层，内夹少量碎石颗粒、陶片、玻璃、植物根系等。该层北高南低，相对高差6厘米。厚约30厘米。

第2层：划分为2A、2B两个亚层。

第2A层：黄褐色土层，质地紧密，呈块状，内夹较多的碎石颗粒、石叶片及少量的白色硝粉。出土少量的红烧土和泥质红陶、泥质灰陶残片。该层呈北高南低的分布堆积。相对高差30厘米。距地表深30、厚15～45厘米。

此亚层相当于T1、T2第2层。

第2B层：灰黄色泥土层，质地紧密，呈块状，内夹少量的碎石颗粒，含硝粉略重。出土较第2A层数量多的泥质灰陶、红陶残片及大量兽骨等。该层呈南低北高倾斜状堆积。相对高差70厘米。距地表深75～100、厚45～105厘米。

第3层：本探方内缺失。

第4层：紫褐色土层，质地紧密，含硝粉较重，内含少量灰烬。出土少量红烧土块、泥质灰陶片及较多兽骨。该层呈北高南低坡状堆积，相对高差70厘米。距地表深80～180、厚25～35厘米。H6开口于本层下。

第5层：黄粉土层，结构疏松，局部略夹灰黑泥土，出土少量泥质灰陶及兽骨。该层呈北高南低坡状堆积，相对高差70厘米。距地表深105～215、厚35～70厘米。

第5层下为黄沙生土，纯净疏松（图五）。

根据出土遗物判定，上述地层堆积中，第1层为现代农耕土层，T1、T2第2层和T4、T5第2A层为秦汉时期遗存，第2层下的灰坑及T4、T5第2B层，所有探方第3～5层均为新石器时代遗存。

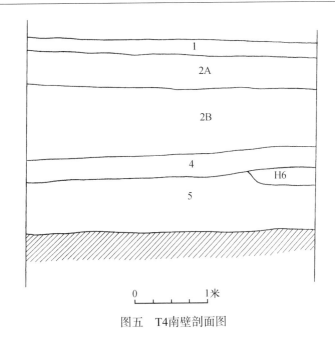

图五　T4南壁剖面图

三、遗迹现象

哈休遗址发现的遗迹现象主要为灰坑，共计 10 座。灰坑的口部平面形状包括圆形、椭圆形、不规则形等。多数为口小底大的袋状坑，个别坑口及坑底铺放石板。坑内填土多为灰黑色。H10 近底部发现较硬的烧结面。H2 出土涂抹朱砂的双孔石钺、泥质灰陶小口尖底瓶等遗物，人工埋藏痕迹较为明显，值得特别注意。

H1　位于台地第四级梯田的断壁上，已被破坏，形状不明。坑内填土为灰黑色，内含大量的红烧土块、炭屑。出土泥质红陶片、泥质灰陶片、夹砂红褐陶片、夹砂褐陶片、零星彩陶片、石器及大量兽骨。

H2　位于 T6 东南部，距 T2 南壁 38 米。东南部被人为改土破坏。开口于第 4 层下。坑口平面呈圆形，斜壁，平底，中部凹陷似坑中坑。坑口线由北向南倾斜，高差 30 厘米。坑最大径 260、最小径 240、深 76 厘米。坑内填土可分两层，上层为灰黑土夹黄泥，质地紧密，厚 30～35 厘米，出土较多的兽骨及少量的泥质灰陶片；下层为灰黑泥土，草木灰（白灰）较多，夹红、黄土块及烧土块、少量石叶。出土遗物较为丰富，主要有绳纹尖底陶罐残片、泥质灰陶罐、红陶钵残片、彩陶瓶残片、陶环、石刀、涂朱穿孔石钺、骨簪残件及大量的兽骨、飞禽残骨。坑东面底边有三块各 10 厘米均大的卵石排列，陶尖底瓶、穿孔石钺也集中一处，坑的中部偏南有一厚 4 厘米不规则形的石板平铺于底。卵石、石板均有烧灼的痕迹（图六）。

H3　位于 T2 的西部。开口于第 4 层下，打破生土。距地表深 55～80 厘米，坑深 16～50 厘米。坑口平面略成不规则椭圆形，坑西北壁、北壁呈袋状，余壁略斜直，斜平底。坑内填土为黑色土，质地疏松，北厚南浅，呈斜坡状。内夹杂少量的炭屑和红烧土颗粒，以及黄土块。出土陶哨、陶球、果核、穿孔刀形玉饰、彩陶盆残片、泥质红陶片、夹粗砂红陶片、夹粗砂褐陶片、石环、牙刀以及其他兽骨等遗物（图七；图版七六，1）。

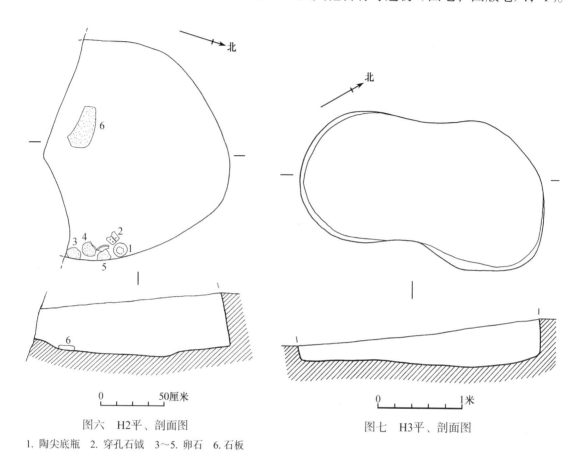

图六　H2平、剖面图
1. 陶尖底瓶　2. 穿孔石钺　3～5. 卵石　6. 石板

图七　H3平、剖面图

　　H4　位于T1的西南角，仅做部分揭露，其余部分压于西壁和南壁。开口于第4层下，打破生土。距地表深50～85厘米，坑深55～65厘米。已清理部分坑口平面呈不规则形，袋状坑，口小腹大，底较平。坑内填土为黑色，质地疏松，夹杂少量的炭屑和红烧土颗粒以及黄土块。出土彩陶片、夹粗砂红陶片、夹粗砂灰陶片、泥质灰陶片、烧流的陶渣以及鹿角、兽骨等遗物（图八；图版七六，2）。

　　H5　位于T1的东南部，仅做部分揭露，其余部分压于南壁下。开口于第3层下，打破生土。距地表深约85厘米，坑深100～105厘米。已清理部分坑口平面呈不规则的半圆形，袋状坑，口小腹大，坑底较为平整。坑内填土大致可分为上、中、下三层，上、下两层均为黑色土，中间一层为黄色土。内夹杂少量的炭屑和红烧土颗粒土块。出土彩陶片、泥质红陶片、泥质灰陶片、夹粗砂红陶片、夹砂灰陶片、骨锥、骨环、陶环、玉器残片及兽骨等遗物（图九；图版七六，3）。

　　H6　位于T4的西南角部，仅做部分揭露，其余部分压于西壁和南壁下。开口于第4层下。坑口至坑底深10～26厘米。已清理部分开口线呈坡状，坡度为15°。坑口平面呈半圆形，直壁，平底。坑口最小径 100、最大径 130 厘米。坑内填土为灰黑泥土夹紫褐色土与黄红烧土块，较为紧密。出土泥质灰陶罐、泥质黑皮陶片、泥质红陶钵残片，以及石锥残段、石叶、水晶片及兽骨等遗物（图一〇；图版七六，4）。

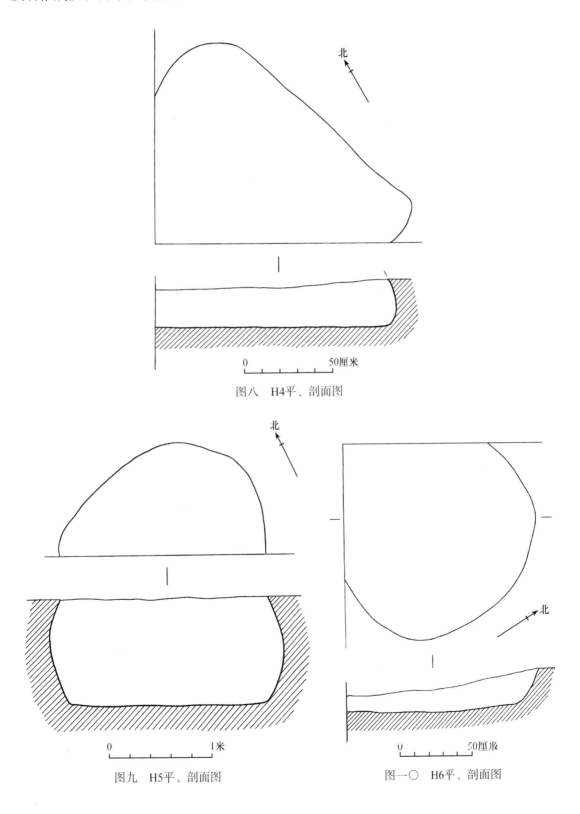

图八　H4平、剖面图

图九　H5平、剖面图

图一〇　H6平、剖面图

　　H7　位于T5的西部，仅做部分揭露，其余部分压于西壁下。开口于第2B层下，打破第4层。坑口至坑底深5～36厘米。已清理部分坑口平面呈半圆形，斜壁略直，底较平。坑口最大径140厘米，最小径96厘米。坑内填土为黑色灰烬土间杂黄、红烧土块，结构疏松。出土彩陶片、泥质绳纹灰陶片、泥质红陶片、泥质磨光黑皮陶片、夹砂褐陶片以及陶环、玉环镯、石叶、水晶片等（图一一）。

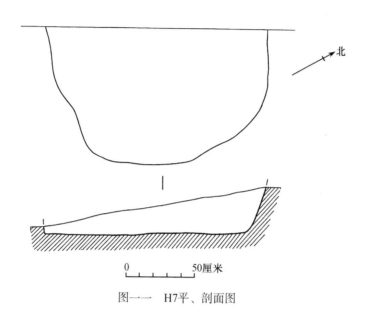

北

0　　　　　　　50厘米

图一一　H7平、剖面图

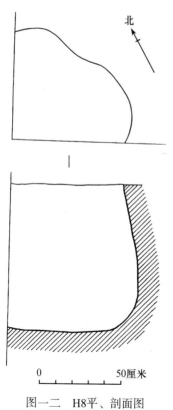

北

0　　　　　　　50厘米

图一二　H8平、剖面图

　　H8　位于T2的西南角，仅做部分揭露，其余部分压于西壁及南壁下。开口于第3层下，打破第4层和生土。距地表深95厘米，坑深85厘米。已清理部分的坑口平面呈扇形，袋状坑，口小底大，较规整，但未发现加工痕迹，坑底较为平整。坑的口部、底部及中间各平放一块石板。坑内填土为黑色土，夹杂少量的炭屑和红烧土颗粒，质地疏松。出土彩陶片、人牙、兽骨、鹿角、泥质红陶片、泥质灰陶高领瓶、泥质附加堆纹、夹粗砂绳纹褐陶等遗物（图一二；图版七七，1、2）。

　　H9　位于T2的南部，仅做部分揭露，其余部分压于南壁下。开口于第3层下，打破第4层，直接叠压于H10上。距地表深108厘米，坑深92厘米。已清理部分的坑口平面略呈不规则的扇形，口小腹大，西壁和北壁呈袋状，东壁呈斜坡状，坑底较为平整。坑内填土为黑色土，夹杂炭屑、红烧土颗粒及黄土块，质地疏松。出土骨锥、角器、骨笄、骨镞、陶环、陶球、玉器残片、彩陶瓶残片、彩陶盆残片、泥质红陶片、泥质灰陶片、夹粗砂绳纹红陶或灰陶片、夹粗砂附加堆纹陶片、穿孔圆形陶片，以及大量的兽骨等遗物（图一三；图版七七，3）。

H10　位于 T2 的南部，仅做部分揭露，其余部分压于南壁下。开口于 H9 之下，打破生土。距地表深 190～200 厘米，坑深 90～110 厘米。已清理部分坑口平面略呈不规则的半圆形，口小腹大，北壁和西壁呈袋状，东壁呈斜坡状，坑底较为平整。坑内填土为黑色土，夹杂大量的炭屑和红烧土颗粒，质地疏松。填土中夹一层范围约 0.35 平方米的黑色炭屑灰烬，其下有一层红烧土硬结面，厚约 2 厘米，其内及周围发现的卵石、石器等均有被火烧的痕迹；该烧结面之下还有一层厚 30～40 厘米的黑灰土堆积。出土鹿角、羊角、玉凿残段、穿孔石刀、陶环、骨器、彩陶盆片、双唇式小口瓶、泥质红陶盆、泥质附加堆纹灰陶盆残片，以及大量被火烧过的兽骨等遗物（图一四；图版七七，4）。

此外，尽管本次试掘未发现烧制陶器的窑址，但发掘的灰坑及地层出土遗物中有多件窑内烧结物，火候较高，呈淡绿色，表面及断面可见明显的气泡（图版九一，5）。表明遗址范围内存在窑址。

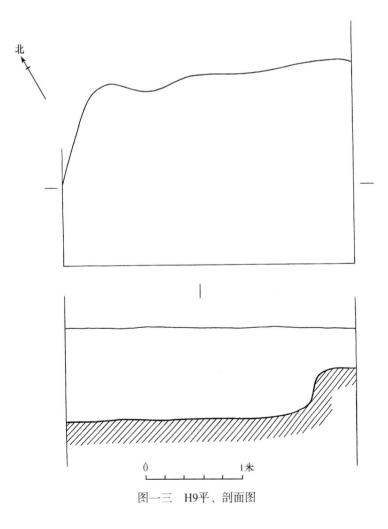

图一三　H9 平、剖面图

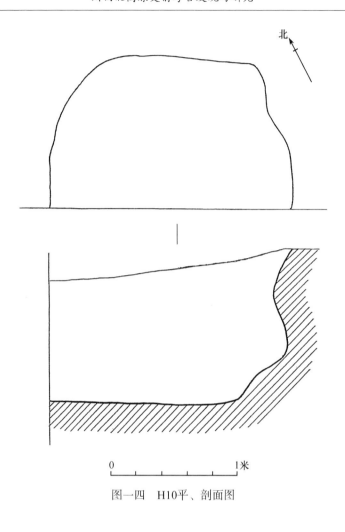

图一四　H10平、剖面图

四、出 土 遗 物

出土遗物依质地可分为石器、玉器（根据功能及质地初步判定）、骨牙角蚌器、陶器等。现依据质地予以分类介绍。

1. 石器

出土石器包括打制石器、磨制石器、细石器等类。一些石器表面还涂抹有红色颜料。现分类予以介绍。

（1）打制石器

数量较为丰富，多为剥离石片加工而成，器形包括刀、铲、斧、切割器、砍砸器、砍伐器、刮削器、尖状器等。现按器形分类介绍如下。

刀　1件。H1：46，深灰色。长条形，系剥离石片加工而成，一侧打出缺槽，一面保留卵石自然面，另一面为劈裂面，近背端有两处打击疤点。长9、宽4.9、厚0.9厘米（图一五，1）。

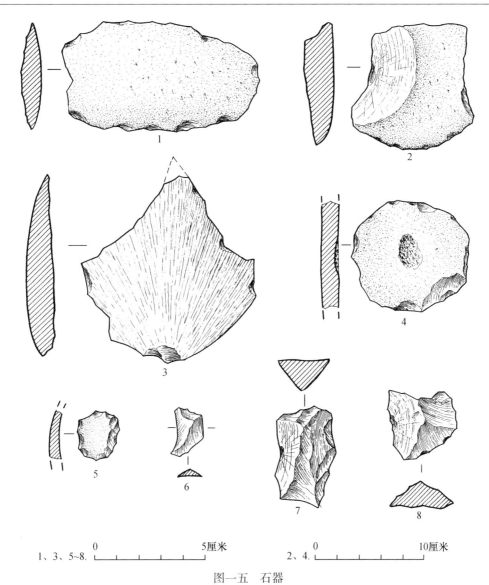

1、3、5~8.　0　　　　　　5厘米

2、4.　0　　　　　　10厘米

图一五　石器

1. 刀（H1：46）　2. 铲（H2：76）　3. 尖状器（H9：137）　4. 饼形臼（H5：14）　5. 石核（H5：95）
6. 雕刻器（H7：3）　7. 刮削器（T1②：5）　8. 刻划器（H6：4）

铲　1件。H2：76，深灰色，石质坚硬。梯形，两侧加工成弧形，弧刃可见使用痕迹，一面保留卵石自然面，另一面为劈裂面。长 11.2、刃宽 11、厚 2.7 厘米（图一五，2；图版八一，1）。

斧　1件。H8：7，深灰色。长条形，弧刃略残，两侧打制平齐，背部斜平，一面局部保留卵石自然面，另一面为劈裂面。长 14.1、刃宽 7.1、厚 2.1 厘米（图一六，5）。

切割器　7件。依据平面形状，分为三型。

A型　2件。平面呈梯形。H9：158，灰褐色。刃端较窄，弧刃，两面均为劈裂面，两侧打制平齐，背端有剥片疤点。长 6.6、肩宽 7.1、刃宽 5.5、厚 0.9 厘米（图一七，3）。H9：138，深灰色。系剥离石片加工而成，直刃，一面保留卵石自然面，另一面为

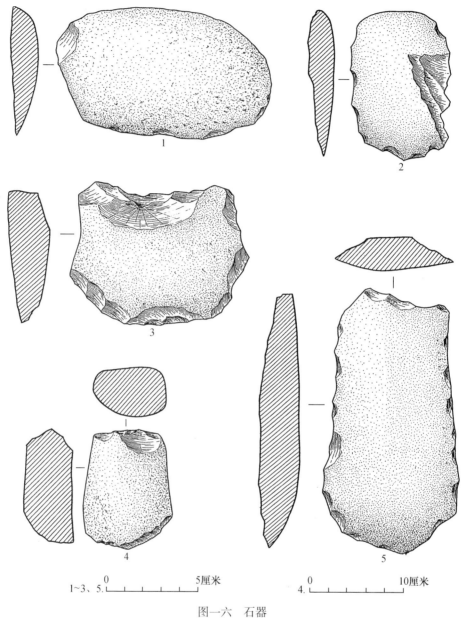

图一六　石器

1、2. B 型切割器（H3：58、T5②B：26）3. 砍伐器（H9：139）

4. 砍砸器（H2：59）5. 斧（H8：7）

劈裂面，握端两面均见打击疤点。长 8、刃宽 8.8、厚 1.1 厘米（图一七，4）。

B 型　3 件。平面呈长方形，系剥离石片加工而成。H3：58，深灰色。一侧打制斜平，直刃，一面为卵石自然面，另一面为劈裂面，背部可见打制疤点。长 11.5、宽 6.8、厚 1.4 厘米（图一六，1）。H9：140，深灰色。直刃残呈齿状，一面保留卵石自然面，另一面为劈裂面，近背端有打击疤点。长 10.2、宽 6.3、厚 1.4 厘米（图一七，6；图版八〇，5）。T5②B：26，深灰色。长方形，直刃，一面保留卵石自然面，另一面为劈裂面，肩部有剥片的打击疤点。长 7.9、宽 5.2、厚 1.4 厘米（图一六，2）。

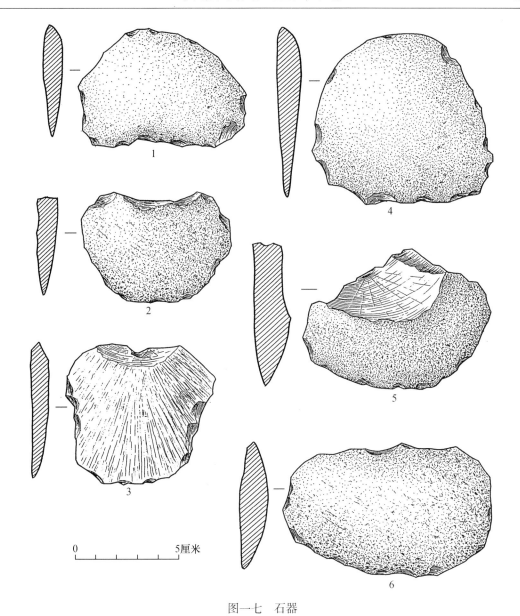

图一七　石器

1. 刮削器（H9：143）　2、5. C 型切割器（H7：21、H8：9）　3、4. A 型切割器（H9：158、H9：138）

6. B 型切割器（H9：140）

　　C 型　2 件。平面呈不规则形。H7：21，深灰色。系打制石片加工而成，弧刃，背部内凹，一面保留卵石自然面，另一面为劈裂面。长 7.1、宽 5、背部厚 1 厘米（图一七，2）。H8：9，深灰色。弧刃，背部斜平，一面局部保留卵石自然面，另一面为劈裂面。长 9.2、宽 6.5、厚 1.8 厘米（图一七，5）。

　　砍砸器　1 件。H2：59，长条形卵石加工而成，器体厚重，上下两端有砸击疤点。长 12、宽 9.6、厚 5 厘米（图一六，4；图版八〇，4）。

　　砍伐器　1 件。H9：139，灰黑色。长方形，背部及一侧内弧，另一侧凿平，弧刃，一面保留卵石自然面，另一面为劈裂面，背部两面均见打击疤点。长 6.9、宽 9.7、厚 2.2

厘米（图一六，3）。

刮削器　1件。H9：143，深灰色。系石片加工而成，弧形，刃内凹，一面为卵石自然面，另一面为劈裂面，近背端有打击疤点。长8、宽5.5、厚1厘米（图一七，1）。

尖状器　1件。H9：137，灰黑色。系剥离石片加工而成，一面保留卵石自然面，另一面为劈裂面，周边经打击加工，劈裂面肩端有打击疤点。长8.2、宽7.9、厚1.4厘米（图一五，3）。

饼形臼　1件。H5：14，青黑色板岩。周边经过打击及琢击加工，一面中间琢击出椭圆形圆窝。长10.8、宽9.9、厚1.6厘米（图一五，4）。

（2）磨制石器

数量较为丰富，包括穿孔刀、斧、钺、穿孔铲形器、锛、笄、环、镯、穿孔珠、砺石等，多数磨制精细，以带穿孔的刀和砺石最多，个别石器表面涂抹有红色颜料。现按器形分类介绍如下。

钺　1件。H2：2，淡绿色，通体磨光，石质坚硬。已残断，扁平，梯形，两侧较薄，近肩部有二圆形单向穿孔，刃部残，两面保留涂抹的红色颜料。残长12.1、宽14.3、厚1、孔径1.7厘米（图一八，6；图版八〇，3）。

斧　1件。T1①：1，青黑色，石质坚硬。已残断，扁平长方形，刃部磨光，弧刃，中锋，表面残留涂抹的红色颜料。残长4.9、刃宽6.4、厚1厘米（图一八，4）。

穿孔铲形器　1件。T6④：3，灰黑色页岩。梯形，近背部有椭圆形穿孔，周边经磨制加工，两侧磨平，背部两面磨光，弧刃，中锋有使用痕迹。长7.2、刃宽5.2、背宽6.3、厚0.8、孔径1.5厘米（图一八，3）。

刀　5件。依据加工方式，分为三型。

A型　3件。表面有双孔。采：4，灰黑色板岩，通体磨光。长方形，刃部偏中内凹，似为长期使用后改制而成，中间有二双向圆形穿孔。长10.4、宽3.9、厚0.5、孔径0.7厘米（图一九，4；图版八一，2）。H2：4，灰黑色页岩，易开片。已残断，长条形，仅刃部及周边磨光，弧刃，中锋，一端凿成弧形缺槽，刀身近背部有二单向未透圆形穿孔。残长5、宽4.4、厚0.3、孔径0.6厘米（图一九，3）。采：23，灰褐色板岩，通体磨光。已残断，长方形，直刃，中锋，近背部有两个圆形双向钻孔。残长7、宽4.9、厚0.4、孔径0.6厘米（图一九，5）。

B型　1件。单孔刀。H10：44，灰黑色页岩。长方形，周边磨光，弧刃，中锋，中间有单向圆形穿孔。长8.7、宽4.5、厚0.3、孔径0.7厘米（图一九，7；图版八一，3）。

C型　1件。半成品。H2：3，灰黑色页岩，易起层。略残，长条形，一侧磨成弧形，刃部两侧磨光，但未磨出锋口。残长7.8、宽4、厚0.5厘米（图一九，2）。

笄　1件。H6：1，深灰色，通体磨光。已残断，截面呈圆形。残长3.4、直径0.7厘米（图五五，23）。

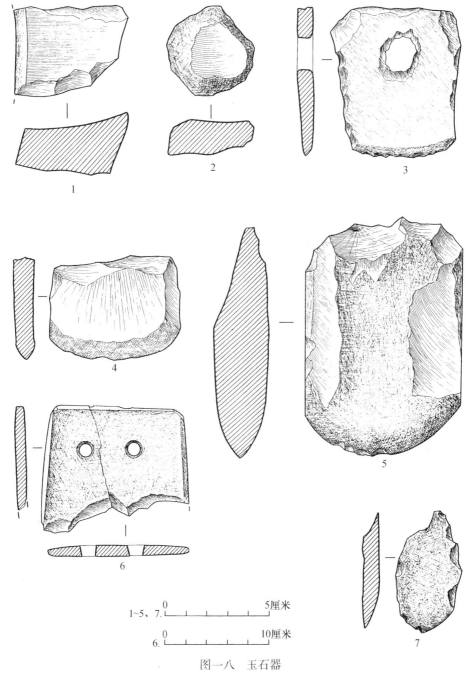

图一八 玉石器

1、2. 砺石（H1：42、H6：3） 3. 穿孔铲形石器（T6④：3） 4. 石斧（T1①：1）
5、7. 斧形玉器（采：6、H9：9） 6. 石钺（H2：2）

砺石 6 件。H1：42，褐色砂石。已残断，三面为凹形磨面。残长 5.5、宽 4.3、厚 2.4 厘米（图一八，1）。H6：3，褐色砂石。已残，一面有一个凹形磨面。残长 4.3、宽 4?、厚 16 厘米（图一八，2）。H2：52，灰褐色砂岩。已残断，一边及背部有凹形磨面，并有长条形磨槽，表面局部保留涂抹的红色颜料。残长 25、残宽 14.4、厚 1.8 厘米（图二〇，1；图版八二，1）。H9：152，灰白色砂石。略残，器体有三个凹形磨面和

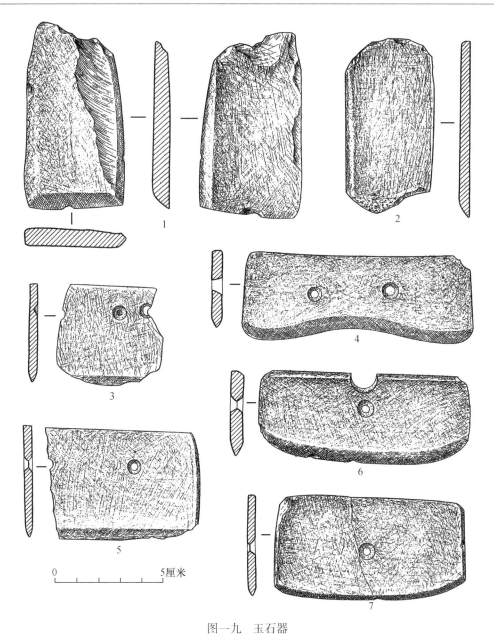

图一九　玉石器

1. 铲刀形玉器（采：5）　2. C 型石刀（H2：3）　3~5. A 型石刀（H2：4、采：4、采：23）

6. 单孔凹背玉刀（H3：1）　7. B 型石刀（H10：44）

一道凹形磨槽。残长 8.9、宽 5.2、厚 4 厘米（图二〇，2；图版八二，2）。采：24，褐色砂岩。已残断，一面有略凹的磨面。残长 6.3、宽 8.4 厘米（图二〇，3）。H9：151，褐色砂石。已残断，有多个凹形磨面，另有长条形的磨槽。残长 8.5、宽 6.8 厘米（图二〇，4）。

（3）细石器

数量不多，包括水晶石片、燧石石核、燧石雕刻器等，未见典型的细石叶，原材料包括燧石、石英石、水晶等，质地坚硬。现按器形分类介绍如下。

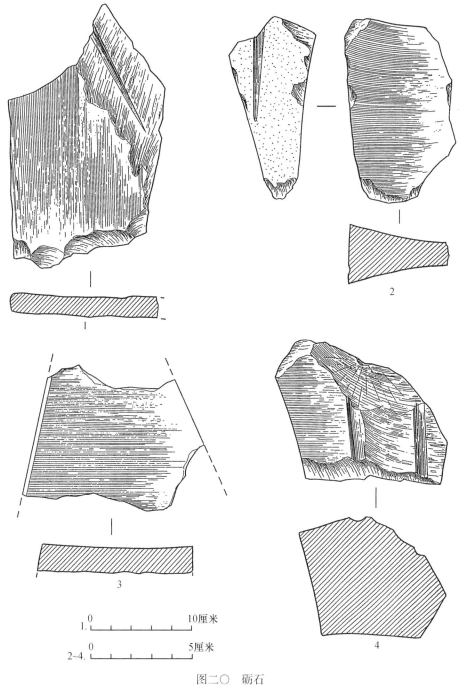

图二〇　砺石

1. H2∶52　2. H9∶152　3. 采∶24　4. H9∶151

石核　2件。H5∶95，黄白色燧石，质地坚硬。扁圆形，周边遍布剥片疤痕。长2、宽2.2、厚0.6厘米（图一五，5）。T4②B∶1，水晶。略残，长条形，表面有多道石叶剥片疤痕（图版八〇，2左）。

刻划器　1件。H6∶4，白色石英石。直刃，一面中部有脊，握端加工平齐。长3.3、宽3.2、最厚1.2厘米（图一五，8；图版八〇，2中）。

　　雕刻器　1件。H7：3，灰黄色透明燧石，杂黑色斑点，质地坚硬。弯曲，一面有脊，表面有剥片的疤点及放射线。长2.1、宽1.2、厚0.3厘米（图一五，6；图版八○，2右）。

　　刮削器　2件。白色石英石。长条形。T1②：5，台面略呈三角形，表面可见剥片疤点及放射线。长4.4、宽2.5厘米（图一五，7）。H7：4，较厚，弧刃内凹。

　　尖状器　1件。H2：5，灰褐色燧石，石质坚硬，半透明。两面均为剥离面，一侧保留加工的打击台面。

2. 玉器

　　玉器系依据功能和质地初步判定而成，可分为仿工具类和装饰品两类。前者主要为淡绿色的斧形器、单孔凹背刀、锛刀形器等。后者包括较宽及较窄的大理石环镯器、白色穿孔珠等，个别环镯表面有穿孔。现按器形分类介绍如下。

　　单孔凹背刀　1件。H3：1，淡绿色，通体磨光，石质细腻坚硬。长条形，弧刃，中锋，正中有一双向圆形穿孔，背部打磨斜平，保留切割加工痕迹，背部正中有一双向加工而成的半圆形缺槽。长9.7、宽3.9、厚0.5、孔径0.7、缺槽孔径1.2厘米（图一九，6；图版七八，1、2）。

　　锛刀形器　1件。采：5，墨绿色，质地坚硬细腻。略残，长方形，通体磨光，直刃，中锋，一端为直刃侧锋，背部磨平。残长8.3、宽4.6、厚0.8厘米（图一九，1；图版七八，3）。

　　斧形器　2件。采：6，淡绿色，质地细腻，有纵向纹理。已残断，长方形，器体宽大厚重，表面磨光，弧刃，中锋，有使用痕迹。残长11.3、宽7.7、厚2.7厘米（图一八，5；图版七八，4）。H9：9，淡绿色，石质细腻坚硬。仅存刃部残片，表面磨光。残长6、残宽3.5厘米（图一八，7）。

　　环镯　8件。依据器体规格，分为二型。

　　A型　5件。器体宽大。采：7，外灰白内褐色大理石。已残断，通体磨光，外壁内凹，内壁弧起，一端较厚，一端较薄，磨制精细。内径6.6、外径7.9、高5、厚0.7厘米（图二一，2；图版七九，1）。采：8，白色大理石。已残断，通体磨光，制作精细，外壁内凹，内壁弧起，表面有单向圆形穿孔。内径6.6、外径8、残高5.1、孔径0.7厘米（图二二，4；图版七九，2）。H5：2，已残断，通体磨光，外壁内弧，内壁略凸起。内径9、外径10.2、残高4、厚0.4厘米（图二二，2）。H7：10，已残断，白色大理石。较厚，通体磨光，外壁内弧。内径7.1、外径10、厚0.9厘米（图二二，5）。H2：36，汉白玉。已残断，通体磨光，内壁可见焚烧留下的黑色痕迹，外壁内弧，内壁凸起。残高5、厚1厘米（图五五，3）。

　　B型　3件。器体较矮。H10：45，汉白玉，半透明，质地细腻。已残断，通体磨光，制作精细，体较宽，外壁内弧，内壁略直。内径7.3、外径9、高2.9、厚0.5厘米

（图二一，1；图版七九，3）。H7：1，白色大理石。已残断，通体磨光，略宽，外壁内凹，内壁凸起。内径 5.1、外径 6.1、高 2.1、厚 0.5 厘米（图二二，1；图版七九，4）。H4：15，已残断，通体磨光，外壁内弧。

　　玉珠　3 件。T5①：1，白色大理石。通体磨光，圆形，中间有穿孔。外径 1、内径 0.4、高 0.6 厘米（图五五，25；图版八〇，1 左）。

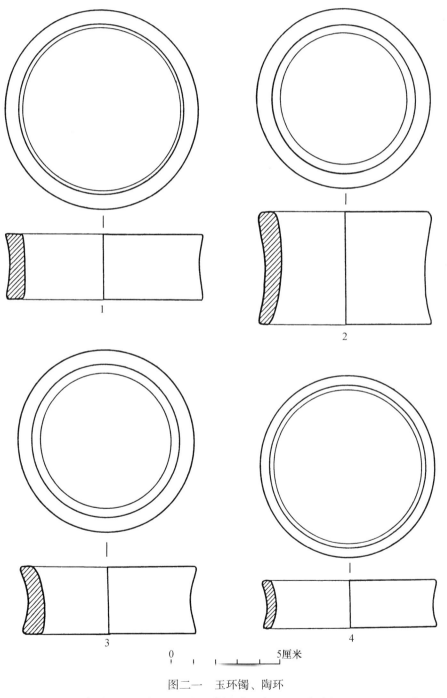

图二一　玉环镯、陶环

1. B 型玉环镯（H10：45）　2. A 型玉环镯（采：7）　3、4. 陶环（H2：33、H5：84）

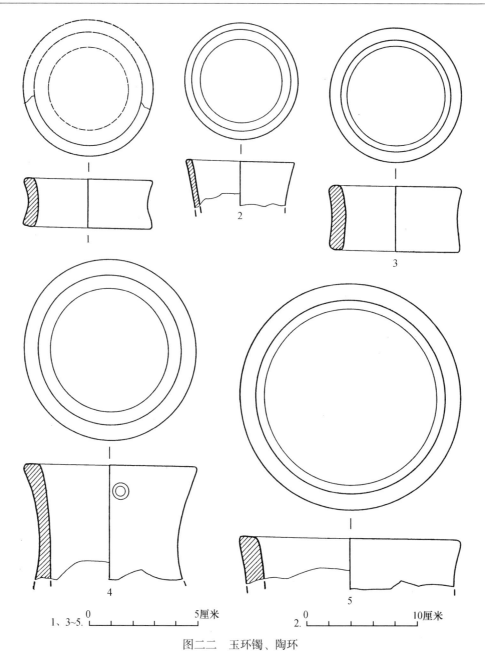

图二二　玉环镯、陶环
1. B 型玉环镯（H7：1）2、4、5. A 型玉环镯（H5：2、采：8、H7：10）3. 陶环（H9：135）

3. 骨牙角蚌器

　　骨牙角蚌器包括骨锥、骨镞、骨梗刀、牙刀、角锥等工具，骨笄、骨环、蚌饰等装饰品。骨器质地细腻、坚硬，还有部分鹿角表面有切割痕迹。现按器形分类介绍如下。

　　骨梗刀　1件。H7：6，淡黄色，骨质坚硬。通体磨光，制作精细，嵌刃一端残断，扁平长条形，嵌刃端较宽，一侧切割出凹槽便于镶嵌石刃。背端刻出四道齿状缺槽，一面还有切割的横向凹槽便于绑缚。柄端较窄，末端有切割的断裂痕迹。残长 11.3、刃宽1.5、柄宽 1.1、厚 1 厘米（图二三，5；图版九三，1）。

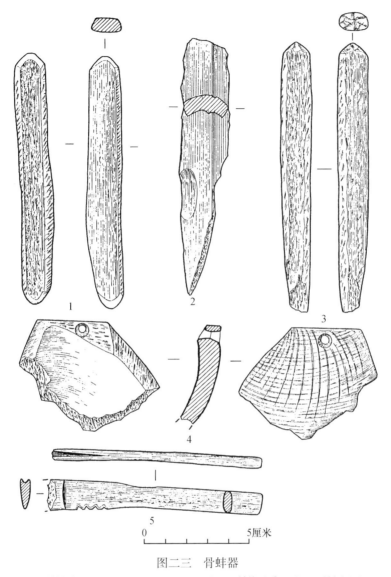

图二三 骨蚌器

1~3. B 型骨锥（H10：46、H5：81、H10：43） 4. 蚌饰（采：9） 5. 骨梗刀（H7：6）

骨镞 2 件。H9：6，已焚烧成黑色。截面呈三棱状，仅尖部磨光，短铤。残长 4.7、宽 0.9、厚 0.6 厘米（图二四，7；图版九四，4）。H3：7，已烧成黑色，细长条形。

骨锥 7 件。依据器形大小，分为二型。

A 型 2 件。器形较大。T5②B：27，淡黄色。已残断，局部磨光。残长 16.8、宽 5.5 厘米（图二四，4）。T2②：1，灰黄色。长条扁平状，仅尖部加工。长 21.4、中宽 1.8、厚 0.5 厘米（图二四，1）。

B 型 5 件。器形较小。H5：90，黄白色，骨质坚硬。尖略残，一侧可见加工切割及断裂痕迹。残长 5.6、厚 0.5 厘米（图二四，8）。H5：81，黄白色，骨质坚硬。尖端两侧磨光。长 12.1、厚 0.7 厘米（图二三，2；图版九三，4）。H9：2，淡黄色，骨质坚硬细腻。尖端磨光，尾端较宽。长 8.9、中宽 0.6 厘米（图二五，2；图版九四，5）。H10：43，黄

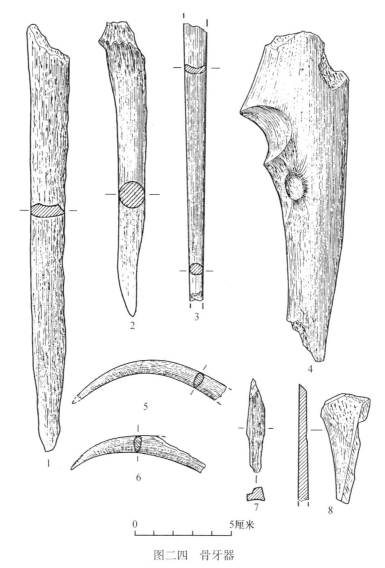

0　　　　　　　　5厘米

图二四　骨牙器

1、4. A 型骨锥（T2②：1、T5②B：27）　2. B 型角锥（采：17）　3. 骨笄（H9：1）
5、6. 牙刀（H2：105、H2：106）　7. 骨镞（H9：6）　8. B 型骨锥（H5：90）

色，骨质坚硬。扁状，通体磨光，头端已残，尾部呈圆锥状。残长 12.7、宽 1.5、厚 0.8 厘
米（图二三，3；图版九三，3）。H10：46，灰黄色。扁状，两侧磨光，头、尾两端磨成尖
状。长 11.8、宽 1.6、厚 0.7 厘米（图二三，1；图版九三，2）。

　　牙刀　3 件。系弧形獐牙加工而成，仅刃部内侧磨光。H2：105，黄白色，表面釉
面大部脱落。曲刃磨光，尖部略残。长 7.9、最宽 0.9 厘米（图二四，5；图版九五，2）。
H2：106，黄褐色，表面釉面保存完好。已残断，曲刃磨光。残长 7、最宽 0.9 厘米
（图二四，6；图版九五，3）。H3：74，黄白色。内刃，中锋，刃部磨光。

　　角锥　3 件。依据加工形式，分为二型。

　　A 型　1 件。加工程度较甚。H9：3，黄色，质地坚硬。半成器，长条形，一面保
留角面，另一面及两侧切割整齐，柄部凿成圆形，尖端略曲。长 27、宽 2、厚 1.5 厘米

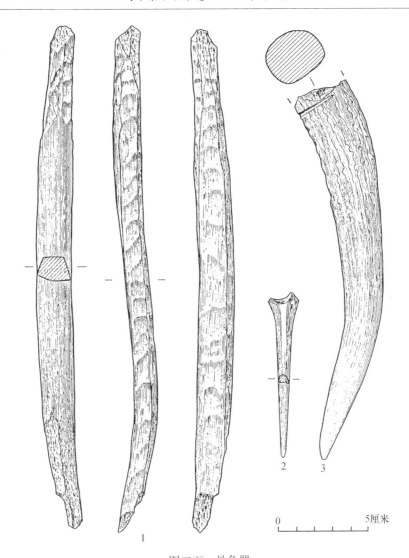

图二五　骨角器

1. A 型角锥（H9∶3）　2. B 型骨锥（H9∶2）　3. B 型角锥（H10∶42）

（图二五，1；图版九四，1）。

B 型　2 件。仅做局部加工。采∶17，黄色鹿角制成，质地坚硬。略曲，仅尖部磨光。长 15、近尖部直径 1.1 厘米（图二四，2；图版九四，3）。H10∶42，黄灰色鹿角制成，质地坚硬细腻。弯曲状，尖端磨光，尾端表面有切割痕迹。长 20.5、尖径 1.3、尾径 3.2 厘米（图二五，3；图版九四，2）。

骨笄　2 件。H9∶1，牙白色，骨质细腻坚硬。两端残断，通体磨光，尾端扁状内弧，头端截面呈椭圆形。残长 14.1、头宽 0.7、尾宽 1.1 厘米（图二四，3；图版九五，1）。T1③∶1，灰白色。已残断，通体磨光，柄端磨细。残长 3.2、直径 0.7 厘米（图五五，24）。

骨环　2 件。H5∶86，表面的褐色釉质局部脱落。已残断，系指环或耳环。宽 0.4厘米（图五五，21）。H5∶87，深褐色。已残断，较细，上下两面有加工的凹槽。宽 0.4厘米（图五五，5）。

蚌饰　1件。采：9，灰白色，较厚，质地坚硬。已残断，周边磨光，一侧断面保留切割痕迹，上端较窄，有单向的圆形穿孔。上端宽 3.3、厚 1.2、孔径 0.6 厘米（图二三，4；图版九五，4）。

4. 陶器

出土陶器包括泥质灰陶、泥质红陶、泥质褐陶、泥质黑皮陶、夹砂灰陶、夹砂褐陶等。纹饰包括线纹、粗细绳纹、泥条附加堆纹、戳印纹、凹弦纹、绳纹花边口沿等（图二六～图二九），还有少量彩陶器。彩陶均为黑彩，图案题材包括弧边三角纹、圆点纹、网格纹、水波纹、粗细线条纹、长条叶片纹、圆圈纹等，底色有红褐、灰褐色之分。器形以平底器为主，还有少量的尖底器，包括侈口罐、小口尖底瓶、平底瓶、卷沿盆、敛口盆、折腹钵、敛口钵、碗、杯、纺轮、环、丸、哨等。部分陶器壁上有穿孔。个别陶片表面还涂抹红色颜料。

现依据出土地层单位对选择的陶器按照器形分类进行详细介绍。出土陶器统一进行分型分式，不同型别之间为共时关系；式别的划分是根据地层单位的叠压打破情况并结合器形的逻辑演化规律而进行，不同式别间为早晚承继关系。

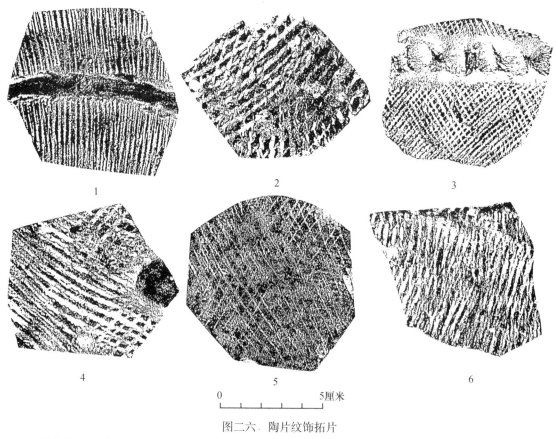

1　　　　　　　2　　　　　　　3

4　　　　　　　5　　　　　　　6

0　　　　　　　5厘米

图二六　陶片纹饰拓片

1. 纵向线纹＋泥条附加堆纹（H1∶26）　2. 交错绳纹（H1∶29）　3. 交错线纹＋波浪式泥条附加堆纹（H3∶33）
4. 交错绳纹＋泥饼装饰（H1∶34）　5. 交错线纹（H2∶101）　6. 纵向绳纹（H3∶34）

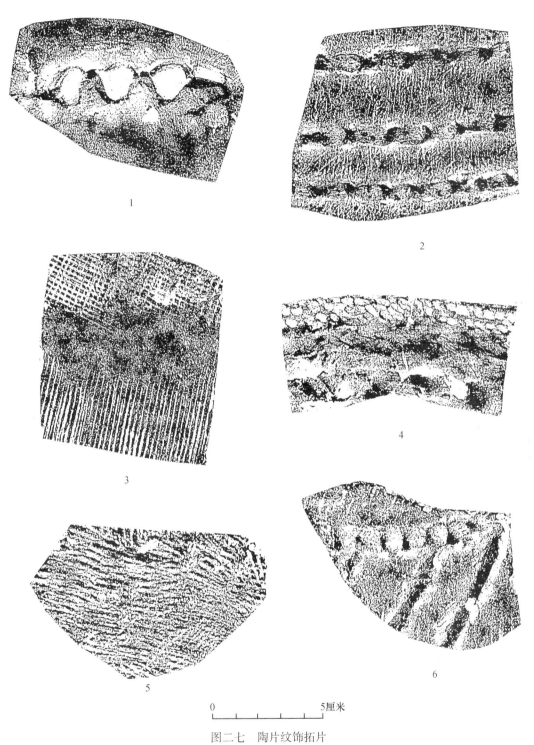

0   5厘米

图二七   陶片纹饰拓片

1. 鸡冠状錾（H8：2） 2. 线纹＋箍带状泥条附加堆纹（H5：50） 3. 斜向及交错线纹（H2：31）

4. 绳纹花边口沿＋泥条附加堆纹（H5：41） 5. 交错绳纹（H2：47）

6. 横向及斜向泥条附加堆纹（H5：59）

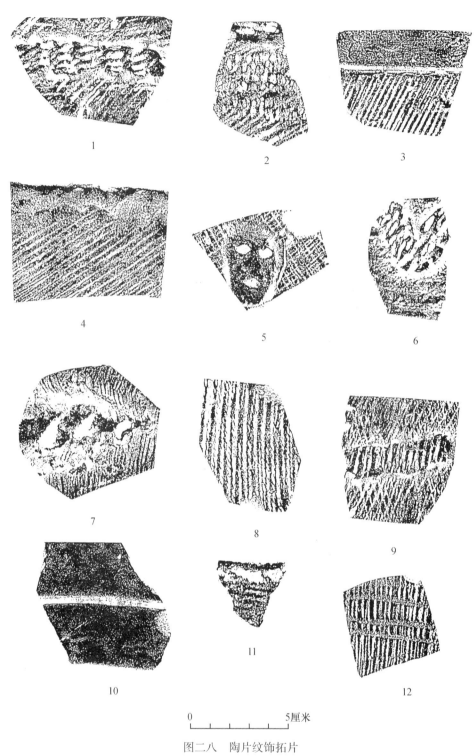

图二八　陶片纹饰拓片

1. 绳纹＋泥条附加堆纹（H9：79）　2. 绳纹花边口沿＋戳印纹＋绳纹（H4：6）　3. 绳纹＋凹槽（H7：16）　4. 斜向线纹
（H2：12）　5. 陶塑人面像＋交错线纹（采：1）　6. 相交泥条附加堆纹（H10：35）　7. 绳纹＋錾（H9：72）
8. 纵向绳纹（H5：61）　9. 绳纹＋泥条附加堆纹（H3：52）　10. 宽瓦棱纹（H3：29）
11. 绳纹＋附加堆纹（H3：43）　12. 纵向绳纹＋凹弦纹（H1：37）

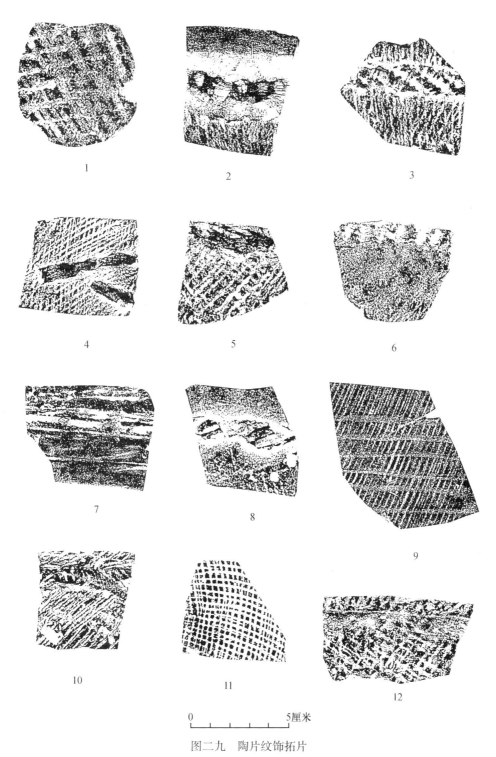

图二九　陶片纹饰拓片

1. 篮纹（H9：88）　2. 绳纹＋鸡冠状錾（H10：38）　3. 绳纹＋附加堆纹（H3：152）　4. 交错线纹＋泥条附加堆纹
（H5：50）　5. 绳纹花边口沿＋绳纹（H5：40）　6. 花边口沿＋绳纹（H4：12）　7. 绳纹（H10：10）
8. 穿孔＋附加堆纹（H5：10）　9. 线纹＋凹弦纹（H10：23）　10. 绳纹花边口沿＋绳纹（H5：39）
11. 交错线纹（H2：41）　12. 花边口沿＋交错绳纹（H9：71）

（1）H1 出土陶器

H1 出土陶器及残片 40 件（片），均为泥质陶，以灰陶和红褐陶为主，纹饰包括绳纹、线纹、附加堆纹、彩陶、凹弦纹及花边口沿等（表一）。器形有瓶、碗、盆、罐等。现对标本做如下介绍。

表一　H1出土陶片统计表

纹饰 ＼ 陶质陶色	泥质陶				夹砂陶				合计	百分比
	红褐	黄	灰	黑皮	红褐	褐	灰	黑		
线纹	1		1						2	5
绳纹	1		2						3	7.5
附加堆纹			1						1	2.5
彩陶	3	1	2						6	15
素面磨光	4		11	1					16	40
素面	3		3						6	15
绳纹＋附加堆纹			3						3	7.5
绳纹＋凹弦纹			2						2	5
花边口沿			1						1	2.5
合计	12	1	26	1					40	
	40									
百分比	30	2.5	65	2.5						100
	100									

小口瓶　5 件。包括Ⅱ式和Ⅲ式。

Ⅱ式：1 件。退化重唇口。H1:31，泥质灰陶。尖唇。沿面及颈面有轮旋痕。口径14、残高 1.8 厘米（图三〇，12）。

Ⅲ式：4 件。平唇口。H1:23，泥质灰陶，厚胎，表面磨光。直口，折沿，尖唇。口径10.8、残高 11.8 厘米（图三〇，5；图版八五，2）。H1:22，泥质灰陶。直口，折沿，尖唇，颈微鼓，广肩。颈内壁可见泥条粘接痕迹。口径12、残高 8 厘米（图三〇，11）。H1:28，小口瓶肩部。泥质灰陶。直颈，广肩。腹部饰绳纹，肩部内壁可见泥条粘接和手抹痕迹。残高 4.4 厘米（图三〇，10）。H1:24，小口瓶颈部。泥质灰陶，表面磨光。直颈。颈系另外加接，肩部断面可见明显的泥条加接痕迹，外侧泥片内壁有明显的纵向绳纹。残高 5 厘米（图三〇，15）。

彩陶小口罐　1 件。H1:27，泥质黄陶，表面磨光。敛口，卷沿，尖唇，广肩。沿面及颈部表面以黑彩绘平行细线条纹，肩部表面以黑彩绘制网格纹，沿面有未戳穿的小孔。残高 2.8 厘米（图三〇，7；图版九〇，2）。

大口广肩罐　1件。H1：20，泥质灰陶，厚胎，表面磨光。直口，折沿，尖唇，短颈，广肩。颈表面有轮旋痕。口径26、残高4.8厘米（图三〇，8）。

盆　2件。包括 A 型和 B 型。

A 型　1件。卷沿。H1：30，泥质灰陶，表面磨光。方唇。唇面压印纵向浅锯齿状花边。口径28、残高1.4厘米（图三〇，6）。

B 型　1件。折沿。H1：32，泥质灰陶，表面磨光。敛口，圆唇。口径32、残高2厘米（图三〇，9）。

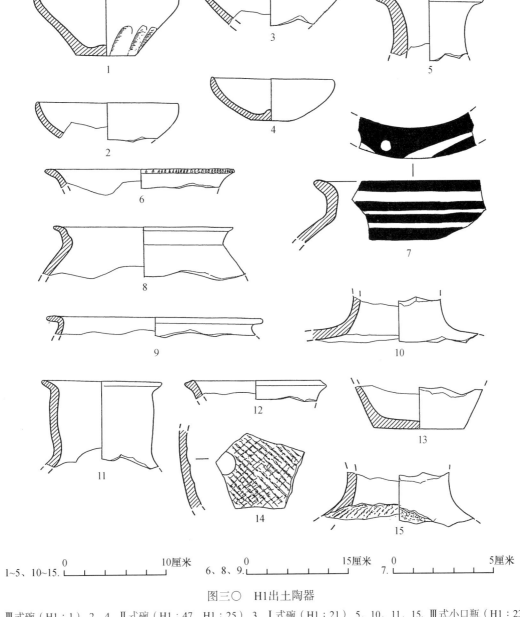

图三〇　H1出土陶器

1. Ⅲ式碗（H1：1）2、4. Ⅱ式碗（H1：47、H1：25）3. Ⅰ式碗（H1：21）5、10、11、15. Ⅲ式小口瓶（H1：23、H1：28、H1：22、H1：24）6. A 型盆（H1：30）7. 彩陶小口罐（H1：27）8. 大口广肩罐（H1：20）9. B 型盆（H1：32）12. Ⅱ式小口瓶（H1：31）13. 器底（H1：39）14. 陶片（H1：34）

碗　4件。包括Ⅰ式、Ⅱ式和Ⅲ式。

Ⅰ式：1件。敞口，坦腹。H1：21，泥质褐陶，厚壁。圆唇，浅腹。口径13、残高3.4厘米（图三〇，3）。

Ⅱ式：2件。直口，圆唇，圆腹。H1：47，泥质褐陶，表面磨光。口径14、残高3.6厘米（图三〇，2）。H1：25，泥质灰陶，表面磨光。小平底。内底有乳凸，下腹表有修整的刮痕。口径12.2、底径4.2、高4厘米（图三〇，4；图版八八，1）。

Ⅲ式：1件。口微敛，下腹内收。H1：1，细泥红褐陶，内外壁面磨光，火候较高。圆唇，斜直壁，小平底。外壁有修刮的凹槽，内壁有纵向的刮抹痕，内底有乳凸。口径14.2、底径5.6、高6厘米（图三〇，1；图版八八，2）。

器底　1件。H1：39，泥质红陶，表面磨光。直壁，平底。底径9、残高4厘米（图三〇，13）。

陶片　4件。H1：26，瓶腹部残片。泥质灰陶，表面抹光。壁腹较直，表面饰纵向细线纹，并加贴横向泥条附加堆纹（图二六，1）。H1：29，泥质红褐陶。表面饰交错绳纹，并残留涂抹的红色颜料（图二六，2）。H1：34，泥质灰陶。表面饰交错绳纹，并加贴圆形泥饼装饰，内壁可见平行的指宽抹痕（图二六，4：图三〇，14）。H1：37，泥质褐陶。表面饰纵向绳纹，并加划平行的凹弦纹（图二八，12）。

（2）H2出土陶器

H2出土完整陶器及残片120件（片），泥质陶多于夹砂陶，以泥质褐陶、夹砂褐陶及灰陶为主，纹饰包括绳纹、线纹、附加堆纹、彩陶及花边口沿等（表二）。器形包括尖底瓶、小口瓶、罐、钵、盆、缸、球、珠、环等。现对标本做如下介绍。

表二　H2出土陶片统计表

陶系　　　　纹饰	泥质陶				夹砂陶				合计	百分比
	红	褐	灰	黑	红褐	褐	灰	黑		
素面		15				1			16	13
绳纹		3	4		21	20			48	40
彩陶	1	12							13	11
附加堆纹				3					3	3
线纹			4			1			5	4
磨光		30							30	25
花边口沿						1	4		5	4
合计	1	60	6	3	24	24			120	
	72				48					
百分比	1	50	6	3	20	20			100	
	60				40					

　　Ⅰ式尖底瓶　1件。锐角底。H2：1，泥质灰陶。颈部以上已残，器体瘦高，广肩，上腹略内凹，斜直腹下收，尖底较厚。肩部表面饰交错细绳纹，腹、底表面饰纵向粗绳纹，底内壁有明显泥条粘接痕迹，内底有泥条盘制的乳凸。最大腹径20、残高42厘米（图三一，1；图版八三，1）。

　　Ⅰ式小口瓶　1件。双唇口。H2：7，泥质灰陶，表面施陶衣。肩部以下已残，局部磨光，尖唇，直颈较细，唇面内凹。可见轮旋痕，内唇面刻划有四组（各四道）浅锯齿状装饰。内口径7、外口径10、残高10厘米（图三一，2；图版八四，4）。

　　Ⅰ式侈口罐　2件。夹粗砂灰陶。方唇，短颈，鼓腹。H2：35，沿略卷。唇面饰交向绳纹。残高3.3厘米（图三二，10）。H2：48，短颈内凹，圆腹下收呈平底。底、壁

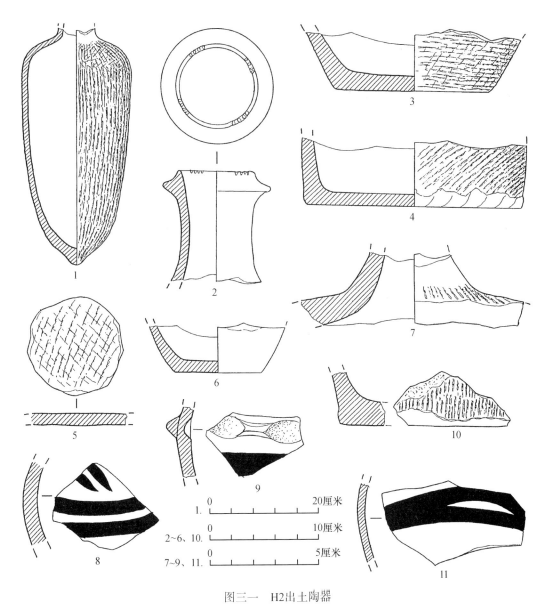

图三一　H2出土陶器

1. Ⅰ式尖底瓶（H2：1）　2. Ⅰ式小口瓶（H2：7）　3~6、10. 器底（H2：47、H2：12、H2：101、H2：11、H2：42）
7. 陶片（H2：32）　8、9、11. 彩陶片（H2：13、H2：44、H2：104）

交接处有明显粘接痕迹,内底略凸。唇面等距离压印斜向绳纹形成较浅的波浪式花边口沿,器表饰纵向粗绳纹,内底饰斜向粗绳纹,外底饰粗绳纹并抹光。口径23、最大腹径16.6、底径12、高29厘米(图三二,11;图版八六,1)。

　　卷沿罐　2件。H2:23,泥质灰陶。口径较大,侈口,方唇,鼓腹,沿面磨光。唇面划出较浅的锯齿状装饰,器表饰纵向细绳纹。口径40、残高4厘米(图三二,9)。H2:37,泥质灰陶。方唇,鼓腹。颈部饰斜向细绳纹并抹光。残高4厘米(图三二,12)。

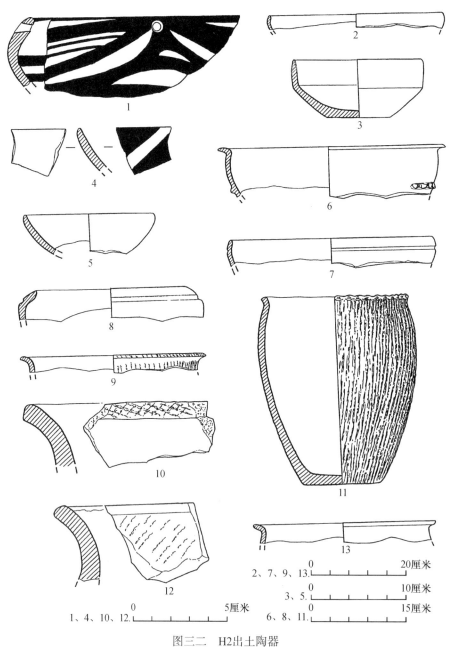

图三二　H2出土陶器

1、4. 彩陶钵(H2:6、H2:17)　2、3. 直口钵(H2:26、H2:8)　5. 敞口钵(H2:30)　6. B型盆(H2:21)

7. 直口盆(H2:24)　8. 敛口盆(H2:22)　9、12. 卷沿罐(H2:23、H2:37)

10、11. Ⅰ式侈口罐(H2:35、H2:48)　13. 折沿罐(H2:27)

折沿罐　1件。H2：27，夹细砂褐陶。口径较大，敛口，圆唇，鼓腹。口径 38、残高 4 厘米（图三二，13）。

敛口盆　1件。H2：22，泥质灰陶，表面磨光。沿内折，尖唇，斜直壁。沿内壁有一周凸棱，外沿有一周凹槽，内壁可见轮旋痕。口径 24、最大腹径 57、残高 4.5 厘米（图三二，8）。

直口盆　1件。H2：24，泥质灰陶，表面磨光。尖唇，曲腹。内沿面有一周凸棱，外沿有一周凹弦纹，内壁可见轮旋纹。口径 44、残高 52 厘米（图三二，7）。

B 型盆　1件。H2：21，泥质磨光黑皮陶。敛口，尖唇，圆腹。上腹有鸡冠状錾，内壁有横向刮抹痕。口径 36、腹径 30.3、残高 8.1 厘米（图三二，6；图版八六，5）。

彩陶钵　2件。H2：6，细泥黄褐陶，内外壁面磨光。敛口，方唇，圆腹。外壁以黑彩绘连续成组的粗细弧线条构成的几何图案，唇面以黑彩饰一周线条纹，内壁以黑彩饰平行的粗线条纹。近口部有单向的圆形穿孔。孔径 0.6、残高 4.1 厘米（图三二，1；图版八九，4）。H2：17，泥质褐陶，内壁磨光。敞口，圆唇，壁薄。内壁以黑彩绘粗弧线条，黑彩易脱落。残高 2.4 厘米（图三二，4）。

直口钵　2件。H2：8，泥质灰陶，表面磨光。尖唇，折腹下收，平底。口径 14、底径 6.4、高 6 厘米（图三二，3；图版八六，6）。H2：26，泥质灰陶，表面磨光。口径较大，尖唇。沿内壁有一周凸棱。口径 36、残高 2.8 厘米（图三二，2）。

敞口钵　1件。H2：30，夹砂褐陶。尖唇，弧壁。口径 14、残高 4 厘米（图三二，5）。

器底　5件。H2：47，夹粗砂灰陶，厚胎。斜壁，平底。外底饰纵向绳纹，外壁饰交错绳纹。底径 14、残高 56 厘米（图二七，5；图三一，3）。H2：12，泥质灰陶。直壁较厚，平底。底、壁交接处有明显粘接痕迹，外底饰纵向及斜向绳纹，外壁饰斜向线纹。底径 20、残高 6 厘米（图二八，4；图三一，4）。H2：11，细泥红褐陶，表面磨光，火候较高。斜壁，小平底。内壁有手制抹痕。底径 8、残高 4.2 厘米（图三一，6）。H2：42，夹粗砂褐陶，厚胎。斜壁，平底。底、壁交接处有明显的粘接痕迹，外壁饰纵向粗绳纹。残高 5 厘米（图三一，10）。H2：101，泥质灰陶。平底略内凸。内壁面饰纵向绳纹并局部抹光，外壁面饰交错线纹。残直径 9、厚 1 厘米（图二六，5；图三一，5）。

彩陶片　3件。H2：13，泥质灰褐陶，表面磨光，火候较高。表面以黑彩绘平行的弧线条纹和长叶片图案。残长 4.9、宽 3.9 厘米（图三一，8）。H2：44，泥质褐陶，表面磨光。表面以黑彩绘粗线条并有鸡冠状錾，内壁有单向未穿透圆孔。残长 4.5、宽 2.9 厘米（图三一，9）。H2：104，系盆上腹残片。泥质褐陶，表面磨光。表面以黑彩绘粗弧线条纹，黑彩易脱落。残长 7、残高 3.7 厘米（图三一，11）。

陶片　2件。H2：32，罐肩、颈交接部残片。夹粗细褐陶。厚胎，广肩。肩部饰绳纹，颈内部有手制抹痕。残高 3 厘米（图三一，7）。H2：31，瓶上腹残片。泥质灰陶。肩部饰交错线纹形成的细菱格纹装饰，腹、肩交接处有一周抹光，腹部饰纵向细线纹，内壁有手制的按压的窝状痕迹（图二七，3）。

球　1件。H2：20，夹砂灰白陶，质地坚硬。表面遍布大大小小的窝点。直径5.1厘米（图五六，1；图版九一，3左）。

珠　3件。H2：9，泥质灰黑陶。略残。直径2.1厘米（图五六，5）。H2：18，泥质褐陶。表面有一周刻划的指甲纹装饰。直径2.3厘米（图五六，4；图版九一，3右）。H2：41，泥质黄陶。平面呈椭圆形。长径2.1、短径1.6厘米（图五六，6）。

环　1件。H2：33，泥质褐陶，表面磨光，火候较高。已残断，器体宽大，外壁内弧，内壁凸起。内径6.3、外径8、高3厘米（图二一，3）。

（3）H3出土陶器

H3出土完整陶器及残片170件（片），泥质陶略多于夹砂陶，以泥质灰陶、夹砂褐陶、泥质褐陶和夹砂灰陶为主，纹饰包括绳纹、线纹、附加堆纹、凹弦纹、彩陶、戳印纹等（表三）。器形有尖底瓶、罐、盆、钵、碗、杯、器盖、臼、珠、环等。现对标本做如下介绍。

表三　H3出土陶片统计表

纹饰　　　　　陶系	泥质陶				夹砂陶				合计	百分比
	黄	褐	灰	黑	红褐	褐	灰	黑		
素面		11	14						25	15
彩陶	1	10							11	6
绳纹		2	22			48	18		90	53
线纹		1	3			2	2		8	5
绳纹 + 凹弦纹			1						1	0.5
绳纹 + 附加堆纹			1			3			4	2
磨光			16	8					24	14
穿孔				1					1	0.5
花边口沿						1	1		2	1
线纹 + 附加堆纹							1		1	0.5
磨光 + 凹弦纹		2							2	1
绳纹 + 戳印纹							1		1	0.5
合计	1	26	57	9		54	23		170	
	93				77					
百分比	0.5	15	33.5	5.5		32	13			100
	55				45					

盆　3件。包括A型和B型。

A型　1件。卷沿。H3：21，泥质灰陶，表面磨光。口微敛，尖唇，圆腹。残高4.4厘米（图三三，7）。

　　B 型　2 件。折沿。敛口，方唇，鼓腹。彩陶。H3：20，泥质灰褐陶，表面磨光。以黑彩在沿面及器表绘粗弧线条。残高 3.5 厘米（图三三，5）。H3：19，泥质红褐陶，表面磨光。以黑彩在器表绘粗弧线条，沿面以黑彩绘成组的纵向短线条、圆圈圆点纹及细网格状纹组成的成组图案。残高 2.5 厘米（图三三，6）。

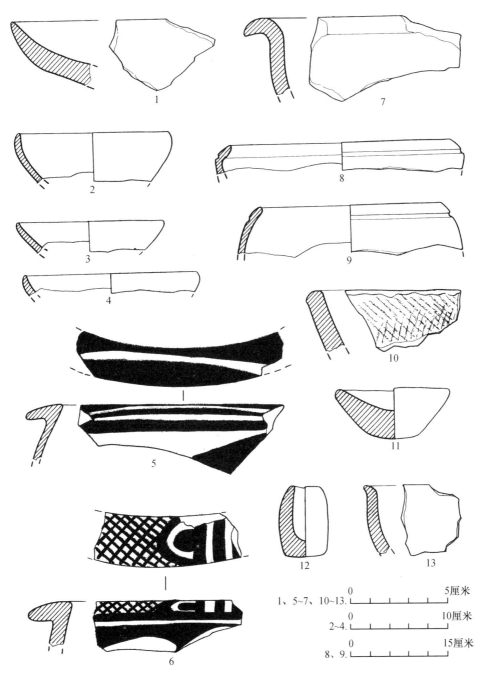

图三三　H3 出土陶器

1、3. Ⅰ式碗（H3：39、H3：10）　2. Ⅲ式碗（H3：30）　4. Ⅱ式碗（H3：35）　5、6. D 型盆（H3：20、H3：19）
7. A 型盆（H3：21）　8、9. 敛口钵（H3：28、H3：29）　10. 敞口钵（H3：42）　11. 臼（H3：50）
12. 小底杯（H3：2）　13. 敛口杯（H3：56）

　　Ⅱ式尖底瓶　1件。钝角底。H3：61，泥质灰陶。外壁饰斜向细绳纹，内壁有泥条粘接痕及乳凸。残高5厘米（图三四，3；图版八四，1）。

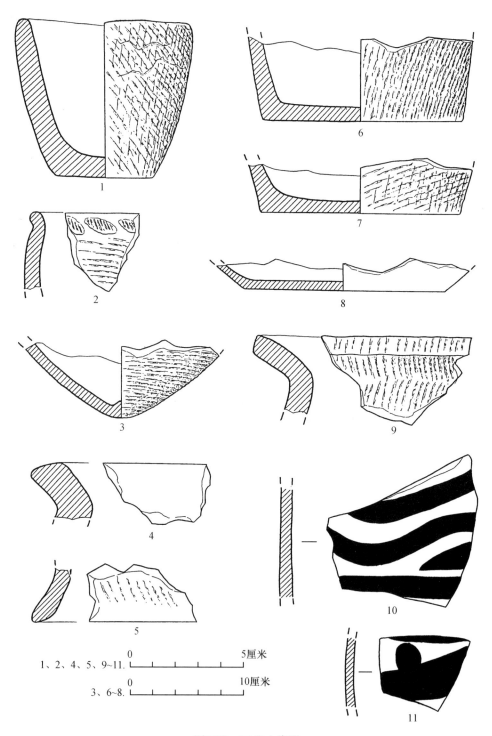

图三四　H3出土陶器

1. 侈口杯（H3：4）　2. 敛口杯（H3：43）　3. Ⅱ式尖底瓶（H3：61）　4. 折沿罐（H3：23）　5. 器盖（H3：44）
6～8. 器底（H3：34、H3：32、H3：24）　9. Ⅰ式侈口罐（H3：37）　10、11. 彩陶片（H3：14、H3：12）

Ⅰ式侈口罐 1件。H3：37，夹粗砂灰陶。方唇，鼓腹。沿面饰纵向绳纹，器表饰纵向绳纹，颈部抹光。残高3.6厘米（图三四，9）。

折沿罐 1件。H3：23，夹粗砂褐陶，厚胎。沿面斜平，方唇。残高2.6厘米（图三四，4）。

敛口钵 2件。H3：28，泥质灰陶。沿内折，沿外侧有一周凹槽，圆唇，陶片断口处有明显切割痕迹。口径34、残高4.2厘米（图三三，8）。H3：29，泥质磨光黑皮陶。圆唇，鼓腹。内唇有一周凸棱，沿外侧有一周凹槽，内壁有轮旋痕。口径28、腹径34.5、残高7.2厘米（图三三，9）。

敞口钵 1件。H3：42，夹砂褐陶。方唇。器表饰斜向及交错绳纹。残高3厘米（图三三，10）。

碗 4件。包括Ⅰ式、Ⅱ式和Ⅲ式。

Ⅰ式：2件。敞口，坦腹。H3：39，泥质灰陶。圆唇，浅腹。内外壁面有轮旋痕。残高3.6厘米（图三三，1）。H3：10，泥质红褐陶。圆唇，斜壁。内外壁面有轮旋痕。口径15、残高3.2厘米（图三三，3）。

Ⅱ式：1件。直口。H3：35，泥质灰陶。圆唇，浅腹。沿口外有一周较浅的凹弦纹。口径18、残高2厘米（图三三，4）。

Ⅲ式：1件。敛口，下腹内收。H3：30，泥质黑陶。圆唇，深腹。口径15.5、残高5厘米（图三三，2）。

小底杯 1件。H3：2，泥质黑褐陶，厚胎。敛口，圆唇，深腹，平底。口径1.7、腹径2.6、高3.6厘米（图三三，12；图版八七，4）。

侈口杯 1件。H3：4，夹砂灰陶。方唇，斜直壁，小平底。器表饰交错绳纹。口径7.9、底径4.4、高6.6厘米（图三四，1；图版八七，2）。

敛口杯 2件。H3：56，泥质灰陶。尖唇，直腹。残高3.6厘米（图三三，13）。H3：43，夹砂灰陶。圆唇，鼓腹。唇面饰斜向绳纹，颈部饰成组的斜向压印纹，腹表饰横向细绳纹。残高3.1厘米（图三四，2）。

臼 1件。H3：50，夹砂褐陶，厚胎。敞口，圆唇，斜壁，小平底。口径6、底径2、高2.6厘米（图三三，11）。

器盖 1件。H3：44，夹砂褐陶。口外撇，尖唇。盖壁饰纵向绳纹。残高2.5厘米（图三四，5）。

彩陶片 2件。H3：14，泥质褐陶，表面磨光。以黑彩绘弧线条及曲线条纹，黑彩易脱落（图三四，10）。H3：12，泥质灰褐陶，薄胎。以黑彩绘粗弧线条及圆点纹（图三四，11）。

器底 3件。平底。H3：34，夹砂灰陶。直壁。器表饰纵向绳纹。底径17、残高7厘米（图三四，6）。H3：32，泥质灰陶，厚胎。直壁。腹表饰交错绳纹。底径17、残高4.6厘米（图三四，7）。H3：24，泥质磨光黑皮陶。坦腹。底径9、残高3厘米（图三四，8）。

珠　1件。H3：3，泥质黑陶。直径2.2厘米（图五六，3）。

环　6件。H3：45，泥质灰陶。已残断，外壁内凹，内壁凸起。残长5.6、高2、厚0.8厘米（图五五，2）。H3：9，泥质灰陶，表面磨光。已残断，较细，外壁呈尖状。残长2.8厘米（图五五，12）。H3：8，泥质褐陶。已残断，纵戳面呈长方形。残长2.5厘米（图五五，15）。H3：76~H3：78，均为泥质褐陶。均已残断，纵戳面均呈长方形（图五五，16~18）。

（4）H4出土陶器

H4出土陶器残片93件（片），泥质陶多于夹砂陶，以泥质灰陶、夹砂褐陶为主，纹饰包括绳纹、线纹、彩陶、附加堆纹、凹弦纹等（表四）。器形包括小口瓶、壶、罐、钵等。现对标本做如下介绍。

表四　H4出土陶片统计表

纹饰＼陶系	泥质陶				夹砂陶				合计	百分比
	红	褐	灰	黑	红褐	褐	灰	黑		
素面		2	14	1					17	18
绳纹		2	16	1		20	7		46	50
彩陶		2							2	2
磨光	1		14						15	16
线纹			2						2	2
绳纹＋附加堆纹			1			2	1		4	4
绳纹＋凹弦纹			1						1	1
花边口沿						4	2		6	7
合计	1	6	48	2		26	10		93	
	57				36					
百分比	1	7	52	2		28	10			100
	62				38					

Ⅰ式小口瓶　1件。有轨式双唇口。H4：1，泥质灰陶。尖唇，内、外唇面之间内凹，直颈。口内壁内凹，内唇面刻印多组较浅的齿状戳印纹，内外壁面有轮旋痕。内口径5.5、外口径10.1、残高5厘米（图三五，1；图版八四，5）。

彩陶瓶颈部残片　1件。H4：16，泥质灰褐陶，表面磨光。直颈。颈部以黑彩绘制平行线条纹。残高6.5厘米（图三五，10；图版九〇，5）。

壶　1件。H4：2，泥质灰陶。敞口，折沿，尖唇，束颈。口径14、残高7厘米（图三五，2；图版八七，5）。

Ⅰ式侈口罐　1件。H4：12，夹粗砂褐陶，厚胎。卷沿，方唇。腹表饰交划绳纹，唇面滚压成组的斜向绳纹形成较浅的锯齿状花边口沿装饰。残高4.8厘米（图三五，3）。

Ⅰ式长颈罐　1件。H4：6，夹粗砂灰陶。口微侈，方唇，溜肩。器表饰纵向及斜向绳纹，唇面饰斜向绳纹及戳印纹。残高6.2厘米（图三五，4）。

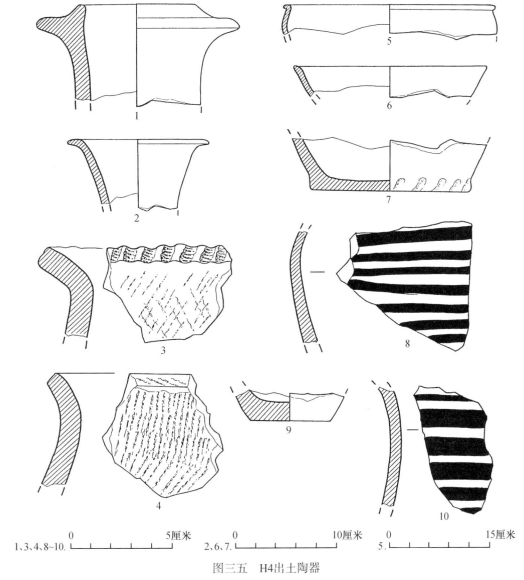

图三五　H4出土陶器

1. I式小口瓶（H4：1）　2. 壶（H4：2）　3. I式侈口罐（H4：12）　4. I式长颈罐（H4：6）　5. 敛口钵（H4：5）　6. 敞口钵（H4：4）　7、9. 器底（H4：8、H4：18）　8. 彩陶片（H4：3）　10. 彩陶瓶颈部残片（H4：16）

敞口钵　1件。H4：4，细泥质红陶，内外壁面磨光。圆唇，弧壁深腹。口径19、残高3.4厘米（图三五，6）。

敛口钵　1件。H4：5，泥质灰陶，表面磨光。折沿，尖唇，鼓腹。口径32、最大腹径32.4、残高4.5厘米（图三五，5）。

器底　2件。H4：8，夹粗砂褐陶。斜壁，平底外折呈假圈足底。底、壁交接处有明显的粘接痕迹。底径16、残高5.2厘米（图三五，7）。H4：18，泥质灰黑陶。小平底。底径1、残高1.5厘米（图三五，9）。

彩陶片　1件。H4：3，泥质褐陶，表面磨光。以黑彩绘平行的窄线条纹（图三五，8；图版九二，1）。

（5）H5 出土陶器

H5 出土完整陶器及残片 301 件（片），泥质陶远多于夹砂陶，以泥质灰陶、夹砂褐陶、泥质褐陶及夹砂灰陶为主，纹饰包括绳纹、附加堆纹、线纹、彩陶、圆点纹花边口沿装饰、瓦棱纹、篮纹、凹弦纹等（表五）。器形有小口瓶、钵、罐、碗、盆、环、镞等。现对标本做如下介绍。

表五　H5出土陶片统计表

纹饰 ＼ 陶系	泥质陶				夹砂陶				合计	百分比
	红	褐	灰	黑	红褐	褐	灰	黑		
磨光	1	15	59	8					83	28
磨光＋附加堆纹＋绳纹＋圆点纹			1						1	0.3
凹弦纹		1	5						6	2
彩陶		8							8	3
素面		25							25	8
绳纹		6	60			50	23		139	46
绳纹＋附加堆纹		2	3			16	2		23	7.6
线纹			5						5	1.6
线纹＋凹弦纹			1						1	0.3
绳纹＋凹弦纹			2						2	0.6
花边口沿						4	2		6	2
篮纹							1		1	0.3
瓦棱纹				1					1	0.3
合计	1	57	136	9		70	28		301	
	203				98					
百分比	0.3	18.9	45.2	3		23.3	9.3			100
	67.4				32.6					

敛口钵　4 件。泥质灰陶。H5：4，表面磨光。尖唇，鼓腹。外沿下有一周较宽的凹槽。口径 39、最大腹径 42.8、残高 3.6 厘米（图三六，1）。H5：16，表面磨光。尖唇，曲腹。内沿有一周凸棱，外沿有一周凹槽，内壁可见轮旋痕。口径 32、最大腹径 36.4、残高 6 厘米（图三六，2）。H5：112，圆唇，折腹下收。内沿、外沿均有一周凹槽。残高 4 厘米（图三六，3）。H5：29，尖唇，曲腹下收。内沿有一周凸棱，内外壁面有轮旋痕。残高 3.9 厘米（图三六，4）。

敞口钵　2 件。H5：11，泥质灰陶，表面磨光。尖唇外卷，深腹，下部折收。残高 3 厘米（图三六，6）。H5：8，彩陶钵。泥质褐陶，内外壁面磨光。方唇，斜直壁。以黑彩在外壁绘相交的线条纹，内壁绘平行的线条纹。残高 3.4 厘米（图三六，8）。

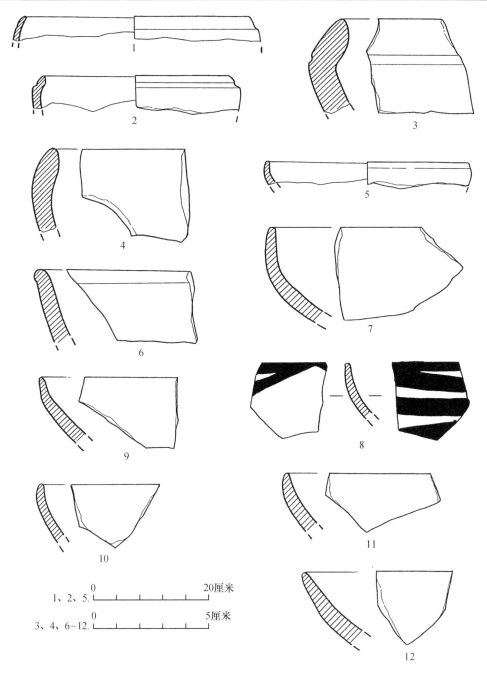

图三六　H5出土陶器

1~4. 敛口钵（H5：4、H5：16、H5：112、H5：29）　5、7. 直口钵（H5：12、H5：18）　6、8. 敞口钵（H5：11、H5：8）　9、11. Ⅱ式碗（H5：32、H5：91）　10. Ⅲ式碗（H5：58）　12. Ⅰ式碗（H5：15）

　　直口钵　2件。H5：12，细泥红陶，内外壁面磨光。圆唇，鼓腹。腹部有单向圆形穿孔，外沿有一周凹槽。口径36、残高4厘米（图三六，5）。H5：18，泥质红褐陶，表面磨光。圆唇，鼓腹。器表有轮旋痕。残高4厘米（图三六，7）。

　　碗　4件。包括Ⅰ式、Ⅱ式和Ⅲ式。

　　Ⅰ式：1件。敞口，坦腹。H5：15，泥质红褐陶。斜壁。残高3.1厘米（图三六，12）。

Ⅱ式：2件。直口，圆唇。H5：32，泥质灰陶。斜壁。残高3厘米（图三六，9）。H5：91，泥质灰陶，表面磨光。残高2.5厘米（图三六，11）。

　　Ⅲ式：1件。敛口，下腹内收。H5：58，泥质灰陶，表面磨光。圆唇。残高2.7厘米（图三六，10）。

　　小口瓶　2件。包括Ⅰ式和Ⅲ式。

　　Ⅰ式：1件。双唇口。H5：13，泥质灰陶。内外唇之间内凹，内沿面有一周凹槽。残高2.2厘米（图三七，8）。

　　Ⅲ式：1件。平唇口。H5：3，泥质灰褐陶。口微侈，平折沿，方唇，直颈。表面有轮旋痕，颈内壁可见泥条粘接痕迹。口径11、残高5厘米（图三七，9）。

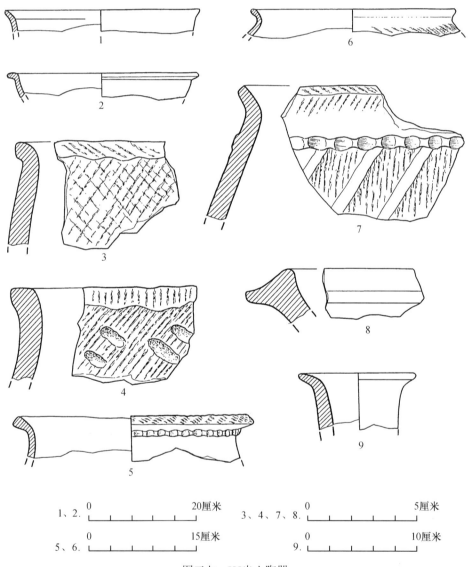

图三七　H5出土陶器

1. A 型盆（H5：5） 2. B 型盆（H5：2） 3、4. Ⅱ式长颈罐（H5：40、H5：39） 5. Ⅱ式侈口罐（H5：41）
6. 大口卷沿罐（H5：7） 7. 敛口罐（H5：59） 8. Ⅰ式小口瓶（H5：13） 9. Ⅲ式小口瓶（H5：3）

Ⅱ式侈口罐　1件。圆腹。颈部加贴泥条附加堆纹。H5：41，夹粗砂灰黑陶。卷沿，方唇较厚，鼓腹。唇面饰斜向绳纹。口径 32、残高 6.6 厘米（图三七，5）。

Ⅱ式长颈罐　2件。夹粗砂褐陶。口微敛，沿外卷，方唇，溜肩。H5：40，唇面饰斜向绳纹，腹表饰交错绳纹。残高 4.8 厘米（图三七，3）。H5：39，唇面饰斜向绳纹，器表饰斜向绳纹，颈部滚压两两一组的斜向窝状装饰。残高 4.4 厘米（图三七，4）。

敛口罐　1件。H5：59，夹砂红褐陶。折沿，方唇，鼓腹。唇面饰斜向绳纹，颈部及腹表饰纵向绳纹，上腹加贴横向的波浪式附加堆纹和斜向的附加堆纹。残高 5.9 厘米（图三七，7；图版八五，6）。

大口卷沿罐　1件。H5：7，泥质黑陶。敛口，圆唇，鼓腹。腹表饰斜向细绳纹。口径 28、残高 3.3 厘米（图三七，6）。

盆　2件。包括 A 型和 B 型。

A 型　1件。卷沿。H5：5，泥质灰褐陶，表面磨光。敞口，圆唇。口径 36、残高 4 厘米（图三七，1）。

B 型　1件。折沿。H5：2，泥质黑褐陶，内外壁面磨光。圆唇，曲腹。唇面有刻划的纵向凹槽，颈部有两周凹弦纹。口径 35、残高 4.4 厘米（图三七，2）。

环　3件。H5：84，泥质磨光黑皮陶。已残断，外壁内凹，内壁凸起。内径 7.1、外径 7.9、高 2.2、厚 0.5 厘米（图二一，4）。H5：83，泥质灰陶。已残断，外壁内凹，内壁凸起。内径 4.1、外径 5.1、高 1.4、厚 0.5 厘米（图五五，1）。H5：49，泥质褐陶，内外表面磨光，较厚。已残断，外壁内凹，内壁弧起。高 2.3、厚 0.9 厘米（图五五，4）。

镞　1件。H5：85，泥质灰陶，表面磨光。已残断。残长 2.7、直径 0.6 厘米（图五五，22）。

彩陶片　3件。H5：35，泥质灰褐陶，表面磨光。以黑彩在表面绘相交和平行的线条纹及斜向短线条纹（图三八，1）。H5：45，泥质灰褐陶，表面磨光。以黑彩绘平行的弧线条纹（图三八，2）。H5：111，泥质红褐陶，内外壁面磨光。以黑彩在内壁绘网格纹（图三八，3）。

器底　8件。平底或小平底。H5：25，泥质褐陶。坦腹。底径 8、残高 2 厘米（图三八，4）。H5：51，夹粗砂灰陶。坦腹。内外底面磨光，底、壁交接处有粘接痕迹并饰纵向绳纹。底径 20、残高 2 厘米（图三八，5）。H5：6，泥质磨光黑皮陶。斜壁。外底有斜向划痕。底径 12、残高 2.6 厘米（图三八，6）。H5：53，泥质灰陶。斜直壁。底径 18.5、残高 4 厘米（图三八，7）。H5：44，夹粗砂灰陶。斜壁。底、壁交接处有明显粘接痕迹，腹表面饰交错绳纹，底、壁交接处饰纵向绳纹。残高 5.9 厘米（图三八，8）。H5：57，泥质褐陶，表面磨光，火候较高。坦腹。外底饰交错线纹。底径 12、残高 3.2 厘米（图三八，9）。H5：42，夹砂黑褐陶。斜直壁，底外折。底、壁粘接痕迹明显，腹表饰纵向绳纹。底径 9.7、残高 3.4 厘米（图三八，10）。H5：48，泥质灰陶，厚胎。

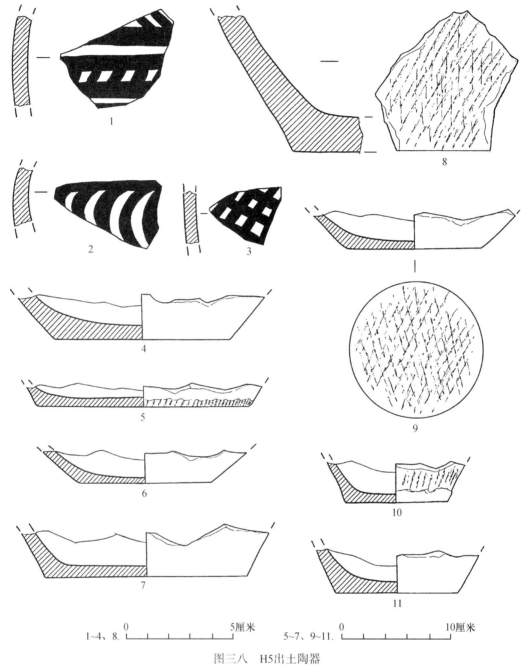

图三八　H5出土陶器

1~3. 彩陶片（H5：35、H5：45、H5：111）　4~11. 器底（H5：25、H5：51、H5：6、H5：53、
H5：44、H5：57、H5：42、H5：48）

斜直壁。底径11、残高4厘米（图三八，11）。

　　（6）H7出土陶器

　　H7出土陶器残片66件（片），泥质陶多于夹砂陶，以泥质灰陶及褐陶、夹砂褐陶为主，纹饰仅见绳纹、线纹及彩陶（表六）。器形包括瓶、钵、杯、环等。现对标本做如下介绍。

表六　H7出土陶片统计表

纹饰 \ 陶系	泥质陶				夹砂陶				合计	百分比
	红	褐	灰	黑	红褐	褐	灰	黑		
素面	1	15	6	3					25	38
彩陶		3							3	5
绳纹		1	15			9	2		27	40
线纹		1	3			1	3		8	12
穿孔			1						1	2
素面磨光			2						2	3
合计	1	20	27	3		10	5		66	
	51				15					
百分比	2	30	40	5		15	8			100
	77				23					

　　彩陶瓶腹部残片　2件。H7:5、H7:7，泥质黄褐陶，表面磨光，薄胎。以黑彩绘弧线条纹及长叶片纹（图三九，5、6）。

　　敛口钵　1件。H7:16，泥质灰陶。尖唇，斜直壁。沿内有一周凸棱，沿外有一周凹槽，器表饰斜向绳纹。口径33、残高6厘米（图三九，1）。

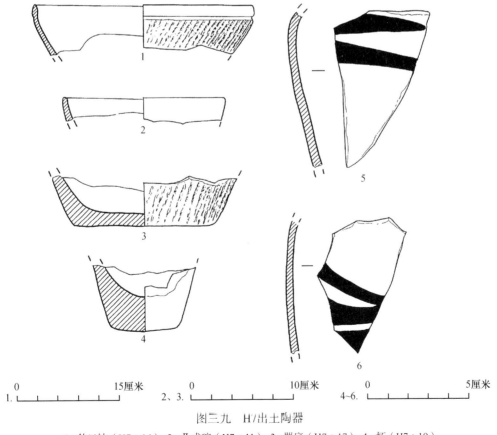

| 0 | | | 15厘米 |

| 0 | | | 10厘米 |

| 0 | | 5厘米 |

1.

2、3.

4~6.

图三九　H7出土陶器

1. 敛口钵（H7:16）　2. Ⅱ式碗（H7:11）　3. 器底（H7:17）　4. 杯（H7:19）

5、6. 彩陶瓶腹部残片（H7:5、H7:7）

Ⅱ式碗　1件。H7：11，泥质红陶。方唇。口径16、残高2.2厘米（图三九，2）。

杯　1件。H7：19，泥质褐陶。口部残，直壁，小平底较厚。底径3.2、残高3厘米（图三九，4）。

器底　1件。H7：17，夹粗砂褐陶。斜壁，平底。腹表饰纵向绳纹。底径14、残高4.2厘米（图三九，3）。

环　4件。H7：2，泥质灰陶。已残断，外壁圆弧，内壁较平。直径6.4、厚0.5厘米（图五五，7）。H7：7～H7：9，泥质灰陶、黑陶。均残断，较细，截面呈三角形（图五五，9～11）。

（7）H8出土陶器

H8出土陶器残片28件（片），夹砂陶略多于泥质陶，夹砂褐陶最多，纹饰仅见绳纹、附加堆纹及花边口沿装饰（表七）。器形有小口瓶、罐等。现对标本介绍如下。

表七　H8出土陶片统计表

纹饰 ＼ 陶系	泥质陶				夹砂陶				合计	百分比
	红	褐	灰	黑	红褐	褐	灰	黑		
素面	5	2							7	25
磨光		2							2	7
绳纹＋附加堆纹			1			3			4	14
附加堆纹			1						1	4
绳纹						13			13	46
花边口沿						1			1	4
合计	5	6				17			28	
	11				17					
百分比	18	21				61				100
	39				61					

小口瓶　2件。包括Ⅲ式和Ⅳ式。

Ⅲ式：1件。平唇口。H8：6，泥质灰陶。口微侈，折沿，沿面斜平，圆唇，直颈。沿内侧有一周凹槽，沿面有纵向刻槽。口径13、残高2.4厘米（图四〇，3）。

Ⅳ式：1件。喇叭口。H8：1，泥质灰陶，表面磨光。圆唇，卷沿，侈口，束颈。口径17、残高8厘米（图四〇，4；图版八五，3）。

Ⅰ式长颈罐　1件。H8：5，夹砂褐陶。口微侈，方唇，溜肩。唇面饰较浅的锯齿状花边口沿，颈部及腹表饰纵向绳纹。残高4.9厘米（图四〇，1）。

Ⅱ式侈口罐　1件。圆腹。H8：10，夹砂褐陶。折沿，方唇。颈外侧饰斜向细线纹。残高3厘米（图四〇，2）。

（8）H9出土陶器

H9出土完整陶器及残片363件（片），夹砂陶略多于泥质陶，以夹砂褐陶、泥质灰陶及褐陶为主，纹饰包括绳纹、附加堆纹、线纹、凹弦纹、彩陶等（表八）。器形有小口

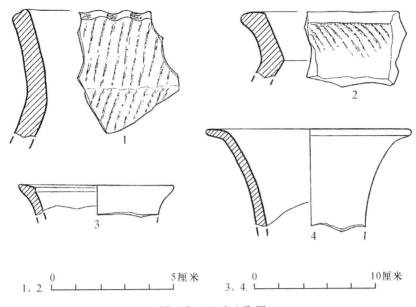

图四〇　H8 出土陶器

1. Ⅰ式长颈罐（H8：5）　2. Ⅱ式侈口罐（H8：10）　3. Ⅲ式小口瓶（H8：6）　4. Ⅳ式小口瓶（H8：1）

表八　H9 出土陶片统计表

纹饰 ＼ 陶系	泥质陶				夹砂陶				合计	百分比
	红	褐	灰	黑	红褐	褐	灰	黑		
彩陶	2	13							15	4
素面磨光	1	11	50	8					70	19
素面		21	32				2		55	15
绳纹		29				146	14		189	52
绳纹＋凹弦纹		2							2	0.7
绳纹＋附加堆纹			1			15	1		17	5
附加堆纹			1						1	0.3
线纹			8			6			14	4
合计	3	76	92	8		167	17		363	
	179				184					
百分比	0.8	21	25	2.2		46	5			100
	49				51					

瓶、罐、缸、盆、壶、钵、碗、珠、环、纺轮等。现对标本介绍如下。

小口瓶　3 件。依据口部特征分为Ⅲ式和Ⅳ式。

Ⅲ式：1 件。平唇口。H9：107，泥质磨光黑皮陶。直口，折沿，尖唇。沿面有轮旋痕，内壁有泥条粘接痕迹。口径 11、残高 6 厘米（图四一，7；图版八五，1）。

Ⅳ式：2 件。喇叭口，方唇，直颈。H9：96，彩陶瓶。泥质灰褐陶，表面磨光。以黑彩在颈部绘平行的线条纹，沿内外壁面有轮旋痕。口径 8、残高 3.1 厘米（图四一，

6；图版九〇，3）。H9：108，泥质灰陶。沿外卷。内外表面有轮旋痕，颈内壁有明显泥条粘接痕迹，沿面有未穿透的圆形孔及刻划纹。口径19.2、残高9厘米（图四一，9）。

敛口罐　3件。H9：117，泥质灰陶，表面磨光。沿面斜平，尖唇，折颈。口径16、残高2.6厘米（图四一，4）。H9：165，夹粗砂褐陶。折沿，方唇。唇面及腹表饰交错线纹构成的菱格状装饰。残高4.5厘米（图四一，5）。H9：114，泥质灰陶，表面磨光。卷沿，尖唇，鼓腹。口径14、残高2厘米（图四一，3）。

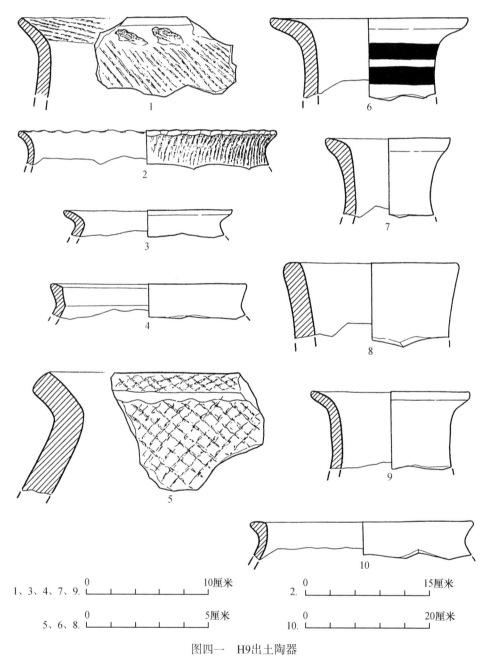

图四一　H9出土陶器
1. Ⅱ式长颈罐（H9：73）2. Ⅱ式侈口罐（H9：75）3～5. 敛口罐（H9：114、H9：117、H9：165）6、9. Ⅳ式小口瓶（H9：96、H9：108）7. Ⅲ式小口瓶（H9：107）8. 直口壶（H9：202）10. 缸（H9：164）

　　Ⅱ式长颈罐　1件。H9：73，夹粗砂褐陶。口微敛，卷沿，方唇，溜肩。沿面饰斜向绳纹，颈部间暗压斜向的指窝状装饰，腹表饰斜向绳纹。残高 6.2 厘米（图四一，1）。

　　Ⅱ式侈口罐　4件。卷沿，方唇，圆腹。H9：75，夹砂褐陶。唇面压印较浅的锯齿状装饰，器表饰斜向绳纹。口径 48、残高 3.9 厘米（图四一，2）。H9：74，夹粗砂褐陶。唇面饰斜向绳纹，颈部饰交错绳纹，腹表饰斜向绳纹。口径 26、残高 4.2 厘米（图四二，9）。H9：71，夹粗砂褐陶。唇面饰斜向绳纹，器表饰交错绳纹。口径 25.5、残高 3.9 厘米（图四二，10）。H9：70，夹粗砂褐陶。唇表饰斜向细绳纹，腹表饰交错绳纹。口径 26.1、腹径 25.8、残高 12 厘米（图四二，12；图版八六，2）。

　　直口罐　1件。H9：77，夹砂褐陶。方唇，溜肩。唇面饰斜向绳纹，器表饰交错绳纹。口径 24、残高 4.2 厘米（图四二，11）。

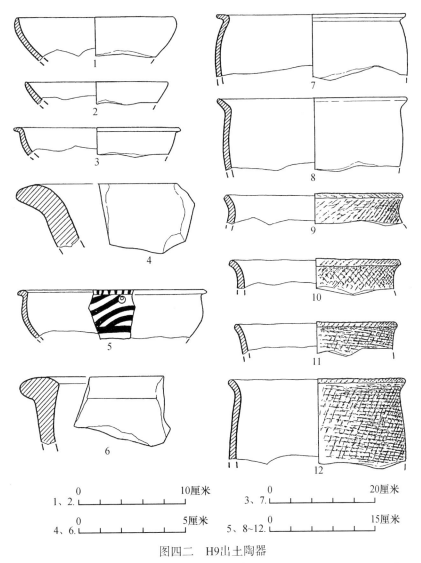

图四二　H9 出土陶器

1. Ⅱ式碗（H9：115）　2. Ⅰ式碗（H9：132）　3、4、8. A 型盆（H9：109、H9：128、H9：106）　5～7. B 型盆（H9：93、H9：113、H9：112）　9、10、12. Ⅱ式侈口罐（H9：74、H9：71、H9：70）　11. 直口罐（H9：77）

缸　1件。H9：164，泥质褐陶，表面磨光。敛口，平折沿较厚，尖唇，鼓腹。内壁有轮旋痕。口径36、残高5.2厘米（图四一，10）。

盆　6件。包括A型和B型。

A型　3件。卷沿。H9：109，泥质褐陶，表面磨光。直口，尖唇，斜腹下收。口径33.2、残高4.8厘米（图四二，3）。H9：128，泥质灰陶，表面磨光。敞口，圆唇。残高3.3厘米（图四二，4）。H9：106，泥质灰陶，表面磨光。侈口，圆唇，圆腹。口径28、最大腹径24.9、残高9.9厘米（图四二，8）。

B型　3件。折沿。H9：93，彩陶盆，彩易脱落。泥质红褐陶，表面磨光。敛口，圆唇，鼓腹。以黑彩在沿面绘纵向细斜线条纹，在腹表绘平行及相交的弧线条纹，颈部有单向的圆形穿孔。口径27.3、腹径29.7、残高6.9、孔径0.9厘米（图四二，5；图版八九，1）。H9：113，泥质磨光黑皮陶。侈口，圆唇，鼓腹。沿面有切割痕迹。残高3.2厘米（图四二，6）。H9：112，泥质褐陶，表面磨光。敛口，方唇，鼓腹。口径36.8、腹径37.6、残高12厘米（图四二，7；图版八六，4）。

直口壶　1件。H9：202，泥质灰陶，表面磨光。小口，方唇，直颈。口径7、残高3厘米（图四一，8）。

敞口钵　1件。H9：122，泥质褐陶。尖唇，斜壁。口径18、残高3.4厘米（图四三，8）。H9：126，泥质褐陶。尖唇，斜腹。口径24、残高2厘米（图四三，9）。

直口钵　4件。H9：110，泥质灰陶。尖唇，浅腹下收。沿内有一周凸棱，内外壁面有轮旋痕。口径20、残高6厘米（图四三，1）。H9：89，夹粗砂褐陶。方唇，圆腹。腹表饰斜向细绳纹。残高5.1厘米（图四三，2）。H9：97，彩陶钵。泥质灰褐陶，内外壁面磨光。方唇。以黑彩在沿面及内壁绘斜向弧线条纹。残高3.5厘米（图四三，6；图版八九，3）。H9：166，彩陶钵。泥质黄褐陶，内外磨光。方唇。以黑彩在腹表绘平行窄线条纹，内壁及唇面绘斜向平行的窄线条纹。残高3.2厘米（图四三，7）。

敛口钵　3件。H9：81，夹砂褐陶。方唇，鼓腹，底已残。器表饰浅绳纹。口径8、最大腹径8.9、残高5.2厘米（图四三，3）。H9：125，泥质灰陶。尖唇，曲腹下收。沿内有一周凸棱，腹表饰斜向线纹。口径32、残高4.8厘米（图四三，4）。H9：111，泥质灰陶，表面磨光。圆唇，鼓腹。内壁可见轮旋痕。口径20、残高8.6厘米（图四三，5；图版八七，1）。

碗　4件。包括Ⅰ式和Ⅱ式。

Ⅰ式：3件。敞口。H9：132，泥质褐陶。圆唇，浅腹斜壁。口径14、残高1.8厘米（图四二，2）。H9：129，泥质灰陶，表面磨光。圆唇。残高3.5厘米（图四三，10）。H9：99，泥质灰陶，表面磨光。尖唇，斜直壁，深腹，平底。口径13、底径6.2、高6厘米（图四三，11；图版八八，3）。

Ⅱ式：1件。直口。H9：115，泥质褐陶。尖唇，斜腹。内外壁面有轮旋痕。口径15.4、残高4厘米（图四二，1）。

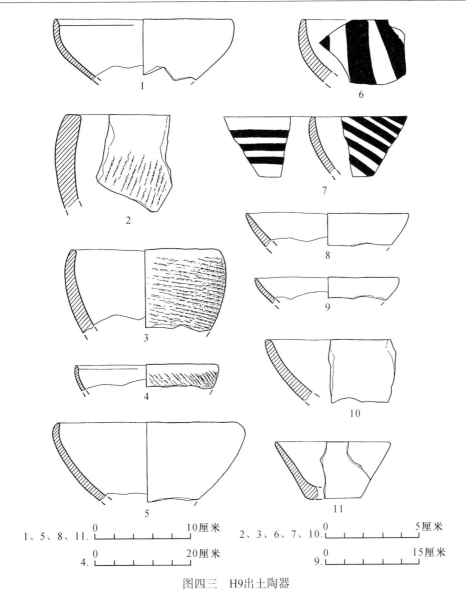

图四三　H9 出土陶器

1、2、6、7. 直口钵（H9：110、H9：89、H9：97、H9：166）　3～5. 敛口钵（H9：81、H9：125、H9：111）

8、9. 敞口钵（H9：122、H9：126）　10、11. Ⅰ式碗（H9：129、H9：99）

　　环　5 件。H9：135，泥质褐陶，表面磨光。已残断，体较宽，外壁内凸，内壁弧起。内径 4.9、外径 6、宽 2.9、厚 0.6 厘米（图二二，3）。H9：7，泥质黑陶。较细，截面呈三角形（图五五，8）。H9：20，泥质黑陶。较细，截面呈三角形（图五五，13）。H9：219，泥质褐陶。较宽，截面呈椭圆形（图五五，19）。H9：209，泥质黑陶。较宽，截面呈圆形（图五五，20）。

　　珠　1 件。H9：5，泥质褐陶，表面磨光。直径 2.3 厘米（图五六，2）

　　纺轮　1 件。H9：104，泥质灰陶，表面磨光。系陶器腹片加工而成，已残断。略弧，周边磨光，中部有圆形穿孔。直径 6.5、厚 1、孔径 1 厘米（图四四，10；图版九一，4）。

　　彩陶片　4 件。H9：95，泥质红褐陶，彩易脱落。系器物腹部残片。器表以黑彩绘交接弧线条及弧线三角纹构成的几何状图案，在一侧断面有磨出的刃口（图四四，5）。
H9：94，泥质红陶，表面磨光。以黑彩在器表绘圆点纹、弧线条纹及长叶片纹
（图四四，6；图版九二，4）。H9：101，泥质红褐陶，表面磨光。以黑彩在器表绘圆圈
圆点纹及草卉纹（图四四，7；图版九二，5）。H9：103，泥质红陶，表面磨光。以黑彩
在器表绘交接的线条纹及圆圈纹（图四四，9；图版九二，6）。

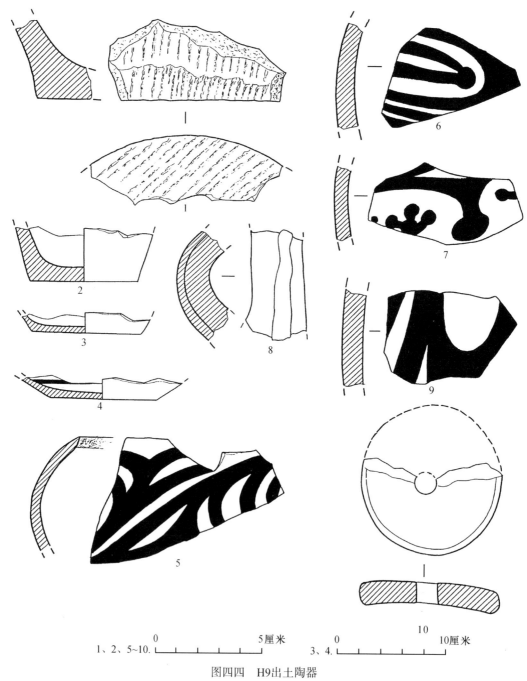

图四四　H9出土陶器

1～4. 器底（H9：84、H9：119、H9：131、H9：116）　5～7、9. 彩陶片（H9：95、H9：94、H9：101、H9：103）
8. 器耳（H9：204）　10. 纺轮（H9：104）

器底 4件。平底或小平底。H9：84，夹粗砂褐陶，厚胎。斜壁，底略外折。底、壁交接处有明显粘接痕迹，外底饰斜向绳纹，器表饰纵向绳纹。残高3.5厘米（图四四，1）。H9：119，泥质灰褐陶，表面磨光。直壁。底径5、残高2.4厘米（图四四，2）。H9：131，泥质红陶，内外磨光。坦腹。底径10.4、残高2厘米（图四四，3）。H9：116，彩陶器底。泥质黄褐陶，内外表面磨光。坦腹。以黑彩在内壁绘长叶片纹。底径10、残高1.8厘米（图四四，4）。

器耳 1件。H9：204，夹砂褐陶。已残断。弧形，表面加贴一条纵向的泥条附加堆纹。残长5、宽2.4、厚1.5厘米（图四四，8）。

（9）H10出土陶器

H10出土陶器完整器及残片169件（片），泥质陶略多于夹砂陶，以夹砂灰陶、泥质灰陶、泥质褐陶为主，纹饰包括绳纹、附加堆纹、凹弦纹、彩陶、花边口沿装饰等（表九）。器形有小口瓶、彩陶瓶、罐、钵、碗、盆、缸、杯、环等。现对标本做如下介绍。

表九 H10出土陶片统计表

纹饰＼陶系	泥质陶				夹砂陶				合计	百分比
	红	褐	灰	黑	红褐	褐	灰	黑		
线纹			2						2	1
绳纹	2	18			24	40			84	50
彩陶	9								9	5
素面	3	8	3						14	8
素面磨光	14	21							35	21
绳纹＋附加堆纹					1	16			17	10
绳纹＋凹弦纹	1	2							3	2
穿孔	1								1	0.5
磨光＋附加堆纹		3							3	2
花边口沿						1			1	0.5
合计	30	54	3		25	57			169	
	87				82					
百分比	17	32	2		15	34				100
	51				49					

Ⅱ式小口瓶 3件。退化重唇口，直颈。H10：1，泥质褐陶。尖唇，沿面略内凹。内壁有明显的泥条粘接痕迹，表面有轮旋痕。口径9.2、残高10.2厘米（图四五，2；图版八四，6）。H10：9，肩部残片。泥质灰陶。广肩。器表饰交错线纹构成的菱格状装饰。残高5.2厘米（图四五，4）。H10：2，颈部残片。泥质灰陶，火候较高，厚胎。内壁有明显的泥条粘接痕迹。残高7.6厘米（图四五，6；图版八五，4）。

彩陶瓶 2件。H10：13，颈部残片。泥质红褐陶，表面磨光。直颈。以黑彩在颈部表

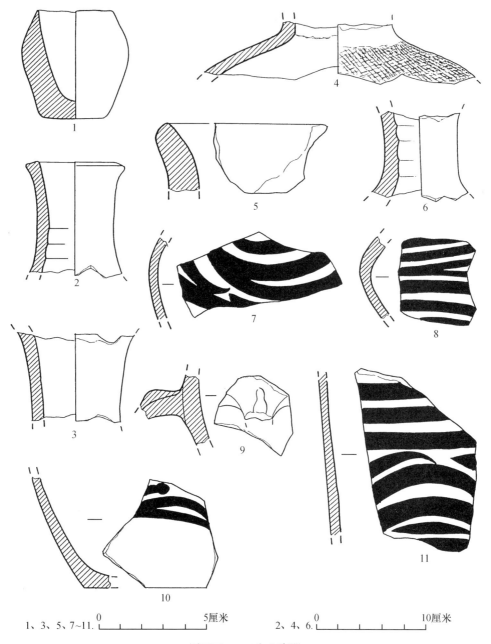

图四五　H10出土陶器

1. 杯（H10：25）　2、4、6. Ⅱ式小口瓶（H10：1、H10：9、H10：2）　3、11. 彩陶瓶（H10：13、H10：19）
5. 缸（H10：31）　7、8. 彩陶片（H10：21、H10：30）　9. 器耳（H10：33）　10. 器底（H10：18）

面绘弧线纹。残高4厘米（图四五，3）。H10：19，腹部残片。泥质红褐陶，表面磨光。以黑彩在表面绘平行的直线条、弧线条纹及长叶片纹（图四五，11；图版九一，2）。

　　Ⅰ式侈口罐　1件。鼓腹。H10：36，夹粗砂灰陶。方唇。唇面、内沿面及颈部均饰斜向绳纹，外沿面饰斜向绳纹。残高2.7厘米（图四六，1）。

　　敛口罐　1件。H10：16，泥质褐陶，表面磨光。卷沿，圆唇，鼓腹。口径23.1、残高4.2厘米（图四六，2）。

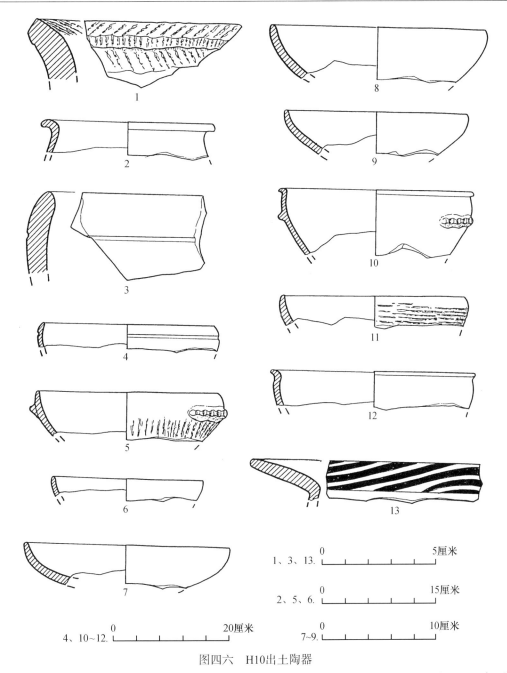

图四六　H10 出土陶器

1. Ⅰ式侈口罐（H10：36）　2. 敛口罐（H10：16）　3~5. 敛口钵（H10：24、H10：40、H10：38）　6、7. 直口钵
（H10：8、H10：7）　8. 敞口钵（H10：22）　9. Ⅱ式碗（H10：41）　10、12. A 型盆（H10：4、H10：6）　11. 敛口盆
（H10：10）　13. B 型盆（H10：20）

敞口钵　1 件。H10：22，泥质褐陶，内外壁面磨光。圆唇，斜腹。口径 19、残高 4.4 厘米（图四六，8）。

直口钵　2 件。泥质褐陶，表面磨光。圆唇。H10：8，口径 18.8、残高 2.7 厘米（图四六，6）。H10：7，斜腹下收。口径 18、残高 3.4 厘米（图四六，7）。

敛口钵　3 件。鼓腹下收。H10：24，泥质磨光黑皮陶。尖唇。内沿有一周凸棱，外沿有一周凹槽，内壁有轮旋痕。残高 3.6 厘米（图四六，3）。H10：40，泥质灰陶，表面磨光。尖唇。沿内外均有一周凹槽。口径 30、腹径 32、残高 4 厘米（图四六，4）。H10：38，泥质褐陶。圆唇。上腹有鸡冠状錾，腹部饰纵向绳纹。口径 24、腹径 24.9、残高 6 厘米（图四六，5）。

Ⅱ式碗　1 件。直口。H10：41，泥质黄褐陶，表面磨光。圆唇，斜腹。口径 16、残高 3.4 厘米（图四六，9）。

盆　3 件。包括 A 型和 B 型。

A 型　2 件。卷沿。敛口，鼓腹。H10：4，泥质灰陶，内外壁面磨光。尖唇，腹下收。上腹有较宽的鸡冠状錾。口径 34、腹径 33.2、残高 11.2 厘米（图四六，10；图版八六，3）。H10：6，泥质红褐陶，表面磨光。圆唇。口径 36、腹径 34.8、残高 6 厘米（图四六，12）。

B 型　1 件。折沿。H10：20，彩陶盆。泥质灰褐陶，表面磨光。宽沿，方唇。以黑彩在沿面绘斜向的平行弧线条纹，沿外壁有轮旋痕。残高 1.6 厘米（图四六，13；图版八九，2）。

敛口盆　1 件。H10：10，夹粗砂褐陶，口部内外面磨光。圆唇，鼓腹。腹部饰斜向绳纹。口径 32、腹径 33.2、残高 4.2 厘米（图四六，11）。

缸　1 件。H10：31，泥质褐陶，表面磨光。厚胎，方唇。残高 3 厘米（图四五，5）。

杯　1 件。H10：25，泥质褐陶。直口，尖唇，腹微鼓，平底。口径 3.7、腹径 4.9、底径 3、高 4.8 厘米（图四五，1；图版八七，3）。

器耳　1 件。H10：33，泥质褐陶。弧形耳，已残断，耳面加贴纵向的波浪式细泥条附加堆纹。残高 3.5 厘米（图四五，9）。

彩陶片　2 件。H10：21，器物肩部残片。泥质黄褐陶，表面磨光。以黑彩在器表绘相交的弧线条纹（图四五，7；图版九二，3）。H10：30，器物肩部残片。泥质灰褐陶，表面磨光。以黑彩在器表绘平行的弧线条纹（图四五，8）。

环　1 件。H10：48，泥质磨光黑皮陶。已残断，较细，截面略呈三角形。直径 6、厚 0.5 厘米（图五五，14）。

器底　9 件。平底或小平底。H10：18，彩陶器底。泥质灰褐陶，薄胎，表面磨光。弧壁，平底。以黑彩在表面绘弧线条及圆点纹。残高 4.8 厘米（图四五，10）。H10：32，夹粗砂灰陶。斜直壁。表面饰纵向细绳纹。残高 5.2 厘米（图四七，1）。H10：28，夹粗砂灰陶。斜直壁，底略外折。表面饰纵向绳纹。残高 8.4 厘米（图四七，2）。H10：27，夹粗砂褐陶。斜直壁。表面饰斜向绳纹。残高 2 厘米（图四七，3）。H10：17，彩陶器底。泥质红褐陶，表面磨光。斜直壁。以黑彩在腹表绘线条纹。残高 1.7 厘米（图四七，4）。H10：15，泥质褐陶，表面磨光。坦腹。底径 16.2、残高 1.6 厘米（图四七，5）。H10：11，泥质灰陶，壁表磨光。底径 9.5、残高 2.2 厘米（图四七，6）。H10：29，泥质灰陶，表面磨光。坦腹。底径 5、残高 2.5 厘米（图四七，7）。H10：14，泥质褐陶，表面磨光。坦腹。近底部有一圆形的单向穿孔。底径 14、残高 3 厘米（图四七，8）。

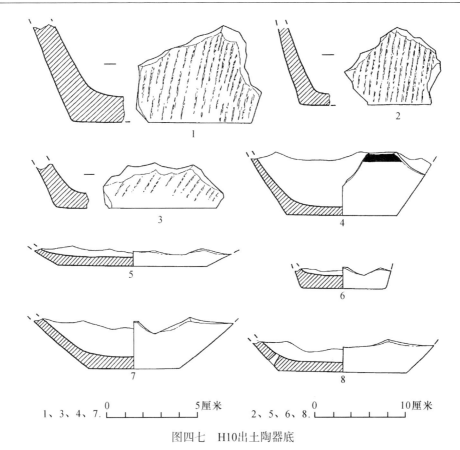

图四七　H10 出土陶器底

1. H10：32　2. H10：28　3. H10：27　4. H10：17　5. H10：15　6. H10：11　7. H10：29　8. H10：14

（10）T5 第 5 层、T2 第 4 层、T6 第 4 层出土陶器

碗　2 件。包括 I 式和 II 式。

I 式：1 件。敞口。T6④：2，泥质褐陶，内外壁面磨光。圆唇，斜壁。口径 15、残高 2 厘米（图四八，1）。

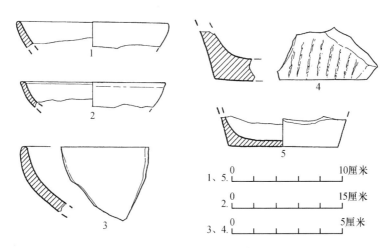

图四八　第 4、5 层出土陶器

1. I 式碗（T6④：2）　2. 直口钵（T6④：1）　3. II 式碗（T2④：2）　4、5. 器底（T2④：3、T5⑤：1）

Ⅱ式：1件。直口。T2④：2，夹砂红褐陶。圆唇。残高3.3厘米（图四八，3）。

直口钵　1件。T6④：1，泥质红陶。尖唇，弧腹。唇内有一周凸棱。口径20、残高2厘米（图四八，2）。

器底　2件。平底。T2④：3，夹砂褐陶。斜壁，底略外折。表面饰纵向绳纹。残高2.3厘米（图四八，4）。T5⑤：1，泥质红褐陶。斜直壁。底径10、残高2.4厘米（图四八，5）。

（11）T4第2B层出土陶器

T4第2B层出土陶器残片70件（片），泥质陶多于夹砂陶，以泥质灰陶及褐陶为主，纹饰有绳纹、线纹、附加堆纹、乳钉纹、彩陶、花边口沿装饰等（表一○）。器形包括小罐、碗、钵、罐等。现对标本做如下介绍。

表一○　T4第2B层出土陶片统计表

纹饰 \ 陶系	泥质陶				夹砂陶				合计	百分比
	红	褐	灰	黑	红褐	褐	灰	黑		
彩陶		1							1	1.4
素面	17	14	6						37	52.8
绳纹	1	13				6	3		23	32.8
线纹+乳钉纹	1								1	1.4
绳纹+附加堆纹	1								1	1.4
磨光		4							4	6
绳纹+压印纹		1							1	1.4
线纹		1							1	1.4
花边口沿						1			1	1.4
合计	21	33	6		7	3			70	
	60				10					
百分比	30	47	9		10	4			100	
	86				14					

直口小罐　1件。T4②B：9，夹细砂褐陶，薄胎。方唇，腹微鼓。口径12、残高3.2厘米（图四九，12）。

Ⅰ式碗　1件。T4②B：7，泥质褐陶。尖唇，斜腹。残高1.6厘米（图四九，9）。

直口钵　1件。T4②B：12，泥质灰陶，表面磨光。方唇，斜壁。上腹表加贴横向的波浪式泥条附加堆纹。口径20、残高4厘米（图四九，3）。

Ⅲ式侈口罐　2件。直腹，表面有箍带状装饰。T4②B：3，夹砂褐陶。卷沿，方唇。唇面压印较深的锯齿状花边口沿，颈部饰纵向的细绳纹，上腹加贴横向的波浪式泥条附加堆纹。残高4.2厘米（图五○，1）。T4②B：4，泥质灰陶。腹部残片，器表饰纵向细绳纹，并加贴多道横向的波浪式泥条附加堆纹。残高5.7厘米（图五一，2）。

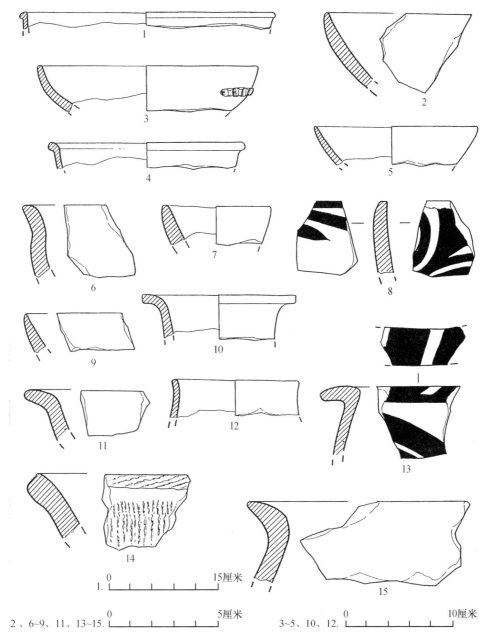

图四九　第2层出土陶器

1. A 型盆（T5②B：17）　2、5、9. Ⅰ式碗（T4②A：2、T5②B：9、T4②B：7）　3. 直口钵（T4②B：12）

4、11. 卷沿钵（T5②B：11、T5②B：10）　6. 曲腹钵（T2②：4）　7. 臼（T2②：6）　8. 彩陶片（T5②B：3）

10. Ⅳ式小口瓶（T5②B：18）　12. 直口小罐（T4②B：9）　13. B 型盆（T4②A：1）

14. Ⅱ式长颈罐（T4②A：4）　15. 卷沿罐（T5②B：20）

（12）T5 第 2B 层出土陶器

T5 第 2B 层出土陶器残片 148 件（片），泥质陶远多于夹砂陶，以泥质灰陶及褐陶、夹砂褐陶为主，纹饰包括绳纹、线纹、附加堆纹、彩陶、压印纹及花边口沿装饰（表一一）。器形有小口瓶、彩陶瓶、罐、钵、盆、碗等。现对标本做如下介绍。

表一一　T5第2B层出土陶片统计表

陶系　　纹饰	泥质陶				夹砂陶				合计	百分比
	红	褐	灰	黑	红褐	褐	灰	黑		
彩陶	10								10	7
素面	12	32	9		3				56	38
绳纹	6	19			18	10			53	35
线纹		8							8	5
绳纹+压印纹		1							1	1
线纹+附加堆纹		1							1	1
花边口沿								1	1	1
磨光	6	12							18	12
合计	34	73	9		21	11			148	
	116				32					
百分比	23	49	6		14	8				100
	78				22					

小口瓶　3件。包括 I 式和 IV 式。

I 式：1件。双唇口。T5②B：15，泥质灰陶。直口，内外唇面间略内凹。内沿有一周凹槽。口内径7.7、口外径10、残高4厘米（图五〇，2）。

IV 式：2件。喇叭口。T5②B：18，泥质灰陶。方唇，直颈。唇面有凹弦纹，内外壁面有轮旋痕。口径14、残高4厘米（图四九，10）。T5②B：6，泥质灰陶。圆唇。残高3.9厘米（图五〇，3）。

彩陶瓶肩部残片　1件。T5②B：2，泥质红褐陶。以黑彩在表面绘平行的弧线条纹。残高2.2厘米（图五〇，6）。

III 式侈口罐　1件。直腹。表面有箍带状装饰。T5②B：25，夹砂褐陶。卷沿，方唇。沿面压印较深的锯齿状花边口沿。残高2.3厘米（图五〇，4）。

卷沿罐　2件。泥质灰陶，表面磨光。敛口，尖唇，鼓腹。T5②B：20，残高3.7厘米（图四九，15）。T5②B：19，残高4.6厘米（图五一，1）。

卷沿钵　2件。泥质褐陶。圆唇。T5②B：11，直口。口径18、残高2.2厘米（图四九，4）。T5②B：10，敞口。残高2厘米（图四九，11）。

A 型盆　1件。T5②B：17，泥质灰陶，表面磨光。直口。尖唇，口径35、残高1.5厘米（图四九，1）。

I 式碗　1件。敞口。T5②B：9，泥质黄陶。尖唇，斜壁。口径15、残高3.4厘米（图四九，5）。

彩陶片　3件。T5②B：3，泥质红褐陶，内外表面磨光。以黑彩在外壁绘弧线条及长叶片纹，内壁绘相交的弧线条及弧线三角纹。残高3.4厘米（图四九，8）。

T5②B：14，泥质灰褐陶，表面磨光。以黑彩在器表绘平行的弧线条纹。残高 3.2 厘米（图五〇，9）。T5②B：7，泥质灰褐陶，表面磨光。以黑彩在器表绘弧线三角纹及细网格纹。残高 3.2 厘米（图五〇，10）。

器底　3件。平底。T5②B：8，泥质褐陶。坦腹。残高 1.4 厘米（图五一，4）。T5②B：22，夹粗砂红褐陶，厚胎。斜直壁。残高 2.9 厘米（图五一，7）。

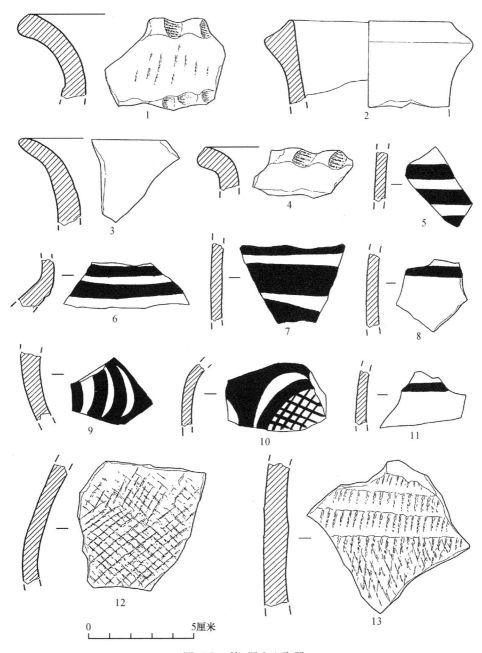

图五〇　第2层出土陶器

1. Ⅲ式侈口罐（T4②B：3）2. Ⅰ式小口瓶（T5②B：15）3. Ⅳ式小口瓶（T5②B：6）4. Ⅲ式侈口罐（T5②B：25）5、7、8～11. 彩陶片（T2②：2、T4②A：3、T1②：1、T5②B：14、T5②B：7、T5②A：1）6. 彩陶瓶肩部残片（T5②B：2）12、13. 纹饰陶片（T1②：2、T2②：5）

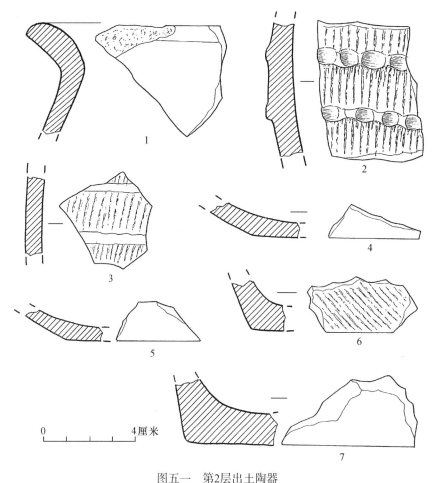

图五一　第2层出土陶器

1. 卷沿罐（T5②B：19）　2. Ⅲ式侈口罐（T4②B：4）　3. 纹饰陶片（T5②A：3）

4～7. 器底（T5②B：8、T5②A：2、T1②：4、T5②B：22）

（13）晚期地层出土陶器

晚期地层包括所有探方的第1层，T1、T2的第2层，T4、T5的第2A层。出土陶器的器形包括小口瓶、罐、盆、钵、碗、臼等。现对标本介绍如下。

Ⅳ式小口瓶　1件。喇叭口。T4①：1，泥质灰陶，表面磨光。卷沿，尖唇，直颈。内外壁面有轮旋痕。口径16、残高3.8厘米（图五二，1）。

Ⅲ式侈口罐　1件。直腹。表面有箍带状装饰。T2①：5，夹砂褐陶。卷沿，方唇。唇面饰斜向绳纹，颈部饰交错绳纹，并加贴横向的波浪式泥条附加堆纹。残高3.6厘米（图五二，4）。

Ⅱ式长颈罐　1件。T4②A：4，夹砂褐陶。方唇，溜肩。唇面饰斜向绳纹，器表饰纵向绳纹。残高3.4厘米（图四九，14）。

B型盆　1件。T4②A：1，彩陶盆。泥质灰褐陶，表面磨光。敛口，方唇，鼓腹。以黑彩在沿面绘纵向的宽弧线条纹，在内壁绘相交的弧线条纹，外壁绘宽弧线条纹。残高3.2厘米（图四九，13）。

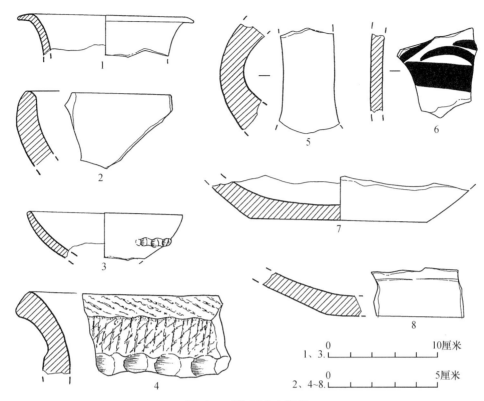

图五二　第1层出土陶器

1. Ⅳ式小口瓶（T4①：1）　2. 敛口钵（T4①：4）　3. 敞口钵（T2①：2）　4. Ⅲ式侈口罐（T2①：5）

5. 器耳（T1①：3）　6. 彩陶片（T4①：2）　7、8. 器底（T2①：3、T4①：5）

Ⅰ式碗　1件。敞口。T4②A：2，泥质褐陶，内外壁磨光。尖唇，斜壁。残高 3.5 厘米（图四九，2）。

敞口钵　1件。T2①：2，泥质红褐陶。圆唇，弧壁。上腹饰横向的鸡冠状錾。口径 14、残高 4 厘米（图五二，3）。

曲腹钵　1件。T2②：4，泥质灰陶，内外表面磨光。侈口，尖唇。残高 3.2 厘米（图四九，6）。

敛口钵　1件。T4①：4，泥质褐陶，内外壁面磨光。圆唇，鼓腹。残高 3.4 厘米（图五二，2）。

臼　1件。T2②：6，泥质黄褐陶。敞口，圆唇，斜腹。内壁可见泥质粘接痕。口径 5、残高 1.8 厘米（图四九，7）。

彩陶片　5件。T2②：2，泥质红褐陶。表面磨光。以黑彩在表面绘平行的线条纹（图五○，5）。T1②：1，泥质红褐陶，表面磨光。以黑彩在表面绘横向线条纹（图五○，8）。T4②A：3，泥质红褐陶，表面磨光。以黑彩在表面绘较宽的平行弧线条纹。残高 3.6 厘米（图五○，7）。T5②A：1，泥质灰褐陶，表面磨光。以黑彩在表面绘平行的窄线条纹（图五○，11）。T4①：2，泥质红褐陶，表面磨光。以黑彩在表面绘弧线条纹及长叶片纹（图五二，6）。

器耳　1件。T1①：3，泥质灰陶。已残断，扁平弧形耳。残高4.6、宽2.4、厚1厘米（图五二，5）。

器底　4件。平底。T5②A：2，泥质褐陶，表面磨光。坦腹。残高3厘米（图五一，5）。T1②：4，夹粗砂灰陶。斜直壁。器表饰斜向细绳纹。残高2.3厘米（图五一，6）。T2①：3，泥质褐陶。坦腹。底径8、残高1.9厘米（图五二，7）。T4①：5，泥质灰陶。坦腹。器表有横向的切割痕迹。残高2.2厘米（图五二，8）。

纹饰陶片　3件。T1②：2，泥质灰陶。表面饰交错线纹（图五〇，12）。T2②：5，泥质灰陶。表面饰交错细绳纹，并加划横向的平行凹弦纹，内壁有明显的手制痕迹（图五〇，13）。T5②A：3，泥质灰陶。表面饰竖向线纹，并加划平行的横向凹弦纹（图五一，3）。

（14）采集陶器

采集陶器的器形包括小口瓶、尖底瓶、彩陶瓶、壶、盆、钵、环、陶塑人面像等。现对标本介绍如下。

小口瓶　4件。包括Ⅰ式、Ⅲ式和Ⅳ式。

Ⅰ式：2件。泥质灰陶。直口，尖唇，双唇口。采：22，内外沿面间有较宽的凹槽，口内有凸棱一周，颈部有明显的泥条粘接痕迹。口内径6.2、口外径10.6、残高5.4厘米（图五三，7；图版八四，3）。采：12，唇较厚，内外唇面斜平，直颈，口内有一周凹槽。表面有轮旋痕，外唇系另外粘接。口内径6、口外径10、残高4.2厘米（图五三，12；图版八四，2）。

Ⅲ式：1件。平唇口。采：32，泥质灰陶。直口，折沿，沿面斜平，圆唇。残高3.1厘米（图五三，13）。

Ⅳ式：1件。喇叭口。采：33，泥质红褐陶。侈口，尖唇，束颈。口径14、残高2.6厘米（图五三，8）。

Ⅱ式尖底瓶　1件。采：44，泥质褐陶，表面磨光。钝角底，内壁可见泥条粘接痕迹及乳凸。残高3.1厘米（图五四，8；图版八三，2）。

彩陶带耳瓶腹部残片　1件。采：11，泥质红褐陶，表面磨光。器耳已残断。以黑彩在表面绘横向的平行线条纹及斜向的长叶片纹。残高4.7厘米（图五四，4；图版九〇，4）。

壶　1件。采：41，泥质褐陶。敞口，浅盘状口，圆唇，束颈。口径10、残高1.9厘米（图五三，14）。

塑人面像　1件。采：1，陶容器（瓶或罐）腹片上的装饰物。泥质灰陶。陶片表面保留交错线纹，塑像造型简练生动，高鼻，长方脸，眼深凹，仅塑出鼻及下巴，戳出双眼及嘴部。人头高3.9、宽2.6、厚1.1厘米（图二八，5；图五四，1；图版九一，1）。

盆　4件。包括A型和B型。

A型　2件。卷沿。采：21，泥质褐陶，厚胎。敞口，方唇。口径30、残高3.6厘米（图五三，3）。采：20，泥质灰陶，表面磨光。敛口，圆唇，圆腹。上腹有一周凸棱。口径37、残高5.6厘米（图五三，5）。

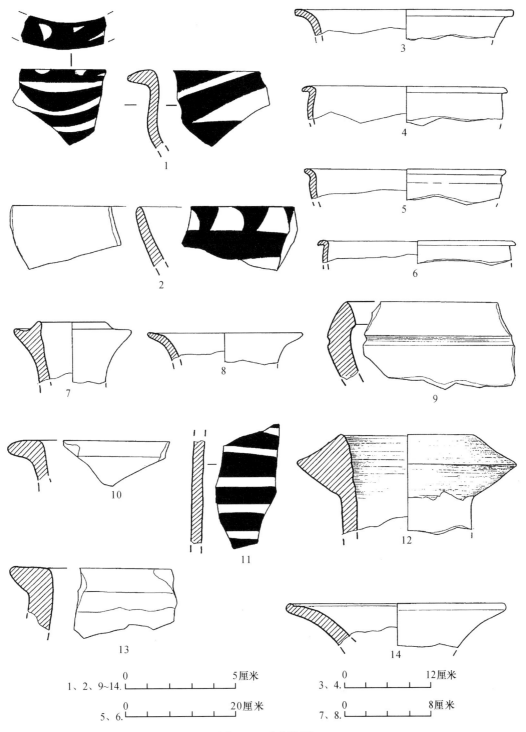

图五三　采集陶器

1、10. 折沿钵（采：35、采：38）　2. 彩陶钵（采：31）　3、5. A 型盆（采：21、采：20）　4、6. B 型盆
（采：34、采：50）　7、12. Ⅰ式小口瓶（采：22、采：12）　8. Ⅳ式小口瓶（采：33）　9. 敛口钵（采：29）
11. 彩陶片（采：37）　13. Ⅲ式小口瓶（采：32）　14. 壶（采：41）

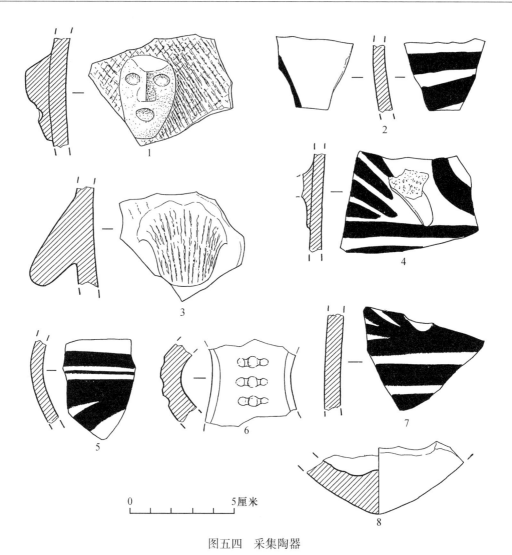

图五四　采集陶器

1. 塑人面像（采：1）　2、5、7. 彩陶片（采：31、采：36、采：30）　3. 陶片（采：14）　4. 彩陶带耳瓶腹部残片
（采：11）　6. 器耳（采：42）　8. Ⅱ式尖底瓶（采：44）

　　B 型　2 件。折沿。泥质灰陶，表面磨光。敛口，尖唇，鼓腹。采：34，口径 28、残高 4.5 厘米（图五三，4）。采：50，上腹有单向圆形穿孔。口径 35、残高 3.6 厘米（图五三，6）。

　　折沿钵　2 件。采：38，泥质灰陶，表面磨光。敞口，折沿，方唇。残高 2 厘米（图五三，10）。采：35，彩陶钵。泥质红陶，内外壁面磨光。直口，方唇。以黑彩在沿面绘较粗的弧线条纹，在腹表绘平行窄线条纹及长叶片纹。残高 3.4 厘米（图五三，1；图版九〇，1）。

　　敛口钵　1 件。采：29，泥质灰陶，表面磨光。敛口，尖唇，曲腹下收。内沿有一周凸棱，外沿有一周凹槽。残高 3.8 厘米（图五三，9）。

　　彩陶钵　1 件。采：31，泥质灰褐陶，内外壁面磨光。直口，方唇。以黑彩在内壁绘宽线条及齿状纹。残高 2.8 厘米（图五三，2）。

环　1件。采：13，泥质灰陶，表面磨光。已残断，外壁圆弧，内壁略平。内径4.7、外径6.1、高1.2、厚0.6厘米（图五五，6）。

器耳　1件。采：42，泥质褐陶。较宽，表面饰横向的三个一组的圆圈戳印纹。宽3.5、残高3.9、厚1厘米（图五四，6）。

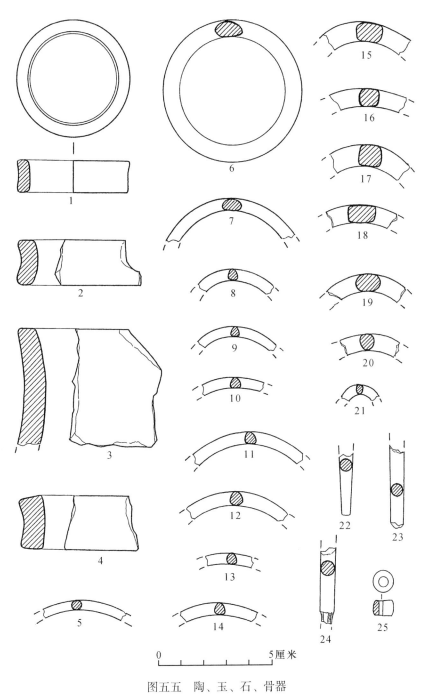

图五五　陶、玉、石、骨器

1、2、4、6～20. 陶环（H5：83、H3：45、H5：49、采：13、H7：2、H9：7、II7：8、II7：9、H7：7、H3：9、H9：20、H10：48、H3：8、H3：76、H3：77、H3：78、H9：219、H9：209） 3. A型玉环镯（H2：36） 5、21. 骨环（H5：87、H5：86） 22. 陶镞（H5：85） 23. 石笄（H6：1） 24. 骨笄（T1③：1） 25. 玉珠（T5①：1）

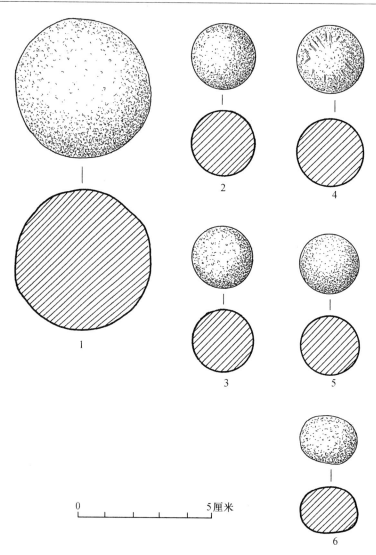

图五六　陶球、珠

1. 球（H2∶20）　2～6. 珠（H9∶5、H3∶3、H2∶18、H2∶9、H2∶41）

彩陶片　4件。泥质红褐陶，表面磨光。采∶37，表面以黑彩绘平行的线条纹。残高5.5厘米（图五三，11；图版九二，2）。采∶31，以黑彩在内壁及外表绘较宽的线条纹，彩易脱落。残高3.2厘米（图五四，2）。采∶36，表面以黑彩绘横向的宽、窄平行及相交的线条纹。残高4.7厘米（图五四，5；图版九二，7）。采∶30，表面以黑彩绘横向平行宽线条纹及斜向的窄线条纹，彩易脱落。残高4.9厘米（图五四，7）。

陶片　1件。采∶14，泥质褐陶。表面有舌状錾。錾长3.9、宽1.6厘米（图五四，3）。

5. 自然遗物

植物果核　1件。H3∶71，灰黑色。圆形。

还出土了少量穿孔蚌器、云母片。

此外，还出土了大量动物骨骼，其数量可以与出土陶片对等。在发掘的过程中对出土的动物骨骼做了很细致地收集，虽然发掘面积较小，但共收集到动物骨骼 2769 件（含采集的），其中哺乳纲 2755 件，鸟纲 14 件。由于在埋藏过程中各种因素的影响，骨骼很破碎，68 件有烧痕，哺乳动物中可鉴定者仅 407 件，代表最小个体数 58，属种包括藏酋猴（*Macaca thibetana*）、狗（*Canis familiaris*）、黑熊（*Selenarctos thibetanus*）、猪獾（*Arctonyx collaris*）、豹猫（*Prionailurus bengalensis*）、野猪（*Sus scrofa*）、小麂（*Muntiacus reevesi*）、水鹿（*Cervus unicolor*）、斑鹿（*Cervus nippon*）、狍属（? *Capreiolus* sp.）、黄牛（*Bos taurus*）、斑羚（*Naemorhedus caudatus*）、豪猪（*Hystrix* sp.）等。

发掘时还对灰坑填土进行了浮选，发现了粟、黑麦等农作物品种。

五、结　语

（一）分期与年代

1. 分期

根据试掘发现的地层单位之间的叠压、打破关系，并结合出土遗物情况，可以对遗址进行分期研究。

本次试掘发现了如下几组地层单位的叠压和打破关系：

T1 ③ → H5 → ④ → H4

T2 ③ →（H8 ／ H9）→ ④ → H3 ↘ H10

T4 ② B → ④ → H6 → ⑤

T5 ② B → H7 → ④

T6 ④ → H2

根据出土遗物（主要是陶器）的情况，初步将遗址发现的新石器时代地层单位进行如下分组：

第一组：H2、H3、H4、H6、H10；

第二组：H5、H8、H9、第 4 层；

第三组：H1、H7、T4 及 T5 第 2B 层。

其中，第一组地层单位出土陶器包括Ⅰ式锐角底、Ⅱ式钝角底尖底瓶，Ⅰ式双唇口式、Ⅱ式退化重唇口式小口瓶，Ⅰ式鼓腹花边口沿侈口罐，Ⅰ式微侈口长颈罐，内唇带凸棱的圆腹敛口钵、敛口盆，B 型折沿带錾盆等，并有少量弧边三角纹、网格纹、圆点纹、变体鸟纹、勾叶状纹等图案题材的彩陶器。

第二组地层单位出土陶器包括Ⅲ式平唇口式、Ⅳ式喇叭口式小口瓶，Ⅱ式圆腹带附加堆纹的绳纹花边口沿侈口罐，Ⅱ式微敛口长颈罐，尖唇折腹敛口钵，圆唇及尖唇直口钵，

A 型卷沿盆、内彩直口钵等，并有少量圆点纹、弧线条纹、草卉纹等图案题材的彩陶器。

第三组地层单位出土陶器包括Ⅳ式喇叭口式小口瓶，Ⅲ式直腹带箍带纹的花边口沿侈口罐、Ⅲ式折沿长颈罐，A 型卷沿直口盆等，并有少量平行线条纹、弧线条纹等图案题材的彩陶器。

以上三组地层单位分别代表了遗址的早、中、晚三段遗存。一些代表性陶器的演变特征较为明确，如侈口罐由早段的Ⅰ式鼓腹花边口沿演变为中段的Ⅱ式圆腹带附加堆纹的绳纹花边口沿，再演变为晚段的Ⅲ式直腹带箍带纹的花边口沿；仅早段发现Ⅰ式锐角底和Ⅱ式钝角底尖底瓶；小口瓶由早段的Ⅰ式双唇口式、Ⅱ式退化重唇口式演变为中段的Ⅲ式平唇口式、Ⅳ式喇叭口式，晚段仅见Ⅳ式喇叭口式；长颈罐由早段的Ⅰ式微侈口演变为中段的Ⅱ式微敛口，再演变为晚段的Ⅲ式折沿长颈罐；敛口钵由早段的内唇带凸棱的圆腹演变为中段的尖唇折腹敛口钵；在彩陶纹饰图案题材方面，早段为弧边三角纹、网格纹、圆点纹、变体鸟纹、勾叶状纹等，中段为圆点纹、弧线条纹、草卉纹等，晚段则为平行线条纹、弧线条纹等。

从出土陶器特征来看，早、中、晚三段遗存之间关系密切，是先后继承、延续演进的同一种考古学文化的不同发展阶段。

2. 年代判定

哈休遗址目前尚缺乏 ^{14}C 年代测试数据等资料判定其绝对年代，但可以与渭河上游地区的文化面貌有较多相似性且文化序列清晰、年代明确的新石器时代遗存（尤其是以秦安大地湾遗址，文化堆积丰富、序列完整）相比较，从而判断其相对年代。

首先推断早段遗存的年代上限。其中的Ⅰ式锐角底、Ⅱ式钝角底尖底瓶，Ⅰ式双唇口式、Ⅱ式退化重唇口式小口瓶，内唇带凸棱的圆腹敛口钵，网格纹、圆点纹彩陶盆等与甘肃秦安大地湾遗址第四期遗存[6]、天水师赵村遗址第四期遗存[7]、武山县傅家门遗址石岭下类型遗存[8]、陇县原子头仰韶文化六期[9]、陕西宝鸡福临堡遗址二期和三期前段遗存[10]、宝鸡关桃园遗址仰韶文化晚期遗存[11]等的同类陶器的特征相似，其年代也应相当，上限约在距今 5500 年左右。

再推断晚段遗存的年代下限。其中Ⅳ式喇叭口式小口瓶、A 型卷沿直口盆等，以及平行线条纹、弧线条纹等彩陶纹饰图案题材，均可以在甘肃东乡林家遗址[12]、天水师赵村遗址第五期遗存、武山县傅家门遗址马家窑文化马家窑类型遗存等中找到相似的同类器，应系马家窑类型文化南传影响的产物。马家窑类型的年代下限不晚于距今 4700 年，哈休遗址的年代下限也与之相当。

（二）初步认识

1. 文化性质与文化因素分析

从文化因素上分析，哈休遗址出土的新石器时代遗物可以初步分为三组。

　　甲组：包括陶尖底瓶，陶双唇口式、平唇口式小口瓶，敛口曲腹尖唇口内壁有一道凸棱、外沿有一道凹弦纹的敛口钵，细泥质红陶直口碗，泥质红陶卷沿盆，弧边三角纹、变体鸟纹、勾叶状纹彩陶器等。

　　乙组：包括饰平行线条纹的喇叭口彩陶瓶，沿面绘弧线条及齿叶纹的敛口彩陶盆，圆腹敛口陶钵，折腹陶钵，泥质陶敛口碗，磨制穿孔石刀等。

　　丙组：包括绳纹及锯齿状花边口沿侈口罐，折沿钵，大口罐，卷沿罐，小口罐，长颈罐，深腹盆，夹砂褐陶敛口鼓腹罐（沿面、唇面及腹表饰绳纹，上腹装饰横向鸡冠状錾），饰绳纹及箍带状附加堆纹的夹砂褐陶片和泥质灰陶片，器体宽大的长条形磨制石斧，打制石片石器等。

　　甲组因素与甘肃秦安大地湾遗址第四期遗存、天水师赵村遗址第四期遗存、武山县傅家门遗址石岭下类型遗存、陇县原子头仰韶文化六期、陕西宝鸡福临堡遗址二期和三期前段遗存、宝鸡关桃园遗址仰韶文化晚期遗存等的同类陶器的特征相似。例如，大地湾遗址四期（仰韶文化晚期）的 B 型敛口钵（F400∶8 等）、AⅢ式敛口瓮（T803③∶75）的口沿特征与哈休遗址内唇带凸棱的敛口陶钵相似，大地湾四期的 A 型小口尖底瓶为双唇口（F400∶7 等），B 型小口尖底瓶以平唇口为主（如 F300∶3 等）；师赵村遗址四期的小口尖底瓶（T113③∶135、T115③∶41）、陶壶（T113③∶132）也均为平唇口，C 型钵（T112③∶132）也为敛口、曲腹、尖唇且口内壁有一道凸棱；傅家门遗址石岭下类型的 A 型瓶（T125H6∶33）为双唇口、钝角尖底分别与哈休遗址的 Ⅰ 式双唇口瓶（H2∶1）、Ⅱ 式尖底瓶（H3∶61），EⅠ式宽沿彩陶盆（T247M∶9）也与哈休遗址的 B 型折沿彩陶盆（H10∶41）相似；福临堡遗址二期的小口尖底瓶（H37∶8）、三期前段的小口尖底瓶（H31∶1）也为双唇口和平唇口，敛口盆多为尖唇且口内带凸棱，同哈休遗址同类器特征相似。它们的年代也应相近，为距今 5500～5000 年。

　　乙组因素与甘肃东乡林家遗址、天水师赵村遗址第五期遗存、武山县傅家门遗址马家窑文化马家窑类型遗存等遗存的同类器相似，应系马家窑类型文化南传影响的产物，其年代在距今 5000～4700 年。

　　丙组因素与甘青地区仰韶晚期文化、马家窑文化马家窑类型遗存之间存在较大差异，而与大渡河上游其他新石器文化遗址，以及岷江上游地区的茂县营盘山[13]、汶川姜维城遗址[14]等新石器文化遗存之间存在程度不同的相似性，应为川西北高原所独有的地方土著文化因素。

　　其中，甲组因素在早段所占比例较大，乙组因素在中段及晚段所占比例较大，而丙组因素在早、中、晚三段所占比例有增大的趋势。

　　以哈休遗址为代表的遗存是分布于大渡河上游地区的一种新石器时代文化，包含本土土著文化、仰韶晚期文化、马家窑文化等文化因素，其年代为距今 5500～4700 年。可以命名为"哈休类型"，即大渡河上游地区新石器时代晚期（主要为仰韶时代晚期）的考古学文化遗存。这类遗存分布于大渡河上游地区的河源区，主要是大、小金川河流域，尤其是脚木足河流域为其文化中心分布区。目前发现的遗址包括马尔康市哈休遗址、孔龙遗址、白赊遗址，金川县叶浓秋景遗址、沙耳尼遗址等。

除本土文化因素之外，哈休类型的文化渊源与黄河上游地区尤其是渭河上游地区仰韶文化晚期遗存的南移和变迁关系密切。哈休类型与大渡河上游的龙山时代遗存之间存在较大的差异，其文化流向目前尚不清楚。

2. 地理环境与聚落类型

大渡河上游流经高原山区，蜿蜒于崇山峻岭之中，河道多岩石险滩，两岸削壁千仞，水力资源丰富。东面的邛崃山（鹧鸪山）为大渡河与岷江上游的分水岭，西北面的牟尼茫起山及西面的大雪山（折多山、贡嘎山）为大渡河与雅砻江的分水岭，南面的小相岭为大渡河与安宁河的分水岭，东南面的二郎山为大渡河与青衣江的分水岭。根据地理环境的区别，可将大渡河上游地区实际上可以划分为两个亚区，即丹巴县以上的河源区和大小金川汇流后的上游区。

在河源区发现了多处仰韶时代晚期的遗址。河源区范围内的脚木足河流域至今仍然是马尔康的粮仓，开阔的河谷田坝有"小江南"之称。哈休遗址即位于此地区，该流域还有孔龙遗址和白赊遗址。遗址所处河谷两岸地带的台地发育较好，地势开阔、平坦，是整个茶堡河流域地理条件最为优越之处，适宜人类定居生活、生产，也是今天沙尔宗乡政府驻地所在和全乡人口最为密集的地方。

而汇流后的上游区，尤其是贡嘎山主峰脊线以东为陡峻的高山峡谷，地势起伏明显，大渡河咆哮奔流，谷窄水深，崖陡壁立，在水平距离不足 30 千米有 6500 余米的高差形成举世罕见的大峡谷，此区仅在丹巴县城附近的河谷两岸地带发现一处年代可以早至仰韶文化晚期的遗址——罕额依遗址。

与东面的岷江上游地区相比较，哈休遗址所在的大渡河上游河源区不仅整体海拔更高，而且高峰深谷的地势特征更为明显，地理环境条件的优越性相对较差，发育较好的河谷黄土台地较为少见。因此，像哈休遗址这样一处台地总面积近 10 万平方米、中心分布区面积上万平方米，文化层堆积厚度达 2.5 米的大型聚落遗址，并出土有涂红双孔石钺、数量较为丰富的玉器等高规格遗物，应为大渡河上游地区仰韶时代晚期的中心性聚落。与附近的孔龙、白赊、叶浓秋景、沙耳尼遗址等同时期的次级聚落一起，共同构成了大渡河上游地区的仰韶时代晚期聚落体系，是探讨川西北高原山地新石器时代文化的谱系序列、遗址分布规律和聚落结构体系等课题难得的实物资料。

3. 经济生业形态

在哈休遗址出土的动物骨骼中，只有狗是家养的，其他都应该是先民狩猎获得的，在日常的经济生活中，狩猎无疑是获取肉食的主要方式。虽然家养动物的种类仅有狗，但从我们收集的骨骼状况来看，分布很密集，破碎程度也很高，骨骼上保留有不少的砍切痕迹，而且还发现了很多的骨坯和制作骨器剩余的废料，这些都是定居聚落内动物骨骼遗存的特征。

从哈休遗址出土的遗迹和遗物来看，灰坑以圆形为主，也有个别袋状灰坑，且有一定的深度，如H5、H8、H10等，坑内填土呈黑色粉状，包含大量陶片、兽骨、植物炭化灰烬，H8的坑口、中部、底部各有意放置了一块石板，H10近底部还发现了经过焚烧的硬面。根据形状、结构及填土遗留物，判定这些灰坑应为储存粮食及其他物品的窖穴。遗址除发现有少量细石器和骨梗刀（尽管试掘未发现典型的细石叶，但骨梗刀的发现表明细石器工艺已相当成熟），这些是常用的与狩猎有关的工具。另外，试掘的同时对灰坑填土进行了浮选，收集的植物经过初步鉴定，可以确认发现了粟、黑麦等作物品种，说明哈休先民也栽培旱作谷物。尽管采集、狩猎、农业三者在经济结构中所占的比重目前难以准确估算，但可以肯定的是，日常生活的肉食资源以狩猎为主，家畜驯养占的比例很低。

可见，哈休先民平时农耕，农闲基本不饲养家畜，而是以狩猎获取肉食为主，唯一的家畜狗可能是作为先民狩猎的伴侣。遗址周围除有丰富的动物资源外，植被浓郁，采集业也应该是经济生活中不可或缺的补充形式。在哈休先民的经济结构中，狩猎经济所占的比例很高，经济结构单一性也突出，这可能与其丰富的动物资源有很大的关系，加上地处川西北高原地区，人口密度相对较小，食物资源压力也相对要小，平时狩猎就可以满足日常肉食需要[15]。

此外，一定数量涂红石器及陶片的出土，表明尚红习俗是哈休先民精神生活领域的重要内容。

附记：参加本次试掘的人员有成都文物考古研究院蒋成、陈剑、苏奎、李平，阿坝藏族羌族自治州文物管理所的陈学志、范永刚、邓小川，马尔康市文化体育局的张燕、王刚、杨昕等。资料整理及报告编写为陈剑、陈学志。出土动物骨骼鉴定由何锟宇完成。

绘图：曹桂梅
拓片：代堂才　代福尧
执笔：陈　剑　陈学志　范永刚　苏　奎　杨　昕

注　释

[1]　四川联合大学历史系考古教研室编：《四川大学考古专业三十五年·大事记》（内部资料），1995年。

[2]　陈学志：《马尔康孔龙村发现石棺葬墓群》，《四川文物》1994年第1期。

[3]　四川省文物考古研究院、阿坝藏族羌族自治州文物管理所、成都文物考古研究所、马尔康县文化体育局：《四川马尔康县白赊村遗址调查简报》，《成都考古发现》（2005），科学出版社，2007年；成都文物考古研究所、阿坝藏族羌族自治州文物管理所、马尔康县文化体育局：《四川马尔康县孔龙村遗址

调查简报》,《成都考古发现》(2005),科学出版社,2007年。

[4]　阿坝藏族羌族自治州文物管理所、四川省文物考古研究院、成都文物考古研究所、马尔康县文化体育局:《四川马尔康县哈休遗址调查简报》,《四川文物》2007年第4期;阿坝藏族羌族自治州文物管理所、四川省文物考古研究院、成都文物考古研究所、马尔康县文化体育局:《四川马尔康县哈休遗址2003、2005年调查简报》,《成都考古发现》(2006),科学出版社,2008年。

[5]　阿坝藏族羌族自治州文物管理所、成都文物考古研究所、马尔康县文化体育局:《四川马尔康县木尔溪遗址试掘简报》,《成都考古发现》(2005),科学出版社,2007年。

[6]　甘肃省文物考古研究所:《秦安大地湾———新石器时代遗址发掘报告》,文物出版社,2006年,第397～658页。

[7]　中国社会科学院考古研究所:《师赵村与西山坪》,中国大百科全书出版社,1999年,第50～71页。

[8]　中国社会科学院考古研究所甘青工作队:《武山傅家门遗址的发掘与研究》,《考古学集刊》(16),科学出版社,2006年。

[9]　宝鸡市考古工作队、陕西省考古研究所:《陇县原子头》,文物出版社,2005年,第128～144页。

[10]　宝鸡市考古工作队、陕西省考古研究所宝鸡工作站:《宝鸡福临堡———新石器时代遗址发掘报告》,文物出版社,1993年,第182～192页。

[11]　陕西省考古研究院、宝鸡市考古工作队:《宝鸡关桃园》,文物出版社,2007年,第220～255页。

[12]　甘肃省文物工作队、临夏回族自治州文化局、东乡族自治县文化馆:《甘肃东乡林家遗址发掘报告》,《考古学集刊》(4),中国社会科学出版社,1984年。

[13]　成都市文物考古研究所、阿坝藏族羌族自治州文管所、茂县羌族博物馆:《四川茂县营盘山遗址试掘报告》,《成都考古发现》(2000),科学出版社,2002年;蒋成、陈剑:《岷江上游考古新发现述析》,《中华文化论坛》2001年第3期;蒋成、陈剑:《2002年岷江上游考古的收获与探索》,《中华文化论坛》2003年第4期;成都文物考古研究院、阿坝藏族羌族自治州文物管理所、茂县羌族博物馆:《茂县营盘山新石器时代遗址》,文物出版社,2018年。

[14]　王鲁茂、黄家祥:《汶川姜维城发现五千年前文化遗存》,《中国文物报》2000年11月26日第1版;黄家祥:《汶川县姜维城新石器时代遗址及汉明城墙》,《中国考古学年鉴·2001》,文物出版社,2002年;黄家祥:《汶川姜维城遗址发掘的初步收获》,《四川文物》2004年第3期;四川省文物考古研究所、阿坝州文物管理所、汶川县文物管理所:《四川汶川县姜维城新石器时代遗址发掘报告》,《四川文物》2004年增刊;四川省文物考古研究所、阿坝州文物管理所、汶川县文化体育局:《四川汶川县姜维城新石器时代遗址发掘简报》,《考古》2006年第11期。

[15]　陈剑、何锟宇:《大渡河上游史前文化、环境与生业初析》,《四川文物》2007年第5期。

〔原载《南方民族考古》(第六辑),科学出版社,2010年,第295～374页〕

马尔康市白赊遗址调查简报

四 川 省 文 物 考 古 研 究 院
阿 坝 藏 族 羌 族 自 治 州 文 物 管 理 所
成 都 文 物 考 古 研 究 院
马 尔 康 市 文 化 体 育 局

一、引　　言

　　白赊遗址位于四川省马尔康市脚木足乡白赊村（图一；图版九六），地处脚木足河北岸二级阶地之上。脚木足河为大渡河的上游，发源于川青交界的果洛山，流经阿坝藏族羌族自治县、马尔康市的可尔因，与发源于红原县的查真梁子下的梭磨河并汇后称大金川，再南流经金川全境后至丹巴县城与小金川汇合，始称大渡河，最后在乐山注入岷江（图版九七；图版九八，1）。该遗址于1987年由阿坝藏族羌族自治州文物管理所进行文物普查时发现。2000年9月，成都市文物考古研究所（现成都文物考古研究院）、阿坝藏族羌族自治州文物管理所、茂县羌族博物馆业务人员又进行了实地调查。2003年5月，

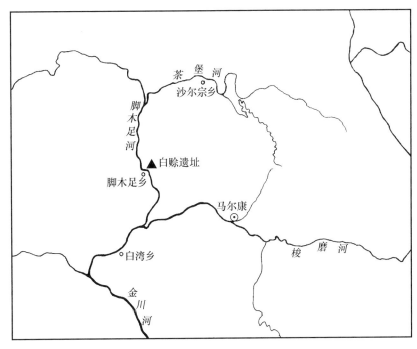

图一　遗址位置示意图

四川省文物考古研究院、阿坝藏族羌族自治州文物管理所、马尔康县（现马尔康市）文化体育局在对大渡河上游大、小金川的马尔康地区开展古文化遗址调查时再次进行了核查（图版九八，2）。后两次调查均采集大量陶器、石器等遗物。现将采集遗物简要介绍如下。

二、采集器物

包括陶器、石器两类（编号分别为 2000SMB 采：×、2003SMB 采：×，以下省略"SMB"）。

1. 陶器

（1）早期

陶器包括粗细平行线条纹、弧线纹、网格纹彩陶片（底色分为红褐色、黄褐色、灰褐色三种，陶质均为泥质陶）（图二），泥质灰陶卷沿纹唇大口罐，泥质灰陶绳纹敛口钵，泥质磨光灰陶盆、钵，泥质灰陶折沿平唇口瓶，饰绳纹、横向及斜向泥条附加堆纹的泥质灰陶片，泥质红陶碗，夹砂褐陶侈口绳纹罐等。现分类予以介绍。

平唇口瓶　2件。泥质灰陶，折沿。2003 采：9，直口，圆唇。沿面及内壁可见慢轮旋痕。口径 12、残高 4 厘米（图三，1）。2000 采：9，表面磨光。方唇。口径 14、残高 2 厘米（图三，2）。

瓶颈　1件。2000 采：5，泥质灰陶。广肩，束颈。残高 9 厘米（图三，7）。

壶　1件。2003 采：15，泥质褐陶，表面磨光。喇叭口，尖唇，长颈。残高 5 厘米（图三，5）。

大口卷沿罐　1件。2003 采：2，泥质灰陶，内壁磨光。卷沿，方唇，鼓腹。唇面饰斜向绳纹。口径 33.6、残高 6.9 厘米（图三，16；图版一〇〇，2）。

侈口小罐　1件。2003 采：4，夹砂褐陶。方唇。唇面及器表饰纵向细绳纹，颈部加贴波浪式泥条。口径 12、残高 4.8 厘米（图三，4）。

卷沿罐　1件。2003 采：33，泥质灰陶。圆唇。残高 3.4 厘米（图三，3）。

折沿盆　2件。2003 采：30，泥质灰陶，内外磨光。尖唇，鼓腹。口径 33.6、残高 4.5 厘米（图三，12）。2003 采：21，泥质褐陶，表面磨光。圆唇。口径 27、残高 2.7 厘米（图三，14）。

盘　1件。2003 采：12，泥质灰陶，内外壁磨光。敞口，尖唇，浅腹，平底。口径 21.6、底径 16、高 2.4 厘米（图三，10）。

直口钵　1件。2003 采：18，泥质灰陶，内外壁磨光。直口，方唇，折腹。口径 19.8、残高 3.3 厘米（图三，8）。

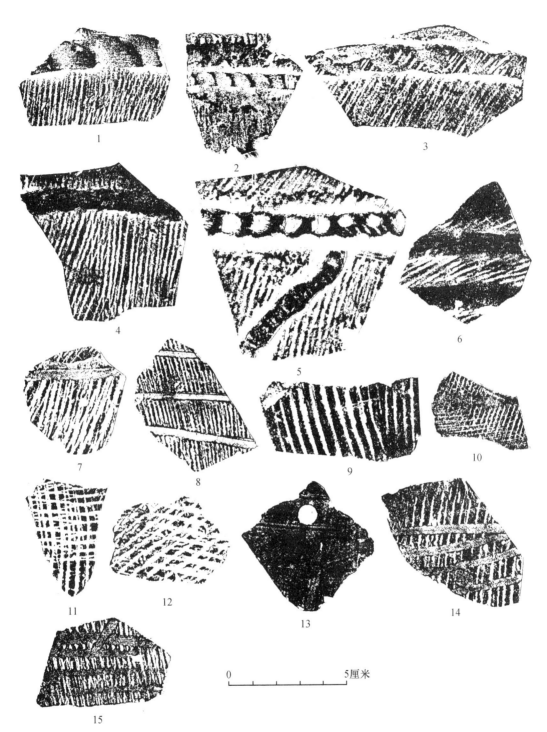

图二 陶片纹饰拓片

1. 绳纹＋附加堆纹（2000 采：15） 2. 绳纹花边口沿及附加堆纹（2003 采：4） 3～6. 绳纹＋附加堆纹
（2003 采：8、2000 采：26、2003 采：3、2000 采：20） 7、8. 凹弦纹＋细绳纹（2000 采：30、2000 采：14）
9、11、12. 绳纹（2000 采：11、2000 采：29、2000 采：25） 10. 线纹（2000 采：35） 13. 穿孔
（2003 采：16） 14、15. 凹弦纹＋绳纹（2000 采：12、2000 采：13）

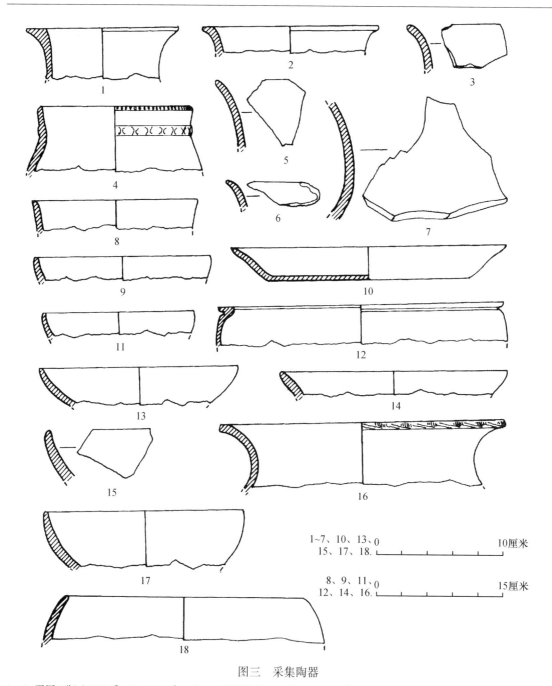

图三　采集陶器

1、2. 平唇口瓶（2003 采：9、2000 采：9）　3. 卷沿罐（2003 采：33）　4. 侈口小罐（2003 采：4）　5. 壶（2003 采：15）
6. 卷沿钵（2000 采：7）　7. 瓶颈（2000 采：5）　8. 直口钵（2003 采：18）　9、18. 敛口钵（2003 采：14、2003 采：22）
10. 盘（2003 采：12）　11、15、17. 敞口碗（2000 采：8、2003 采：26、2003 采：31）　12、14. 折沿盆（2003 采：30、
2003 采：21）　13. 直口碗（2000 采：6）　16. 大口卷沿罐（2003 采：2）

　　敛口钵　3 件，圆唇。2003 采：14，细泥质灰陶，表面磨光。口径 21、残高 2.7 厘米（图三，9）。2003 采：22，细泥质红陶，内外壁磨光。口径 19、残高 3.2 厘米（图三，18）。2003 采：5，泥质灰陶。深腹。腹表及唇部饰纵向绳纹，腹表饰斜向细绳纹。残高 6.5 厘米（图七，7）。

卷沿钵 1件。2000采：7，泥质灰陶，内外壁磨光。尖唇。残高1.6厘米（图三，6）。

敞口碗 3件。2000采：8，泥质红陶。尖唇。口径18、残高2.4厘米（图三，11）。2003采：26，泥质褐陶，内壁磨光。圆唇。残高3.6厘米（图三，15）。2003采：31，泥质褐陶。尖唇，壁厚。口径16、残高4.4厘米（图三，17）。

直口碗 1件。2000采：6，细泥红陶，内外壁磨光。圆唇。口径16、残高2.8厘米（图三，13）。

器底 7件。平底或小平底。2003采：24，泥质灰陶。内外底饰绳纹。底径10、残高2.2厘米（图四，1）。2003采：20，泥质红陶。外底饰斜向细绳纹。底径7、残高1.8厘米（图四，2）。2003采：7，夹砂褐陶。厚胎。底径11.6、残高2厘米（图四，3）。2003采：19，泥质灰陶，表面磨光。底径6、残高3厘米（图四，4）。2003采：6，泥质灰陶。器表饰纵向细绳纹。底径11、残高3.4厘米（图四，5）。2003采：10，泥质灰陶。器表饰斜向划痕。底径16.8、残高2.5厘米（图四，6）。2000采：10，泥质褐陶。内底饰交错线纹，外底饰斜向线纹（图四，7）。

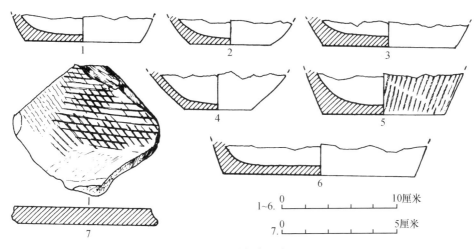

图四 采集陶器底

1. 2003采：24 2. 2003采：20 3. 2003采：7 4. 2003采：19 5. 2003采：6 6. 2003采：10 7. 2000采：10

彩陶片 10件。表面磨光。黑彩。2003采：15，细泥黄陶。绘平行的细线条纹（图五，1）。2003采：27，泥质灰褐陶。绘平行线条纹及粗弧线纹（图五，2）。2000采：4，细泥褐陶。绘网格纹（图五，3）。2003采：34，泥质褐陶。绘交接粗弧线条纹（图五，4）。2003采：28，细泥灰褐陶。绘平行线条纹（图五，5）。2003采：13，细泥褐陶。绘细网格纹（图五，6；图版一〇一，1）。2003采：17，细泥质灰褐陶。绘交接弧线条纹（图五，7）。2003采：11，泥质褐陶。绘平行的线条纹及交接弧线条纹（图五，8）。2003采：23，泥质灰褐陶。绘平行弧线条纹（图五，9；图版一〇一，2）。2003采：29，细泥褐陶。绘平行的粗弧线条纹（图五，10；图版一〇一，3）。

纹饰陶片 23件。2000采：14，泥质褐陶。表面饰纵向细绳纹，并加平行的带状凹

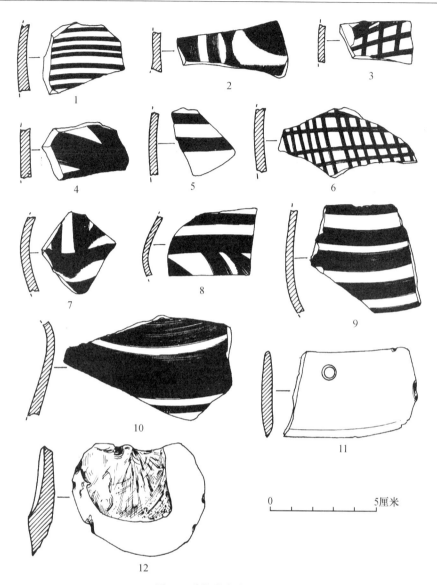

图五　采集彩陶片、石器

1～10. 彩陶片（2003 采：15、2003 采：27、2000 采：4、2003 采：34、2003 采：28、2003 采：13、2003 采：17、2003 采：11、2003 采：23、2003 采：29）　11. 穿孔石刀（2003 采：36）　12. 石切割器（2000 采：4）

弦纹（图六，1）。2000 采：30，泥质灰陶。表面饰交错线纹，并加横向凹弦纹（图六，2）。2000 采：13，泥质灰陶。表面饰纵向细绳纹，并加密集的凹弦纹（图六，3）。2000 采：27，泥质灰陶。表面饰交错线纹，并加平行的带状凹弦纹（图六，4）。2000 采：19，泥质灰陶。表面饰纵向细绳纹，并加横向凹弦纹（图六，5）。2000 采：12，泥质灰陶。表面饰斜向细绳纹，并加密集的平行凹弦纹（图六，6）。2000 采：28，泥质灰陶。表面饰纵向绳纹，并另贴横向波浪泥条（图六，7）。2000 采：20，泥质灰陶。表面饰斜向细绳纹，并加多道横向泥条，绳纹局部抹光（图六，8）。2000 采：15，泥质褐陶。表面饰纵向细绳纹加贴横向波浪式泥条附加堆纹（图六，9）。2000 采：18，泥质褐陶。表面饰斜向细绳纹，并加平行的凹弦纹（图六，10）。2000 采：24，泥质灰陶。表

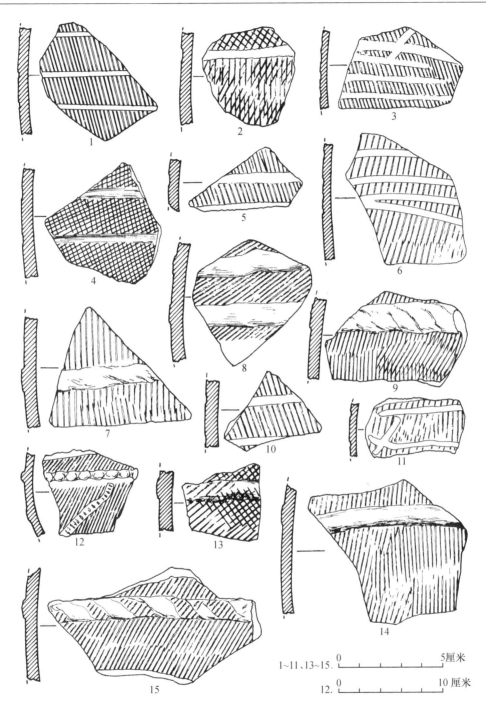

图六 采集陶片

1. 2000 采：14　2. 2000 采：30　3. 2000 采：13　4. 2000 采：27　5. 2000 采：19　6. 2000 采：12　7. 2000 采：28
8. 2000 采：20　9. 2000 采：15　10. 2000 采：18　11. 2000 采：24　12. 2003 采：3　13. 2000 采：16
14. 2000 采：26　15. 2003 采：8

面饰纵向绳纹，并加多道交接的凹弦纹（图六，11）。2003 采：3，泥质灰陶。表面饰纵向细绳纹，并加贴横向及斜向波浪式附加堆纹（图六，12；图版一○○，6）。2000采：16，泥质陶，外褐内灰。表面饰斜向绳纹，并加贴横向泥条附加堆纹（图六，13）。

2000 采：26，泥质褐陶。表面饰纵向细绳纹，并加贴横向泥条（图六，14）。2003 采：8，泥质灰陶。表面饰斜向绳纹，并加横向波浪式泥条附加堆纹，泥条上又压印斜向绳纹（图六，15）。2000 采：22，夹砂灰陶。表面饰交错绳纹（图七，1）。2000 采：17，泥质褐陶。表面饰纵向细绳纹（图七，2）。2000 采：2，泥质褐陶。表面饰交错绳纹（图七，3）。2000 采：25，泥质灰陶。表面饰交错线纹（图七，4）。2000 采：29，泥质灰陶。表面饰交错绳纹（图七，5）。2000 采：23，泥质灰陶。表面饰纵向细绳纹（图七，6）。2000 采：11，泥质灰陶。表面饰纵向粗绳纹，内壁有手制的按压痕迹（图七，8）。2000 采：21，夹砂灰陶。表面饰斜向细绳纹（图七，9）。

（2）晚期

遗址范围内另采集有少量陶片，风格与新石器时代遗物不同，可能为较晚的秦汉时期遗物。

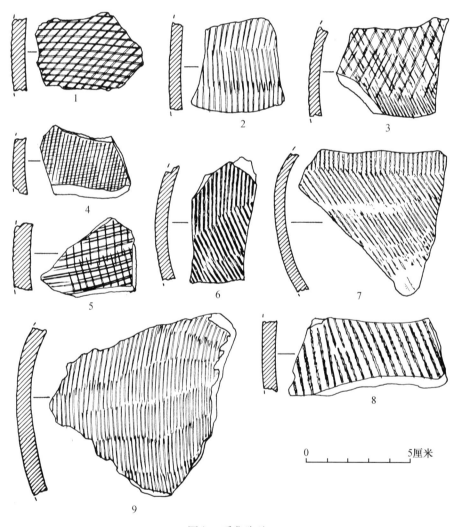

图七　采集陶片

1. 2000 采：22　2. 2000 采：17　3. 2000 采：2　4. 2000 采：25　5. 2000 采：29　6. 2000 采：23　7. 2003 采：5
8. 2000 采：11　9. 2000 采：21

　　器足　1件。2003采：35，夹细砂褐陶。锥状足。表面有纵向凸棱。残高3.8、足宽2厘米（图八，7）。

　　矮圈足　1件。2003采：25，夹细砂褐陶。底径4厘米（图八，5）。

　　器底　3件。平底。2000采：3，夹细砂外褐内黑陶。底径12、残高2厘米（图八，1）。2003采：32，夹细砂褐陶。底外折。表面饰纵向细绳纹。底径8.8、残高2.4厘米（图八，2）。2003采：1，夹细砂陶，外褐内黑。直壁。底径16.8、残高5.2厘米（图八，3）。

　　穿孔陶片　2件。表面有一单向小孔。2000采：1，夹细砂褐陶（图八，4）。2003采：16，泥质灰陶（图八，6）。

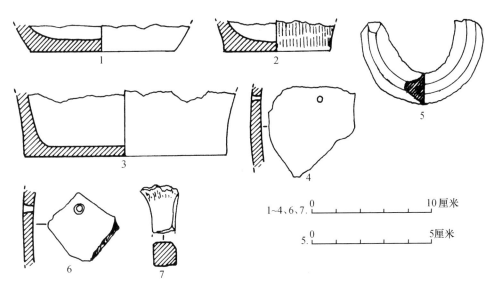

图八　白赊遗址采集晚期陶器

1~3. 器底（2000采：3、2003采：32、2003采：1）　4、6. 穿孔陶片（2000采：1、2003采：16）

5. 矮圈足（2003采：25）　7. 器足（2003采：35）

2. 石器

　　数量较少，仅见磨制穿孔刀及打制切割器两类。

　　穿孔刀　1件。2003采：36，灰黑色，通体磨光。残断，弧刃，中锋，凹背，近背部有双向穿孔，一端及背部有多道小刻槽。残长6、宽3.8、孔径0.5、厚5厘米（图五，11；图版九九，1）。

　　切割器　1件。2000采：4，灰褐色。弧刃，一面为劈裂面，可见打击疤点，另一面局部保留卵石自然面。长6.5、宽5、厚1.1厘米（图五，12）。

三、结　语

　　从采集遗物分析，白赊遗址范围内存在两个时期的文化遗存，即新石器时代和秦汉时期的遗存。新石器时代遗存中的各种底色的黑彩陶片（图案题材包括网格纹、平行线条纹、弧线条纹、交接线条纹等）、泥质灰陶平唇口瓶、直口碗、敞口碗等与甘肃东乡林家遗址[1]、师赵村遗址[2]第五期遗存等马家窑类型遗存的同类器物相似，与岷江上游的茂县营盘山遗址[3]、汶川县姜维城遗址[4]的同类陶器的特征也相似。年代应相距不远，为距今5000～4800年前后。

白赊遗址还有一组以大口卷沿罐、夹砂褐陶侈口罐、箍带状附加堆纹等为代表的文化因素，占较高比例，属于地方土著文化因素。白赊遗址与岷江上游的营盘山、姜维城遗址等包含彩陶文化因素的遗址同属一个大的文化系统，主要分布于川西高原。但大渡河上游、岷江上游的遗址文化面貌各有自己的特征，具体文化性质也有差异[5]。

白赊遗址的发现为探讨仰韶文化、马家窑文化的南传，黄河上游与长江上游仰韶时代晚期的文化交流互动，以及四川盆地西部地区新石器时代文化的渊源等课题提供了新的实物资料。

附记：参加2000年调查的人员包括成都文物考古研究院陈剑、李平、徐龙，阿坝藏族羌族自治州文物管理所陈学志，茂县羌族博物馆蔡清。时任马尔康县人民政府县长助理陈湘及马尔康县文化体育局局长刘培庚，曾亲自陪同前往遗址现场实地调查，仅致谢忱！参加2003年调查的人员包括阿坝藏族羌族自治州文物管理所陈学志、范永刚，马尔康县文化体育局的张燕、杨昕等。

绘图：杨文成

拓片：代堂才　代福尧

执笔：陈学志　陈　剑　范永刚　杨　昕

注　释

［1］　甘肃省文物工作队、临夏回族自治州文化局、东乡族自治县文化馆：《甘肃东乡林家遗址发掘报告》，《考古学集刊》（4），中国社会科学出版社，1984年。

［2］　中国社会科学院考古研究所：《师赵村与西山坪》，中国大百科全书出版社，1999年。

［3］　成都市文物考古研究所、阿坝藏族羌族自治州文管所、茂县羌族博物馆：《四川茂县营盘山遗址试掘报告》，《成都考古发现》（2000），科学出版社，2002年；蒋成、陈剑：《岷江上游考古新发现述析》，《中华文化论坛》2001年第3期；蒋成、陈剑：《2002年岷江上游考古的收获与探索》，《中华文化论坛》2003年第4期；成都文物考古研究院、阿坝藏族羌族自治州文物管理所、茂县羌族博物馆：《茂县营盘山新石器时代遗址》，文物出版社，2018年。

［4］　王鲁茂、黄家祥：《汶川姜维城发现五千年前文化遗存》，《中国文物报》2000年11月26日第1版；黄家祥：《汶川县姜维城新石器时代遗址及汉明城墙》，《中国考古学年鉴·2001》，文物出版社，2002年；黄家祥：《汶川姜维城遗址发掘的初步收获》，《四川文物》2004年第3期；四川省文物考古研究

所、阿坝州文物管理所、汶川县文物管理所：《四川汶川县姜维城新石器时代遗址发掘报告》,《四川文物》2004年增刊；四川省文物考古研究所、阿坝州文物管理所、汶川县文化体育局：《四川汶川县姜维城新石器时代遗址发掘简报》,《考古》2006年第11期。

[5] 陈剑、陈学志：《大渡河上游史前文化寻踪》,《中华文化论坛》2006年第3期。

附表一 2000年采集陶片陶质陶色及纹饰统计表

纹饰 \ 陶质陶色	泥质陶			夹砂陶			合计	百分比
	红	褐	灰	红	褐	黑		
素面	15	21	20	33	18	2	91	89.22
斜向绳纹	1	1	4		2		8	7.84
交错绳纹		1	1				2	1.96
彩陶	1						1	0.98
合计	17（16.67%）	23（22.55%）	7（6.86%）	33（32.35%）	20（19.61%）	2（1.96%）	102	100
	47（46.08%）			55（53.92%）				

附表二 2003年采集陶片陶质陶色及纹饰统计表

纹饰 \ 陶质陶色	泥质陶				夹砂陶		合计	百分比
	红	褐	灰	黑	褐	灰		
素面	12	13	20	2	1		48	39
斜向绳纹		1	30		3	1	35	28.5
交错绳纹	1	1	2			1	5	4.1
交错线纹	1		3				4	3.3
弦纹		1	9				10	8.1
附加堆纹			5		3		8	6.5
花边口沿			1		1		2	1.6
彩陶	6	5					11	8.9
合计	20（16.3%）	21（17.1%）	70（56.9%）	2（1.6%）	8（6.5%）	2（1.6%）	123	100
	113（91.9%）				10（8.1%）			

［原载《成都考古发现》（2005），科学出版社，2007年，第51～61页］

马尔康市脚木足河流域2013年考古调查简报

成 都 文 物 考 古 研 究 院
阿坝藏族羌族自治州文物管理所

一、引　言

　　脚木足河为大渡河的上游，发源于四川与青海两省交界的果洛山。大渡河是长江上游岷江水系最大的支流，发源于青海省果洛山东南麓，其源头有三：东源梭磨河出自鹧鸪山西北，西源绰斯甲河（多柯河）与正源脚木足河（麻尔柯河、阿柯河）均源自阿尼玛卿山脉的果洛山东南麓。三源汇于可尔因后称大金川，南流至丹巴县接纳小金川后称大渡河，于乐山注入岷江。全长 852 千米，流域面积 7.7 万平方千米。脚木足河流经马尔康市的日部乡、康山乡、草登乡、龙尔甲乡和脚木足乡。在嘉绒语里，"脚"是"山谷"的意思，脚木足即"河谷中的大坝子"。马尔康市境内有一级支流茶堡河发源于梭磨乡北部大青坪，由东向西在龙头滩汇入脚木足河。脚木足河流域地理环境条件较为优越，至今仍然是马尔康的粮仓。

　　脚木足河流域以往的考古工作基础较为薄弱，仅清理过少量汉代石棺葬和进行过零星的考古调查。1992 年 1 月，马尔康县（现马尔康市）脚木足乡孔龙村村民彭茂林在培修果园围墙时发现石棺葬 10 余座。阿坝藏族羌族自治州文物管理所接到报告后，即刻派人赶赴现场调查清理。孔龙村石棺葬墓群位于孔龙村村寨后面靠山脚的缓坡地带，脚木足河东岸的二级台地上。墓葬分布比较集中，方向一致，顺山势分三层排列，皆头向东，脚朝西。墓与墓紧密排列，间距仅 10～30 厘米。据介绍，自 20 世纪 50 年代起，这种墓葬在脚木足河两岸台地上便有发现，只是没有孔龙村这样集中[1]。这一局面从 2000 年以来有所改观，成都市文物考古研究所（现成都文物考古研究院）、阿坝藏族羌族自治州文物管理所、四川省文物考古研究院、马尔康县文化体育局等单位相继在脚木足河流域开展了一系列考古调查及试掘工作，发现和确认了多处新石器时代文化遗址及遗物采集点，并使得哈休村遗址被国务院公布为全国重点文物保护单位，孔龙遗址、白赊遗址被四川省人民政府公布为省级文物保护单位。

　　为深入推进脚木足河流域的考古研究工作，并探讨大渡河河源地区在黄河上游及长江上游地区史前文化交流互动中的重要地位，2013年7月，成都文物考古研究所（现成都文物考古研究院）、阿坝藏族羌族自治州文物管理所等单位业务人员赴阿坝藏族羌族自治州马尔康县、金川县、茂县、汶川县进行了考察。其中重点对马尔康县孔龙遗址、白赊遗址、哈休遗址进行了实地调查，采集了一批陶器、石器、骨器标本。

二、遗址概况及采集遗物

此次重点调查的孔龙村、白赊村、哈休村三处新石器时代文化遗址同处脚木足河流域内，沿干流及支流河岸的台地分布。

孔龙遗址位于脚木足乡孔龙村，地处脚木足河东岸一级阶地之上（图一）。北距孔龙村寨子约50米，东西长500、南北宽200米，地表种植蔬菜、荞麦等作物。1989年11月，阿坝藏族羌族自治州文物管理所徐学书、陈学志与四川大学考古专业教师林向、马继贤、李永宪等选择学生实习地点时，到此进行过调查[2]。2000年9月，成都市文物考古研究所、阿坝藏族羌族自治州文物管理所、茂县羌族博物馆业务人员又进行了实地调查[3]。为配合双江口水电站建设工程可行性研究工作的顺利开展，2005年6月，四川省文物管理委员会组织工程涉及地域的阿坝藏族羌族自治州文物管理所、马尔康县文化体育局等单位，抽调了考古、文物保护等方面的专业人员，组成了"双江口水电站文物调查工作队"，在进行双江口水电站建设征用地区地下文物的野外考古调查、勘探工作时也调查了孔龙遗址和白赊遗址[4]。

白赊遗址位于脚木足乡白赊村，地处脚木足河东岸二级阶地之上的台地（图一）。与孔龙遗址直线距离3200米。该遗址于1987年由阿坝藏族羌族自治州文物管理所进行文物普查时发现。2000年9月，成都市文物考古研究所、阿坝藏族羌族自治州文物管理所、茂县羌族博物馆业务人员又进行了实地调查。2003年5月，四川省文物考古研究所（现四川省文物考古研究院）、阿坝藏族羌族自治州文物管理所、马尔康县文化体育局等在对大渡河上游大小金川马尔康地区开展古文化遗址调查时再次进行了核查[5]。

哈休遗址位于马尔康市沙尔宗乡西北约1500米的哈休村一组，茶堡河北岸二级阶地（图一）。根据四川省文物局的统一部署，阿坝藏族羌族自治州文物管理所、四川省文物考古研究所会同相关县的文化、文物部门，联合组成大渡河上游考古队，于2003年4~6月对大渡河上游大、小金川流域的马尔康县、金川县、小金县、壤塘县四县进行考古调查，发现新石器时代至秦汉时期的古文化遗址及采集点104处，哈休村遗址即为本次调查时发现。2005年，阿坝藏族羌族自治州文物管理所、成都文物考古研究所与马尔康县文化体育局又对该遗址及其周围地区进行进一步的调查核实，确认了10余处新石器时代至秦汉时期的古文化遗址及采集点[6]。于2006年3月选择哈休遗址进行了试掘[7]，揭露面积87平方米，发现灰坑等遗迹10余处，出土了玉石器、陶器、骨角器、蚌器、兽骨等类遗物上千件。

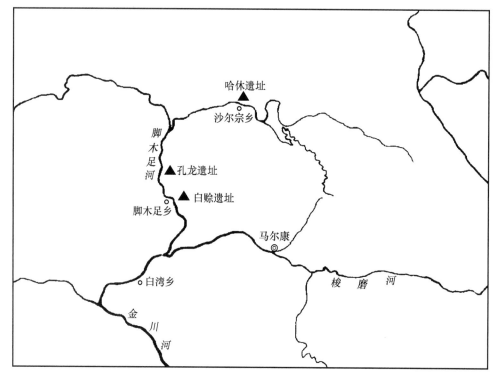

图一　孔龙遗址、白赊遗址、哈休遗址位置示意图

本次调查采集的遗物包括陶器和少量石器、骨器。现按遗址予以分类介绍。

（一）孔龙遗址

1. 陶器

小口瓶　3件。依据口部分为二型。

A型　2件。双唇口，直颈。2013SMKL 采：4，泥质灰陶。沿面内凹，圆唇，口内有一周凹槽，直颈。素面。口内径 5.6、口外径 10.5、残高 5 厘米（图二，1；图版六八，2）。2013SMKL 采：2，泥质灰陶。沿面内凹，圆唇，口内有一周凹槽，直颈。素面。口内径 5.6、口外径 10.4、残高 7.7 厘米（图二，2；图版六八，1）。

B型　1件。卷沿。2013SMKL 采：5，泥质红陶。尖圆唇。素面。口径 14、残高 2.6 厘米（图二，4）。

盆　1件。2013SMKL 采：3，泥质褐陶。卷沿，尖圆唇，颈部内凹，深腹。表面磨光。口径 43、残高 5.6 厘米（图二，8；图版六八，4）。

器底　2件。2013SMKL 采：11，泥质红褐陶。斜壁，平底。素面。底径 8.8、残高 3.2 厘米（图二，5）。2013SMKL 采：9，泥质灰陶。厚胎，直壁，平底。表面饰纵向绳纹。底径 25、残高 6.6 厘米（图二，6）。

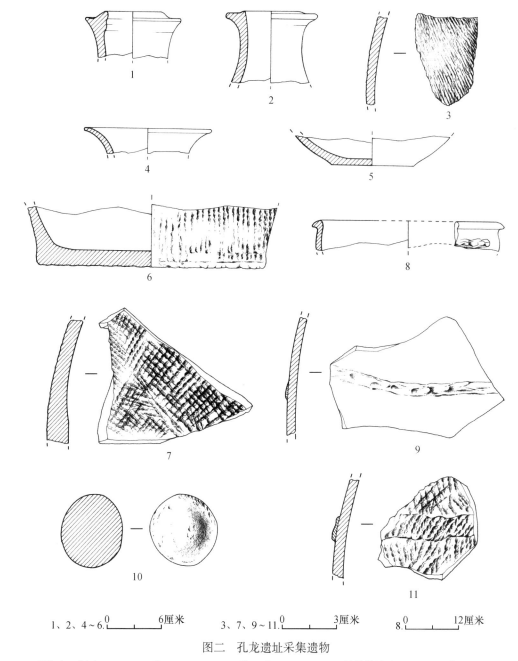

图二 孔龙遗址采集遗物

1、2. A 型陶小口瓶（2013SMKL 采：4、2013SMKL 采：2） 3、7、9、11. 纹饰陶片（2013SMKL 采：8、2013SMKL
采：7、2013SMKL 采：6、2013SMKL 采：10） 4. B 型陶小口瓶（2013SMKL 采：5） 5、6. 陶器底（2013SMKL
采：11、2013SMKL 采：9） 8. 陶盆（2013SMKL 采：3） 10. 石球（2013SMKL 采：1）

纹饰陶片 4 件。2013SMKL 采：8，泥质灰陶。表面饰绳纹，内壁有手抹痕
（图二，3）。2013SMKL 采：7，泥质灰陶。表面饰交错绳纹，内壁有手抹痕（图二，7）。
2013SMKL 采：6，泥质灰陶。表面磨光，饰一道泥条附加堆纹，内壁有手抹痕（图二，
9，图版六八，3）。2013SMKL 采：10，泥质褐陶。表面饰交错绳纹，并加横向泥条附加
堆纹，泥条亦饰绳纹（图二，11）。

2. 石器

球　1件。2013SMKL采：1，椭圆形。表面可见琢磨痕迹。长3.9、宽3.4厘米（图二，10）。

（二）白赊遗址

1. 陶器

卷沿罐　1件。2013SMBS采：6，夹砂黄褐陶。卷沿，方唇，束颈。唇部饰绳纹，颈部有一周附加堆纹。口径36、残高5.2厘米（图三，1）。

敛口钵　1件。2013SMBS采：8，泥质褐陶。敛口，圆唇。表面磨光。残高4.9厘米（图四，4）。

盆　1件。2013SMBS采：5，泥质灰陶。敛口，平折沿，尖唇。素面。口径42、残高6.4厘米（图三，5；图版一〇〇，3）。

平唇口瓶　1件。2013SMBS采：3，泥质灰褐陶。平折沿，沿面内凹，圆唇，长直颈。素面。口径12、残高8.4厘米（图三，7；图版一〇〇，1）。

碗　1件。2013SMBS采：1，泥质红陶。口微侈，圆唇，腹部微弧，平底。素面。口径16.4、底径7、高5.4厘米（图三，9；图版九九，3）。

纹饰陶片　8件。2013SMBS采：7，夹砂灰陶。口部残缺，卷沿。颈部饰一周附加堆纹（图三，2；图版一〇〇，4）。2013SMBS采：13，夹砂褐陶。表面饰纵向绳纹，并加横向泥条附加堆纹，泥条亦饰绳纹（图三，3）。2013SMBS采：11，泥质灰陶。表面饰交错细绳纹，并加横向凹弦纹（图三，6；图版一〇〇，5）。2013SMBS采：17，泥质灰陶。表面饰斜向细绳纹，并加横向凸弦纹（图三，8）。2013SMBS采：14，泥质灰陶。表面饰交错细绳纹，并加附加堆纹（图四，1）。2013SMBS采：12，夹砂褐陶。表面饰纵向绳纹，并加横向波浪式泥条附加堆纹（图四，2）。2013SMBS采：15，泥质灰陶。表面饰交错细绳纹，内壁有手抹痕（图四，3）。2013SMBS采：16，夹砂褐陶。表面上部饰纵向细绳纹，中间一周横向附加堆纹，下部素面（图四，4）。

彩陶标本　21件。泥质红陶，表面磨光。绘黑彩。2013SMBS采：31，绘平行的弧线条纹（图五，1；图版一〇一，5上）。2013SMBS采：40，绘平行的线条纹（图五，2）。2013SMBS采：37，绘平行及相交的弧线条纹和圆点纹（图五，3）。2013SMBS采：38，绘平行的线条纹（图五，4）。2013SMBS采：32，绘相交的弧粗线条纹（图五，5）。2013SMBS采：33，鼓腹，平底。绘平行条纹及相交弧线粗条纹（图五，6；图版一〇一，4上右）。2013SMBS采：34，绘平行的线条纹和相交的弧线条纹（图五，7；图版一〇一，4下）。2013SMBS采：35，绘平行的线条纹及相交的粗线条纹（图五，8）。2013SMBS采：39，绘平行的粗线条纹（图五，9）。2013SMBS采：41，

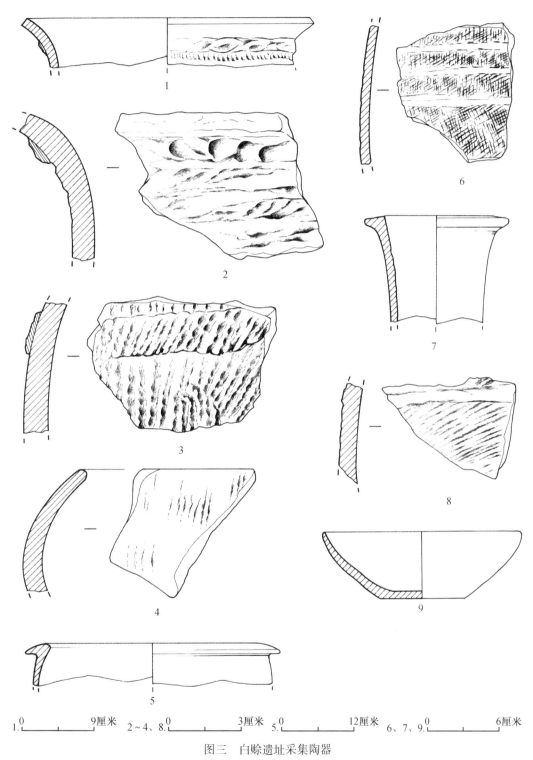

图三 白赊遗址采集陶器

1. 卷沿罐（2013SMBS 采：6） 2、3、6、8. 纹饰陶片（2013SMBS 采：7、2013SMBS 采：13、2013SMBS 采：11、2013SMBS 采：17） 4. 敛口钵（2013SMBS 采：8） 5. 盆（2013SMBS 采：5） 7. 平肩口瓶（2013SMBS 采：3）
9. 碗（2013SMBS 采：1）

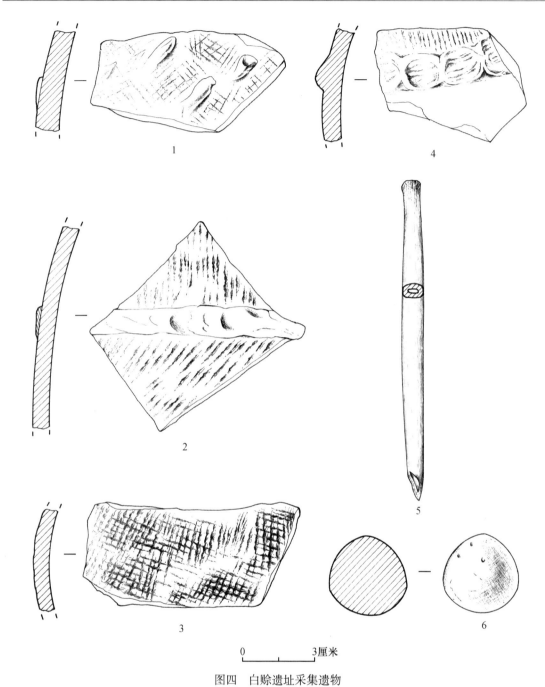

图四　白赊遗址采集遗物

1～4. 纹饰陶片（2013SMBS 采：14、2013SMBS 采：12、2013SMBS 采：15、2013SMBS 采：16）

5. 骨锥（2013SMBS 采：2）　6. 石球（2013SMBS 采：10）

绘弧线条纹（图五，10；图版一〇一，5 下）。2013SMBS 采：36，绘粗线条纹（图五，11）。2013SMBS 采：30，绘平行的线条纹及弧线条纹（图五，12；图版一〇一，4 上左）。2013SMBS 采：23，绘相交弧线条纹（图六，1）。2013SMBS 采：25，绘平行的线条纹及相交的粗弧线条纹（图六，2）。2013SMBS 采：27，绘圆点纹（图六，3）。2013SMBS 采：21，绘平行的线条纹（图六，4）。2013SMBS 采：24，绘平行的弧线细条纹（图六，5）。2013SMBS 采：29，绘平行的粗弧线条纹（图六，6）。2013SMBS 采：26，绘平行的线条纹（图六，7）。2013SMBS 采：28，绘平行的粗线条纹（图六，8）。2013SMBS 采：22，绘平行的弧线条纹（图六，9）。

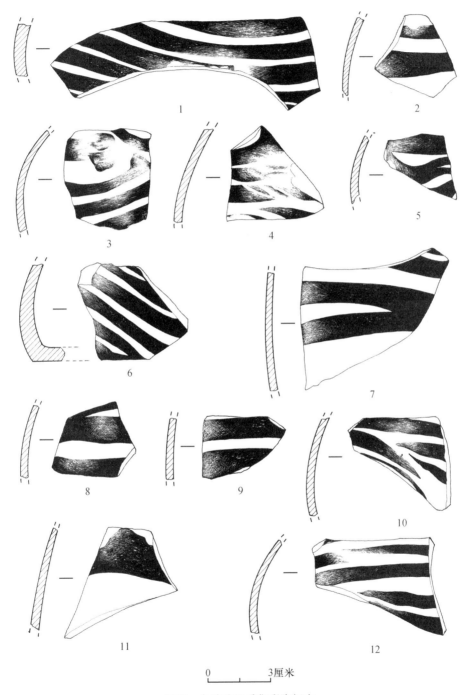

图五　白赊遗址采集彩陶标本

1. 2013SMBS 采：31　2. 2013SMBS 采：40　3. 2013SMBS 采：37　4. 2013SMBS 采：38　5. 2013SMBS 采：32
6. 2013SMBS 采：33　7. 2013SMBS 采：34　8. 2013SMBS 采：35　9. 2013SMBS 采：39　10. 2013SMBS 采：41
11. 2013SMBS 采：36　12. 2013SMBS 采：30

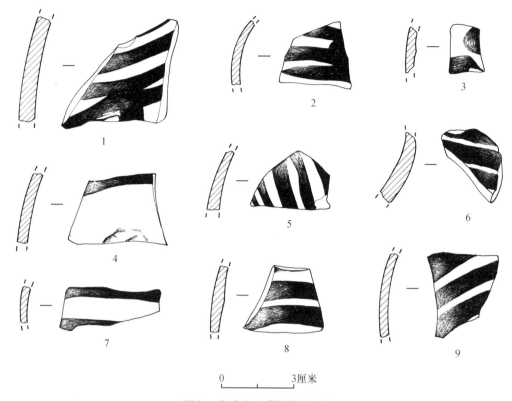

图六　白赊遗址采集彩陶标本

1. 2013SMBS 采：23　2. 2013SMBS 采：25　3. 2013SMBS 采：27　4. 2013SMBS 采：21　5. 2013SMBS 采：24
6. 2013SMBS 采：29　7. 2013SMBS 采：26　8. 2013SMBS 采：28　9. 2013SMBS 采：22

2. 石器

球　1件。2013SMBS 采：10，黄褐色。可见琢磨痕迹。直径 3.3 厘米（图四，6）。

3. 骨器

锥　1件。2013SMBS 采：2，动物肢骨加工而成，一端保持原有关节，一端做铲形端。长 12.8、直径 0.9 厘米（图四，5；图版九九，2）。

（三）哈休遗址

1. 陶器

采集陶器数量较少，表面饰绳纹。

卷沿罐　1件。2013SNHX 采：4，夹砂灰陶。厚胎，卷沿，圆唇，直颈。从唇部起表面饰斜向绳纹。残高 5.7 厘米（图七，1）。

尖底瓶　1件。2013SNHX 采：3，泥质灰陶。表面饰细绳纹，内壁可见泥条盘筑痕迹。残高 3.1 厘米（图七，2；图版八三，3）。

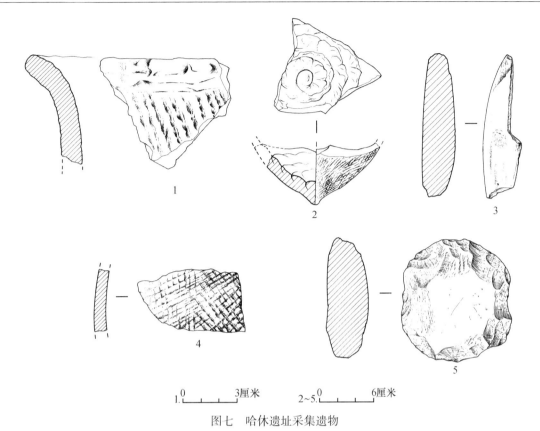

图七　哈休遗址采集遗物

1. 陶卷沿罐（2013SNHX 采：4）　2. 陶尖底瓶（2013SNHX 采：3）　3. 石器（2013SNHX 采：2）

4. 纹饰陶片（2013SNHX 采：5）　5. 石盘状砍砸器（2013SNHX 采：1）

纹饰陶片　1 件。2013SNHX 采：5，泥质褐陶。表面饰交错细绳纹，内壁有手抹痕（图七，4）。

2. 石器

残石器　1 件。2013SNHX 采：2，青黑色。一侧剥落大半呈单面刃。残长 15.4、厚 3.6 厘米（图七，3）。

盘状砍砸器　1 件。2013SNHX 采：1，灰褐色。周边一半遍布打击疤痕，两面局部保留卵石自然面。直径 13、厚 4.4 厘米（图七，5；图版八二，3）。

三、初 步 认 识

孔龙遗址采集的遗物中 A 型（退化重唇口）瓶、平唇口瓶、泥质褐陶卷沿盆等陶器，与甘肃秦安大地湾遗址第四期文化遗存[8]、天水师赵村遗址第四期遗存[9]、陕西宝鸡福临堡遗址第三期遗存前段[10] 等仰韶文化晚期遗存同类陶器的特征相似，与孔龙遗址 2000 年调查的遗存文化面貌基本相同[11]。年代也应相差不远，距今 5500～5300 年。

白赊遗址采集的遗物中红陶黑彩陶片图案题材包括平行线条纹、弧线条纹、相交线条纹等，泥质灰褐陶平唇口瓶、敛口钵等与甘肃东乡林家遗址[12]、师赵村遗址第五期遗存等马家窑类型遗存的同类器物相似，与白赊遗址 2000、2003 年调查的遗存文化面貌基本相同[13]。年代应相距不远，距今 5000~4800 年。

哈休遗址采集的遗物较少，与 2003、2005 年调查[14]和 2006 年试掘[15]的偏早的遗存面貌基本相同，年代相差不大，距今 5300~5000 年。

此外，三个遗址中都采集到了卷沿罐、饰绳纹及箍带状附加堆纹的陶片，与大渡河上游其他新石器文化遗址以及岷江上游地区茂县营盘山[16]、汶川姜维城遗址[17]等新石器文化遗存之间存在一定程度的相似性。属于地方土著文化因素的遗物。

本次调查的孔龙遗址、白赊遗址、哈休遗址文化内涵基本相同，孔龙遗址的年代略早于哈休遗址，而哈休遗址的年代又略早于白赊遗址。应是大渡河上游地区的一种包含较多仰韶晚期文化、马家窑类型文化因素的新石器时代地方文化类型。该类遗存的发现与研究对于探讨仰韶文化、马家窑文化的南传，黄河上游与长江上游新石器时代中晚期的交流互动关系，四川盆地西部新石器文化的渊源，以及建立川西北高原乃至四川地区较为完备的新石器时代区系文化类型体系等问题，具有十分重要的价值。

这三处遗址所分布的地理海拔位置值得关注。年代最早的孔龙遗址位于脚木足河干流一级阶地之上，为河谷冲积平原所在，海拔低于年代最晚的白赊遗址；白赊遗址位于脚木足河东岸二级阶地以上的台地之上，海拔明显高于孔龙遗址；而年代居中的哈休遗址则位于支流茶堡河北岸二级阶地，略高于孔龙遗址。这一分布规律与岷江上游地区的茂县县城河谷盆地和汶川县城地带的史前遗址分布规律相似[18]。年代越早，海拔越低，近于河边；年代越晚，海拔越高，至台地甚至山腰之上。

由此看来，大渡河上游地区与岷江上游地区史前遗址分布的海拔与遗址时代之间关系表现出相同的规律性，即遗址的时代越晚，所处的海拔越高。尤其是龙山时代（距今年代在 4800 年以内）的文化遗址，多数已位于临近山脊的坡地之上，海拔基本在 2000 米左右。这一规律与甘肃省秦安大地湾大型遗址群的内部分布差异特征相似[19]。有学者认为这一现象与公元前 3000 年左右，全球包括我国各地都存在一次突发性的、变化幅度较大的环境恶化事件有关系[20]，这次环境恶化事件也是我国新石器时代文化中期文化衰落、文化断层出现的主要原因。这一环境恶化事件导致了洪水、气候趋于干冷化等灾害性现象的发生，致使原来人类定居生活的区域不再宜居，从而出现了定居地点迁移的现象。

据此解释，大渡河上游与岷江上游地区史前遗址分布的变迁现象也应当与这一环境恶化事件有关。当然，造成环境恶化的原因是多方面多角度的，除了大规模降温活动和干旱的环境恶化事件背景外，聚落的不断扩大以及人口的飞速增长产生的影响也不容忽视。对于大地湾遗址群同大渡河上游及岷江上游地区史前遗址分布的海拔与遗址时代之间关系表现出相同的规律性现象，还有赖于多学科结合进行深入的探讨。

　　附记：参加本次调查的人员包括成都文物考古研究院陈剑、周志清、何锟宇、徐龙，阿坝藏族羌族自治州文物管理所陈学志、李俊，美国哈佛大学考古学博士玞玉，南加州大学考古学博士安可等。

绘图：钟雅莉

执笔：向　导　陈　剑　周志清　何锟宇

李　俊　陈学志

注　　释

［1］　陈学志：《马尔康孔龙村发现石棺葬墓群》，《四川文物》1994 年第 1 期。

［2］　四川联合大学历史系考古教研室编：《四川大学考古专业三十五年·大事记》（内部资料），1995 年。

［3］　成都文物考古研究所、阿坝藏族羌族自治州文物管理所、马尔康县文化体育局：《四川马尔康县孔龙村遗址调查简报》，《成都考古发现》（2005），科学出版社，2007 年。

［4］　四川省文物考古研究院、阿坝州文物管理所：《大渡河双江口水电站地下文物遗存调查》，《四川文物》2005 年第 6 期。

［5］　四川省文物考古研究院、阿坝藏族羌族自治州文物管理所、成都文物考古研究所、马尔康县文化体育局：《四川马尔康县白赊村遗址调查简报》，《成都考古发现》（2005），科学出版社，2007 年。

［6］　阿坝藏族羌族自治州文物管理所、四川省文物考古研究院、成都文物考古研究所、马尔康县文化体育局：《四川马尔康县哈休遗址调查简报》，《四川文物》2007 年第 4 期；阿坝藏族羌族自治州文物管理所、四川省文物考古研究院、成都文物考古研究所、马尔康县文化体育局：《四川马尔康县哈休遗址 2003、2005 年调查简报》，《成都考古发现》（2006），科学出版社，2008 年。

［7］　阿坝藏族羌族自治州文物管理所、成都文物考古研究所、马尔康县文化体育局：《四川马尔康县哈休遗址 2006 年的试掘》，《南方民族考古》（第六辑），科学出版社，2010 年。

［8］　甘肃省博物馆文物工作队：《甘肃秦安大地湾遗址 1978 至 1982 年发掘的主要收获》，《文物》1983 年第 11 期；郎树德、许永杰、水涛：《试论大地湾仰韶晚期遗存》，《文物》1983 年第 11 期；谢端琚：《甘青地区的史前考古》，文物出版社，2002 年；甘肃省文物考古研究所：《秦安大地湾——新石器时代遗址发掘报告》，文物出版社，2006 年。

［9］　中国社会科学院考古研究所：《师赵村与西山坪》，中国大百科全书出版社，1999 年。

［10］　宝鸡市考古工作队、陕西省考古研究所宝鸡工作站：《宝鸡福临堡——新石器时代遗址发掘报告》，文物出版社，1993 年。

［11］　成都文物考古研究所、阿坝藏族羌族自治州文物管理所、马尔康县文化体育局：《四川马尔康县孔龙村遗址调查简报》，《成都考古发现》（2005），科学出版社，2007 年。

［12］　甘肃省文物工作队、临夏回族自治州文化局、东乡族自治县文化馆：《甘肃东乡林家遗址发掘报告》，《考古学集刊》（4），中国社会科学出版社，1984 年。

［13］　四川省文物考古研究院、阿坝藏族羌族自治州文物管理所、成都文物考古研究所、马尔康县文化体育

局:《四川马尔康县白赊村遗址调查简报》,《成都考古发现》(2005),科学出版社,2007年。

［14］ 阿坝藏族羌族自治州文物管理所、四川省文物考古研究院、成都文物考古研究所、马尔康县文化体育局:《四川马尔康县哈休遗址2003、2005年调查简报》,《成都考古发现》(2006),科学出版社,2008年。

［15］ 陈剑、陈学志:《大渡河上游史前文化寻踪》,《中华文化论坛》2006年第3期;阿坝藏族羌族自治州文物管理所、成都文物考古研究所、马尔康县文化体育局:《四川马尔康县哈休遗址2006年的试掘》,《南方民族考古》(第六辑),科学出版社,2010年。

［16］ 成都市文物考古研究所、阿坝藏族羌族自治州文管所、茂县羌族博物馆:《四川茂县营盘山遗址试掘报告》,《成都考古发现》(2000),科学出版社,2002年;蒋成、陈剑:《岷江上游考古新发现述析》,《中华文化论坛》2001年第3期;蒋成、陈剑:《2002年岷江上游考古的收获与探索》,《中华文化论坛》2003年第4期。

［17］ 王鲁茂、黄家祥:《汶川姜维城发现五千年前文化遗存》,《中国文物报》2000年11月26日第1版;黄家祥:《汶川县姜维城新石器时代遗址及汉明城墙》,《中国考古学年鉴·2001》,文物出版社,2002年;黄家祥:《汶川姜维城遗址发掘的初步收获》,《四川文物》2004年第3期;四川省文物考古研究所、阿坝州文物管理所、汶川县文物管理所:《四川汶川县姜维城新石器时代遗址发掘报告》,《四川文物》2004年增刊;四川省文物考古研究所、阿坝州文物管理所、汶川县文化体育局:《四川汶川县姜维城新石器时代遗址发掘简报》,《考古》2006年第11期。

［18］ 陈剑:《先秦地震考古研究的新进展及其对龙门山地区史前地震考古的启示》,《民族学刊》2013年第4期。

［19］ 郎树德:《甘肃秦安县大地湾遗址聚落形态及其演变》,《考古》2003年第6期;郎树德:《大地湾遗址房屋遗存的初步研究》,《考古与文物》2002年第5期;甘肃省文物考古研究所:《秦安大地湾——新石器时代遗址发掘报告》,文物出版社,2006年。

［20］ 朱艳、陈发虎、张家武、安成邦:《距今五千年左右环境恶化事件对我国新石器文化的影响及其原因的初步探讨》,《地理科学进展》2001年第2期;张宏彦:《渭水流域的古环境与古文化》,《考古文物研究——纪念西北大学考古专业成立四十周年文集(1956—1996)》,三秦出版社,1996年。

［原载《成都考古发现》(2014),科学出版社,2016年,第1～13页］

丹巴县蒲角顶遗址2006年调查简报

成都文物考古研究院
甘孜藏族自治州文物局
丹巴县文物管理所

一、引　言

　　丹巴县位于甘孜藏族自治州东部，是甘孜藏族自治州的东大门，东与阿坝藏族羌族自治州小金县接壤，南和东南与康定县交界，西与道孚县毗邻，北和东北与金川县相连。建制县时，取丹东、巴底、巴旺三土司音译汉文首字为县名，故名丹巴。丹巴县地势西高东低，海拔 1700～5521 米，县城位于大渡河畔的章谷镇，海拔 1860 米，距州府康定137 千米，距成都 368 千米。丹巴县东西最宽 86.9、南北最长 105.7 千米，面积 5649 平方千米，属岷山邛崃山脉之高山区，大渡河自北向南纵贯全境，切割高山，立体地貌显著，是川西高山峡谷的一部分。境内峰峦叠嶂、峡谷幽深，全县最低海拔 1700 米，最高海拔 5820 米，相对高差为 4120 米，所以又有着"一山有四季，十里不同天"的气候特点。丹巴县属青藏高原型季风气候，呈垂直带分布。山顶与河谷的气温相差 24℃以上。年平均气温 14.2℃，1 月平均温度 4.4℃，8 月最热，月平均温度 22.4℃。每年 12 月开始至次年 3 月，海拔 4500 米以上的高山路面会结冰，无霜期 316 天，年降水量 600 毫米，日照充足，冬无严寒，夏无酷暑。丹巴属川西峡谷的一部分，是典型的高山峡谷地貌，由于青藏高原季风型气候影响，气候呈典型的立体气候，特殊的地质构造，发达的水系，使丹巴的自然资源丰富。2012 年全县总人口逾 58000 人，辖 13 个乡 2 个镇，是一个以藏、汉民族为主体的多民族聚居县。

　　罕额依遗址的考古成果表明[1]，早在距今约 5000 年，丹巴县境内就有人群定居，并进行农耕生活。汉代丹巴县属西羌。隋为嘉良夷地。唐属羁縻金川州，隶剑南节度使管辖。后吐蕃势强渐次东侵，县境被侵占。宋归东西嘉良州管辖。元代分别属威、茂二州下辖的千户所、万户府及长河西、鱼通、宁远军民安抚司管辖。明代，县境（今中路、梭坡、格宗、章谷镇、水子、东谷地区）属西安行都指挥使司控制范围，县境大小金川及革什扎河流域归金川寺演化禅师治理；明永乐五年（1407 年），牦牛河及大渡河一带归长河西、鱼通、宁远宣慰司管辖。在承袭明代疆域隶属关系的基础上，清康熙五年（1666 年），明正土司属地鲁密章谷十七土百户（今县境二十四村地区）范围划归长

河西、鱼通、宁远宣慰司管辖；康熙三十九年（1700 年），县境革什扎河流域归丹东革
什扎安抚司管辖；康熙四十一年（1702 年），县境巴底、巴旺、聂呷区域归巴旺安抚司
管辖，后巴底境域归巴底宣慰使司管辖；乾隆四十一年（1776 年），"改土设屯"，县境
岳扎、半扇门、太平桥等地归章谷屯管辖，屯署设在白呷山下（今章谷镇一带），隶属
于成绵道懋功屯务厅。同治十二年（1837 年），在原章谷屯辖区的基础上，划明正土司
属地鲁密章谷十七土百户地区，革什扎、巴底、巴旺土司管辖区域归章谷屯管辖，隶属
打箭炉厅。至此，基本形成以后设置县治境域的雏形。民国元年（1912 年），建立丹巴
县，设置建县后，隶属于康定川边经略使署，县下分设五路。民国二十四年（1935 年）
十月，红军长征到丹巴，成立丹巴县苏维埃政府，辖 7 区 49 个乡村级苏维埃政府。民国
二十五年（1936 年），丹巴县属西康屯垦区。民国二十八年（1939 年）元月，西康省政
府成立，丹巴县隶属第一行政督查区。1950 年 4 月 18 日，丹巴县解放。1950 年 11 月，
西康藏族自治区成立，丹巴县属其管辖。1955 年 3 月，改西康藏族自治区为西康省藏族
自治州；同年 10 月，川康并省，西康省藏族自治州更名为四川省甘孜藏族自治州，丹巴
县属其管辖。

丹巴县境内的考古调查发掘工作基础较为薄弱。1987 年夏，四川省文物管理委员
会办公室及甘孜藏族自治州文物普查队调查发现了丹巴县罕额依遗址，1989 年 10 月至
1990 年 12 月，四川省文物考古研究所（现四川省文物考古研究院）、甘孜藏族自治州文
化局联合进行了发掘，发掘面积 123 平方米[2]，获得了一批新石器时代至汉代的实物资
料，为探讨大渡河上游的古代文明奠定了一定基础。2002 年 5 月，四川大学与日本东海
大学、东京外国语大学等组成共同研究班，以"中国西南民族地区的物质文化遗存"为
研究课题，经四川省人民政府外事办公室批准，前往四川甘孜藏族自治州、阿坝藏族羌
族自治州等地进行了多学科的田野调查，按照中日双方事先的学术协定，有关考古学方
面的调研由中方学者进行。作为课题的主要承担者之一，四川大学霍巍和研究生吕红亮
利用这次机会前往康区丹巴、雅江等地，对当地的文物考古遗存开展实地调查，其中对
石棺葬文化的调查，被列为此次考察的重要内容之一。对丹巴县罕额依村石棺葬墓地和
经过考古调查发掘的新石器时代遗址，以及梭坡乡莫洛村石棺葬进行了考古调查[3]。折
龙村石棺葬墓地位于四川省丹巴县东北约 3 千米的中路乡折龙村，地处大渡河上游支流
小金河左岸的半山上。墓地高出河面约 600 米，海拔 2300 米。1987 年，甘孜藏族自治
州文物普查队在该地发现大量的石棺葬，但未发现遗物。1996 年，丹巴县文化局征集了
该地石棺葬出土的 18 件文物。2005 年 7 月 8～23 日，故宫博物院、四川省文物考古研
究院联合对康巴地区进行综合考古调查时对该石棺葬墓群进行了现场考察，发现暴露在
外的石棺葬 40 余座。墓葬排列整齐，均为头东脚西。墓葬的形制可分为两种，一种是石
棺墓，另一种为石棺葬上部垒砌有几层石板。石棺的底部一般无石，也未见铺砂石的墓
葬。石棺一般长 3、宽 1.5、高 0.56 米。随葬品主要是陶器，陶器主要以泥质红褐陶为
主，还有部分泥质黑陶。器形主要包括羊头双耳罐、四足羊头双耳罐、方口圈足单耳罐、

单耳罐、四矮足罐、四足提梁羊壶、单耳杯、高圈足单耳杯、三乳钉单耳杯、豆、圈足器等。纹饰主要以素面为主，部分陶器上装饰有羊头[4]。

2006 年 4~5 月，受甘孜藏族自治州文化局的邀请，成都文物考古研究所（现成都文物考古研究院）承担了猴子岩水电站丹巴古碉群文物现状及保护价值专题研究项目的具体研究及组织工作，邀请了相关专家对梭坡乡的莫落村、大渡河右岸蒲角顶片区和莫落村山后小金河左岸的中路乡古碉群进行详细测绘和相关分析研究[5]。在对蒲角顶片区古碉楼进行测绘考察的同时，调查发现了蒲角顶遗址。蒲角顶遗址位于泽周村东部边缘的三角形台地上（靠近泽公村），地理坐标为东经 101°55′59″、北纬 30°50′24″，海拔约2400 米，高出大渡河河床近 600 米（与罕额依遗址地势相近），地处大渡河西岸三级阶地之上（图一；图版一○二；图版一○三，1）。面积上万平方米，台地边缘的断面上有明显的文化层堆积，厚度 1 米以上（图版一○三，2）。采集大量陶片和磨制石斧、弯月形石刀，陶片包括夹砂褐陶、泥质灰陶、泥质黑陶、泥质红陶等，纹饰包括绳纹、附加堆纹、划纹等，器形包括罐、瓶等，还有带耳器。初步判定其时代延续较长，从新石器时代至秦汉时代，与中路乡的罕额依遗址相似。

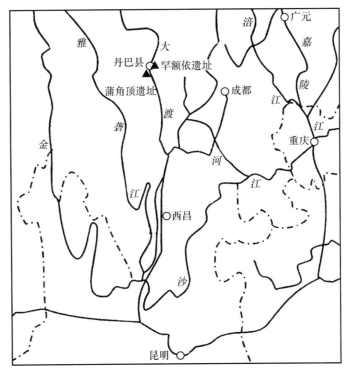

图一　遗址位置示意图

二、采集遗物

采集遗物包括陶器和石器，以下分别介绍。

1. 陶器

陶器包括夹砂灰褐陶、夹砂红褐陶、泥质灰陶、泥质黑陶和泥质红陶等，纹饰包括细绳纹、附加堆纹等，可辨器形有罐、瓶及带耳器等。

罐　2件。采：15，泥质灰陶。侈口，卷沿，颈部不明显，腹部斜直，腹部以下残。颈部和腹部饰三周压印粗凹弦纹。口径16、残高6厘米（图二，10；图版一〇四，2左）。采：8，夹砂灰褐陶。侈口，卷沿，圆唇，微束颈，腹部微鼓，下腹残。素面。口径7.3、残高4.5厘米（图二，9；图版一〇四，2右）。

瓶　1件。采：7，夹砂灰褐陶。侈口，卷沿，颈部以下残。通体饰竖向细绳纹。残高3.7厘米（图三，1；图版一〇四，2中）。

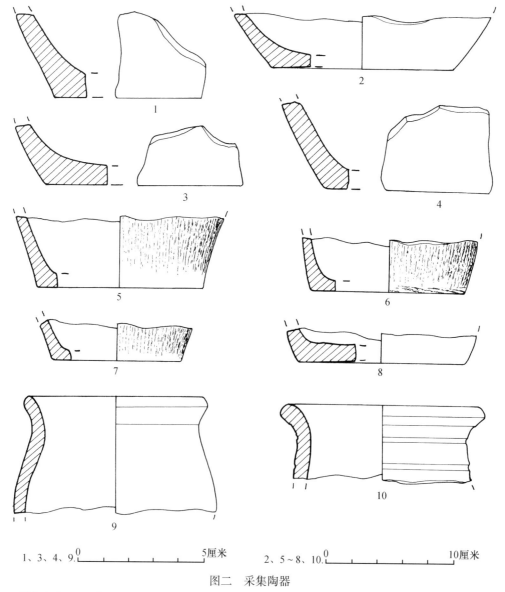

图二　采集陶器

1～8. 器底（采：19、采：17、采：14、采：21、采：11、采：13、采：12、采：18）　9、10. 罐（采：8、采：15）

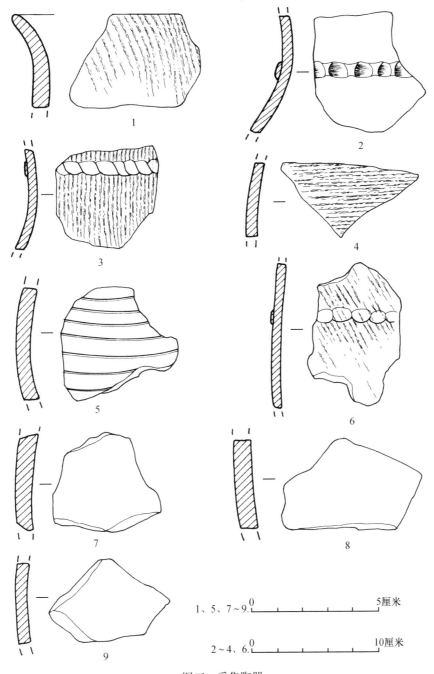

图三　采集陶器

1. 瓶（采：7）　2. 附加堆纹陶片（采：3）　3、4、6. 绳纹陶片（采：4、采：10、采：5）

5. 凹弦纹陶片（采：6）　7～9. 素面陶片（采：25、采：16、采：24）

　　带耳器　3 件。采：22，泥质红陶。仅存腹部及耳的下端，耳较宽。素面。残高 4.6 厘米（图四，2）。采：23，泥质灰陶。仅存腹部及耳的下端，耳较宽。素面。残高 3.4 厘米（图四，1）。采：9，夹砂褐陶。仅存腹部及耳的一端。素面。残高 5.2 厘米（图四，3；图版一〇四，3 左）。以上 3 件都可能是带耳罐的一部分。

　　口沿　1 件。采：20，夹砂红陶。厚卷沿。素面。残高 3.4 厘米（图四，4）。

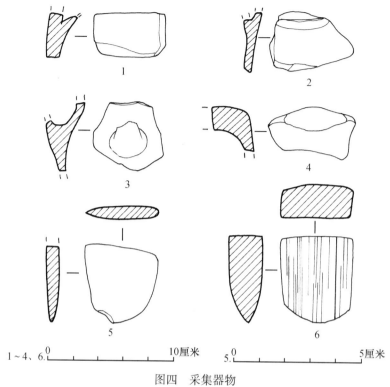

图四　采集器物

1～3. 陶带耳器（采：23、采：22、采：9）　4. 陶口沿（采：20）
5. 石刀（采：2）　6. 石斧（采：1）

　　器底　8件。采：17，泥质灰陶。素面。底径14、残高4厘米（图二，2）。采：18，泥质灰陶。素面。底径12.8、残高2.6厘米（图二，8）。以上2件可能为陶罐的一部分。采：11，夹砂灰褐陶。饰竖向细绳纹。底径13、残高5.4厘米（图二，5）。采：12，夹砂灰褐陶。饰竖向细绳纹。底径10.2、残高3.2厘米（图二，7）。采：13，夹砂灰褐陶。饰竖向细绳纹。底径12、残高4厘米（图二，6）。以上3件器底均与瓶底较为接近，可能为瓶的底部。采：14，夹砂灰陶。素面。残高2.3厘米（图二，3）。采：19，夹砂灰陶。素面。残高3.2厘米（图二，1）。采：21，夹砂红陶。素面。残高2.3厘米（图二，4）。以上3件可能为陶罐的一部分。

　　绳纹陶片　3件。采：10，泥质灰陶。器物腹部。饰横向细绳纹。残高10.8厘米（图三，4；图版一〇四，4左下）。采：4，夹砂红褐陶。器物颈部至腹部。饰竖向细绳纹和附加堆纹。残高7.2厘米（图三，3；图版一〇四，4右上）。采：5，夹砂灰褐陶。器物腹部。饰竖向细绳纹和附加堆纹。残高10.9厘米（图三，6；图版一〇四，4左上）。以上3件都可能是瓶的一部分。

　　附加堆纹陶片　1件。采：3，泥质红褐陶。器物颈部至腹部。饰附加堆纹。残高8.8厘米（图三，2；图版一〇四，4右下）。可能为瓶的一部分。

　　凹弦纹陶片　1件。采：6，夹砂红褐陶。器物腹部。饰数周凹弦纹。残高4.5厘米（图三，5；图版一〇四，3右）。

素面陶片　3 件。采：16，泥质灰陶。器物腹部。残高 3.5 厘米（图三，8）。采：24，泥质红陶。器物腹部。残高 3.1 厘米（图三，9）。采：25，泥质灰陶。器物腹部。残高 3.8 厘米（图三，7）。

2. 石器

包括斧和刀两类。

斧　1 件。采：1，青灰色石质。平面近长方形，弧刃。琢磨合制，两面均有琢痕。长 6.6、宽 5.4、厚 2.6 厘米（图四，6；图版一〇四，1 左）。

刀　1 件。采：2，青灰色石质。较薄，平面近方形，弧刃。通体磨光。长 2.9、宽 2.8、厚 0.5 厘米（图四，5；图版一〇四，1 右）。

此外，梭坡乡莫洛村村民长命修建房屋时在地下挖出磨制石斧 1 件，青黑色，通体磨光，平面斜梯形，刃部略残（图版一〇四，5）。另在左比村内采集少量夹砂褐陶片，有侈口罐、平底器等。据此分析，八梭村所在的台地上应有古代文化遗址分布，为大渡河上游东岸三级以上阶地，其时代应不晚于秦汉时代，可能与罕额依遗址的第二期遗存相当。

三、结　语

蒲角顶遗址的采集遗物可分为三类，其中两类与同属丹巴县境内的罕额依遗址较为接近。第一类主要包括细绳纹的瓶、素面罐等器物，器物形制与罕额依第一期遗存同类陶器接近；第二类主要为带耳的器物，更接近罕额依第二期遗存。其中，第一类遗存是蒲角顶遗址的主体。根据罕额依遗址的测年，第一类遗存的年代为距今 4700～4500 年，第二类遗存的年代为距今 4500～4100 年，两类遗存从新石器时代中期延续至晚期。第三类以采：5 这类厚胎泥质陶罐为代表，其火候较高，与麦坪遗址汉代墓葬陶器风格接近[6]，年代应为战国秦汉时期。第一、二、三类遗存在年代上分别为新石器时代晚期偏早、新石器时代晚期偏晚和战国秦汉时期三个阶段。

蒲角顶遗址一、二类遗存和罕额依遗址一、二期遗存是大渡河上游地区新石器时代中晚期的典型遗存。蒲角顶遗址的发现有助于进一步了解大渡河上游新石器时代的文化序列及面貌。丹巴县境内分布有较多石棺葬，相关资料发表有莫洛村和折龙村两处石棺葬墓地[7]，年代主要为战国秦汉时期，此次蒲角顶遗址第三类遗存年代与之接近，应该也是该地区石棺葬文化的组成部分。蒲角顶第三类遗存的发现为进一步深入讨论西南边地族群的文化和分布提供了新的线索。综上所述，蒲角顶遗址是丹巴地区一处文化面貌多样、延续时间较长的重要遗址，将来条件成熟可对遗址进行试掘。

　　附记：参加本次调查工作的人员有成都文物考古研究院陈剑、李平、何强，丹巴县
文物管理所罗佳等。

绘图：孙智辉　陈　睿

执笔：田剑波　陈　剑　刘玉兵

注　释

[1]　四川省文物考古研究所、甘孜藏族自治州文化局：《丹巴县中路乡罕额依遗址发掘简报》，《四川考古
　　　　报告集》，文物出版社，1998 年。

[2]　四川省文物考古研究所、甘孜藏族自治州文化局：《丹巴县中路乡罕额依遗址发掘简报》，《四川考古
　　　　报告集》，文物出版社，1998 年。

[3]　霍巍：《康区石棺葬遗存考察记——横断山脉地带文物考古调查记之一》，《康定民族师范高等专科学
　　　　校学报》2005 年第 2 期。

[4]　故宫博物院、四川省文物考古研究院：《2005 年度康巴地区考古调查简报》，《四川文物》2005 年第
　　　　6 期。

[5]　宋兴富、王昌荣、刘玉兵等：《丹巴古碉群现状及价值》，《康定民族师范高等专科学校学报》2006 年
　　　　第 4 期。

[6]　四川省文物考古研究院、雅安市文物管理所、汉源县文物管理所：《四川省汉源县麦坪遗址 2006 年发
　　　　掘简报》，《四川文物》2011 年第 3 期。

[7]　霍巍：《康区石棺葬遗存考察记——横断山脉地带文物考古调查记之一》，《康定民族师范高等专科学
　　　　校学报》2005 年第 2 期；故宫博物院、四川省文物考古研究院：《2005 年度康巴地区考古调查简报》，
　　　　《四川文物》2005 年第 6 期。

［原载《成都考古发现》(2015)，科学出版社，2017 年，第 133～141 页］

叁　文化序列、谱系与性质

大渡河上游史前文化寻踪

陈　剑[1]　陈学志[2]

（1. 成都市文物考古研究院　2. 阿坝藏族羌族自治州文物管理所）

一

中国西南横断山区有 6 条南北流向的大江，大渡河为其中之一，它同时是岷江的最大支流，发源于四川省、青海省交界的果洛山，全长 1070 千米，流域面积 9.2 平方千米，由大、小金川在丹巴县会合后始称大渡河，流至乐山注入岷江。大渡河在泸定县以上为上游，石棉县、汉源县、甘洛县、金口河区境内为中游，金口河区以下为下游。大渡河上游地区面积约 3 万平方千米，现主要居民为嘉绒藏族，丹巴县号称嘉绒文化的核心区。这一地区位于青藏高原东缘，北接甘青地区，东临岷江上游，南通凉山及云贵高原，有着较为特殊的地理位置。历史上该地区是长江上游和黄河上游之间的一条文化与民族走廊，在探讨中国古代南北文化的时空关系、民族交往和迁徙等课题方面具有极其重要的学术意义。

2000 年 9 月、2003 年 5 月、2005 年 12 月，成都文物考古研究所（现成都文物考古研究院）、阿坝藏族羌族自治州文物管理所、马尔康县（现马尔康市）文化体育局三家单位联合组成大渡河上游考古队，对大渡河上游脚木足河及其一级支流茶堡河两岸地区进行了全面的调查，发现和确认了孔龙[1]、白赊[2]、哈休[3]、叶浓秋景[4]等 10 余处史前至秦汉时期的古文化遗址及采集点。为更深入地认识大渡河上游新石器时代文化的面貌与内涵，及其与周边地区新石器文化的联系与民族互动等学术课题，三家单位在前期调查工作的基础上，于 2006 年 3 月选择马尔康县沙尔宗乡哈休遗址进行了试掘[5]。揭露面积 83 平方米，发现灰坑、灰沟等遗迹 10 余处，出土了玉石器、陶器、骨角器、蚌器、兽骨等类遗物上千件。试掘工作取得较为丰硕的成果。2006 年 4 月，成都文物考古研究所、甘孜藏族自治州文物局又在丹巴县梭坡乡调查确认了蒲角顶史前及汉代遗址[6]，并在莫洛村、左比村采集到少量磨制石器、夹砂陶片等史前遗物。

大渡河上游地区以丹巴县城为界，实际可以划分为河源区及汇流上游区两个地理单元。二者史前遗址的分布规律及文化内涵略有差异。

河源区干流及支流两岸有多处地段地势开阔、平坦，区域内遗址数量较多，分布密度略高，遗址多位于河岸二级、三级阶地之上，距离河床的高度在 80 米以内。哈休、孔龙、白赊、叶浓秋景遗址均出土仰韶文化晚期和马家窑类型文化风格的彩陶，其主体遗存的时代在距今 5500～5000 年，未见年代更晚的史前遗存。

汇流上游区干流两岸多数为高山深谷区，发育较好的台地不多，史前遗址数量较少，尤其是康定至泸定河段，贡嘎山主峰脊线以东为陡峻的高山峡谷，地势起伏明显，大渡河咆哮奔流，谷窄水深，崖陡壁立，在水平距离不足 30 千米有 6500 余米的高差形成举世罕见的大峡谷，罕见史前遗址。仅在丹巴县城附近的大、小金川交汇处的高台地上，以及泸定县岚安乡昂州村等地点发现几处史前遗址及遗物采集点。罕额依遗址[7]、蒲角顶遗址、莫洛村采集点高出河谷达 600 米。罕额依遗址第一期遗存的年代在距今 5000～4500 年，第二期遗存的年代在距今 4500～4100 年，蒲角顶遗址、四呷坝遗址[8] 和莫洛村采集遗物的年代相当于罕额依遗址第二期。仅罕额依遗址第一期遗存的年代上限与河源区诸史前遗址相当，而罕额依遗址第二期遗存和其他遗址的年代均偏晚。

二

哈休遗址地处大渡河上游脚木足河的一级支流茶堡河北岸的三级阶地之上，行政区划隶属四川省阿坝藏族羌族自治州马尔康市沙尔宗乡哈休村一组，地理位置为东经 102°9.4′、北纬 32°10.3′，海拔 2840 米，高出河床 80 米。东南距乡政府驻地 1500 米，北靠八谷脑山，西临布尔库沟，南面隔河为沙（尔宗）马（尔康）公路。遗址东西长约 380、南北宽约 260 米，总面积近 10 万平方米。遗址表面地势略呈缓坡状，地表常年种植小麦、胡豆、土豆等作物。遗址的文化堆积可分为两个时期，其中秦汉时期遗存主要位于遗址南部的台地边缘，但破坏严重。新石器时代遗存的分布面积较广，其中心部分位于遗址西北部的台地上，面积近万平方米，局部因晚期改土受到破坏。

2006 年 3 月的试掘地点选择在遗址中心北部的台地边缘，共布 5 米×5 米探方 6 个，其中 T3 未进行发掘。遗址的文化层堆积如下：第 1 层为农耕土；第 2 层可分为 A、B 两个亚层，为秦汉以后堆积；第 3～5 层为新石器时代堆积，第 3 层和第 4 层之下均发现灰坑等类遗迹。

灰坑的开口平面形状包括圆形、椭圆形、不规则形等类。多数为口小底大的袋状坑，个别坑口及坑底铺放石板。坑内填土多为灰黑色。H10 近底部还发现较硬的烧结面。H2 出土了涂抹朱砂的双孔石钺、泥质灰陶双唇式小口尖底瓶等遗物，人工埋藏痕迹较为明显，值得特别注意。

出土石器包括打制石器、磨制石器、细石器等类。打制石器包括砍砸器、石片切割器、刮削器、杵等；磨制石器包括穿孔刀、单孔凹背刀、锛刀形器、锛、环、镯、穿孔珠、砺石等，个别环镯表面有穿孔；细石器包括水晶石片、燧石石核、燧石雕刻器等。一些石器表面涂抹红色颜料。

出土陶器包括泥质灰陶、泥质红陶、泥质褐陶、泥质黑皮陶、夹砂灰陶、夹砂褐陶等。纹饰包括线纹、粗细绳纹、泥条附加堆纹、戳印纹、凹弦纹、绳纹花边口沿等，还有少量彩陶器。彩陶均为黑彩，图案题材包括弧边三角纹、圆点纹、网格纹、水波纹、粗细线条纹、长条叶片纹、圆圈纹等，底色有红褐、灰褐色之分。器形以平底器为主，还有少量的尖底器，包括侈口罐、小口尖底瓶、卷沿盆、敛口盆、折腹钵、敛口钵、碗、杯、纺轮、环、丸、哨等。部分陶器壁上有穿孔。

骨角器包括锥、笄、镞等，骨质细腻、坚硬，部分鹿角表面有切割痕迹。H7还出土了一件骨梗石刃的骨梗刀，通体磨光，有镶嵌细石叶的纵向缺槽，背后切割出四道装饰性的凹槽，制作非常精细。

根据以上发掘资料及其与周围地区尤其是岷江上游营盘山遗址、大渡河中游汉源县狮子山遗址、大渡河上游丹巴县罕额依遗址及黄河上游地区大地湾等新石器时代遗址的比较，我们认为，哈休遗址是分布于大渡河上游地区的一种新石器时代文化，包含本土土著文化、仰韶晚期文化、马家窑文化等文化因素，其年代为距今5500～4700年。

哈休遗址的试掘是继茂县营盘山遗址之后，川西高原新石器时代考古的又一重要成果，为探讨黄河上游与长江上游地区新石器文化的交流与互动提供了新的实物资料。这次试掘发现了大渡河上游最早的陶塑人面像、涂朱双孔石钺、穿孔凹背石刀及目前四川地区最完整的陶小口尖底瓶等一批重要实物，丰富了川西高原新石器时代考古研究的内涵。

根据以上发掘资料及其与周围地区尤其是岷江上游、黄河上游地区新石器时代遗址的比较，初步判定哈休遗址的年代上限为距今5500年左右，下限为距今4700年以上，略早于营盘山遗址，可见，哈休遗址是至今大渡河上游地区发现的年代最早的史前文化遗址，也是四川地区目前发现的年代最早的新石器时代文化遗址之一。

哈休遗址新石器时代遗存初步可分两期，早期以H2、第5层等单位为代表；晚期以第3层、H1等为代表。早期陶器种类包括双唇口及平唇口式小口尖底瓶、细泥质陶尖唇敛口钵、夹砂灰陶绳纹侈口罐等，彩陶纹饰包括圆点纹、变体鸟纹等；晚期陶器新现了喇叭口式小口瓶、宽沿彩陶盆等。

早期与甘肃大地湾遗址[9]第四期文化（仰韶晚期文化）的早段、天水师赵村遗址[10]第四期文化、陕西宝鸡福临堡遗址[11]第三期前段文化等的年代相当；晚期则与师赵村遗址第五期文化、福临堡三期后段文化等的年代相当。

孔龙遗址采集遗物包括泥质灰陶双唇式口（退化重唇口）瓶、平唇口瓶、尖唇钵、盆，泥质褐陶短颈罐，泥质红陶碗，夹砂褐陶绳纹鼓腹罐、侈口罐，少量黄褐底色线条纹彩陶片，盘状打制石砍砸器、砺石、磨光穿孔石刀等。与哈休遗址早期遗存的文化面貌相似，年代也相近。

白赊遗址采集遗物包括粗细平行线条纹、弧线纹、网格纹彩陶片（底色分为红褐色、黄褐色、灰褐色三种，陶质均为泥质陶），泥质灰陶卷沿纹唇大口罐，泥质灰陶绳纹敛口钵，泥质磨光灰陶盆、钵，泥质灰陶折沿平唇口瓶，饰绳纹、横向及斜向泥条附加堆纹的泥质灰陶片，泥质红陶碗，夹砂褐陶侈口绳纹罐，以及穿孔近背部的磨制石刀等。与哈休遗址晚期遗存的文化面貌、年代基本相同。

叶浓秋景遗址采集陶片的陶质、陶色包括泥质褐陶、夹砂褐陶、泥质灰陶、红衣黑彩绘线条纹彩陶等，纹饰有附加堆纹、泥条捏塑器耳等，器形有敛口钵等。也与哈休遗址晚期遗存的文化面貌、年代基本相同。

罕额依遗址位于四川省丹巴县东北约 3 千米的中路乡罕额依村，地处大渡河上游支流小金河左岸的半山上，高出河面约 600 米，海拔 2400 米。遗址面积约 2 万平方米，遗址中及其外围有大量战国至汉代的石棺墓分布，几乎遍及整个中路乡。1987 年夏，甘孜藏族自治州文物普查队在中路乡罕额依村发现了分布范围大、埋葬方式特殊的石棺墓群。翌年秋，四川省文物普查队办公室派员复查，在刹拉科发现了堆积厚达 8 米的文化层，初步踏查后认定其为一处古文化遗址。1989 年 10 月至 1990 年 12 月，四川省文物考古研究所（现四川省文物考古研究院）和甘孜藏族自治州文化局联合组成考古队对罕额依遗址进行了为期一年零两个月的发掘，共布 5 米 × 5 米探方 4 个，2 米 × 15 米探沟一条，实际发掘面积 123 平方米。

罕额依遗址文化遗存分为三期，其中第一、二期文化为史前时期遗存。第一期，陶器均系手制，火候较高。陶质以夹砂陶为主，泥质陶较少。纹饰以细绳纹为大宗，其次为附加堆纹，另有少量戳印纹、刻划纹。个别器物上有钻孔，素面陶片占总数的三分之一。器形以瓶、罐、钵为大宗，有少量缸，均为平底器，带耳器很少，有桥形耳与鸡冠状横錾耳两种。还出土了少量细泥质红陶线条纹黑彩陶片。石器数量较少，有打制石器和磨制石器两大类，打制石器有盘状砍砸器、刮削器、砸击器等种类。细石器数量很少，种类有石核、刮削器、雕刻器等。磨制石器有不少为局部磨制而成的形态不一的石刀。通体磨光的有斧、锛、凿、穿孔石刀等。骨器有锥、穿孔骨饰等。第二期，陶器均系手制，火候很高。陶质以泥质陶略居多，夹砂陶次之。磨光陶片占有相当大的比例，素面陶片占绝大多数。纹饰有细绳纹、附加堆纹、戳印纹、刻划纹等。器形以各种罐类为大宗，另有瓶、钵、杯等，平底器占绝大多数，只有极个别的杯类有浅圈足。带耳器较第一期有明显增多，不见鸡冠状横錾耳。打制石器中细石器数量仍较少，其他石器的种类和数量则均比第一期有较多的增加，其制作也更精良。主要器类有斧、锛、凿、刀、杵、璧、网坠、刮削器、砍斫器等，另见有部分圆形石饼。骨器种类有锥、矛、纺轮等。

罕额依遗址第一期文化遗存的面貌与哈休遗址晚期遗存存在一些相似之处，尤其是出土的细泥质黑彩线条纹彩陶片均属于马家窑类型文化的遗物，[14]C 年代测试数据也表明罕额依遗址的年代上限为距今 5000 年左右，与哈休遗址晚期遗存的年代下限相当。但二者的陶器形制、种类上存在一定的差异，罕额依遗址第一期文化遗存应较哈休遗址晚期略晚。再从西北史前文化南下传播的路线来看，哈休遗址地处罕额依遗址的上游，二者的年代早晚关系符合文化传播的先后顺序。

蒲角顶遗址采集大量陶片和磨制石斧、弯月形石刀，陶片包括夹砂褐陶、泥质灰陶、泥质黑陶、泥质红陶等，纹饰包括绳纹、附加堆纹、划纹等，器形包括罐、瓶等，还有带耳器。其时代延续较长，从新石器时代至战国秦汉时代均有，相当于罕额依遗址的第一至三期。

四呷坝遗址采集的细绳纹灰褐陶片、夹细砂长颈瓶形器、陶宽状桥形耳等与罕额依遗址第二期遗存的陶片基本一致，年代也应相似。

综上所述，大渡河上游的史前文化可以初步划分为三个大的发展阶段。

第一阶段以哈休遗址早期遗存为代表，孔龙遗址的大部分遗存属于这一阶段。陶器中的双唇口及平唇口式小口尖底瓶、敛口尖唇内凸棱的细泥陶钵、弧边三角纹彩陶片等与大地湾遗址第四期文化早段的同类陶器相似，年代也应与大地湾四期早段为代表的仰韶文化晚期前段相当，略早于营盘山遗址的主体遗存，但晚于茂县波西遗址下层遗存。而大地湾四期的 ^{14}C 年代为距今 5500～4900 年，营盘山遗址的 ^{14}C 年代在距今 5300～4600 年，判定一阶段史前文化的年代为距今 5500～5300 年。

第二阶段以哈休遗址晚期遗存为代表，白赊、叶浓秋景遗址的主体遗存均属于这一阶段。陶器中的宽沿彩陶盆、带耳彩陶瓶、细泥红褐陶浅腹碗、内外彩带穿孔的直口钵，以及磨制双孔石刀、两侧带缺槽的打制石刀等，均与马家窑文化马家窑类型的同类器物相似。这类遗存在川西高原分布的范围较广，岷江上游、大渡河上游及中游均有发现，川西高原史前文化在这一阶段进入繁荣时期。罕额依遗址第一期文化遗存也出土了少量细泥陶红底黑彩线条纹彩陶片，其年代上限处于这一阶段。第二阶段史前文化的年代与营盘山遗址相当，在距今 5300～4600 年。

第三阶段以罕额依遗址第一期文化遗存的晚段及第二期遗存为代表，蒲角顶遗址的史前遗存、四呷坝遗址及莫洛村采集的史前遗物均属于这一阶段。第三阶段遗存主要分布于大渡河上游大小金川交汇以下的流域地带，地方土著文化色彩浓厚，陶器与晚期石棺葬文化的随葬陶器联系较多，年代晚于营盘山等出土彩陶的遗址。根据罕额依遗址第一期、第二期遗存的 ^{14}C 年代测试数据，并结合营盘山遗址的年代下限，判定第三阶段史前文化的年代在距今 4600～4000 年。

在大渡河上游史前文化的上述三大发展阶段之中，第一、二阶段文化之间的关系非常密切，陶器的演化序列明晰，也有准确的地层叠压关系，它们是同一文化的不同发展阶段。而第二、三阶段之间却存在较大的差异，陶器面貌的不同表明文化性质发生了变化，居住形态也由木骨泥墙地面建筑形式转变为石结构建筑形式。其具体情况及原因何在还有待深入研究。

三

哈休遗址试掘的同时对灰坑填土进行了浮选，收集的植物送中国社科院考古研究所进行鉴定，初步分析浮选结果可以确认发现了粟等作物品种。遗址试掘发现的灰坑以圆形为主，个别灰坑为口小底大的袋状坑，且有一定的深度，如 H5、H8、H10 等，坑内填土呈黑色粉状，包含大量陶片、兽骨、植物炭化灰烬，H8 的坑口、中部、底部各有意放置了一块石板，H10 近底部还发现了经过焚烧的硬面。根据形状、结构以及填土遗留物，判定这些灰坑应为贮存粮食及其他物品的窖穴。营盘山遗址也发现了多个此类窖穴式灰坑。

遗址出土了数量丰富的动物骨骼遗骸，一些灰坑出土的兽骨与陶片的数量几乎是对等的，初步分析其种类包括鹿、牛、狗、马、獐、猪、飞禽等，其中部分应为家养牲畜。遗址还出土了少量细石器（质地包括水晶和白色燧石等）与镶嵌细石叶作刃的骨梗刀，一般而言，细石器及石刃骨梗复合工具常常用作切割加工兽皮，是狩猎游牧业的常用工具之一。

上述实物资料表明，哈休先民的生业形态是定居农耕为主，主营粟作农业，而狩猎、采集业则是经济生活中不可或缺的补充形式。

由于发掘面积有限，哈休遗址目前尚未发现房址、烧制陶器的窑址等遗迹现象，但 H5 等单位出土了少量窑内烧结物，与营盘山遗址窑址内烧结物的颜色、形状、结构和硬度完全相同。表明哈休遗址范围内应存在烧制陶器的窑炉设施，经过测试、分析，营盘山遗址窑内烧结物的烧制温度可达 1000℃以上，哈休遗址的陶器烧制业水准也与之相近，遗址出土的部分彩陶可能为本地烧制而成。

一定数量涂红石器及陶片的出土，表明尚红习俗是哈休先民精神生活领域的重要内容。人类尚红习俗的历史非常久远，早在旧石器时代晚期的山顶洞人即已在埋葬死者时使用红色矿石粉，如将矿粉撒于死者周围，并将随葬用的饰物兽牙、石珠、鱼骨都染上红色。

新石器时代的石器涂红现象、朱砂彩绘陶及墓葬中人骨涂红的现象更为多见。河南灵宝西坡遗址仰韶中期庙底沟类型文化就发现了石器涂红现象，这是目前考古发现的新石器时代尚红习俗的最早实例之一[12]。

青藏高原及其东缘的区域发现有多例新石器时代的涂红现象，除哈休遗址外，在岷江上游茂县营盘山遗址的灰坑 02H40 底部发现了涂抹红色颜料的石块，经四川大学分析测试中心测试，该红色颜料的成分以汞的氧化物为主，即朱砂。另在一件夹砂褐陶矮圈足器内壁也发现了同样的红色颜料，应为调色器的遗存。表明营盘山居民也有尚红习俗，朱砂的具体用途除了宗教等特殊含义之外，还可能与涂面、刷房等活动有关。

在西藏自治区拉萨市的曲贡[13]、贡嘎县的昌果沟[14]、琼结县的邦嘎[15]等新石器时代遗址均发现了大量在打制石器上涂抹红色颜料的现象，但经测试，它们所使用的红色颜料均为赤铁矿（赭石），成分以铁的氧化物为主。

根据上述涂红现象的时代及分布地点，并结合陶器演化为代表的文化因素的传承关系，可以初步出勾勒出川西高原史前尚红习俗的渊源及流播情况。就目前已有实物资料来看，新石器时代涂红现象最早发生于黄河流域的仰韶文化，西坡遗址仰韶中期的庙底沟类型文化的石器涂红即为实例，距今年代上限近 6000 年。之后尚红习俗随人群移动、文化传播而进入渭水上游地区，如甘肃大地湾遗址第四期文化（仰韶文化晚期）大量出土朱砂彩绘陶（已发现朱、白彩绘陶片近百件）[16]，距今年代在5500年左右。与此相当或稍晚，川西高原也出现了尚红习俗。大渡河上游的哈休遗址、岷江上游的营盘山遗址相继出现石器、陶器涂红现象，距今年代均在5000年以上。而青藏高原腹心地区的尚红习俗出现的年代较晚，曲贡、昌果沟、邦嘎遗址发现的石器涂红现象距今年代均在4000年左右。

而后来商周时期的古蜀文明也存在着尚红习俗。古代文献记载内容及目前已有的考古资料均表明，岷江上游地区的史前文化与古蜀文明之间存在一定程度的渊源关系，如从陶器演化序列来看，以茂县沙乌都遗址为参照点，营盘山遗址为代表的岷江上游史前文化与三星堆古蜀文明的前身宝墩文化之间有着重要的渊源关系。成都平原商周时期三星堆遗址[17]、金沙遗址[18]均流行在玉器尤其是玉璋的阑部阴刻线条上，石雕人像、石虎、石蛇的眼部、口部表面涂抹红色颜料（朱砂）的风格，从这一风格中或许可以看到哈休遗址、营盘山遗址等的朱砂涂红习俗的影响。

参 考 文 献

［１］ 四川联合大学历史系考古教研室编：《四川大学考古专业三十五年·大事记》（内部资料），1995年；成都文物考古研究所、阿坝藏族羌族自治州文物管理所、马尔康县文化体育局：《四川马尔康县孔龙村遗址调查简报》，《成都考古发现》（2005），科学出版社，2007年。

［２］ 四川省文物考古研究院、阿坝藏族羌族自治州文物管理所、成都文物考古研究所、马尔康县文化体育局：《四川马尔康县白赊村遗址调查简报》，《成都考古发现》（2005），科学出版社，2007年。

［３］ 阿坝藏族羌族自治州文物管理所、四川省文物考古研究院、成都文物考古研究所、马尔康县文化体育局：《四川马尔康县哈休遗址2003、2005年调查简报》，《成都考古发现》（2006），科学出版社，2008年。

［４］ 四川省文物考古研究院、阿坝州文物管理所：《大渡河双江口水电站地下文物遗存调查》，《四川文物》2005年第6期。

［５］ 阿坝藏族羌族自治州文物管理所、成都文物考古研究所、马尔康县文化体育局：《四川马尔康县哈休遗址2006年的试掘》，《南方民族考古》（第六辑），科学出版社，2010年。

［６］ 成都文物考古研究院、甘孜藏族自治州文物局、丹巴县文物管理所：《丹巴县蒲角顶遗址2006年调查简报》，《成都考古发现》（2015），科学出版社，2017年。

［７］ 四川省文物考古研究所、甘孜藏族自治州文化局：《丹巴县中路乡罕额依遗址发掘简报》，《四川考古报告集》，文物出版社，1998年。

［８］ 资料现存甘孜藏族自治州博物馆。2006年4月，笔者在康定考察力邱河流域古碉时，承蒙甘孜藏族自治州博物馆邓康云馆长介绍并惠示遗物照片。

［９］ 甘肃省博物馆文物工作队：《甘肃秦安大地湾遗址1978至1982年发掘的主要收获》，《文物》1983年第11期；郎树德、许永杰、水涛：《试论大地湾仰韶晚期遗存》，《文物》1983年第11期；谢端琚：《甘青地区的史前文化》，文物出版社，2002年。

［10］　中国社会科学院考古研究所：《师赵村与西山坪》，中国大百科全书出版社，1999 年。

［11］　宝鸡市考古工作队、陕西省考古研究所宝鸡工作站：《宝鸡福临堡——新石器时代遗址发掘报告》，文物出版社，1993 年。

［12］　《仰韶文化新发现》，《中国文物报》2001 年 5 月 9 日第 5 版；《河南灵宝西坡遗址第五次发掘获重大突破》，《中国文物报》2005 年 8 月 29 日第 5 版。

［13］　中国社会科学院考古研究所、西藏自治区文物局：《拉萨曲贡》，中国大百科全书出版社，1999 年。

［14］　何强：《西藏贡嘎县昌果沟新石器时代遗存调查报告》，《西藏考古》（第一辑），四川大学出版社，1993 年；中国社会科学院考古研究所西藏工作队、西藏自治区文物管理委员会：《西藏贡嘎县昌果沟新石器时代遗址》，《考古》1999 年第 4 期。

［15］　夏格旺堆：《邦嘎新石器时代遗址的考察及考古发掘》，《中国西藏（中文版）》2001 年第 4 期。

［16］　马清林、胡之德、李最雄等：《甘肃秦安大地湾遗址出土彩陶（彩绘陶）颜料以及块状颜料分析研究》，《大地湾考古研究文集》，甘肃文化出版社，2002 年。

［17］　四川省文物考古研究所编：《三星堆祭祀坑》，文物出版社，1999 年。

［18］　成都市文物考古研究所、北京大学考古文博学院：《金沙淘珍——成都市金沙村遗址出土文物》，文物出版社，2002 年；成都市文物考古研究所：《成都金沙遗址 I 区"梅苑"地点发掘一期简报》，《文物》2004 年第 4 期。

（原载《中华文化论坛》2006 年第 3 期）

波西、营盘山及沙乌都

——浅析岷江上游新石器文化演变的阶段性

陈 剑

（成都文物考古研究院）

岷江上游新石器时代考古起步较早，自20世纪20年代伊始，中外学者即在此进行了多次考古调查，发现了彩陶片、磨制石器等实物，但数十年来的进展不大。近年来，岷江上游新石器时代考古有了突破性进展。2000年6～11月，成都市文物考古研究所（现成都文物考古研究院）等单位在岷江上游地区开展了全面、详细的考古调查，并对茂县营盘山遗址进行了初步勘探和试掘。2000年6月，四川省文物考古研究所（现四川省文物考古研究院）对汶川县姜维城遗址进行了小规模试掘。2002年9～11月，成都市文物考古研究所等单位又进一步对茂县营盘山遗址进行了全面勘探和试掘，同时对茂县波西遗址进行了试掘。2003年10～12月，经国家文物局批准，成都市文物考古研究所等单位对茂县营盘山遗址进行了面积为1000平方米的发掘。这些考古工作获取的第一手实物资料初步揭示了岷江上游新石器时代的文化概貌，也对探讨该地区新石器时代文化发展序列及本土文化因素的演进提供了基本材料。

一、近年岷江上游新石器考古调查与发掘的收获

2000年6月以来，为配合《中国文物地图集·四川分册》编写工作的顺利进行，在四川省文物局的统一部署下，成都市文物考古研究所会同阿坝藏族羌族自治州文物管理所、茂县羌族博物馆等当地文博单位，在岷江上游地区开展了全面、详细的考古调查，并以调查工作为基础，对茂县营盘山遗址进行了全面勘探和试掘。本次调查和试掘是岷江上游地区首次开展的具有全面性、目的性和针对性特征的系统化考古工作，前后历时近三个月，取得了丰硕的成果，考古调查共发现新石器时代文化遗址和遗物采集点达82处，试掘又发现了丰富的新石器时代文化遗迹和遗物，还清理了大批石棺葬，为研究岷江上游地区新石器时代文化的内涵及演变序列等课题提供了宝贵的实物材料。

四川茂县县城所在的河谷冲积平原不仅是岷江上游地区的地理中心，而且是该地区面积最大的平原，这里地势平坦、开阔，土壤肥沃，取水便利，扼上下交通之咽喉，历来是人类定居生活的理想之地。2000年以来，成都市文物考古研究所、阿坝藏族羌族自

治州文物管理所、茂县羌族博物馆联合在此进行了全面和系统的考古调查[1]，发现了营盘山、波西槽南、波西槽北、金龟包、波西台地、上南庄、勒石村、沙乌都、马良坪等10余处新石器时代遗址及遗物采集点（图一）。这些遗址的新石器时代遗存多数被晚期的石棺葬叠压或打破。

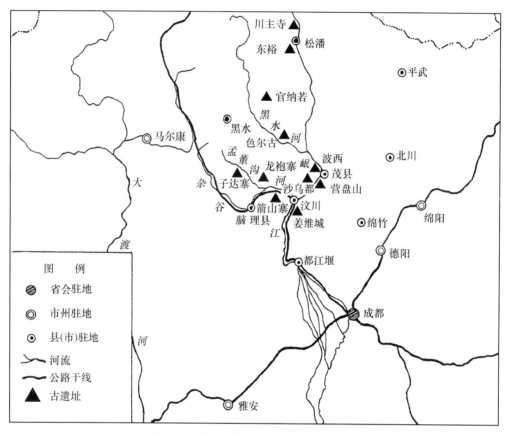

图一　岷江上游新石器时代遗址分布图

经过2000年10～12月及2002年9～11月的两次试掘[2]和2003年的正式发掘[3]，成都市文物考古研究所等单位对四川茂县营盘山遗址进行了详细的调查、勘探，并选点进行了发掘。共发现新石器时代遗迹包括各型房屋基址20座、人祭坑8座、灰坑120余个、窑址3座及灶坑12座等，还在遗址中西部发现一处类似于广场的大型遗迹。遗址出土的陶器、玉器、石器、细石器、骨器、蚌器等类遗物总数近万件。

2002年又对茂县波西遗址进行了小规模试掘，发现了灰沟等遗迹，出土陶器、石器等遗物近百件[4]，从陶器尤其是彩陶器和细泥红陶器的特征来看，该遗址下层堆积的时代应属于仰韶文化庙底沟类型阶段。

同年对营盘山遗址进行环境调查时，在隔江相望的北面新发现一处新石器时代晚期的遗址——沙乌都遗址[5]，从采集的陶片来看，不见彩陶及细泥质红褐陶，花边口沿装饰的夹砂陶器、瓦棱纹泥质黑皮陶等与成都平原宝墩文化的同类陶器非常相似，与营盘山遗址主体遗存的差异明显。

　　本次考古调查和试掘工作是岷江上游地区新石器时代考古的一次重大突破，极大地丰富了该地区新石器时代文化的研究内容，是四川地区新石器时代考古的新成果。为探讨岷江上游新石器时代文化的内涵和发展演变序列提供了可靠的实物资料，也为研究长江上游与黄河上游地区的文化交流和传播情况提供了新的佐证材料。目前基本确认营盘山遗址是岷江上游地区的大型中心聚落遗址之一[6]，其周围还分布着数十处时代相近或略有差异的中小型聚落遗址，它们共同构成了一处新石器时代晚期的大型遗址群。

　　营盘山遗址堪称岷江上游地区新石器时代最重要的中心聚落遗址之一。其面积近 10 万平方米，是该地区目前已发现的面积最大的新石器时代文化遗址。境内山峰耸峙，重峦叠嶂，河谷深邃，悬崖壁立，在素有"峭峰插汉多阴谷"之称的岷江上游这样的高山峡谷地区，如此大型的新石器时代文化聚落遗址是十分罕见的。从地理位置来看，营盘山遗址基本处于岷江上游的中心地带，其东北紧邻茂县县城所在的河谷台地，又是岷江上游地区面积最大的河谷冲积扇平原，目前发现的时代最早、规模最大的石棺葬墓地即位于此地，汉代汶山郡的郡治也一度在此。时至今日，茂县县城附近地区仍是阿坝藏族羌族自治州重要的经济中心之一。可见，营盘山遗址及其附近地区从新石器时代到历史时期，一直是岷江上游地区的政治、经济、文化中心所在。

二、岷江上游新石器文化遗址的分类

　　数年来，岷江上游尤其是茂县营盘山新石器时代大型遗址群的考古调查与发掘积累了较为丰富的实物资料，初步展现了岷江上游新石器时代文化演变的基本过程。

　　依照出土遗物的面貌，可将营盘山新石器时代大型遗址群内的遗址分成三类。

　　第一类：以波西遗址 G1 为代表，调查发现的此阶段的遗址有数处，以茂县波西遗址为代表。波西遗址位于茂县凤仪镇平头村波西组，地处岷江西岸三级台地之上，高出岷江河床约 100 米，西距沙乌都遗址约 500 米，西南与营盘山遗址相距约 1500 米，东与县城隔江相望（图二）。遗址于 2000 年 7 月由成都市文物考古研究所调查发现，2002 年进行了小规模试掘，在遗址中部开 2 米×15 米探沟 1 条（编号为 T1）。遗址的地层堆积较为简单，第 1 层为耕土，第 2、3 层均为唐宋时期的地层，第 4 层为新石器时代堆积，第 4 层下发现 G1。

　　G1 出土遗物包括陶器、石器两类，其中石器有器体宽扁的磨制石锛、打制石网坠、磨制石环等。陶片的陶质陶色包括细泥质红陶、泥质褐陶、泥质灰陶、夹砂褐陶、夹砂灰陶等类；纹饰有弧边三角纹、斜向及交错线纹、绳纹、附加堆纹、弦纹、压印花边口沿装饰、戳印纹等；器形包括弧边三角纹彩陶敛口钵、细泥红陶尖唇钵、双唇式小口瓶、侈口罐、溜肩罐、高领罐、碗等。

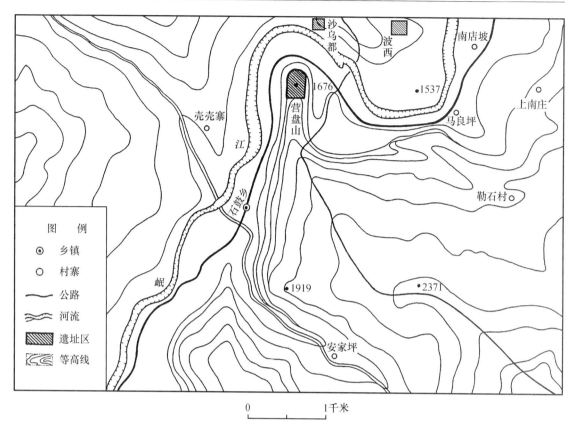

图二　波西、营盘山及沙乌都遗址群位置和地形图

　　第二类：数量较多，以营盘山遗址为代表。通过发掘对遗址平面布局分区的情况有一定的了解：其中部地带发现较多的柱洞、基槽等房屋基址和窖穴类遗迹，应为居住区；遗址中部偏西地带发现有大面积的硬土活动面遗迹，地势较为平坦，硬土面下还清理出人祭坑多座，应是举行包括宗教祭祀在内的公共活动的广场区；广场区以北地带发现多座窑址和数量丰富的灶坑遗迹，应是集中烧制陶器的手工业作坊区；另在遗址中部偏北地带发现多处灰坑遗迹（如 02H44 等），坑内出土了大量的细石叶、细石核、燧石器、燧石原料及半成品，推测此处可能为集中制作细石器的地点。

　　遗址内发现的新石器时代遗迹包括房屋基址、人祭坑、灰坑、灰沟、窑址、灶坑及广场等。灰坑的大小规格各异，平面形状包括不规则形、圆形、椭圆形、长方形、扇形等种类，底部多较平整，坑内填土大多为灰黑色土。一些灰坑底部及四周采用卵石（有的内含大形砺石）垒砌而成，推测应是进行石器加工的场所或有其他用途。个别灰坑内还发现涂有鲜红色颜料的石块，可能具有某种宗教含义。房址的平面形状有圆形、方形和长方形之分，均为地面式建筑，依面积大小可分为小型、中型房址。小型房屋基址的面积不大，多系单间建筑，平面多为方形或长方形，中型房址内有隔墙。房址之间有叠压、打破关系，发现的遗迹现象包括柱洞、基槽、灶坑及贮火罐等，房内还出土大量红烧土块，其上可见明显的棍棒插抹痕迹及拌草遗存，推测这些房址的建筑结构采用了木骨泥墙的形式。窑址均为横穴窑，依火道的位置及走向可分为两类：一类平面略呈圆形，窑箅、火道基本位于火塘的正上方；另一类平面略呈马蹄形，双火道向外延伸。在房屋基址密集区和广场遗迹的硬土面之下发现了多座人祭坑，应是举行宗教祭祀等重大活动的人牲遗存。

遗址出土遗物丰富，包括陶器、玉器、石器、细石器、骨器、蚌器等类。陶器以手制为主，一些器物经过了慢轮修整。从陶质陶色来看，以夹砂褐陶、泥质褐陶、夹砂灰陶、泥质红陶、泥质灰陶、泥质黑皮陶为主。其中夹砂陶可分为夹粗砂和夹细砂两种，以陶胎夹有颗粒粗大的片岩砂粒的陶片最具特色。泥质陶的火候均较高，尤其是彩陶片和表面打磨光亮的细泥红陶、褐陶片的硬度更大。陶片的纹饰种类丰富，包括斜向及交错绳纹（包括交错绳纹形成的网格纹）、斜向及交错线纹（含交错线纹形成的菱格纹）、附加堆纹、素面磨光、彩陶、绳纹花边口沿装饰、素面、弦纹、瓦棱纹、划纹、复合纹饰（绳纹与附加堆纹组合成的箍带形装饰、绳纹之上饰凹弦纹）、戳印纹、捏塑与刻划相结合的人面像等。陶器以平底器和小平底器为主，有少量矮圈足器及个别尖底器，器形包括侈口罐、深腹罐、碗、钵、高领罐、盆、瓮、带嘴锅、缸、宽折沿器、瓶、纺轮、球、穿孔器等。其中彩陶器的器形有盆、钵、罐、瓶等，彩陶均为黑彩绘制，图案题材有草卉纹、线条纹、变体鸟纹、弧线三角形纹、网格纹、蛙纹等。石器可分为打制和磨制两种，打制石器包括由大型剥离石片稍作加工而成的切割器、砍砸器、杵、球（弹丸）、网坠等，还有少量个体甚小的燧石片；磨制石器包括斧、锛、长方形穿孔刀、凿、砺石、穿孔石片等，其中既有器体厚重、宽大的斧、锛，也有器体小巧、磨制精细的斧、锛、凿。玉器包括环镯形器等装饰品、璧形器、仿工具及武器类的斧、锛、凿、穿孔刀、箭镞等。细石器包括大量的石叶、石核，质地以黑色及灰色半透明的燧石、白色透明的水晶及白色石英为主。骨器包括簪、锥、针、削、箭镞等。

第三类：以新发现的沙乌都遗址为代表，2002 年发掘期间，在营盘山遗址附近地区进行环境调查时，新发现了文化面貌与营盘山遗址有明显差异的沙乌都遗址。沙乌都遗址位于茂县凤仪镇水西村，地处岷江北岸三级台地以上的山脊地带，高出岷江河床约 300 米，与营盘山遗址隔岸相望，二者间的直线距离不足 800 米。在沙乌都遗址发现灰坑断面一处（编号 H1），出土及采集陶片的陶质陶色包括夹砂灰陶、夹砂褐陶、泥质灰陶和泥质磨光黑皮陶等，不见彩陶和细泥质红褐陶；纹饰有绳纹、瓦棱纹、较细的附加堆纹（表面又饰压印纹）、绳纹及锯齿状花边口沿装饰、戳印纹等；器形包括侈口罐、溜肩罐、喇叭口长颈壶形器、钵、带流器等。

三、岷江上游新石器文化演变的阶段性

上述三类遗存的文化面貌有一定的共性，但差异更为明显。波西、营盘山、沙乌都

　　三处遗址均位于茂县城关河谷冲积扇平原之内，相互之间的地理位置相距并不远，三者之间是何种关系，是时代差异抑或是同时期不同类型的文化遗存。

　　首先分析第一类和第二类遗存的关系，波西遗址 T1 提供了这样一组地层关系：

　　①→②→③→④→ G1 →生土。

　　其中第 4 层出土陶器的特征（表一）与开口于第 4 层下的 G1（表二）有所不同：陶质陶色方面，夹砂褐陶、泥质红陶的比例升高；纹饰方面，线纹所占的比例略有降低；器形包括夹砂褐陶绳纹花边侈口罐、泥质灰陶卷沿罐、碗、钵、瓶等。却与营盘山遗址主体遗存的陶器（表三）特征相似。这表明岷江上游新石器文化第二阶段营盘山遗存与第一阶段波西下层遗存之间有地层上的叠压关系，也证明了波西下层遗存的年代应早于营盘山遗存。但二者是否有文化发展上的直接源流关系尚待更多的实物资料来明晰。

　　再看第二类遗存和第三类遗的关系，尽管目前还未发现有地层上的叠压或打破关系，但据营盘山与沙乌都遗址仅是隔江相望，而文化面貌却判然有别的情况，初步判定二者之间的关系主要是时代上的差异。

　　据此可将岷江上游新石器时代文化的演变划分为三大阶段。

表一　波西遗址T1第4层出土陶片陶质陶色及纹饰统计表

纹饰 ＼ 陶色 ＼ 陶质	泥质陶				夹砂陶		合计	百分比
	褐	红	灰	黑皮	褐	灰		
斜向线纹	1	1	4				6	11
交错线纹		2	1				3	6
斜向绳纹	2	1	4		2		9	17
交错绳纹		1			1		2	4
附加堆纹		1			1	1	3	6
素面	6	3	6	5	5	2	27	51
花边口沿					2		2	4
弦纹			1				1	1
合计	9	9	16	5	11	3	53	
	39				14			
百分比	17	17	30	9	21	6	100	
	73				27			

表二　波西遗址G1出土陶片陶质陶色及纹饰统计表

纹饰 ＼ 陶色 ＼ 陶质	泥质陶				夹砂陶		合计	百分比
	褐	红	灰	黑皮	褐	灰		
斜向线纹		3	8				11	14
交错线纹	3		7				10	13

续表

纹饰 \ 陶色 陶质	泥质陶				夹砂陶		合计	百分比
	褐	红	灰	黑皮	褐	灰		
斜向绳纹	4		3		10		17	22
彩陶	1	1					2	3
附加堆纹		1	1				2	3
素面		4	6	1	2	2	15	19
戳印纹	17		1				18	23
弦纹	3						3	3
花边口沿					1		1	1
合计	28	9	26	1	13	2	79	
	64				15			
百分比	36	12	33	1	15	3	100	
	82				18			

表三　营盘山遗址H44出土陶片陶质陶色及纹饰统计表

纹饰 \ 陶色 陶质	泥质陶					夹砂陶			合计	百分比
	红	褐	灰	黑	黑皮	褐	灰	黑		
斜向绳纹	4	263	134			794	671	19	1885	45
交错绳纹		133	120			167	113	17	550	13
斜向线纹		13					2		15	0.5
交错线纹		30	23						53	1
弦纹		5	14	1		1			21	0.5
附加堆纹	3	14	3	3		105	116	3	247	6
彩陶	86								86	2
花边口沿						4		1	5	0.4
素面	104	685	271	43	16	77	80	1	1277	31
戳印纹		2				6	2	1	11	0.5
人面纹		1							1	0.1
合计	197	1131	580	47	16	1154	984	42	4151	
	1971					2180				
百分比	4.5	27	14	1	0.5	28	24	1	100	
	53					47				

1. 第一阶段

以波西遗址 2002 年发掘的 G1 为代表的遗存属于第一阶段。出土遗物包括陶器、石器两类，其中石器有器体宽扁的磨制石锛、打制石网坠、磨制石环等。陶片的陶质陶色包括细泥质红陶、泥质褐陶、泥质灰陶、夹砂褐陶、夹砂灰陶等；纹饰有弧边三角纹、细绳纹、附加堆纹、弦纹、压印花边口沿装饰、戳印纹等；器形包括彩陶钵、细泥红陶直口尖唇钵、双唇式小口瓶、侈口罐、溜肩罐、高领罐、碗等。

与营盘山遗址相比较，波西遗址 G1 出土陶器的风格较独特，陶质陶色以泥质红陶、泥质灰陶为主，器表多打磨光亮，有少量夹砂褐陶；纹饰以斜向及交错线纹、绳纹、弧边三角纹、附加堆纹等为主；器形有敛口钵、直口钵、小口瓶、侈口罐等。出土的细泥红陶弧边三角纹彩陶钵、口沿内侧有一道凸棱的直口尖唇钵、双唇式小口瓶等陶器与河南陕县庙底沟遗址仰韶文化遗存出土的同类器物特征相近[7]，各类陶质陶色及纹饰所占比例以及器形上的特征也与之相似，且未见马家窑类型文化的彩陶。表明波西遗址 G1 的内涵具有典型的庙底沟类型文化特征，其文化面貌与营盘山遗址有一定差异，年代应更早，在距今 6000 年前后。这也是岷江上游地区首次发掘的具有准确地层关系的庙底沟类型文化遗存，可以命名为"波西下层遗存"（图三）。

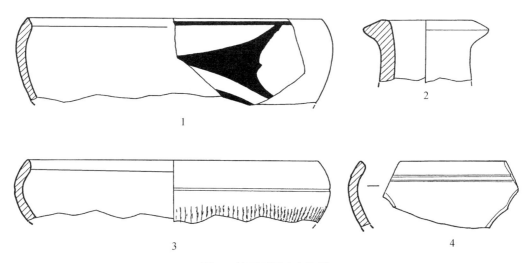

图三　波西下层遗存陶器

1. 彩陶钵（G1∶4）　2. 双唇式小口瓶（G1∶5）　3. 尖唇敛口钵（G1∶6）
4. 方唇敛口钵（G1∶7）

以波西遗址 G1 为代表的遗存为第一阶段，受到了仰韶文化庙底沟类型的强烈影响，外来文化因素占据较为明显的主体优势。从已有的考古资料来看，此类遗址的规模均不大，一般处于岷江干流及主要支流两岸的二级阶地之上，并呈狭长形状分布。

这阶段的遗址除波西遗址有明确的地层单位外，营盘山遗址也出土了这阶段的泥质陶双唇口瓶、弧边三角纹彩陶片等遗物；黑水县的官纳若遗址也采集了细泥红陶双唇口瓶、夹砂褐陶侈口罐等器物的残片，该遗址时代的上限也可至这一阶段；另在汶川县姜维城遗址也采集有泥质灰陶双唇口瓶、细泥红陶直口钵等庙底沟文化类型的遗物[8]，表明该遗址内也存在第一阶段的文化遗存。

2. 第二阶段

第二阶段即以营盘山遗址的主体遗存（图四）为代表，可以命名为"营盘山遗存"。此阶段岷江上游的新石器文化发展到高度繁荣阶段，遗址数量众多，尤其是出现了营盘山遗址这样的大型中心聚落。外来文化因素（主要是西北地区马家窑文化石岭下类型和马家窑类型、以大地湾遗址第四期文化为代表的仰韶文化晚期遗存的影响）仍然占据着相当重要的地位，但以夹砂褐陶侈口花边罐、喇叭口长颈陶壶形器、矮圈足陶器及燧石细石器等内容为代表的本土特色文化因素也开始逐步突显。

目前发现的这一阶段遗存的数量较为丰富，分布的地域也较广，基本遍及整个岷江上游地区。大渡河上游、中游的新石器文化与这一阶段遗存之间也存在较多的相似文化因素。

图四　营盘山遗存陶器

1～4、6、9. 夹砂陶罐（2000T10④：37、2000H28：26、2000T12⑤：36、2000H3：36、2000T11①：1、
2000H8：57）　5. 彩陶罐（2000H8：1）　7. 彩陶盆（2000H8·2）　8. 彩陶瓶（2000H12·5）
10. 泥质陶高领罐（2000H4：19）　11、13. 泥质陶钵、碗（2000H3：35、2000H7：1）
12. 泥质陶罐（2000H11：2）　14、15. 矮圈足器（2000H21：9、2000T1④：30）

营盘山遗存同甘肃天水师赵村遗址第四期和第五期文化[9]、武山傅家门史前文化遗址[10]、东乡林家遗址主体遗存[11]等马家窑文化石岭下类型和马家窑类型遗存,甘肃秦安大地湾遗址第四期文化[12]、武都大李家坪遗址第二期和第三期文化[13]等仰韶文化晚期遗存相比较,之间存在较多的共性。营盘山遗存出土的以泥质褐底黑彩的彩陶器、细泥红陶碗钵类陶器为代表的因素,应是前者影响的产物。东乡林家遗址也出土有水晶质细石核等细石器,与营盘山遗存的少量水晶质细石叶等细石器之间或许有渊源关系。

但营盘山遗存与马家窑文化石岭下类型和马家窑类型、仰韶文化晚期遗存的差异也是非常明显的,如:营盘山遗存未见半地穴式房屋建筑,却流行木(竹)骨泥墙的地面式房屋建筑;陶尖底器极其罕见;有少量的矮圈足陶器;陶质陶色方面,营盘山遗存的彩陶所占比例仅为2%~3%(而马家窑类型的彩陶高达20%以上),细泥红陶的比例也不高,夹砂褐陶、夹砂灰陶、泥质褐陶和泥质灰陶占绝大多数;在陶器纹饰方面,营盘山遗存的典型特征是:陶器表面盛行在绳纹或线纹之上装饰泥条附加堆纹或凹弦纹,从而形成箍带状的装饰风格;营盘山遗存晚期流行器体小巧的斧、锛、凿类器;在打制石器方面,营盘山遗存以燧石细石器和小型石片石器为特征的小石器风格也是其自身特征之一。

营盘山遗址目前有两个由北京大学考古文博学院加速器质谱实验室测试的 ^{14}C 年代测试数据,BA03280(2000SMYT10H8):4390±60BP;BA03281(2000T12⑥):4170±60BP。树轮校正后的年代为距今5300~4600年,同马家窑文化石岭下类型和马家窑类型、以大地湾遗址第四期文化为代表的仰韶文化晚期遗存的年代相近。

姜维城遗址是本阶段的一处中型聚落遗址,规模略小于营盘山遗址,地处汶川县威州镇,岷江与杂谷脑河在此交汇,遗址的文化内涵及时代基本同于营盘山遗址。

3. 第三阶段

此阶段的遗址目前发现的数量还非常有限,仅在茂县城关凤仪镇发现一处,即沙乌都遗址。

沙乌都遗址虽然与营盘山遗址基本隔河相望,但其文化面貌却与营盘山遗址存在较大差异。沙乌都遗址出土陶器中不见前两个阶段常见的烧制火候较高的彩陶器及细泥红褐陶器,而出土的夹砂褐陶绳纹及锯齿状花边口沿侈口罐、泥质磨光陶喇叭口长颈壶形器、沿面饰绳纹的夹砂褐陶罐等遗物(图五;表四)却与成都平原各史前古城遗址为代表的宝墩文化的同类器物特征相同[14],表明沙乌都遗址的内涵与成都平原宝墩文化存在较为密切的联系,其时代应晚于波西遗址和营盘山遗址,距今年代应为4500年左右。以沙乌都遗址主体为代表的第三阶段遗存,可以将之命名为"沙乌都遗存"。在夹砂褐陶及泥质灰陶系方面、装饰绳纹及纹唇风格等方面延续发展了第二阶段的文化因素,更多地表现出浓郁的本地文化特色,表明在此阶段岷江上游地区的本土文化因素已胜过外来文化因素,从而占据了优势地位。

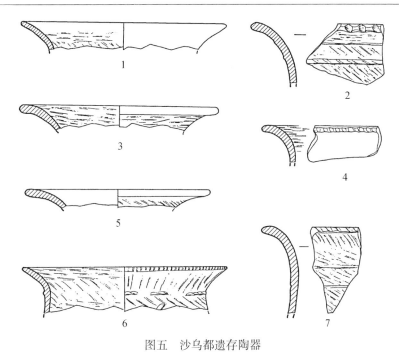

图五　沙乌都遗存陶器

1、3、5. 喇叭口长颈壶形器（2002H1：4、2002H1：3、2002H1：5）　2、4、6、7. 花边口沿侈口罐
（2002H1：11、2002H1：12、2002H1：2、2002H1：1）

表四　沙乌都遗址H1出土陶片陶质陶色及纹饰统计表

陶质 陶色 纹饰	夹砂陶		泥质陶			合计	百分比
	灰	褐	灰	褐	黑皮		
纵向绳纹		4			1	5	7
纵向线纹		2	1			3	4
附加堆纹		5	6			11	16
瓦棱纹			1		3	4	6
花边口沿		7				7	10
戳印纹		2	6			8	11
素面	3	8	13	5	4	33	46
合计	3	28	27	5	8	71	
	31		40				
百分比	4	40	38	7	11	100	
	44		56				

四、岷江上游新石器文化的本土化

以波西遗址02G1为代表的波西下层遗存为第一阶段（年代可上溯至距今6000年前

后），受到仰韶文化庙底沟类型的强烈影响，外来文化因素占据主体成分，此类遗址的规模不大。庙底沟类型时期是仰韶文化实力最为强盛的阶段，向外拓展的扩张势力远大于其他阶段，庙底沟类型遗存在较为广大的范围内均有发现，波西下层遗存的出现应是仰韶文化对外传播的产物。

发展到以营盘山遗存为代表的第二阶段（距今年代为 5300～5000 年），岷江上游新石器时代文化进入一个较为繁盛的时期，出现了营盘山遗址这类大型的中心聚落和姜维城遗址这样的中型聚落，并出现了具有奠基性质的人祭坑、公共活动的中心广场、各型陶窑址及中、小型房屋基址等较为丰富的遗迹现象，并出土有陶塑人像、做工精细的玉器等为数甚众的高规格遗物。

第二阶段岷江上游的地方文化特色也开始突显，包括木骨泥墙的地面房屋建筑、胎中有粗大颗粒的夹砂陶器、陶器表面在绳纹或线纹之上装饰泥条附加堆纹或凹弦纹的箍带状纹饰风格、矮圈足陶器、器体甚小的斧锛凿类磨光石器、燧石细石器等内容的本土文化因素，在比例上渐渐超过外来文化因素。

营盘山遗存以彩陶器、细泥质红陶碗钵类器形为代表的一组文化因素虽然是外来文化影响的产物，但包括陶泥和烧制方法等种种特征表明这些陶器多是岷江上游本地生产的产品，因此，这一组文化因素实际上成为营盘山遗存文化内涵的组成部分。

以沙乌都遗址主体遗存为代表的第三阶段（距今年代在 4500 年左右），则表现出浓郁的本土文化特色，不见烧制火候较高的彩陶器及细泥红褐陶器，却与成都平原宝墩文化存在较为密切的联系。

这三个阶段之间虽然还有较大的缺环，但本土化文化因素不断增多的历程得以基本体现。这三个发展阶段之间虽然还存在较大的缺环，但以夹砂褐陶绳纹花边侈口罐、泥质灰陶瓦棱纹器等内容为代表的本土文化因素呈现出不断壮大的发展趋势，而以彩陶器和细泥红陶器为代表的外来文化因素所占比例却不断缩小直至消失。这一趋势展现了岷江上游新石器时代文化演进中的本土化历程。

在以"波西下层遗存"为代表的第一阶段，岷江上游的新石器时代文化可纳入中原仰韶文化庙底沟类型的文化系统之中。以营盘山遗存为代表的第二阶段，还与甘青地区的马家窑文化石岭下类型和马家窑类型、以大地湾遗址第四期文化为代表的仰韶文化晚期遗存有着一定程度的亲缘关系。而"沙乌都遗存"为代表的第三阶段，岷江上游的新石器时代文化的本土化特征则已十分明显。

注　释

［1］　成都市文物考古研究所、阿坝藏族羌族自治州文物管理所：《岷江上游考古调查报告》，待刊。

［2］　成都市文物考古研究所、阿坝藏族羌族自治州文管所、茂县博物馆：《四川茂县营盘山遗址试掘报告》，《成都考古发现》（2000），科学出版社，2002 年；成都文物考古研究院、阿坝藏族羌族自治州文物管理所、茂县羌族博物馆：《茂县营盘山新石器时代遗址》，文物出版社，2018 年；蒋成、陈

剑：《2002年岷江上游考古的收获与探索》，《中华文化论坛》2003年第4期。

[3] 成都文物考古研究所、阿坝藏族羌族自治州文物管理所、茂县羌族博物馆：《四川茂县营盘山遗址2003年的发掘》，《南方民族考古》（第十三辑），科学出版社，2017年；成都文物考古研究院、阿坝藏族羌族自治州文物管理所、茂县羌族博物馆：《茂县营盘山新石器时代遗址》，文物出版社，2018年。

[4] 成都文物考古研究所、阿坝藏族羌族自治州文物保管所、茂县羌族博物馆：《四川茂县波西遗址2002年的试掘》，《成都考古发现》（2004），科学出版社，2006年。

[5] 成都文物考古研究所、阿坝藏族羌族自治州文物保管所、茂县羌族博物馆：《四川茂县沙乌都遗址调查简报》，《成都考古发现》（2004），科学出版社，2006年。

[6] 蒋成、陈剑：《岷江上游考古新发现述析》，《中华文化论坛》2001年第3期。

[7] 中国科学院考古研究所：《庙底沟与三里桥》（黄河水库考古报告之二）（中国田野考古报告集考古学专刊丁种第九号），科学出版社，1959年。

[8] 王鲁茂、黄家祥：《汶川姜维城发现五千年前文化遗存》，《中国文物报》2000年11月26日第1版；黄家祥：《汶川县姜维城新石器时代遗址及汉明城墙》，《中国考古学年鉴·2001》，文物出版社，2002年；笔者于2002年10月曾陪同中国考古学会副理事长张忠培教授现场调查姜维城遗址，采集有细泥红陶双唇式小口瓶、细泥褐陶敛口盆等类陶器口沿残片，张先生确认为西阴村文化（即庙底沟类型文化）的遗物。

[9] 中国社会科学院考古研究所：《师赵村与西山坪》，中国大百科全书出版社，1999年。

[10] 中国社会科学院考古研究所甘青工作队：《甘肃武山傅家门史前文化遗址发掘简报》，《考古》1995年第4期。

[11] 甘肃省文物工作队、临夏回族自治州文化局、东乡族自治县文化馆：《甘肃东乡林家遗址发掘报告》，《考古学集刊》（4），中国社会科学出版社，1984年。

[12] 甘肃省博物馆文物工作队：《甘肃秦安大地湾遗址1978至1982年发掘的主要收获》，《文物》1983年第11期；郎树德、许永杰、水涛：《试论大地湾仰韶晚期遗存》，《文物》1983年第11期。

[13] 北京大学考古学系、甘肃省文物考古研究所：《甘肃武都县大李家坪新石器时代遗址发掘报告》，《考古学集刊》（13），中国大百科全书出版社，2000年；张强禄：《试论白龙江流域新石器文化与川北川西地区新石器文化的关系》，《四川大学考古专业创建三十五周年纪念文集》，四川大学出版社，1998年；张强禄：《马家窑文化与仰韶文化的关系》，《考古》2002年第1期。

[14] 王毅、孙华：《宝墩村文化的初步认识》，《考古》1999年第8期；成都市文物考古研究所、四川大学历史系考古教研室、早稻田大学长江流域文化研究所：《宝墩遗址——新津宝墩遗址发掘和研究》，有限会社阿普（ARP），2000年；王毅、蒋成：《成都平原早期城址的发现及初步研究》，《夏禹文化研究》，巴蜀书社，2000年；江章华、颜劲松、李明斌：《成都平原的早期古城址群——宝墩文化初论》，《中华文化论坛》1997年第4期。

［原载《成都考古研究》（一），科学出版社，2009年，第146～158页］

试论姜维城遗址史前文化遗存的分期、年代及文化属性

何锟宇[1] 郑漫丽[2]

（1. 成都文物考古研究院；2. 成都金沙遗址博物馆）

姜维城遗址位于四川省汶川县威州镇北姜维山的山坡，当地人称"古城坪"，20 世纪三四十年代曾在调查中发现有石器、彩陶片等[1]。20 世纪 50 年代四川省文物管理委员会曾做过调查[2]，20 世纪 60 年代初期，四川大学历史系考古专业在岷江上游的理县、汶川等地进行田野考古实习，并在该遗址采集到石器、网坠等遗物[3]。20 世纪 80 年代中期，四川省开展全省文物普查时在这里也采集到陶片和石器等[4]。2000 年 5～7 月，四川省文物考古研究所（现四川省文物考古研究院）对姜维城遗址进行全面调查和初步发掘[5]，2003 年再次对遗址展开大规模的考古发掘[6]。姜维城遗址史前文化遗存的发现与发掘对于构建川西北地区的史前文化序列、探讨成都平原新石器时代晚期文化的来源提供了宝贵资料，对于探讨仰韶晚期遗存、马家窑文化的南传有重要意义。

一、分期与年代

2000 年发掘面积超 100 平方米，层位关系较简单，即第 1 层→第 2 层→第 3 层→第 4 层→ H6 →第 5 层→第 6 层→第 7 层→第 8 层→ H11 →第 9 层→第 10 层。发掘者将史前文化遗存分为三期，即第一期以第 10 层为代表，第二期包括第 9 层、H10、H11 等，第三期包括第 3～7 层[7]。2003 年发掘区域共划分地层 20 层，层位关系清楚，其中第 6～20 层为新石器时代地层，发掘报告结合出土器物将其分为三期五段，即第 20 层为一期一段，第 16～19B 层为一期二段，H10、第 14 层、第 15 层、H30 为二期三段，F1～F3、第 11～13 层为三期四段，第 6～10 层为三期五段[8]。从出土器物来看，两次发掘的器类基本相同，包括有陶器、石器、骨器三大类，以陶器为主。陶器以泥质灰陶、灰褐陶为主，其次是红褐陶，另有少量黑褐陶、褐陶，夹砂陶占一定的比例，基本都是夹粗砂。纹饰主要有绳纹、附加堆纹、弦纹、戳印纹和复合纹饰。另有少量彩陶，彩陶基本都是红衣黑彩，有少量褐衣褐彩，纹饰有弧边三角纹、圆点弧线纹、垂帐纹、平行条带纹、变体鸟纹等。器形主要有罐、瓶、盆等。泥质陶以素面磨光为主，器形主要有

侈口罐、缸、小口瓶、高领壶、高领罐、盆、钵、碗、镯、纺轮、圈足器和器盖等。夹砂陶器的种类则主要包括侈口深腹罐、矮领罐、小罐等。石器有刀、斧、锛、凿、杵、环、镯、切割器、球、细石器等，骨角器有锥、镞、簪及鹿角器等，但这两类器物在各地层单位出土较少，而且形态特征变化也不明显，不宜作为文化分期中典型器物群的代表。因此，笔者主要依据层位关系对出土陶器进行梳理，从陶器的组合及形式的变化规律来考察姜维城遗址史前文化遗存的分期，并认为两次发掘的分期均有可调整之处。

由于 2003 年的发掘面积较大，文化层堆积也厚，遗迹相对丰富，出土器物相对较多，我们先考察 2003 年发掘的史前遗存分期。我们注意到原报告中作为遗址最早的地层单位即第 20 层，出土器类仅有泥质陶瓶、缸、高领罐、带嘴锅、碗和夹砂陶侈口罐等（图一）[9]，彩陶器和夹砂陶器类也少，单独为一段略显单薄，不能全面反映该遗址最早阶段的器物组合及文化面貌，与原报告一期二段合并更为合适（图二），即本文的一期早段。这样，遗址一期早段所包含的陶器种类有彩陶盆、泥质陶瓶、壶、高领罐、缸、带嘴锅、各种形式的盆、钵、碗，以及夹砂陶侈口罐、直腹罐、圈足器等，器物组合相对完整，基本能代表姜维城遗址史前遗存最早阶段的文化面貌。

原报告二期三段包括的单位有 H1～H7、H10、H30、第 14 层、第 15 层，H30 出土器物丰富，为本期的典型单位，较上一段增加了彩陶瓶、鼓腹罐、薄胎小罐等，但不见圈足器，盆、钵在形态上有一定的变化（图三）。但我们注意到 H10、第 14 层的出土包含物与叠压其上的地层单位的包含物更为接近，将其归入晚一阶段即本文的二期早段更为合适，二期早段出土的典型陶器有彩陶瓶、罐、盆，泥质陶小口瓶、缸、盆、钵、碗、带嘴锅，夹砂陶侈口罐、直腹罐、薄胎小罐等（图四）。二期晚段即原报告的三期五段，出土的陶器种类基本见于二期早段，仅多圈足器一类（图五），体现出二者之间紧密相接、连续发展的过程。据此，我们将 2003 年姜维城史前遗存的分期调整为二期四段，

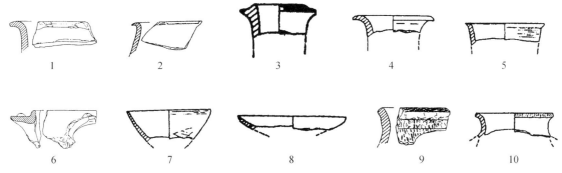

图一　2003年一期早段第20层出土陶器

1、2. 缸（ⅡT0105 ⑳：39、ⅡT0105 ⑳：38）　3、4. 小口瓶（ⅡT0105 ⑳：19、ⅡT0105 ⑳：7）

5. 高领罐（ⅡT0105 ⑳：6）　6. 带嘴锅（ⅡT0105 ⑳：32）　7、8. 碗（ⅡT0105 ⑳：24、ⅡT0105 ⑳：29）

9、10. 侈口罐（ⅡT0105 ⑳：17、ⅡT0105 ⑳：14）

（均采自《四川文物》2004 年增刊，分别为 1、2 自第 70 页，图一四，9、1；3 自第 71 页，图一五，4；4、5 自第 69 页，图一二，10、1；6～8 自第 72 页，图一九，18、1、14；9 自第 78 页，图三八，2；10 自第 81 页，图四四，2）

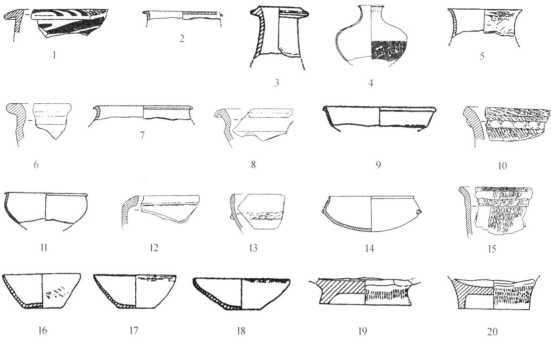

图二　2003年一期早段第16～19层出土陶器

　　1. 彩陶盆（ⅠT0106⑲A：7）　2）、7. 缸（ⅡT0105⑱：16、ⅡT0105⑰：6）　3. 小口瓶（ⅡT0105⑲B：7）
　　4. 壶（ⅠT0105⑲B：29）　5. 高领罐（ⅡT0105⑲B：8）　6、8、11. 盆（ⅠT0106⑲B：16、ⅠT0105⑲B：1、
　　ⅠT0106⑲A：21）　9、14. 折腹钵（ⅡT0105⑲B：22、ⅠT0106⑲A：2）　10. 侈口罐（ⅠT0105⑱：3）
　12. 深腹钵（ⅠT0106⑲B：11）　13. 钵（ⅡT0105⑱：12）　15. 直腹罐（ⅡT0105⑲B：17）　16～18. 碗（ⅠT0106⑲
　B：29、ⅠT0106⑲B：30、ⅡT0105⑯：4）　19、20. 圈足器（ⅠT0105⑲B：4、ⅠT0106⑲A：27）
　　（均采自《四川文物》2004年增刊，分别为1自第77页，图三二，5；2自第70页，图一四，11；3自第71页，
　图一五，5；4自第70页，图一四，14；5、6自第69页，图一二，2、16；7自第70页，图一四，5；8自第70页，
　图一三，1；9自第71页，图一七，1；10自第79页，图三九，4；11自第72页，图一八，2；12、13自第73页，
　图二一，7、1；14自第72页，图一九，19；15自第79页，图四〇，5；16～18自第72页，图一九，4、8、17；
　19、20自第74页，图二四，5、6）

　　即一期早段为第16～20层，一期晚段为第15层、H1～H7、H30，二期早段为F1～F4、
H10、第11～14层，二期晚段为第6～10层。

　　2000年发掘报告将史前文化遗存分为三期，但从出土陶器的特征来看，第10层、
第9层有很多相同器类，如两者均出土泥质陶喇叭口小口瓶、敛口罐以及夹砂陶缸，而
且形态特征基本一致，两者并为一段更合适（图六），相当于2003年的一期早段。第
8层以及叠压其下的H10、H11单独为一段，陶器方面出现了比较明显的变化，比如新
增加了泥质陶敛口瓮、带錾钵和夹砂敛口罐等，另有泥质陶小口瓶、高领罐、缸、盆、
钵、碗，夹砂陶侈口罐、敛口罐（图七），相当于2003年的一期晚段。处于最晚阶段的
第3～7层出土的包含物虽有一定的差别，但公布的器物太少，特别是叠压于第4层下、
打破第5层的H6没有发表出土器物，暂依原报告单列一段，出土的器物多见于上一期，
新增了薄胎小罐（图八），相当于2003年的二期。依据以上分析，我们将姜维城史前文
化遗存分为二期四段，见表一。

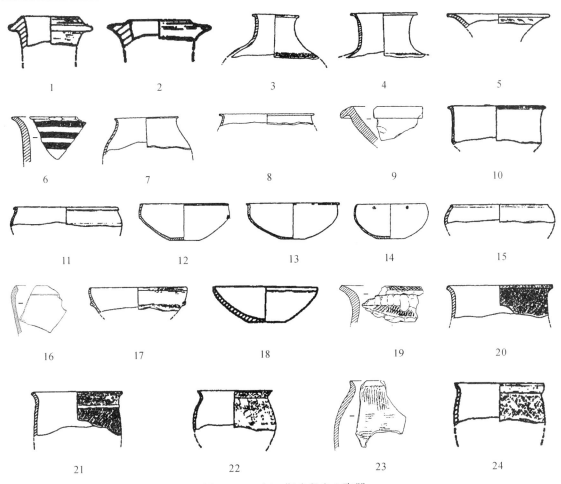

图三 2003年一期晚段出土陶器

1、2. 小口瓶（H30：33、ⅠT0105⑮：19） 3～5. 高领罐（H30：64、H30：38、ⅡT0105⑮：16） 6. 彩陶瓶
（H30：15） 7. 鼓腹罐（H30：69） 8. 缸（ⅡT0105⑮：10） 9、11、15. 盆（H30：63、H30：29、H30：66）
10. 折腹钵（H30：31） 12～14、17. 钵（H30：2、H30：11、H30：12、H30：18） 16. 深腹钵（H30：20）
18. 碗（H30：13） 19. 侈口罐（H30：51） 20、21. 直腹罐（H30：48、H30：52）
22～24. 薄胎小罐（H30：58、H30：31、H30：59）

（均采自《四川文物》2004年增刊，分别为1、2自第71页，图一五，8、10；3、4自第70页，图一四，16、17；5自
第71页，图一五，13；6自第77页，图三二，4；7、8自第70页，图一四，7、6；9自第71页，图一六，2；10、11自
第71页，图一七，8、7；12自第70页，图一三，2；13自第72页，图一八，5；14自第73页，图二一，4；15自第74
页，图二三，2；16自第74页，图二二，1；17自第73页，图二〇，3；18自第72页，图一九，16；19自第79页，图
四〇，4；20、21自第79页，图四一，4、1；22～24自第80页，图四三，2、5、3）

表一 姜维城遗址史前文化遗存分期表

分期	2000年地层单位	2003年地层单位
一期早段	第9、10层	第16～20层
一期晚段	第8层、H10、H11	第15层、H1～H7、H30
二期早段	第3～7层	F1～F4、H10、第11～14层
二期晚段		第6～10层

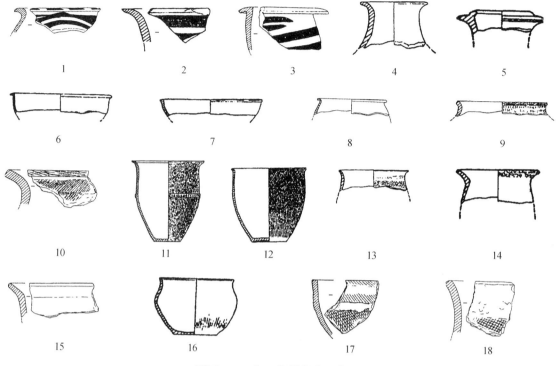

图四　2003年二期早段出土陶器

1. 彩陶罐（ⅠT0106⑭：4）2. 彩陶瓶（ⅠT0206⑫：21）3. 彩陶盆（ⅠT0508⑭：1）4、5. 小口瓶
（ⅡT0105⑭：34、H10：12）6、7. 盆（H10：13、ⅠT0106⑭：8）8. 缸（ⅠT0206⑭：2）9、10、16、18. 侈口罐
（ⅠT0206⑭：23、ⅡT0105⑬：14、H10：3、ⅡT0105⑪：5）11、12. 直腹罐（H10：4、H10：2）13～15. 薄胎小罐
（ⅠT0105⑬：4、F4：2、ⅡT0105⑬：4）17. 带嘴锅（ⅡT0105⑬：2）
（均采自《四川文物》2004年增刊，分别为1、2自第77页，图三二，6、1；3自第77页，图三三，1；4自第69页，
图一二，13；5自第71页，图一五，11；6、7自第72页，图一八，7、6；8自第70页，图一四，13；9自第81页，图
四四，4；10自第79页，图四一，5；11自第80页，图四二，2；12～15自第80页，图四三，7、4、10、9；16自第70
页，图一四，4；17自第73页，图二一，5；18自第80页，图四二，1）

　　从遗址各期出土的器物来看，姜维城史前文化遗存是一个连续发展的过程，但阶段
变化并不显著，或意味着延续的时间并不是很长，各期的年代我们也可从出土器物与周
边及甘青地区史前文化的比较予以确认。从遗址出土小口瓶的形态特征变化来看，在仰
韶文化中重唇小口瓶一般是口内敛的出现最早，其次是直口的，最后发展为侈口的退化
重唇特征。而在姜维城遗址中，最早地层单位第20层是退化重唇口和喇叭口小口瓶并
存（图一，3、4），这种现象在一期晚段的H30乃至二期晚段（图五，4、5）也存在，
更说明这并非偶然，而是姜维城史前遗存正处于退化重唇口和喇叭口小口瓶并存的这一
阶段。因此，我们认为姜维城遗址中出土的小口瓶并不具备分期意义，也不存在一个仅
有退化重唇口而无喇叭口小口瓶的文化发展阶段，这种现象可能与文化因素传播的滞后
有关。

　　具体来讲，一期早段的彩陶盆（图二，1）与师赵村五期ⅭⅠ式盆（T206③：13）[10]、
大李家坪三期AⅡ式盆（MH4：31）基本一致；泥质陶缸（图一，1；图二，2）与福

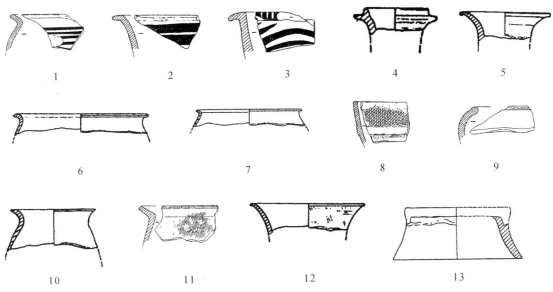

图五　2003年二期晚段出土典型陶器

1. 彩陶罐（ⅠT0206⑥：2）　2. 彩陶瓶（ⅠT0105⑩：2）　3. 彩陶盆（ⅠT0105⑩：3）　4、5. 小口瓶（ⅠT0105⑧：6、ⅠT0106⑦：6）　6. 缸（ⅠT0106⑩：2）　7. 鼓腹罐（ⅠT0105⑩：5）　8. 带嘴锅（ⅡT0105⑪：2）

9. 钵（ⅠT0106⑩：5）　10. 薄胎小罐（ⅠT0105⑨：8）　11. 侈口罐（ⅠT0105⑨：13）

12. 高领罐（ⅠT0105⑨：12）　13. 圈足器（ⅠT0106⑦：12）

（均采自《四川文物》2004年增刊，分别为1、2自第77页，图三三，2、3；3第77页，图三四，1；4、5自第71页，图一五，12、18；6、7自第70页，图一四，12、10；8自第73页，图二一，6；9自第74页，图二二，3；10、11自第80页，图四三，11、8；12自第71页，图一五，17；13自第74页，图二四，7）

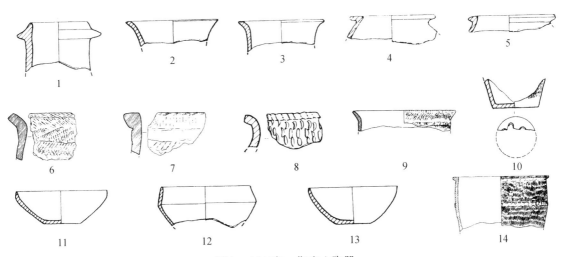

图六　2000年一期出土陶器

1～3. 小口瓶（T0104⑩：24、T0104⑩：28、T0104⑨：39）　4、5. 敛口罐（T0104⑩：8、T0104⑨：15）

6、8. 侈口罐（T0104⑩：2、T0104⑩：6）　7、9、14. 直腹罐（T0104⑩：1、T0104⑨：4、T0104⑨：1）

10. 甑（T0104⑩：38）　11、13. 碗（T0104⑦：11、T0104⑨：45）　12. 折腹钵（T0104⑨：1）

（均采自《考古》2006年第11期，分别为1～5自第8页，图七，38、32、15、1、2、6、7自第10页，图八，3、7；8自第8页，图七，8；9自第10页，图八，11；10～13自第8页，图七，41、23、34、29；14自第10页，图八，14）

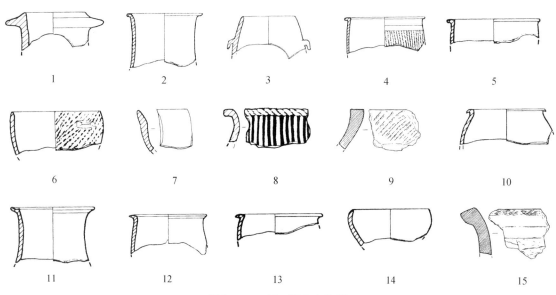

图七　2000年二期出土陶器

1. 小口瓶（T0104 ⑧：22）　2. 高领罐（T0104 ⑧：25）　3. 敛口瓮（T0104 ⑧：41）　4、5、12、13. 盆（T0104 ⑧：3、

　　T0104 ⑧：37、H11：25、H11：29）　6、7、14. 钵（T0104 ⑧：15、T0104 ⑧：17、H11：23）　8、15. 侈口罐

　　　　（T0104 ⑧：6、H11：1）　9. 敛口罐（T0104 ⑧：11）　10. 缸（T0104 ⑧：1）　11. 高领罐（H11：27）

（均采自《考古》2006 年第 11 期，分别为 1～8 自第 8 页，图七，35、36、14、16、31、24、28、11；9 自第 10 页，

　　　　图八，1；10～14 自第 8 页，图七，6、5、12、39、27；15 自第 10 页，图八，5）

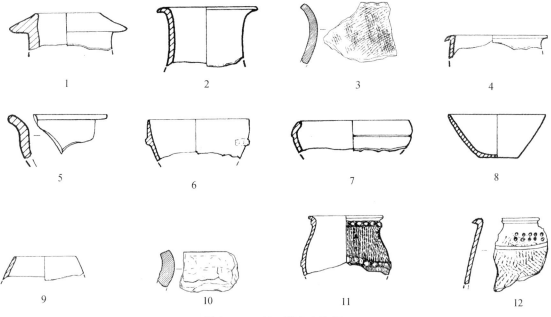

图八　2000年三期出土陶器

1. 小口瓶（T0104 ⑥：9）　2. 高领罐（T0104 ⑤：4）　3. 侈口罐（T0104 ⑦：1）　4、5. 盆（T0104 ⑦：21、

　　T0104 ④：3）　6. 钵（T0104 ⑤：3）　7. 深腹钵（T0104 ⑥：10）　8. 碗（T0104 ⑦：28）　9. 敛口瓮

　　　（T0104 ④：11）　10. 敛口罐（T0104 ③：1）　11、12. 薄胎小罐（T0104 ⑤：5、T0104 ⑦：22）

（均采自《考古》2006 年第 11 期，分别为 1、2 自第 8 页，图七，37、18；3 自第 10 页，图八，4；4～9 自第 8 页，

　　　　图七，30、40、33、26、10、13；10 自第 10 页，图八，2；11、12 自第 8 页，图七，3、7）

临堡三期 D Ⅰ 式缸一致；高领壶（图二，4）与大李家坪三期 AⅢ 式壶（MH21：35）相同；小口瓶（图一，4）与福临堡三期 Ⅱ 式高领罐（H24：3）、大李家坪三期 Ca 型 Ⅰ 式壶（MT2 ⑦：14）相近；圈足器（图二，19）与福临堡三期 Ⅲ 式圈足（T15 ③：4）、林家遗址的豆（F21）相近，圈足器（图二，20）与福临堡三期 Ⅰ 式圈足（T40 ②：11）一致。通过与仰韶晚期或马家窑类型的文化因素对比，我们认为一期早段与大李家坪遗址第三期早中段、福临堡三期早段（遗址第 3 层下的遗迹单位）、师赵村五期早段（包括 Ⅰ 区第 2 层下的遗迹单位、Ⅱ 区第 3 层下的遗迹单位）、林家遗址早期 F9 等部分单位[11]年代相当。总之，从一期早段出土小口瓶的特征、彩陶器物的组合及纹饰风格来看，其年代上限不会早至石岭下类型和仰韶晚期遗存最早阶段，应与马家窑类型或仰韶晚期遗存偏晚阶段相当。

　　一期晚段的陶器组合比较丰富，同类器物与早段相比在形态上有一定的变化，也富有规律。如泥质陶缸由平沿演变为平沿下卷；侈口一类的高领罐（图三，4）由早段的侈口、窄平沿、尖唇变为直口、宽沿、圆唇；盆多由平沿变为平沿下折或下卷；夹砂侈口深腹罐由腹略鼓变为弧腹，直腹罐口部变得外敞。其他的器物如钵、碗一类虽有不同程度的变化，但没有前面几种明显。通过比较我们认为姜维城遗址一期晚段与大李家坪遗址 MH20、福临堡三期中段（遗址第 3 层遗迹单位）、师赵村 Ⅱ 区第 3 层的年代相当。

　　二期早段的彩陶瓶由前段的直口变为侈口（图四，2），彩陶盆由敛口变为近直口（图四，3）。出土器物中彩陶罐（图四，1）与林家遗址 H31 出土的 Ⅰ 7 式罐相近，小口瓶（图四，4）与大李家坪三期 CaⅡ 式壶（MH4：25）一致，泥质侈口罐（图四，16）与大李家坪三期泥质侈口罐（MH20：9、MH21：46）完全相同，夹砂薄胎小罐（图四，15）与师赵村五期 B 型侈口罐相似（T204 ③：92）。该段的上限与林家遗址中期 H31 等单位相当，下限至林家遗址晚期早段[12]。二期晚段的彩陶罐（图五，1）与师赵村五期的彩陶瓮（T213 ③：103）接近，泥质陶缸（图五，6）与福临堡三期 E 型 Ⅱ 式（H123：9）缸一致。总的看来，二期按层位关系虽可分早晚两段，但器物型式变化均较小，整体上与大李家坪三期晚段，福临堡三期偏晚阶段（遗址第 2 层及该层下遗迹单位），林家遗址晚期，师赵村 Ⅰ、Ⅱ 区第 2 层及该层下的部分遗迹年代相当。

　　目前，未见姜维城遗址的测年结果，但我们可以甘肃东乡林家、武都大李家坪、四川茂县营盘山遗址[13]的测年作为参考。营盘山遗址 2000 年试掘时曾采集木炭标本送北京大学考古文博学院加速器质谱实验室进行测试，有 2 个 ^{14}C 测年数据，BA03280（2000SMYT10H8）：4390±60 a BP；BA03281（2000T12 ⑥）：4170±60 a BP[14]。营盘山遗址 2003 年发掘采集的木炭标本经中国社会科学院考古研究所测出了 3 个 ^{14}C 测年数据：4416±31，4274±31，4419±32 a BP，经树轮校正后大体为 4881～3100 a BP[15]。林家遗址有 3 个晚期早段（简报分期）标本的 ^{14}C 测年数据，其中 H19 的木炭和 F21 的炭化稷粒为距今约 4700 年，F20 的炭化木柱为距今 5200 年[16]，学术界一般采用距今 4700 年作为林家遗址的年代下限。2000 年营盘山遗址 H8 出土的陶器主要有彩陶瓮、彩陶盆，泥质陶高领罐、缸、盆、钵、碗、带流器，夹砂陶侈口罐、直腹罐、立领罐等（图九），其年代与姜维城遗址一期晚段相当，树轮校正后取 68.2% 的数据为 3100BC（68.2%）2910BC，取 95.4% 的数据则为 3330BC（15.6%）3210BC、3190BC（2.7%）3150BC、3130BC（77.0%）2890BC，其绝对年代为距今 5100～4900 年。因此，姜维城遗址史前遗存的年代上限当要早于 2000 年营盘山遗址 H8 的年代，下限可至距今 4800～4700 年。

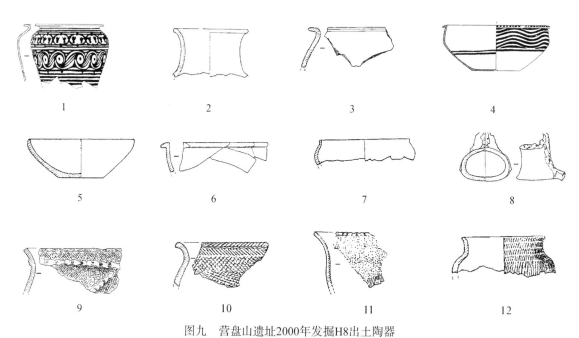

图九　营盘山遗址2000年发掘H8出土陶器

1. 彩陶瓮（H8：1）2. 高领罐（H8：67）3. 罐（H8：29）4. 彩陶盆（H8：2）5. 碗（H8：53）

6. 盆（H8：70）7. 钵（H8：48）8. 带流器（H8：50）9、10. 侈口罐（H8：71、H8：64）

11. 直腹罐（H8：36）12. 立领罐（H8：73）

［均采自《成都考古发现》（2002），分别为1自第23页，图二〇，1；2、3自第42页，图三〇，13、20；4自第24页，图二一，7；5自第51页，图三五，3；6自第45页，图三二，20；7自第47页，图三三，6；8自第40页，图二九，17；9、10自第29页，图二四，5、20；11、12自第34页，图二六，1、18］

二、文化属性考察

　　姜维城史前文化遗存是近年四川地区特别是川西北地区学术意义十分重大的考古发现，其与同处岷江上游的茂县营盘山遗址、大渡河源头区的马尔康哈休遗址[17]，以及沱江流域的什邡桂圆桥遗址一期遗存[18]文化面貌接近，当属于同一种考古学文化，川西北地区已调查发现但尚未进行过发掘的遗址或地点则更多。就姜维城遗址史前遗存的文化因素组成来看，大致可分为三组，即 A 组马家窑类型文化因素，B 组仰韶晚期遗存文化因素及 C 组本土文化因素。

　　姜维城遗址出土的彩陶器无疑主要是 A 组马家窑类型的典型器物。彩陶均为黑彩，仅装饰于泥质陶中，纹饰主要有平行条带纹、弧边三角纹、圆点纹、网格纹、水波纹、草叶纹等。彩陶器中具有分期意义的仅有罐、瓶和盆三类。罐均为敛口鼓腹罐，分卷沿和折沿两种；瓶多为直口或侈口，多颈部饰平行条带黑彩；盆则多饰网格纹、弧边三角纹和草绘纹，均为马家窑类型常见器类，其风格与兰州雁儿湾较接近[19]。另外，泥质陶中的侈口罐（图四，16）目前仅见于大李家坪遗址第三期[20]，槽状带嘴锅、夹砂陶薄胎小罐、细石器、骨梗刀一类则主要出现在马家窑类型文化中。

陶器中的泥质陶小口尖底瓶、缸，各种型式的盆、钵、碗、杯，夹砂陶侈口罐，石器中的刀、斧、锛、环、镯、珠、砺石，骨器中的锥、镞、簪和杵等，它们承庙底沟类型而来，延续的时间较长，多见于仰韶晚期遗存和马家窑文化中，即在 A 组、B 组文化因素中均常见。造成甘青地区这一时期遗址的文化性质归属争议的主要原因也是对这些同见于马家窑类型、仰韶晚期遗存器物的认同问题，如对大李家坪第三期、营盘山遗址文化性质的争议就是最好的例证，因此对大李家坪遗址第三期文化性质的归属也关乎川西北营盘山、姜维城等遗址的文化属性。笔者认为这部分器物虽然是继承了仰韶文化庙底沟类型的文化因素，但已经成为马家窑类型、仰韶晚期遗存文化因素中的不可分割的有机组成部分，应视为同源。

B 组仰韶晚期遗存独特的文化因素主要包括带鸟喙双鋬的泥质陶敛口瓮（图七，3；图八，9）、折腹钵（图六，12）、泥质陶缸及夹砂圈足器（图二，19、20）也多见于仰韶晚期遗存中。

C 组文化因素主要包括夹砂直腹罐、薄胎小罐，磨光黑皮陶盆、钵以及瓦棱纹装饰。夹砂陶直腹罐主要见于以营盘山、姜维城遗址为代表的岷江上游地区和以哈休遗址为代表的大渡河源头区，当为川西北的本土文化因素，其他区域则少见。例如，在师赵村第五期亦可见少量（T101 ④：41）[21]，商县紫荆第四期出土有类似器物，如 H124：22，腹部饰斜向绳纹及附加堆纹，同一灰坑还出有唇部压印锯齿花边，腹部饰斜向篮纹及附加堆纹体形相同的器物（H124：21）[22]，但该单位属于庙底沟二期文化[23]或要晚于福临堡三期[24]。其他如宝鸡福临堡三期的 I 型深腹罐与之有类似之处，但多短折沿，且口沿下两侧多有鸡冠状鋬手，而腹部饰多道平行的附加堆纹[25]。而磨光黑皮陶盆、钵以及瓦棱纹装饰目前仅见于川西北地区以营盘山遗址为代表的岷江上游地区和以哈休遗址为代表的大渡河源头区，并被龙山时代岷江上游的沙乌都遗存[26]和成都平原的宝墩文化[27]所继承。

近年，四川省的文物工作者在川西北地区做了大量的田野考古工作，特别是岷江上游地区的史前文化序列最为清楚[28]，其中尤以营盘山遗址面积大，历经 5 次发掘，文化面貌清晰，最能体现岷江上游地区距今 5000 年左右的史前文化特征。关于营盘山遗址，发掘者相继将其命名为"营盘山遗存"[29]"营盘山文化"[30]。学界对此争论较多，一种认为营盘山新石器时代遗存应归入马家窑文化，岷江上游应属于马家窑文化的分布区[31]，姜维城的发掘者也认为与相邻的营盘山遗址相比，二者同属马家窑文化类型是确信无疑的[32]；一种认为其是仰韶文化晚期类型，并与甘肃白龙江流域的新石器时代文化有着必然的联系，可能是后者南迁的结果[33]；还有一种认为相对仰韶晚期遗存来说，营盘山新石器时代文化的地位和大李家坪三期遗存相差不大[34]。就姜维城遗址史前遗存各段出土器物的种类和数量来看，从始至终均以 A 组文化因素为主，C 组次之，B 组最少。因此，综合各组文化因素所占比重来考察，难言姜维城遗址史前遗存是以本土文化因素占主导的土著文化，而当归属包含一定仰韶晚期遗存和本土文化因素的马家窑类型。

目前，岷江上游地区新石器时代的文化序列逐步建立，汶川姜维城、茂县营盘山等遗址的发现的重要性不但在于充实了岷江上游的新石器时代文化序列，也反映为将岷江、白龙江、大渡河、嘉陵江及大临河五条水系的文化联系起来。关于甘青地区新石器时代文化与川北、川西的关系，张强禄曾做过有益的探讨，主要从地理环境、传播途径、生产经济类型等方面展开的[35]。陈卫东、王天佑在此基础上做了进一步探讨，强调了气候环境的变化，特别是认为公元前 3000 年的降温活动是文化南迁的一个重要原因[36]。近年马尔康哈休[37]、白赊[38]、孔龙[39]等遗址的发现也证明不仅是岷江上游，大渡河源头区也是马家窑类型文化的重要分布区。至于马家窑类型文化因素传播至川西北地区的途径，笔者认为要多关注陇西地区南下至川西北地区的通道，而不要仅仅强调白龙江流域的影响[40]。

注　　释

[1]　林名均：《四川威州彩陶发现记》，《说文月刊·巴蜀专号》（第四卷），1944 年。

[2]　四川省文物管理委员会：《四川茂汶羌族自治县考古调查》，《考古》1959 年第 9 期。

[3]　四川大学历史系考古教研组：《四川理县汶川县考古调查简报》，《考古》1965 年第 12 期。

[4]　国家文物局主编：《中国文物地图集·四川分册》，文物出版社，2009 年。

[5]　四川省文物考古研究所、阿坝州文物管理所、汶川县文化体育局：《四川汶川县姜维城新石器时代遗址发掘简报》，《考古》2006 年第 11 期。

[6]　四川省文物考古研究所、阿坝州文物管理所、汶川县文物管理所：《四川汶川县姜维城新石器时代遗址发掘报告》，《四川文物》2004 年增刊。

[7]　四川省文物考古研究所、阿坝州文物管理所、汶川县文化体育局：《四川汶川县姜维城新石器时代遗址发掘简报》，《考古》2006 年第 11 期。

[8]　四川省文物考古研究所、阿坝州文物管理所、汶川县文物管理所：《四川汶川县姜维城新石器时代遗址发掘报告》，《四川文物》2004 年增刊。

[9]　本文所用线图均摘自《四川汶川县姜维城新石器时代遗址发掘简报》《四川汶川县姜维城新石器时代遗址发掘报告》《四川茂县营盘山遗址试掘报告》3 篇考古简报。

[10]　中国社会科学院考古研究所：《师赵村与西山坪》，中国大百科全书出版社，1999 年，第 103、104 页。

[11]　何锟宇：《甘肃东乡林家遗址分期的再认识——兼论营盘山遗址的分期、年代与文化属性》，《四川文物》2011 年第 4 期。

[12] 何锟宇:《甘肃东乡林家遗址分期的再认识——兼论营盘山遗址的分期、年代与文化属性》,《四川文物》2011年第4期。

[13] 成都市文物考古研究所、阿坝藏族羌族自治州文管所、茂县博物馆:《四川茂县营盘山遗址试掘报告》,《成都考古发现》(2000),科学出版社,2002年。

[14] 陈剑:《波西、营盘山及沙乌都——浅析岷江上游新石器文化演变的阶段性》,《考古与文物》2007年第5期。

[15] 中国社会科学院考古研究所考古科技实验研究中心碳十四实验室测试数据,《考古》2005年第7期。

[16] 甘肃省文物工作队、临夏回族自治州文化局、东乡族自治县文化馆:《甘肃东乡林家遗址发掘报告》,《考古学集刊》(4),中国社会科学出版社,1984年。

[17] 阿坝藏族羌族自治州文物管理所、成都文物考古研究所、马尔康县文化体育局:《四川马尔康县哈休遗址2006年的试掘》,《南方民族考古》(第六辑),科学出版社,2010年。

[18] 四川省文物考古研究院、德阳市博物馆、什邡市博物馆:《四川什邡桂圆桥新石器时代遗址发掘简报》,《文物》2013年第9期。

[19] 严文明、张万仓:《雁儿湾与西坡山瓜》,《考古学文化论集》(第三辑),文物出版社,1993年。

[20] 北京大学考古学系、甘肃省文物考古研究所:《甘肃武都县大李家坪新石器时代遗址发掘报告》,《考古学集刊》(13),中国大百科全书出版社,2000年。

[21] 中国社会科学院考古研究所:《师赵村与西山坪》,中国大百科全书出版社,1999年,第97、98页。

[22] 商县图书馆、西安半坡博物馆、商洛地区图书馆:《陕西商县紫荆遗址发掘简报》,《考古与文物》1981年第3期。

[23] 梁星彭、陈超:《商县紫荆第四期文化遗存试析》,《考古与文物》1984年第3期。

[24] 许永杰:《黄土高原仰韶晚期遗存的谱系》,科学出版社,2007年,第25~28页。

[25] 宝鸡市考古工作队、陕西省考古研究所宝鸡工作站:《宝鸡福临堡——新石器时代遗址发掘报告》,文物出版社,1993年,第116、117页。

[26] 成都文物考古研究所、阿坝藏族羌族自治州文物保管所、茂县羌族博物馆:《四川茂县沙乌都遗址调查简报》,《成都考古发现》(2004),科学出版社,2006年。

[27] 成都市文物考古工作队、四川联合大学考古教研室、新津县文管所:《四川新津县宝墩遗址调查与试掘》,《考古》1997年第1期;中日联合考古调查队:《四川新津县宝墩遗址1996年发掘简报》,《考古》1998年第1期;王毅、孙华:《宝墩村文化的初步认识》,《考古》1999年第8期。

[28] 陈剑:《波西、营盘山及沙乌都——浅析岷江上游新石器文化演变的阶段性》,《考古与文物》2007年第5期。

[29] 蒋成、陈剑:《岷江上游考古新发现述析》,《中华文化论坛》2001年第3期。

[30] 成都市文物考古研究所、阿坝藏族羌族自治州文管所、茂县博物馆:《四川茂县营盘山遗址试掘报告》,《成都考古发现》(2000),科学出版社,2002年。

[31] 江章华:《岷江上游新石器时代遗存新发现的几点思考》,《四川文物》2004年第3期;何锟宇:《甘肃东乡林家遗址分期的再认识——兼论营盘山遗址的分期、年代与文化属性》,《四川文物》2011年

第 4 期。

［32］　四川省文物考古研究所、阿坝州文物管理所、汶川县文物管理所:《四川汶川县姜维城新石器时代遗址发掘报告》,《四川文物》2004 年增刊。

［33］　陈卫东、王天佑:《浅议岷江上游新石器时代文化》,《四川文物》2004 年第 3 期。

［34］　丁见祥:《马家窑文化的分期、分布、来源及其与周边文化关系》,《古代文明》(第 8 卷),文物出版社,2010 年。

［35］　张强禄:《试论白龙江流域新石器文化与川西、川北新石器文化的关系》,《四川大学考古专业创建三十五周年纪念文集》,四川大学出版社,1998 年。

［36］　陈卫东、王天佑:《浅议岷江上游新石器时代文化》,《四川文物》2004 年第 3 期。

［37］　阿坝藏族羌族自治州文物管理所、成都文物考古研究所、马尔康县文化体育局:《四川马尔康县哈休遗址 2006 年的试掘》,《南方民族考古》(第六辑),科学出版社,2010 年。

［38］　四川省文物考古研究院、阿坝藏族羌族自治州文物管理所、成都文物考古研究所、马尔康县文化体育局:《四川马尔康县白赊村遗址调查简报》,《成都考古发现》(2005),科学出版社,2007 年。

［39］　成都文物考古研究所、阿坝藏族羌族自治州文物管理所、马尔康县文化体育局:《四川马尔康县孔龙村遗址调查简报》,《成都考古发现》(2005),科学出版社,2007 年。

［40］　何锟宇:《甘肃东乡林家遗址分期的再认识——兼论营盘山遗址的分期、年代与文化属性》,《四川文物》2011 年第 4 期。

［原载《成都考古研究》(三),科学出版社,2017 年,第 14～25 页］

四川盆地西北缘龙山时代考古新发现述析

陈 剑

（成都文物考古研究院）

一

　　四川盆地西北缘是一个过渡性的地理单元，其西、北毗邻川西北山地及高原区，南接成都为中心的川西平原，东与四川盆地北部连为一体。地理范围主要包括岷江上游的部分地区和涪江上游的大部分地区，行政区划上包括四川省阿坝藏族羌族自治州的茂县、汶川县，绵阳市的北川县、江油市、安县和市中区，以及成都市的都江堰市、彭州市的部分地区。

　　本区在地势上属于龙门山脉。四川盆地西缘山地由系列山脉组成，包括龙门山、夹金山和大相岭等，这些山脉位于盆地向高原高山的过渡地带，靠近盆地多为低山，向西逐渐升高至中山或高山。海拔由盆地边缘1000米向西逐渐升高到3000米左右。这些山脉山峦起伏，山峰陡峭，多角峰，河谷深切，峡谷幽深，坡度陡峻。等高线图形特征是山脊等高线呈棱角转折且闭合等高线狭窄，坡形复杂，3000米以上多为凹形坡，3000米以下多为凸形坡，谷底等高线向谷源延伸且呈锐角闭合，水平距离由谷口向谷源缩小。低山地带则多为凸形坡，山顶等高线也较浑圆些。西北缘的龙门山是一条东北—西南走向的山脉，北起摩天岭，中段称茶坪山，南段称邛崃山，直抵大相岭。从卫星相片分析，龙门山主脉的走向还可以分为两带：靠近盆地边缘50～100千米为东北—西南走向；连接高原的一侧为西北—东南走向。在理县、小金县间，主脉的走向不规则，以南山体紧束为南北走向。主脉海拔3000～4000米（九顶山主峰狮子王峰达4989米），峰顶尖峭，谷地深邃，高差达1500～2500米。山区林木葱郁，是世界珍稀动物大熊猫的产地，由于新构造运动活跃，地震、滑坡、山崩、泥石流等都比较频繁。

　　本区地貌以山地浅丘为主，山间的河流两岸或两河交汇处有一些发育较好的台地，地势较为平坦。

　　早在1952年冬，修筑宝成铁路时，西南博物院筹备处就发现了绵阳边堆山遗址[1]。1988年秋季，中国社会科学院考古研究所四川工作队对边堆山遗址进行了复查[2]。次年春进行了试掘，秋季又进行了大规模发掘和钻探，1990年又在遗址区试进行了物埋测探[3]。2000年7月初，成都市文物考古研究所（现成都文物考古研究院）、阿坝藏族羌族自治州文物管理所、茂县羌族博物馆调查发现了茂县白水寨遗址[4]。2000年7月中旬，上述三家单位又调查发现了茂县下关子遗址[5]。2000年8月，成都市文物考古研究所、阿坝藏族羌族自治州文物管理所、汶川县文物管理所调查发现了汶川县高坎遗址[6]。2002年10月，成都市文物考古研究所、阿坝藏族羌族自治州文物管理所、茂县羌族博物馆在对营盘山遗址进行环境调查时，发现了茂县沙乌都遗址[7]。2004年10月，成都市文物考古研究所、阿坝藏族羌族自治州文物管理所、汶川县文物管理所对汶川县高坎遗址进行了复查[8]。2004年11月，四川省文物考古研究院、绵阳市博物馆、江油市文物保护管理所对江油市大康镇旱丰村9组的吴家后山大水洞遗址进行了调查。次年10月，四川省

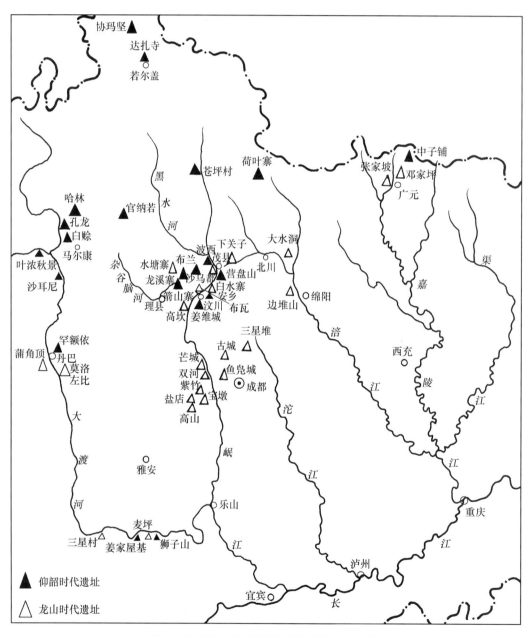

图一　四川盆地西北缘新石器时代遗址分布图

文物考古研究院在绵阳市博物馆和江油市文物保护管理所的配合下，对大水洞遗址进行了发掘[9]。2006 年 10 月，成都文物考古研究所（现成都文物考古研究院）、阿坝藏族羌族自治州文物管理所、茂县羌族博物馆对茂县沙乌都遗址、白水寨遗址进行了复查[10]。2006 年 11 月，成都文物考古研究所、阿坝藏族羌族自治州文物管理所、茂县羌族博物馆对茂县下关子遗址、上关子遗址进行复查，并对下关子遗址进行了试掘[11]。

二

上述系列遗址的考古发现，不仅大体揭示了四川盆地西北缘龙山时代考古学文化的基本面貌，而且可以建立起初步的文化发展序列，为探讨四川新石器时代文化谱系结构体系提供了重要材料。

白水寨遗址位于阿坝藏族羌族自治州茂县南新镇白水寨村，地处岷江东岸二级阶地的台地之上，白水寨明代城堡（白水寨村委会驻地所在的民居集中之处）之上。2000 年实地调查时，在现场采集了泥质灰陶、磨光黑皮陶残片，泥质褐陶勺及磨制石斧等遗物。2006 年调查发现现场已暴露 3 座以上的石棺葬，人骨架残片随地可见。在取土场的北部断面上发现了文化层堆积（红褐土层及灰褐土层），并采集大量泥质灰陶片、夹砂褐陶片、磨制石刀等遗物，陶器器形包括瓦棱纹泥质灰陶罐、夹砂褐陶锯齿状花边口沿罐等。又在遗址南部机耕道边的断面上发现灰坑等遗迹，包含泥质灰陶片、木炭、带有木棍插抹痕迹的红烧土块等遗物，填土为灰黑土，结构疏松。

白水寨遗址地处别立山的山脚地带，其上部为别立下寨、中寨、上寨，均发现了石棺葬，如卡花、桠口墓地[12]。上寨还发现了汉代砖室墓，2003 年发生了严重的盗掘现象，出土有大量精美的青铜器[13]。而中寨还发现了史前遗址[14]。可见，别立山腰、山脚一带为岷江上游地区又一处文化中心，发现有从新石器时代至汉代的文化遗址、墓葬等遗迹。

沙乌都遗址位于阿坝藏族羌族自治州茂县凤仪镇水西村，南面与营盘山遗址隔岷江河相望。在 2002、2006 年调查时均在阶地上发现了暴露的灰坑现象，表明遗址的南部地带有不连续的早期堆积。在遗址南部山脊垭口表面的地表也发现了灰坑现象。遗址北部又有一条东西向的山脊，与南部山脊相隔一条凹沟。在北部的山脊上也发现了不连续的文化层堆积，清理后出土及采集丰富的陶片和打制石刀、石斧等遗物。

同时在南北两条山脊之间的较为平缓的凹沟地带之上进行调查，在修建农村引水工程所开挖的水沟边新鲜泥土中，采集到少量泥质灰陶喇叭口长颈壶形器的口沿残片等陶片，应为此处地层中的包含物。可见，沙乌都遗址的地层堆积情况较为复杂，除了南北两条山脊地带有不间断的文化层堆积外，山脊之间的凹沟地带也有文化层堆积。

高坎遗址位于阿坝藏族羌族自治州汶川县绵虒镇高坎村，地处岷江上游西岸二级阶地之上，高出岷江河谷约 60 米，地形南北狭长，面积约 1500 平方米，在遗址南部边缘地带采集大量陶片，包括泥质灰陶、夹砂褐陶等，纹饰有绳纹、附加堆纹等，时代可以确定为龙山时代。该地还曾发掘过石棺葬多座。

下关子遗址位于阿坝藏族羌族自治州茂县光明乡马蹄溪村四组和中心村一组。地处涪江一级支流土门河北岸三级阶地的台地之上，东距光明乡政府驻地约 1000 米，南邻绵阿公路及土门河正流下关子沟，北靠小关子沟，西面为中心村驻地上街。台地地表呈缓坡状，种植大量蔬菜，总面积 20 万平方米以上。在台地范围内均可采集到新石器时代的陶片，台地及附近的马蹄的下关台分布有密集的秦汉时期石棺葬。遗址发现于 2000年，2006 年进行试掘。试掘地点位于台地的东部边缘地带，表面为后期改土，对上部的堆积破坏较多。试掘地点的文化层堆积厚度约 0.5 米，可分 4 层。出土遗物包括陶器、石器、骨器等。

大水洞遗址位于江油市大康镇旱丰村 9 组的吴家后山。2004 年 11 月，四川省文物考古研究院、绵阳市博物馆、江油市文物保护管理所进行了调查。经报国家文物局批准，2005 年 10 月，四川省文物考古研究院在绵阳市博物馆和江油市文物保护管理所的配合下进行了发掘。大水洞坐北朝南，洞内堆积外高内低呈斜坡状。发掘区选在距洞口26～36 米相对平缓的范围内，在紧靠洞东壁取东西向开 10 米×10 米探方 2 个，发掘面积 200 平方米。根据发掘，地层可分为 3 层。主体遗存的年代应为新石器时代。出土遗物包括陶片、石凿、石矛、石斧、石锛、石坯、砺石、骨锥、骨切割器、骨刻划器、蚌饰等。

边堆山遗址位于绵阳市西郊偏南的安昌江畔的边堆山南坡台地上，台地较为开阔，有上万平方米，但文化层堆积较集中的只有几千平方米。环境条件较为优越，西、北面是河流冲积平原，东南隅是起伏的丘陵，遗址堆积所在台地高出平坝约 30 米，距山顶还有 20 米左右。

由于目前缺乏大规模的考古发掘工作，上述遗址多为调查及试掘资料，或者发掘资料未全面公布，对典型遗址的分期深入研究难以进行。现参照茂县营盘山遗址的发掘材料，对上述遗址的整体文化面貌及年代进行初步分析。在此基础上，排列出四川盆地西北缘龙山时代考古学文化的大致发展阶段。

茂县营盘山遗址的主体堆积属于仰韶时代晚期遗存，但其上层的部分地层单位的年代已进入龙山时代早期。例如，2002 年试掘的第三试掘地点 5 组和第四试掘地点 2 组地层单位，仅分布于遗址的局部地带。以 2002SMYH25 为代表，出土陶器特征独特，夹砂陶所占比例高于泥质陶；器形包括夹砂陶戳印纹敛口鼓腹罐、侈口花边罐、侈口及敛口小罐、直口罐，泥质灰陶大口罐、喇叭口高领罐、高领壶形器、假圈足器，泥质磨光陶瓦棱纹盆、敛口曲腹盆等。尤其以饰粗细瓦棱纹的泥质磨光陶深腹盆、鼓腹罐、饰成组的锥点戳印纹的敛口罐等最为有特色。与遗址主体遗存的陶器面貌的差异较大，年代应更晚。营盘山遗址的 ^{14}C 年代测试数据的上限在距今 5300 年左右，主体处于仰韶时代晚期，下限在距今 4600 年左右，已进入仰韶时代向龙山时代过渡的偏早时期。遗址上层堆积中的部分遗存不仅文化面貌发生了变异，从年代上可以划入龙山时代早期[15]。

　　白水寨遗址采集陶片中包含磨光泥质灰陶及黑皮陶瓦棱纹罐、饰小圆点戳印纹泥质陶折沿罐等器物，与前述营盘山遗址上层部分遗存的同类陶器特征相似；夹砂陶还保留交错绳纹及箍带状附加堆纹的特征，与营盘山遗址主体遗存夹砂陶相似，年代也不会相差异太远。沙乌都遗址北区（含北部山脊和南北山脊之间的凹沟地带）出土陶片包括较多的泥质灰陶、泥质褐陶等，器形有卷沿高领罐、喇叭口长颈壶形器等，特征与南部山脊灰坑出土及采集陶片略有差异，而与白水寨遗址出土陶片风格相似。两遗址文化面貌的过渡性特征明显。

　　沙乌都遗址南区的文化层不连续，且堆积较薄。下关子遗址仅在遗址所在台地的东部边缘地带试掘了一条小探沟，除第1层为农耕土外，第2～4层出土陶片的面貌大同小异，缺乏分期研究的条件。大水洞遗址地层分为3层，第1层包含青花瓷片等遗物；第2层夹杂洞顶垮塌石块，未见包含物；第3层夹杂灰烬、红烧土及木炭颗粒，包含陶片、石器、骨器及羊牙齿等遗物。均为洞内流水携带泥沙长期淤积而成，非原生地层。高坎遗址仅在台地靠近山脊的边缘及缓坡地带采集到大量陶片，也未发现原生文化层堆积。因此，各遗址本身均不能进一步分期，只能进行整体分析，并与其他遗址相比较。

　　沙乌都遗址南区出土陶片的陶质陶色包括夹砂灰陶、夹砂褐陶、泥质褐陶和泥质磨光黑皮陶等类，不见彩陶和细泥红褐陶；纹饰有绳纹、瓦棱纹、较细的附加堆纹（表面又饰压印纹）、绳纹及锯齿状花边口沿装饰、戳印纹等，陶器内壁常见划抹痕迹；器形包括侈口罐、溜肩罐、喇叭口长颈壶形器、钵、带流器等。高坎遗址采集陶片特征与之相似。

　　下关子遗址出土陶器包括夹砂黑褐及红褐陶、泥质灰陶、泥质磨光黑皮陶、泥质褐陶等。纹饰有斜向及交错的绳纹、泥条附加堆纹、戳印纹、较深的锯齿状及较浅的绳纹花边口沿装饰、瓦棱纹、斜向及交划线纹等。陶器以手制为主，部分经过慢轮修整加工，多数陶器内壁可见明显的刮抹痕迹。器形包括侈口罐、鼓腹罐、长颈鼓腹罐、敛口罐、直口罐、喇叭口壶形器、臼等。石器包括打制和磨制石器，器形有刀、穿孔石刀、锛、斧、切割器、砍砸器、尖状器、盘状器等。骨器有笄等。

　　大水洞遗址出土陶器以灰陶为主，其次为黄褐陶、磨光黑皮陶、红褐陶。陶片火候较高，陶质以夹细砂为主，泥质陶次之，夹粗砂陶最少。纹饰有拍打的绳纹，抹上去的凹纹、压印纹及戳印纹，以绳纹组合的各种图案为主。可辨器形有陶罐，多为侈口、圆唇，也有方唇，近半数口沿饰花边。领较高，平底，其中有一半陶罐平底做成假圈足。陶器为轮制，采用泥条盘筑法。出土石器19件，均通体磨光。其中石斧13件、石锛3件、石凿2件、石矛1件，石料多选用质地较坚硬石灰岩，极少使用砾石。石器多双面刃，刃部多舌形，也有铲形刃，石凿为圭形。

　　以上四处遗址出土陶器的特征共性是主要的，如夹细砂陶所占比例最高，纹饰以绳纹为主体，流行绳纹及锯齿状花边口沿装饰，均为平底器及假圈足器，器形以罐、壶、钵类为主；磨制石器以小型的斧、锛、凿最多。已不像白水寨遗址、沙乌都遗址北区那样带有浓郁的过渡性风格。

　　边堆山遗址的文化面貌是：石器小型化，多选取形状接近石器器形的通体砾石打琢加工，磨制为主，也较多使用打制石器。还有少量的细石器和不少的间接方法剥取的小石片，尤其特殊的是多从磨光残石器上制取极薄有刃缘的小石片，这些小石片可以作刃具，有的可能作箭镞使用。石器的类型包括大量的长方形或梯形的锛，也有长条形或柱形的斧，有的应是石楔。长方形石斧规整，锋利，制作极精致，梯形斧中许多呈薄舌状顶或斜尖状顶。锛和凿数量也较多，且形式多样。其他还有铲、刀、矛、镞、石球（弹丸？）、砺石、磨石等。打制的有盘状器、砍砸器、刮削器等。陶器可分为夹粗砂灰褐陶系和泥质陶系两大类，前者最多。还有少量黑皮陶、泥质红陶等。纹饰以绳纹、堆纹为常见，另有划纹、弦纹，其中锥点几何纹颇有特色。唇沿饰绳纹或锯齿状花边，特点突出。器形多罐、缸、壶、盆、盘、碗等平底器，圈足器有豆。

　　与前述下关子、大水洞、沙乌都南区及高坎遗址相比较，边堆山遗址出土陶器少见瓦棱纹，而圈足豆在其他遗址不出；下关子等遗址出土的饰绳纹加凹弦纹的泥质陶片、绳纹加箍带状附加堆纹的夹砂陶片等文化因素，则在边堆山遗址少有发现。两者之间的距离相距不远，地理条件较为相似，产生上述文化面貌上的差异还主要是时代不同的原因。再结合沙乌都等遗址与营盘山遗址主体遗存之间的文化联系比较密切的情况，判定边堆山遗址的年代应略晚于前者。

　　综上所述，依时代先后可将上述四川盆地西北缘的龙山时代遗址划分为 3 段。

　　第 1 段：以白水寨遗址的主体遗存为代表，陶器特征与营盘山遗址上层部分地层单位出土同类器物相似。沙乌都遗址北区的部分遗存可归入本段（图二）。

　　第 2 段：首先发现于沙乌都遗址南区堆积，以 H1 出土的陶器为代表。就目前的材料来看，大水洞遗址、下关子遗址及高坎遗址可以归入此段（图三、图四）。

　　第 3 段：以绵阳边堆山遗址的主体遗存为代表（图五）。

表一　四川盆地西北缘龙山时代遗址文化分段一览表

遗址名称＼文化分段		文化分段			备注（地理位置）
		第 1 段	第 2 段	第 3 段	
营盘山		√			仅上层个别地层单位 岷江上游
白水寨		√			岷江上游
沙乌都	北区	√			岷江上游
	南区				岷江上游
高坎			√		岷江上游
下关子			√		涪江上游
大水洞			√		涪江上游
边堆山				√	涪江上游

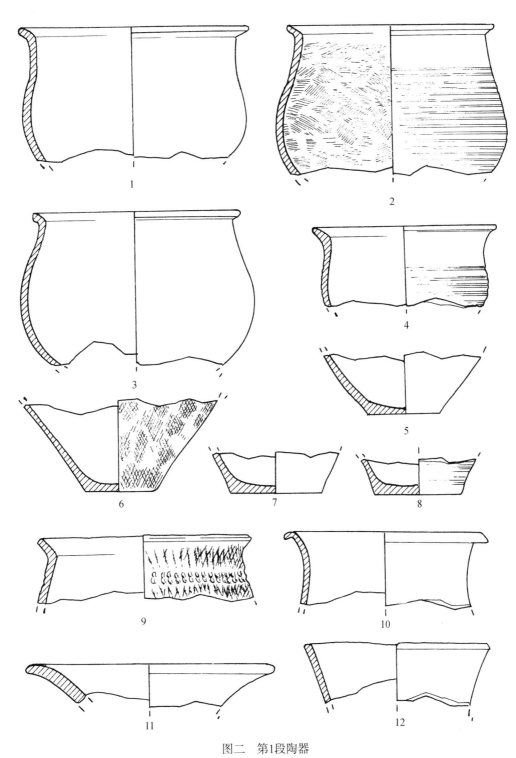

图二　第1段陶器

1～9. 白水寨遗址出土　　10～12. 沙乌都遗址北区出土

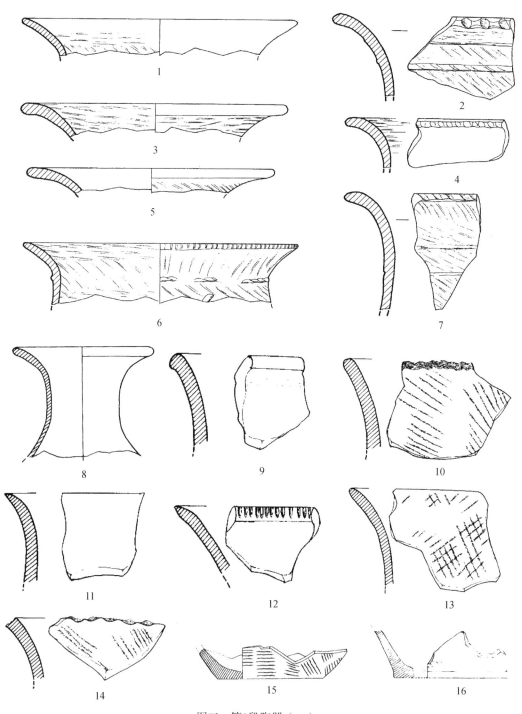

图三　第2段陶器（一）

1～7. 沙乌都遗址南区出土　　8～16. 大水洞遗址出土

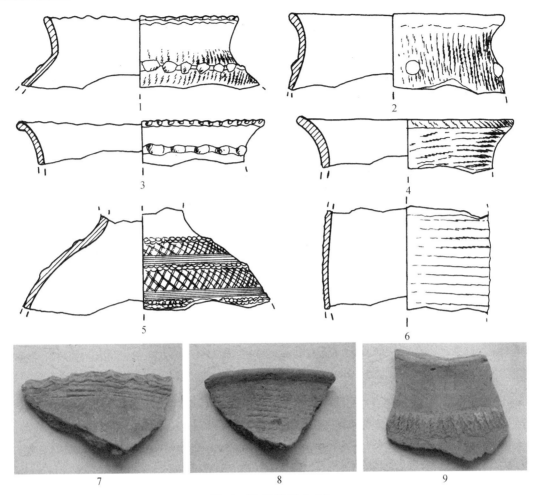

图四　第2段陶器（二）

1～6. 下关子遗址出土　　7～9. 高坎遗址出土

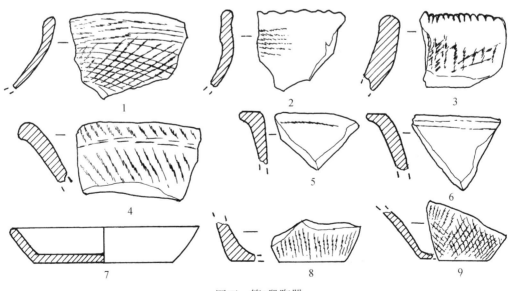

图五　第3段陶器

（边堆山遗址出土）

在以后考古资料更为丰富的情况下，上述分段还可细化，尤其是第 2 段遗存还可以进行更加深入的分期研究。

<h1 style="text-align:center">三</h1>

依据遗址的地理条件、面积等特征，可以将四川盆地西北缘的龙山时代聚落遗址划分为三类。

（1）河谷台地型聚落遗址，地势开阔，面积较大，堆积较厚，地理环境条件优越。以茂县光明乡下关子遗址为代表。下关子遗址所在台地跨越两个行政村（光明乡中心村及马蹄溪村），总面积在 20 万平方米以上，调查中在台地范围内均采集有龙山时代陶片，遗址的面积与台地不会差别太大（图六；图版三四）。遗址北面隔下关子沟与上关子台地相望，上关子台地的南部缓坡地带也采集有龙山时代陶片和白色大理石环镯形器等遗物，又是一处龙山时代遗址。下关子遗址可能为四川盆地西北缘的中心性大型聚落遗址之一。

图六　下关子遗址外景（西南—东北）

（2）山间坡地型聚落遗址，背山面水，面积略大，堆积厚薄不均，地理环境条件较好。茂县沙乌都遗址、汶川县高坎遗址及绵阳边堆山遗址均属于这类遗址，属于一般性的定居生活聚落。

（3）洞穴型聚落遗址，面积较小，堆积较薄，地理环境条件较差，不利于长期定居生活。以江油大水洞遗址为代表，属于临时性的小聚落。

大水洞遗址根据发掘情况分析，依托顺东壁而下的水源，当时人类活动大致可以分为两个区域。生活区在距洞口26～36米靠近东侧洞壁东西宽10米范围内。人们利用洞顶垮塌大石之间的间隙生火取暖熟食，所以在该范围内有灰烬堆积，灰烬堆积最厚处达0.6米。工具制作区紧靠在生活区的东北侧，面积约50平方米。该区域内出的石坯和砺石较多。

在上述三种遗址中，洞穴型遗址出现的时间最早。而本地区北川县境内早在旧石器时代晚期就已有人类居住的洞穴型遗址。例如，1989年因扩建九（寨沟）环线（东段）公路时，在北川县甘溪乡甘龙洞（裂隙）就发现了一批化石材料，经中国科学院古脊椎动物古人类研究所黄万波、顾玉珉先生鉴定，其中有1枚人类左下侧门齿化石，属于一青少年个体，系晚期智人，距今约一二万年，与其共生的哺乳动物化石有豪猪等华南大熊猫—剑齿象动物群典型成员。2005年，四川省文物考古研究院等对甘龙洞东北约300米的桂溪乡烟云洞旧石器时代遗址进行正式发掘。烟云洞为一水平状洞穴，洞口方向205°，洞口外有高约7米的陡坎，坎下为小块低洼地，洞口处视线良好。洞顶总体是西高东低，东西壁不甚规整。清理出距今3万～2万年更新世晚期的火塘、灰坑各1处，以及多处灰烬遗迹（图七）。出土石器、石叶等遗物和哺乳动物化石，填补了四川旧石器时代考古的多项空白[16]。

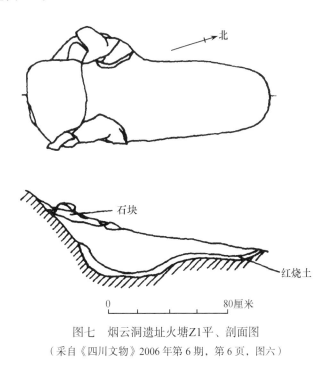

图七　烟云洞遗址火塘Z1平、剖面图
（采自《四川文物》2006年第6期，第6页，图六）

本区已发现龙山时代遗址若干处，河谷台地型、山间坡地型及洞穴型三种聚落遗址均有，构成较为完备的聚落体系。这一地区不仅很早就有人类生活定居，而且聚落体系内部还出现了分化，产生了多种性质的聚落遗址。足见本地区龙山时代优越的自然条件孕育了较为灿烂的史前文化。

四川盆地西北缘龙山时代考古学文化与川西北高原包含彩陶因素的新石器文化在年代及文化系统上均有差异,应属于四川盆地土著文化系统。川西彩陶的分布主要集中于川西北高原,具体地域包括岷江上游、大渡河上游、大渡河中游等地区。目前,包括涪江上游在内的四川盆地腹心地区和东北缘地区均未发现彩陶[17]。

与四川盆地东北缘地区的广元张家坡遗址[18]、邓家坪遗址[19],巴中月亮岩遗址[20]、通江擂鼓寨遗址[21]等遗存相比较,四川盆地西北缘龙山时代考古学文化尽管与之时代有的差异较大,有的基本相同,但文化面貌上存在较多的共同性。且各遗址也有不可忽视的自身特点。从总体来看,应属于同一文化系统,即四川盆地土著文化系统,与川西高原含彩陶因素的文化分别属于两个文化系统。

与成都平原各史前古城遗址为代表的宝墩文化[22]的陶器相比,四川盆地西北缘龙山时代考古学文化的夹砂灰陶、褐陶侈口罐多装饰绳纹和锯齿状花边,正是宝墩文化的典型特征之一;泥质磨光陶喇叭口长颈壶形器与宝墩遗址出土的泥质灰白陶高领罐、喇叭口壶的形态相近;而沿面、唇面饰绳纹的夹砂褐陶罐,饰瓦棱纹的泥质黑皮陶器等遗物也能在宝墩遗址找到相似的器物。这些陶器方面的共性表明四川盆地西北缘龙山时代考古学文化的内涵与成都平原宝墩文化存在较为密切的联系。是否为直接的渊源关系尚待深入研究。

不过可以明确的是,四川盆地西北缘以下关子遗址为代表的考古新发现,使得岷江上游新石器时代文化和成都平原宝墩文化在时间上、空间上的关系更为密切,也间接为探索三星堆、金沙文明的渊源提供了新的实物资料,堪称古蜀文明探源的最新重要考古成果。

川西高原与四川盆地之间自古以来存在多条横向、纵向的交通孔道,其中由茂县县城向东,翻越土地岭,经下关子遗址所在台地,沿土门河(湔江)进入北川县境内,经治城(石泉县治所),又入江油、绵阳,进入四川盆地腹心,是一条重要的东西向交通要道。沿线发现系列旧石器时代、新石器时代遗址,尽管旧石器时代的情况受资料约束尚不能明晰,但可以肯定的是,这条道路的起始时间不晚于龙山时代早期[23]。

注　释

[1]　西南博物院筹备处:《宝成铁路修筑工程中发现的文物简介》,《文物参考资料》1954 年第 3 期。

[2]　中国社会科学院考古研究所四川工作队:《四川绵阳市边堆山新石器时代遗址调查简报》,《考古》1990 年第 4 期。

[3]　王仁湘、叶茂林:《四川盆地北缘新石器时代考古新收获》,《三星堆与巴蜀文化》,巴蜀书社,1993 年;何志国:《绵阳边堆山文化初探》,《四川文物》1993 年第 6 期。

[4]　成都文物考古研究所、阿坝藏族羌族自治州文物管理所、茂县羌族博物馆:《四川茂县白水寨及下关子遗址调查简报》,《成都考古发现》(2005),科学出版社,2007 年。

［5］　成都文物考古研究所、阿坝藏族羌族自治州文物管理所、茂县羌族博物馆：《四川茂县白水寨及下关子遗址调查简报》，《成都考古发现》（2005），科学出版社，2007年。

［6］　资料现存成都文物考古研究院。

［7］　成都文物考古研究所、阿坝藏族羌族自治州文物管理所、茂县羌族博物馆：《四川茂县沙乌都遗址调查简报》，《成都考古发现》（2004），科学出版社，2006年。

［8］　资料现存成都文物考古研究院。

［9］　胡昌钰：《四川江油市发现新石器时代洞穴遗址》，《中国文物报》2005年11月30日第1版；四川省文物考古研究院、绵阳市博物馆、江油市文物管理所：《四川江油市大水洞新石器时代遗址发掘简报》，《四川文物》2006年第6期。

［10］　成都文物考古研究所、阿坝藏族羌族自治州文物管理所、茂县羌族博物馆：《四川茂县白水寨和沙乌都遗址2006年调查简报》，《成都考古发现》（2006），科学出版社，2008年。

［11］　成都文物考古研究所、阿坝藏族羌族自治州文物管理所、茂县羌族博物馆：《四川茂县下关子遗址试掘简报》，《成都考古发现》（2006），科学出版社，2008年。

［12］　蒋宣忠：《四川茂汶别立、勒石村的石棺葬》，《文物资料丛刊》（9），文物出版社，1985年。

［13］　资料现存茂县羌族博物馆。

［14］　资料现存成都文物考古研究院。

［15］　成都文物考古研究院、阿坝藏族羌族自治州文物管理所、茂县羌族博物馆：《四川茂县营盘山新石器时代遗址》，文物出版社，2018年。

［16］　四川省文物考古研究院、绵阳市博物馆、北川县文物管理所：《四川北川县烟云洞旧石器时代遗址发掘简报》，《四川文物》2006年第6期。

［17］　陈剑：《川西彩陶的发现与初步研究》，《古代文明》（第五卷），文物出版社，2006年。

［18］　中国社会科学院考古研究所四川工作队、四川省广元市文物管理所：《四川广元市张家坡新石器时代遗址的调查与试掘》，《考古》1991年第9期。

［19］　王仁湘、叶茂林：《四川盆地北缘新石器时代考古新收获》，《三星堆与巴蜀文化》，巴蜀书社，1993年。

［20］　雷雨、陈德安：《巴中月亮岩和通江擂鼓寨遗址调查简报》，《四川文物》1991年第6期。

［21］　雷雨、陈德安：《巴中月亮岩和通江擂鼓寨遗址调查简报》，《四川文物》1991年第6期；四川省文物考古研究院、通江县文物管理所：《通江擂鼓寨遗址试掘报告》，《四川考古报告集》，文物出版社，1998年。

［22］　成都市文物考古工作队、四川联合大学考古教研室、新津县文管所：《四川新津县宝墩遗址调查与试掘》，《考古》1997年第1期；中日联合考古调查队：《四川新津县宝墩遗址1996年发掘简报》，《考古》1998年第1期；成都市文物考古研究所、四川大学历史系考古教研室、早稻田大学长江流域文化研究所：《宝墩遗址——新津宝墩遗址发掘和研究》，有限会社阿普（ARP），2000年；王毅、孙华：《宝墩村文化的初步认识》，《考古》1999年第8期；王毅、蒋成：《成都平原早期城址的发现及初步研究》，《夏禹文化研究》，巴蜀书社，2000年；江章华、颜劲松、李明斌：《成都平原的早期古

城址群——宝墩文化初论》,《中华文化论坛》1997年第4期。

[23]　陈剑:《川西高原与四川盆地之间的史前交通——从四川盆地西北缘龙山时代考古新发现谈起》,肖先
　　　进主编:《三星堆研究》(第二辑),文物出版社,2007年。

（原载《成都考古研究》(二),科学出版社,2013年,第17~30页）

试论宝墩文化的源头

何锟宇

（成都文物考古研究院）

20 世纪 90 年代以来，成都平原新发现了新津宝墩、郫县古城、都江堰芒城等一系列史前时代晚期的古城。这些城址已经做了不同程度的发掘，对其文化性质、年代等有了基本的认识，将其文化命名为"宝墩文化"，分为四期 7 段，绝对年代大约在距今 4500～3700 年[1]。其中，新津宝墩遗址是宝墩文化聚落中时代最早、面积最大的一处典型聚落，跨宝墩文化一、二期[2]。2009 年又发现了面积约 276 万平方米的外城，大致呈圆角长方形，外城方向与内城一致，大约北偏东 45°，长约 2、宽约 1.5 千米，城墙周长近 6.2 千米[3]。宝墩遗址外城的发现对于探索宝墩文化时期的聚落形态、社会结构与社会复杂化程度具有十分重要的意义。同时，近年汶川姜维城[4]、茂县营盘山[5]、茂县沙乌都[6]、茂县下关子[7]遗址，特别是什邡桂圆桥遗址[8]的发现，使宝墩文化的源头渐趋明朗，学界也有所讨论[9]。基于前人的研究成果及近年的考古新发现，本文拟从陶器谱系、挖壕筑城技术、生业方式等方面对成都平原宝墩文化的来源做系统的梳理，不妥之处，望批评指正。

目前，在成都平原发现的早于宝墩文化的是桂圆桥遗址一期的新石器时代文化遗存，该遗址位于四川省什邡市东郊回澜镇玉皇村二、三组，2009 年四川省文物考古研究院等单位联合对遗址进行了大规模的抢救性发掘[10]。《桂圆桥遗址与成都平原新石器文化发展脉络》[11]（后文简称《脉络》）介绍在遗址的北区第 4 层发现了 2 件退化重唇口瓶（图一，1、2），其层位相当于南区中部第 6 层，我们将这 2 件退化重唇口瓶称为 A 组器物。从《四川什邡桂圆桥新石器时代遗址发掘简报》[12]（后文简称《简报》）的介绍来看，在遗址南区有一组清楚的层位关系，即第 5 层→H20、F1，但并未交代 H20 是直接打破生土或第 6 层，也不清楚第 6 层下是否还有其他地层单位，为了讨论方便，我们将 H20 出土的器物称为 B 组（图一，3～13）。另外，《简报》中第二期、第三期以及《脉络》中 H77 的器物群明显属于成都平原的宝墩文化，之间略有早晚，但为保持宝墩文化器物群的完整性，我们暂将其归入 C 组，主要包括喇叭口高领罐、宽沿平底尊、绳纹花边罐、长颈罐、敞口圈足尊、盘口圈足尊等（图二）。

A 组中的 A 型瓶（图一，1）与姜维城（图三，5）、营盘山遗址（图四，9）出土的 A 型瓶相同，B 型瓶（图一，2）同见于姜维城（图三，2）、营盘山遗址（图四，10），

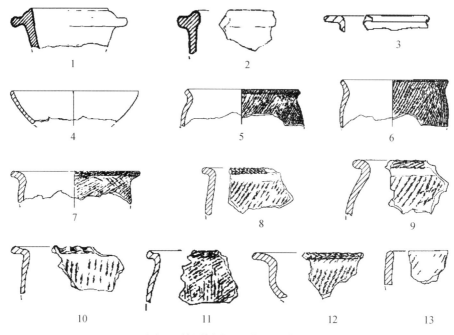

图一　桂圆桥遗址一期出土陶器

1. A 型瓶（TN07E08 ④：3）　2. B 型瓶（TN07E08 ④：10）　3. 折沿盆（H20：61）　4. 钵（H20：52）　5. Aa 型侈口罐
（H20：27）　6. Ab 型侈口罐（H20：31）　7. B 型侈口罐（H20：19）　8. Aa 型敛口罐（H20：38）　9. Ab 型敛口罐
（H20：44）　10. Ba 型敛口罐（H20：34）　11. Bb 型敛口罐（H20：55）
12. 盆（H20：18）　13. 直口缸（H20：60）

因此，A 组器物群所处的时代与营盘山、姜维城遗址新石器时代遗存大体一致。

B 组器物群中折沿盆（图一，3）见于姜维城（图三，3）、营盘山遗址（图四，5）以及大李家坪遗址第三期（图三，13）[13]。红陶钵（图一，4）更是岷江上游马家窑类型常见的器形（图三，12）。Aa 型、Ab 型侈口罐（图一，5、6）在岷江上游、白龙江上游大李家坪遗址第三期均是大宗器类，且在大李家坪遗址第三期更有清楚的层位关系表明 Aa 型早于 Ab 型，即为大李家坪第三期的 Ba I 式、Ba II 式夹砂侈口罐。B 型侈口罐为直腹（图一，7），多见于岷江上游营盘山（图四，1）、姜维城（图三，7、8）遗址。Aa 型敛口罐（图一，8）见于大李家坪第三期（图三，14），Ab 型敛口罐（图一，9）见于营盘山（图四，3）和大李家坪第三期（图三，15）。Ba 型敛口罐（图一，10）见于营盘山遗址（图四，6），Bb 型敛口罐（图一，11）在营盘山遗址也有相同器形（图四，2），这类罐《简报》称盘口罐，但这种盘口非常浅，笔者疑其是在平沿唇部压印绳纹花边的过程中形成的，并非刻意为之。直口缸（图一，13）与姜维城遗址的缸（图三，6）相同，盆（图一，12）与营盘山遗址出土的盆（图四，4）基本一致。综上所述，我们可以看到桂圆桥遗址 B 组器物群基本见于岷江上游姜维城、营盘山遗址以及白龙江上游大李家坪遗址第三期等马家窑类型新石器时代遗存，并不存在一个独具特色的器物群。但是，桂圆桥遗址的 B 组器物群与前三个遗址也有明显差异，如泥质陶中不见高领罐、缸、壶、带嘴锅、碗等，盆、钵也少见，不见彩陶器；纹饰中不流行弦断绳纹、附加堆纹、太阳

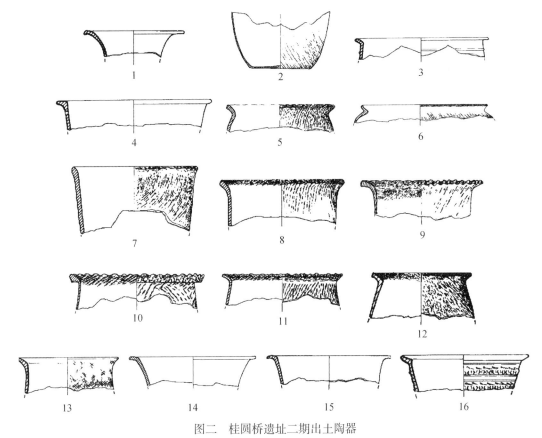

图二 桂圆桥遗址二期出土陶器

1. 喇叭口高领罐（T12⑤：9） 2. 器底（F1：3） 3. B型宽沿平底尊（H29：8） 4. A型宽沿平底尊（H29：5）
5、6. A型绳纹花边罐（H77：1、H29：4） 7. Ba型绳纹花边罐（F1：1） 8、9. Bb型绳纹花边罐（F1：2、H77：4）
10～12. C型绳纹花边罐（T12⑤：13、T11⑤：6、T12⑤：10） 13. 长颈罐（H29：33） 14. A型敞口圈足尊
（F1：5） 15. B型敞口圈足尊（T11⑤：3） 16. 盘口圈足尊（H29：31）

纹、瓦棱纹以及黑色磨光陶衣装饰。夹砂陶器中不见甑、各种小罐以及圈足器，也不流行乳钉纹，这可能与发掘面积有限、器物群不够完整有关，抑或是地域、环境等差异所造成的。笔者认为，若桂圆桥遗址B组器物群与A组退化重唇口瓶是共时关系，则以A组、B组器物群为代表的史前文化遗存其文化性质归属于马家窑类型或仰韶文化晚期遗存的较晚阶段无疑，但在没有确切层位关系的情况下，将其作为时代早晚的差异来考察更合适，即A组早于B组，分别代表桂圆桥遗址一期的早、晚二段。《脉络》一文提供的桂圆桥遗址一期（本文的一期晚段）年代为距今5000～4600年[14]，而营盘山遗址2000年试掘时曾采集木炭标本送北京大学考古文博学院加速器质谱实验室进行测试，有2个[14]C年代测试数据，分别是BA03280（2000SMYT10H8）：4390±60 a BP和BA03281（2000T12⑥）：4170±60 a BP[15]。2003年发掘采集的木炭标本经中国社会科学院考古研究所测出了3个[14]C测年数据：4416±31、4274±31和4419±32 a BP，经树轮校正后大体为4881～3100 a BP[16]。桂圆桥一期晚段的年代范围与营盘山遗址测年有一定的重合，主要集中在距今5000～4800年。因此，笔者认为桂圆桥遗址一期新石器

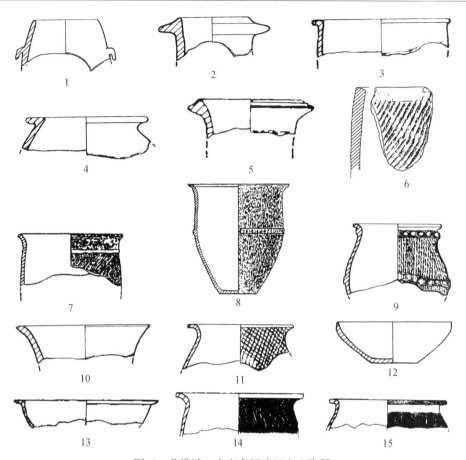

图三　姜维城、大李家坪遗址出土陶器

1. 敛口瓮（00SWJT0104⑧：41）　2、5. 瓶（00SWJT0104⑧：22、03Ⅱ T0105⑳：18）　3. 盆（00SWJT0104⑧：37）

4、14、15. 敛口罐（00SWJT0104⑩：8、MT5 采集：2、MH33：15）　6. 直口缸（03SWJIT0105⑲B：6）

7、8. 侈口直腹罐（03SWJH30：52、03SWJH10：4）　9、11. 束颈罐（00SWJT0104⑤：5、00SWJT0104⑧：26）

10. 高领罐（00SWJT0104⑩：28）　12. 钵（00SWJT0104⑨：45）　13. 折沿盆（MH33：5）

（1～4、9～12 为 2000 年姜维城遗址发掘出土，5～8 为 2003 年姜维城遗址发掘出土，

13～15 为大李家坪遗址第三期出土）

时代遗存的文化属性是可以讨论的，目前暂不宜将其命名为新的文化或类型，归属于以姜维城、营盘山遗址为代表的川西北马家窑类型或仰韶文化晚期遗存似乎更合适。

　　C 组器类基本见于成都平原的宝墩文化中，依据《简报》的层位关系和分期，我们将 C 组物群所代表的史前文化遗存划分为桂圆桥新石器时代遗存的第二期遗存，其中《简报》的二期为本文的二期早段，《简报》的三期为本文的二期晚段。宝墩遗址一期出土的器类丰富，其中泥质陶器类有喇叭口高领罐、壶、宽沿平底尊、筒形罐、敛口罐、宽沿盆、豆、腰沿器、器盖等；夹砂陶器类有绳纹花边罐、敞口圈足尊、盘口圈足尊、高领器、敛口罐等；石器有斧、锛、凿、刀、矛、箭镞等。桂圆桥二期出土器物在宝墩文化中基本都能见到，如桂圆桥二期泥质陶器中的喇叭口高领罐（图二，1）最早见于宝墩遗址第 8 层[17]（图六，5），A 型宽沿平底尊（图二，4）见于宝墩遗址第 7 层（图六，11），B 型宽沿平底尊（图二，3）比 A 型出现得晚，见于宝墩遗址第 5 层（图六，4）。

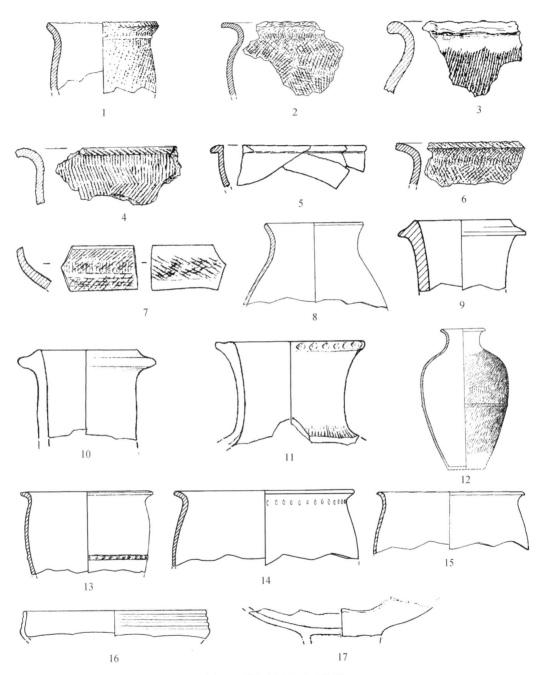

图四　营盘山遗址出土陶器

1. 侈口直腹罐（00H3：5）　2、3、6. 敛口罐（00G1：1、00H5：1、00H14：1）　4、5. 盆（00T6③：35、00H8：70）

7. 盘（02H46：39）　8. 壶（02H12：10）　9、10. 瓶（03H36：21、04H14：19）　11、12. 高领罐

（03H58：6、03H30：3）　13～15. 缸（02H32：4、02H28：14、02H9：2）　16. 折腹盆（03H48：194）

17. 豆（03T30④B：10）（1～7 为 2000 年出土，8、13～15 为 2002 年出土，

9、11、12、16、17 为 2003 年出土，10 为 2004 年出土）

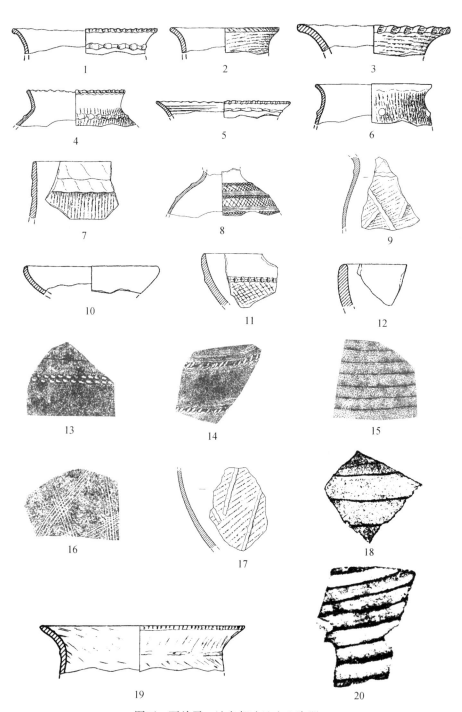

图五　下关子、沙乌都遗址出土陶器

1~3、5、19. 侈口罐（T1④：56、T1④：82、T1④：36、T1③：5、H1：2）4. 鼓腹罐（T1④：20）6. 小罐
（T1④：81）7. 直口罐（T1④：32）8. 喇叭口壶形器（T1④：67）9、17. 附加堆纹（T1④：18、T1④：21）
10. 敛口钵（T1④：46）11. 深腹钵（T1③：31）12. 敞口钵（T1④：111）13. 戳印纹（T1④：58）
14. 附加泥条戳印纹（T1④：47）15、18、20. 瓦棱纹（T1④：49、H1：13、H1：7）16. 细线纹
（T1④：61）（18~20为沙乌都遗址出土，其余为下关子遗址出土）

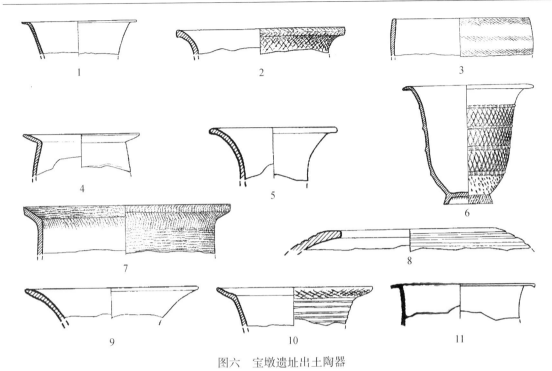

图六 宝墩遗址出土陶器

1、6. 敞口圈足尊（Ⅲ T2130 ⑧：92、Ⅲ T2130 ⑦：128） 2、7. 绳纹花边罐（Ⅲ T2129 ⑥：38、Ⅲ T2130 ⑦：129）
3. 缸（Ⅲ TG1Q4：2） 4、11. 宽沿平底尊（Ⅲ T1929 ⑤：5、Ⅲ T2130 ⑦：49） 5、9. 喇叭口高领罐
（Ⅲ T1929 ⑧：126、Ⅲ T1929 ⑧：126） 8. 瓮（Ⅲ T1930 ⑥：42） 10. 盘口圈足尊（Ⅲ T1929 ⑦：76）
（均为宝墩遗址 1996 年出土）

夹砂陶器中 A 型绳纹花边罐（图二，5、6）、C 型绳纹花边罐（图二，10~12）同见于宝墩文化，其中 A 型与桂圆桥一期晚段的 A 型侈口罐当有渊源关系。Ba 型绳纹花边罐（图二，7）为折沿，与宝墩遗址第 7 层出土的绳纹花边罐（图六，7）相同，当源于姜维城遗址侈口直腹罐（图三，7）；Bb 型绳纹花边罐（图二，8、9）为卷沿，与宝墩遗址第 6 层（图六，2）的相似，这类直腹绳纹花边罐与营盘山（图四，1）、姜维城遗址（图三，8）、桂圆桥一期（图一，7）的侈口直腹罐一脉相承。A 型敞口圈足尊（图二，14）与宝墩遗址第 8 层的敞口圈足尊（图六，1）形制及制法基本一致，B 型敞口圈足尊（图二，15）见于宝墩遗址第 7 层（图六，6），盘口圈足尊（图二，16）同见于宝墩遗址第 7 层（图六，10）。敞口圈足尊、盘口圈足尊均为夹砂陶，内壁均施黑色陶衣，且多经磨光，这种渗碳工艺同见于部分绳纹花边罐。总体看来，桂圆桥遗址发现的二期文化遗存早段与宝墩文化一期相当，二期文化遗存晚段相当于宝墩文化二、三期。

由于桂圆桥遗址保存不好，出土器物种类也不够丰富，我们需要从更宏观的范围来对宝墩文化的源头进行考察，有研究者早已指出成都平原宝墩文化与川西北马家窑类型之间存在关系[18]。诚然，宝墩文化中有大量的喇叭口高领罐，当与川西北马家窑类型的高领罐一脉相承（图四，12）；宝墩文化中的壶也当由营盘山遗址的壶发展而来（图四，8），这种壶也见于哨棚嘴 1999 年一期晚段（图七，4）[19]。另外，宝墩文化泥质陶中的磨光黑皮装饰、瓦棱纹装饰在营盘山、姜维城遗址中亦较常见。

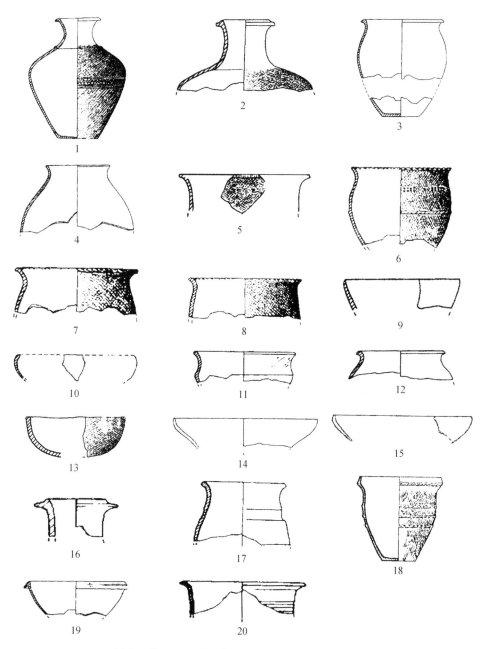

图七　峡江地区哨棚嘴一期、二期、三期文化陶器

1. 喇叭口高领壶（99ZGST312⑯B：1）　2、16. 重唇口高领壶（99ZGSH89：2、ⅠT0603⑥：238）

3、12. 缸（99ZGST312⑯B：2、ⅠT0402㉔：204）　4. 瓮（99ZGSH97：6）　5. 侈口直腹罐（ⅠT0502⑮：98）

6～8. 侈口罐（99ZGST322⑲：4、99ZGST322⑲：2、99ZGST322⑲：4）　9. 侈口钵（ⅠT0402㉔：205）

10. 敛口钵（T312⑯B：4）　11. 折腹盆（99ZGST322⑲：1）　13. 钵（ⅠT0604⑥：46）

14. 盘口器（ⅠT0503⑪：169）　15. 豆盘（ⅠT0503⑪：168）　17. 卷沿垂腹罐（T243⑤：9）

18. 折盘口罐（F2：8）　19. 折沿盆（T332⑮：4）　20. 宽沿尊形器（T241④：3）

（2、5、9、12、13、16为哨棚嘴一期文化器物，17～19为哨棚嘴三期文化器物，

其他为哨棚嘴二期文化器物；5、9、12～16为大溪遗址2000年出土，

17、18、20为苏和坪遗址2000年出土，其他均为哨棚嘴遗址1999年出土）

但是，宝墩文化的器物群与川西北马家窑类型的器物群间的差异更明显，泥质陶中大部分器类如宽沿平底尊、筒形罐、敛口罐、宽沿盆、圈足盘、圈足豆、腰沿器，不论是在桂圆桥遗址，还是岷江上游的营盘山、姜维城遗址均没有痕迹。圈足豆虽然在营盘山遗址有孤例（图四，17），但与宝墩文化的圈足豆不论形制还是制法均有差异，因此，宝墩文化遗址的圈足豆、圈足盘当另有源头。

同样，夹砂陶器类中新出现的盘口圈足尊、敞口圈足尊在川西北马家窑类型中找不到任何痕迹。宝墩文化虽然也流行绳纹花边罐和少量圈足器、直口缸等，但与川西北马家窑类型的差别还是很明显的。以绳纹花边罐为例，姜维城、营盘山遗址、桂圆桥一期的夹砂陶均夹杂较多的石英、片岩、板岩碎块，且颗粒较大，而宝墩文化的夹砂陶颗粒较小，且多为砂粒，少见石英、片岩、板岩碎块。这一差异很可能是因为川西北地区有这类基岩在山坡或陡坎露出，易于取得作为羼和料，而宝墩文化则主要分布于下游的冲积平原，少有基岩露出；另外，宝墩文化夹砂陶中的敞口圈足尊、盘口圈足尊和部分绳纹花边罐内壁多施磨光陶衣及渗碳工艺，羼杂过大的颗粒或要影响这些工艺的效果。川西北马家窑类型的绳纹花边罐颈部、腹部常饰箍带纹及斜向附加堆纹，而宝墩文化中则非常少见，箍带纹及斜向附加堆纹除了有装饰效果外，当与掩盖器身接痕、起加固作用有关。营盘山遗址出土的夹砂陶圈足均较矮，器表多饰绳纹，而宝墩文化的圈足则较高，且流行镂空等装饰。桂圆桥一期晚段的直口缸也见于宝墩遗址（图六，3），口部均为素面，但近年我们发现多件直口缸口部均饰绳纹装饰[20]。宝墩遗址出土的敛口瓮（图六，8）为多泥质黑皮陶，肩部饰瓦棱纹，而姜维城（图三，1）、营盘山遗址的则多为泥质灰陶或褐陶，肩部饰对称的鸟喙状錾，在仰韶晚期遗存中常见。另外，我们在整理营盘山遗址的过程中发现一件夹砂褐陶盘（图四，7），器内壁施陶衣渗碳，烧成后乌黑发亮，与宝墩文化盘口圈足尊的盘略有相似之处。

茂县下关子遗存的发现加深了宝墩文化与川西北马家窑类型之间的关系。下关子遗址位于阿坝州茂县光明乡涪江一级支流土门河北岸的三级台地之上，发掘者认为，以下关子遗址为代表的四川盆地西北缘地区龙山时代考古学遗存与成都平原的宝墩文化之间关系较为密切，应属于同一文化系统[21]。诚然，下关子遗址出土陶器中的喇叭口壶形器、长颈鼓腹罐、绳纹花边罐等与宝墩遗址有很多的相同之处，特别是泥质陶中的点状戳印纹、附加泥条戳印纹、瓦棱纹、细线纹四种纹饰与宝墩文化早期的同类纹饰完全一致（图五，13~16）。因此可知，宝墩文化的主要源头之一当来自川西北地区。但是，笔者认为下关子遗存文化当早于宝墩文化，两者属于不同的考古学文化，是川西北马家窑类型向成都平原宝墩文化的过渡类型，原因是在下关子遗存中保留了相当部分川西北马家窑类型中的文化因素。例如，下关子遗址的绳纹花边罐在颈部多饰附加堆纹一周（图五，1、5），小罐肩部饰乳钉纹（图五，6），小口罐腹部饰斜向绳纹及斜向泥条附加堆纹（图五，9、17），器类中直口罐、敛口钵、深腹钵不见于宝墩文化（图五，7、10、11），而这些特征恰似姜维城、营盘山遗址新石器时代文化的特征，其年代比桂圆桥一期晚段稍晚。另外，在岷江上游与营盘山遗址隔河相望的沙乌都遗址出土陶器不见营盘山遗址的彩陶和细泥红褐陶等，大量文化因素与岷江下游的宝墩文化相似，发掘者将之命名为"沙乌都遗存"，年代距今 4500 年左右。并认为，沙乌都遗存在夹砂褐陶及泥质褐陶系方面、装饰绳纹及纹唇风格等方面也延续发展了营盘山遗存的文化因素，更多地表现出浓郁的本地文化特色[22]。笔者认为，沙乌都遗存继承了营盘山遗址的大量文化因素，如侈口罐（图五，19）与 D 型罐相似，仅唇部由方唇变为尖圆唇；瓦棱纹也较常见，不仅继承了营盘山窄的瓦棱纹（图五，15、20），还出现了较宽的瓦棱纹（图五，18）；喇叭口壶形器也当由营盘山遗址常见的壶发展而来；绳纹和锯齿状花边也被沙乌都遗存继承[23]。而这些文化因素又均较多地出现在宝墩文化中，故有的学者认为宝墩文化与营盘山遗址有相当密切的关系[24]。基于目前的考古发现，我们认为以姜维城、营盘山遗址为代表的马家窑类型、下关子遗存以及沙乌都遗存是连续发展的三个阶段，代表了川西北地区距今 5100～4000 年的史前文化序列，其中以下关子遗址为代表的史前遗存当是沙乌都遗存和成都平原宝墩文化的直接源头。

在宝墩文化的形成过程中，也吸收了四川盆地东部峡江地区的一些文化因素。在四川盆地东部的峡江地区，与川西北马家窑类型时代相当的为哨棚嘴一期文化、哨棚嘴二期文化，而与宝墩文化一期相当的大致为哨棚嘴三期文化的早段[25]，它们之间的年代关系从两地出土的陶器形制比较可以判定。我们先看泥质陶方面，川西北姜维城、营盘山及桂圆桥一期早段的退化重唇口瓶在峡江地区的哨棚嘴一期文化中也有少量发现（图七，2、16），但器形较大，肩部较鼓，多称为高领瓮或壶，时代当与之相近。营盘山遗址出土的侈口壶（图四，8）、喇叭口高领罐（图四，12）、卷沿缸（图四，14、15）、折沿缸（图四，13）、敞口钵、敛口钵、折腹盆也分别见于哨棚嘴一期、二期文化（图七，4、1、12、3、9～11）。另外，营盘山遗址出土的折腹盆（图四，16）、圈足豆（图四，17）则当是受仰韶文化晚期遗存的影响，如敛口折腹钵主要见于渭河盆地以西的仰韶文化晚期遗存，如铜川李家沟第三期有少量发现[26]，又如豆见于甘肃东乡林家遗址[27]。哨棚嘴二期文化中开始出现泥质黑皮陶的盘口器（图七，14）和豆盘（图七，15），而营盘山遗址的盘口器为夹砂陶，内壁施陶衣并渗碳，两地的差异较大。夹砂陶方面，均流行花边口侈口罐，有直腹、弧腹、鼓腹多种（图七，5～8）。纹饰方面，这两个地区均喜做绳纹花边装饰，流行菱格纹、戳印纹、箍带纹，也有少量乳钉纹、太阳纹、弦断绳纹等。陶器方面最大的差异在于三峡地区这一时期不盛行彩陶装饰，而川西北地区发展到桂圆桥一期晚段、下关子遗址时也不见彩陶装饰了，这说明两者的年代当与哨棚嘴二期文化相当或有部分重合。至于宝墩文化与哨棚嘴三期文化之间的关系则早被研究者们注意到[28]，两者年代相当或哨棚嘴三期文化上限稍早[29]。笔者认为哨棚嘴三期文化较二期有了很大的变化，新出现了不少器类，如卷沿垂腹罐（图七，17）、折盘口罐（图七，18）、折沿盆（图七，19）、平底尊形器（图七，20）等。纹饰方面也有较大的变化，先前流行的太阳纹、弦断绳纹、乳钉纹基本不见，而水波纹、磨光泥质陶开始大量出现。值得注意的是，新出现的折盘口罐在苏和坪、玉溪坪、哨棚嘴等多个遗址基本同时出现，与成都平原宝墩文化出现的盘口圈足尊时间大体相同，但两者底部差异很大，哨棚嘴三期文化的为平底器，而宝墩文化的盘口尊为圈足器。我们认为宝墩文化中的盘口圈足尊或是受到了来自哨棚嘴二期文化中盘口器、哨棚嘴三期文化中折盘口罐的影响。另外，宝墩文化的宽沿平底尊抑或与哨棚嘴三期文化的平底尊形器有渊源关系。

当然，成都平原的宝墩文化较之川西北高原的史前文化，出现了大量的新的文化因素，其中最为重要的当是生业方式的转变，生业方式的考察我们主要是从近年的动物考古、植物考古成果方面来着手的。

目前，成都平原各宝墩文化时期的遗址出土的动物骨骼非常少且破碎，这一时期先民获取肉食资源的方式并不明朗。而位于成都平原西北的营盘山遗址出土的动物种类比较丰富，有猪、狗、黄牛、羊、水鹿、斑鹿、麂、斑羚、黑熊、兔子、竹鼠、龟鳖类、蚌类、鱼类和鸟类等，说明当时遗址周围植被浓密，水域宽广，动物资源丰富，为先民提供了良好的生活环境。通过对可鉴定标本数、最小个体数、家畜年龄结构、骨骼重量及肉量估算等统计分析，我们认为猪是人们饲养的稳定的肉食来源，而且猪的年龄都相对较小，由此可推知当时人们食用猪肉的情况；狗的数量少，应该不是以食肉为畜养目的，很可能是作为狩猎的伴侣；黄牛数量很少，因而判断在当时的条件下家养或野生有一定的困难[30]。峡江地区的玉溪下层出土的动物种类均为现生种，仅有猪和狗是家畜，其他包括大量的野生哺乳动物及水生动物，玉溪遗址先民的经济生活以狩猎、捕捞为主，辅之以一定数量的家畜驯养[31]。结合这一区域的考古学文化及自然环境研究，有学者认为长江三峡地区在新石器时代中期及以前，主要是一种采集—渔猎经济[32]。同样，峡江地区在新石器时代晚期渔猎经济的地位依然很高。例如，中坝遗址的动物骨骼较丰富，特别是发掘过程中对 99ZZDT0202 采取了系统收集动物骨骼的方法。研究者共收集了 543 件猪的骨骼残片，代表了最少 24 个最小个体数。在整个第一期，猪骨的可鉴定标本数占哺乳动物总数的 50% 以上，最小个体数则占总数的 25% 左右[33]。而位于乌江流域的酉阳清源遗址在新石器时代晚期，居民以狩猎作为获取肉食的主要手段，家畜饲养在肉食结构中发挥的作用较小，说明当时人口密度可能较小，而野生动物资源丰富且相对稳定，先民在遗址周围狩猎和捕捞就能满足日常生活中的肉食需求[34]。因此，我们认为在新石器时代的峡江地区，先民获取肉食资源的手段主要是通过狩猎而非饲养家畜，成都平原先秦时期的家畜饲养技术不大可能源于峡江地区。成都平原在三星堆文化[35]、十二桥文化[36]时期，先民获取肉食资源的主要手段是以饲养家畜为主，因此饲养技术成熟，这应是在宝墩文化时期已经打下了很好的基础。由此可见，像宝墩古城这种拥有近 3 平方千米面积的中心定居聚落的农业必定相当发达，家畜饲养技术也相对成熟。因此，我们推测成都平原宝墩文化时期的家畜饲养技术，当是受到来自川西北特别是岷江上游马家窑类型和下关子文化遗存等的影响。

植物考古方面，营盘山遗址浮选的农作物籽粒经鉴定有粟和黍，这两种谷物都属于旱地作物。浮选的杂草植物种子包括狗尾草属、黍属、马唐属、鸭跖草等，这些都属于秋熟旱作农田中常见的杂草类型。由此判断，营盘山遗址当时的农业生产特点属于中国北方旱作农业[37]。桂圆桥遗址进行了系统的浮选，但是浮选结果并不乐观，一些关键的遗迹，如 H20、F1 的灶都没有浮选出作物种子。在属于桂圆桥一期的 H43 中，黍的数量占据了绝对优势，另有少量的苋科种子和粟，未发现水稻，但在桂圆桥一、二期之交的 TN03E04 中浮选出水稻，同时伴出较多的粟和苋科种子，水稻在其中并未占据优势地位，到了二期偏晚阶段水稻才占据了绝对优势[38]。桂圆桥遗址一期、二期之间的差异不仅仅是出现新了的器物群，最根本的是生业方式的变化，即由旱作农业向稻作农业的转变。在宝墩遗址 2009 年浮选的炭化植物种子中，稻谷种子的数量为 643 粒，占 45%，并且几乎在所有时期的地层和遗迹单位中都有发现；粟的数量为 23 粒，占 1.6%，且集中出现在宝墩文化一期的地层和遗迹单位中[39]。而三峡地区则展现出不一样的生业方式，目前仅见少量属于哨棚嘴三期文化遗址的浮选报告，如中坝遗址一期 25 份浮选样品中，仅 1 份样品出土了炭化稻米，出土概率是 4%。中坝遗址浮选结果所反映的农业生产与长江中游地区的稻作农业生产完全不同，应该属于旱作农业生产，但其特点又与以中原地区为代表的中国北方早期旱作农业略有不同，主要表现在粟和黍这两种在农作物中所占的比重上[40]。

　　因此，虽然成都平原暂时缺乏可以直接对比的动物考古材料，但就植物考古目前取得的成果来看，在龙山文化时期，成都平原宝墩文化的生业方式是发展以种植水稻为主的南方农业体系，而三峡地区则展现出北方旱作农业的特点。

　　伴随由川西北以粟、黍为特点的旱作农业向成都平原以稻作农业为主、兼种粟、黍的旱作农业的转变，成都平原的宝墩文化中出现了川西北史前文化中没有的挖壕筑城技术，在长江上游的三峡地区同样也没有发现。笔者认为，成都平原龙山时代的城址与长江中游城址一样，其城墙、壕沟的功能并非以战争防御为主，而主要是用以防御洪水以及管理水资源来为稻作农业服务。近年新发现的宝墩外城大埂子段的壕沟就是直接与古河道相通的[41]，更说明了壕沟兼具防洪、排涝和灌溉功能。城址的修筑当与自然地貌有关，因为不论是川西北高原还是三峡地区，都难以找到面积宽广的台地。这样的地貌环境既不适合筑城，也不适合发展需要管理利用水利资源的稻作农业。毫无疑问，挖壕筑城、水稻种植技术的出现与川西北以及四川盆地东部的峡江地区无关，而是来自长江中游石家河文化的影响。伴随筑城、水稻种植技术的传入，石家河文化的陶器也有部分输入成都平原，如宝墩文化常见的泥质陶中的敛口罐、圈足盘、圈足豆，夹砂陶中的筒形灶或器座均与石家河文化的相似。在大溪遗址第四期中属哨棚嘴二期文化因素的陶器中有泥质陶盘口器（图七，14）和豆盘（图七，15）各 1 件[42]。因此，我们推测宝墩文化出现的泥质圈足豆、圈足盘一类器物先是在屈家岭文化中晚期输入峡江地区，至石家河文化早期再传入成都平原。

　　总之，笔者认为，宝墩文化当主要源自川西北以姜维城、营盘山遗址为代表的马家窑类型以及稍晚的下关子遗存，其与沙乌都遗存时代相当。同时，又吸收了来自长江中游的挖壕筑城、水稻种植技术和某些制陶工艺，以及四川盆地东部峡江地区的一些文化因素，从而自身独立发展成为一支龙山时代的新兴考古学文化。

注　释

［1］　江章华、王毅、张擎：《成都平原早期城址及其考古学文化初论》,《苏秉琦与当代中国考古学》，科学出版社，2001 年。

［2］　成都市文物考古工作队、四川联合大学考古教研室、新津文管所：《四川新津宝墩遗址调查与试掘》,《考古》1997 年第 1 期；中日联合考古调查队：《四川新津县宝墩遗址 1996 年发掘简报》,《考古》1998 年第 1 期；成都市文物考古研究所、四川大学历史系考古教研室、早稻田大学长江流域文化研究所：《宝墩遗址——新津宝墩遗址发掘和研究》，有限会社阿普（ARP），2000 年。

［3］　成都文物考古研究所、新津县文管所：《新津宝墩遗址调查与试掘简报（2009～2010 年）》,《成都考古发现》（2009），科学出版社，2011 年。

［4］　四川省文物考古研究所、阿坝州文物管理所、汶川县文物管理所：《四川汶川县姜维城新石器时代遗址发掘报告》,《四川文物》2004 年增刊；四川省文物考古研究所、阿坝州文物管理所、汶川县文化体育局：《四川汶川县姜维城新石器时代遗址发掘简报》,《考古》2006 年第 11 期。后文中标本号前 2 位为发掘年份简称。为简练行文，后文引用的姜维城遗址材料均不再加注。

［5］　成都文物考古研究院、阿坝藏族羌族自治州文物管理所、茂县羌族博物馆：《茂县营盘山新石器时代遗址》，文物出版社，2018 年。后文中标本号前 2 位为发掘年份简称。后文引用的营盘山遗址材料均不再加注。

［6］　成都文物考古研究所、阿坝藏族羌族自治州文物保管所、茂县羌族博物馆：《四川茂县沙乌都遗址调查简报》,《成都考古发现》（2004），科学出版社，2006 年。

［7］　成都文物考古研究所、阿坝藏族羌族自治州文物管理所、茂县羌族博物馆：《四川茂县下关子遗址试掘简报》,《成都考古发现》（2006），科学出版社，2008 年。

［8］　四川省文物考古研究院、德阳市博物馆、什邡市博物馆：《四川什邡桂圆桥新石器时代遗址发掘简报》,《文物》2013 年第 9 期。

［9］　江章华：《岷江上游新石器时代遗存新发现的几点思考》,《四川文物》2004 年第 3 期；万娇、雷雨：《桂圆桥遗址与成都平原新石器文化发展脉络》,《文物》2013 年第 9 期。

［10］　四川省文物考古研究院、德阳市博物馆、什邡市博物馆：《四川什邡桂圆桥新石器时代遗址发掘简报》,《文物》2013 年第 9 期。

［11］　万娇、雷雨：《桂圆桥遗址与成都平原新石器文化发展脉络》,《文物》2013 年第 9 期。

［12］　四川省文物考古研究院、德阳市博物馆、什邡市博物馆：《四川什邡桂圆桥新石器时代遗址发掘简报》,《文物》2013 年第 9 期。

［13］　北京大学考古学系、甘肃省文物考古研究所：《甘肃武都县大李家坪新石器时代遗址发掘报告》,《考古学集刊》（13），中国大百科全书出版社，2000 年，第 19 页。后文引用的大李家坪遗址第三期的材

料均不再加注。

[14] 万娇、雷雨:《桂圆桥遗址与成都平原新石器文化发展脉络》,《文物》2013 年第 9 期。

[15] 陈剑:《波西、营盘山及沙乌都——浅析岷江上游新石器文化演变的阶段性》,《考古与文物》2007 年第 5 期。

[16] 中国社会科学院考古研究所考古科技实验研究中心碳十四实验室:《放射性碳素测定年代报告》(三一),《考古》2005 年第 7 期。

[17] 本文宝墩遗址与桂圆桥遗址二期遗存的对比标本均出自 1996 年发掘的宝墩遗址Ⅲ区,见成都市文物考古研究所、四川大学历史系考古教研室、早稻田大学长江流域文化研究所:《宝墩遗址——新津宝墩遗址发掘和研究》,有限会社阿普(ARP),2000 年。

[18] 江章华:《岷江上游新石器时代遗存新发现的几点思考》,《四川文物》2004 年第 3 期;黄昊德、赵宾福:《宝墩文化的发现及其来源考察》,《中华文化论坛》2004 年第 2 期。

[19] 北京大学考古学研究中心、北京大学考古文博学院三峡考古队、重庆市忠县文物管理所:《忠县哨棚嘴遗址发掘报告》,《重庆库区考古报告集·1999 卷》,北京:科学出版社,2006 年,第 579 页。

[20] 成都文物考古研究所、新津县文物管理所:《新津县宝墩遗址鼓墩子 2010 年发掘报告》,《成都考古发现》(2012),科学出版社,2014 年,第 46 页。

[21] 成都文物考古研究所、阿坝藏族羌族自治州文物管理所、茂县羌族博物馆:《四川茂县下关子遗址试掘简报》,《成都考古发现》(2006),科学出版社,2008 年,第 58 页。

[22] 成都文物考古研究所、阿坝藏族羌族自治州文物保管所、茂县羌族博物馆:《四川茂县沙乌都遗址调查简报》,《成都考古发现》(2004),科学出版社,2006 年,第 18 页。

[23] 何锟宇:《甘肃东乡林家遗址分期的再认识——兼论营盘山遗址的分期、年代与文化属性》,《四川文物》2011 年第 4 期。

[24] 江章华:《岷江上游新石器时代遗存新发现的几点思考》,《四川文物》2004 年第 3 期。

[25] 北京大学考古学研究中心、北京大学考古文博学院三峡考古队、重庆市忠县文物管理所:《忠县哨棚嘴遗址发掘报告》,《重庆库区考古报告集·1999 卷》,科学出版社,2006 年。关于峡江地区新石器时代晚期的考古学文化命名比较混乱,笔者采用哨棚嘴遗址 1999 年发掘报告的文化命名和分期。

[26] 西安半坡博物馆:《铜川李家沟新石器时代遗址发掘报告》,《考古与文物》1984 年第 1 期。

[27] 甘肃省文物工作队、临夏回族自治州文化局、东乡族自治县文化馆:《甘肃东乡林家遗址发掘报告》,《考古学集刊》(4),中国社会科学出版社,1984 年。

[28] 王毅、孙华:《宝墩村文化的初步认识》,《考古》1999 年第 8 期;北京大学考古学研究中心、北京大学考古文博学院三峡考古队、重庆市忠县文物管理所:《忠县瀼井沟遗址群哨棚嘴遗址发掘报告》,《重庆库区考古报告集·1997 卷》,科学出版社,2001 年,第 623 页;邹后曦、袁东山:《重庆峡江地区的新石器文化》,《重庆·2001 三峡文物保护学术研讨会论文集》,科学出版社,2003 年;江章华:《关于哨棚嘴文化的几个问题》,《中国考古学会第十三次年会论文集》,文物出版社,2010 年。

[29] 孙华:《四川盆地的新石器文化》,《四川盆地的青铜时代》,科学出版社,2000 年;江章华:《再论川东长江沿岸的史前文化》,《四川文物》2002 年第 5 期。

[30] 何锟宇等：《营盘山遗址出土动物骨骼研究》，《成都文物》2014 年第 2 期。

[31] 赵静芳、袁东山：《玉溪遗址动物骨骼初步研究》，《江汉考古》2012 年第 3 期。

[32] 白九江：《重庆地区的新石器文化》，巴蜀书社，2010 年，第 249 页。

[33] 傅罗文：《新石器时代和青铜时代中坝遗址的动物资源开发》，《中国盐业考古》（第三集），科学出版社，2013 年。

[34] 重庆市文物考古所、重庆文化遗产保护中心、四川大学历史文化学院考古学系：《西阳清源》，科学出版社，2009 年。

[35] 段渝：《成都通史》卷一《古蜀时期》，四川人民出版社，2011 年，第 224 页；本乡一美：《三星堆一号祭祀坑出土动物骨骼的初步观察》，《三星堆祭祀坑》，文物出版社，1999 年，第 522 页。

[36] 何锟宇：《试论十二桥文化的生业方式——以动物考古学研究为中心》，《考古》2011 年第 2 期。

[37] 赵志军、陈剑：《四川茂县营盘山遗址浮选结果及分析》，《南方文物》2011 年第 3 期。

[38] 万娇、雷雨：《桂圆桥遗址与成都平原新石器文化发展脉络》，《文物》2013 年第 9 期。

[39] 姜铭、玑玉、张倩等：《新津宝墩遗址 2009 年度考古试掘浮选结果分析简报》，《成都考古发现》（2009），科学出版社，2011 年，第 79 页。

[40] 赵志军、傅罗文：《中坝遗址浮选结果分析报告》，《中国盐业考古》（第三集），科学出版社，2013 年，第 404 页。

[41] 成都文物考古研究所、新津县文管所：《新津宝墩遗址调查与试掘简报（2009～2010 年）》，《成都考古发现》（2009），科学出版社，2011 年。

[42] 重庆市文物考古所、重庆市文物局、巫山县文物管理所：《巫山大溪遗址勘探发掘简报》，《重庆库区考古报告集·2000 卷》，科学出版社，2007 年，第 472、473 页。

［原载《南方民族考古》（第十二辑），科学出版社，2016 年，第 11～26 页］

大渡河中游先秦考古学文化的分期及相关问题

陈　剑

（成都文物考古研究院）

　　大渡河中游地区主要包括今雅安市汉源县、石棉县的大部和凉山彝族自治州甘洛县的局部，从地势、地貌和环境来看，这是一个相对独立的地理单元；同时，从先秦时期考古学文化面貌上观察，这是一个亚文化区。大渡河为长江的重要支流岷江的最大支流，发源于四川与青海交界的果洛山，全长 1070 千米，流域面积 9.2 万平方千米，大、小金川在丹巴县汇合后始称大渡河，流至乐山注入岷江。大渡河上游南北向流经高原山区，至石棉县城附近时突然折向东流；中游主要流经汉源、石棉和甘洛三县，两岸谷地相对较为平缓。按地势地貌分类，大渡河中游地区处于四川盆地外围山地区的南部边缘与川西南山地区的北部边缘之间的交界地带，因此是一个相对独立的地理单元。其北部为大渡河与青衣江的分水岭——大相岭，南部为大渡河与安宁河的分水岭——小相岭，西部隔大雪山与雅砻江流域分界。大渡河中游地区是以成都平原为中心的四川盆地与川西南地区及其更南的云贵地区之间交往的必经之地，也是历史上黄河上游甘青地区经川西高原南下进入云贵地区的文化走廊、民族走廊的重要组成部分，因而在历史学、考古学、民族学等诸学科领域的相关研究中占据十分重要的地位。

　　笔者曾对大渡河中游地区先秦考古学文化的内涵及演变序列等问题进行过初步探析[1]，鉴于 2004 年以来该地区先秦考古又有较多新发现，有助于深入探讨大渡河中游先秦考古学文化，笔者拟就分期及相关问题进一步略呈管见，旨在抛砖引玉。

一、大渡河中游先秦考古发现概述

　　汉源县县城富林镇和大树镇驻地附近地区，是大渡河与其支流——流沙河的交汇处所在地，也是大渡河流域范围内面积最大的一块冲积扇形平原，属河谷堆积地貌区，地势较流域其他地带更为开阔、平坦。这里气候温暖，日照充裕，降雨充沛，土肥地美，取水便利，非常适宜人类聚居。自旧石器时代晚期以来，人类在此地的活动频繁，留下了密集的生活、生产遗迹。这里也是大渡河中游古代文化遗址发现数量最多、密度最大的地区，因而，此地历来是大渡河中游考古工作的重点所在。

　　大渡河地区既往考古工作有一定基础，20 世纪 60 年代以来，四川省雅安地区第一工业局地质队、中国科学院古脊椎动物与古人类研究所、四川省博物馆等单位先后对富林镇旧石器时代晚期的文化遗址进行了调查、发掘和研究工作，提出了"富林文化"的命名[2]。

20世纪七八十年代，为配合大渡河水库的筹集工作，四川省博物馆等单位在此进行过多次考古调查，发现了狮子山新石器时代遗址，采集到石器、陶器等遗物，并在本地区发现了土坑墓[3]。

1979年，汉源县文化馆在今大树镇大窑村清理过石棺葬一座，出土了陶双联罐等随葬品[4]。

1988年，中国社会科学院考古研究所四川工作队又对大树乡狮子山、麻家山两处遗址进行了考古调查，采集有石器、陶器等遗物[5]。

1990年5、6月，四川大学历史系考古专业对狮子山遗址进行了发掘[6]。

1993年四川省文物管理委员会、石棉县文物管理所在石棉县城以东6千米的永和乡裕隆村二组配合基建清理土坑墓4座，出土陶器、青铜器、骨器等文物150件[7]。

2001年11、12月，中国社会科学院考古研究所、四川省文物考古研究所（现四川省文物考古研究院）、成都市文物考古研究所（现成都文物考古研究院）、雅安市文物管理所及汉源县文物管理所分别派出业务人员，联合组成大渡河中游考古队，在汉源县境内开展了详细的考古调查，并对麦坪村遗址、麻家山遗址和姜家屋基遗址进行了试掘[8]。

2004年4~7月，为配合瀑布沟水电站建设，由四川省文物考古研究所、雅安市文物管理所、汉源县文物管理所及石棉县文物管理所组成的联合考古队在大渡河中游的汉源县和石棉县进行了瀑电淹没区首期地下文物考古发掘，选定了汉源县大地头遗址、桃坪遗址及墓地以及石棉县永和墓地三个地点，发掘面积逾3000平方米，发现并清理新石器时代晚期至唐宋时期的各类遗迹51处，战国至明清时期的各类墓葬34座，出土各时期各类遗物逾千件[9]。

二、大渡河中游先秦考古学文化遗存的分类、分组与特征

根据考古调查、发掘的情况，可将大渡河中游地区先秦时期考古学文化遗存划分为三类。

（1）第一类包括姜家屋基遗址、狮子山遗址、大地头遗址的主体遗存和麦坪遗址下层遗存。根据出土陶器特征，又可将第一类遗存划分为A、B、C三组。

A组以姜家屋基遗址主体堆积为代表。发现遗迹有灰坑、残房址等。出土遗物包括石器、陶器、骨器等，其中石器有打制石器、磨制石器、细石器等；陶器则以夹粗砂红褐陶为主，还有少量泥质黑陶，纹饰有绳纹及交错绳纹组成的网格纹、线纹、附加堆纹、戳印纹、绳纹花边口沿装饰等，器形以平底器为主，包括花边口沿侈口罐、溜肩鼓腹罐、缸、钵、盆、双唇口瓶等；骨器有锥、簪等。

B 组以狮子山遗址主体堆积为代表。狮子山遗址 1990 年发掘 321 平方米，发现遗迹包括灰坑 16 个、残房址 9 个及石片砌成的瓢形建筑 1 处，出土遗物有磨制石器、打制石器、细石器、陶器、骨器等。遗址正式发掘的资料目前尚未公开发表，从调查简报等有关资料介绍的情况来看，出土陶片以夹砂陶为主，纹饰有绳纹、划纹、方格纹、附加堆纹等，器形包括高领罐、大口花边罐、盆、钵、碗、甑、球、纺轮等。还出土了少量彩陶片，均为红褐底色上绘黑彩，图案题材有线条纹、圆点纹等，包括彩陶罐肩部残片等，具有浓郁的马家窑类型风格。

C 组以麦坪村遗址的新石器时代堆积（下层遗存）为代表。麦坪村遗址的地层共分 9 层，上部有较厚的晚期次生堆积，第 1～7 层均为明清时期以来的堆积。第 7 层以下的堆积又可分为上下两层，上层包括第 8 层，土坑墓 M3、M4，H3、H5，第 9 层，为商周时期堆积。下层主要包括 H1、H4，虽然 H1、H4 开口于第 7 层下，但附近缺失第 8、9 层，直接打破生土；又根据 H1、H4 出土的陶片与第 8 层、M3、M4、H3、H5、第 9 层等商周遗迹单位出土的陶片特征有别，均为新石器时代遗物，而不见更晚时期遗物，因此，判定 H1、H4 的年代应为新石器时代晚期。出土遗物可分为石器、陶器、玉器等，其中石器有打制石器、磨制石器、细石器等；陶器则以夹细砂黑褐陶、红褐陶为主，还有泥质磨光黑皮陶，纹饰有绳纹及交错绳纹组成的网格纹、线纹、附加堆纹、刻划纹、戳印纹、弦纹、绳纹及压印纹花边口沿装饰等（表一），器形以平底器为主，包括花边口沿侈口罐、长颈罐、小口罐、敛口钵、盆、瓶等；玉器为仿工具类的斧、锛形器。

表一　麦坪村遗址 H1 陶质陶色及纹饰统计表

纹饰 \ 陶质陶色	夹砂陶					泥质陶				合计	百分比
	褐	灰黑	灰	灰褐	红褐	黑皮	灰黑	灰	灰黄		
素面	1	2	16					2	10	31	23.48
绳纹	18	31	17	6	5		1	1	5	84	63.64
弦纹		1							1	2	1.52
复合纹饰	3	3					1			7	5.3
纹唇花边	1									1	0.76
素面磨光						7				7	5.3
合计	23	37	33	6	5	7	2	4	15	132	100
	104					28					
百分比	17.4	28	25	4.59	3.8	5.3	1.5	3	11.4		
	78.8					21.2					

大地头遗址发现的新石器时代晚期遗迹包括房屋基址 13 处、灰坑 3 个。房屋基址均为平地起建，平面呈长方形，分木骨泥墙式和石构式两种建构方式，以石构房屋基址尤其是成排的石构房屋基址最具特色。石器分磨制石器和细石器两类。磨制石器均通体磨

光，有斧、穿孔刀、锛、网坠等。细石器以燧石为主，另有石英和水晶。器形有刮削器、尖状器以及石核和石叶等。陶器以夹砂陶为主，有很少量的泥质陶。夹砂陶又可细分为夹细砂和夹粗砂两类，以夹细砂为主。陶色以红褐陶、红陶为主，另有少量褐陶和灰陶，火候较低。纹饰以细绳纹为主，另有附加堆纹、刻划纹、弦纹、篦点纹等。器形多为侈口、圆唇、圆腹、平底器，可识器形有罐和钵。陶器特征与麦坪村遗址下层遗存相似，因此大地头遗址新石器时代晚期遗存也属于 C 组。

（2）第二类包括麻家山遗址主体遗存、麦坪村遗址上层遗存和背后山青铜器等其他零星发现的遗存。第二类遗存也可以划分为 A、B、C 三组。

麻家山遗址的地层关系及出土陶器等遗物均较为丰富（表二），而且器物组合及演变特征有一定的规律，可以将麻家山遗址的商周时期遗存划分为前后两段。探方 01T1 有如下一组地层关系：①→H1→②→③→④→⑤，除第 1 层为现代农耕土层外，其余均为原生的商周时期堆积，可以分为上下两层，分别为 A、B 组遗存的代表。

表二　麻家山遗址T1第4层陶质陶色及纹饰统计表

| 陶质 | 夹砂陶 | | | | 泥质陶 | | 合计 | 百分比 |
纹饰\陶色	褐	灰黑	灰	灰褐	黑皮	红		
素面	40	148	35	27		2	252	59.57
绳纹	20	31	9	31			91	21.51
弦纹		2					2	0.47
复合纹饰	1	1		1	1		4	0.95
纹唇花边		1					1	0.24
素面磨光			1		68	4	73	17.26
合计	61	183	45	59	69	6	423	100
	348				75			
百分比	14.4	43.3	10.6	13.9	16.3	1.4		
	82.3				17.7			

A 组包括麻家山遗址第 4、5 层（即下层遗存），出土陶器的组合以敛口罐、小平底罐、侈口罐、高柄豆、尖唇盘口罐、竹节柄豆为主，基本不见尖底器。

麦坪村遗址附近的金钟山半山腰 2001 年还发现了一座土坑竖穴墓（编号 M4），出土的随葬品有陶高柄豆、侈口罐、矮圈足豆、器盖及器体较长的白色大理石凿形玉器、磨制石斧等，也未见尖底器，M4 的年代可能与 A 组麻家山遗址的第 4、5 层相近。高于麦坪村遗址的半山腰地带也出土有白色凿形玉器，推测亦为 A 组遗存墓葬的随葬品。

桃坪遗址 2004 年发现的 2 个商代祭祀坑也属于 A 组遗存，均为圆形积石堆积坑，为多层积石堆积坑，口小底大呈袋状，坑壁经加工，坑内共有 3 层积石堆积，其间以较纯净的填土相隔。各积石层均以完整或半完整的卵石铺就，卵石间放置各类的陶石器残件，其中个别陶器个体的不同部位放置于不同的积石层上，说明各积石层是在很短时间内形成的，或者就是一次分三个步骤的某种祭祀、礼仪活动所致。各积石层共出土陶高柄豆、小平底罐、器盖、圈足器等各类商代陶器残片数百片（以夹砂陶为主）以及（玉）石凿、斧、砍砸器、盘状器等各类（玉）石器数十件。另一个圆形祭祀坑仅残存积石堆积一层，出土与三星堆文化中期同类器相同或相似的商代夹砂陶器残片若干。此外，还在发掘区外围层位相同的台地断面上调查发现了另一个积（卵）石堆积坑，估计性质相同。

B组包括麻家山遗址第2、3层及H1（即上层遗存）（表三），出土陶器的组合则以尖底罐、尖底杯、敛口罐、小平底罐、侈口罐、高柄豆、尖唇盘口罐、竹节柄豆为主，特别是新出现了绞索状花边口沿陶罐和大量的陶尖底器；夹砂陶的比例下降，泥质陶的比例上升。

表三　麻家山遗址H1陶质陶色及纹饰统计表

陶质陶色 纹饰	夹砂陶				泥质陶			合计	百分比
	褐	灰黑	灰	灰褐	黑皮	红	灰		
素面	7	20	2	11				40	48.19
绳纹	1							1	1.2
弦纹		1					1	2	2.41
复合纹饰	1							1	1.2
纹唇花边	1							1	1.2
素面磨光					26	2	10	38	45.78
合计	11	10	21	2	11	26	2	83	100
	44				39				
百分比	12	25.3	2.4	13.3	31.3	2.4	13.3		
	53				47				

1979年在桃坪村三组出土过陶尖底杯、高柄豆等遗物[10]。其中尖底杯为泥质黑灰陶，素面，敞口，斜直壁，下腹折收，底近小平，其特征与麻家山遗址出土的陶尖底杯相似，年代也可能相近，属于B组遗存。

2004年桃坪遗址发现2个灰坑，分别出土陶尖底杯（罐）、高柄豆、石斧等各类器物数十件（片），也属于B组遗存。

C组以麦坪村遗址的上层遗存（包括M3、H3、H5、第8层、第9层）为代表，遗迹有竖穴土坑墓、灰坑、房屋柱洞等。出土遗物包括石器、陶器、青铜器、玉器等，其中石器仍可分为打制石器、磨制石器、细石器等类；陶器以夹砂黑褐陶、灰陶为主，纹饰有绳纹、附加堆纹、弦纹等，器形以平底器、尖底器、圈足器为主，包括尖底罐、侈口罐、敛口鼓肩罐、高柄豆、喇叭口器座、器盖、矮圈足器、钵等；青铜器有箭镞、削等；玉器仅见器体较长的白色大理石凿形器。

富林镇鸣鹿村的背后山遗址曾于 1976 年冬及 1977 年春两次出土青铜器，共 8 件，可能为墓葬遗物[11]。计有钺 3 件、戈 2 件、凿 1 件、斧 2 件，其中钺包括半月形弧刃深銎钺、圆形穿孔直内钺两种形式；戈均为长方形无胡直内戈，内部有方形或桃形穿，有学者通过类型学研究判定此类无胡蜀式戈的年代为西周中晚期[12]。其中的半月形弧刃深銎钺与麦坪村遗址出土青铜钺相似，因此，这批青铜器与 C 组麦坪村遗址商周遗存的年代大体相近。石棉县宰羊溪遗址出土石钺、铜钺各一件，形制、大小相差不大，均为半圆形弧刃，铜钺有一穿[13]，与背后山遗址铜钺相似，年代也应为西周中晚期。麻家山遗址 1979 年还清理过 2 座土坑墓，出土敛口陶罐等文物，根据其中两件陶罐的形制，判定其年代早于战国，也与麦坪村遗址商周遗存的年代相近。以上材料均归属于 C 组遗存。

（3）第三类包括石棉县永和乡土坑墓群等，因出土资料有限，暂未能进行分组。

该墓群 1993 年发掘 4 座战国时期小型竖穴土坑墓，出土陶器、青铜器、骨器等文物 150 件。2004 年又清理了 14 座战国时期小型竖穴土坑墓，出土包括银、铜、铁、陶、玉、石、骨器在内的各类随葬品共计 270 余件。墓室长约 2.5、宽约 0.8 米，墓葬排列整齐，分布有序，葬式大部为仰身直肢葬。墓葬中随葬陶器均放置于人骨架头部上方，器物组合主要有圜底罐、碗（底部多见叶脉纹）两种。随葬铜器可分为兵器、工具、装饰品等三类，其中兵器包括扁茎无格柳叶形剑（剑身饰手形纹及虎纹）、短骹双耳圆銎矛、弧刃扁銎钺、箭镞等；工具有凹刃环首刀、锥等；装饰品包括镯、环、泡饰、珠等。依据墓向、随葬器物组合的不同，永和墓地的墓葬可分为三种类型。第一类墓葬的方向大致为西北向，随葬品组合较为完整，主要包括 1 件陶罐和 2 件陶碗；第二类墓葬的方向大致为西南向，其中随葬有陶器的墓葬陶器均系打碎后埋入；第三类墓葬的方向大致为西南向，随葬品组合较为完整，主要为 2 件陶罐。

三、大渡河中游先秦考古学文化的分期、年代与性质

以上三类遗存基本代表了大渡河中游先秦考古学文化演变的三个时期，而第一类、第二类所分别包含的三组遗存则是前两个时期中的不同时段的代表。

综上所述，根据已有的考古资料，可以将大渡河中游地区的先秦考古学文化遗存初步分为三期 7 段：

（1）第一期（史前遗存）又可分 3 段。

早段（第 1 段）以姜家屋基遗址主体遗存为代表（图一），出土陶片以夹粗砂红褐陶为主，制法均为手制，火候较低，易于破碎，具有较为原始的特征。

中段（第 2 段）以狮子山遗址主体遗存为代表（图二），出土有部分马家窑类型彩陶。

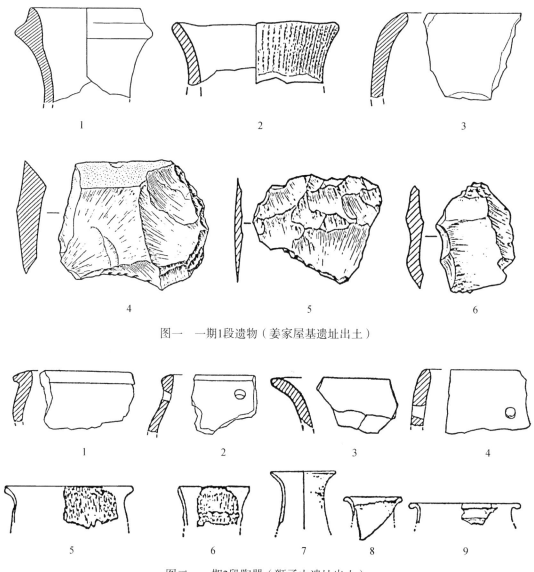

图一　一期1段遗物（姜家屋基遗址出土）

图二　一期2段陶器（狮子山遗址出土）

　　鉴于目前缺乏 ^{14}C 测年数据，第1、2段遗存的年代主要通过与周边地区新石器时代中晚期遗存的比较进行确定。从目前的考古资料来看，甘青地区尤其是渭河上游及白龙江中游的新石器时代文化发展序列较为完整、年代明确且与大渡河中游新石器时代文化的联系密切，进行对比有助于判定第1、2段遗存的年代。

　　秦安大地湾遗址基本建立起渭河上游的新石器时代文化发展序列，第一期为前仰韶时期的大地湾文化；第二期属于仰韶文化半坡类型；第三期属于仰韶文化庙底沟类型；第四期属于仰韶晚期文化类型（也有学者称为马家窑文化石岭下类型）；第五期为常山下层遗存[14]。武都大李家坪遗址也基本建立了白龙江中游的新石器时代文化发展序列，可分四期：第一期以大李家坪一期遗存为代表，属于仰韶文化半坡类型；第二期以烟墩沟遗存为代表，属于仰韶文化庙底沟类型；第三期以大李家坪二期遗存为代表，与大地湾四期文化面貌相近，时代也大致相当；第四期以大李家坪三期遗存为代表，属于受马家窑文化影响较大的仰韶文化晚期遗存[15]。

第1段遗存未发现马家窑类型风格的彩陶，而出土的泥质灰黑陶双唇口瓶、泥质灰陶敛口钵（见图一，1、3）与大地湾四期文化、大李家坪二期遗存的同类陶器相似，属于仰韶晚期文化（马家窑文化石岭下类型）风格，年代略早于马家窑类型，其年代距今5000年左右。

第2段遗存的狮子山遗址是迄今出土马家窑类型彩陶的最南端的遗址，彩陶当为西北甘青地区马家窑类型文化南下传播的产物，未见早于马家窑类型的仰韶晚期文化（马家窑文化石岭下类型）风格的双唇口瓶、泥质灰陶敛口钵等文化因素，第2段遗存的年代为距今4500年左右。

与第1段遗存的陶器相比，第2段遗存陶器的总体风格显得较为进步。二者之间在陶质、纹饰、器形方面虽有一些共同因素，但区别也很明显。如果说第1段遗存更多地体现了大渡河中游地区土著文化的因素，那么，第2段遗存则是接受了南下传播的马家窑类型文化因素的新的文化类型，前者的年代似应早于后者。

晚段（第3段）以麦坪村遗址新石器时代遗存为代表（图三），陶器风格与第1、2段遗存相比有较多差异，也未见彩陶。

第3段遗存出土陶器已脱离了第1、2段遗存所表现出的原始特征，火候明显提高，制法除手制外，较多地采用慢轮制作及修整技术。二者之间存在一些共性，如均有夹砂褐陶篦带纹侈口罐、灰陶敛口钵等陶器，表明它们有一定的渊源关系。但第3段与第2段遗存间存在较大的缺环。同时，第3段遗存与麻家山遗址商周时期遗存之间的联系较为紧密，存在一些共同因素，如均有一定比例的泥质磨光黑皮陶，部分陶器表面或唇面有戳印纹，侈口罐沿下常见起加固作用的泥条附加堆纹等。因此，第3段遗存实际为史前至商周时期之间的一种过渡性遗存，其年代为距今4000年左右。

（2）第二期为商至西周时期遗存，又可分为三段。

早段（第4段）即第二类A组遗存，陶器以小平底器、高柄豆等为主（图四），未见尖底器，与三星堆文化中晚期同类器相同或相似，年代约为商代晚期。

中段（第5段）即第二类B组遗存（图五），年代与十二桥文化早期相近，约为西周前期。

晚段（第6段）即第二类C组遗存（图六），年代与十二桥文化晚期相近，约为西周后期。第6段与第5段遗存之间还有一定程度的缺环。

第二期遗存可以总称为"麻家山类型"。根据麻家山遗址和麦坪村遗址的试掘成果，并结合以前的考古调查材料，我们认为大渡河中游地区的商至西周时期遗存目前以汉源县麻家山遗址最有代表性、发现最早、所开展的考古工作最多、材料也最为丰富，故建议采用"麻家山类型"来对大渡河中游地区的商周遗存进行命名。以前曾有学者依据未公开发表的调查采集资料提出"背后山类型"的名称[16]，同时将其与狮子山遗址为代表

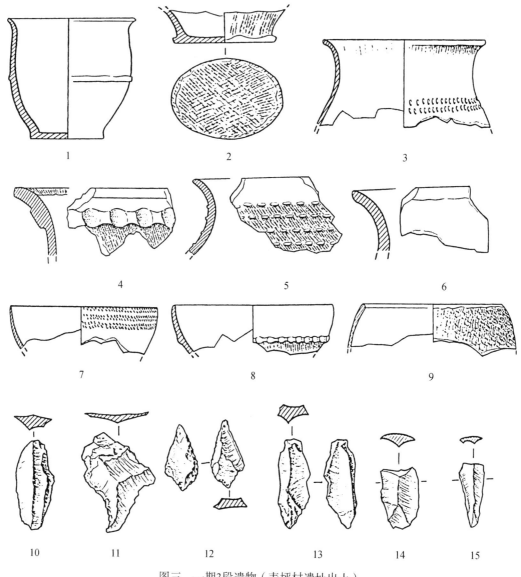

图三　一期3段遗物（麦坪村遗址出土）

的"狮子山类型"并列为大渡河流域的两种原始文化类型，二者的时代相差甚远，且背后山遗址未进行正式考古发掘，以此命名大渡河中游的商周遗存不太适宜。还有学者提出"麻家山—三星村类型"的名称[17]，鉴于三星村遗址亦未进行过正式考古发掘，而且麻家山遗址的发现在先，因此，笔者认为就目前情况来看，大渡河中游地区的商周文化遗存还是采用"麻家山类型"来命名更为恰当。

又根据麻家山类型与四川盆地尤其是成都平原的已知年代且含有较多共同文化因素的考古学文化遗存初步对比研究的结果判断，"麻家山类型"的年代上限约为商代晚期，下限则为西周中晚期。麻家山类型的分布范围主要在大渡河中游地区，目前在四川汉源县、石棉县境内均有发现，遗址包括汉源县麻家山遗址、麦坪村遗址、背后山遗址、桃坪遗址，石棉县三星村遗址、宰羊溪遗址等。麻家山类型与青衣江流域的沙溪类型[18]，

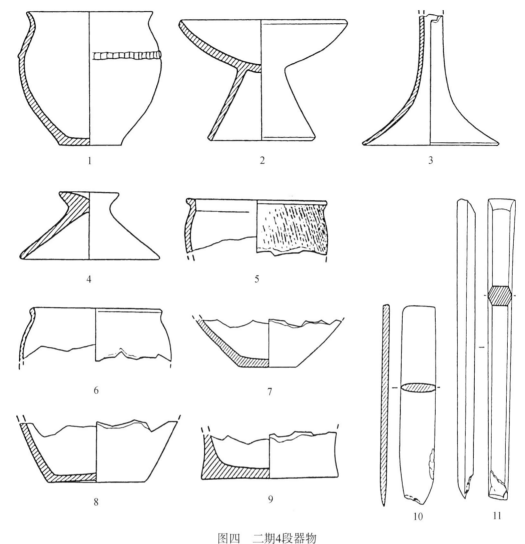

图四 二期4段器物
1～4、10、11. 麦坪村土坑墓 5～9. 麻家山遗址下层

成都平原的三星堆文化、十二桥文化[19]等同时期的文化遗存之间存在较多的共性，如以小平底罐、尖底杯、尖底罐、高柄豆等为代表的主体陶器组合基本一致，应属同一种文化系统，均为蜀文化系统的组成部分。

麻家山遗址的试掘是大渡河中游地区首次对商周文化遗址进行的考古发掘，发现与确认了与成都平原三星堆、十二桥文化之间有较多共同文化因素的"麻家山类型"商周文化遗存，应是蜀文化系统中具有鲜明地域特色的一种地方类型，主要分布于大渡河中游地区，迄今为止仅在汉源县、石棉县境内均有发现。这里与成都相距逾300千米，"麻家山类型"当是目前发现的商周时期蜀文化系统遗存在空间分布上的最西南边界。以雅安沙溪遗址为代表的"沙溪类型"商周文化遗存，是蜀文化分布在青衣江流域的一种地方文化类型，处在蜀文化中心区与"麻家山类型"分布区之间。从分布的地域范围来看，"沙溪类型"同"麻家山类型"基本以大渡河与青衣江的分水岭——大相岭为分界线。

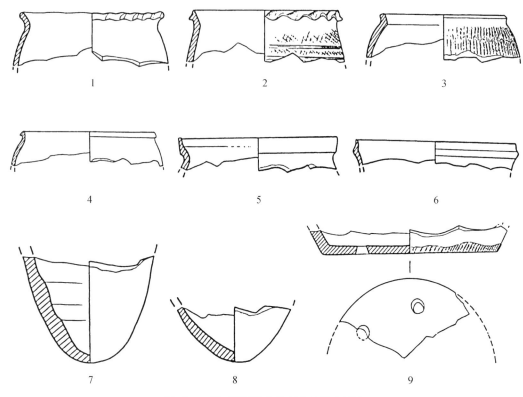

图五　二期5段陶器（麻家山遗址上层）

"沙溪类型"和"麻家山类型"的文化性质基本类似，时代也相差不远，同为商周时期蜀文化系统的组成部分。但"麻家山类型"同"沙溪类型"相比，还具有一些自身的地方特色文化因素，如本地长期延续的小石器工艺传统（图一、图三、图六），墓葬中多随葬器体较长的大理石凿形玉器（图四），部分夹砂陶罐上有绞索状花边口沿装饰（图五，1、2）等；而"麻家山类型"的石器则不见青衣江流域"沙溪类型"所常见的有肩石器，陶器中也少见尖底盏、镂孔器座等器形。从地域空间上观察，"沙溪类型"与蜀文化中心区之间的距离较"麻家山类型"为近，在商周时期蜀文化南向传播的线路之上，如果"麻家山类型"处于末端，"沙溪类型"则基本居中，后者与文化中心区的联系相对于前者更为密切。

（3）第三期（战国遗存）（第7段）即以石棉县永和乡战国土坑墓群为代表，出土的陶圜底罐、装饰有巴蜀符号的铜柳叶形剑、矛等器物与成都平原及青衣江流域的战国土坑墓出土的同类文物基本相似。发掘者将这几座墓葬的年代判定为战国中晚期，应是比较准确的。麻家山遗址随葬陶单耳圜底罐、短颈圜底罐的土坑墓，与永和土坑墓出土的圜底罐形态相似，也应属于这一时期（图七）。

以上分期仅仅是对大渡河中游地区先秦考古学文化遗存的演变历程从总体上进行初步分析，粗略划分出几个大致的发展阶段，各期、各段之间的缺环非常明显，这一初步的编年序列尚待深入的发掘、研究工作进行充实和辨证（表四）。

图六　二期6段器物

1~6. 麦坪村遗址　　7、8. 背后山遗址　　9、10. 宰羊溪遗址
11、12. 麻家山遗址土坑墓　　13~16. 麻家山遗址

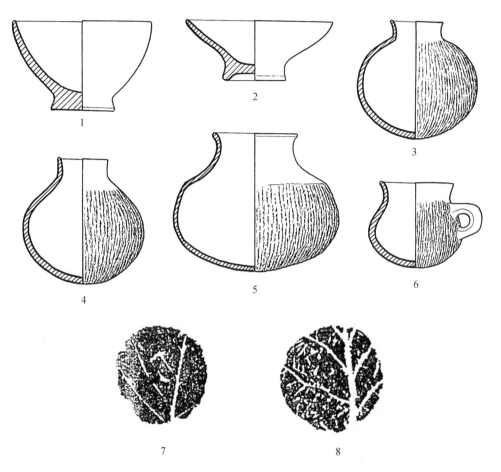

图七　三期7段陶器

1~4、7、8. 永和乡战国土坑墓群　5、6. 麻家山遗址战国墓

表四　大渡河中游先秦遗址分期表

遗址　期段	第一期（史前遗存）			第二期（商周遗存）			第三期（战国遗存）
	1 段	2 段	3 段	4 段	5 段	6 段	7 段
姜家屋基	√						
狮子山		√					
麦坪村			√	√		√	
大地头			√				
麻家山				√	√	√	√
背后山						√	
桃坪				√	√		
宰羊溪						√	
三星村					√		
永和土坑墓							√

第一期遗存以本土文化因素为主，但明显受到了来自西北地区仰韶晚期文化和马家窑类型文化的影响，这一现象与岷江上游、大渡河上游地区的史前考古学文化遗存的特征相似。就目前的发现来看，仰韶晚期文化和马家窑类型文化南下传播主要沿川西高原地区进行，并未进入成都平原。而第二期遗存则为成都平原古蜀文化（三星堆、十二桥文化）南渐的产物。第一期与第二期遗存之间不仅存在较大的缺环，而且文化传统发生了性质上的变化，第二期遗存（麻家山类型）为蜀文化的地方一个类型。出现这一情况的原因值得深入研究。第三期遗存中，晚期蜀文化因素为主体，同时包括石棺葬文化、大石墓文化等因素。

四、相关问题的初步分析

1. 大渡河中游先秦文化遗址的分布规律及其原因

综观先秦时期各个发展阶段，大渡河中游地区聚落遗址的分布位置各有不同，其演变情况基本遵循一定的发展规律。如果以大渡河河床水面为参照，不难发现，时代越早，聚落遗址所处的位置则越高，面积却越小。狮子山遗址曾发现有旧石器时代遗存，并可能与富林文化的人类居住遗址有关[20]，该地点所处位置高于同遗址的新石器时代原生文化堆积的位置。姜家屋基遗址和狮子山遗址均为单纯的新石器时代文化遗址，其原生堆积多位于大渡河南岸高于二级阶地的坡地之上，海拔为 900 米左右，高出现在河面 100 米以上。麦坪村遗址的新石器时代原生文化堆积位于南部高于二级阶地的缓坡地带，北部的二级阶地则主要为商周时期的堆积。而麻家山商周遗址则地处大渡河南岸的二级阶地之上的缓坡地带。如今大树镇海螺村、中坝村所处位置即大渡河原河床所在，从地层断面可观察到明显的卵石夹泥沙堆积层，表明该地曾为河床漫滩。

由于大渡河中游河道的逐年缓慢下切，各时期居民为了生产生活的取水方便，总是选择临近河边的位置作定居地点，因而出现距今年代越近的遗址所处位置的高度不断降低这一规律性布局的情况。与岷江上游相比较，大渡河中游河道下切的速度略显缓慢。同为新石器时代文化遗址，岷江上游多发现于干流两岸的三级、四级阶地，而大渡河中游则仅出现在二级阶地之上的坡地。表明大渡河中游河床所在地的地质结构较岷江上游相对坚硬、稳定，且河水流速等与岷江上游亦有不同。

2. 大渡河中游先秦时期的生业形态

大渡河中游地区先秦时期的社会经济形态，当是以农业为主要生业形式，以捕捞业、狩猎业和采集业为补充。这可以从调查试掘出土的实物资料取得例证，如大型打制、磨制石器主要是作为砍伐、挖掘及切割使用的工具，也是先秦农业生产的重要用具，当时的农具可能还有木质、竹质等类别，但因其难以保存，故考古发掘很少有实物发现。各遗址亦出土了一定数量的石网坠、石球（弹丸）、铜质及石质箭镞等遗物，是渔业和狩猎活动经常使用的工具，也印证了当时经济形态的多样化特征。狮子山等遗址发现了以燧石、石英为原料制成的细石器（细石叶、石核）、小石片石器，其用途可能与切割加工兽皮有关，各遗址还出土了锥、簪等骨质工具及装饰品，这些现象也从侧面说明捕捞业、狩猎业和采集业在当时以农业为主业的经济生活中是必不可少的补充形式。

3. 大渡河中游先秦本土文化传统特征举隅

自旧石器时代晚期以来，本地在石器制作方面一直流行采用燧石为主要原料的小型石器打制技术和传统，这种小型石器以小石核、小石片和小石器为主，存在一定数量的似石叶，尚不能称为严格的细石器，但也有少量成熟的细石器产品。以富林镇旧石器时代晚期的文化遗址为代表的富林文化，石器制作采用以单面反向为主的加工技术，打片以锤击法为主导，偶用砸击法，石器组合以刮削器和尖状器为主体[21]。狮子山遗址也发现有旧石器，特征与富林文化相同。姜家屋基遗址也出土了小石器（图一）。直至商周时期，麻家山遗址及麦坪村遗址的商周时期地层仍然出土了一定数量的此类小型石器。

陶器制作方面，麦坪村遗址陶器口沿唇面的锥刺纹装饰，麻家山遗址出土陶罐上有绞绳状花边口沿装饰。

在玉器加工业方面，大渡河中游地区商周墓葬中多随葬器体狭长的白色大理石质玉凿形器，体现出较为成熟的选材、切割、磨制及抛光等制玉工艺。本地玉石原料资源丰富，时至今日，雅安市属的石棉、汉源、宝兴等县仍以出产质地上乘的大理石、花岗岩制品而名扬海内外。本地的制玉传统和技术可谓源远流长，有可能会对周围地区甚至蜀文化的中心区——成都平原产生一定程度的影响。

4. 麻家山类型与蜀文化的南渐

导致麻家山类型和沙溪类型之类遗存出现的原因何在？三星堆、十二桥文化向西南发展的内在动机是什么？在此略做一些初步推测。新石器时代晚期以来，蜀文化及古蜀王国的中心在成都平原，在蜀文化发展的不同阶段，向外传播发展的重点地区和方向各有侧重。从已有的考古发现来看，三星堆文化阶段主要是向四川盆地以东今三峡地区发展；而在十二桥文化阶段除了继续向东延伸外还更向西南和北面渐进，其文化分布及影响的地域空间更为广阔，诚如《华阳国志·蜀志》所载："七国称王，杜宇称帝，号曰望帝，更名蒲卑。自以功德高诸王，乃以褒斜为前门，熊耳、灵关为后户，玉垒、峨眉为城郭，江、潜、绵、洛为池泽，以汶山为畜牧，南中为园苑……"同书还有"保子帝攻青衣"之类的内容[22]，表明蜀文化的势力范围一度向青衣江、大渡河地区扩张和延伸。

蜀文化南渐的动力机制比较复杂，古蜀王国对资源的需求与争夺，以及对交通要道的占领与控制是其中的重要原因之一。青衣江、大渡河中游地区既是玉石矿源、铜铁矿藏、铅锌矿藏的盛产之地；从其地理位置来看，也是交通运输的必经之地。新近发现的成都金沙遗址是蜀文化考古的又一重大成果，与三星堆遗址出土玉器相比[23]，金沙遗址出土的玉器，在器物数量、器形种类、表面色泽甚至原料质地等方面更为丰富[24]。从目前情况看来，金沙遗址主体遗存的年代略晚于三星堆遗址主体遗存的年代，大概处于十二桥文化阶段。或许是为了满足频繁的祭祀活动等方面的要求，这一时期古蜀王国对玉料的需求数量更大，除了岷江上游地区等原有的玉石原材料产地之外，古蜀王国还将努力开辟新的玉石矿源基地，玉石矿藏非常丰富的青衣江、大渡河中游地区便是其中之一。

徐中舒曾指出[25]，古代四川丽水地区（今属云南）盛产黄金，成为楚国西向移民的巨大动力，春秋中期，楚国开始在云南楚雄设官置吏管理丽水黄金的开采，其间有航道可通，虽属便利，但黄金由此东运至楚，则山川间阻，途程太远，为此在青衣江地区的荥经设立代理总管——岷山庄王，负责铜和黄金东向运输的管理。其实早在岷山庄王之前，青衣江、大渡河中游地区已经成为云南地区与四川盆地之间的交通必经之地。段渝也认为[26]，汉源和雅安扼守着古蜀文化中心与南中交通的要道，这是南中金锡之道和"南方丝绸之路"的要道之一，也是古蜀文明与南亚、东南亚交流的必经之路，大渡河和青衣江流域的古蜀文化据点和军事据点肩负着开道与保驾护航的双重责任。

而至迟到明清时期，从成都出发、经雅安至本地区沿清溪、九襄、富林、大树、河南进入冕宁、西昌境内，仍是一条重要的交通要道，在清溪关、大树、晒经关等地至今还保留着石砌古道的遗迹，这即是所谓西南丝绸之路的南线的组成部分。

有学者指出："一个重大的文化变迁现象如文化的取代、消亡等，其原因往往是相当复杂的，在很多情况下，是不能仅用本地区环境的变化或社会内部机制的转变所能解释得了的，这种时候应该注意是否有新的人群的侵入，而这种侵入现象在考古学材料中是应该能有所反映的，可从五个方面来判断考古学材料中的人群侵入现象：一个移民遗址或文化，其文化特征应该与该地区同时代的遗址或文化有较大的差异；一个移民遗址或文化与该地区前一个时期的文化应该没有任何渊源关系；该移民文化的母文化应该能够在其他地区找到，但由于创始效应的影响，母文化与其分支文化不可能百分之百相同，但在总体上其渊源关系应该是明显的；一个移民文化在年代上应该总是比其发源的母文化要晚；如果一个移民文化在一个较大的范围内取代了原来的文化，那么其必有相当强的优势，这些优势可能是生产方式、军事技术、社会结构或意识形态，并应该在考古学材料中有不同程度地反映。"[27]由此来解释麻家山类型和沙溪类型之类遗存出现的原因，以及与三星堆、十二桥文化之间的差异等，比较符合历史的实况。

注　释

[1]　陈剑：《大渡河中游先秦文化探析》，《中华文化论坛》2003 年第 1 期。

[2]　杨玲：《四川汉源县富林镇旧石器时代文化遗址》，《古脊椎动物与古人类》1961 年第 3 卷第 4 期；张森水：《富林文化》，《古脊椎动物与古人类》1977 年第 15 卷第 1 期。

［ 3 ］　刘磐石、魏达议:《四川省汉源县大树公社狮子山发现新石器时代遗址》,《文物》1974 年第 5 期；王
　　　　瑞琼:《汉源县瀑布沟水库淹没区文物古迹调查简况》,《四川文物》1990 年第 3 期。

［ 4 ］　汉源县文化馆:《四川汉源大窑石棺葬清理简报》,《考古与文物》1983 年第 4 期。

［ 5 ］　中国社会科学院考古研究所四川工作队:《四川汉源县大树乡两处古遗址调查》,《考古》1991 年第
　　　　5 期。

［ 6 ］　马继贤:《汉源县狮子山新石器时代遗址》,《中国考古学年鉴·1991》,文物出版社, 1992 年。

［ 7 ］　四川省文物管理委员会等:《四川石棉县永和乡战国土坑墓》,《考古》1996 年第 11 期。

［ 8 ］　大渡河中游考古队等:《四川汉源县 2001 年度的调查与试掘》,《成都考古发现》(2001),科学出版
　　　　社, 2003 年。

［ 9 ］　四川省文物考古研究院:《四川瀑布沟水电站淹没区考古取得重大收获》,《中国文物报》2004 年 9 月
　　　　21 日第 5 版。

［10］　《雅安地区文物志》编委会:《雅安地区文物志》,巴蜀书社, 1992 年。

［11］　岳润烈:《四川汉源出土商周青铜器》,《文物》1983 年第 11 期。

［12］　霍巍、黄伟:《试论无胡蜀式戈的几个问题》,《考古》1989 年第 3 期。

［13］　石棉县文化馆:《四川石棉县考古调查》,《考古》1982 年第 2 期。

［14］　甘肃省博物馆文物工作队:《甘肃秦安大地湾遗址 1978 至 1982 年发掘的主要收获》,《文物》1983 年
　　　　第 11 期；郎树德、许永杰、水涛:《试论大地湾仰韶晚期遗存》,《文物》1983 年第 11 期；谢端琚:
　　　　《甘青地区的史前文化》,文物出版社, 2002 年。

［15］　北京大学考古学系、甘肃省文物考古研究所:《甘肃武都县大李家坪新石器时代遗址发掘报告》,《考
　　　　古学集刊》(13),中国大百科全书出版社, 2000 年；张强禄:《白龙江流域新石器时代文化谱系的初
　　　　步研究》,《考古》2005 年第 2 期。

［16］　赵殿增:《四川原始文化类型初探》,《中国考古学会第三次年会论文集(1981)》,文物出版社,
　　　　1984 年。

［17］　及康生:《商周时期的蜀文化与南方丝路西线的关系》,《南方丝绸之路文化论》,云南民族出版社,
　　　　1992 年,转引自雅安地区文物管理所编:《牦牛道考古研究》, 1995 年。

［18］　四川省文物管理委员会等:《雅安沙溪遗址发掘及调查报告》,《南方民族考古》(第三辑),四川科学
　　　　技术出版社, 1990 年；李明斌:《四川雅安沙溪遗址陶器及相关问题的初步研究》,《考古》1999 年第
　　　　2 期。

［19］　四川省文物管理委员会等:《成都十二桥商代建筑遗址第一期发掘简报》,《文物》1987 年第 12 期；
　　　　江章华:《成都十二桥遗址的文化性质及分期研究》,《四川大学考古专业创建三十五周年纪念文集》,
　　　　四川大学出版社, 1998 年；孙华:《成都十二桥遗址群分期初论》,《四川考古论文集》,文物出版社,
　　　　1996 年。

［20］　陈全家:《四川汉源狮子山旧石器》,《人类学学报》1991 年第 1 期；高星:《旧石器时代考古》,《中
　　　　国考古学年鉴·1992》,文物出版社, 1994 年；叶茂林:《四川旧石器时代遗存浅论》,《四川大学考
　　　　古专业创建三十五周年纪念文集》,四川大学出版社, 1998 年。

[21]　张森水:《富林文化》,《古脊椎动物与古人类》1977 年第 15 卷第 1 期;李永宪:《略论四川地区的细石器》,《四川考古论文集》,文物出版社,1996 年。

[22]　(晋)常璩撰,任乃强校注:《华阳国志校补图注》,上海古籍出版社,1987 年。

[23]　四川省文物考古研究所:《三星堆祭祀坑》,文物出版社,1998 年。

[24]　成都市文物考古研究所、北京大学考古文博院:《金沙淘珍——成都市金沙村遗址出土文物》,文物出版社,2002 年;成都市文物考古研究所:《成都金沙遗址 I 区"梅苑"地点发掘一期简报》,《文物》2004 年第 4 期。

[25]　徐中舒:《试论岷山庄王和滇王庄的关系》,《思想战线》1977 年第 4 期。

[26]　段渝:《玉垒浮云变古今——古代的蜀国》,四川人民出版社,2001 年。

[27]　焦天龙:《人群移动与考古学文化的变迁》,《中国文物报》2005 年 2 月 25 日。

[原载《成都考古研究》(一),科学出版社,2009 年,第 35～52 页]

肆 环境、生业与技术

大渡河中上游的史前文化、环境与生业

何锟宇[1]　陈　剑[1]　谢　涛[1]　范永刚[2]

（1. 成都文物考古研究院；2. 阿坝藏族羌族自治州文物管理所）

一、概　　述

大渡河发源于青海省班玛县巴颜喀拉山东端的果洛山，全长 1070 千米，流域面积 9.2 万平方千米，流至乐山注入岷江，为岷江的最大支流。脚木足河流至马尔康市与金川县交界的可尔因与绰斯甲河相汇后，称为大金川。大金川河谷宽阔，一路奔腾而去，与小金川河在甘孜藏族自治州丹巴县城汇合后，始称大渡河。大金川河谷全长 34 千米，河谷两岸恬静如诗的丹巴乡土民居为大金川增添了许多神秘的色彩。大渡河在四川境内先后流经阿坝藏族羌族自治州的阿坝县、壤塘县、马尔康市、金川县、小金县，甘孜藏族自治州的丹巴县、康定县、泸定县，雅安市的石棉县、汉源县，凉山彝族自治州的甘洛县，乐山市的金口河区、峨边县、峨眉山市、沙湾区等地。地理特征上，大渡河在泸定县以上为上游，石棉县、汉源县、甘洛县、金口河区境内为中游，金口河区以下为下游。大渡河中上游地区即河源区至金口河区段，含大、小金川河汇流前的诸支流所流经地区。

从整个四川乃至西南地区的版图来看，大渡河中上游地区在自然地理及人文环境方面，均是较为重要的节点所在地。该地区处于重要的地理关节地带，东临岷江上游地区，北通黄河上游的甘青地区，南与川西南山地相接，是青藏高原向四川盆地的重要过渡地带，地理落差最为显著，高山深谷地势特征明显。同时，从现居民族结构来看，大渡河中上游地区处于汉族聚居区、羌族聚居区、藏族聚居区及彝族聚居区的重要交汇地带，尤其是最大的嘉绒藏族聚居区，为藏羌彝民族走廊地区的核心所在。

本文拟对大渡河中上游地区史前考古学文化的谱系与初步序列，遗址出土的动物骨骼遗存和浮选植物标本所反映的史前地理环境和生业，史前遗址分布与地理特征的关系等做简要分析，希望得到方家赐教。

大渡河上游地区史前考古工作起步较早，在 20 世纪初至 30 年代，个别外国传教士、考察队先后在大渡河上游及其附近地区采集到打制石器，发现零星的史前遗址[1]。1987年夏，四川省文物管理委员会小公室及甘孜藏族自治州文物普查队在丹巴县中路乡罕额依村发现了分布范围大、埋葬方式特殊的石棺墓群。1989 年 10 月至 1990 年 12 月，四川省文物考古研究所（现四川省文物考古研究院）和甘孜藏族自治州文化局联合组成考古队对罕额依遗址进行了为期一年零两个月的发掘，发掘面积 123 平方米[2]。1989 年，阿坝藏族羌族自治州文物管理所人员与四川大学考古专业教师选择学生实习地点时，对马尔康县（马尔康市）孔龙遗址进行过调查[3]。2000 年，四川省文物考古研究所（现四川省文物考古研究院）、丹巴县文物管理所为配合《中国文物地图集·四川分册》的编写工作对丹巴县蒲角顶等遗址进行了调查。为实施四川省文物局组织开展的区域性古文化遗址调查，阿坝藏族羌族自治州文物管理所、成都市文物考古研究所（现成都文物考古研究院）、马尔康县文化体育局联合组成大渡河上游考古队，先后于 2000 年 9 月、2003 年 5 月、2005 年 12 月对大渡河上游脚木足河及其支流茶堡河两岸地区进行了全面调查，发现和确认了孔龙遗址、白赊遗址及哈休遗址等 10 余处新石器时代至秦汉时期的古文化遗址[4]。2005 年 6 月，四川省文物考古研究院、阿坝藏族羌族自治州文物管理所对双江口水电站库区进行地下文物调查，确认了多处史前遗址[5]。2006 年 3 月，阿坝藏族羌族自治州文物管理所、成都文物考古研究所、马尔康县文化体育局又在调查基础上选择哈休遗址进行了考古试掘，揭露面积 87 平方米，发现灰坑、灰沟等遗迹 10 余处，出土了玉石器、陶器、骨角器、蚌器、兽骨等类遗物上千件[6]。2006 年 4 月，成都文物考古研究所、甘孜藏族自治州文物局又在丹巴县梭坡乡调查确认了蒲角顶史前及汉代遗址，采集到丰富的陶片及磨制石斧、石刀等遗物。同时在莫洛村、左比村采集到少量磨制石器、夹砂陶片等史前遗物[7]。2013 年 7 月，成都文物考古研究所、阿坝藏族羌族自治州文物管理所等单位业务人员赴阿坝藏族羌族自治州马尔康县、金川县、茂县、汶川县进行了考察，其中重点对马尔康县孔龙遗址、白赊遗址、哈休遗址进行了实地调查，采集了一批陶器、石器、骨器标本[8]。这系列考古工作的开展为我们探讨大渡河上游史前考古文化的序列与谱系奠定了基础（图一）。

大渡河中游地区既往考古工作有一定基础，20 世纪 60 年代以来，四川省雅安地区第一工业局地质队、中国科学院古脊椎动物与古人类研究所、四川省博物馆等单位先后对富林镇旧石器时代晚期的文化遗址进行了调查、发掘和研究工作，提出了“富林文化”的命名[9]。20 世纪七八十年代，为配合大渡河水库的筹集工作，四川省博物馆等单位在此进行过多次考古调查，发现了狮子山新石器时代遗址，采集到石器、陶器等遗物，并在本地区发现了土坑墓[10]。1979 年，汉源县文化馆在今大树镇大窑村清理过石棺葬一座，出土了陶双联罐等随葬品[11]。1988 年，中国社会科学院考古研究所四川工作队又对大树乡狮子山、麻家山两处遗址进行了考古调查，采集有石器、陶器等遗物[12]。1990 年 5、6 月四川大学历史系考古专业对狮子山遗址进行了发掘[13]。1993 年四川省文物管理委员会、石棉县文物管理所在石棉县城以东 6 千米的永和乡裕隆村二组配合基建清理土坑墓 4 座，出土陶器、青铜器、骨器等文物 150 件[14]。2001 年 11、12 月，中国社会科学院考古研究所、四川省文物考古研究所、成都市文物考古研究所、雅安市文物管理所及汉源县文物管理所分别派出业务人员，联合组成大渡河中游考古队，在汉源县境内

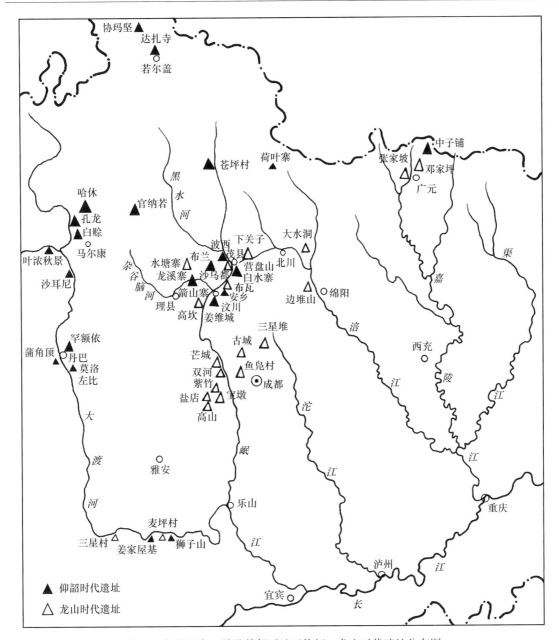

图一　大渡河中上游及其邻近地区仰韶、龙山时代遗址分布图

开展了详细的考古调查，并对麦坪村遗址、麻家山遗址和姜家屋基遗址进行了试掘[15]。
2004年4～7月，为配合瀑布沟水电站建设，由四川省文物考古研究所、雅安市文物管
理所、汉源县文物管理所及石棉县文物管理所组成的联合考古队在大渡河中游的汉源县
和石棉县进行了瀑电淹没区首期地下文物考古发掘，选定了汉源县大地头遗址、桃坪遗
址及墓地以及石棉县永和墓地三个地点，发掘面积逾3000平方米，发现并清理新石器时
代晚期至唐宋时期的各类遗迹51处，战国至明清时期的各类墓葬34座，出土各时期各
类遗物逾千件[16]。

　　总之，近年为配合大渡河流域各水电站建设，大渡河上游及中游地区的史前考古调

查、发掘和研究均取得了重要成果和突破，下面我们将其分为河源区、上游地区、中游地区对于文化、环境和生业情况分别予以简要论述。

二、大渡河河源区

大渡河河源区发现了不少马家窑类型（仰韶晚期）文化的遗址，比较重要的有马尔康哈休遗址[17]、孔龙遗址[18]、白赊遗址[19]，金川县刘家寨遗址[20]、沙尔尼和大伊里遗址[21]，为研究大渡河河源区的史前文化序列、来源和对外交流提供了宝贵材料。

1. 马尔康哈休遗址

哈休遗址地处四川省阿坝藏族羌族自治州马尔康市沙尔宗乡西北约 1500 米的哈休村一组，位于大渡河正源脚木足河一级支流茶堡河北岸三级台地上，海拔 2840 米，台地高出河床约 80 米。2003 年、2005 年四川省有关文物部门先后对该遗址进行了调查[22]，2006 年对其进行了发掘，发掘者认为以哈休遗址为代表的遗存是分布于大渡河上游地区的一种新石器时代文化，包含本土土著文化、仰韶晚期文化、马家窑文化等文化因素，其年代为距今 5500～4700 年，可命名为"哈休类型"。并将史前遗存其分为早、中、晚连续三段，认为早段上限与大地湾遗址第四期遗存、天水师赵村遗址第四期、武山县傅家门遗址石岭下类型遗存等的时代相当，在距今 5500 年左右[23]。哈休遗址位于大渡河河源区，这一区域海拔高、地势险峻，考古基础工作相对薄弱，其在川西北地区史前文化序列构建中的重要性不言而喻。

哈休遗址出土的器物有陶器、石器、骨角牙蚌器几类。陶器以泥质陶为主，包括灰陶、红陶、褐陶、黑皮陶，含少量彩陶；夹砂陶占一定的比例，主要为灰陶和褐陶。纹饰主要有绳纹、附加堆纹、弦纹、戳印纹和复合纹饰。彩陶基本都是红衣黑彩，图案题材包括弧边三角纹、圆点纹、网格纹、水波纹、粗细线条纹、草叶纹等，器形主要有罐、瓶、盆、钵四类。泥质陶以素面磨光为主，器形主要有小口尖底瓶、小口壶、鼓腹罐、缸、瓮、盆、钵、碗、杯等；夹砂陶器的种类则主要为侈口深腹罐、小罐、钵等。遗址从早到晚出土的陶器中泥质陶、夹砂陶所占比例变化不大，纹饰方面也没有明显的差异，陶器种类略有增减，同一器类形式或有变化，整体文化面貌一脉相承，属于同一文化的不同阶段。就哈休遗址史前遗存的文化因素组成来看，彩陶均为黑彩，仅装饰于泥质陶中，纹饰主要有平行条带纹、弧边三角纹、圆点纹、网格纹、水波纹、草叶纹等，其风格与兰州雁儿湾较接近[24]，器类主要有瓶、罐、盆、钵四类，均属马家窑类型的典型器物。陶器中的泥质陶小口尖底瓶、缸、各种型式的盆、钵、碗、杯、陶塑人面，夹砂陶侈口深腹罐，石器中的刀、斧、锛、环镯、珠、砺石，骨器中的锥、镞、笄和骨梗刀等，它们承庙底沟类型而来，延续的时间较长，多见于仰韶晚期遗存和马家窑文化中；泥质陶敛口瓮、折腹钵则多见于仰韶晚期遗存。值得注意的是，泥质陶小口壶、鼓腹罐，夹砂陶直腹罐、小罐等器类，以及泥质陶中的瓦楞纹、磨光黑皮和锯齿花边装饰，主要见于以营盘山、姜维城遗址为代表的川西北特别是岷江上游地区，并被龙山时期成都平原的宝墩文化所继承。综合各组文化因素所占比重来考察，难言哈休遗址史前遗存是以本土文化因素占主导的土著文化，而当归属包含一定仰韶晚期遗存和本土文化因素的马家窑类型文化。

哈休遗址在发掘的过程中对出土的动物骨骼做了很细致的收集，虽然发掘面积较小，但共收集到动物骨骼 2769 件（含采集的），其中哺乳纲 2755 件，鸟纲 14 件。由于在埋藏过程中各种因素的影响，骨骼很破碎，有 68 件标本有烧痕。哺乳动物中可鉴定标本仅 407 件，代表最小个体数 58，属种包括藏酋猴（Macaca thibetana）、狗（Canis familiaris）、黑熊（Selenarctos thibetanus）、猪獾（Arctonyx collaris）、豹猫（Prionailurus bengalensis）、野猪（Sus scrofa）、小麂（Muntiacus reevesi）、水鹿（Cervus unicolor）、斑鹿（Cervus nippon）、狍属（? Capreiolus sp.）、黄牛（Bos taurus）、斑羚（Naemorhedus caudatus）、豪猪（Hystrix sp.）等[25]。哈休遗址出土的动物骨骼主要出自灰坑，这些骨骼应该为先民肉食消耗所剩的。从可鉴定标本数（NISP）来看，鹿科动物无疑是居主导的，鹿科四种动物骨骼即占可鉴定标本数的 90.42%，目前能确定为家畜的只有狗一种，仅占 1.72%；再从最小个体数（MNI）来看，鹿科四种动物一样是最多的，占 78.22%，狗占 1.72%[26]。从狩猎获得的野生动物属种构成来看，鹿科四种动物占绝大多数，体现出鹿科动物是先民狩猎的优先选择。这一方面说明遗址周围鹿科动物分布密集，资源丰富；另一方面也可能因为鹿性情温顺，虽然警觉但防御性差，先民狩猎捕杀的危险性小。在哈休遗址出土的动物中，只有狗是家养的，其他都应该是先民狩猎获得的，在日常的经济生活中，狩猎无疑是获取肉食的主要方式。遗址除发现大量的陶器外，还有骨器，包含少量细石器和骨梗刀，这些是常用的与狩猎有关的工具。虽然家养动物的种类仅有狗，但从我们收集的骨骼状况来看，哈休遗址的骨骼分布很密集，破碎程度也高，骨骼上保留有不少的砍切痕迹，而且还发现了很多的骨坯和制作骨器剩余的废料，这些都是定居聚落内动物骨骼遗存的特征。另外，对哈休遗址灰坑填土进行了浮选，收集的植物标本经过初步鉴定，可以确认是粟等作物[27]，说明哈休先民也栽培旱作谷物。

哈休遗址先民的这种生业方式与其所处区域的地质、地貌环境关系十分密切。从地理位置看，哈休遗址位于青藏高原东麓大渡河正源（大渡河为岷江水系的最大支流）脚木足河一级支流茶堡河北岸三级台地上，该区域地处邛崃山脉的北端，也是北东走向的龙门山、北西走向的鲜水河断裂带及松潘地块交汇地区，属高原峡谷区，山岭连绵，沟谷陡峻，具有典型的高山峡谷和高原高山地貌特征。由于这种地貌特征，区内为典型的高原大陆季风气候，干湿季明显，四季不大分明，气候垂直分异显著，植被垂直变化也十分明显，从河谷到山顶分别为干旱河谷灌丛、山地阔叶林、亚高山针叶林和高山灌丛草甸与流石滩植被。因此，我们认为哈休先民在栽培旱作谷物的同时，不仅以狩猎作为获取肉食资源的主要手段，同时遗址周围植被浓郁，采集也应该是经济生活中不可或缺的补充形式，这种生业方式是先民对本土环境高度适应，并开拓食物资源的生存策略。同时，在哈休先民的经济结构中，狩猎经济所占的比例很高，经济结构单一性也突出。这一方面意味着有众多的野生动物资源而且相对稳定，足以提供丰富的食物资源；另一方面，先民通过狩猎采集活动，对其赖以生存的动植物群施加影响，同时又受动物繁衍和迁移、植物的季节性生长等限制，且狩猎采集技术进步一般比较缓慢，人口增长严重受食物资源制约。哈休先民这一生业方式也说明遗址地处川西北高山峡谷之地，人口密度相对较小，食物资源压力也相对要小，人口压力和食物资源这一矛盾体没有造成人地关系的紧张，平时狩猎就可以满足日常肉食需要。

2. 金川刘家寨遗址

刘家寨遗址位于四川省阿坝藏族羌族自治州金川县二嘎里乡二嘎里村刘家寨，地处绰斯甲河北岸的一级台地之上，高出河床 50～60 米，遗址中心地理坐标为东经 101°32′、北纬 31°47′05″，海拔 2642 米。遗址分布在东西长 250、南北宽 150 米，面积 37500 平方米的台地上[28]。调查报告认为其与哈休遗址属于同一考古学文化无疑是正确的。2011 年、2012 年，四川省文物考古研究院联合阿坝藏族羌族自治州文物管理所、金川县文物管理所分两次对该遗址进行了考古发掘，发掘了共计 3500 平方米的面积，取得了丰富的成果[29]。

两次发掘共清理新石器时代各类遗迹 350 处，其中灰坑 298 座、灰沟 1 条、房址 16 座、窑址 26 座、灶 7 座、墓葬 2 座。早期层位只见方形木骨泥墙房址和圆形柱洞式房址，基槽宽 15～20 厘米，柱洞径小，建筑面积仅有数平方米。晚期层位出现方形石墙建筑，这类房屋基槽较深，墙体一般厚达 0.5 米，多开间，甚者有二进深，建筑面积数十平方米。部分房址内堆积含大量草木灰。遗址南部区域堆积较厚，保存有 4 处活动面。其中可辨识的 3 处为建筑遗迹内活动面。遗址内清理的 2 座墓葬均位于房址附近，依墓主骨骼特征初步判断为 10 岁多的儿童，均不见随葬品。M1 为竖穴土坑墓，仰身直肢葬。M2 埋葬于圆形灰坑底部一侧，俯身直肢葬[30]。这是川西地区首次发现马家窑类型时期的墓葬，同时继营盘山遗址后再次出现人祭坑（灰坑葬）。虽然发掘报告还没有公布，但从现有公布的资料对刘家寨遗址的聚落布局可管窥一二。聚落以房址为中心，房屋室内的活动面经过整饬加工，墓葬位于房址附近，陶窑、灶的分布在特定的区域，这一聚落格局与茂县营盘山遗址基本一致。

遗址出土动物骨骼经过初步辨识，有猪、羊、鹿、麂、獐、猴、豪猪、龟、鱼、禽类等，尤以羊、鹿、獐为大宗，与哈休遗址出土的动物属种接近，但不见家畜狗。遗址也浮选出了一些植物种子，尚未公布报告。结合遗址地貌来考察，刘家寨遗址的生业方式当与哈休遗址差距不大。

另外，马尔康县境内的孔龙、白赊、蒲志、迭哥寨、丹不落、南木足、英戈落、石广东、加达、热足等新石器时代遗址或地点多分布在河流的一、二级阶地上，海拔 2300～2600 米，高出河面 15～50 米，面积一般较小，不超过 2000 平方米[31]。通过再次调查，基本可以判定孔龙、白赊与哈休遗址基本同时[32]，但要对遗址的文化属性、年代、聚落布局有更清晰的认识还需要对遗址发掘予以确认。叶浓秋景遗址位于金川县集沐乡业浓（隆）村二组，小地名为秋景，位于绰斯甲河西岸二级台地上，海拔2320~2330米，高出河床7~8米，呈坡状，东高西低，东西长50、南北宽150米。在地表采集到少量陶片，陶质陶色为泥质褐陶、夹砂褐陶、泥质灰陶、红衣黑彩陶；纹饰有附加堆纹，泥条捏塑器耳；可辨器形有钵[33]。从调查报告的描述来看，其时代和文化属性与刘家寨遗址相近。

三、大渡河上游地区

1. 丹巴罕额依遗址

罕额依遗址位于四川省丹巴县东北约3千米的中路乡罕额依村，地处大渡河上游支流小金河左岸的半山上，高出河面约600米，海拔2400米。遗址面积约2万平方米。发掘者将遗址分为三期，其中第一、二期文化为史前时期遗存[34]。第一期，陶器均系手制，以夹砂陶为主，泥质陶较少；纹饰以细绳纹为大宗，其次为附加堆纹，另有少量戳印纹、刻划纹，有少量细泥红陶线条纹黑彩陶片，素面陶片占总数的三分之一，个别器物上有钻孔；器类以瓶、罐、钵为大宗，有少量缸，均为平底器。石器数量较少，有打制石器和磨制石器两大类。我们认为第一期与马尔康哈休遗址晚段接近，同属于马家窑类型偏晚阶段，年代为距今5000年前后。第二期，陶器均系手制，陶质以泥质陶略居多，夹砂陶次之；磨光陶片占相当大的比例，素面陶片占绝大多数，纹饰有细绳纹、附加堆纹、戳印纹、刻划纹等；器类以各种罐类为大宗，另有瓶、钵、杯等，平底器占绝大多数，只有极个别的杯类有浅圈足。带耳器较第一期有明显增多，不见鸡冠状横錾耳。石器技术和形制较第一期变化不大，可能为当地土著文化，第二期的年代在距今4800~4000年左右[35]。

由于缺少古动植物标本，对生业方式的探讨主要只能以出土的陶器、石器和骨器等文化遗物来推断。从罕额依遗址第一期出土的遗物来看，陶器为大宗，以夹砂陶居多，有些器物底部还可见烟炱痕迹；打制石器数量较少，另有少量细石器，磨制石器可见少量斧、锛和凿等砍伐农具，少量用于农业收割或采集活动的穿孔刀；骨器主要为骨锥和装饰品。从出土的器物来看，用于农业、狩猎和采集的工具均有，但由于采集的动物骨骼没有公布，也没有经过浮选获取植物标本，经济结构中农业、狩猎、采集或家畜所占的比例并不清楚。罕额依遗址第二期出土的器物继承了第一期的一些特点，但也有新的文化因素。陶器方面泥质陶较夹砂陶略多，器身穿孔的现象增多，出现了纺轮等新器形；石器方面，以磨制石器为主，打制石器少，石器种类中除有第一期的斧、锛、凿和刮削器外，新出现了网坠、杵、璧等，不见第一期的盘状砍砸器、砸击器等重型工具；骨角器中新增加了矛和纺轮。从出土石杵等加工农具来看，农业可能比前期稍发达。最重要的是开始出现网坠，说明先民们开始拓广了食物资源，这也可能与文化的发展有关，随着文化的发展、人口密度的增加，从而导致食物的缺乏，人们必将寻找新的食物资源。导致这一倾向的出现也可能因为气候环境恶化，从而导致野生动物的迁徙或繁衍规律的改变，使得狩猎与采集的空间缩小和对象减少。在这种情况下，先民们也只有通过发展农业、驯养动物或拓广渔猎和采集对象来获取食物。罕额依第二期出土了用牛角和牛骨制作的矛和纺轮，结合大渡河上游的地理环境和文化的发展程度来看，这一时期，农业可能有所发展，家畜种类增多，驯养家畜和渔猎技术都较前期有所发展，但要获取更多的生业形态方面的信息还有赖于发掘工作的继续开展和对动植物标本收集的更加重视。

2. 丹巴蒲角顶遗址

蒲角顶遗址采集大量陶片和磨制石斧、弯月形石刀，陶片包括夹砂褐陶、泥质灰陶、泥质黑陶、泥质红陶等，纹饰包括绳纹、附加堆纹、划纹等，器形包括罐、瓶等，还有带耳器。其时代延续较长，从新石器时代至战国秦汉时代，相当于罕额依遗址的第一至三期（战国秦汉时代）遗存。四呷坝遗址采集的细绳纹灰褐陶片、夹细砂长颈瓶形器、陶宽状桥形耳等与罕额依遗址第二期遗存的陶片基本一致，年代也应相似[36]。

从目前的发现来看，大渡河河源区、上游的遗址多位于河岸一、二级阶地之上，主要是各支流两岸。干流两岸由于地势落差大，遗址相对少且小。不管是干流还是支流两岸，这些遗址距离河床的高度在 80 米以内，哈休、孔龙、白赊、叶浓秋景等遗址即是。也有少量例外，如罕额依、蒲角顶遗址，距河床 600 米，这可能与大渡河上游地形复杂，相同地理单元内环境差异较大有关[37]。但我们认为罕额依、蒲角顶这种远远高于河床的遗址，可能还是如同岷江上游的箭山寨、沙乌都遗址一样，属于季节性或临时营地。

四、大渡河中游地区

地处大渡河中游的汉源县早在 20 世纪 60 年代就发现了旧石器时代晚期的富林遗址，1972 年在发掘富林旧石器遗址结束后的调查中发现了狮子山遗址，当时就明确判定了其为新石器时代遗址[38]。1988 年，中国社会科学院考古研究所四川工作队又对大树乡狮子山、麻家山两处遗址进行了考古调查[39]。1990 年 5、6 月四川大学历史系考古专业对狮子山遗址进行发掘[40]。2002～2008 年，为配合瀑布沟水电站、雅（雅安）西（西昌）高速公路等多项大型基本建设工程，四川省文物考古研究院等单位在汉源谷地进行了大规模的考古调查和发掘，先后发掘了姜家屋基[41]、麦坪[42]、大地头[43]、金钟山、背后山、摆渔村[44]、龙王庙遗址[45]以及石棉三星[46]等为数众多的新石器时代遗址。出土的陶器盛行附加堆纹、附加堆纹上压印绳纹或指纹的复合纹，器形以高领罐、大口花边罐、盆、钵、碗、纺轮等为主，磨制石器有斧、锛、凿、穿孔刀、环等以及数量不少的细石器。这些发掘对于全面揭示以汉源谷地为中心的大渡河中游新石器时代考古学文化面貌和建立该区域的史前考古学文化序列及编年提供了全新和翔实的资料[47]。

1. 汉源狮子山遗址

狮子山遗址位于汉源县大树堡村南不远处，1972 年由考古工作者在发掘富林旧石器遗址结束后的调查中发现，当时就明确判定了其为新石器时代遗址[48]。1988 年，中国社会科学院考古研究所四川工作队又对大树乡狮子山、麻家山两处遗址进行了考古调查，采集有石器、陶器等遗物[49]。1990 年 5、6 月四川大学历史系考古专业对狮子山遗址进行发掘，面积 321 平方米，发现遗迹包括灰坑 16 个、残房址 9 座及石片砌成的瓢形建筑 1 处，出土遗物有磨制石器、细石器、陶器、骨器等[50]。

2. 汉源麦坪遗址

麦坪遗址位于大树镇麦坪村五组，背靠朱家山和牛家山，东与金钟山（山上建有寺庙）相望，地理坐标约为东经 102°38′、北纬 29°18′，海拔 830～860 米，地处大渡河南岸的二级阶地及其以上的缓坡地带，高出现在河面约 70 米以上。遗址东西长约 200、南北宽约 150 米，面积约 30000 平方米[51]。后来确认遗址分布达二、三级台地及缓坡上，面积达 10 万平方米[52]。文化堆积年度跨度较大，主要包括新石器和商周两个时期的遗存，还有西汉时期的竖穴土坑墓。2006 年开始，四川省文物考古研究院等单位连续对该遗址进行了多次发掘，取得了重大收获[53]。

麦坪发现的遗迹主要有房址、灰坑、墓葬、窑址等。出土器物主要有陶器和石制品两类。陶器以手制为主，少部分有慢轮修整痕迹。陶器以夹砂红褐陶为主，夹砂黄褐陶、夹砂灰黑陶、泥质灰陶次之；纹饰比较丰富，有交错绳纹、附加堆纹、刻划纹、戳印纹以及相互组合的复合纹饰；器形主要有侈口罐、高领罐、盘、纺轮等。石器分打制石器和磨制石器两类，原料多为砾石和燧石，多为磨制。新石器时代遗存主要分为两期，第一期的主体年代在距今 4700～4500 年[54]；第二期主要为石棺葬遗存，少量墓葬有简单的随葬品，从 2010 年发掘的 M2 随葬的陶尊、鸭形壶来看，当与甘青地区马家窑文化的马厂类型相近，M4 随葬的陶壶与成都平原宝墩文化偏晚的陶壶相近[55]，推测这批石棺葬的年代在距今 4200～4000 年左右。若以现有分期和年代学成果，一、二期之间尚有缺环，或许随着麦坪遗址的全面整理，以及周围如狮子山、麻家山、姜家屋基、大地头等的考古发现能补全之间的缺环。但笔者推测有可能第一期延续的时间更晚些，当然需要做更多分期以及年代学的工作。

麦坪遗址面积达 10 万平方米，经过多次发掘，为研究聚落的空间布局奠定了良好的基础。2006 年第一次发掘发现房址 1 座、灰坑 13 个、窑炉 1 座。房址呈长方形，双开间，为木骨泥墙结构。2006年第二次发掘，发现房址3座、墓葬1座和少量灰坑。3座房子布局清晰，房址近长方形，单开间，方向为北偏西45°或北偏东45°，屋内有火塘。房子周围其他遗迹少，仅有2个灰坑。墓葬方向正北向，人骨腐朽无存，无葬具，头部发现2件夹砂陶罐，可能为随葬品。2007年发现房址30多座，有干栏式和基槽式木骨泥墙两种。干栏式建筑有圆形、方形、长方形三种，面积5～10平方米。基槽式木骨泥墙房址为方形或长方形，分单间、双开间和多室三种，面积10～20平方米。房址室内多发现有圆形或近圆形的灶坑，其位置常见于室内的西北部或南部。这类房址一般都发现有门道，宽0.8～1.2米，多向北面开门，也有开在南面和东面的。其中，F4、F6、F9等多座房址的门向一致，都是朝北面开门，北部墙基大致处在同一直线上，有明显的组群关系。F8门道开在东面北部，室内没有发现用火遗迹，但在其紧邻的北部发现一座由柱洞围成的建筑遗迹，室内堆积较多炭灰并发现两个红烧土堆积的灶坑。从所处位置及相关遗迹现象分析，该建筑遗迹应为F8的附属建筑，这也是此次发掘的唯一一座有明显附属建筑的房址。发现墓葬8座，其中5座为长方形土坑墓，在墓主头部、腹部常随葬有陶罐、钵、碗等。石棺葬有3座，墓圹四周用修整光滑的石板围砌，上部以不规则的石板或砾石封盖，长约1.8、宽约0.5、深约0.5米。墓葬都已遭扰乱破坏，填土中发现残陶片、人骨、炭粒等，这是四川地区目前发现时代最早的石棺葬。2008年发现的房址均为木骨泥墙的地面建筑，可分为窝棚式和基槽式两大类。基槽式建筑室内可见经过火烤的生活面，基槽内填土一般包含有红烧土颗粒和碎陶片。房间的格局较为简单，未见其他附属设施。墓葬均为石棺葬，墓圹呈西北—东南方向，多有少量随葬品，主要置于墓圹两端。2010年发现灰坑9个、灰沟2条和石棺葬3座，随葬品有陶尊、鸭形壶、小口壶等。

麦坪遗址出土有水稻植硅体，经鉴定的典型水稻植硅体形态有：水稻扇型、水稻哑铃型、水稻哑铃型集合体、水稻双峰突起型。通过测量水稻双峰突起型形态参数，并代入判别函数计算，判别麦坪遗址距今4700～4500年的水稻主要为栽培稻[56]。这一发现对探讨大渡河中游史前业方式有重大作用，但若能得到浮选出土大植物遗存的支持则证据链更加完善。另外，若是麦坪遗址上限年代无误的话，其栽培水稻还略早于成都平原桂圆桥、宝墩遗址出土水稻的年代。作为对先民生业方式的探讨，栽培植物、狩猎、采集、家畜饲养的比例更值得关注。

3. 姜家屋基遗址

姜家屋基遗址位于大树镇海螺村一组，背靠龙塘山，北临大（树）一小（堡）公路，地理位置约为东经102°37′、北纬29°19′，海拔860～900米，地处大渡河南岸的二级阶地之上的坡地，高出现在河面100米以上。遗址东西长约200、南北宽约50米，面积约10000平方米。姜家屋基遗址是大树镇新石器时代至商周时期大型遗址群中位置最高、地表起伏最大的遗址之一，位居大渡河流域面积最大的冲积扇形平原的入口处[57]。

遗址的文化堆积较为单纯，以新石器时代遗存为主，遗迹有灰坑、残房址等。出土遗物包括石器、陶器、骨器等，其中石器有打制石器、磨制石器、细石器等；陶器则以夹粗砂红褐陶为主，还有少量泥质黑陶，纹饰有绳纹及交错绳纹组成的网格纹、线纹、附加堆纹、戳印纹、绳纹花边口沿装饰等，器形包括花边口沿侈口罐、溜肩鼓腹罐、缸、钵、盆、双唇口瓶等；骨器有锥、簪等。遗址出土的双唇口瓶、花边口沿罐等器类与哈休、营盘山、姜维城、狮子山遗址出土的同类陶器相似，其年代应早至马家窑类型或仰韶文化晚期。

4. 大地头遗址

大地头遗址位于四川省雅安市汉源县城西南 3 千米，在大渡河南岸、花果山北麓的坡地上。1991 年首次发现该遗址；2004 年 4～6 月，四川省文物考古研究所、雅安市文物管理所、汉源县文物管理所组成联合考古队，对该遗址进行了考古发掘。发掘面积 642 平方米，发现房屋基址、灰坑、窑址等新石器时代晚期遗迹[58]。遗址发现了新石器时代晚期的石构排房基址，在四川尚属早期，以前仅在成都平原的新津宝墩遗址、都江堰芒城遗址发现过木骨泥墙结构的排房。从出土的陶器和石器面貌来看，当归属麦坪文化。

5. 三星遗址

三星遗址位于四川省石棉县丰乐乡三星村一组，地处大渡河北岸的二级台地，三面环山（南部为马颈子山，西部为唐家山，北部为杠子山），一面靠水，大冲河从遗址的北部流过，海拔约 846 米。2006 年发掘面积 400 平方米，发现新石器时代房址 1 座、灰坑 3 个。房址为木骨泥墙结构，剖面呈长方形[59]。遗址出土陶器与麦坪、狮子山遗址偏晚阶段的器物接近，年代与麦坪文化一期相当。

6. 麻家山遗址

麻家山遗址位于大树镇富华村，北距汉源县城约 5 千米，西临大树镇政府驻地，西南与狮子山遗址遥遥相望。遗址实际处于麻家山山脚与山腰之间的平缓地段，地理坐标约为东经 102°40′、北纬 29°18′，海拔 840～880 米，地处大渡河南岸的二级阶地之上的缓坡地带，高出现在河面 80 米以上。遗址东西宽约 100、南北长约 200 米，面积近 20000 平方米[60]。麻家山遗址的文化堆积以商周时期的遗存为主，年代与雅安沙溪遗址商周文化遗存相近，另有战国及西汉土坑竖穴墓。

7. 龙王庙遗址

龙王庙遗址位于四川省汉源县大树镇大窑村一组，地处大渡河南岸彭家山北麓。遗址海拔 530～860 米，东西长约 200、南北宽约 100 米，面积 20000 平方米，处于高出河

面约 80 米的阶地及缓坡地带。2009 年发掘面积 500 平方米，发现新石器时代的遗迹有
灰坑 27 个、房屋基址 30 座[61]。房址多为木骨泥墙结构，四周墙基有沟槽；2 座只见柱
洞，不见基槽。平面形状绝大部分为长方形，有单间、双间两种，房址之间叠压、打破
关系复杂，与新津宝墩遗址近年发现的建筑基址非常接近。

　　汉源县县城富林镇和大树镇驻地地处大渡河与其支流——流沙河的交汇处，是大渡
河流域范围内面积最大的一块冲积扇形平原，属河谷堆积地貌区，地势较流域其他地带
更为开阔平坦，是人类宜居的栖息之地。自旧石器时代晚期以来便有人类活动，如富林
遗址。新石器时代晚期以来人类活动更加频繁，遗址分布密集，由狮子山、麦坪村、姜
家屋基、龙王庙、大窑村、麻家山等系列遗址组成的遗址群，相邻遗址之间的距离为
500～3000 米。遗址群位于大渡河南岸的二级阶地或高于阶地的缓坡地带之上，海拔不
到 1000 米，远远低于大渡河河源区和上游地区，遗址高出河面 70～150 米，面积从数千
平方米至数万平方米。其中在新石器时代晚期形成了以麦坪遗址为中心的聚落群，而商
周时期则以麻家山遗址为中心。

　　依据目前的发掘材料，可将大渡河中游的先秦文化分为四个阶段。第一阶段以狮
子山遗址中含彩陶的文化遗存和姜家屋基（出土有退化重唇口瓶的 H3 等遗存），文化
属性与河源区的哈休、上游的罕额依遗址史前文化遗存相同，属马家窑文化马家窑类
型，年代距今 5000 年前后，主体年代推测为距今 5100～4800 年。这一阶段的遗址数
量少、面积小，人群当是从大渡河河源区、上游自北向南迁徙而来，由于发掘面积小，
聚落结构并不清楚。第二阶段以麦坪遗址第一期史前文化为代表，为本地的土著文化，
与成都平原的宝墩文化以及川南地区的叫化岩、石柱地的文化面貌有相似之处，或多
有文化交流，目前的测年主要集中在距今 4700～4500 年。这一时期的遗址以麦坪发掘
面积最大，发现的遗迹也很丰富，有房址、墓葬、灰坑、窑址等。聚落格局整体上以
房址为中心，墓葬多分布于房屋周围，没有单独的墓地，有少量随葬品；灰坑比较杂
乱，不大有规律，近挨房址周围灰坑较少，有些坑底有排列整齐的石块，或与烹煮食
物有关。总之，这一阶段的聚落布局相对简单，与宝墩文化早期聚落格局相似。第三
阶段以麦坪遗址发现的石棺葬为代表，由于墓葬的随葬品有典型的马家窑文化马厂类
型的器物，其文化属性和年代认识都相对一致，年代在距今 4200～4000 年。第四阶段
以麻家山、麦坪的商周遗存为代表，与雅安沙溪遗址的商周文化面貌接近，当属十二
桥文化的沙溪类型。从公布的报告、分期和测年结果来看，笔者认为第二阶段延续的
时间或要晚些，因为其文化面貌、聚落格局与宝墩文化一、二期接近，毕竟现在仅公
布了 2006 年采集的 3 个木炭的 ^{14}C 数据，也只能作为上限的参考。第三阶段是典型的
外来的马厂类型，出现了单独的墓地，墓葬之间无打破关系，排列也比较有规律，墓
圹基本为西北—东南走向，可能为家族墓地，年代比较确切，遗憾的是现在没有发现
与其同时的居址。第四阶段与第三阶段之间存在明显的缺环，需要做更多的工作。但
总的来说，这些聚落集中在河谷冲积扇平原，虽又分属于不同的时段，但集中在距今

5000～3000 年，表明这个区域一直有人群定居，除非遇有大的突发事件或灾变，聚落群的发展演化应当是连续不间断的。

五、结　语

大渡河中游与河源区、上游区在聚落分布的时空特征方面有重大的差别。大渡河河源区发现的史前文化遗存集中在第一阶段（距今 5300～4800 年，上限或可至距今 5500 年），后续聚落遗址十分罕见；大渡河上游除了第一阶段的遗址外，有少量的第二阶段遗址（罕额依二期文化）；而大渡河中游第一阶段的史前遗存相对较少，第二特别是第三阶段的史前文化遗存十分丰富，形成了以麦坪遗址为中心的史前遗址群。造成这种差异主要是地理地貌决定的，河源区、上游地区海拔高，多在 2200 平方米以上，台地面积小，动植物垂直分布特征明显，容易受气候环境变迁的影响，特别是降温容易导致高海拔地区生业资源紧张，也影响人口的增长。而大渡河中游地区，海拔降至不足 1000 米，干支流两岸阶地发育比较好，也相对平缓，特别是在富林镇、大树镇交汇之处是大渡河流域范围内面积最大的一块冲积扇形平原，为人类栖息繁衍提供了良好的生境。因此，我们认为推动大渡河流域史前人群自北向南迁徙的原因是由于气候变化、人口增长造成生业资源紧张而刺激的。

注　释

［1］ 郑德坤：《四川古代文化史》，华西大学博物馆，1946 年，转引自段渝主编：《抗战时期的四川》，巴蜀书社，2005 年。

［2］ 四川省文物考古研究所、甘孜藏族自治州文化局：《丹巴县中路乡罕额依遗址发掘简报》，《四川考古报告集》，文物出版社，1998 年。

［3］ 四川联合大学历史系考古教研室编：《四川大学考古专业三十五年·大事记》（内部资料），1995 年。

［4］ 成都文物考古研究所、阿坝藏族羌族自治州文物管理所、马尔康县文化体育局：《四川马尔康县孔龙村遗址调查简报》，《成都考古发现》（2005），科学出版社，2007 年；四川省文物考古研究院、阿坝藏族羌族自治州文物管理所、成都文物考古研究所、马尔康县文化体育局：《四川马尔康县白赊村遗址调查简报》，《成都考古发现》（2005），科学出版社，2007 年；阿坝藏族羌族自治州文物管理所、四川省文物考古研究院、成都文物考古研究所、马尔康县文化体育局：《四川马尔康县哈休遗址2003、2005 年调查简报》，《成都考古发现》（2006），科学出版社，2008 年。

［5］ 四川省文物考古研究院、阿坝州文物管理所：《大渡河双江口水电站地下文物遗存调查》，《四川文物》2005 年第 6 期。

［6］ 阿坝藏族羌族自治州文物管理所、成都文物考古研究所、马尔康县文化体育局：《四川马尔康县哈休遗址 2006 年的试掘》，《南方民族考古》（第六辑），科学出版社，2010 年；陈剑、陈学志：《大渡河上游史前文化寻踪》，《中华文化论坛》2006 年第 3 期。

［ 7 ］　成都文物考古研究院、甘孜藏族自治州文化局、丹巴县文物管理所：《丹巴县蒲角顶遗址 2006 年调查简报》，《成都考古发现》（2015），科学出版社，2017 年。

［ 8 ］　成都文物考古研究所、阿坝藏族羌族自治州文物管理所：《四川马尔康县脚木足河流域 2013 年考古调查简报》，《成都考古发现》（2014），科学出版社，2016 年。

［ 9 ］　杨玲：《四川汉源县富林镇旧石器时代文化遗址》，《古脊椎动物与古人类》1961 年第 3 卷第 4 期；张森水：《富林文化》，《古脊椎动物与古人类》1977 年第 15 卷第 1 期。

［ 10 ］　刘磐石、魏达议：《四川省汉源县大树公社狮子山发现新石器时代遗址》，《文物》1974 年第 5 期；王瑞琼：《汉源县瀑布沟水库淹没区文物古迹调查简况》，《四川文物》1990 年第 3 期。

［ 11 ］　汉源县文化馆：《四川汉源大窑石棺葬清理简报》，《考古与文物》1983 年第 4 期。

［ 12 ］　中国社会科学院考古研究所四川工作队：《四川汉源县大树乡两处古遗址调查》，《考古》1991 年第 5 期。

［ 13 ］　马继贤：《汉源县狮子山新石器时代遗址》，《中国考古学年鉴·1991》，文物出版社，1992 年。

［ 14 ］　四川省文物管理委员会等：《四川石棉县永和乡战国土坑墓》，《考古》1996 年第 11 期。

［ 15 ］　大渡河中游考古队等：《四川汉源县 2001 年度的调查与试掘》，《成都考古新发现》（2001），科学出版社，2003 年。

［ 16 ］　四川省文物考古研究院：《四川瀑布沟水电站淹没区考古取得重大收获》，《中国文物报》2004 年 9 月 21 日第 5 版。

［ 17 ］　阿坝藏族羌族自治州文物管理所、四川省文物考古研究院、成都文物考古研究所、马尔康县文化体育局：《四川马尔康县哈休遗址 2003、2005 年调查简报》，《成都考古发现》（2006），科学出版社，2008 年；阿坝藏族羌族自治州文物管理所、成都文物考古研究所、马尔康县文化体育局：《四川马尔康县哈休遗址 2006 年的试掘》，《南方民族考古》（第六辑），科学出版社，2010 年。

［ 18 ］　成都文物考古研究所、阿坝藏族羌族自治州文物管理所、马尔康县文化体育局：《四川马尔康县孔龙村遗址调查简报》，《成都考古发现》（2005），科学出版社，2007 年。

［ 19 ］　四川省文物考古研究院、阿坝藏族羌族自治州文物管理所、成都文物考古研究所、马尔康县文化体育局：《四川马尔康县白赊村遗址调查简报》，《成都考古发现》（2005），科学出版社，2007 年。

［ 20 ］　四川省文物考古研究院、阿坝藏族羌族自治州文物管理所、金川县文化体育局、壤塘县文化体育局：《四川金川县刘家寨遗址调查简报》，《四川文物》2012 年第 5 期；刘家寨考古队：《四川金川刘家寨遗址　伸入川西北的马家窑聚落》，《中国文物报》2012 年 9 月 14 日第 5 版；四川省文物考古研究院、阿坝州文物管理所、金川县文物管理所：《四川金川刘家寨遗址》，中国文物信息网，2013 年 2 月 27 日。

［ 21 ］　陈剑、陈学志：《大渡河上游史前文化寻踪》，《中华文化论坛》2006 年第 3 期。

［ 22 ］　阿坝藏族羌族自治州文物管理所、四川省文物考古研究院、成都文物考古研究所、马尔康县文化体育局：《四川马尔康县哈休遗址 2003、2005 年调查简报》，《成都考古发现》（2006），科学出版社，2008 年。

［ 23 ］　阿坝藏族羌族自治州文物管理所、成都文物考古研究所、马尔康县文化体育局：《四川马尔康县哈休

遗址 2006 年的试掘》，《南方民族考古》（第六辑），科学出版社，2010 年。

［24］ 严文明、张万仓：《雁儿湾与西坡山瓜》，《考古学文化论集》（第三辑），文物出版社，1993 年。

［25］ 何锟宇、陈剑：《马尔康哈休遗址出土动物骨骼鉴定报告》，《成都考古发现》（2006），科学出版社，2008 年。

［26］ 何锟宇、陈剑：《马尔康哈休遗址出土动物骨骼鉴定报告》，《成都考古发现》（2006），科学出版社，2008 年。

［27］ 陈剑、陈学志：《大渡河上游史前文化寻踪》，《中华文化论坛》2006 年第 3 期。

［28］ 刘家寨考古队：《四川金川刘家寨遗址　伸入川西北的马家窑聚落》，《中国文物报》2012 年 9 月 14 日第 5 版；四川省文物考古研究院、阿坝藏族羌族自治州文物管理所、金川县文化体育局、壤塘县文化体育局：《四川金川县刘家寨遗址调查简报》，《四川文物》2012 年第 5 期。

［29］ 刘家寨考古队：《四川金川刘家寨遗址　伸入川西北的马家窑聚落》，《中国文物报》2012 年 9 月 14 日第 5 版；四川省文物考古研究院、阿坝州文物管理所、金川县文物管理所：《四川金川刘家寨遗址》，中国文物信息网，2013 年 2 月 27 日。

［30］ 刘家寨考古队：《四川金川刘家寨遗址　伸入川西北的马家窑聚落》，《中国文物报》2012 年 9 月 14 日第 5 版；四川省文物考古研究院、阿坝州文物管理所、金川县文物管理所：《四川金川刘家寨遗址》，中国文物信息网，2013 年 2 月 27 日。

［31］ 四川省文物考古研究院、阿坝州文物管理所：《大渡河双江口水电站地下文物遗存调查》，《四川文物》2005 年第 6 期。

［32］ 成都文物考古研究所、阿坝藏族羌族自治州文物管理所、马尔康县文化体育局：《四川马尔康县孔龙村遗址调查简报》，《成都考古发现》（2005），科学出版社，2007 年；四川省文物考古研究院、阿坝藏族羌族自治州文物管理所、成都文物考古研究所、马尔康县文化体育局：《四川马尔康县白赊村遗址调查简报》，《成都考古发现》（2005），科学出版社，2007 年。

［33］ 四川省文物考古研究院、阿坝州文物管理所：《大渡河双江口水电站地下文物遗存调查》，《四川文物》2005 年第 6 期。

［34］ 四川省文物考古研究所、甘孜藏族自治州文化局：《丹巴县中路乡罕额依遗址发掘简报》，《四川考古报告集》，文物出版社，1998 年。

［35］ 陈剑、何锟宇：《大渡河上游史前文化、环境与生业初析》，《四川文物》2007 年第 5 期。

［36］ 陈剑、陈学志：《大渡河上游史前文化寻踪》，《中华文化论坛》2006 年第 3 期。

［37］ 陈剑、何锟宇：《大渡河上游史前文化、环境与生业初析》，《四川文物》2007 年第 5 期。

［38］ 刘磐石、魏达议：《四川省汉源县大树公社狮子山发现新石器时代遗址》，《文物》1974 年第 5 期。

［39］ 中国社会科学院考古研究所四川工作队：《四川汉源县大树乡两处古遗址调查》，《考古》1991 年第 5 期。

［40］ 马继贤：《汉源县狮子山新石器时代遗址》，《中国考古学年鉴·1991》，文物出版社，1992 年。

［41］ 大渡河中游考古队等：《四川汉源县 2001 年度的调查与试掘》，《成都考古发现》（2001），科学出版社，2003 年。

[42]　中国社会科学院考古研究所、四川省文物考古研究院、成都市文物考古研究所：《四川汉源县麦坪村、麻家山遗址试掘简报》，《四川文物》2006 年第 2 期；四川省文物考古研究院、雅安市文物管理所、汉源县文物管理所：《四川汉源县麦坪新石器时代遗址 2007 年的发掘》，《考古》2008 年第 7 期；四川省文物考古研究院、雅安市文物管理所、汉源县文物管理所：《四川汉源麦坪遗址 2008 年发掘简报》，《考古》2001 年第 9 期；四川省文物考古研究院、雅安市文物管理所、汉源县文物管理所：《四川省汉源县麦坪遗址 2006 年发掘简报》，《四川文物》2011 年第 3 期；四川大学历史文化学院考古学系、四川省文物考古研究院、汉源县文物管理所：《四川汉源县麦坪遗址 B 区 2010 年发掘简报》，《四川文物》2013 年第 1 期。

[43]　四川省文物考古研究院、雅安市文物管理所、汉源县文物管理所：《四川汉源大地头新石器时代遗址》，《文物》2006 年第 2 期。

[44]　刘化石、辛中华：《大渡河中游新石器至商周时期考古发现大量遗迹遗存》，《中国文物报》2007 年 2 月 23 日第 5 版。

[45]　四川省文物考古研究院、雅安市文物管理所、汉源县文物管理所：《四川汉源龙王庙遗址 2009 年发掘简报》，《东方考古》（第 8 集），科学出版社，2011 年。

[46]　四川省文物考古研究院、雅安市文物管理所、汉源县文物管理所：《四川石棉三星遗址发掘简报》，《四川文物》2008 年第 6 期。

[47]　四川省文物考古研究院：《四川省文物考古研究院考古 60 年》，《四川文物》2014 年第 1 期。

[48]　刘磐石、魏达议：《四川省汉源县大树公社狮子山发现新石器时代遗址》，《文物》1974 年第 5 期。

[49]　中国社会科学院考古研究所四川工作队：《四川汉源县大树乡两处古遗址调查》，《考古》1991 年第 5 期。

[50]　马继贤：《汉源县狮子山新石器时代遗址》，《中国考古学年鉴·1991》，文物出版社，1992 年。

[51]　大渡河中游考古队等：《四川汉源县 2001 年度的调查与试掘》，《成都考古发现》（2001），科学出版社，2003 年；中国社会科学院考古研究所、四川省文物考古研究院、成都市文物考古研究所：《四川汉源县麦坪村、麻家山遗址试掘简报》，《四川文物》2006 年第 2 期。

[52]　四川省文物考古研究院、雅安市文物管理所、汉源县文物管理所：《四川汉源县麦坪新石器时代遗址 2007 年的发掘》，《考古》2008 年第 7 期。

[53]　中国社会科学院考古研究所、四川省文物考古研究院、成都市文物考古研究所：《四川汉源县麦坪村、麻家山遗址试掘简报》，《四川文物》2006 年第 2 期；四川省文物考古研究院、雅安市文物管理所、汉源县文物管理所：《四川汉源县麦坪新石器时代遗址 2007 年的发掘》，《考古》2008 年第 7 期；四川省文物考古研究院、雅安市文物管理所、汉源县文物管理所：《四川汉源麦坪遗址 2008 年发掘简报》，《考古》2001 年第 9 期；四川省文物考古研究院、雅安市文物管理所、汉源县文物管理所：《四川省汉源县麦坪遗址 2006 年发掘简报》，《四川文物》2011 年第 3 期；四川大学历史文化学院考古学系、四川省文物考古研究院、汉源县文物管理所：《四川汉源县麦坪遗址 B 区 2010 年发掘简报》，《四川文物》2013 年第 1 期。

[54]　四川省文物考古研究院、雅安市文物管理所、汉源县文物管理所：《四川省汉源县麦坪遗址 2006 年发

掘简报》,《四川文物》2011 年第 3 期;刘志岩:《麦坪遗址初步分析》,《"早期中国的文化交流与互动——以长江三峡库区为中心"学术研讨会论文集》,科学出版社,2012 年,第 332 页。

[55]　四川大学历史文化学院考古学系、四川省文物考古研究院、汉源县文物管理所:《四川汉源县麦坪遗址 B 区 2010 年发掘简报》,《四川文物》2013 年第 1 期。

[56]　黄翡、郭富、金普军:《麦坪遗址新石器时代晚期水稻植硅体的发现及其意义》,《四川文物》2011 年第 6 期。

[57]　大渡河中游考古队等:《四川汉源县 2001 年度的调查与试掘》,《成都考古发现》(2001),科学出版社,2003 年。

[58]　四川省文物考古研究院、雅安市文物管理所、汉源县文物管理所:《四川汉源大地头新石器时代遗址》,《文物》2006 年第 2 期。

[59]　四川省文物考古研究院、雅安市文物管理所、汉源县文物管理所:《四川汉源大地头新石器时代遗址》,《文物》2006 年第 2 期。

[60]　大渡河中游考古队等:《四川汉源县 2001 年度的调查与试掘》,《成都考古发现》(2001),科学出版社,2003 年。

[61]　四川省文物考古研究院、雅安市文物管理所、汉源县文物管理所:《四川汉源龙王庙遗址 2009 年发掘简报》,《东方考古》(第 8 集),科学出版社,2011 年。

（第六届中国环境考古大会论文，待刊）

大渡河上游的史前文化、环境与生业初析

陈　剑　何锟宇

（成都文物考古研究院）

　　大渡河发源于青海省班玛县巴颜喀拉山东端的果洛山，全长 1070 千米，流域面积 9.2 万平方千米，流至乐山注入岷江，为岷江的最大支流。脚木足河流至马尔康市与金川县交界的可尔因与绰斯甲河相汇后，称为大金川。大金川河谷宽阔，一路奔腾而去，与小金川河在甘孜藏族自治州丹巴县城汇合后，始称大渡河。大渡河在四川境内先后流经阿坝藏族羌族自治州的阿坝县、壤塘县、马尔康市、金川县、小金县，甘孜藏族自治州的丹巴县、康定县、泸定县，雅安市的石棉县、汉源县，凉山彝族自治州的甘洛县，乐山市的金口河区、峨边县、峨眉山市、沙湾区等地。地理特征上，大渡河在泸定县以上为上游，石棉县、汉源县、甘洛县、金口河区境内为中游，金口河区以下为下游。本文拟对大渡河上游地区史前考古学文化的分期与年代，遗址出土的动物骨骼遗存和浮选植物标本所反映的史前地理环境和生业，史前遗址分布与地理特征的关系等做简要分析，希望得到方家赐教。

一、大渡河上游史前文化的分期与年代

　　大渡河上游史前考古工作起步较早，在 20 世纪初至 30 年代，个别外国传教士、考察队先后在大渡河上游及其附近地区采集到打制石器，发现零星的史前遗址[1]。1987 年夏，四川省文物管理委员会办公室及甘孜藏族自治州文物普查队调查发现了丹巴县罕额依遗址。1989 年 10 月至 1990 年 12 月，进行了发掘，发掘面积 123 平方米[2]。1989 年，阿坝藏族羌族自治州文物管理所人员与四川大学考古专业教师选择学生实习地点时，对马尔康县孔龙遗址进行过调查[3]。2000 年，四川省文物考古研究所（现四川省文物考古研究院）、丹巴县文物管理所为配合《中国文物地图集·四川分册》的编写工作对丹巴县蒲角顶等遗址进行了调查。2005 年 6 月，四川省文物考古研究院、阿坝藏族羌族自治州文物管理所对双江口水电站库区进行地下文物调查，确认了多处史前遗址（图一）[4]。

　　为实施四川省文物局组织开展的区域性古文化遗址调查，阿坝藏族羌族自治州文物管理所、成都市文物考古研究所（现成都文物考古研究院）、马尔康县文化体育局联合组成大渡河上游考古队，先后于 2000 年 9 月、2003 年 5 月、2005 年 12 月对大渡河上游脚木足河

及其支流茶堡河两岸地区进行了全面调查，发现和确认了10余处新石器时代至秦汉时期的古文化遗址。2006年3月，又在调查基础上选择哈休遗址进行了考古试掘。揭露面积87平方米，发现灰坑、灰沟等遗迹10余处，出土了玉石器、陶器、骨角器、蚌器、兽骨等类遗物上千件[5]。2006年4月，成都文物考古研究所（现成都文物考古研究院）、甘孜藏族自治州文物局又在丹巴县梭坡乡调查确认了蒲角顶遗址，采集到丰富的陶片及磨制石斧、石刀等遗物。同时在莫洛村、左比村采集到少量磨制石器、夹砂陶片等史前遗物[6]。

哈休遗址2006年的试掘地点选择在遗址中心北部的台地边缘，其文化层堆积如下：第1层为农耕土；第2层可分为A、B两个亚层，为秦汉以后堆积；第3～5层为新石器时代堆积，第3层和第4层之下均发现了灰坑等遗迹。灰坑的开口平面形状包括圆形、

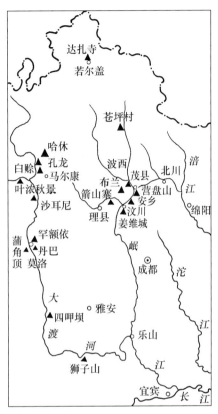

图一　大渡河上游及周边地区史前遗址分布示意图

椭圆形、不规则形等。多数为口小底大的袋状坑，个别坑口及坑底铺放石板。坑内填土多为灰黑色。H10近底部还发现较硬的烧结面。H2出土了涂抹朱砂的双孔石钺、泥质灰陶双唇式小口尖底瓶等遗物，人工埋藏痕迹较为明显，值得特别注意。出土石器包括打制石器、磨制石器、细石器等类。打制石器包括砍砸器、石片切割器、刮削器、石杵等；磨制石器包括穿孔刀、单孔凹背刀、锛刀形器、锛、环、镯、穿孔珠、砺石等，个别环镯表面有穿孔；细石器包括水晶石片、燧石石核、燧石雕刻器等。一些石器表面涂抹红色颜料。出土陶器包括泥质灰陶、泥质红陶、泥质褐陶、泥质黑皮陶、夹砂灰陶、夹砂褐陶等。纹饰包括线纹、粗细绳纹、泥条附加堆纹、戳印纹、凹弦纹、绳纹花边口沿等，还有少量彩陶器。彩陶均为黑彩，图案题材包括弧边三角纹、圆点纹、网格纹、水波纹、粗细线条纹、长条叶片纹、圆圈纹等，底色有红褐、灰褐色之分。器形以平底器为主，还有少量的尖底器，包括侈口罐、小口尖底瓶、卷沿盆、敛口盆、折腹钵、敛口钵、碗、杯、纺轮、环、丸、哨等。部分陶器壁上有穿孔。骨角器包括锥、笄、镞等，骨质细腻、坚硬，部分鹿角表面有切割痕。H7还出土了一件骨梗石刃的刀，通体磨光，有镶嵌细石叶的纵向缺槽，背后切割出四道装饰性的凹槽，制作非常精细。

哈休遗址新石器遗存初步可分两期，早期以灰坑H2、第5层等单位为代表；晚期以第3层、H1等为代表。早期陶器种类包括双唇口及平唇口式小口尖底瓶、细泥陶尖唇敛

口钵、夹砂灰陶绳纹侈口罐等，彩陶纹饰包括圆点纹、变体鸟纹等（图二）；晚期陶器新出现了喇叭口式小口瓶、宽沿彩陶盆等（图三）。

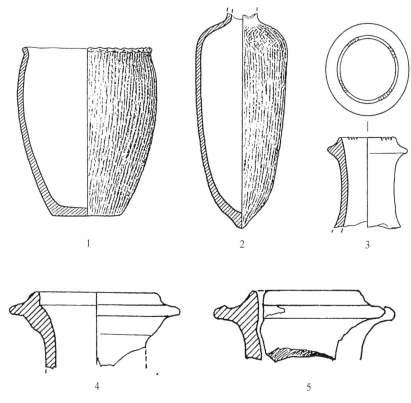

图二　第一期（第1段）陶器

1～3. 哈休遗址 2006H2 出土　4、5. 孔龙遗址采集

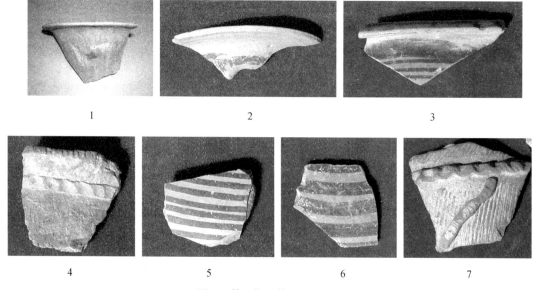

图三　第二期（第2段）遗物

1～3. 哈休遗址出土　4～7. 白赊遗址采集

　　罕额依遗址位于四川省丹巴县东北约 3 千米的中路乡罕额依村，地处大渡河上游支流小金河左岸的半山上，高出河面约 600 米，海拔 2400 米。遗址面积约 2 万平方米，遗址中及其外围有大量战国至汉代的石棺墓分布，几乎遍及整个中路乡，发掘者将遗址分为三期，其中第一、二期文化为史前时期遗存。第一期，陶器均系手制，火候较高，陶质以夹砂陶为主，泥质陶较少；纹饰以细绳纹为大宗，其次为附加堆纹，另有少量戳印纹、刻划纹，有少量细泥红陶线条纹黑彩陶片，素面陶片占总数的三分之一，个别器物上见有钻孔；器类以瓶、罐、钵为大宗，有少量缸，均为平底器，带耳器很少，有桥形耳与鸡冠状横錾耳两种。石器数量较少，有打制石器和磨制石器两大类，打制石器有盘状砍砸器、刮削器、砸击器等种类；细石器数量很少，种类有石核、刮削器、雕刻器等；磨制石器有不少为局部磨制而成的形态不一的石刀，通体磨光的有斧、锛、凿、穿孔石刀等。骨器有锥、穿孔骨饰等。第二期，陶器均系手制，火候很高，陶质以泥质陶略居多，夹砂陶次之；磨光陶片占有相当大的比例，素面陶片占绝大多数，纹饰有细绳纹、附加堆纹、戳印纹、刻划纹等；器类以各种罐类为大宗，另有瓶、钵、杯等，平底器占绝大多数，只有极个别的杯类有浅圈足。带耳器较第一期有明显增多，不见鸡冠状横錾耳。石器方面，有打制和磨制两种，种类和数量则均比第一期有较多的增加，其制作也更精良，细石器数量仍较少；主要器类有斧、锛、凿、刀、杵、璧、网坠、刮削器、砍斫器等，另见有部分圆形石饼。骨器种类有锥、矛、纺轮等。

　　罕额依遗址第一期文化遗存的陶器可以划分为 2 组：A 组包括细泥陶黑色线条纹彩陶片、夹砂灰褐陶敞口素面小罐等（图四）。文化面貌与哈休遗址晚期遗存相似，如出土的细泥陶黑彩线条纹彩陶片均属马家窑类型的文化遗物。

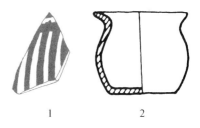

图四　第三期（第3段）A组陶器
（罕额依遗址出土）

　　B 组包括数量较多的夹砂红褐陶喇叭口敞口瓶、泥质红褐陶带錾钵等（图五）。

　　根据与岷江上游史前遗址、大渡河上游其他史前遗址出土陶器面貌的比较，不难发现 A 组陶器的年代应早于 B 组陶器。

　　鉴于罕额依遗址所布的 4 个探方中仅有 T1 发掘至底，另 3 个探方因发现完整的石砌建筑而做了保护性回填，且发掘者所分的第一期遗存中有个别年代偏早的因素（即 A 组陶器），因此，不排除遗址范围内还存在年代更早的原生地层堆积的可能性。

　　已有 ^{14}C 年代测试数据表明罕额依遗址的年代上限为距今 5000 年左右，应与哈休遗址晚期遗存的年代下限相当；但二者的陶器形制、种类上存在一定的差异，罕额依遗址第一期文化遗存应较哈休遗址晚期略晚。

　　罕额依遗址第二期文化遗存也可以细分为 2 组：A 组以 T1 第 9 层、第 8 层出土的泥质灰陶带錾罐、夹细砂红褐陶腹部饰交接泥条附加堆纹的鼓腹罐等为代表，而第 6 层出土的夹砂红褐陶颈部饰剔刺纹的深腹罐也应划入此组（图六）。

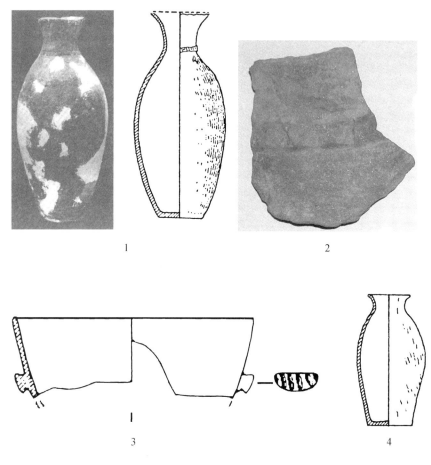

　　　　　1　　　　　　　　　　　　　　　　　2

图五　第三期（第3段）B组陶器

1、3、4. 罕额依遗址出土　2. 蒲角顶遗址采集

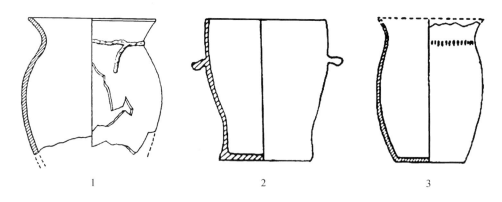

　　1　　　　　　　　　2　　　　　　　　　3

图六　第四期前段（第4段）陶器

（罕额依遗址出土）

　　B组以 T1 第 6 层出土的陶器为代表，器表纹饰有细绳纹、附加锥纹、戳印纹、刻划纹等，发掘简报称较晚的地层单位（应以第 6 层为代表）中有极少量的粗绳纹，器身钻孔的陶片较第一期略有增多，特别是在较晚的地层单位中这种现象更为明显。器类以各

种罐为大宗，另有瓶、钵、杯等，平底器占绝对多数，只有极个别的杯有矮圈足，带耳器较第一期有明显增多（图七）。

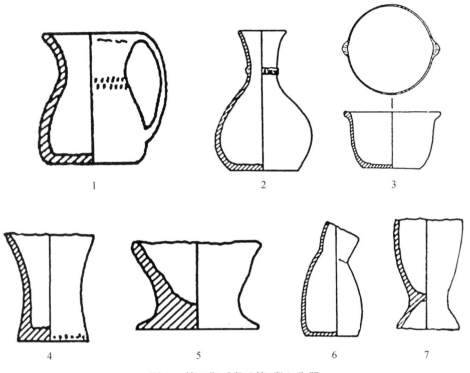

图七　第四期后段（第5段）陶器
（罕额依遗址出土）

从地层叠压关系和出土陶器面貌分析来看，A组陶器的年代应早于B组陶器。

孔龙遗址采集遗物包括泥质灰陶双唇式口（退化重唇口）瓶、平唇口瓶、尖唇钵、盆，泥质褐陶短颈罐，泥质红陶碗，夹砂褐陶绳纹鼓腹罐、侈口罐，少量黄褐底色线条纹彩陶片，盘状打制石砍砸器、砺石、磨光穿孔石刀等。其总体文化面貌与哈休遗址早期遗存相似，年代也当相近。

白赊遗址采集遗物包括粗细平行线条纹、弧线纹、网格纹彩陶片（底色分为红褐色、黄褐色、灰褐色三种，陶质均为泥质陶），泥质灰陶卷沿纹唇大口罐，泥质灰陶绳纹敛口钵，泥质磨光灰陶盆、钵，泥质灰陶折沿平唇口瓶，饰绳纹、横向及斜向泥条附加堆纹的泥质灰陶片，泥质红陶碗，夹砂褐陶侈口绳纹罐，以及穿孔近背部的磨制石刀等，与哈休遗址晚期遗存的文化面貌、年代基本相同[7]。

叶浓秋景遗址采集陶片的陶质、陶色包括泥质褐陶、夹砂褐陶、泥质灰陶、红衣黑彩绘线条纹彩陶等，纹饰有附加堆纹、泥条捏塑器耳等，器形有敛口钵等，与哈休遗址晚期遗存的文化面貌、年代也基本相同。

蒲角顶遗址采集大量陶片和磨制石斧、弯月形石刀，陶片包括夹砂褐陶、泥质灰陶、泥质黑陶、泥质红陶等，纹饰包括绳纹、附加堆纹、划纹等，器形包括罐、瓶等，还有带耳器。其时代延续较长，从新石器时代至战国秦汉时代，相当于罕额依遗址的第一至三期（战国秦汉时代）遗存。四呷坝遗址采集的细绳纹灰褐陶片、夹细砂长颈瓶形器、陶宽状桥形耳等与罕额依遗址第二期遗存的陶片基本一致，年代也应相似[8]。

在对各遗址文化面貌总结的基础上，通过与甘青地区史前文化因素的对比分析，以及参考 ^{14}C 测年的数据，我们将大渡河上游的史前文化初步划分为四期 5 段。

第一期（第 1 段）以哈休遗址早期遗存为代表，孔龙遗址的大部分遗存属于这一段。陶器中的双唇口及平唇口式小口尖底瓶、敛口尖唇内凸棱的细泥陶钵、弧边三角纹彩陶片等与大地湾遗址第四期文化早段的同类陶器相似，年代也应与大地湾四期早段为代表的仰韶文化晚期前段相当，略早于营盘山遗址的主体遗存，但晚于茂县波西遗址下层遗存。大地湾四期的 ^{14}C 年代为距今 5500～4900 年，营盘山遗址的 ^{14}C 年代为距今 5300～4600 年，因此推断第一期的年代为距今 5500～5300 年，与大地湾第四期文化早段、天水师赵村第四期文化、陕西宝鸡福临堡遗址第三期前段文化等的年代大体相当。

第二期（第 2 段）以哈休遗址晚期遗存为代表，白赊、叶浓秋景遗址的主体遗存均属于这一段，罕额依遗址第一期文化遗存的 A 组因素也可划入此段。陶器中的宽沿彩陶盆、带耳彩陶瓶、细泥红褐陶浅腹碗、内外彩带穿孔的直口钵，以及磨制双孔石刀、两侧带缺槽的打制石刀等，均与马家窑文化马家窑类型的同类器物相似。这类遗存在川西高原分布的范围较广，岷江上游、大渡河上游及中游均有发现，川西高原史前文化在这一段进入繁荣时期。年代为距今 5300～5000 年。第二期遗存的年代上限则与师赵村遗址第五期文化、福临堡第三期后段文化等的年代相当。

第三期（第 3 段）以罕额依遗址第一期文化遗存的 B 组因素为代表，蒲角顶遗址的部分史前遗存属于这一阶段。其年代晚于哈休、白赊等含彩陶因素的遗址，年代在距今 5000 年以内。

第四期以罕额依遗址第二期遗存为代表，蒲角顶遗址的部分史前遗存、四呷坝遗址及莫洛村采集的史前遗物均属于这一阶段。又可分为前后 2 段，即第 4 段和第 5 段：第四期第 4 段以罕额依遗址第二期遗存的 A 组文化因素为代表。第四期第 5 段以罕额依遗址第二期遗存的 B 组文化因素为代表，陶器风貌与第 4 段遗存有一定差异，而明显增多的带耳器、矮圈足杯等因素与后来大渡河上游的石棺葬文化之间有渊源关系。第四期遗存主要分布于大渡河上游大、小金川交汇以下的流域地带，地方土著文化色彩浓厚，陶器与晚期石棺葬文化的随葬陶器联系较多，年代晚于哈休等出土彩陶的史前遗址。但仍然继承了第二期文化的某些因素，如罕额依遗址第二期的陶罐上腹加贴相交的泥条附加堆纹的风格（图五，1），而白赊遗址也采集有相似的泥质灰陶绳纹陶片（图三，7）。根据罕额依遗址第一期、第二期遗存的 ^{14}C 年代测试数据，并结合茂县营盘山遗址的年代下限，判定第四期史前文化的年代为距今 4600～4000 年。

基于上述文化面貌的异同概述和分期结果（表一），我们认为大渡河上游史前文化包括两种不同的文化谱系。

第一种文化谱系为第一期（第 1 段）文化遗存→第二期（第 2 段）文化遗存；

第二种文化谱系为第三期（第 3 段）文化遗存→第四期前段（第 4 段）→后段（第 5 段）文化遗存。

在大渡河上游史前文化的发展序列之中，第一、二期文化之间的关系非常密切，陶器的演化序列明晰，也有准确的地层叠压关系，它们是同一文化的不同发展阶段。而第二期、第三期之间却存在较大的差异，陶器面貌的不同表明文化性质发生了变化，居住形态也由木骨泥墙地面建筑形式转变为石结构建筑形式，其具体情况及原因还有待深入研究。

表一　大渡河上游史前遗址分期表

遗址 ＼ 期段	第一期	第二期	第三期	第四期	
	1 段	2 段	3 段	4 段	5 段
哈休	√	√			
孔龙	√				
白赊		√			
叶浓秋景		√			
罕额依		√（？） 第一期 A 组	√ 第一期 B 组	√	√
蒲角顶			√	√	√
莫洛村					√
四呷坝					√

二、大渡河上游的史前环境与生业

从目前的发现来看，大渡河上游的遗址多位于河岸二、三级阶地之上，主要是各支流两岸，干流两岸由于地势落差大，遗址相对少且小。不管是干流还是支流两岸，这些遗址距离河床的高度在 80 米以内，哈休、孔龙、白赊、叶浓秋景等遗址即是。这些遗址均出土仰韶晚期文化和马家窑类型文化风格的彩陶，其主体遗存的时代在距今 5500～5000 年，未见年代更晚的史前遗存。也有少量例外，如罕额依、蒲角顶遗址，距河床 600 米，这可能与大渡河上游地形复杂，相同地理单元内环境差异较大有关。遗址的分布有规律可循，这也启发我们在研究出土陶器、石器和骨器等文化遗物的同时，通过对各遗址所处地域的地貌特征、气候环境、动植物资源等方面来观察先民的生业方式。

大渡河上游以前发现的史前遗址多是调查或小规模发掘所获，可直接观察食物结构的资料相对缺乏，基于此，我们在哈休遗址发掘过程中对出土的动物骨骼做了很细致地收集，也对部分灰坑进行了浮选，获得了一批非常重要的古动植物标本（图版一〇五～一〇八），为探讨大渡河上游史前文化的第一期和第二期（距今 5500～5000 年）的野生动植物资源、史前生态环境、家畜的驯养和农作物的栽培等方面提供了重要资料，对我们探讨大渡河上游史前先民的生业方式大有裨益。野生动物群的分布与地貌特征、气候环境密切相关，哈休遗址位于大渡河上游的马尔康市，马尔康位于青藏高原东部，邛崃山脉的北端，也是北东走向的龙门山、北西走向的鲜水河断裂带及松潘地块交汇地区，属高原峡谷区，山岭连绵，沟谷陡峻，具有典型的高山峡谷和高原高山地貌特征。该地区地质构造复杂，地层多为三叠系砂岩、板岩和变质岩等，境内最高峰海拔达 5000 米左右，最低谷地海拔在 2300 米左右，境内河流纵横。由于这种地貌特征，区内为典型的高原大陆季风气候，干湿季明显，四季不大分明，大部地区夏季短促，虽然日照充沛，但温差较大，垂直分布显著，与此相应，植被垂直变化也很明显。从河谷到山顶分别为干旱河谷灌丛、山地阔叶林、亚高山针叶林和高山灌丛草甸与流石滩植被；其中亚高山针叶林面积最大，分布广泛，由种类繁多的云杉属和冷杉属构成，北部高原海拔更高，气候严寒，有大面积的高山灌丛和高山草甸。哈休遗址虽然发掘面积虽小，但共收集到动物骨骼 2769 件（含采集的），其中哺乳纲 2755 件，鸟纲 14 件。由于在埋藏过程中各种因素的影响，骨骼非常破碎，有 68 件标本有烧痕，哺乳动物中可鉴定标本仅 407 件，代表最小个体数 58 个，属种包括藏酋猴（*Macaca thibetana*）、狗（*Canis familiaris*）、黑熊（*Selenarctos thibetanus*）、猪獾（*Arctonyx collaris*）、豹猫（*Prionailurus bengalensis*）、野猪（*Sus scrofa*）、小麂（*Muntiacus reevesi*）、水鹿（*Cervus unicolor*）、斑鹿（*Cervus nippon*）、狍属（? *Capreiolus* sp.）、黄牛（*Bos* sp.）、斑羚（*Naemorhedus caudatus*）、豪猪（*Hystrix* sp.）等。

　　遗址中出土的动物骨骼主要是野生动物，这有利于我们考察遗址周围的动物分布、植被状况等生态环境，也为我们探讨大渡河上游新石器时代晚期的动物资源和生态环境提供了宝贵材料。哈休遗址鹿科动物发现最多，其中水鹿群栖息于针阔混交林、阔叶林、稀林草原等生境；小麂栖息于常绿阔叶林和针阔混交林，灌丛和河谷灌丛；斑鹿栖息于针阔混交林的林间和林缘草地以及山丘草丛；狍主要栖居于山麓阔叶混交林或针阔混交林。黑熊属于林栖动物，主要栖息于阔叶林和针阔混交林中。而斑羚栖息于高山林带和峭壁裸岩，独栖或成队晨昏在山坡、林中草地、溪边取食灌、乔木的嫩枝、叶和青草等，反映了遗址周围地貌起伏大的特征。遗址出土的动物骨骼体现出在（四川）西部地区特殊的地貌条件下，动物区系的种类组成具有复杂和古老的特殊点外，善于奔驰跳跃或登崖履险的有蹄类多，也和东部地区形成鲜明对照[9]。豪猪的生境范围较广，在森林和草原均有分布，是一种夜行动物，大多生活在地面上，栖居在洞穴里，以植物根茎和落果为生。这些动物的存在说明遗址周围的植被有较多的阔叶林、针阔混交林，浓郁的灌丛和草丛，体现出明显的垂直分布差异。在哈休遗址中我们尚未发现龟鳖、鱼等淡水类动物，暂时也没有发现网坠等捕鱼工具，这反映附近没有水塘和小河之类的小型水域，也有可能与发掘面积小或与食物禁忌习惯等方面有关。总的看来，哈休遗址所处的大渡河上游地表起伏比较大，从而导致气候、植被类型的多样化和垂直分布较明显，对于动物资源的种属构成、数量和分布地域影响很大，也与出土的动物骨骼呈现出的当时动物种属的多样性吻合。综上所述，我们可以看到哈休遗址的先民生活在一个林草茂密的自然环境中，也有一定的灌丛和草丛，植被垂直变化比较明显，动物群和植被的多样性为先民提供了广阔的采集和狩猎空间。

哈休遗址出土的动物骨骼主要出自灰坑，这些骨骼应该为先民肉食消耗所剩的，从出土的动物骨骼，我们可以管窥哈休先民在食物结构和生业方式等方面的一些特点。在考察生业方式前，我们首先要弄清楚各种动物所占的比重，以及哪些动物是已经驯养的，哪些是野生的，这样我们才能较准确的探讨到先民的经济形态。从可鉴定标本数（NISP）来看，鹿科动物无疑是居主导的，鹿科四种动物骨骼即占可鉴定标本数的90.42%，目前能确定为家畜的只有狗一种，仅占1.72%（表二）；再从最小个体数（MNI）来看，鹿科四种动物一样是最多的，占78.22%，狗占1.72%（表三）。从狩猎获得的野生动物属种构成来看，鹿科四种动物占绝大多数，体现出鹿科动物是先民狩猎的优先选择。这一方面说明遗址周围鹿科动物分布密集，资源丰富；另一方面也可能因为鹿性情温顺，虽然警觉但防御性差，先民狩猎捕杀的危险性小。在遗址中也发现了像黑熊、野猪这样凶猛的野生动物，但数量很少，而且食肉类都是幼年的，这也说明先民狩猎的选择性。

表二　哈休遗址出土哺乳动物骨骼可鉴定标本（NISP总数为407件）

动物属种	小鹿	水鹿	斑鹿	狍?	斑羚	猪	狗	藏酋猴	豹猫	黄牛	豪猪	狗獾	黑熊
NISP	195	108	39	26	11	4	7	1	4	2	2	3	5
百分比（%）	47.91	26.54	9.58	6.39	2.70	0.98	1.72	0.25	0.98	0.49	0.49	0.74	1.23

表三　哈休遗址出土动物骨骼的最小个体数（MNI总数为58个）

动物属种	小鹿	水鹿	斑鹿	狍?	斑羚	猪	狗	藏酋猴	豹猫	黄牛	豪猪	狗獾	黑熊
NISP	29	7	4	5	3	1	1	1	2	1	1	2	1
百分比（%）	50.00	12.07	6.90	8.62	5.17	1.72	1.72	1.72	3.45	1.72	1.72	3.45	1.72

此前，关于如何确定考古遗址中的家畜动物，祁国琴认为一般从两方面入手：一方面是寻找骨骼学的证据，另一方面要看遗址动物群中是否有一定年龄类群的存在；除此之外，还要注意文化和环境以及艺术品形象的证据[10]。袁靖近年在前人研究的基础上又总结了关于如何判别家猪的五项标准[11]。哈休遗址出土猪和黄牛的数量均很少，从骨骼形态上我们没有办法分辨它们是否已经被驯养，出土的文物中也没有发现仿生艺术品以及用猪和黄牛等随葬的文化现象，但从它们在所有出土动物骨骼中的比重来看，我们倾向其是野生的。这样看来，在哈休遗址出土的动物中，只有狗是家养的，其他都应该是先民狩猎获得的，在日常的经济生活中，狩猎无疑是获取肉食的主要方式。虽然家养动物的种类仅有狗，但从我们收集的骨骼状况来看，哈休遗址的骨骼分布很密集，破碎程度也高，骨骼上保留有不少的砍切痕迹，而且发现了很多的骨坯和制作骨器剩余的废料，这些都是定居聚落内动物骨骼遗存的特征。

　　从遗址出土的其他遗迹和遗物来看，哈休遗址发现的灰坑以圆形为主，也有个别袋状灰坑，且有一定的深度，如H5、H8、H10等，坑内填土呈黑色粉状，包含大量陶片、兽骨、植物炭化灰烬，H8的坑口、中部、底部各有意放置了一块石板，H10近底部还发现了经过焚烧的硬面。根据形状、结构以及填土遗留物，判定这些灰坑应为储存粮食及其他物品的窖穴。遗址除发现大量的陶器外，还有少量细石器和骨梗刀，这些是常用的与狩猎有关的工具。另外，哈休遗址试掘同时对灰坑填土进行了浮选，收集的植物标本经过初步鉴定，可以确认发现了粟等作物品种[12]，说明哈休先民也栽培旱作谷物，但采集、狩猎、农业三者在经济结构中所占的比重目前难以准确估算，但可以肯定的是，日常生活的肉食资源以狩猎为主，没有对淡水资源动物进行捕捞，家畜驯养占的比例很低。

　　前文我们提到大渡河上游第三期和第四期史前文化分别以罕额依遗址第一期和第二期为代表，出土文化遗物有陶器、石器和骨器等，也有一些动物骨骼，但由于目前尚未公布动物种类，故我们只能通过陶器、石器和骨器等文化遗物来管窥这一时期的生业方式。

　　从罕额依遗址第一期出土的遗物来看，陶器为大宗，以夹砂陶居多，有些器物底部还可见烟炱痕迹；打制石器数量较少，另有少量细石器，磨制石器可见少量斧、锛和凿等砍伐农具，少量用于农业收割或采集活动的穿孔刀；骨器主要为骨锥和装饰品。从出土的器物来看，用于农业、狩猎和采集的工具均有，但由于采集的动物骨骼没有公布，也没有经过浮选获取植物标本，对这一时期（距今5000～4600年）的经济结构中农业、狩猎、采集或家畜的比例并不清楚。

　　罕额依遗址第二期出土的器物继承了第一期的一些特点，但也有新的文化因素。陶器方面泥质陶较夹砂陶略多，器身穿孔的现象增多，出现了纺轮等新器形；石器方面，以磨制石器为主，打制石器少，石器种类中除有第一期的斧、锛、凿和刮削器外，新出现了网坠、杵、璧等，不见第一期的盘状砍砸器、砸击器等重型工具；骨角器中新增加了矛和纺轮。从出土石杵等加工农具来看，农业可能比前期稍发达。最重要的是网坠不见于大渡河上游史前文化的前三期，说明从第四期开始先民们拓广了食物资源，这也可能与文化的发展有关，随着文化的发展，人口密度的增加，从而导致食物的缺乏，人们必将寻找新的食物资源。也有可能文化发展到第四期的时候，由于气温的下降[13]，生态环境可能遭受一定的恶化，从而导致野生动物的迁徙或繁衍规律的改变，在这种情况下，先民们也只有通过发展农业、驯养动物或拓广渔猎和采集对象来获取食物。这一时期罕额依出土有用牛角和牛骨制作的矛和纺轮，结合大渡河上游的地理环境和文化的发展程度来看，这一时期的牛可能为驯养的黄牛（此前在岷江上游的营盘山遗址我们就发现有驯养的黄牛[14]），说明大渡河上游史前文化发展到第四期（距今4600～4000年）的时候，家畜驯养的对象比前两期增多。总的看来，这一时期，农业可能有所发展，家畜种类在增多，驯养家畜和渔猎技术都较前三期有所发展，但要获取更多的生业形态方面的信息还有赖于发掘工作的继续开展和对动植物标本收集的更加重视。

　　综上所述，我们认为以哈休遗址为代表的大渡河上游史前文化在第一期和第二期（距今 5500～5000 年），先民平时农耕，基本不饲养家畜，而是以狩猎获取肉食为主，唯一的家畜狗可能是作为先民狩猎的伴侣。遗址周围除有丰富的动物资源外，植被浓郁，采集业也应该是经济生活中不可或缺的补充形式。在哈休先民的经济结构中，狩猎经济所占的比例很高，经济结构单一性也突出，一方面意味着有众多的野生动物资源而且相对稳定，足以提供丰富的食物资源；另一方面，先民通过狩猎采集活动，对他赖以生存的动植物群施加影响，同时又受动物繁衍和迁移、植物的季节性生长等的规律所限制，对后续文化的发展将产生一定的制约或透支。哈休先民这一生业方式说明遗址地处川西高原高山，人口密度相对较小，食物资源压力也相对要小，人口压力和食物资源这一矛盾体没有造成人地关系的紧张，平时狩猎就可以满足日常肉食需要。至于第三期至第四期（距今 5000～4000 年），由于目前材料还不够充分，特别是缺少古动植物标本，对生业方式的探讨主要只能以出土的陶器、石器和骨器等文化遗物来推断，应该说这一时期农业在逐步发展，渔猎和驯养对象的种类在增多，家畜驯养和渔猎技术有所提高，导致这一倾向的出现可能与文化的发展和人口的增加有关，也可能与气候环境恶化，狩猎与采集的空间缩小和对象减少有关。

　　附记：江章华先生对本文的撰写进行了悉心指导，谨致谢忱！

注　释

［ 1 ］　郑德坤：《四川古代文化史》，巴蜀书社，2004 年。

［ 2 ］　四川省文物考古研究所、甘孜藏族自治州文化局：《丹巴县中路乡罕额依遗址发掘简报》，《四川考古报告集》，文物出版社，1998 年。

［ 3 ］　四川联合大学历史系考古教研室编：《四川大学考古专业三十五年·大事记》（内部资料），1995 年；成都文物考古研究所、阿坝藏族羌族自治州文物管理所、马尔康县文化体育局：《四川马尔康县孔龙村遗址调查简报》，《成都考古发现》（2005），科学出版社，2007 年。

［ 4 ］　四川省文物考古研究院、阿坝州文物管理所：《大渡河双江口水电站地下文物遗存调查》，《四川文物》2005 年第 6 期。

［ 5 ］　阿坝藏族羌族自治州文物管理所、成都文物考古研究所、马尔康县文化体育局：《四川马尔康县哈休遗址 2006 年的试掘》，《南方民族考古》（第六辑），科学出版社，2010 年。

［ 6 ］　成都文物考古研究院、甘孜藏族自治州文化局、丹巴县文物管理所：《丹巴县蒲角顶遗址 2006 年调查简报》，《成都考古发现》（2015），科学出版社，2017 年。

［ 7 ］　四川省文物考古研究院、阿坝藏族羌族自治州文物管理所、成都文物考古研究所、马尔康县文化体育局：《四川马尔康县白赊村遗址调查简报》，《成都考古发现》（2005），科学出版社，2007 年。

［ 8 ］　四川联合大学历史系考古教研室编：《四川大学考古专业三十五年·大事记》（内部资料），1995 年。

［ 9 ］　《四川资源动物志》编辑委员会主编：《四川资源动物志》第一卷"总论"，四川人民出版社，1982 年，

第 15、16 页。

［10］ 祁国琴：《动物考古学所要研究和解决的问题》，《人类学学报》1983 年第 2 卷第 3 期。

［11］ 袁靖：《古代家猪的判断标准》，《中国文物报》2003 年 8 月 1 日第 7 版。

［12］ 陈剑、陈学志：《大渡河上游史前文化寻踪》，《中华文化论坛》2006 年第 3 期。

［13］ 竺可桢：《中国近五千年来气象变迁的初步研究》，《考古学报》1972 年第 1 期。

［14］ 何锟宇：《营盘山遗址出土动物骨骼研究》，北京大学硕士学位论文，2006 年 6 月。

［原载《成都考古研究》（一），科学出版社，2009 年，第 167～180 页］

马尔康哈休遗址史前文化与生业

——兼论岷江上游地区马家窑类型的生业方式

何锟宇

（成都文物考古研究院）

一、引　言

哈休遗址地处四川省阿坝藏族羌族自治州马尔康县沙尔宗乡西北约 1500 米的哈休村一组，位于大渡河正源脚木足河一级支流茶堡河北岸三级台地上，海拔 2840 米，台地高出茶堡河约 80 米。2003 年、2005 年四川省有关文物部门先后对该遗址进行了调查[1]，2006 年对其进行了发掘，发掘者认为以哈休遗址为代表的遗存是分布于大渡河上游地区的一种新石器时代文化，包含有本土土著文化、仰韶晚期文化、马家窑文化等文化因素，其年代为距今 5500～4700 年，可命名为"哈休类型"[2]。哈休遗址位于大渡河源头地区，这一区域海拔高、地势险峻，考古基础工作相对薄弱，但该遗址与近年岷江上游发现的茂县营盘山[3]、汶川姜维城[4]等遗址的史前文化面貌有很多相似性，其在川西北地区史前文化序列构建中的重要性不言而喻。因此，对哈休遗址史前遗存的分期、年代、文化属性以及生业方式等的综合考察也尤为重要。

二、哈休遗址的分期、年代与文化属性

哈休遗址的地层堆积较简单，2006 年的发掘报告清楚地介绍了其层位关系，发掘报告将哈休史前遗存分为早、中、晚三段，并认为早段上限与大地湾遗址四期遗存、天水师赵村遗址四期、武山县傅家门遗址石岭下类型遗存等的时代相当，约在距今 5500 年左右[5]。笔者依据层位关系对出土陶器进行了重新梳理，认为将其分为早晚两段更能反映其阶段性变化，早段即为原报告的早段，包括 H2～H4、H6、H10、T4 第 5 层等单位；晚段将原报告的中段、晚段合并为一段，包括 H1、H5、H7～H9、第 4 层、T4 第 2B 层、T5 第 2B 层等单位。

哈休遗址出土遗物由陶器、石器、骨角牙蚌器几类构成。陶器以泥质陶为主，包括灰陶、红陶、褐陶、黑皮陶和少量彩陶，夹砂陶占一定的比例，主要为灰陶和褐陶。彩陶器基本都是红衣黑彩，图案包括弧边三角纹、圆点纹、网格纹、水波纹、粗细线条纹、草叶纹等，器形主要有罐、瓶、盆、钵四类。泥质陶以素面磨光为主，器形主要有小口尖底瓶、小口壶、鼓腹罐、缸、瓮、盆、钵、碗、杯等。夹砂陶器的种类则主要为侈口深腹罐、小罐、钵等。纹饰主要有绳纹、附加堆纹、弦纹、戳印纹和复合纹饰。早晚两段陶器中泥质陶、夹砂陶所占比例变化不大，纹饰方面也没有明显的差异，陶器种类略有增减，同一器类形式或有变化，整体文化面貌一脉相承，属于同一文化的不同阶段。

早段的 H2 是出土陶器最为丰富的遗迹单位，出土的器物有彩陶钵（图一，3、4）、泥质陶小口尖底瓶（图一，25、26）、缸（图一，10）、敛口瓮（图一，11）、盆（图一，13）、钵（图一，15、17）、碗（图一，19），夹砂陶侈口罐（图一，23、27）、直腹罐（图一，20）等。H3 出土的陶器种类有彩陶盆（图一，2），泥质陶尖底瓶（图一，7）、钵（图一，12）、杯（图一，30），夹砂侈口罐（图一，21）、小罐（图一，24）和杯（图一，29、32）。H4 出土的器物有泥质陶小口尖底瓶（图一，5、6）、盆（图一，14、16）以及夹砂陶侈口罐（图一，22）。H10 出土的陶器种类有彩陶盆（图一，1），泥质陶小口尖底瓶（图一，28）、缸（图一，9）、杯（图一，31）、盆（图一，8）和夹砂陶钵（图一，18）等。H2、H3、H4、H10 等典型单位出土的陶器种类多见于马家窑文化的马家窑类型。

晚段出土的陶器种类与早段相比没有太大的变化，新增的器类少，仅有彩陶罐（图二，1）、彩陶瓶（图二，2）、泥质陶小口壶（图二，8）和鼓腹罐（图二，11、12、14），不见早段的折腹钵（图一，17）、杯和夹砂陶带錾钵（图一，18）。但与早段同类器相比，器物局部特征具有比较明显的变化。如彩陶盆（图二，3）为平折沿，不见早段的仰折沿；小口尖底瓶不见重唇口特征，仅有退化重唇口（图二，5）和喇叭口（图二，6），还新出现了侈沿、直领的新特征（图二，7）。泥质陶盆口沿新出现花边装饰（图二，16）。泥质陶碗不仅有早段的弧腹碗（图二，19），新出现了斜腹（图二，20、24）和深腹碗（图二，23）。夹砂陶直腹罐不仅沿袭了早段的卷沿特征（图二，27），还新出现了折沿直腹罐（图二，28、31）。相反，泥质陶缸（图二，9）、敛口瓮（图二，15）、盆（图二，10、13）、钵（图二，17、18、21、22）及夹砂陶小罐（图二，29、30）、侈口罐（图二，25、26、32）等延续着早段的传统，没有太大的变化。

结合其他仰韶文化晚期遗存、石岭下类型和马家窑类型的发现情况来看，在早段的出土器物中，仰折沿彩陶盆（H10：20）要早于平折沿彩陶盆（H3：19、H9：93）。而从小口尖底瓶的口部来看，H4：1 为比较典型的重唇口，H2：7、H10：1 为退化重唇口，H4：2 为喇叭口；从瓶底的特征来看，H2：1 尖底夹角为近 90° 直角，而 H3：61 夹角为钝角，一般钝角瓶底出现偏晚。虽然从报告的层位关系知道 H3、H10 均叠压于 T2 第 4 层下，直接打破生土，但从出土的彩陶盆和小口尖底瓶的一般变化趋势看，H10 或要早于 H3。另外，H2、H10 均出土退化重唇口尖底瓶，出土的彩陶基本与马家窑类型相同，而 H4 中既出重唇口又出喇叭口尖底瓶，其时代上限均不会早至石岭下类型和仰韶晚期遗存最早阶段，应与马家窑类型或仰韶晚期遗存偏晚阶段相当。

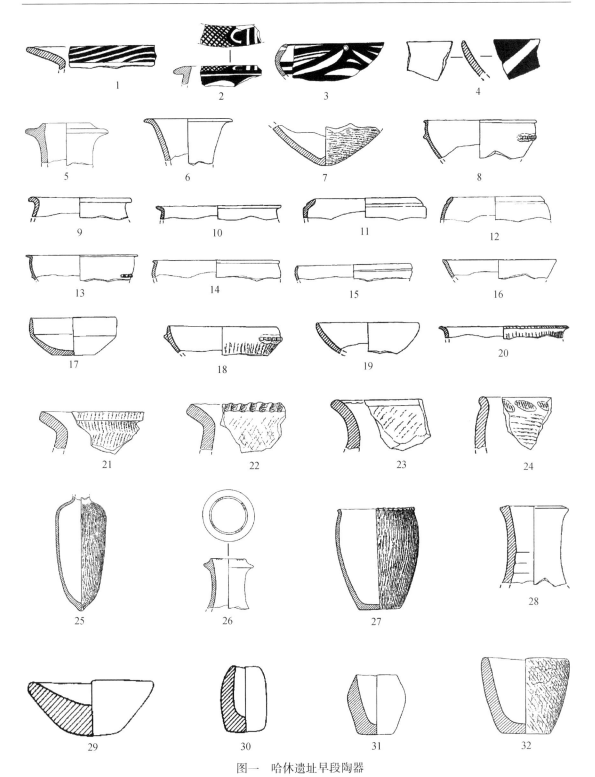

图一　哈休遗址早段陶器

1、2. 彩陶盆（H10：20、H3：19）　3、4. 彩陶钵（H2：6、H2：17）　5、6、26、28. 小口瓶（H4：1、H4：2、H2：7、
H10：1）　7、25. 尖底瓶（H3：61、H2：1）　8、13、14、16. 盆（H10：4、H2：21、H4：5、H4：4）　9、10. 缸
（H10：16、H2：27）　11. 敛口瓮（H2：22）　12、15、17、18. 钵（H3：29、H2：24、H2：8、H10：38）
19. 碗（H2：30）　20. 直腹罐（H2：23）　21～23、27. 侈口罐（H3：37、H4：12、H2：37、H2：48）
24. 小罐（H3：43）　29～32. 杯（H3：50、H3：2、H10：25、H3：4）

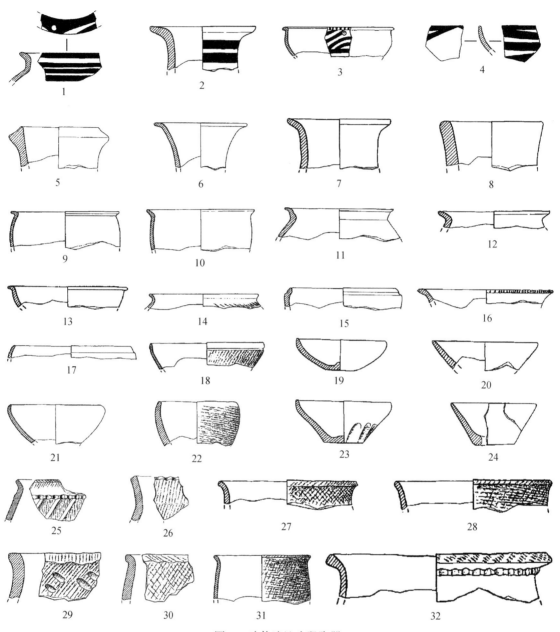

图二　哈休遗址晚段陶器

1. 彩陶罐（H1：27）　2. 彩陶瓶（H9：96）　3. 彩陶盆（H9：93）　4. 彩陶钵（H5：8）　5～7. 小口瓶（T5②B：15、
　 H8：1、H9：108）　8. 小口壶（H9：202）　9. 缸（H9：112）　10、13、16. 盆（H9：106、H9：109、H1：30）
　 11、12、14. 鼓腹罐（H1：20、H9：114、H5：7）　15. 敛口瓮（H5：16）　17、18、21、22. 钵（H5：4、H7：16、
　 H9：111、H9：81）　19、20、23、24. 碗（H1：25、H1：21、H1：1、H9：99）　25、26、32. 侈口罐（H5：59、
　 H8：5、H5：41）　27、28、31. 直腹罐（H9：71、H9：77、H9：70）　29、30. 小罐（H5：39、H5：40）

就哈休遗址史前遗存的文化因素组成来看，彩陶均为黑彩，仅装饰于泥质陶中，纹饰主要有平行条带纹、弧边三角纹、圆点纹、网格纹、水波纹、草叶纹等，其风格与兰州雁儿湾[6]较接近，器类主要有瓶、罐、盆、钵四类，均属马家窑类型的典型器物。陶器中的泥质陶小口尖底瓶、缸、盆、钵、碗、杯、陶塑人面，夹砂陶侈口深腹罐，石器

中的刀、斧、锛、环镯、珠、砺石，骨器中的锥、镞、笄和骨梗刀等，它们承庙底沟类型而来，延续的时间较长，多见于仰韶文化晚期遗存和马家窑文化中。泥质陶敛口瓮、折腹钵则多见于仰韶晚期遗存。值得注意的是，泥质陶小口壶、鼓腹罐，夹砂陶直腹罐、小罐等器类，以及泥质陶中的瓦棱纹、磨光黑皮和锯齿花边装饰，它们主要见于以营盘山遗址、姜维城遗址为代表的川西北特别是岷江上游地区，并被龙山时期成都平原的宝墩文化所继承。综合各组文化因素所占比重来考察，哈休遗址史前遗存不是以本土文化因素占主导的土著文化，而当归属包含一定仰韶晚期遗存和本土文化因素的马家窑类型。

三、哈休遗址史前生业方式

探讨史前时期先民的生业方式主要可利用动物考古、植物考古的成果，并结合地质、地貌和气候环境等方面的因素来进行考察，哈休遗址的发掘者在这几方面都做了很多工作，也取得了显著的成果。

在发掘的过程中对哈休遗址出土的动物骨骼做了很细致的收集，虽然发掘面积较小，但共收集到动物骨骼 2769 件（含采集的），其中哺乳纲有 2755 件、鸟纲 14 件。由于在埋藏过程中各种因素的影响，骨骼很破碎，有 68 件标本有烧痕。哺乳动物中可鉴定标本仅有 407 件，代表最小个体数为 58 个，属种包括藏酋猴（*Macaca thibetana*）、狗（*Canis familiaris*）、黑熊（*Selenarctos thibetanus*）、猪獾（*Arctonyx collaris*）、豹猫（*Prionailurus bengalensis*）、野猪（*Sus scrofa*）、小鹿（*Muntiacus reevesi*）、水鹿（*Cervus unicolor*）、斑鹿（*Cervus nippon*）、狍属（*Capreiolus* sp.）、黄牛（*Bos taurus*）、斑羚（*Naemorhedus caudatus*）、豪猪（*Hystrix* sp.）等[7]。

哈休遗址出土的动物骨骼主要出自灰坑，这些骨骼应该为先民肉食消耗所剩的。从可鉴定标本数（NISP）来看，鹿科动物无疑是居主导的，鹿科四种动物骨骼即占可鉴定标本数的 90.42%，目前能确定为家畜的只有狗一种，仅占 1.72%。再从最小个体数（MNI）来看，鹿科四种动物一样是最多的，占 78.22%，狗占 1.72%[8]。从狩猎获得的野生动物属种构成来看，鹿科四种动物占绝大多数，体现出鹿科动物是先民狩猎的优先选择。这一方面说明遗址周围鹿科动物分布密集，资源丰富；另一方面也可能因为鹿性情温顺，虽然警觉但防御性差，先民狩猎捕杀的危险性小。在哈休遗址出土的动物中，只有狗是家养的，其他都应该是先民狩猎获得的，在日常的经济生活中，狩猎无疑是获取肉食的主要方式。遗址除发现大量的陶器外，还有骨器，也包含少量细石器和骨梗刀，这些是常用的与狩猎有关的工具。虽然家养动物的种类仅有狗，但从收集的骨骼状况来看，哈休遗址的骨骼分布很密集，破碎程度也高，骨骼上保留有不少的砍切痕迹，而且还发现了很多骨坯和制作骨器剩余的废料，这些都是定居聚落遗留的动物骨骼的特征。另外，对哈休遗址灰坑填土进行了浮选，收集的植物标本经过初步鉴定，可以确认是粟等作物[9]，说明哈休先民也栽培旱作谷物。

哈休遗址先民的这种生业方式与其所处区域的地质、地貌环境关系十分密切。从地理位置看，哈休遗址位于青藏高原东麓大渡河正源（大渡河为岷江水系的最大支流）脚木足河一级支流茶堡河北岸三级台地上，该区域地处邛崃山脉的北端，也是北东走向的龙门山、北西走向的鲜水河断裂带及松潘地块交汇地区，属高原峡谷区，山岭连绵，沟谷陡峻，具有典型的高山峡谷和高原高山地貌特征。由于这种地貌特征，地区内为典型的高原大陆季风气候，干湿季明显，四季不太分明，气候垂直分异显著，植被垂直变化也十分明显，从河谷到山顶分别为干旱河谷灌丛、山地阔叶林、亚高山针叶林和高山灌丛草甸与流石滩植被。因此，我们认为哈休先民在栽培旱作谷物的同时，不仅以狩猎作为获取肉食资源的主要手段，而且遗址周围植被浓郁，采集也应该是其经济生活中不可或缺的补充形式，这种生业方式是先民对本土环境高度适应，并开拓食物资源的生存策略。

在哈休先民的经济结构中，狩猎经济所占的比例很高，经济结构单一性也很突出。这一方面意味着有众多的野生动物资源且相对稳定，足以提供丰富的食物资源；另一方面，先民通过狩猎采集活动，对他赖以生存的动植物群施加影响，同时又受动物繁衍和迁移、植物的季节性生长等限制，且狩猎采集技术进步一般比较缓慢，人口增长严重受食物资源制约。哈休先民这一生业方式也说明遗址地处川西北高山峡谷之地，人口密度相对较小，食物资源压力也相对要小，人口压力和食物资源这一矛盾体没有造成人地关系的紧张，平时狩猎就可以满足日常肉食需要。

四、岷江上游地区马家窑类型文化的生业方式

历来四川的文物工作者对岷江上游地区的史前文化都非常重视[10]，近年又在岷江上游地区做了大量的田野考古工作，主要调查发掘的有理县箭山寨[11]，汶川姜维城[12]，茂县波西[13]、营盘山[14]、沙乌都[15]等遗址，岷江上游地区的史前文化序列也逐渐清晰[16]。其中，尤以营盘山遗址面积大、文化面貌清晰，最能体现岷江上游地区距今5000年左右的史前文化特征，发掘者相继将其命名为"营盘山遗存"[17]"营盘山文化"[18]。学界对此有较多讨论，有学者认为其是仰韶文化晚期类型，并与甘肃白龙江流域的新石器时代文化有着必然的联系，可能是后者南迁的结果[19]；也有学者认为对马家窑文化来说，营盘山新石器时代文化的地位和大李家坪三期遗存相差不大[20]；还有学者认为营盘山新石器时代遗存应归入马家窑文化马家窑类型[21]，笔者也持这种观点。姜维城遗址虽然也出土了较多动物骨骼，但未经系统整理，因此，我们以经过系统整理的营盘山遗址出土的动物骨骼为代表来考察岷江上游马家窑类型的生业方式。

营盘山遗址出土的动物遗存保存状况较差，共3551件，其中哺乳纲动物骨骼3489件、鸟纲43件、鱼纲3件、爬行纲6件、腹足纲1件和半鳃纲9件。哺乳动物骨骼中可

鉴定标本（NISP）1128 件，代表动物最小个体数（MNI）106 个。哺乳动物的种类有兔子（*Lepus* sp.）、竹鼠（*Rhizomys* sp.）、斑羚（*Naemorhedus caudatus*）、羊（*Caprinae*）、黄牛（*Bos taurus*）、水鹿（*Cervus unicolor*）、斑鹿（*Cervus nippon*）、麂（*Muntiacus* sp.）、家猪（*Sus domestica*）、黑熊（*Selenarctos thibetanus*）、狗（*Canis familiaris*）、猪獾（*Arctonyx collaris*）和藏酋猴（*Macaca thibetana*）12 种。鸟的种类有石鸡（*Alectoris chukar*）、环颈雉（*Phasianus colchicus*）和大䴔（*Buteo hemilasius*），腹足纲的种类有货贝（*Monetaria moneta*）。从出土的动物骨骼，我们可以管窥营盘山先民在食物结构和生业方式等方面的一些特点。营盘山遗址发现的动物群以家养动物为主，野生动物数量较少，按最小个体数统计，家养动物占总数的 65.09%（含黄牛）、野生动物占 34.81%。家养动物的种类有猪、狗，可能还有黄牛、羊，猪占主导地位，猪的可鉴定标本数占总数的 64.27%，最小个体数占总数的 54.08%。这些都与农业定居社会驯养动物的特征相似。另外，从我们收集的骨骼状况来看，营盘山遗址的骨骼分布相对密集，破碎程度也高，骨骼上保留有不少砍切痕迹，而且还发现了很多骨坯和制作骨器剩余的废料，这些特征都说明营盘山遗址是一个定居的聚落[22]。营盘山遗址出土的猪死亡年龄以 M_3 未萌出的猪为主，占 85.71%，5～9 月龄猪的死亡年龄占 50.8%。黄蕴平认为这一死亡年龄结构应该不是家猪屠宰的正常年龄，这可能与遗址的气候环境有关。5～9 月龄死亡的小猪应该是当年生的猪崽，死亡时间大约在冬季，很可能是在冬季由于缺乏精细的照料和食物补充而导致死亡[23]。当然，关于营盘山遗址家猪的死亡年龄结构问题我们还可以做更多的工作，除了气候因素以外，饲养技术、人口压力、疾病等突发事件也是今后需要考虑的方面。

营盘山遗址出土的动物种类比较丰富，说明当时遗址周围植被浓郁，水域宽广，动物资源丰富，为先民提供了良好的环境。通过对可鉴定标本数、最小个体数、家畜年龄结构的统计分析，我们认为饲养的猪是人们稳定的肉食来源，年龄都相对较小，反映了当时人们食用猪肉的状况。狗的数量少，应该不是以食肉为畜养目的。黄牛、羊数量也很少，判断其家养或野生有一定的困难。野生动物中以哺乳动物为主，而哺乳动物中有偶蹄目、食肉目、灵长目、兔形目和啮齿目，其中偶蹄目占绝大多数，它们是当时聚落遗址先民的重要肉食来源；另外，少量爬行动物和淡水鱼类也是食物结构的重要组成部分。从骨、角质工具来看，主要是以骨锥为主，还有箭镞、骨梗刀、骨匕、骨针等生产和狩猎工具。骨簪、骨镯等饰品制作精细，表现较高的审美情趣，总体看来骨角器工艺比较发达。营盘山遗址浮选出土的农作物包括粟和黍两个谷物品种，浮选结果所反映的农业应该属于典型的北方旱作农业生产特点，当源自甘青地区仰韶文化晚期和马家窑文化的分布区域[24]。遗址出土的动、植物遗存说明营盘山先民在旱作农耕的同时，以饲养家猪作为稳定的肉食来源，同时采集、狩猎和捕鱼也是获取食物的重要方式；但家猪的死亡年龄结构也表明营盘山先民的旱作农业、家畜饲养技术或许并不十分发达。

营盘山遗址先民的这种生业方式的形成也当是受所处的地质、地貌环境影响而形成的。营盘山遗址所处的茂县凤仪镇是岷江上游地区面积最大的一处河谷冲积扇平原，又称"茂县盆地"，属于从青藏高原东麓向川西平原过渡的地带。遗址地处岷江东南岸三级台地上，东临深谷，其他三面为岷江所环绕，海拔约 1650～1710 米，高出岷江河面约 160 米，遗址地势南高北低，略呈缓坡状[25]。从地貌环境来看，营盘山遗址地处盆地，海拔远远低于哈休遗址，三面环水，面积约 10 万平方米，更适合发展农业，也适合定居聚落的发展扩张。因此，营盘山遗址的人口密度当大于哈休遗址，狩猎并不能满足先民日常生活的肉食需要，饲养家畜成为先民获取肉食资源的主要策略。

从两个遗址的狩猎对象来看，差别并不是很大，均以鹿科动物为主，有少量藏酋猴、猪獾、黑熊、斑羚、野猪。另外，哈休遗址出土的豹猫、狍、豪猪，营盘山遗址不见，而营盘山遗址出土的竹鼠、兔子，哈休遗址没有，但这些动物出土的数量均很少，其差异有偶然性，可能与发掘面积大小或骨骼收集方法有关（均未经过筛选）。就野生动物资源而言，关于我国陆栖脊椎动物分布的现状与自然条件的关系有两点是很重要。第一，绝大部分类群或种对自然条件有不同程度的依赖性，他们的分布均与一定的自然区、带相一致或近似，有些种类的分布比较狭窄，限于一个自然区或温度带，有些则可跨越几个自然区或温度带。第二，主要分布于某一自然区、带的动物类群或种，可在一定的条件下向另一自然区、带渗透。渗透的程度，因不同种类而有很大的差别，决定于该种动物对分布区外缘环境的适应能力和扩张历史的长短[26]。岷江上游和大渡河源头地区均受印度洋西南季风影响，属于高原性季风气候，海拔悬殊，垂直气候和地区气候明显，因此，动物的分布也体现出垂直分布的差异，大多数狩猎种类相同说明野生动物自身的适应性和渗透性。但是，我们注意到营盘山遗址发现有少量的鱼纲、腹足纲、半鳃纲和鸟纲动物遗骸，说明先民也注重采集和渔猎遗址周围的淡水动物资源作为日常肉食来源的补充，而在哈休遗址不见与之有关的迹象，这或与营盘山遗址三面环水的地貌环境有关。

综上，笔者认为在川西北马家窑类型分布区内，遗址所处的具体地貌决定了聚落的发展规模和程度，地貌环境、聚落规模、人口密度、生业方式之间的关系相互促进及影响。在人类早期文明阶段，同一种考古学文化的不同类型虽然其生产力、技术、文化发展可能同步，但受自然地理环境、区域经济传统和人口压力等因素的影响，其生业方式不尽相同，甚至同一考古学文化的同一类型其生业方式也会有差异[27]。从动物考古的现有成果来看，岷江上游、大渡河源头地区先民获取肉食资源的策略有很大的差异，前者以饲养家畜为主，狩猎、采集作为补充，并且注重利用淡水动物资源，而后者则以狩猎为主，经济结构单一。在生业方式结构内，两者在旱作农业、狩猎、采集、家畜饲养等所占的比重当各自不同。

五、结　语

关于马家窑类型的分区，张强禄将其分为五个小的文化区[28]，与之不同的是我们认为大李家坪第三期与川西北地区岷江上游、大渡河源头区域的史前文化也当属于马家窑类型。通过与其他马家窑类型和仰韶文化晚期遗存的生业方式进行比较，有利于我们在更宏观的视野下来考察川西北地区岷江上游和大渡河源头区域史前生业方式的异同。

天水师赵村相当于马家窑类型文化堆积的动物遗存有家猪、野猪、鹿、麝、狍、牛、马、狗、黑熊、狸、竹鼠、鼠和龟等，可鉴定标本共1202件，其中猪骨有888件，占总数的73%～87%。研究者认为除猪外，狗和牛应为当时人们饲养的家畜[29]。西山坪遗址马家窑文化堆积中的动物骨骼有猪、牛、马鹿、麝、狗、马、竹鼠、鸡，其中猪和狗为家畜，可鉴定标本共有245件，其中猪骨有121件，占总数的49.38%[30]。另外，天水西山坪遗址发现有距今5000年水稻、粟、黍三种栽培作物硅酸体，是我国西北部有精确定年的最古老的稻作遗存，为新石器时代稻作农业的传播和水稻在我国西北地区种植的起始时间提供了新证据[31]。师赵村第四期、第五期、第六期文化遗存一脉相承，定居经济生活均以农业为主，兼营畜牧业和狩猎业[32]。

林家遗址位于甘肃省临夏回族自治州东乡县境内大夏河东岸的黄土高原上，陇南山地的北缘，地势高而平坦辽阔，西面塬下为东川河谷盆地。出土兽骨的种类和数量都较多，家畜主要有猪、狗、牛、羊、鸡等，野生动物有鹿、野猪、羚羊、河狸、田鼠等。其中鹿类有马鹿、麋鹿和麂等，是主要的狩猎对象，而且还发现有稷、粟、大麻籽等植物遗存，储藏谷物的窖穴之多，容积之大，反映了当时农业经济的高度发达[33]。

大李家坪遗址位于甘肃省武都县白龙江流域的中下游，发掘者认为其第三期遗存当属于仰韶文化序列，但受到马家窑类型的强烈影响，带有较多马家窑类型的文化因素，同时也有许多自身的地方特点，似可作为仰韶晚期文化的一个地方类型划分出来[34]。大李家坪遗址第三期出土动物骨骼662件，最小个体数80个，家养的动物有狗、猪和黄牛。家养动物的最小个体数约占总数的64.5%，狩猎捕获的野生动物占35.5%。家养动物中以猪为主，约占家畜总数的91.8%，狗和黄牛仅各占4.1%[35]。

西山遗址位于甘肃礼县西汉水北岸的山坡上，仰韶文化晚期遗存出土动物骨骼995块，可鉴定标本417块。从可鉴定标本数和最小个体数的统计结果看：在仰韶文化晚期猪和狗可以确定为家养动物，共占40.76%。黄牛、马和羊的性质还不确定，共占19.42%，它们都出于驯化的初级阶段，家畜的比例最多占60.18%，而野生动物的比例最多占59.24%，最小则占39.82%。这说明在仰韶文化晚期古代居民们的肉食来源既有家养动物，也需要通过一定、甚至较大比例的狩猎活动补充，饲养和狩猎的比例相差不是很大，或饲养的比例要小于狩猎[36]。

秦安大地湾第四期出土的哺乳动物种类有仓鼠、中华鼢鼠、白腹鼠、狗、棕熊、豹猫、苏门犀、家猪、野猪、麝、獐、狍、梅花鹿、马鹿、黄牛、苏门羚、羚羊17种。在3817件标本中，家猪和野猪有1999件，梅花鹿和马鹿有705件，鹿科有626件，猪和鹿类标本的数量占了总标本数量的90%以上（最小个体总数也如此）[37]。从对大地湾遗址第四期文化层中猪的年龄结构分析，它们大都以13～18个月和19～24个月两个年龄段为主，这都符合中国古代家猪的死亡年龄结构，说明到大地湾第四期文化时，遗址以饲养家猪作为获取肉食资源的主要方式，狩猎则是重要的补充，对象主要是鹿类动物。

武山傅家门遗址内所包含的石岭下和马家窑这两个文化类型在由各类动物（遗址出土的动物种类有猪、羊、牛、狗、兔、梅花鹿、竹鼠等）的最小个体数汇总的动物总数及各类动物的最小个体数在总数中所占的比例这两个方面没有大的区别，在这两个文化类型的动物种类中家猪的比例均占 50% 以上[38]。在马家窑文化层中猪等家畜占 83%，兔等野生动物占 17%[39]，表明饲养家畜在当时已成为获取肉食资源的主要手段。

以上几个马家窑类型和仰韶晚期遗存的聚落均发现了较多的房址、窖穴、墓葬等遗迹，且又多发现有以粟、稷等为代表的植物遗存和以家猪为代表的动物遗骸，这些表明这一时期的聚落是以定居农业为主要的生业方式。因此，有研究者认为，"这时的经济，一般仍是农业、养畜业、渔猎、采集和手工业相结合的一种综合经济，而农业也显然已占居主要地位。"[40] 这一时期定居农业的稳定发展当与温暖湿润的气候环境有关，虽然在距今 5500 年有降温事件[41]，但并未影响到中国北方旱作农业的发展，农业的稳定发展也必然推动社会分工和家畜饲养技术的发展，从而进一步促进人口的增长和文化的进步。

从动物考古的资料来看，岷江上游马家窑类型文化的生业方式与陇南地区白龙江流域的大李家坪第三期、西汉水流域的西山遗址、渭河流域的师赵村与西山坪，以及黄河上游的林家遗址的生业方式基本一致，他们获取肉食资源的模式当属初级开发型或开发型[42]。但是，我们并不清楚青海东南部果洛地区、甘南高原这一时期的生业方式。果洛地区处于青藏高原腹地，境内群山起伏，河流纵横，平均海拔 4200 米以上；甘南高原地处青藏高原东北边缘，南与阿坝藏族羌族自治州相连，境内海拔大部分地区在 3000 米以上，南部为岷山区，与大渡河源头区的马尔康市的地貌非常相似。由于果洛、甘南地区史前考古文化工作较薄弱[43]，我们暂不清楚其史前文化面貌特征及生业方式，但从地貌环境、海拔看，其生业方式或与属宗日文化的青海省同德县宗日、兴海县羊曲十二档和香让沟遗址相近，肉食资源以野生动物为主[44]。因此，我们推测果洛、甘南地区的史前生业方式与哈休遗址为代表的大渡河源头区比较接近，获取肉食资源的模式或属以狩猎野生动物为主的依赖型[45]，这一推论当然有待于今后更多的田野考古和动植物考古成果来证实。哈休遗址、宗日文化遗址群以狩猎作为获取肉食资源的手段，主要是因为它们地处高海拔地区，野生动物和植被分布垂直结构显著，而且野生动物资源丰富，为先民提供了广阔的狩猎采集空间。另外，由于遗址及周围地势起伏大，不适合发展成大型聚落，因此人口密度也必然相对较小，人口压力与自然资源的矛盾并不突出，获取肉食资源相对容易，这也是造成家畜饲养不发达的重要因素。

综上所述，我们认为陇南、陇东地区的马家窑类型和仰韶晚期遗存的生业方式具有高度一致性，均以定居农业为主，以饲养家畜为获取肉食资源的主要手段，家畜的种类也基本一致[46]，狩猎的对象也比较接近，与以营盘山遗址为代表的岷江上游非常相似。而以哈休遗址为代表的大渡河源头区则展现出另一种生业策略，以狩猎作为获取肉食资源的主要方式，它们之间的差异与地貌环境、海拔甚至区域经济传统有关。川西北地区不同流域马家窑类型生业方式的差异说明马家窑类型文化南传入川当存在不同的传播通道或走廊。

注　释

［1］　阿坝藏族羌族自治州文物管理所、四川省文物考古研究院、成都文物考古研究所、马尔康县文化体育局：《四川马尔康县哈休遗址 2003、2005 年调查简报》，《成都考古发现》（2006），科学出版社，2008 年。

［2］　阿坝藏族羌族自治州文物管理所、成都文物考古研究所、马尔康县文化体育局：《四川马尔康县哈休遗址 2006 年的试掘》，《南方民族考古》（第六辑），科学出版社，2010 年。

［3］　成都市文物考古研究所、阿坝藏族羌族自治州文管所、茂县博物馆：《四川茂县营盘山遗址试掘报告》，《成都考古发现》（2000），科学出版社，2002 年。

［4］　四川省文物考古研究所、阿坝州文物管理所、汶川县文化体育局：《四川汶川县姜维城新石器时代遗址发掘简报》，《考古》2006 年第 11 期；四川省文物考古研究所、阿坝州文物管理所、汶川县文物管理所：《四川汶川县姜维城新石器时代遗址发掘报告》，《四川文物》2004 年增刊。

［5］　阿坝藏族羌族自治州文物管理所、成都文物考古研究所、马尔康县文化体育局：《四川马尔康县哈休遗址 2006 年的试掘》，《南方民族考古》（第六辑），科学出版社，2010 年。

［6］　严文明、张万仓：《雁儿湾与西坡山瓜》，《考古学文化论集》（第三辑），文物出版社，1993 年。

［7］　何锟宇、陈剑：《马尔康哈休遗址出土动物骨骼鉴定报告》，《成都考古发现》（2006），科学出版社，2008 年。

［8］　何锟宇、陈剑：《马尔康哈休遗址出土动物骨骼鉴定报告》，《成都考古发现》（2006），科学出版社，2008 年。

［9］　陈剑、陈学志：《大渡河上游史前文化寻踪》，《中华文化论坛》2006 年第 3 期。

［10］　四川大学历史系考古教研组：《四川理县汶川县考古调查简报》，《考古》1965 年第 12 期。

［11］　成都文物考古研究所、阿坝藏族羌族自治州文管所、理县文物管理所：《四川理县箭山寨遗址 2000 年的调查》，《成都考古发现》（2005），科学出版社，2007 年。

［12］　四川省文物考古研究所、阿坝州文物管理所、汶川县文化体育局：《四川汶川县姜维城新石器时代遗址发掘简报》，《考古》2006 年第 11 期；四川省文物考古研究所、阿坝州文物管理所、汶川县文物管理所：《四川汶川县姜维城新石器时代遗址发掘报告》，《四川文物》2004 年增刊。

［13］　成都文物考古研究所、阿坝藏族羌族自治州文物保管所、茂县羌族博物馆：《四川茂县波西遗址 2002 年的试掘》，《成都考古发现》（2004），科学出版社，2006 年；成都文物考古研究所、阿坝藏族羌族自治州文物管理所、茂县羌族博物馆：《四川茂县波西遗址 2008 年的调查》，《成都考古发现》（2008），科学出版社，2010 年。

［14］　成都市文物考古研究所、阿坝藏族羌族自治州文管所、茂县博物馆：《四川茂县营盘山遗址试掘报告》，《成都考古发现》（2000），科学出版社，2002 年。

［15］　成都文物考古研究所、阿坝藏族羌族自治州文物保管所、茂县羌族博物馆：《四川茂县沙乌都遗址调查简报》，《成都考古发现》（2004），科学出版社，2006年。

［16］　陈剑：《波西、营盘山及沙乌都——浅析岷江上游新石器文化演变的阶段性》，《考古与文物》2007年第5期。

［17］　蒋成、陈剑：《岷江上游考古新发现述析》，《中华文化论坛》2001年第3期。

［18］　成都市文物考古研究所、阿坝藏族羌族自治州文管所、茂县博物馆：《四川茂县营盘山遗址试掘报告》，《成都考古发现》（2000），科学出版社，2002年。

［19］　陈卫东、王天佑：《浅议岷江上游新石器时代文化》，《四川文物》2004年第3期。

［20］　丁见祥：《马家窑文化的分期、分布、来源及其与周边文化的关系》，《古代文明》（第8卷），文物出版社，2010年。

［21］　江章华：《岷江上游新石器时代遗存新发现的几点思考》，《四川文物》2004年第3期；何锟宇：《甘肃东乡林家遗址分期的再认识——兼论营盘山遗址的分期、年代与文化属性》，《四川文物》2011年第4期。

［22］　何锟宇、蒋成、陈剑：《营盘山遗址出土动物骨骼概况》，《成都文物》2014年第2期。

［23］　黄蕴平：《动物骨骼数量分析和家畜驯化发展初探》，《动物考古》（第1辑），文物出版社，2010年。

［24］　赵志军、陈剑：《四川茂县营盘山遗址浮选结果及分析》，《南方文物》2011年第3期。

［25］　成都市文物考古研究所、阿坝藏族羌族自治州文管所、茂县博物馆：《四川茂县营盘山遗址试掘报告》，《成都考古发现》（2000），科学出版社，2002年。

［26］　张荣祖：《中国动物地理》，科学出版社，1999年，第257页。

［27］　何锟宇：《试论十二桥文化的生业方式——以动物考古学研究为中心》，《考古》2011年第2期。

［28］　张强禄：《马家窑文化与仰韶文化的关系》，《考古》2002年第1期。

［29］　中国社会科学院考古研究所：《师赵村与西山坪》，中国大百科全书出版社，1999年，第336页。

［30］　中国社会科学院考古研究所：《师赵村与西山坪》，中国大百科全书出版社，1999年，第337页。

［31］　李小强等：《甘肃西山坪遗址5000年水稻遗存的植物硅酸体记录》，《植物学通报》2008年第1期。

［32］　中国社会科学院考古研究所：《师赵村与西山坪》，中国大百科全书出版社，1999年，第311页。

［33］　甘肃省文物工作队、临夏回族自治州文化局、东乡族自治县文化馆：《甘肃东乡林家遗址发掘报告》，《考古学集刊》（4），中国社会科学出版社，1984年。

［34］　北京大学考古学系、甘肃省文物考古研究所：《甘肃武都县大李家坪新石器时代遗址发掘报告》，《考古学集刊》（13），中国大百科全书出版社，2000年。

［35］　黄蕴平：《动物骨骼数量分析和家畜驯化发展初探》，《动物考古》（第1辑），文物出版社，2010年。

［36］　余翀、吕鹏、赵从苍：《甘肃省礼县西山遗址出土动物骨骼鉴定与研究》，《南方文物》2011年第3期。

［37］　祁国琴、林钟雨、安家瑗：《大地湾遗址动物遗存鉴定报告》，《秦安大地湾》附录一，文物出版社，2006年。

［38］　袁靖：《关于动物考古学研究的几个问题》，《考古》1994年第10期。

［39］　袁靖：《论中国新石器时代居民获取肉食资源的方式》，《考古学报》1999年第1期。

［40］　苏秉琦主编：《远古时代》，上海人民出版社，1995 年，第 211～346 页。

［41］　刘东生、吴文祥：《全新世中期气候转变在中国古代文明起源中的可能作用》，《中国社会科学院古代文明研究中心通讯》2001 年第 3 期。

［42］　袁靖：《论中国新石器时代居民获取肉食资源的方式》，《考古学报》1999 年第 1 期。

［43］　长江流域规划办公室考古队甘肃分队：《白龙江流域考古调查简报》，《文物资料丛刊》（第 2 辑），文物出版社，1978 年；赵学野、司有为：《甘肃白龙江流域古文化遗址调查简报》，《考古与文物》1993 年第 4 期；张强禄：《白龙江流域新石器时代文物谱系的初步研究》，《考古》2005 年第 2 期；李振翼：《洮河中上游（甘南部分）考古调查简报》，《文博》1992 年第 5 期。

［44］　安家瑗：《宗日文化遗址动物骨骼的研究》，《动物考古》（第 1 辑），文物出版社，2010 年。

［45］　袁靖：《论中国新石器时代居民获取肉食资源的方式》，《考古学报》1999 年第 1 期。

［46］　傅罗文、袁靖、李水城：《论中国甘青地区新石器时代家养动物的来源及特征》，《考古》2009 年第 5 期。

［原载《成都考古研究》（三），科学出版社，2017 年，第 1～13 页］

马尔康哈休遗址出土动物骨骼鉴定报告

何锟宇　　陈　剑

（成都文物考古研究院）

　　哈休遗址地处大渡河上游脚木足河的一级支流茶堡河北岸的三级阶地之上，行政区划属于四川省阿坝藏族羌族自治州马尔康市沙尔宗乡哈休村一组，地理位置为东经102°9.4′、北纬32°10.3′，海拔2840米，高出河床80米。东南距乡政府驻地1500米，北靠八谷脑山，西临布尔库沟，南面隔河为沙（尔宗）马（尔康公路）。遗址东西长约380、南北宽约260米，总面积近10万平方米。2006年3月，成都文物考古研究所（现成都文物考古研究院）、阿坝藏族羌族自治州文物管理所、马尔康县文化体育局对该遗址进行了试掘，试掘面积83平方米，遗址出土了大量的陶器、石器和骨器等文化遗物，通过比较研究，我们认为哈休遗址是分布于大渡河上游地区的一种新石器时代文化，包含本地土著文化、仰韶晚期文化、马家窑文化等文化因素，其年代为距今5500～5000年[1]，与马家窑文化早期（石岭下类型和马家窑类型）大体同时。哈休遗址初步可分早晚两期，就出土动物骨骼所代表的动物属种来看，早晚两期无大的变化，所以我们在此一并报告。

一、动物属种鉴定

　　哈休遗址在发掘的过程中对出土的动物骨骼做了很细致的收集，虽然发掘面积较小，但共收集到动物骨骼2769件（含采集的），其中哺乳纲2755件，鸟纲14件。由于在埋藏过程中各种因素的影响，骨骼很破碎，有68件标本有烧痕，哺乳动物中可鉴定标本仅407件，代表最小个体数58（附表），属种包括藏酋猴（*Macaca thibetana*）、狗（*Canis familiaris*）、黑熊（*Selenarctos thibetanus*）、猪獾（*Arctonyx collaris*）、豹猫（*Prionailurus bengalensis*）、野猪（*Sus scrofa*）、小麂（*Muntiacus reevesi*）、水鹿（*Cervus unicolor*）、斑鹿（*Cervus nippon*）、狍属（？ *Capreolus* sp.）、黄牛（*Bos taurus*）、斑羚（*Naemorhedus caudatus*）、豪猪（*Hystrix* sp.）等。

（一）鸟纲（Aves）

鸡形目（Galliformes）

　　A. 雉科（Phasianidae）

Ⅰ. 雉亚科（Phasianinae）

共发现鸟的肢骨 13 件，肢骨都比较破碎，不能鉴定到属种。另外有 1 件左侧髋骨，近似石鸡（*Alectoris* sp.）的髋骨。石鸡属现在国内有 2 个种，7 个亚种，均为留鸟，石鸡主要分布在西北地区，在四川北部也有少量分布[2]。常栖于低山区干燥的山岩、丘陵地区的岩坡、砂坡等地，集群活动；主要以植物的嫩叶、枝、芽、浆果和种子为食，也食部分苔藓、地衣和昆虫[3]。

（二）哺乳纲（Mammalia）

1. 灵长目（Primates）

A. 猴科（Cercopithecidae）

藏酋猴（*Macaca thibetana*）

可鉴定标本 1 件，代表最小个体数 1 个。

右肱骨　1 件。H10：57，下端关节残（图版一〇五，1）。

2. 食肉目（Carnivora）

A. 犬科（Canidae）

狗（*Canis familiaris*）

可鉴定标本 7 件，代表最小个体数 1 个。

上、下颌　各 1 件。H3：8，右下颌，M_1 长 15.84、宽 6.26、前高 14.43 毫米（图版一〇五，2）。

肱骨　1 件。H3：28，左肱骨下端，下端长 20.69、宽 27.59 毫米（图版一〇五，3）。

B. 熊科（Ursidae）

黑熊（*Selenarctos thibetanus*）

可鉴定标本 5 件，代表最小个体数 1 个。

颌骨　3 件。上颌 2 件，下颌 1 件。H5：11，左下颌，保存 $M_1 \sim M_2$，M_3 已经萌出，M_1 长 26.71、宽 11.37、前高 30.83 毫米（图版一〇五，4）。

股骨　1 件。H5：12，左侧股骨上端，上端长 45.71、宽 71.03 毫米（图版一〇五，5）。

C. 鼬科（Mustelidae）

Ⅰ. 獾亚科（Melinae）

猪獾（*Arctonyx collaris*）

可鉴定标本 3 件，代表最小个体数 2 个。

右下颌　2 件。H7：9，保留 $P_4 \sim M_1$，M_2 未萌出，M_1 长 16.47、宽 6.39、前高 13.95

毫米（图版一〇五，6）。H9：79，保存 M_1，M_2 已经萌出，M_1 长 15.62、宽 5.79、前高 13.34 毫米（图版一〇五，7）。

D. 猫科（Felidae）

豹猫（*Prionailurus bengalensis*）

可鉴定标本 4 件，代表最小个体数 2 个。

左下颌　2 件。H10：43，留有下颌联合，已经愈合，保存 $dp_3 \sim dm_1$（图版一〇六，1）。H5：36，左下颌，保存 $dp_4 \sim dm_1$，dm_1 前断掉，$dp_3 \sim dm_1$ 长 21.93 毫米，dm_1 前下颌高 22.73 毫米，齿尖锋利（图版一〇六，2）。

左肱骨　1 件。H9：77，下端长 14.56、宽 31.06 毫米（图版一〇六，3）。

3. 偶蹄目（**Artiodactyla**）

A. 猪科（Suidae）

野猪（*Sus scrofa*）

可鉴定标本 4 件，代表最小个体数 1 个。

右下颌　1 件。H9：27，牙齿保存 $P_3 \sim M_3$，M_3 未完全萌出，测量 $M_1 \sim M_3$ 长 77.44 毫米，M_3 长 35.52 毫米（图版一〇五，8）。

B. 鹿科（Cervidae）

Ⅰ. 麂亚科（Muntiainae）

小麂（*Muntiacus reevesi*）

可鉴定标本 195 件，代表最小个体数 29 个。

下颌骨　52 件，其中左侧 29 件，右侧 22 件，还有 1 件比较破碎，难以辨别左右（表一）。H10：42，右下颌，保存 $M_1 \sim M_3$，$M_1 \sim M_3$ 长 27.51 毫米，M_1 前高 10.85 毫米（图版一〇六，4）。

表一　小麂下颌骨测量数据　　　　　　　　单位/毫米

标本号	左	右	M_1 前高	$M_1 \sim M_3$ 长度
H10：10	左		11.33	长 28.24
H10：11		右	11.08	长 26.61
H10：44	左		11.41	—
H10：45		右	11.42	27.42
H2：1		右	11.58	26.46
H2：2		右	11.01	28.42
H2：3	左		11.16	27.51
H2：5	左		10.29	28.95
H2：6	左		11.04	27.85
H2：7	左		10.12	28.33

续表

标本号	左	右	M₁前高	M₁~M₃长度
H3：9	左		12.91	30.75
H9：12	左		11.14	26.74
H9：15		右	11.37	29.49
H9：17	左		12.25	28.47
H9：18	左		11.79	27.44
H9：19	左		11.54	28.05
H9：22	左		11.52	26.51
采：3	左		11.54	30.68
H10：42		右	10.85	27.51

肩胛骨　24件，其中左侧19件，右侧5件。采：8，左侧，保存基本完整，肩胛窝长14.24、宽15.59毫米（图版一〇六，5）。

肱骨　18件，其中左侧10件，右侧8件（表二）。H10：3，左侧下端，关节愈合，下端长15.63、宽20.94毫米。

表二　小鹿肱骨下端测量数据　　　　　　　单位/毫米

标本号	左	右	长	宽
H10：2	左		17.27	21.62
H10：3	左		15.63	20.94
H10：4		右	15.48	19.07
H10：5		右	16.51	24.97
H10：50	左		17.63	20.88
H2：11	左		16.65	20.79
H5：5		右	16.61	20.46
H5：6	左		16.75	20.33
H6：1	左		17.02	19.23
H7：1		右	18.96	20.81
T2④：1	左		18.55	22.48
T2④B：1		右	17.74	23.09

桡骨　6件，左侧2件，右侧4件。H2：32，左侧下端，下端长15.08、宽19.11毫米。采：1，右侧上端，上端长11.17、宽18.14毫米。

掌骨　7件，左侧6件，右侧1件（表三）。II9：75，左侧上端，上端长11.64、宽14.98毫米。H2：23，左侧下端，下端长10.93、宽18.36毫米（图版一〇六，6）。

表三　小鹿掌骨下端测量数据　　　　　　　　　　　　　　单位/毫米

标本号	左	右	长	宽
H10：58	左		11.72	16.12
H10：60	左		11.65	18.1
H2：23	左		10.93	18.36
H7：3	左		8.58	15.67
H9：76		右	11.92	19.8
采：14	左		9.17	16.29

　　股骨　5件，左侧2件，右侧3件。H2：19，左侧下端，关节愈合，下端长29.19、宽28.65毫米。H2：21，右侧上端，股骨头、大结节和小结节均保存完整，上端长20.23、宽31.44毫米。

　　胫骨　5件，左侧3件，右侧2件。H2：31，左侧下端，下端长14.38、宽20.53毫米（图版一〇六，8）。

　　跖骨　3件，均为左侧。H2：29，左侧上端，关节愈合，上端长15.14、宽14.28毫米。H2：22，左侧，保存完整，关节愈合，长116.75毫米，上端长14.24、宽14.12毫米，下端长9.97、宽15.86毫米（图版一〇七，1）。

　　距骨　10件，左侧6件，右侧4件。测量数据如表四。

表四　小鹿距骨测量数据　　　　　　　　　　　　　　单位/毫米

标本号	左	右	距骨外长	距骨内长	距骨前宽	距骨后宽	距骨厚
H3：17		右	20.22	19.34	12.36	11.84	11.46
H3：18	左		19.96	18.71	11.36	11.71	10.34
H5：2	左		20.46	19.7	12.69	12.01	13.46
H5：3		右	22.46	21.26	12.91	12.67	12.91
H7：4		右	20.85	19.93	12.91	12.75	11.88
H9：62	左		21.12	20.62	13.81	12.48	12.81
H9：63	左		20.6	19.92	12.75	12.69	11.89
H9：64	左		21.24	20.39	12.73	11.81	10.51

　　Ⅱ. 鹿亚科（Cervinae）

　　　　水鹿（*Cervus unicolor*）

　　可鉴定标本108件，代表最小个体数7个。

　　角　1件。H4：6，保存比较好，残长约50厘米，中部有为加工角器获取角料的环切痕迹（图一一；图版一〇七，2）。

　　下颌　10件，左侧5件，右侧4件，1件破碎严重难以辨别左右。H4：1，右侧，保存M$_1$～M$_2$，M$_1$前高35.23毫米，M$_1$～M$_2$长41.02毫米（图一二；图版一〇七，4）。

　　桡骨　5件，左侧2件，右侧3件（表五）。H9：57，右侧下端，下端长33.68、宽52.51毫米。

				单位/毫米
表五　水鹿桡骨测量数据

标本号	左	右	长	宽
H9：57		右	33.68	52.51
采：6	左		33.34	60.79
H9：52	左		37.32	62.81
H9：58		右	35.87	49.81
H9：58		右	36.31	47.93

注：前 3 个标本为桡骨上端，后 2 个为桡骨下端测量数据

胫骨　8 件，左侧 3 件，右侧 5 件（表六）。H8：1，右侧下端，下端关节愈合，下端长 38.87、宽 50.78 毫米（图版一〇七，5）。

表六　水鹿胫骨下端测量数据　　　　　　单位/毫米

标本号	左	右	长	宽
H10：27	左		40.26	50.86
H3：1		右	40.52	58.05
H5：2		右	38.95	53.29
H7：2	左		40.63	51.66
H8：1		右	38.87	50.78

跗骨　1 件。H9：65，左侧上端，关节愈合，上端长 36.96、宽 38.43 毫米。

跟骨　7 件，左侧 3 件，右侧 4 件（表七）。H9：51，左侧，结节愈合，保存完整，长 117.44、宽 37.02、高 44.27 毫米。

表七　水鹿跟骨测量数据　　　　　　单位/毫米

标本号	左	右	长	宽	高
H10：24	左		119.98	33.75	34.95
H9：49		右	123.65	41.04	48.05
H9：51	左		117.44	37.02	44.27

距骨　3 件，左侧 2 件，右侧 1 件，测量数据见表八。

表八　水鹿距骨测量数据　　　　　　单位/毫米

标本号	左	右	距骨外长	距骨内长	距骨前宽	距骨后宽	距骨厚
H5：1		右	61.86	57.65	37.18	36.08	32.97
H9：60	左		63.71	58.91	39.44	37.84	34.01
H9：61	左		57.83	55.02	35.02	34.54	31.49

斑鹿（*Cervus nippon*）

斑鹿骨骼的数量在发现鹿科动物中相对较少，可鉴定标本 39 件，代表最小个体数 4 个。

肱骨　3 件，均为右侧。采：11，右侧下端，关节已经愈合，下端长 31.89、宽

39.65 毫米（图版一〇七，6）。

掌骨　6 件，左侧 4 件，右侧 2 件。H3∶23，左侧下端，下端长 25.68、宽 39.36 毫米（图版一〇七，7）。

狍属（? *Capreolus* sp.）

在整理这批骨骼中，我们发现了一种鹿科动物比小麂和毛冠鹿的骨骼稍大，由于未发现角，不能确定其属种，但从骨骼的形态大小来看，大体与狍属（*Capreolus* sp.）一类大小差不多。现生的狍属中仅有狍（*Capreolus capreolus*）一种，在陕西、四川北部、甘肃、宁夏和青海分布有其亚种之一的西北亚种（*Capreolus capreolus melanotis*）[4]，结合马尔康哈休遗址所处的地理位置和海拔，我们认为这类鹿科动物有可能就是狍属一类。

可鉴定标本 26 件，代表最小个体数 5 个。

肱骨　2 件，左、右各 1 件。H3∶3，右侧下端，关节愈合，远端长 28.42、宽 29.39 毫米（图版一〇八，1）。

胫骨　7 件，左侧 5 件，右侧 2 件。H9∶3，左侧下端，关节愈合，下端长 23.09、宽 29.42 毫米（图版一〇八，2）。H2∶18，左侧上端，上端长 28.25、宽 33.51 毫米。

C. 牛科（Bovidae）

Ⅰ. 牛亚科（Bovinae）

黄牛（? *Bos taurus*）

标本很少，均为指骨/趾骨，可鉴定标本 2 件，代表最小个体数 1 个。

Ⅱ. 羊亚科（Caprinae）

斑羚（*Naemorhedus caudatus*）

可鉴定标本 11 件，代表最小个体数 3 个。

角　4 件。H9∶78，一对，仅保存靠基部的下端（图版一〇八，4）。H5∶10，一对，仅保存靠基部的下端（图版一〇八，3）。

上颌　2 件。H9∶81，左侧，牙齿萌出 $dp^3 \sim dm^3$，$dm^1 \sim dm^3$，长 25.39 毫米（图一四；图版一〇八，5）。

下颌　1 件。H3∶11，左侧，保存 $M_1 \sim M_3$，M_3 尚未完全萌出，M_1 前高 19.35 毫米（图一五；图版一〇八，6）。

掌骨　2 件。左、右各 1 件。H7∶10，右侧下端，下端长 13.19、宽 21.51 毫米（图版一〇八，7）。H9∶72，右侧，远端长 19.83、宽 30.13 毫米。

股骨　2 件，左、右各 1 件。H3∶10，右侧下端，下端长 50.31、宽 39.34 毫米。

4. 啮齿目（Rodentia）

豪猪科（Hystricidae）

豪猪（*Hystrix* sp.）

可鉴定标本 2 件，代表最小个体数 1 个。

右下颌　1 件。H9：21，$P_4 \sim M_3$ 长 30.32 毫米，$M_1 \sim M_3$ 已经磨出很多小环（图一六；图版一〇八，8）。

二、从出土动物骨骼看大渡河上游的动物资源和生态环境

哈休遗址位于大渡河（大渡河为岷江水系的最大支流）上游的马尔康市，马尔康位于青藏高原东部，邛崃山脉的北端，也是北东走向的龙门山、北西走向的鲜水河断裂带及松潘地块交汇地区，属高原峡谷区，山岭连绵，沟谷陡峻，具有典型的高山峡谷和高原高山地貌特征。该地区地质构造复杂，地层多为三叠系砂岩、板岩和变质岩等，境内最高峰海拔达 5000 米左右，最低谷地海拔在 2300 米左右。境内河流纵横，梭磨河由市东部入境，在热脚和脚木足河交汇；茶堡河发源于梭磨乡北部大青坪，由东向西在龙头滩汇入脚木足河；脚木足河（麻尔曲河和草登河）源于青海省班玛县境内，由阿坝藏族羌族自治县入西北境，于可尔因与杜柯河汇合后经党坝入金川县境。由于这种地貌特征，区内为典型的高原大陆季风气候，干湿季明显，四季不大分明，大部地区夏季短促，虽然日照充沛，但温差较大，垂直分异显著，与此相应，植被垂直变化也很明显。从河谷到山顶分别为干旱河谷灌丛、山地阔叶林、亚高山针叶林和高山灌丛草甸与流石滩植被；其中亚高山针叶林面积最大，分布广泛，由种类繁多的云杉属和冷杉属构成，北部高原面海拔更高，气候严酷，有大面积的高山灌丛和高山草甸。

遗址中出土的动物骨骼中除了狗是家畜外（猪和黄牛也应该是野生的，在后文分析），其他都是野生动物，这有利于我们考察遗址周围的动物分布、植被状况等生态环境，也为我们探讨大渡河上游新石器时代晚期的动物资源和生态环境提供了宝贵材料。哈休遗址鹿科动物发现最多，其中水鹿群栖息于针阔混交林、阔叶林、稀林草原等生境；小鹿栖息于常绿阔叶林和针阔混交林，灌丛和河谷灌丛；斑鹿栖息于针阔混交林的林间和林缘草地以及山丘草丛；狍主要栖居于山麓阔叶混交林或针阔混交林。黑熊属于林栖动物，主要栖息于阔叶林和针阔混交林中。而斑羚栖息于高山林带和峭壁裸岩，独栖或成队晨昏在山坡、林中草地、溪边取食灌、乔木的嫩枝、叶和青草等，反映了遗址周围地貌起伏大的特征。遗址出土的动物骨骼体现出在（四川）西部地区特殊的地貌条件下，动物区系的种类组成具有复杂和古老的特殊点外，善于奔驰跳跃或登崖履险的有蹄类多，也和东部地区形成鲜明对照[5]。豪猪的生境范围较广，在森林和草原均有分布，是一种夜行动物，大多生活在地面上，栖居在洞穴里，以植物根茎和落果为生。这些动物的存在说明遗址周围的植被有较多的阔叶林、针阔混交林，浓郁的灌丛和草丛，体现出明显的垂直分布差异。在哈休遗址中我们尚未发现龟鳖、鱼等淡水类动物，暂时也没有发现网坠等捕鱼工具，这反映附近没有水塘和小河之类的小型水域，也有可能与发掘面积小或与食物禁忌习惯等方面有关。总的看来，哈休遗址所处的大渡河上游地表起伏

比较大，从而导致气候、植被类型的多样化和垂直分布明显，对于资源动物的种属构成、数量和分布地域影响很大，也与出土的动物骨骼呈现出的当时动物种属的多样性吻合。综上所述，我们可以看到哈休遗址的先民生活在一个林草茂密的自然环境中，也有一定的灌丛和草丛，植被垂直变化比较明显，动物群和植被的多样性为先民提供了广阔的采集和狩猎空间。

三、从出土动物骨骼看哈休先民的生业方式

　　哈休遗址出土的动物骨骼主要出自灰坑，这些骨骼应该为先民肉食消耗所剩的，从出土的动物骨骼，我们可以管窥哈休先民在食物结构和生业方式等方面的一些特点。在考察生业方式前，我们首先要弄清楚各种动物所占的比重，以及哪些动物是已经驯养的，哪些是野生的，这样我们才能较准确地探讨到先民的经济形态。

　　从可鉴定标本数（NISP）来看，鹿科动物无疑是居主导的，鹿科四种动物骨骼即占可鉴定标本数的90.42%，目前能确定为家畜的只有狗一种，仅占1.72%（表九）；再从最小个体数（MNI）来看，鹿科四种动物一样是最多的，占78.22%，狗占1.72%（表一〇）。从狩猎获得的野生动物属种构成来看，鹿科四种动物占绝大多数，体现出鹿科动物是先民狩猎的优先选择。这一方面说明遗址周围鹿科动物分布密集，资源丰富；另一方面也可能因为鹿性情温顺，虽然警觉但防御性差，先民狩猎捕杀的危险性小。在遗址中也发现了像黑熊、野猪这样凶猛的野生动物，但数量很少，而且食肉类都是幼年的，这也说明先民狩猎的选择性。

表九　哺乳动物骨骼可鉴定标本（NISP总数为407件）

动物属种	小鹿	水鹿	斑鹿	狍属？	斑羚	野猪	狗	藏酋猴	豹猫	黄牛	豪猪	猪獾	黑熊
NISP	195	108	39	26	11	4	7	1	4	2	2	3	5
百分比	47.91	26.54	9.58	6.39	2.70	0.98	1.72	0.25	0.98	0.49	0.49	0.74	1.23

表一〇　出土动物骨骼的最小个体数（MNI总数为58个）

动物属种	小鹿	水鹿	斑鹿	狍属？	斑羚	野猪	狗	藏酋猴	豹猫	黄牛	豪猪	猪獾	黑熊
MNI	29	7	4	5	3	1	1	1	2	1	1	2	1
百分比	50.00	12.07	6.90	8.62	5.17	1.72	1.72	1.72	3.45	1.72	1.72	3.45	1.72

　　此前，关于如何确定考古遗址中的家畜动物，祁国琴认为一般从两方面入手：一方面是寻找骨骼学的证据，另一方面要看遗址动物群中是否有一定年龄类群的存在；除此之外，还要注意文化和环境以及艺术品形象的证据[6]。袁靖近年在前人研究的基础上又总结了关于如何判别家猪的五项标准[7]。哈休遗址出土猪和黄牛的数量均很少，从骨骼形态上我们没有办法分辨它们是否已经被驯养，出土的文物中也没有发现仿生艺术品以及用猪和黄牛等随葬的文化现象，但从它们在所有出土动物骨骼中的比重来看，我们倾

向其是野生的。这样看来，在哈休遗址出土的动物中，只有狗是家养的，其他都应该是先民狩猎获得的，在日常的经济生活中，狩猎无疑是获取肉食的主要方式。虽然家养动物的种类仅有狗，但从我们收集的骨骼状况来看，哈休遗址的骨骼分布很密集，破碎程度也高，骨骼上保留有不少的砍切痕迹，而且发现了很多的骨坯和制作骨器剩余的废料，这些都是定居聚落内动物骨骼遗存的特征。

从遗址出土的其他遗迹和遗物来看，哈休遗址发现的灰坑以圆形为主，也有个别袋状灰坑，有些坑内有意放置石块或有经过焚烧的硬面，这些灰坑应为储存粮食及其他物品的窖穴。遗址除发现大量的陶器外，还有少量细石器和骨梗刀，这些是常用的与狩猎有关的工具。另外，哈休遗址试掘同时对灰坑填土进行了浮选，收集的植物标本经过初步鉴定，可以确认发现了粟等作物品种[8]，说明哈休先民也栽培旱作谷物，但采集、狩猎、农业三者在经济结构中所占的比重目前难以估算。

综上所述，我们认为哈休先民在农耕的同时，又以狩猎作为获取肉食资源的主要手段。遗址周围除有丰富的动物资源外，植被浓郁，采集业也应该是经济生活中不可或缺的补充形式。在哈休先民的经济结构中，狩猎经济所占的比例很高，经济结构单一性也突出，这一方面意味着有众多的野生动物资源而且相对稳定，足以提供丰富的食物资源；另一方面，先民通过狩猎采集活动，对他赖以生存的动植物群施加影响，同时又受动物繁衍和迁移、植物的季节性生长等限制，且狩猎采集技术进步一般比较缓慢，人口增长严重受食物资源制约。哈休先民这一生业方式说明遗址地处川西高原，人口密度相对较小，食物资源压力也相对要小，人口压力和食物资源这一矛盾体没有造成人地关系的紧张，平时狩猎就可以满足日常肉食需要。

注　释

［1］　陈剑、陈学志：《大渡河上游史前文化寻踪》，《中华文化论坛》2006年第3期。

［2］　鲁长虎、费荣梅编：《鸟类分类与识别》，东北林业大学出版社，2003年，第92页。

［3］　刘明玉、解玉浩、季达明主编：《中国脊椎动物大全》，辽宁大学出版社，2000年，第589页。

［4］　王应祥：《中国哺乳动物种和亚种分类名录与分布大全》，中国林业出版社，2003年，第127页。

［5］　《四川资源动物志》编辑委员会主编：《四川资源动物志》第一卷"总论"，四川人民出版社，1982年，第15、16页。

［6］　祁国琴：《动物考古学所要研究和解决的问题》，《人类学学报》1983年第2卷第3期。

［7］　袁靖：《古代家猪的判断标准》，《中国文物报》2003年8月1日第7版。

［8］　陈剑、陈学志：《大渡河上游史前文化寻踪》，《中华文化论坛》2006年第3期。

［原载《成都考古发现》（2006），科学出版社，2008年，第424～436页］

茂县营盘山遗址浮选结果及分析

赵志军[1]　陈　剑[2]

（1. 中国社会科学院考古研究所；2. 四川成都文物考古研究院）

一、研　究　背　景

营盘山遗址位于四川省西北部岷江上游地区的茂县县城附近。岷江上游是典型的高山峡谷地区，境内山峰耸峙、重峦叠嶂、河谷深邃、悬崖峭壁，素有"峭峰插汉多阴谷"之称。但是，茂县的县城即凤仪镇所在地是岷江上游地区面积最大的一处河谷冲积扇平原，又称"茂县盆地"，土肥地美，水源充足，气候宜人，所以一直是人类选择定居地点的理想之所（图版一，1）。自2000年以来，通过考古调查在茂县盆地先后发现了营盘山、波西、金龟包、波西台地、上南庄、勒石、沙乌都、马良坪等10余处新石器时代遗址及遗物采集点，其中，以营盘山遗址的面积最大、发现遗迹遗物也最为丰富。

营盘山遗址地处岷江东南岸三级阶地上的一处台地上，海拔1650～1710米，高出岷江河谷约160米。台地的西面、北面和东北面为岷江所环绕，东临深谷阳午沟，表面地势略呈缓坡状，平面约呈梯形，东西宽120～200米，南北长约1000米，面积近15万平方米。2000～2006年，由成都文物考古研究所（现成都文物考古研究院）、阿坝藏族羌族自治州文物管理所和茂县羌族博物馆组成联合考古队，先后五次对遗址进行了发掘[1]。

通过发掘，在营盘山遗址内共发现了新石器时代房屋基址11座、人祭坑9座、灰坑120余座、窑址4座及灶坑13座。出土的陶器、玉器、石器、细石器、骨器、蚌器等类遗物总数近万件。营盘山遗址的文化堆积丰富，分为6层，其中的主体文化堆积层位即3～6层为新石器时代文化层。从平面布局上看，在遗址的中部地带发现较多的柱洞、基槽等房屋基址和窖穴类遗迹，应为居址区；中部偏西地带发现了大面积的硬土活动面遗迹，地势较为平坦，硬土面下还清理出人祭坑多座，应是重要的公共活动场所；硬土活动面北侧发现有多座窑址和数量丰富的灶坑遗迹，应是烧制陶器的手工业作坊区；中部偏北地带发现有多处灰坑遗迹，坑内出土了大量的细石叶、细石核、燧石器、燧石原料及半成品，推测可能为集中制作细石器的地点。根据出土遗迹遗物的分析，营盘山应该是一处岷江上游地区的史前中心聚落遗址。

在发掘过程中，先后采集了多份木炭样品送交相关实验室进行[14]C测年，目前已经获得5份结果，其中两份是由北京大学考古文博学院加速器质谱实验室测试的，结果为：BA03280（2000SMYT10H8），距今4390±60年；BA03281（2000T12⑥）：距今

4170±60 年[2]。另外三份是由中国社会科学院考古研究所 14C 实验室测试的，结果为：ZK-3208（2003SMYY1），距今 4416±31 年；ZK-3210（2003SMYH58），距今 4274±31 年；ZK-3211（2003SMYH26），距今 4419±32 年[3]。树轮校正后的年代范围是距今 5300～4600 年。通过将营盘山遗址出土陶器与其他相关考古遗址出土陶器类型进行对比，尤其是分布在渭河上游地区和白龙江中下游地区的年代清楚、序列明确的新石器时代遗存的陶器，所得出的相对年代结果与上述绝对年代数据范围相似。上限同马家窑文化石岭下类型或以大地湾遗址第四期文化为代表的仰韶晚期遗存的年代相近，下限和马家窑文化马家窑类型相似。

在 2003 年的正式发掘过程中，开展了尝试性的浮选工作，先后选择了 9 个灰坑采集浮选土样，每份样品的土量为一小袋，约相当 5 升土，总计浮选土量约 45 升。浮选是在发掘现场进行的，采用的是水桶浮选方法。浮选结果在当地阴干后被送交中国社会科学院考古研究所植物考古实验室进行分类、鉴定和分析。

二、浮 选 结 果

通过实验室的整理发现，从营盘山遗址 9 份样品中浮选出土了十分丰富的炭化植物遗存，大体可分为炭化木屑、核果果核和植物种子三大类。

（一）炭化木屑

炭化木屑是指经过燃烧的木头的残存，其主要来源应该是未燃尽的燃料，或遭到焚烧的建筑木材以及其他用途的木料等。从营盘山遗址浮选出土的炭化木屑大多十分细碎，但也有少量较大的碎块，可送交专家进行树种的鉴定。我们使用 18 目（网孔径 1 毫米）分样筛，将每份样品浮选出土的大于 1 毫米的炭化木屑筛分出来，然后使用电子天平进行称重。结果显示，营盘山遗址 9 份浮选样品所含的炭化木屑总重为 266.4 克，平均每份样品炭化木屑的含量为 29.6 克 /5 升土样。与其他考古遗址的浮选结果相比较，营盘山遗址浮选样品中的炭化木屑含量非常丰富。

由于营盘山遗址浮选样品都是采自灰坑，采样背景相同，所以没有对各浮选样品的炭化木屑含量开展进一步的比较和分析。

（二）核果果核

核果（drupe）是肉果（fleshy fruits）的一种，其种子被三层果皮所包裹，外果皮很薄仍被称之为"果皮"，中果皮异常发达成为可食用的"果肉"，内果皮木质化变成了坚硬的"果核"。核果大多属于水果类，如桃、李、杏、梅、枣、橄榄等都是人类喜爱的果品；核果的果核十分坚硬，容易长期保存，因此，在考古遗址的发掘过程中经常可以发现炭化的或未被炭化的核果的果核遗存。

在营盘山遗址浮选结果中发现的核果果核的数量很多，但都已经破碎成为残块，有大有小，合计共 311 块，经称重，总计 13.64 克。

根据鉴定特征对这些果核残块进行了植物种属鉴定，结果发现，在营盘山遗址出土的果核残块中，绝大多数都属于蔷薇科（Rosaceae）的李属（Prunus），总计 259 块。剩余的 52 块果核残块因破碎过甚或特征不明显，暂时无法鉴定到属种（表一）。

表一　果核残块统计表

植物名称		数量 / 块	重量 / 克
李属（Prunus）	桃（Prunus persica）	220	11.08
	梅（Prunus mume）	5	0.36
	杏（Prunus armeniaca）	1	0.18
	未知种（Prunus sp.）	33	1.18
无法鉴定		52	0.84

根据细微特征，如果核表面上的纹样，在 259 块李属果核的残块中又进一步地识别出了桃、梅和杏三个果树品种。

1. 桃

在桃、李、杏、梅这四种核果中，桃的鉴定特征最明显，不仅果实的形状特殊，果核的特点也很突出。桃核大而厚，表面布满不规则的深沟纹，因此，桃核即便是碎块，也很容易识别。营盘山遗址浮选出土的桃核残块数量很多，总计多达 220 块，占出土核果果核总数的 70.7%（图版一○九，1）。桃核的出土概率也较高，9 份样品中有 7 份出土了桃核残块。估计营盘山先民当时经常采集山桃食用。

2. 梅

梅、杏、李三种核果的果实的形状都很相似，如现今市场销售的"话梅"大多数实际上就是用杏制作的，但梅的果核的特征却非常明显，表面密布细槽纹，很容易鉴定。营盘山遗址浮选出土的梅核残块数量较少，共发现了 5 块（图版一○九，2）。

3. 杏

在营盘山遗址浮选结果中仅鉴定出了一块杏核残块（图版一○九，3）。但实际上，杏核可能不止这一例。杏与李不仅果实的形状很相似，而且果核的形状特征非常相似，都为扁圆形，表面光滑，细微的差别是杏核的缘棱比较尖锐突出。因此，当杏核和李核破碎较甚，核缘保存不明显时，二者就很难区分了。所以，在 33 块未鉴定出种的李属植物的果核遗存中，很可能有许多实际是杏核的残块，但由于无法确定，只好暂归李属未知种。

（三）植物种子

植物种子是营盘山遗址浮选工作的最大收获，在 9 份浮选样品中共清理出了 7992 粒各种炭化植物种子。经鉴定，这些炭化植物种子分别属于 19 个不同的植物种类，其中有些可以准确地鉴定到种（species）或属（genus），有些仅能鉴定到科（family）；另外还有极少数的出土植物种子由于形态特征不明显，或由于炭化过甚而失去了特征部位，无法进行种属鉴定（表二）。鉴定出的植物种子可分为农作物、杂草类植物和其他植物三大类，下面择要分别给予介绍。

表二 营盘山遗址出土植物种子统计表

植物名称	数量 / 块	数量百分比 /%
农作物		
粟（*Setaria italica*）	2350	29.4
黍（*Panicum miliaceum*）	2161	27.0
杂草类		
藜属（*Chenopodium* spp.）	2405	30.1
狗尾草属（*Setaria* ssp.）	548	6.9
黍属（*Panicum* ssp.）	79	1.0
马唐属（*Digitaria* ssp.）	6	<1
鸭跖草（*Commelina communis*）	8	<1
其他		
疑似黑麦（*Secale cereale*？）	3	<1
野大豆（*Glycine soja*）	23	<1
紫苏（*Perilla frutescens*）	95	1.2
沙棘（*Hippophae rhamnoides*）	110	1.4
红豆杉（*Taxus chinensis*）	16	<1
盐肤木（*Rhus chinensis*）	4	<1
葡萄属（*Vitis* sp.）	6	<1
朴属（*Celtis* sp.）	1	<1
蓼科（Polygonaceae）	43	<1
忍冬科（Caprifoliaceae）	18	<1
旋花科（Convolvulaceae）	44	<1
未知	72	<1

1. 农作物

营盘山遗址出土的农作物包括粟和黍两个品种。

（1）粟

营盘山遗址共浮选出土了 2350 粒炭化粟粒，占出土植物种子总数的 29.4%。这些炭化粟粒均呈圆球状，直径在 1.2 毫米左右，粟粒的表面较光滑，胚部因烧烤而爆裂呈深沟状（图版一○九，4、5）。

（2）黍

营盘山遗址出土炭化黍粒的数量与粟粒相差无几，共计 2161 粒，占出土植物种子总数的 27%。这些炭化黍粒的形状也是圆球状，但个体较大，直径近 2 毫米，表面较粗糙，胚部爆裂呈张开的凹口状（图版一○九，7）。

2. 杂草类植物

（1）藜属

在营盘山遗址浮选出土的植物种子中，数量最多的是藜属植物种子，总计达 2405 粒，占出土植物种子总数的 30.1%。这些出土的藜属植物种子尺寸都很小，扁圆形，胚根显著，直径约 1 毫米（图版一○九，6）。

藜属植物包括有 250 余个种，分布在中国的约有 20 个种，其中的大多数种是属于杂草类植物（weed），例如，俗称"灰菜"的藜（C. album）就是现今中国北方地区麦田中危害较大的一种田间杂草。此次在营盘山遗址出土的藜属植物种子数量异常得多，但如何判断这些出土藜属植物还需要进一步分析。

（2）禾本科

禾本科在植物界是个大科，辖数百个属，其中包括在营盘山遗址出土的狗尾草属、黍属和马唐属。这些禾本科的属中都包含有对农田危害严重的田间杂草品种，例如，狗尾草属中的狗尾草（S. viridis）和金色狗尾草（S. glauca），黍属中的铺地黍（P. repens）和糠稷（P. bisulcatum），马唐属中的马唐（D. sanguinalis）和毛马唐（D. ciliaris）等。这些禾本科杂草植物的种子形态在属一级差异较显著，但到种一级相似性较强，鉴定有一定难度，因此对营盘山遗址出土的禾本科杂草植物仅鉴定到属一级。

狗尾草属植物种子的出土数量较多，共发现 548 粒，均呈扁椭圆形，背部略鼓，腹部扁平，胚区较长，尺寸较小（图版一一○，1）。黍属植物种子有 79 粒，也呈扁椭圆形，胚区较宽大。马唐属植物种子数量较少，仅发现 6 粒，形态略显细长，长度在 1 毫米以下，胚部较短小。

（3）鸭跖草

鸭跖草是一年生草本植物，属于鸭跖草科（Commelinacea）。鸭跖草的种子形态很特殊，略显方形，胚芽部位呈凹口状。在营盘山遗址浮选结果中发现了8粒鸭跖草种子，粒长在2～2.5、粒宽在2毫米左右（图版一一〇，2）。鸭跖草是现今秋熟旱地农田中很常见的杂草。

3. 其他植物种子

（1）疑似黑麦

黑麦是一种麦类谷物，籽粒的形状介于小麦粒和燕麦粒之间，细长，背部隆起，有腹沟，颜色较深。在营盘山遗址浮选结果中发现了3粒疑似黑麦的籽粒，粒长在4.5～5、粒宽约2毫米（图版一一〇，3）。黑麦是一种耐寒谷物，现今主要种植在北欧和东欧的广大区域，在我国西北地区也有少量种植。一般认为，黑麦起源于土耳其的东南部一带，后传入中国。营盘山遗址出土的这3粒种子从形态特征上非常接近现代黑麦的谷粒，但由于黑麦是外来品种，何时传入中国尚不清楚，此次出土的数量又太少，因此需要谨慎对待，暂时称之为"疑似黑麦"，确定的鉴定结果有待于农学家或专门研究西亚农业起源的学者给予帮助。

（2）野大豆

营盘山遗址浮选出土了23粒野大豆，其中完整的仅有8粒，豆粒呈长椭圆形，背部圆鼓，腹部微凹，豆脐呈窄长形，位于腹部偏上部（图版一一〇，4）。经测量，这8粒完整的野大豆的豆粒长度、宽度和厚度的平均值分别是3.56、2.2和1.9毫米，明显小于栽培大豆，与现生野大豆的豆粒尺寸相近。

（3）紫苏

紫苏是一年生草本植物，属于唇形科（Labiatae）的紫苏属。在营盘山遗址浮选结果中发现95粒炭化紫苏种子，占出土植物种子总数的1.2%。紫苏种子特征十分明显，呈卵圆形，外皮有六边形的褶皱纹（图版一一〇，5）。紫苏的叶、梗和籽均能食用，在古代可能被作为食物，在现代是一种常见的中草药。

（4）沙棘

沙棘是一种干旱地区常见的灌木，属于胡颓子科（Elaeagnaceae）的沙棘属。营盘山遗址浮选出土了110粒炭化沙棘种子，占出土植物种子总数的1.4%。沙棘的种子为长圆形，一端较尖，长约2.5、宽1毫米左右（图版一一〇，6）。沙棘是一种落叶性灌木，其特性是耐旱，抗风沙，也可以在盐碱化土地上生存。沙棘的根、茎、叶、花、果含有丰富的营养物质，都可以食用。

（5）红豆杉

红豆杉是一种珍稀树种，属于红豆杉科（Taxaceae）的红豆杉属。在营盘山遗址浮选结果中发现了16粒红豆杉树的种子，扁卵圆形，直径在3～3.5毫米（图版一一〇，7）。红豆杉树主要分布在横断山区和四川盆地周边山地，多见于1500～3000米的山地落叶阔叶林中。红豆杉的果实成熟后为红色，故名红豆杉。

（6）盐肤木

盐肤木是一种小乔木，俗称五倍子树，属于漆树科（Anacardiaceae）。在营盘山遗址浮选结果中还发现了4粒盐肤木种子，扁圆形，高约1.8、宽约2.5毫米（图版一一○，8）。

另外，在营盘山遗址浮选结果中发现的其他可鉴定植物种子还有葡萄属（Vitis）、朴属（Celtis）、蓼科（Polygonaceae）、忍冬科（Caprifoliaceae）和旋花科（Convolvulaceae）等。这些植物种子或因出土数量少，或因只鉴定到科一级，分析意义不大，所以就不再一一细述。

三、分析讨论

营盘山遗址浮选的样品虽少，但浮选结果异常丰富，出土了数量可观的果核残块和大量的炭化植物种子，平均每份浮选样品出土植物种子880余粒，如此丰富的炭化植物遗存为探讨营盘山先民与植物之间的关系提供了多方面的信息。下面择要进行分析和讨论。

（一）农作物和杂草遗存反映的生业形态问题

从表二可以清楚地看出，在营盘山遗址浮选出土的炭化植物种子中，农作物籽粒和杂草类植物种子的数量最为突出，二者合计约占出土植物种子总数的95%。杂草是伴随着人类的出现而形成的、依附于人类的生产和生活而存在于某种人工生态环境的一类特殊植物。田间的杂草之所以被人类视为危害，是因为它们的生长环境属于人类耕种的农田，与人类所种植的农作物相伴而生。因此，在考古遗址浮选出土的田间杂草类植物遗存，其所反映的实际是当时的农耕生产情况。前面已经提及，营盘山遗址出土的杂草类植物种子都应该属于田间杂草。所以从总体上讲，营盘山遗址浮选结果所表现的主要是当时的农业生产以及农产品加工和消费的信息，毫无疑问，营盘山遗址的生业形态已经进入到农业阶段，农业生产应该是营盘山先民的物质生活资料的主要来源。

营盘山遗址浮选出土的农作物包括粟和黍两个谷物品种。粟也称谷子，黍也称糜子，这两种谷物常被统称为"小米"或"粟类作物"，是中国古代北方旱作农业的主体农作物品种[4]。需要指出的是，营盘山遗址浮选出土的杂草类植物遗存，如狗尾草属、黍属和马唐属，以及鸭跖草，都是秋熟旱作农田中常见的杂草类型[5]，而谷子和糜子恰恰都是秋熟旱地作物。综合以上因素判断，营盘山遗址浮选结果所反映的农业应该属于典型的北方旱作农业生产特点。

（二）营盘山遗址旱作农业生产特点的来源问题

营盘山遗址是岷江上游地区一处重要的新石器时代遗址，其重要性不仅表现在所处的关键的地理位置，而且还在于其特殊的文化性质。例如，营盘山遗址出土的彩陶不论器形还是在彩陶纹饰都属于典型的马家窑文化风格，[14]C 测定的年代也落在了马家窑文化的年代范围内，因此，有关营盘山遗址与马家窑文化的关系就成为学术界的一个热点问题。目前主要有三种观点：其一，认为营盘山遗址文化遗存与马家窑文化虽然存在小的差异，但文化特征基本一致，所以，营盘山遗址文化属性当为"马家窑文化"，据此，岷江上游应属于马家窑文化分布区[6]。其二，认为岷江上游地区的营盘山遗址、理县箭山寨遗址、汶川姜维城遗址等与白龙江流域的大李家坪遗址三期相似，都属于仰韶文化晚期遗存，但又具有较强的地方特色[7]；有学者运用文化因素分析方法，对岷江上游地区以营盘山遗址为代表的这类遗存进行了分组研究，也认为营盘山遗存更像大李家坪三期，具有仰韶文化晚期风格[8]。其三，主张将营盘山文化遗存命名为"营盘山文化"，主要依据是陶器类型学的分析结果。营盘山遗址出土陶器根据器形和纹饰特征大致可分为三组：A 组与仰韶晚期陶器特征相近；B 组与马家窑文化马家窑类型陶器特征相近；C 组属于当地特有的土著文化因素，与四川盆地北缘、东缘三峡地区同期的新石器时代遗存的陶器有较多相似之处。从总体上看，在营盘山遗址出土陶器中以 C 组所占比例较高，B 组次之，再次为 A 组[9]。由此可见，以营盘山遗址为代表的岷江上游新石器时代文化遗存应该是一种以具有自身特色的本土文化因素为主体成分、同时吸收了仰韶晚期、马家窑类型等多种外来文化因素的地方文化类型[10]。这一主张得到了一些学者的赞同[11]。

然而，不论是持哪一种观点，有一点是得到共识的，那就是岷江上游地区的营盘山遗址文化遗存与甘青地区的仰韶文化晚期和马家窑文化遗存之间存在着非常密切的关系。

甘青地区仰韶文化晚期和马家窑文化主要分布在渭河中上游以及洮河和大夏河流域，这一地区是中国古代北方旱作农业的主要分布区域之一。秦安大地湾一期文化出土的黍和粟是目前在我国发现的最早的小米遗存实物证据之一；在仰韶文化时期，当地的旱作农业不断发展；到了马家窑文化时期，以粟和黍为代表性农作物的北方旱作农业传统在这一地区已经建立。前面提到，根据浮选出土植物遗存的量化分析结果，营盘山遗址的生业形态已经进入到农业生产阶段，而且其特点属于典型的北方旱作农业传统。由此推论，营盘山遗址浮选结果所表现出的典型北方旱作农业生产特点应该源自甘青地区仰韶文化晚期和马家窑文化的分布区域，姑且不论营盘山遗址的文化属性究竟是应该直接地归属甘青地区仰韶文化晚期或马家窑文化，还是间接地受到其文化影响。

除了文化因素之外，营盘山遗址反映出的旱作农业生产特点与当地的生态环境也有一定的关系，确切地讲，与茂县盆地的黄土沉积有关。岷江上游地区属于川西高原，位于青藏高原东部边缘地带。岷江自源头弓嘎岭到都江堰，河床的海拔从 3400 米降到 900 米，沿河谷发育的阶地海拔也相应下降，不同河段阶地的级别、相对高差也发生变化[12]，不同级别的阶地物质组成不同。例如，茂县盆地发育有四级阶地：一级阶地海拔高出河面 1～2 米，由河漫滩砾石组成[13]；二级阶地海拔高出河面 8～12 米，由冲积、洪积、泥石流扇组成；三级阶地海拔高出河面 100 米左右，由砾石层、黏土层、黄土层等组成。营盘山遗址就位于三级阶地的黄土层上。这层黄土也被称作川西黄土，分布广泛，北起阿坝盆地，南到盐源盆地，东自岷江河谷，西至金沙江畔，主要集中在河谷和断陷盆地中，厚者达 50～100 米，薄者不及 1 米。众所周知，甘青地区仰韶文化晚期和马家窑文化分布的渭河中上游以及洮河和大夏河流域也都是黄土地带，属于典型黄土高原的西部地区[14]。黄土在结构上均匀、细小和松散，有利于生产工具欠发达的原始农业的耕作。但黄土一般呈碱性，保水性能较低，主要适于种植耐旱作物。由此可见，营盘山遗址的史前先民在长期的实践中对农作物的生长习性有了较高的认识程度，能够十分正确地选择适宜当地生产的农作物品种进行生产和经营。

（三）果核与果树的问题

在营盘山遗址浮选结果中发现的果核残块多达 300 余块，从中鉴定出了桃、梅和杏三种不同的果树品种，可能还包括有李树。根据以往经验，出土如此丰富的果树的遗存在其他考古遗址浮选结果中还是不常见的。这可能与营盘山遗址所处的山区地理环境有关。

桃树、梅树、杏树和李树都是乔木，在野生状态下主要分布在山区[15]。营盘山遗址位于山间冲积平原上，海拔约 1600 米，面向水流湍急的岷江，背靠丛林茂密的九顶山，这种自然条件为营盘山先民提供了丰富的果树资源和便利的采摘条件，因此，营盘山遗址出土有数量异常丰富的果核残块就不足为奇了，正所谓"靠山吃山"。顺便提一句，营盘山遗址所在地点曾经是某军区的果品基地，盛产地方特产茂汶苹果，至今茂县出产的甜樱桃仍然享誉省内外。当然，这与地下埋藏的 5000 年前的果树遗存似乎应该没有什么关联，但从另一个角度也说明了营盘山遗址所在地区的生态环境确实十分适合果树的生长。

桃、李、杏、梅是中国常见的四种果树，也是最早见于中国古代文献的四种水果品种。例如，《诗经·大雅》中就有名句："投我以桃，报之以李。"《山海经·中山经》中记载："又东北三百里曰灵山。其上多金玉，其下多青腰，其木多桃、李、梅、杏。"据此，有学者推测这四种果树应该是起源于中国，但其被栽培的时间和栽培过程仍不清楚。

考古出土的果树的遗存主要包括炭化木材和果核两大类，但是如何根据木材的细胞特征和果核的形态特征判别栽培果树与其野生祖本仍然在探索中。因此，营盘山遗址出土的四种果树品种究竟是野生的还是栽培的，目前还无法确定。即便如此，营盘山遗址浮选出土的果树遗存仍然非常重要，这不仅反映了当地古代先民的食物品种，也为今后深入探讨果树栽培历史提供了珍贵的资料。

（四）其他植物种子的问题

营盘山遗址浮选结果中值得关注的还有藜属、沙棘和红豆杉三类植物的遗存。

营盘山遗址浮选结果中出土了大量的藜属植物种子，其绝对数量甚至超过了农作物粟和黍。藜属植物所属的藜科（Chenopodiaceae）也是一个大科，辖 100 余个属 1400 余个种，其中包括两种栽培作物，一是蔬菜类的菠菜（*Spinacia oleracea*），二是经济作物的甜菜（*Beta vulagris*），但都不属于藜属。事实上，藜属植物曾经包含过一种栽培作物，学名是 *C. berlandieri* Moq. ssp. *jonessianum*。这种栽培藜起源于北美洲，大约在距今 3500 年前后，成为美国中西部地区和东南部地区印第安人种植的主要谷物类农作物品种之一。但是，随着玉米从中美洲传入北美洲后，栽培藜逐渐退出了当地的农业生产。目前只在墨西哥的少数地区仍然继续种植这种栽培藜，但不是作为谷物，而是蔬菜。作为一种被放弃的栽培作物，藜属植物在北美洲的辉煌历史是否在中国也曾出现过，这是一个需要认真考虑和深入研究的学术问题。从这个意义上讲，营盘山遗址出土的异常丰富的藜属植物种子值得进一步的分析和研究。

在营盘山遗址浮选出土的植物种子中，沙棘种子的出土数量也很突出，多达 110 粒。顾名思义，沙棘应该是一种适于干旱地区生长的植物种类，但实际上，沙棘的耐逆性非常强，除了耐干旱，抗风沙，而且还耐盐碱，抗高寒，所以沙棘不仅可以生长在沙漠地区，也能在高寒山区生存。例如，岷江上游地区就盛产沙棘。沙棘的经济价值很高，根、茎、叶、花、果实都富含营养物质和生物活性物质，既可以食用，也可以药用。茂县所属的阿坝藏族羌族自治州如今盛产沙棘，为促进沙棘产业又好又快发展，构建沙棘产业多元化发展格局，阿坝藏族羌族自治州人民政府还专门成立了沙棘产业化与科技成果转化合作项目协调工作组。据最新报道，阿坝藏族羌族自治州规划建设 10 万亩沙棘基地，由此可见沙棘在当地经济活动中的重要性。此次在营盘山遗址浮选出土了距今 5000 年前的沙棘种子，而且数量较多，这说明，岷江上游地区的古代先民早就已经认识到了沙棘的价值，同时揭示了岷江上游地区作为沙棘的主要生产地区具有悠久的历史。

在营盘山遗址浮选结果中还发现了 16 粒红豆杉的种子。红豆杉是一种具有很高经济价值的植物种类。根据研究发现，红豆杉属植物能够产生一种复杂的次生代谢产物——紫杉醇，紫杉醇是一种优良的抗癌药物，现在被广泛地应用在临床治疗上。现如今，茂县具有丰富的红豆杉资源，如四川九峰天然药业股份有限公司为了研制开发紫杉醇抗癌系列药品，特地在在茂县建立了红豆杉种植基地，占地 1446 亩，种植红豆杉 3500 余万株。根据营盘山遗址的发现，岷江上游地区古代先民有可能早在距今 5000 年前就已经认识到了红豆杉的食用价值或者是药用价值。

四、结　语

营盘山遗址是川西北岷江上游地区的一处重要的史前中心聚落遗址，年代在距今 5300～4600 年。在 2003 年的发掘过程中开展了浮选工作，采集并浮选土样 9 份，从中浮选出土了丰富的炭化植物遗存，其中包括近 8000 粒炭化植物种子，300 余块果核残块。

在营盘山遗址浮选出土的炭化植物种子中，以农作物籽粒和田间杂草种子的数量占绝对优势，说明农业生产应该是营盘山遗址古代先民的物质生活资料的主要来源。经鉴定，浮选出土的农作物籽粒经鉴定有粟和黍，这两种谷物都属于旱地作物；浮选出土的杂草植物种子包括狗尾草属、黍属、马唐属、鸭跖草等，这些都属于秋熟旱作农田中常见的杂草类型。由此判断，营盘山遗址当时的农业生产特点属于中国北方旱作农业。

学术界普遍认为，岷江上游地区的营盘山遗址文化遗存与甘青地区的仰韶文化晚期和马家窑文化遗存之间存在着非常密切的关系。由此判断，营盘山遗址的北方旱作农业生产特点应该是源自甘青地区仰韶文化晚期和马家窑文化的分布区域，即渭河中上游以及洮河和大夏河流域，因为这一地区是中国古代北方旱作农业的主要分布区域之一。除了文化因素之外，营盘山遗址的北方旱作农业生产特点与当地的黄土沉积环境特点也有一定的关系。

营盘山遗址浮选结果的一个显著特点是出土了大量的果核残块，从中鉴定出了桃、梅、杏、李等不同的果树品种，由于在先秦文献中早有记载，有学者推测桃、梅、杏、李这四种果树应该是起源于中国。营盘山遗址的发现为今后探讨这些果树的栽培历史提供了珍贵的资料。

在营盘山遗址浮选出土的植物种子中，值得关注的还有藜属、沙棘和红豆杉的遗存。藜属植物中包含有一个失传的栽培品种，起源于北美洲，曾经是当地古印第安人种植的主要谷物之一，但随着玉米的传入，栽培藜被放弃了。栽培藜的被栽培又被放弃的这段历史是否在中国也曾出现过，这是一个需要认真考虑和深入研究的学术问题。岷江上游地区盛产沙棘和红豆杉，沙棘的经济价值很高。红豆杉也是一种具有很高经济价值的植物种类，根据营盘山遗址的发现，岷江上游地区古代先民有可能早在距今 5000 年前就已经认识到了沙棘和红豆杉的食用价值或者是药用价值。

注　释

[1]　成都市文物考古研究所、阿坝藏族羌族自治州文管所、茂县博物馆：《四川茂县营盘山遗址试掘报告》，《成都考古发现》（2000），科学出版社，2002 年；蒋成、陈剑：《岷江上游考古新发现述析》，《中华文化论坛》2001 年第 3 期；蒋成、陈剑：《2002 年岷江上游考古的收获与探索》，《中华文化论坛》2003 年第 4 期；成都文物考古研究院、阿坝藏族羌族自治州文物管理所、茂县羌族博物馆：《茂县营盘山遗址》，文物出版社，2018 年。

[2]　资料现存成都文物考古研究院。

[3]　中国社会科学院考古研究所考古科技实验研究中心碳十四实验室测试数据，《考古》2005 年第 7 期。

[4]　赵志军：《有关中国农业起源的新资料和新思考》，《新世纪的中国考古学》，科学出版社，2005 年。

[5]　强胜主编：《杂草学》，中国农业出版社，2001 年，第 58～77 页。

[6]　江章华：《岷江上游新石器时代遗存新发现的几点思考》，《四川文物》2004 年第 3 期。

［ 7 ］ 陈卫东、王天佑：《浅议岷江上游新石器时代文化》，《四川文物》2004 年第 3 期。

［ 8 ］ 丁见祥：《马家窑文化的分期、类型、来源及其与周边文化的关系》，北京大学硕士学位论文，2006 年，第 21～28 页。

［ 9 ］ 成都市文物考古研究所、阿坝藏族羌族自治州文管所、茂县博物馆：《四川茂县营盘山遗址试掘报告》，《成都考古发现》（2000），科学出版社，2002 年。

［10］ 陈剑：《波西、营盘山及沙乌都——浅析岷江上游新石器文化演变的阶段性》，《考古与文物》2007 年第 5 期。

［11］ 陈苇：《甘青地区与西南山地先秦时期考古学文化及互动关系》，吉林大学博士学位论文，2009 年，第 51～61 页。

［12］ 杨农、张岳桥、孟辉、张会平：《川西高原岷江上游河流阶地初步研究》，《地质力学学报》2003 年第 4 期。

［13］ 王书兵：《川西中部晚更新世地层与环境》，中国地质科学院博士学位论文，2004 年；刘维明：《川西高原黄土记录的末次冰期气候变化》，兰州大学硕士学位论文，2008 年。

［14］ 刘东生、丁梦麟：《黄土高原·农业起源·水土保持》，地震出版社，2004 年，第 2 页。

［15］ 贾敬贤、贾定贤、任庆棉主编：《中国作物及其野生近缘植物——果树卷》，中国农业出版社，2006 年，第 213 页。

（原载《南方文物》2011 年第 3 期）

金川县神仙包遗址出土动物遗存简况

何锟宇[1]　陈学志[2]　范永刚[2]　李　俊[2]

（1. 成都文物考古研究院；2. 阿坝藏族羌族自治州文物管理所）

　　神仙包遗址位于四川省金川县沙耳乡胆扎木村一组，地处大金川河西岸一级坡状台地上，高出河床 60～70 米，遗址中心地理坐标为东经 102°03′09″、北纬 31°30′57.3″，海拔 2301米。金川河为大渡河上游地区重要干流，由上游的绰斯甲河和脚木足河在四川省阿坝藏族羌族自治州马尔康市可尔因交汇后始称大金川河，自北向南流经马尔康、金川、丹巴等地后，于甘孜藏族自治州丹巴县同小金川河交汇后称大渡河。大、小金川河流域目前发现早期古遗址数量众多，其中规模较大的有沙耳尼遗址，以及上游河源区的哈休遗址、刘家寨遗址等。

　　神仙包遗址位于四川省金川县沙耳乡胆扎木村一组，沙耳冲积扇形坡状台地近山边缘，为一平地突兀而起的圆形小山包，因传说为神仙堆积而成，故名"神仙包"。地理坐标为东经 102°04′15.6″、北纬 31°30′07.2″、海拔 2183 米。东、北、西三面地势陡峭，南面地势较为平缓，东距大金川河约 1500 米，北面坡下为沙耳泥石流冲沟，东北方约 2000 米为沙耳尼新石器时代遗址。山脚四周民居散落，山坡及顶部遍植梨树。神仙包遗址主要分布于南面缓坡地带，南北宽约 300、东西长约 250 米，总面积达 75000 平方米。2008 年 3月，阿坝藏族羌族自治州文物管理所调查发现该遗址，采集大量陶片及动物骨骼[1]。2009年 7 月，第三次文物普查时对此进行了复查，采集了自新石器时代至秦汉时期的大量标本。为进一步弄清该遗址的性质、年代等问题，2011 年 10 中旬至 11 月上旬，阿坝藏族羌族自治州文物管理所、成都文物考古研究所、金川县文化体育局联合对神仙包遗址进行了考古试掘工作。本次考古勘探工作选点于南坡三级台地边缘的林中空地，南北向"一"字形布 4 米 ×4 米探方 4 个，编号为 2011JSST1～2011JSST4（以下省略"2011JSS"），实际发掘面积 64 平方米。4 个探方中仅有 T1 西半部发掘至底。因受地形所限，加之遗迹现象重要且不能全部暴露，其他探方采取保护性回填，故 T2～T4 分别发掘至第 8～10 层。

　　新石器时代晚期出土动物遗存总计 502 件，其中大型动物肢骨片 76 件、中小型动物肢骨片 179 件、脊椎骨 6 件、碎骨 110 件，可鉴定标本数（NISP）共 131 件。其中 NISP为猪 26 件、大型鹿 42 件、中型鹿 13 件、小型鹿 46 件、啮齿类 3 件、鸟类 1 件（图版一一一～图版一一四）。

注　释

[1]　陈苇：《先秦时期的青藏高原东麓》，科学出版社，2012 年，第 178、179 页。

杂谷脑河流域采集玉石器材质分析报告

杨颖东　　陈　剑

（成都文物考古研究院）

一、采集玉石器标本基本情况介绍

杂谷脑河为岷江上游的一级支流，因流经理县县城所在的杂谷脑镇而得名，位于川西北高原山地的东部偏南地带，发源于岷江与大渡河的分水岭——鹧鸪山的南麓，经理县境内的米亚罗、杂谷脑、薛城等地，而后进入汶川县，在县城威州镇汇入岷江，全长158千米，流域面积4629平方千米，主要支流有孟屯河、龙溪河等。该流域也是"龙溪玉"的命名地和最核心产地。龙溪软玉与新疆软玉、台湾软玉合称中国三大软玉。四川已发现软玉矿点、矿化点多处，其中著名者为龙溪玉，因产于汶川县的龙溪沟而得名。软玉产于志留系茂县群结晶灰岩夹变质基性火山岩中，呈薄层状、透镜状、眼球状和瘤状，顺层产出[1]。

2000年，为配合《中国文物地图集·四川分册》的编写工作，成都市文物考古研究所（现成都文物考古研究院）、阿坝藏族羌族自治州文物管理所在杂谷脑河流域进行了全面的考古调查，发现了较多的古遗址，如在理县境内的箭山寨遗址、古尔沟镇石古莫遗址、下孟乡沙吉村下寨、仔达村仔达寨、班达村班达寨遗址等[2]。2009年，为科学、系统地推进汶川县布瓦群碉的灾后维修工作，根据四川省文物局的统一部署，汶川县文物管理所、成都文物考古研究所（现成都文物考古研究院）、阿坝藏族羌族自治州文物管理所联合组成"布瓦黄泥群碉及民居村寨"田野考古调查及勘探工作队，承担本项维修系统工程的前期考古工作。在配合汶川县第三次全国文物普查工作时，考古人员调查发现了龙溪寨新石器时代遗址[3]。这些遗址都发现有多种玉石器文物，如玉锛、玉斧、弓形玉器、条形玉石器等，还有部分陶器，其年代大约处于新石器时代。另外，成都市文物考古研究所业务人员最早于2002年在汶川龙溪乡马登村发现了玉矿洞（图版一一五）及玉矿层（图版一一六，1～3），2015年再次来到经过汶川大地震后的马登村另一地点发现一大块玉石料，从中取一小块作为标本带回实验室检测（图版一一六，4）。本次对该地域考古调查采集的20件玉石器及在2015年马登村采集的1件玉矿料标本进行科学分析，涉及采集玉石器的遗址和采集点分布可见图一，涉及分析的玉石器文物情况详见表一。

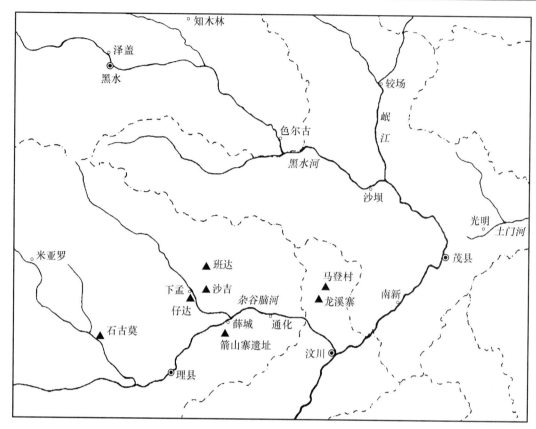

图一　杂谷脑河流域玉石器采集点及古遗址分布图

表一　杂谷脑河流域采集玉石标本基本信息

名称	文物采集编号	实验编号	基本状况	照片
玉锛	2000ALXJ 采：21	L1	淡绿色，质地细腻温润。长 13.3、刃宽 4.7、厚 1.5 厘米	
石斧	2000ALXJ 采：22	L2	灰白色，表面磨光，长条形。残长 7.4、残宽 3.2、厚 2 厘米	
玉斧	2000ALXJ 采：23	L3	灰绿色，表面磨光，已残断，梯形。残长 6.6、肩宽 2.6、厚 1.8 厘米	

名称	文物采集编号	实验编号	基本状况	照片
石斧	2000ALXJ 采：24	L4	深灰色，一侧及两面磨光，窄长条形，刃部较宽，弧刃，中锋，可见使用痕迹。残长 10.9、刃宽 4.4、厚 2 厘米	
玉锛	2000ALXJ 采：25	L5	灰绿色，通体磨光，梯形，斜肩，直刃，侧锋。长 8、刃宽 4、肩宽 3、厚 1.2 厘米	
石凿	2000ALXJ 采：26	L6	深灰色，通体磨光，已残断，断口有切割痕迹，直刃。残长 6.6、厚 1 厘米	
石铲	2000ALXJ 采：27	L20	灰黑色，一侧有肩，弧刃，中锋。长 15.6、最宽 7、厚 2 厘米	
玉斧	2000ALG 采：1	L11	深灰色，表面磨光，弧刃。长 16、宽 4.5、厚 2.3 厘米	
石斧	2000ALXSJ 采：1	L10	深灰色夹黑色杂质，有刃，表面磨光。残长 11、刃宽 5、厚 1.8 厘米	
石斧	2000ALXZ 采：1	L9	深灰色，表面磨光，有刃。残长 8.2、刃宽 3.6、厚 1.5 厘米	

续表

名称	文物采集编号	实验编号	基本状况	照片
石凿	2000ALXB 采：1	L7	深灰色，表面磨光，有刃。长 11.5、宽 3、厚 2.5 厘米	
玉弓形器	2000ALXB 采：2	L8	墨绿色，表面磨光。长 6.5、宽 2.1、厚 1.8 厘米	
石斧	2000ALXB 采：3	L19	黑色，表面磨光。长 10.2、宽 5.2、厚 2.5 厘米	
石斧	2009SWLX 采：1	L12	青灰色，表面磨光。残长 8.5、宽 3.7、厚 2.1 厘米	
玉凿	2009SWLX 采：2	L13	青灰色，片状，表面磨光。残长 7.7、宽 2.9、厚 1.2 厘米	
石器	2009SWLX 采：3	L14	青灰色，薄片，表面有磨制痕迹。残长 6.3、宽 4.1、厚 0.7 厘米	
刮削器	2009SWLX 采：4	L15	黑色，片块状，一面磨光。残长约 4.3、宽 3.7、厚 0.9 厘米	
石器	2009SWLX 采：5	L16	青灰色，疑似石斧残块，表面磨光。残长 4、宽 3.3、厚 0.7 厘米	

名称	文物采集编号	实验编号	基本状况	照片
石片工具	2009SWLX 采：6	L17	黑色，有打制痕迹。残长 4.8、宽 3、厚 0.8 厘米	
刮削器	2009SWLX 采：7	L18	灰色，片块状，一面磨光。残长 3.8、宽 2.3、厚 0.8 厘米	
玉矿料	汶川龙溪乡马登村玉矿石采集	W1	青灰、黄绿色，块状，稍具透光性。母体玉矿石大约长 40、宽 20 厘米，不规则块状	

注：薛城镇箭山村箭山上寨：L1～L6、L20；古尔沟镇古尔沟村石古莫遗址杂谷脑河西岸二级坡地：L11；下孟乡沙吉村下寨：L10；下孟乡仔达村仔达寨：L9；下孟乡班达村班达寨：L7、L8、L19；汶川龙溪乡龙溪寨遗址：L12～L18；汶川龙溪乡马登村：W1

二、采集玉石器标本的测试研究情况

　　这批玉石器整体较小，大多经过磨制表面光亮，少部分显示出打制石器的特点，如 L1、L15、L18 等比较粗糙，颜色以灰绿、灰白、青灰、黄绿为主，少量黑色。除考古学上的文化信息研究之外，这批玉石器还具有两个重要特点：其一，它们的来源地非常明确，均采集于杂谷脑河流域的理县及汶川县这一从古至今的产玉矿地质带，所以其材质特点较大程度上代表了当地古代玉器及可能流向地——岷江中游成都平原考古出土的部分玉石器的共性信息。其二，这批采集的玉石器中，理县箭山寨遗址、汶川县龙溪寨遗址的玉斧、凿虽为采集品，但均采自原生灰坑及文化层，其余均为当地居民收集品。杂谷脑河流域在内的川西北高原山地属于黄土分布地带，这里的黄土不仅分布在河谷、盆地等低洼处，而且还分布在相对高差数百米的山坡和低山顶面上，具有明显风成黄土特征。理县县城附近岷江支流杂谷脑河共发育九级河流阶地，阶地之上均有黄土覆盖[4]。而成都平原及四川盆地是全国紫色土分布最集中的地区，这种土壤是由侏罗纪、白垩纪紫色砂岩、泥岩时代形成的紫色或紫红色砂岩、页岩变来的，土壤中的紫色大都富含钙质（碳酸钙）和磷、钾等营养元素[5]。由于黄土堆积形成较为干燥疏松的埋藏环境，使得杂谷脑河流域采集的这些玉石器的表面色彩单一纯净、结构致密，并不像埋藏于成都平原的系列遗址如金沙遗址、三星堆出土玉器那样表面色彩斑斓，受土壤及地下水侵蚀严重，所以保存现状更接近初始状态，受污染风化因素影响很小，其理化检测数据理论上更与源玉矿接近或保持一致。综上所述，对这批玉石器进行理化科学分析检测，对研究当地古代玉石器、玉矿料及与周边地区古代玉石器活动交流都有重要参考意义，其学术意义的重要性也是不言而喻的。所以本次将这批玉石器材质鉴定及组成特点研究作为了重要内容。

主要采用现代科学分析手段——扫描电镜能谱（SEM-EDS）无标样法对玉石器主量元素成分进行检测，对每件玉石器取样标本（块状样品）不同区域扫描 2～4 次，取平均值作为最终结果（表二）。同时又用便携式 X 射线荧光能谱仪（XRF）对标本（粉末样品）进行主、微量元素成分分析，结果为原子序数在 Na（11 号）以上元素的分析结果（表三），两种成分分析法对结果可以相互补充印证，前者可检测出部分碳（C）、氧（O）、钠（Na）等轻元素，结果以氧化物形式表示，后者仅能检测原子序数在 Na 以上（不含）元素，但对重元素更为敏感，还可以检测出存在的部分微量元素。还采用 X 射线衍射分析法（XRD）对所取玉石器标本粉末样品进行矿物物相结构定性和半定量分析，结果见表四。所有分析项目相同编号均为同一样品。

表二　玉石器主量元素SEM-EDS分析结果平均值（wt%）

编号	SiO$_2$	MgO	CaO	Fe$_2$O$_3$	Al$_2$O$_3$	K$_2$O	Na$_2$O	SO$_4$	P$_2$O$_5$	合计
L1	50.14	34.04	6.76	1.72	5.35	0.42	0.17	1.42		100.02
L2	57.97	23.1	5.49	1.72	7.63	0.82	3.26			99.99
L3	51.31	36.25	7.56	1.37	3.04				0.47	100
L4	55.65	30.72	8.71	1.94	2.65	0.66				100.33
L5	51.97	33.21	7.94	2.74	3.87	0.26				99.99
L6	56	22.03	6.86	4.29	7.37	0.55	2.9			100
L7	56.45	16.14	3.59	2.57	17.92	2.66	0.68			100.01
L8	55.73	23.62	7.61	4.87	5.54	0.93	1.73			100.03
L9	57.06	21.05	6.45	4.76	8.28	2.37				99.97
L10	53.66	33.58	9.26	1.62	1.34	0.18				99.64
L11	54.35	33.14	9.14	1.6	1.29	0.13	0.37			100.02
L12	56.78	23.36	4.57	1.29	7.5		6.5			100
L13	54.84	33.74	8.03	2.73	0.67					100.01
L14	52.45	33.98	7.65	2.01	3.65	0.26				100
L15	54.57	6.34	8.27	2.3	22.2	3.82	2.5			100
L16	55.83	28.65	6.26	1.95	5.7	0.39	1.33			100.11
L17	98.65				1.31	0.08				100.04
L18	56.72	8.59	3.19	2.83	14.95	0.26	13.47			100.01
W1	51.2	36.62	8.24	0.24	2.68	0.13	0.9			100.01

表三　玉石器主、微量元素XRF分析结果（wt%）

编号	Si	Mg	Ca	Fe	Al	K	Mn	Ti	Cr	Zr	其他	合计
L1	47.11	17.07	15.2	6.91	3.59	0.57	0.361	0.246	0.023	0.015	8.761	99.85
L2	38.4	5.04	3.64	2.46	4.72	2.42	0.048	0.308	0.012	0.01	42.856	99.92
L3	36.4	10.94	9.33	2.64	1.24	0.03	0.382	0.152		0.01	38.798	99.92

编号	Si	Mg	Ca	Fe	Al	K	Mn	Ti	Cr	Zr	其他	合计
L4	41.61	10.3	7.41	3.41	1.75	0.66	0.143	0.188	0.011	0.012	34.43	99.93
L5	45.3	17	14.59	8.67	4.64	1.12	0.242	0.529	0.03	0.011	7.494	99.62
L7	36.53	4.3	2.94	4.57	6.24	2.53	0.036	0.45	0.018	0.017	42.218	99.85
L8	41.47	10.26	5.49	4.7	2.4	1.1	0.205	0.224	0.017	0.013	33.831	99.71
L9	47.73	10.39	7.37	6.41	4.43	2.63	0.157	0.094	0.017	0.004	20.585	99.81
L10	41.3	13.48	8.4	3.29	1.44	0.77	0.409	0.243	0.014	0.013	30.472	99.83
L11	39.3	12.4	8.23	2.83	0.74	0.37	0.177	0.134	0.01	0.009	35.711	99.9
L12	48.25	8.76	6.25	6.37	6.09	0.63	0.124	0.431	0.018	0.014	22.87	99.8
L13	35.61	11	6.8	5.35	0.3	0.1	0.242	0.036	0.012	0.007	40.367	99.81
L14	33.82	8.6	5.76	2.95	2.27	1.22	0.128	0.121	0.011	0.01	45.074	99.96
L15	37.96	13.95	2.62	7.51	11.63	4.41	0.074	0.571	0.033	0.016	20.164	98.95
L16	33.94	4.67	3	2.76	8.07	4.46	0.044	0.398	0.017	0.014	42.575	99.94
L17	83.53		1.61	0.23				0.099		0.042	14.191	99.7
L18	46.09	4.45	2.6	4.46	7.56	0.28	0.035	0.255	0.01	0.009	34.041	99.78
W1	35.72	10.83	6.98	0.21	0.7	0.08	0.385	0.022	0.027	0.003	44.742	99.71

注："其他"主要指可能含有的 C、O、H、Na 等轻元素含量总和

表四 玉石器矿物物相（XRD）分析结果（wt%）

编号	物相成分	编号	物相成分
L1	透闪石（Tremolite）89.5%、斜绿泥石（Clinochlore）10.5%	L11	透闪石（Tremolite）100%
L2	透闪石（Tremolite）32.4%、白云母（Muscovite）18.6%、钠长石（Albite）37.4%、石英（Quartz）11.6%	L12	透闪石（Tremolite）35.5%、钠长石（Albite）63.5%
L3	透闪石（Tremolite）87.1%、绿泥石（Chlorite）12.9%	L13	透闪石（Tremolite）100%
L4	透闪石（Tremolite）81.1%、石英（Quartz）18.9%	L14	透闪石（Tremolite）100%
L5	透闪石（Tremolite）90.3%、高岭石（Kaolinite）9.7%	L15	钠长石（Albite）47.7%、钾长石（Microcline）34.9%、透闪石（Tremolite）17.4%
L7	透闪石（Tremolite）52.3%、钠长石（Albite）35.9%、石英（Quartz）11.7%	L16	透闪石（Tremolite）24.7%、白云母（Muscovite）75.3%
L8	透闪石（Tremolite）76.8%、石英（Quartz）23.2%	L17	石英（Quartz）100%
L9	透闪石（Tremolite）100%	L18	透闪石（Tremolite）32.7%、钠长石（Albite）67.3%
L10	透闪石（Tremolite）100%	W1	透闪石（Tremolite）100%

综合表二和表三的结果来看，尽管不同仪器和算法导致结果含量有所差异，但总体情况基本一致。表现为含量最高的三种元素是硅（Si）、镁（Mg）、钙（Ca），一般含量都大于5%；其次是铁（Fe）和铝（Al），大多含量小于5%，但大于1%；钾（K）含量除少部分稍高之外，大多都小于1%；钠（Na）出现在半数玉石器中，含量波动较大，在0.17%～13.47%；锰（Mn）、钛（Ti）、铬（Cr）、锆（Zr）四种元素含量都低于

1%，但是基本每件玉石器中都含有。综合以上大致可以得出：主量元素为硅（Si）、镁（Mg）、钙（Ca）、铁（Fe）、铝（Al），微量元素含有钾（K）、锰（Mn）、钛（Ti）、铬（Cr）、锆（Zr），另外钠（Na）元素会部分存在，含量波动稍大。

从表四结果可以看出，所测 18 件玉石器中，除 L17 为石英之外，其余 17 件全部含有透闪石，大多含量超过 50%，有 6 件全部为单一透闪石矿物，说明这批玉石器是以透闪石为主的矿物集合体构成，其中还含有少量白云母、石英、高岭石、长石、绿泥石等杂质矿物，这与前人[6]所研究结果基本一致。从汶川县龙溪乡马登村玉矿石采集的玉矿料 W1 为纯度较高的透闪石软玉单一矿物，反映在外观色泽上也略显通透，但总体上与杂谷脑河流域所采集玉石器的成分、含量及物相一致，说明他们为同一地质成矿带上。

结合元素成分及矿物物相分析结果来看，由于本次采用非全元素分析法，鉴于能谱仪器精度和检出元素范围限制，轻元素的检测存在较大误差，也由于矿物中类质同象替代现象复杂，常常出现 K、Fe、Mn、Cr 等元素替代占位，多种原因导致所检测出的 SiO_2、MgO、CaO 等成分数据与透闪石（SiO_2 58.8%，MgO 24.6%，CaO 13.8%……）中各部分理论成分含量不完全吻合，这是需要解释说明的。而材质判定以能谱数据为参考，以物相结果为主要依据，所以不影响最终判定结果。而检测出的 Na、K、Al 等元素则在白云母［$KAl_2(AlSi_3O_{10})(OH)_2$］、高岭石［$Al_4(Si_4O_{10})(OH)_8$］、钠长石（$Na_2O \cdot Al_2O_3 \cdot 6SiO_2$）、钾长石（$K_2O \cdot Al_2O_3 \cdot 6SiO_2$）等矿物中得到体现。

综上所述，将本次所测结果与杂谷脑河下游或岷江中游金沙遗址出土玉石器材质研究结果稍作对比，发现与前人[7]对金沙遗址出土玉石器抽样多件所作能谱分析结果相同，与金沙玉石器主要为透闪石为主的矿物集合体所构成软玉的总体特点相同，与向芳[8]等利用测试精度较高的电感耦合等离子光谱—质谱仪（ICP-MS）所测金沙玉器部分特征微量元素，如 Ti、Cr、Mn、Zr 重合，诸多共性在很大程度上说明它们具有相同产地的玉石矿资源，也印证了学界目前关于金沙玉石器材料来源最有可能来自汶川龙溪玉的观点[9]。有学者从考古地质学角度对三星堆遗址出土的部分玉器进行了研究，发现其主要也是闪石玉，即透闪石矿物集合体，并且对其玉料来源推测出多种可能性，有新疆和田、长江下游等地，但不可否认三星堆部分玉器与龙溪玉在材料上有相似之处，来自岷江上游的可能性也是完全存在的[10]。联系时代差异性，进一步说明从新石器时代直至三星堆、金沙时期，先民一直对龙溪玉有着持续的开采和利用。

三、初 步 认 识

四川杂谷脑河流域采集的这批玉石器材质主要是以透闪石为主的矿物集合体构成，还含有少量白云母、石英、高岭石、长石、绿泥石等杂质矿物。部分玉石器纯度较高，为单一透闪石软玉。反映在元素特点上，以含量 1% 为界，主量元素为硅（Si）、镁（Mg）、钙（Ca）、铁（Fe）和铝（Al），微量元素为钾（K）、锰（Mn）、钛（Ti）、铬

（Cr）、锆（Zr）。这与地质学界所分析的汶川龙溪玉矿的特点一致，所以可以确认这些采集玉石器是用当地矿料制作而成。这批玉石器组成特点也代表了当地玉矿源的特点，可作为今后此类研究的重要参考。

川西高原山地有不少产玉的山川，为古人采集玉料和石料提供了丰富的资源，历代文献对岷江上游等地区出产的"龙溪玉"等已有明确记载。例如，《山海经·中山经》中有"岷山，江水出焉……其上多金、玉，其下多白珉"之说。《华阳国志》佚文也有"玉垒山，出璧玉，湔水所出"的记载[11]。根据杂谷脑河流域采集的这批史前玉石器与汶川县龙溪乡马登村玉矿料及金沙玉石器的材质、主微量元素基本相一致的结果，我们不难判定，本地先民早在史前时期就已经开始认识和利用龙溪玉矿这一重要的地质矿产资源，这也是龙溪玉登上辉煌历史舞台的开端，直至三星堆、金沙时期，龙溪玉一直被开采利用，并制成礼、法之器，达到鼎盛。

注　释

[1] 周开灿：《四川的宝石资源》，《宝石和宝石学杂志》2003 年第 4 期。

[2] 成都文物考古研究所、阿坝藏族羌族自治州文管所、理县文物管理所：《四川理县箭山寨遗址 2000 年的调查》，《成都考古发现》（2005），科学出版社，2007 年。

[3] 汶川县文物管理所、成都文物考古研究院、阿坝藏族羌族自治州文物管理所：《汶川县龙溪寨遗址 2009 年调查简报》，《成都考古发现》（2015），科学出版社，2017 年。

[4] 王书兵、蒋复初、田国强：《理县黄土地层与环境记录》，《海洋地质与第四纪地质》2006 年第 3 期；柴宗新：《川西高原的黄土》，《第三届全国第四纪学术会议论文集》，科学出版社，1982 年。

[5] 田光龙、唐时嘉：《四川盆地紫色土矿质元素的含量与分布》，《地球化学》1991 年第 1 期；何玉生、任利民、唐文春等：《成都经济区浅层土壤地球化学特征的土壤分类学意义》，《地球化学》2006 年第 3 期。

[6] 王春云：《龙溪软玉矿床地质及物化特征》，《矿产与地质》1993 年第 3 期。

[7] 杨永福、李奎、常嗣和等：《金沙遗址玉器、石器材料研究鉴定》，《金沙遗址考古资料集》（三），科学出版社，2017 年。

[8] 向芳、王成善、杨永福等：《金沙遗址玉器的材质来源探讨》，《金沙遗址考古资料集》（三），科学出版社，2017 年。

[9] 向芳、王成善、杨永福等：《金沙遗址玉器的材质来源探讨》，《金沙遗址考古资料集》（三），科学出版社，2017 年。

[10] 苏永江：《广汉三星堆出土玉器考古地质学研究》，《四川考古论文集》，文物出版社，1996 年。

[11] 陈剑：《川西史前玉器简论》，《玉魂国魄——中国古代玉器与传统文化学术讨论会文集》（三），北京燕山出版社，2008 年。

［原载《成都考古发现》（2015），科学出版社，2017 年，第 142～152 页］

川西史前玉器简论

陈　剑

（成都文物考古研究院）

一、川西史前玉器的发现

（一）岷江上游地区

茂县营盘山遗址：位于茂县凤仪镇所在的河谷冲积扇平原，地处岷江东南岸三级台地上，平面约呈梯形，东西宽 120～200、南北长约 1000 米，总面积近 15 万平方米。遗址东面临深谷阳午沟，东北面、北面、西面均为岷江所环绕，东距茂县县城约 2.5 千米，海拔 1650～1710 米，高出岷江河谷约 160 米，表面地势略呈缓坡状。成都市文物考古研究所（现成都文物考古研究院）、阿坝藏族羌族自治州文物管理所、茂县羌族博物馆于 2000 年调查发现，2000 年、2002 年进行试掘，2003 年、2004 年、2006 年进行了正式发掘。出土玉器数量丰富，可分为实用性工具和装饰品两类，前者包括暗绿色的斧、锛、凿、长方形双穿孔刀及单孔刀、白色的箭镞等；后者包括白色、墨绿色的环形器及其半成品、镯形器、璧形器等[1]。

汶川姜维城遗址：位于汶川县威州镇南部岷江与杂谷脑河交汇处南岸的二级台地上，四川大学、阿坝藏族羌族自治州文物管理所曾进行过多次调查。2000 年四川省文物考古研究所（现四川省文物考古研究院）进行正式发掘，对该遗址文化内涵有了较为清晰的认识。2003 年度四川省文物考古研究院、阿坝藏族羌族自治州文物管理所、汶川县文化体育局又进行发掘，揭露面积 300 余平方米，出土玉纺轮 4 件，玉环、镯 6 件，另有斜肩梯形玉锛、长条形弧刃玉斧等[2]。

理县箭山寨遗址：1964 年，四川大学历史系考古教研组在理县箭山寨遗址进行了调查和小规模试掘，采集和出土了石器、陶器若干件。2000 年成都市文物考古研究所、阿坝藏族羌族自治州文物管理所等进行调查，采集大量陶片、玉石器，其中有玉锛、斧等器物，包括淡绿色窄长条三角形玉锛、墨绿色梯形玉锛、灰绿色梯形玉斧各 1 件[3]。

茂县波西遗址：2002 年、2003 年进行了试掘，出土有白色大理石环等玉器[4]。

茂县安乡遗址：2005 年调查采集了 1 件淡绿色长条形双端刃凿，窄端略残[5]。

理县古尔沟镇石古莫遗址：2000 年调查采集到 1 件长条形磨制玉斧[6]。

理县下孟乡班达寨遗址：2000 年调查采集到弓形玉器 1 件，墨绿色，一侧呈弧形，一侧平齐，上下表面各有两道凹槽，可供手指捏压[7]。

汶川县增坡村玉石器窖藏：发现于汶川县威州镇杂谷脑河南岸增坡村北山腰耕地中，1975 年当地村民在农田基本建设中发现 14 件，现存 12 件，器形包括梯形斧、长条三角形斧、长方形斧、梯形首长方形锛、三角形锛、长条形锛、圭形凿、长方形凿。皆磨制，有的通体磨光，有的大部分磨光而留有打制痕或打击面。原料主要选用黑色千枚岩，即绿泥石片岩，次为页岩。器类以斧、锛、凿为基本组合，器形风格是小型、体较扁平且薄[8]。

（二）大渡河上游地区

马尔康市哈休遗址：2003 年调查，2006 年试掘。磨制玉石器包括穿孔刀、单孔凹背玉刀、锛刀形器、斧形器、锛、环、镯、穿孔珠、砺石等，个别环、镯表面有穿孔。其中以器体较宽的白色大理石玉镯及小型玉珠最有特色[9]。

（三）大渡河中游地区

汉源县大树镇麦坪村遗址：2001 年试掘出土 1 件黄灰色玉斧，通体磨光，平面呈梯形，刃部略残[10]。

（四）成都平原地区

目前，仅在广汉三星堆遗址仁胜村史前墓地发现部分玉器。仁胜村墓地位于三星堆遗址西城墙以西，1997 年、1998 年清理了 29 座土坑墓，出土了 61 件玉石器，器类包括蜗旋状器、泡形器、璧形器、锥形器、凿、矛、斧、斧形器等。质地包括蛇纹石玉、白云岩、珍珠云母岩、绿柱石、石英岩等。其中蜗旋状器 6 件，大小不等，一面呈盘状内凹，一面弧拱，形似蜗牛壳状；泡形器 4 件，圆形，一面平，一面圆凸，中部钻有一圆窝或一圆穿孔，通体打磨光滑；璧形器 2 件，圆形，中间有穿；锥形器 3 件，圆柱状，近锥尖端略粗，后端略细，有锥形榫，通体打磨光滑；凿 1 件，长条形，两侧微直，双面平刃，一侧有开料的切割痕；矛 2 件，其一为窄叶形，体扁平，一端似锛，另一件为阔叶形，边刃较平；斧 2 件，长条形，双面平刃和单面刃；另有斧形器 2 件、黑曜石珠 37 件、石弹丸 2 件[11]。

一、川西史前玉器的分类

川西史前玉器的器形较为丰富，初步可以分为三类。

（一）仿工具类

　　器形包括斧、锛、凿、长方形双穿孔刀、单孔刀、锛刀、箭镞、纺轮等（图一）。其中斧、锛既有器体宽大型，又有器体窄小型。凿包括器体较宽与较窄两种，有一定数量的双端刃凿。箭镞数量不多，根据铤的位置也可分为两类：铤居中及居侧。纺轮主要为白色大理石质地。

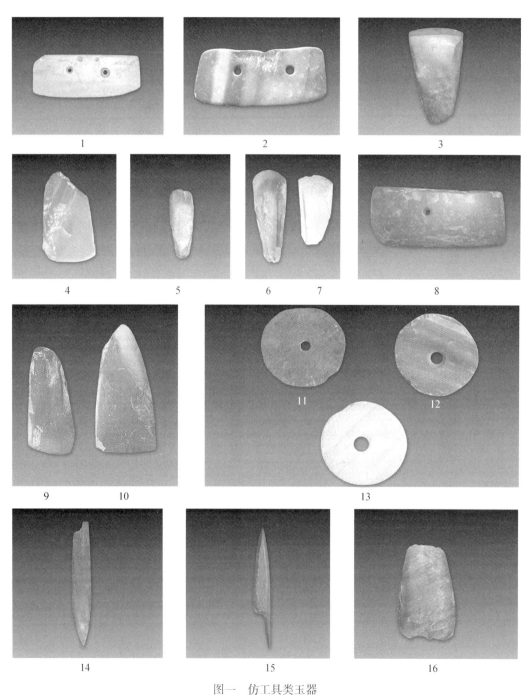

图一　仿工具类玉器

1~5、8、15、16. 营盘山遗址出土　6、7、9~13. 姜维城遗址出土　14. 安乡遗址出土

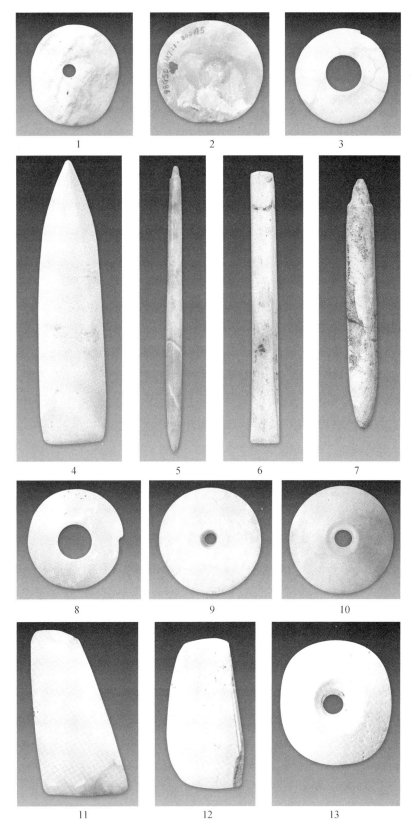

图二　似礼器玉器（三星堆仁胜村土坑墓出土）

（采自《考古》2004 年第 10 期图版壹，3～5；图版肆，3～6；图版伍，1、4、2、3、6、7）

（二）似礼器类

包括璧形器、蜗旋状器、泡形器、锥形器等（图二）。多数出土于成都平原的三星堆仁胜村土坑墓。

（三）装饰品类

包括环形器及其半成品、镯形器、珠等（图三）。器体也有宽大及窄小之分，表面有凸出及内凹之分。

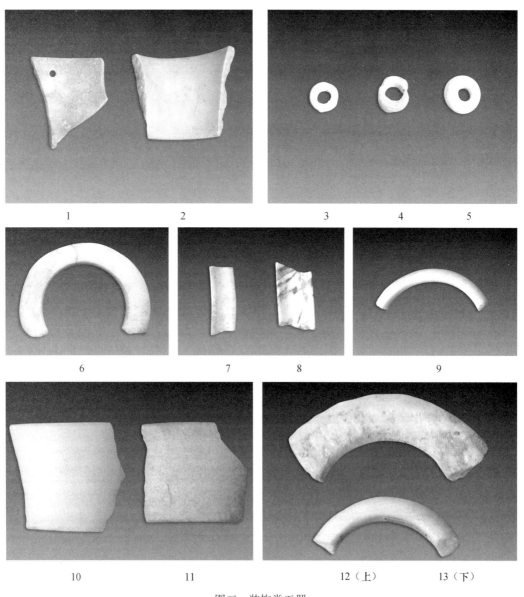

图三　装饰类玉器

1～5. 哈休遗址出土　　6～9. 营盘山遗址出土　　10～13. 姜维城遗址出土

三、川西史前玉器的时代与分期

根据共存陶器等其他遗物的特征，可将川西史前玉器划分为三个时期，年代上限为距今 5500 年左右的仰韶时代晚期，下限进入距今 4000 年前后的二里头文化时期。

（一）第一期

以波西遗址、营盘山遗址下层、姜维城遗址下层、哈休遗址、安乡遗址出土玉器为代表，时代约相当于仰韶时代晚期。种类包括器体宽大及窄小的斧、锛、锛刀、双端刃凿、端刃凿、单孔及双孔刀、纺轮、环、镯和珠等。仅见仿工具类和装饰品类。

（二）第二期

以营盘山遗址上层、姜维城遗址上层、箭山寨遗址等出土玉器为代表，与马家窑文化马家窑类型的时代相当。种类包括器体窄小的斧、锛、端刃凿、单孔及双孔刀、镞、纺轮、环、镯等。仍然仅见仿工具类和装饰品类。

（三）第三期

以三星堆遗址仁胜村史前墓地出土玉器、增坡玉石器窖藏部分玉器为代表，时代约处于龙山时代晚期，年代下限已进入二里头文化时期甚至商代。

种类除延续前两期的部分品种外，新增了璧形器、蜗旋状器、泡形器、锥形器等。仿工具类、装饰品类和似礼器类玉器均已出现。

第一期与第二期之间关系密切，属于同一文化的不同发展阶段。第三期出现了多种新的文化因素，与前两期之间存在年代上的较大缺环，文化性质明显不同。

四、川西史前玉器的原料产地

川西地区有不少产玉的山川，为古人采集玉料和石料提供了丰富的资源，历代文献对岷江上游等地区出产的"龙溪玉"等已有明确记载。如《山海经·中山经》中有"岷山，江水出焉……其上多金、玉，其下多白珉"之说。《华阳国志》佚文也有"玉垒山，出璧玉，湔水所山"的记载。

川西岷江上游及其邻近地区分布有玉矿，至迟到 20 世纪 80 年代仍然在进行生产。2002 年，笔者曾赴汶川县龙溪乡胜利村（马灯）透闪石玉矿及彭县龙门山大宝镇红岩蛇纹石矿进行了实地考察，采集玉料标本与营盘山、姜维城、箭山寨等遗址出土的部分史前玉器质地相似，应为就地取材加工而成。

营盘山遗址 2006 年发掘出土有玉芯（图四），单向管钻痕迹清晰，也是遗址出土玉器为本地生产的实物例证。

图四　营盘山遗址出土玉芯及残玉器

川西大渡河中游地区的玉石原料资源也非常丰富，时至今日，石棉、汉源等县仍以出产质地上乘的大理石、花岗岩制品而名扬海内外。该地区商周墓葬中多随葬器体狭长的白色大理石质玉凿形器，选材、切割、磨制及抛光等制玉工艺较为成熟。该地区史前玉器也多系就地取材。

目前所见的唯一例外是营盘山遗址 2002 年曾出土了一件玉镞，白色，半透明，质地细腻，具有和田玉的特征。2006 年也发掘出土有类似质地的玉器（图五）。镞为消耗品，此类玉器不应为孤例，这为川西史前玉器的矿源研究提供了新线索。有学者指出，新疆昆仑山脉出产的和田玉，大约在距今 6000～5000 年前就开始零星地传播到黄河上游地区甚至长江汉水流域等某些地方。例如，在甘肃秦安大地湾和陕西临潼姜寨的仰韶文化遗址中发现过和田玉的踪迹，在陕西汉中的南郑龙岗寺仰韶文化遗址里也发现过可能是和田玉的玉器（图六，1）[12]。

1　　　　　　　　　　　　　　　　2

图五　营盘山遗址出土类似和田玉器

大地湾遗址地处黄河上游支流渭河上游地区，第二期文化出土有绿松石饰、蛇纹石和汉白玉坠等玉器，第四期文化出土有大理石权杖头等玉器（图六，2～8）。大地湾距离新疆和田玉产地较近，而龙岗寺遗址地处长江中游汉水上游地区，较大地湾遗址距和田玉产地又远了许多。营盘山遗址地处岷江上游地区，地理经度位置与大地湾相近。同时，营盘山遗址的文化内涵与大地湾遗址第四期文化（仰韶晚期文化）之间存在较多的共性及渊源关系。因此，营盘山遗址存在发现和田玉的可能性，也符合和田玉传入内地的路线和轨迹。

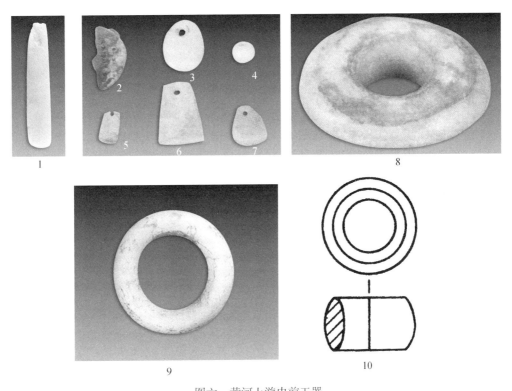

图六　黄河上游史前玉器

1. 陕西汉中龙岗寺遗址出土　2～8. 甘肃秦安大地湾遗址出土　9、10. 陕西宝鸡关桃园遗址出土

五、其他相关问题

（一）川西史前玉器的文化因素分析

主要包括三组文化因素。

第一组包括器体宽大及窄小的斧、锛、双端刃凿、端刃凿、锛刀、镞、纺轮等，属于本土文化因素。

第二组包括单孔及双孔刀、环、镯、珠、璧形器等，与黄河上游地区史前文化关系密切。例如，陕西宝鸡关桃园遗址位于渭河东北岸发育较好的黄土台地之上，西距甘肃

天水市仅 110 千米，陕西省考古研究所（现陕西省考古研究院）、宝鸡市考古工作队于
2002 年进行发掘，发现了较为丰富的前仰韶时代文化堆积，出土有精美的玉环 1 件（图
六，9、10），磨制精细，断面呈枣核形，工艺考究，表面光洁，晶莹润泽，直径 2.6、高
1.5 厘米，为同类文化遗存中所鲜见，是渭河流域考古出土的时代最早的玉器[13]。川西
史前玉器中也不乏此类玉环，只不过在质地上略为逊色。

　　同处于渭河上游的甘肃天水大地湾遗址第二期仰韶文化半坡类型所出土的大理石、
蛇纹石质地的玉坠等玉器，以及第四期仰韶晚期文化也出土的白色大理石权杖头等玉器，
也能够在川西史前玉器中找到类似的器物。

　　汉水上游的陕西南郑龙岗寺遗址仰韶文化半坡类型墓葬出土 24 件玉器，全部用绿色
或白色半透明状软玉磨制而成，质地细腻光润。器形包括斧 4 件、铲 5 件、锛 12 件、凿
1 件、镞 2 件，其中的玉镞平面略呈柳叶形，器体非常扁薄。这些玉器都是以生产工具
器形出现，但无使用痕迹，且其质料均为软玉，有些可能是和田玉，根本不可能当实用
工具使用[14]。这一仿工具类玉器的制作传统对川西地区史前玉器生产的影响是明显的。

　　第三组包括璧形器、蜗旋状器、泡形器、锥形器等，主要见于仁胜村土坑墓。仁胜
村蜗旋状玉器与二里头文化第二期的斗笠状白陶器相似，玉锥形器明显与良渚文化的同
类器相似。表明川西史前玉器与良渚文化、二里头文化之间有一定联系。

　　良渚文化的某些文化因素进入成都平原先秦文化并非个别现象，在宝墩文化时期的
成都十街坊遗址，广汉三星堆遗址的仁胜村土坑墓，商周时期的成都金沙遗址均出现有
与良渚文化相似的玉器、骨器等遗物。

　　其中，第一组因素在三期均见，所占比例较高，第二组因素在第一、二期均见，而
第三组因素为第三期新现。

（二）关于增坡玉石器窖藏

　　汶川县增坡村玉石器窖藏，共出土斧、锛、凿等类器物 14 件。其中有些石器无论从
质地，还是从制作工艺、器形和功能上分析，都堪称玉器。笔者实地考察后发现，增坡
玉石器窖藏所出土的一种玉凿，器体狭长，双端刃，一端刃较窄，其刃开口方向与另一
端刃开口方向垂直；另一端刃较宽，弧刃，中锋。此类玉凿早在茂县安乡遗址就有出土，
并与成都金沙遗址、广汉三星堆遗址出土的双刃玉凿极为相似，后二者出土的双刃玉凿
的数量及种类均更为丰富发达，因此，没有理由认为后二者一定是在前者的影响下产生
的。但也有可能出现相反的情况。增坡玉石器窖藏的埋藏年代值得仔细考察，因同时伴
出的器物没有陶器，很难肯定其埋藏年代一定是新石器时代。据笔者在岷江上游地区进
行的大量考古调查及试掘结果看来，时代更晚（战国至汉代）的石棺葬也出土不少磨制
精细的玉石器，尤以斧、锛、凿等工具的数量最多。增坡玉石器窖藏部分玉器与茂县牟
托村石棺葬一号墓及其陪葬坑出土的玉器相似，如体型较长的玉锛、玉凿、玉斧等[15]。所

以，增坡玉石器窖藏的年代可能晚至夏商时期（当然，不排除个别玉石器本身的制作年代可以早至新石器时代）。增坡玉石器窖藏的双刃玉凿等因素与成都平原商周文化关系密切。

（三）关于四川地区商周时期凹刃玉凿的起源

川西地区商周时期的三星堆遗址、金沙遗址出土大量的凹刃玉凿，对其渊源，学术界有多种说法。近年来，四川盆地史前时期考古的一些发现为探讨这一问题提供了新线索。

成都平原宝墩文化时期的都江堰芒城村遗址曾出土了 1 件凹刃石凿。无独有偶，涪江上游的江油大水洞遗址也出土了 1 件类似的凹刃石凿（图七），根据共存陶器特征分析，其时代应早于宝墩文化[16]。此类石凿的刃部形状及加工方法与三星堆遗址、金沙遗址出土的凹刃玉凿基本相同。表明四川盆地出土的史前凹刃石凿不仅是孤例，且磨制工艺成熟，时代上也先后有别。可见，四川盆地制作凹刃石（玉）凿形器的传统由来已久，至迟在新石器时代晚期即已形成。基于这一客观事实，我们没有理由否认商周时期的三星堆、金沙遗址出土大量凹刃玉凿的现象是本土文化因素传承所致。

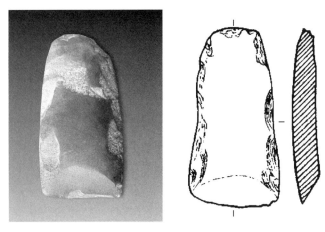

图七　大水洞遗址出土凹刃石凿

（四）余绪

川西史前玉器尽管琢制工艺还较为粗陋，水准及影响力难以与红山文化、良渚文化、大溪文化、凌家滩遗址、石家河文化、齐家文化等其他地区的史前时期玉器相媲美，但它们开启了四川地区商周时期辉煌制玉业的先河。

注　释

[1]　成都市文物考古研究所、阿坝藏族羌族自治州文管所、茂县羌族博物馆：《四川茂县营盘山遗址试掘报告》，《成都考古发现》（2000），科学出版社，2002 年；蒋成、陈剑：《岷江上游考古新发现述析》，

《中华文化论坛》2001 年第 3 期；蒋成、陈剑：《2002 年岷江上游考古的收获与探索》，《中华文化论坛》2003 年第 4 期；成都文物考古研究院、阿坝藏族羌族自治州文物管理所、茂县羌族博物馆：《茂县营盘山新石器时代遗址》，文物出版社，2018 年。

[2] 四川大学历史系考古教研组：《四川理县汶川县考古调查简报》，《考古》1965 年第 12 期；王鲁茂、黄家祥：《汶川姜维城发现五千年前文化遗存》，《中国文物报》2000 年 11 月 26 日第 1 版；黄家祥：《汶川县姜维城新石器时代遗址及汉明城墙》，《中国考古学年鉴·2001》，文物出版社，2002 年；黄家祥：《汶川姜维城遗址发掘的初步收获》，《四川文物》2004 年第 3 期；四川省文物考古研究所、阿坝州文物管理所、汶川县文物管理所：《四川汶川县姜维城新石器时代遗址发掘报告》，《四川文物》2004 年增刊；辛中华：《岷江上游新石器时代遗存及相关问题探讨》，《四川文物》2005 年第 1 期；四川省文物考古研究所、阿坝州文物管理所、汶川县文化体育局：《四川汶川县姜维城新石器时代遗址发掘简报》，《考古》2006 年第 11 期。

[3] 四川大学历史系考古教研组：《四川理县汶川县考古调查简报》，《考古》1965 年第 12 期；成都文物考古研究所、阿坝藏族羌族自治州文管所、理县文物管理所：《四川理县箭山寨遗址 2000 年的调查》，《成都考古发现》(2005)，科学出版社，2007 年。

[4] 成都文物考古研究所、阿坝藏族羌族自治州文物保管所、茂县羌族博物馆：《四川茂县波西遗址 2002 年的试掘》，《成都考古发现》(2004)，科学出版社，2006 年；成都文物考古研究院、阿坝藏族羌族自治州文物管理所、茂县羌族博物馆：《四川茂县波西遗址 2003 年的试掘》，待刊。

[5] 成都文物考古研究所、阿坝藏族羌族自治州文物管理所、茂县羌族博物馆：《四川茂县安乡遗址调查简报》，《成都考古发现》(2005)，科学出版社，2007 年。

[6] 成都文物考古研究所、阿坝藏族羌族自治州文管所、理县文物管理所：《四川理县箭山寨遗址 2000 年的调查》，《成都考古发现》(2005)，科学出版社，2007 年。

[7] 成都文物考古研究所、阿坝藏族羌族自治州文管所、理县文物管理所：《四川理县箭山寨遗址 2000 年的调查》，《成都考古发现》(2005)，科学出版社，2007 年。

[8] 徐学书：《岷江上游新石器时代文化的初步研究》，《考古》1995 年第 5 期。

[9] 阿坝藏族羌族自治州文物管理所、四川省文物考古研究院、成都文物考古研究所、马尔康县文化体育局：《四川马尔康县哈休遗址 2003、2005 年调查简报》，《成都考古发现》(2006)，科学出版社，2008 年；陈剑、陈学志：《大渡河上游史前文化寻踪》，《中华文化论坛》2006 年第 3 期；阿坝藏族羌族自治州文物管理所、四川省文物考古研究院、成都文物考古研究所、马尔康县文化体育局：《四川马尔康县哈休遗址调查简报》，《四川文物》2007 年第 4 期。

[10] 大渡河中游考古队等：《四川汉源县 2001 年度的调查与试掘》，《成都考古发现》(2001)，科学出版社，2003 年；中国社会科学院考古研究所、四川省文物考古研究院、成都市文物考古研究所：《四川汉源县麦坪村、麻家山遗址试掘简报》，《四川文物》2006 年第 2 期。

[11] 四川省文物考古研究所三星堆遗址工作站：《四川广汉市三星堆遗址仁胜村土坑墓》，《考古》2004 年第 10 期。

[12] 叶茂林：《甘肃、青海、宁夏、新疆地区出土玉器概述》，《中国出土玉器全集》(第 15 卷)，科学出版

社，2005 年。

[13] 陕西省考古研究所、宝鸡市考古工作队：《陕西宝鸡市关桃园遗址发掘简报》，《考古与文物》2006 年
第 3 期；陕西省考古研究院、宝鸡市考古工作队：《宝鸡关桃园》，文物出版社，2007 年。

[14] 陕西省考古研究所：《龙岗寺——新石器时代遗址发掘报告》，文物出版社，1990 年。

[15] 茂县羌族博物馆、阿坝藏族羌族自治州文物管理所：《四川茂县牟托一号石棺墓及陪葬坑清理简报》，
《文物》1994 年第 3 期。

[16] 胡昌钰：《四川江油市发现新石器时代洞穴遗址》，《中国文物报》2005 年 11 月 30 日第 1 版；四川
省文物考古研究院、绵阳市博物馆、江油市文物管理所：《四川江油市大水洞新石器时代遗址发掘简
报》，《四川文物》2006 年第 6 期。

附表　川西史前玉器一览表

编号	遗址名称	地理位置	考古工作情况	玉器数量	玉器种类	分期	资料出处
1	营盘山	岷江上游茂县	调查、发掘	数量丰富	斧、锛、凿、长方形双穿孔刀、箭镞、环形器及半成品、镯形器、璧形器等	第一期第二期	《四川茂县营盘山遗址试掘报告》，《成都考古发现》（2000），科学出版社，2002年；《茂县营盘山新石器时代遗址》，文物出版社，2018 年
2	姜维城	岷江上游汶川县	调查、发掘	数量较为丰富	玉纺轮、环、镯、斜肩梯形玉锛、长条形弧刃玉斧等	第一期第二期	《四川理县汶川县考古调查简报》，《考古》1965 年第 12 期；《汶川姜维城发现五千年前文化遗存》，《中国文物报》2000 年 11 月 26 日第 1 版；《四川汶川县姜维城新石器时代遗址发掘报告》，《四川文物》2004 年增刊；《四川汶川县姜维城新石器时代遗址发掘简报》，《考古》2006 年第 11 期
3	箭山寨	岷江上游理县	调查、试掘	少量	长条三角形锛、梯形锛、梯形斧	第二期	《四川理县汶川县考古调查简报》，《考古》1965 年第 12 期；《四川理县箭山寨遗址 2000 年的调查》，《成都考古发现》（2005），科学出版社，2007 年
4	波西	岷江上游茂县	调查、试掘	少量	环等	第一期	《四川茂县波西遗址 2002 年的试掘》，《成都考古发现》（2004），科学出版社，2006 年；《四川茂县波西遗址 2003 年的试掘》，待刊
5	安乡	岷江上游茂县	调查	少量	双端刃凿	第一期	《四川茂县安乡遗址调查简报》，《成都考古发现》（2005），科学出版社，2007 年

续表

编号	遗址名称	地理位置	考古工作情况	玉器数量	玉器种类	分期	资料出处
6	石古莫	岷江上游理县	调查	少量	长条形斧	第二期	《四川理县箭山寨遗址 2000 年的调查》,《成都考古发现》(2005),科学出版社,2007 年
7	班达寨	岷江上游理县	调查	少量	弓形器	第二期	《四川理县箭山寨遗址 2000 年的调查》,《成都考古发现》(2005),科学出版社,2007 年
8	哈休	大渡河上游马尔康市	调查、试掘	数量较为丰富	穿孔刀、单孔凹背玉刀、锛刀形器、斧形器、锛、环、镯、穿孔珠等	第一期第二期	《四川马尔康县哈休遗址调查简报》,《四川文物》2007 年第 4 期;《大渡河上游史前文化寻踪》,《中华文化论坛》2006 年第 3 期;《四川马尔康县哈休遗址 2003、2005 年调查简报》,《成都考古发现》(2006),科学出版社,2008 年;《四川马尔康县哈休遗址 2006 年的试掘》,《南方民族考古》(第六辑),科学出版社,2010 年
9	麦坪	大渡河中游汉源县	调查、试掘	少量	梯形斧	第二期	《四川汉源县麦坪村、麻家山遗址试掘简报》,《四川文物》2006 年第 2 期
10	增坡玉石器窖藏	岷江上游汶川县	调查	14 件（现存 12 件）	梯形斧、长条三角形斧、长方形斧、梯形首长方形锛、三角形锛、长条形锛、圭形凿、长方形凿	第三期	《岷江上游新石器时代文化的初步研究》,《考古》1995 年第 5 期
11	仁胜村史前墓地	成都平原广汉三星堆遗址	发掘	61 件玉石器	蜗旋状器、泡形器、璧形器、锥形器、凿、矛、斧、斧形器等	第三期	《四川广汉市三星堆遗址仁胜村土坑墓》,《考古》2004 年第 10 期

［原载《成都考古研究》(二),科学出版社,2013 年,第 46～58 页］

伍　其他研究

川西北高原与四川盆地间的史前交通考述

——从四川盆地西北缘地区史前考古新发现谈起

陈　剑

（成都文物考古研究院）

　　川西北高原地处青藏高原与四川盆地的过渡地带，行政区划包括今阿坝藏族羌族自治州的大部、甘孜藏族自治州及雅安市的局部地区；地理上涵盖大渡河中上游、岷江上游地区；地貌以高原、高山深谷为主。四川盆地以成都平原为中心，地理上涵盖岷江中游、沱江流域、涪江中下游、嘉陵江中下游及渠江中下游地区，地貌以平原和浅丘为主，四川盆地是长江上游古代文明的中心分布区，也是中国文明起源的多中心之一。川西北高原与四川盆地之间存在多条横向及纵向的交通孔道，尤其是沿东西向、南北向河流谷地的通道。前辈学者根据文献记载和石刻题记资料对川西北高原与四川盆地之间的古代交通开展了多方面的探讨，也正好表明这一问题具有非常重要的学术意义。但受资料的局限，这些关于交通的研究多集中于历史时期，而对于本地区史前时期交通状况的探讨基本处于空白。

　　近年来，四川盆地与川西北高原过渡地带尤其是盆地西北缘地区的史前时代考古新发现，为研究两地之间的史前交通提供了重要的实物佐证。各类史前遗址及其体现的文化因素上的传播、影响关系，实际上是史前人群移动的物化表现，也能够反映出史前时期的交通情况。本文拟根据四川盆地西北缘地区史前考古的新资料，并结合历代文献记载的相关内容就四川盆地与川西北高原间的史前交通路线、形成时间等问题提出粗浅的认识，敬请方家不吝赐教。

一、川西北高原与四川盆地间的过渡地带及交通路线

　　自清代末期董湘琴写出了脍炙人口的长篇记游诗《松游小唱》以来，任乃强、冯汉骥、岑仲勉、吴景敖、唐长孺、严耕望、冯汉镛、李绍明、蓝勇、李之勤、陈良伟、李星星等学者对川西北高原与四川盆地之间的古代交通的路线等相关问题进行过不同程度的研究。例如，1947 年，岑仲勉以理县发现隋代会州通道碑为题，撰文指出在隋代岷江上游原与成都有交通[1]。

　　唐长孺发表过数篇有关西域与南朝交往的文章，继 20 世纪 40 年代吴景敖首次从地理学角度把西域、青海、成都、建康诸地联系起来考虑之后，第一次从历史学角度把吐谷浑部族摆进丝绸之路河南道。其主要观点有：四川成都至西域间原有一条交通孔道；这条孔道与吐谷浑王国关系密切；该条丝道主要经行的是佛教僧侣，其次为西域各国前往南朝的使团[2]。

　　严耕望的《唐代茂州西通吐蕃两道考》探讨了吐蕃丝道，该道因盛唐前后崛起的吐蕃王国而著名，可以分为南北两条支道，南支道则由四川出发，先至前藏，而后由后藏进入印度和尼泊尔。后来他受吴景敖地理实地考察的研究成果的影响，也开始着手研究川甘青间区域交通通道的线路、沿途所经和启用时间。他在《唐代交通图考》中的《河湟青海地区军镇交通网——附录周希武玉树途程日记节要》一文基本上勾勒了由松州至西宁的交通路线，而《岷山雪岭地区松茂等州交通网》一文则基本上勾勒了由成都至松州的交通路线，其基点是唐代，但对两汉和明清驿铺堡关也有所涉及。冯汉镛的《唐代西蜀经吐蕃通天竺路线考》等论著也涉及这一问题[3]。

　　李绍明长期关注川西北高原与四川盆地间的古代交通研究。他在《四川理县隋唐二石刻题记新证》[4]（以下出自此文的内容不再注明）中将唐碑及隋碑经岑仲勉考证未尽者加以疏证，指出唐之维州一途今杂谷脑河两岸远古以来即有人类居住，姜维未曾至唐之维州一途，该道非姜维所开创，并常有修整，而非姜须达之首次重整者。他还对北川县小坝乡的元代石刻题记进行了深入研究[5]（以下出自此文的内容不再注明），指出该摩崖题记所言之"盐茶道路"当指自北川县治城，沿白草河，至松潘的古道。2005 年 7 月在都江堰召开的"大禹文化与江源文明学术研讨会"上，他的主题发言指出：江源实为岷源，江源文明的特征有三：水、族、道。所谓道，文明需要道路来串联，否则文明的传播、延续难以为继，岷江上游是藏彝走廊的支系之一，与别的江河不同，岷江上游自古不通舟楫，文明的传播和人群的移动主要沿陆上道路进行。"松茂古道"宜正名为"灌松古道"，明代文献有明确记载，"灌松古道"突出了都江堰（灌县）和松潘在这条古道上的重要地位，更为科学。目前国内学术界对古道诸如北方丝绸之路、海上丝绸之路等的研究风气日盛，但灌松古道的研究相对滞后。本道在秦汉时期尚无定名，湔氐道为一级地方行政建制，其治所在今松潘县川主寺，故不宜作为本古道的名称；冉、駹为先秦时期的两大部族，称冉駹道亦不妥。魏晋南北朝时期本道因吐谷浑所设河南国而得名"河南道"，北方战乱，传统的丝绸之路梗阻，本道的地位日益突出，成为连接南北丝绸之路的重要孔道。唐宋以来本道的名称有"西山道""西路""灌松古道"等。本道历代有不同的变迁和发展。他还倡导进行本道考古发现、民间文学资料的集成工作，组织有关专家学者开展重走灌松古道的实地考察活动等[6]。

　　蓝勇在《四川古代交通路线史》[7]中认为始于茂县，经北川，至绵阳的路线成为历史时期的重要交通要道，唐代称为"松岭关道（威蕃栅道）"，宋代称为"陇东道（石泉军路）"，明代称为"茂州小东路"，直至今日北（川）茂（县）公路仍然沿该古道而建。

李之勤继冯汉骥提出西山道后，著文指出：虽然岷江沿线历史上曾经有西山八国，但由此将沿岷江而行丝绸之路称为西山道显然是不合适的，因为西山八国并不当道；由成都往松潘的古道应当称为汶川道，因在南北朝至隋唐年间，汶川始终是该道上非常重要的商贸城市和政治中心；汶川道的起点是成都，终点是松潘，并经松潘北上先后与吐谷浑和吐蕃控制的丝道相接，最终汇入西域丝道[8]。

陈良伟在其博士论文基础上修改而成的《丝绸之路河南道》[9]一书，是迄今所见在文献学和考古学两方面资料最全的系统研究"丝绸之路"河南道的论著（徐苹芳序），全面探讨了河南道的研究历史、路线和历史演变等内容。他把丝绸之路河南道分为四条分道，即西蜀分道、河南分道、柴达木分道和祁连山分道；九条支道，分别为岷江支道、白龙江支道、河源支道、隆务河支道、洮河支道、柴达木南支道、扁都口支道和走廊南山支道；沿线还有若干间道和辅道。它们是相互平行或相互串行的关系。其中西蜀分道岷江支道的内容涉及对川西北高原与四川盆地之间的古代交通的研究。他还撰写有《丝绸之路河南道沿线的重要城址》[10]、《丝绸之路河南道松灌支道考古调查》等相关论文。

李星星在《论"藏彝走廊"》[11]中认为从青藏高原东部边缘进入"藏彝走廊"，除了主要有六条若干山川构成的自然通道，还有不少东西横向的通道作为纵向通道联系的桥梁，如从川西平原西沿的北川起，溯湔江向西，经今阿坝的土门、茂县、汶川，再溯杂谷脑河向西，经大渡河上游地区而西入青海果洛藏族自治州。

综合学者们的研究，并根据实地考察情况，不能发现，古代四川盆地与川西北高原之间存在着多条交通孔道，尤其是南北纵向和东西横向的河流谷地，更是天然的交通通道。可以概括划分为北、中、南三线（图一）。

（1）北线：沿今天的松潘县、九寨沟县、平武县进入四川盆地。

北线包括两条支线：北一线沿九寨沟县，沿涪江上游支流火溪河谷地，经平武县白马藏族自治乡抵平武县城；北二线沿涪江干流，经松潘县黄龙景区、小河乡、平武县水晶乡抵平武县城。两支线会合后经江油进入四川盆地。

（2）中线：主线经今天的茂县县城，翻越土地岭，沿土门河（湔江），经茂县光明乡、富顺乡、土门乡、东兴乡，北川县的墩上乡、治城乡、北川县城、江油、安县、绵阳市区等地进入四川盆地腹心地区的交通线路，是四川盆地与川西北高原间的一条重要通道。

支线可称白草河支线，据李绍明考证，自北川治城羌族乡（元石泉县治），沿白草河而上，经小坝、片口，以至松潘白羊乡有一条古道，白羊乡以上沿白羊河，通过镇江即达松潘。

（3）南线：南线基本沿今天汶川境内岷江干流，经绵虒、飞沙关、映秀等，翻越娘子岭，由都江堰市龙溪（今龙池镇）、彭州市进入四川盆地。

这些线路主要分布于四川盆地西北缘地区，即川西北高原与四川盆地之间的过渡地带。并且主要分布于本地区主要河流，即岷江上游、涪江上游干流及其重要支流。

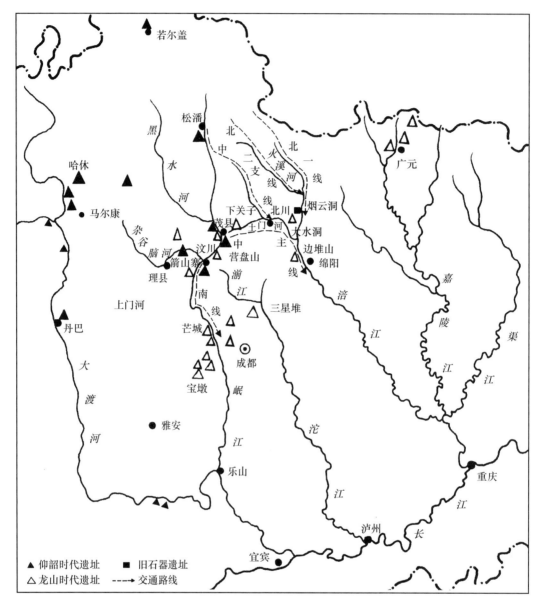

图一　川西北高原与四川盆地史前交通示意图

　　从地理特征上分析,四川盆地西北缘地区是一个过渡性的区域地理单元,其西、其北毗邻川西北山地及高原区,南接成都为中心的川西平原,东与四川盆地北部连为一体。地理范围主要包括岷江上游的部分地区和涪江上游的大部分地区,行政区划上包括今阿坝藏族羌族自治州的茂县、汶川县,绵阳市的北川县、江油市、安县和市中区,以及成都市的都江堰市、彭州市的部分地区。

　　本区在地势上属于龙门山脉,为四川盆地西缘山地的组成部分,位于盆地向高原高山的过渡地带,靠近盆地多为低山,向西逐渐升高至中山或高山。龙门山是一条东北—西南走向的山脉,北起摩天岭,中段称茶坪山,南段邛崃山直抵大相岭,海拔由盆地边缘1000米向西逐渐升高到3000米左右。这些山脉山峦起伏,山峰陡峭,多角峰,河谷深切，峡谷幽深，坡度陡峻。低山地带则多为凸形坡，山顶等高线也较浑圆些。主脉海拔 3000～4000 米（九顶山主峰 4989 米），峰顶尖峭，谷地深邃，高差达 1500～2500 米。本区地貌以山地浅丘为主，山间的河流两岸或两河交汇处有一些发育较好的台地，地势较为平坦，宜于人类定居生活。

二、四川盆地西北缘地区史前遗址的文化及年代

四川盆地西北缘地区的史前时代考古工作起步较早，在 1952 年冬修筑宝成铁路时，就发现绵阳边堆山遗址[12]。1988 年秋季，中国社会科学院考古研究所四川工作队对边堆山遗址进行了复查[13]。1989 年春进行了试掘，同年秋季又进行了大规模发掘和钻探，1990 年又在遗址区试进行了物理测探[14]。1989 年 11 月，该队在北川县文化馆收集的一些采集回来的化石材料中，发现了一枚人类牙齿化石和一批兽牙化石[15]。2000 年以来，本区域的龙山时代考古有了新的突破性进展。2000 年 7 月，成都市文物考古研究所（现成都文物考古研究院）、阿坝藏族羌族自治州文物管理所、茂县羌族博物馆调查确认了茂县白水寨遗址[16]、茂县下关子遗址[17]和汶川县高坎遗址[18]。2002 年 10 月，又调查发现了茂县沙乌都遗址[19]。2004 年又对汶川县高坎遗址进行复查[20]。2004 年 11 月，四川省文物考古研究院、绵阳市博物馆、江油市文物保护管理所对江油市大康镇旱丰村 9 组的吴家后山大水洞遗址进行了调查，次年 10 月进行了发掘[21]。2005 年，四川省文物考古研究院等对甘龙洞东北约 300 米的桂溪乡烟云洞旧石器时代遗址进行正式发掘[22]。2006 年 10 月，成都文物考古研究所等对沙乌都、白水寨、下关子、上关子等遗址进行了复查[23]，并对下关子遗址进行了试掘[24]。现对北、中、南线沿途的史前遗址及其他相关遗址的内涵及年代分述如下。

（一）北线沿途的古代遗址

2004 年，阿坝藏族羌族自治州文物管理所等单位在北线北支线的西北段地区，即九寨沟县境内发现了荷叶寨等多处史前遗址及遗物采集点[25]，表明北线的形成年代可能上溯至史前时期。但这些史前遗址未经考古发掘，遗址的具体年代及文化面貌尚不清楚，有待进一步的工作来明晰。

但在北线的主要路段沿线地带尚未发现史前遗址，仅在平武县白马藏族自治乡稿史脑村发现了水牛家寨汉代遗址，位于稿史脑村二组的缓坡地上，地处火溪河（涪江一级支流）北岸。出土的遗物有陶、石、铁、铜器。陶片主要有泥质灰陶，数量不多，以素面居多，纹饰有绳纹、凿印的几何纹，器形有罐、壶、盆、钵、瓶、器耳、纺轮等。石器有残斧形器、残石件、砺石等。铁器有锸、犁铧等。铜器只有 1 件环。综合出土物可以推断遗址文化遗存的年代应属汉代，上限不早于西汉，主要的文化遗存处在汉代中晚

期。出土石器 13 件，在出土遗物中占有一定数量，表明汉代人们还把石器当成日常的生产工具和生活用具，这在以往所发现或发掘的汉代遗址中较为鲜见，呈现出一种文化滞后的现象。北线沿途地区有可能发现年代更早的史前时期遗址[26]。

（二）中线沿途的史前遗址

1. 旧石器时代遗址

本地区北川县境内早在旧石器时代晚期就已有人类居住的洞穴型遗址。如北川县文化馆在甘溪乡金宝村甘龙洞（裂隙）发现一批化石材料，数量约计一二千克，其中主要是牙齿化石，少数是骨化石，都具有一定的石化程度，呈黄色、浅黄色或浅棕色。初步鉴定的化石材料如下：人类牙齿，1 枚，左下侧门齿，已残，舌面缺损，唇面较完整，系一青少年个体。观察到的基本形态特征是，齿冠呈铲形，齿根较短，表面呈浅黄色，无明显原始性状，与现代人类门齿较为接近。哺乳动物牙齿，若干枚，均残，计有鹿、牛、野猪、大熊猫、貘五个种属，属华南大熊猫—剑齿象动物群的典型成员，皆现生种。就鉴定的标本而言，动物化石和人牙化石在性质上总体较吻合，均系华南第四纪晚期洞穴沉积中的较常见者，特征略显进步，人牙化石显系晚期智人，这批化石材料的年代可能在更新世晚期或末期，距今一二万年左右。金宝村所在地是石灰岩山地，岩溶相当发育，本地有名的"猿王洞"就在附近山上。涪江上游支流平通河由西北向东南流经此地，公路沿河而行，河流左岸地势较开阔，有浅缓山坡，坡上怪石嶙峋，黄土覆盖，黄土中就埋藏有化石，许多岩石裂隙和洞穴也充填黄土，而化石沉积也更为集中，每次洪水或大雨就能冲带出大量的化石。金宝村出产化石的这一段河谷，自然环境优越，有不少洞穴，化石资料证明远古时期动植物繁盛，很适于古人类的生存活动。

2005 年对甘龙洞附近的桂溪乡烟云洞旧石器时代遗址进行正式发掘。烟云洞为一水平状洞穴，洞口方向 205°，洞口外有高约 7 米的陡坎，坎下为小块低洼地，洞口处视线良好。洞顶总体是西高东低，东西壁不甚规整。清理出距今 3 万～2 万年的更新世晚期的火塘、灰坑各 1 处，以及多处灰烬遗迹。出土石器、石叶等遗物和哺乳动物化石。填补了四川旧石器时代考古的多项空白。

2. 新石器时代遗址

中线沿途发现的新石器时代遗址除了茂县营盘山、汶川县姜维城等仰韶时代中晚期遗址之外，还有系列龙山时代早期的遗址。包括茂县白水寨、沙乌都、下关子，江油大水洞，绵阳边堆山遗址等。

（1）茂县白水寨遗址：位于阿坝藏族羌族自治州茂县南新镇白水寨村，地处岷江东岸二级阶地的台地之上，白水寨明代城堡（白水寨村委会驻地所在的民居集中之处）之上。遗址出土的磨光泥质灰陶及黑皮陶瓦棱纹罐、饰小圆点戳印纹泥质陶折沿罐等器物，与营盘山遗址上层部分遗存的同类陶器特征相似；夹砂陶还保留交错绳纹及箍带状附加堆纹的特征，与营盘山遗址主体遗存夹砂陶相似。其年代略晚于营盘山遗址主体遗存。

（2）茂县沙乌都遗址：位于阿坝藏族羌族自治州茂县凤仪镇水西村，南面与营盘山遗址隔岷江河相望。遗址除了南北两条山脊地带有不间断的文化层堆积外，山脊之间的凹沟地带也有文化层堆积。遗址北区（含北部山脊和南北山脊之间的凹沟地带）出土陶片包括较多的泥质灰陶、泥质褐陶等，器形有卷沿高领罐、喇叭口长颈壶形器等，特征与南部山脊灰坑出土及采集陶片略有差异，而与白水寨遗址出土陶片风格相似。沙乌都遗址南区出土陶片的陶质陶色包括夹砂灰陶、夹砂褐陶、泥质灰陶和泥质磨光黑皮陶等类，不见彩陶和细泥红褐陶；纹饰有绳纹、瓦棱纹、较细的附加堆纹（表面又饰压印纹）、绳纹及锯齿状花边口沿装饰、戳印纹等，陶器内壁常见划抹痕迹；器形包括侈口罐、溜肩罐、喇叭口长颈壶形器、钵、带流器等，与成都平原宝墩文化同类陶器相似。北区遗存的年代应略早于南区遗存。

（3）茂县下关子遗址：位于阿坝藏族羌族自治州茂县光明乡马蹄溪村四组，地处涪江一级支流土门河北岸三级阶地的台地之上，东距光明乡政府驻地约1000米，南邻绵阿公路及土门河正流下关子沟，北靠小关子沟，西面为中心村驻地上街。台地地表呈缓坡状，总面积在20万平方米以上。出土遗物包括陶器、石器、骨器等。陶器包括夹砂黑褐及灰褐陶、泥质灰陶、泥质磨光黑皮陶、泥质褐陶等。纹饰有斜向及交错的绳纹、泥条附加堆纹、戳印纹、较深的锯齿状及较浅的绳纹花边口沿装饰、瓦棱纹、斜向及交错划线纹等。陶器以手制为主，部分经过慢轮修整加工，多数陶器内壁可见明显的刮抹痕迹。器形包括侈口罐、鼓腹罐、长颈鼓腹罐、敛口罐、直口罐、喇叭口长颈壶形器、臼等。石器包括打制和磨制石器，器形有刀、穿孔刀、锛、斧、切割器、砍砸器、尖状器、盘状器等。骨器有笄等。

（4）江油大水洞遗址：位于江油市大康镇旱丰村9组的吴家后山，大水洞坐北朝南，洞内堆积外高内低呈斜坡状。出土遗物有陶片、石凿、石矛、石斧、石锛、石坯、砺石、骨锥、骨切割器、骨刻划器、蚌饰等。以灰陶为主，其次为黄褐陶、磨光黑皮陶、红褐陶。陶片火候较高，陶质以夹细砂为主，泥质陶次之，夹粗砂陶最少。纹饰有拍打的绳纹，抹上去的凹纹、压印纹及戳印纹，以绳纹组合的各种图案为主。可识别的器形有陶罐，多为侈口、圆唇，也有方唇，近半数口沿饰花边，领较高，平底，其中有一半陶罐平底做成假圈足。陶器为轮制，采用泥条盘筑法。出土石器19件，均通体磨光。其中斧13件、锛3件、凿2件、矛1件。石料多选用质地较坚硬的石灰岩，极少使用砾石。石器多双面刃，刃部多舌形，也有铲形刃。石凿为主形。据发掘情况分析，依托顺东壁而下的水源，当时人类活动大致可以分为两个区域。生活区在距洞口26～36米靠近东侧洞壁东西宽10米的范围内。人们利用洞顶垮塌大石之间的间隙生火取暖熟食，所以在该范围内有灰烬堆积，灰烬堆积最厚处达0.6米。工具制作区紧靠在生活区的东北侧，面积约50平方米。该区域内出的石坯和砺石较多。

（5）绵阳边堆山遗址：遗址位于绵阳市西郊偏南的安昌江畔的边堆山南坡台地上，安昌江为涪江的一级支流，发源于北川县南部，自北向南流经安县东部，然后进入绵阳市区永兴等地，在绵阳城区注入涪江。遗址所在台地较为开阔，有上万平方米，但文化层堆积较集中的只有几千平方米。环境条件较为优越，西、北面是河流冲积平原，东南隅是起伏的丘陵，遗址堆积所在台地高出平坝约 30 米，距山顶还有 20 米左右。遗址的文化堆积层厚 1.5～2.5 米。出土陶器可分为夹粗砂灰褐陶系和泥质陶系两大类，前者最多，还有少量黑皮陶、泥质红陶等。纹饰以绳纹、堆纹为常见，另有划纹、弦纹，其中许多锥点几何纹颇有特色。唇沿饰绳纹或锯齿状花边装饰，特点突出。器形多罐、缸、壶、盆、盘、碗等平底器，圈足器有豆。出土石器小型化，采用打制、磨制以及打磨结合三种工艺，选材均采用邻近安昌河的卵石加工而成。磨制石器有斧、锛、凿、镞、矛、刀、铲、镰和砺石。斧有梯形、长条形和舌形三种；锛有梯形和长条形两种，又有直刃和弧刃之别；凿有圭形、鸭嘴形、弧刃、长方形、锛形、斧形和舌形七种；镞分有翼、三棱形和心形三种；铲穿孔。打制石器有尖状器、砍砸器、刮削器、楔形器、柱形器和斧形器等。遗址已公布了两组 ^{14}C 年代测定数据，可以作为对该遗存绝对年代判定的参考：一组数据是距今 4080±250 和 3960±250 年，树轮校正为距今 4505±270 年；另一组是距今 3690±255 和 3590±255 年，树轮校正为距今 4020±260 年。相当于中原地区龙山文化早期阶段[27]。

（三）南线

沿途发现的史前遗址数量较少，仅在汶川县绵虒镇发现高坎遗址，地处岷江上游西岸二级阶地之上，高出岷江河谷约 60 米，地形南北狭长，面积约 1500 平方米，在遗址南部边缘地带采集大量陶片，包括泥质灰陶、夹砂褐陶等，纹饰有绳纹、附加堆纹等，可以确定为新石器时代文化遗址，年代约为龙山时代早期。该地还曾发掘过石棺葬多座。

总体看来，四川盆地西北缘地区史前遗址中的新石器时代遗址（主要为龙山时代考古学文化），与川西北高原的茂县营盘山遗址[28]、汶川县姜维城遗址[29]为代表（主要为仰韶时代晚期考古学文化）的含彩陶类文化遗存相比，存在较大差异，应分别属于两个文化系统。后者与黄河上游地区仰韶时代晚期的考古学文化（如以甘肃秦安大地湾遗址第四期文化为代表的仰韶晚期遗存，马家窑文化石岭下类型、马家窑类型）存在较为密切的联系。前者则主要为四川盆地边缘地区的地方土著文化，与盆地腹心的新石器文化（成都平原的宝墩文化等）关系密切。

四川盆地西北缘的龙山时代考古学文化遗存距今年代在 4800 年左右，可以初步划分为以下三个阶段[30]：第 1 段：以白水寨遗址主体遗存为代表，与营盘山遗址上层部分地层单位出土陶片相似，沙乌都遗址北区的部分遗存可归入本段；第 2 段：以沙乌都遗址南区堆积为代表，大水洞遗址、下关子遗址、高坎遗址可归入此段；第3段：以绵阳边堆山遗址为代表，为四川盆地腹心地区的土著文化。

三、从史前考古新发现、文献记载及地理条件看中线的重要地位

综观上述史前考古资料，中线沿途的史前遗址数量最多，种类也最为丰富，且时代先后序列基本完备，而北线、南线沿途仅发现个别的史前遗址。因此，史前时期中线沿途地区的重要性居于三线之首。

根据地理特征及文化内涵，可以将中线沿途所发现的史前聚落遗址划分为以下三种类型。

（1）河谷台地型聚落遗址，地势开阔，面积较大，堆积较厚，地理环境条件优越。以茂县营盘山遗址、光明乡下关子遗址为代表。例如，下关子遗址所在台地跨越两个行政村（光明乡中心村及马蹄溪村），总面积在20万平方米以上，可能为本地区的中心性大型聚落遗址之一。

（2）山间坡地型聚落遗址，背山面水，面积略大，堆积厚薄不均，地理环境条件较好。茂县沙乌都遗址、绵阳边堆山遗址均属于这类遗址，属于一般性的定居生活聚落。

（3）洞穴型聚落遗址，面积较小，堆积较薄，地理环境条件较差，不利于长期定居生活。以江油大水洞遗址为代表，属于临时性的小聚落。而北川县境内早在旧石器时代晚期就已有人类居住的洞穴型遗址，如烟云洞遗址、甘龙洞遗址等。

中线沿途地区史前时期的聚落遗址，既有中心性大型聚落，也有一般性的定居生活聚落，还有临时性的洞穴聚落，形成较为完备的梯级结构聚落体系，遗址分工基本明确。

此外，2006年调查还在上关子遗址北部大型台地的地表采集到大量的灰陶粗绳纹厚胎建筑板瓦残片，时代为汉代。同时，下关子遗址范围内还分布有较为密集的石棺葬；遗址东面隔土门河相望的下马蹄台地，农田改土时也曾发现大量石棺葬，出土有多件精美的青铜器，包括器体较大的洗、镳斗等器物，现收藏于茂县羌族博物馆；光明乡政府驻地马蹄溪村多位村民家中收集有大量石棺葬随葬品，如青铜五铢钱、青铜泡钉、海贝、绿松石块、青铜管珠等。据出土随葬品判断，这些石棺葬的年代不晚于东汉时期。2000年、2006年的调查发现，土门河沿线地区的富顺乡槽木坪等地，也分布有石棺葬墓群。可见，中线沿途地区汉代人类活动也非常频繁，与川西北高原、四川盆地的交往是非常通畅的。

而后来历代文献对于中线的记载也较为丰富。例如，《续资治通鉴长编》卷二百七十八对中线已有记载："石泉县至茂州中间经静州等族，本非大路，近年官员趋茂州多由此路行，故渐通商旅往来，在此引惹生事。本县（石泉县）至绵州与茂州里数均适，又龙安县有都巡检，缓急可以救应，乞割石泉隶茂州，其旧入茂州路更不得开治。"[31]

　　道光《茂州志》卷一《山川》[32]记载："土地岭，州东十五里，向系夹道，夏则积水泞泥，冬则冻冰峻嶒。嘉庆二十四年吏目刘辅廷督工复修，始无雨雪之阻。""马蹄山，州东三十里，石上有马蹄迹。"卷二《关隘》对中线沿途的关堡逐一进行了详细记载："月峰墩，州东五里，明正德十五年筑。夹山墩，州东十里，明嘉靖二十七年筑。土地岭堡，州东十五里，明洪武初建，嘉靖十一年增筑边墙。镇远堡，州东二十里，明初建。关子堡，州东三十里，明初建。神溪堡，州东四十里，明成化十五年建。永宁堡，州东五十里，明嘉靖十三年筑。土门堡，州东七十里，明初建，嘉靖间拓修。镇安堡，州东七十五里，明（宏）［弘］治八年建。正德初，诸蛮大叛，墩兵不守，蛮由小路出略安邑，复设以绝其路。蒿坪碉，州东八十里，系旧蒿坪村，去大路颇远，明嘉靖三年，青片、白草诸番为患，筑碉防之。桃坪堡，州东九十里，明成化间建。月耳门，州东南二百五里，与安县连界。"其中州东三十里的关子堡，即位于下关子遗址所在台地之上。

　　卷二《桥梁》也对中线沿途的桥梁设施进行了记载："通天桥，旧名镇远，南明门外，引三溪水经其下，额曰五福泉。夹山墩双桥，州东八里，均嘉庆二十四年建。师巴桥，阜康门内，明嘉靖间僧海江建，番人呼和尚为师巴故名，国朝知州娄星重建。大石桥，州东十里，康熙初年参将张自成建，嘉庆间重修。毛香坪石桥，州东二十里，道光四年建。马蹄溪石桥，州东二十七里，道光八年建。明角［脚］底桥，州东四十里，乾隆年间建。神溪桥，州东四十五里，乾隆十年知州陈克绳命贡生王□椿，陇木土司何嘉监建。四十年圮，嘉子清远重修。都料桥，州东六十里，乾隆初建，后圮。道光三年民王绍武呈请复建，吏目刘辅廷亲往履勘，以旧址河面太阔，移上流二十余丈，山脚稳固，碳［砌］石架木，上盖瓦亭，名孝义桥。土门小桥，州东七十里，嘉庆二十五年建。万年桥，州东七十里，过河即胡子岭通安绵捷径。向无桥，架木以渡，嘉庆二十五年吏目刘辅廷劝捐监建，计长八丈余，上盖瓦亭，最为坚稳。石槽沟桥，州东七十里，嘉庆二十五年建。蒿坪桥，州东八十里。黄公坪石桥，州东一百里。油洞口桥，州东一百二十里，嘉庆二十五年吏目刘辅廷劝捐建。"

　　对中线的白草河支线的记载，有小坝乡的元代摩崖石刻题记，位于北川县北部小坝下场口桥西侧岩壁上。题记宽114、高106厘米，碑文系真书竖行，共15行，每行9～18字不等，最少一行仅4字，全文共208字。其中可识者162字："石泉县西□□□□□□本县荣口本／□□正申□□不时□□□军奉到／上旨，□□□□抚镇遇事除□□先遣蛮／官□□□□□□□□旋蛮官漏定细善／当□□□带引七十余人，率众来降。／□镇□□□□，令中人于七月二十七日集此，／□□□□人等无不悦服，□记木刻记事，／□心归顺／大元。盐茶道路，通行□□，不敢□□，害人作／耗，偷盗一切作过。蛮汉一百余人共同／打狗埋石为誓，违者愿归犬□而亡。／恐其翻异，真书大字，刻石路侧，意／欲犯者，往来观之，必自未惧，今立万／年不悔之心，故记石也。／至元二十七年七月二十七日书。"

李绍明对题记进行了多方考证研究：白草河为涪江支流，共有两源，东源称洒尔沟，发源于平武县西部；西源称白草河，发源于松潘县东部。白草河流经北川县中部小坝区。该区辖小坝、片口、开坪三个羌族乡及外北、桃龙、小园三个羌族、藏族乡，可谓典型的羌、藏杂居地带。摩崖题记所言之"盐茶道路"当指自北川治城羌族乡（元石泉县治），沿白草河而上，经小坝、片口，以至松潘白羊乡之古道。白羊乡以上沿白羊河，通过镇江即达松潘。汉藏民族之间，历史上即形成了茶马互市的依存关系，迄至元代这一关系仍在继续发展。现今的松潘，当时为松州的州治，同时为松潘宕迭威茂等处军民安抚司的治所，是川北的政治军事重镇，是汉地供应藏区盐茶之主要据点，由内地至松潘的古道，有由今茂县、平武、北川及甘肃文县通往的道路数条。并引顾祖禹《读史方舆纪要》相关内容论证由平武、北川至松潘通道的重要性："龙安府领县三（平武、江油、石泉）。府控扼氐羌，山川重阻，峭壁云栈，连属百里，真四塞之地也。说者谓松潘介在生番，粮援之道，恃龙安以无恐。龙安者，南重成都之防，北壮松潘之势，故改建郡县不可缓也。"认为这些通道不仅具有盐茶贸易的经济意义，对封建王朝来说，更为重要的乃在于控制少数民族的政治和军事。

根据上述资料，并结合地理条件可以看出，中线具有以下优势。

（1）沿途的自然条件最为优越，仅翻越最高海拔 3000 余米的土地岭，北川涪江两岸地势平坦（土门河地区是茂县境内海拔最低的区域），交通条件较为便利（图二）。

图二　三元桥及土门河畔的交通

（2）中线从直线距离来看，也是川西北高原进入四川盆地三线中最短的，故其具有交通孔道的天然优势。

（3）从目前的考古发现来看，中线沿途分布有旧石器时代、新石器时代遗址，汉代遗址及石棺葬墓地若干处。史前时期的河谷台地型、山间坡地型及洞穴型聚落均有，体系完备。表明这一地区很早就有人类生活定居。也证明此地的自然条件非常优越（图三）。

图三　中线主线纵穿下关子遗址所在台地

（4）中线不仅在史前时期就有人类定居生活于此，对外交往、人群移动情况也较为频繁。而且自唐代、宋代至明清时期，文献关于此条交通路线的记载均非常丰富。即使是近现代时期，烟匪的流动、红军的长征也是沿此通道进行。茂（县）北（川）公路（绵阿公路）目前为四川省交通干线。

南线：南线沿途地区目前仅发现零星的史前遗址，如汶川县高坎遗址，时代为龙山时代早期。南线始端的汶川县城威州师范学校附属小学内曾发现过南朝及唐代的石刻造像窖藏，而末端的都江堰境内有一些汉代及其以后的石刻、栈道遗迹，均是古代交通的实物例证。都江堰境内岷江西岸的汉代紫坪铺修道石刻位于白沙镇西约2.5千米的紫坪自然村境内，共有两块。两块石刻均凿于汉代，是汉代川民修凿岷江支道的见证。第一块被称为西汉哀帝建平五年（即元寿元年，公元前2年）《蚕崖碑》（又名《建平郫县碑》），全文共29字："建平五年六月，郫五官掾范功平，史、石工、鼗徒、要本长廿五丈，贾（价）二万五千。"[33] 碑文为隶书，宋代洪适《隶续》记载，此碑却无篆体，乃西京之佐书也。碑出自宋代永康军紫坪铺（即今都江堰市区西北6.5千米紫坪铺之西1千米），这表明该地区汉代为郫县辖地。第二方岩刻被称之为"永元治道摩岩"，全文共16字："攻此石，省三处阁，直钱万二千，永元六年。"两方岩刻已毁，其方位及文字《汉隶字源》《古刻丛钞》《四川碑刻》都有记载。附近还有紫坪铺栈道遗址，位于白沙镇之西。出白沙镇，渡白沙洞，渐入山。山虽不高，但极陡，可用"壁刃"二字形容。若想在此处修路，只有凿山开道以架设栈道[34]。

但这些实物资料及其他文献记载内容的年代均偏晚，目前尚无确凿证据表明南线的形成时代可以早至史前时期。北线的情况与之类似。

四、川西北高原内部的史前交通路线及彩陶传播

川西北高原内部有多条重要通道，南北纵向主要干道有两条。

（1）从甘肃南部，翻越若尔盖、红原大草原，沿大渡河上游，经马尔康、金川、丹巴、泸定、石棉抵川西南山地。

（2）自甘肃陇南地区，沿岷江上游，经九寨沟、松潘、茂县、汶川，南下可至川西南山地。

东西横向主要通道有三条。

（1）沿杂谷脑河上溯，翻越鹧鸪山，沿梭磨河，经马尔康抵金川的通道。

（2）经映秀上溯渔子溪，经卧龙，翻越巴郎山，经小金县，沿小金河西入丹巴，汇入大渡河干道。

（3）沿黑水河上溯，经色尔古、芦花，翻越亚力克山垭口，经刷经寺，与梭磨河通道汇合。

此外，还有一些辅道贯通纵横诸线，形成较为完备的交通网络体系。

作为史前时期交通及人群移动的实物例证，彩陶的流播路线与方向值得关注。考古资料表明，史前时期川西彩陶的传播路线主要沿南北两条干道进行。岷江上游干流及支流、大渡河上游地区的彩陶出土地点分布密集，且彩陶的类型和数量均较丰富[35]。而地处大渡河中游的汉源县狮子山遗址为迄今四川地区出土彩陶的最西南地点，也均为马家窑类型文化风格的彩陶。有学者认为彩陶沿横断山再往南传，便不再保留烂漫的色彩，陶器上的装饰一变为以刻划压印为主的表现形式，但图案结构仍然保留着彩陶的样式，许多纹饰表现有衬花的特点[36]。

根据目前的考古资料，可将川西北高原史前彩陶的具体传播路线与方向作如下勾画：来自西北地区的彩陶文化因素沿岷江上游、大渡河上游河谷进入川西北高原，然后沿西部南下，在岷江重要支流黑水河、杂谷脑河、大渡河中游沿岸均发现有含彩陶文化因素的史前遗址。有一个非常耐人寻味的现象，在杂谷脑河与岷江交汇处的汶川县姜维城遗址以下的岷江上游地带，直抵成都平原，均未发现含彩陶文化因素的史前遗址。可见，岷江上游地区南北向的史前人群移动在汶川县城附近交通路线发生了变化，不再继续南下，而是折向西转，沿杂谷脑河一线直抵大渡河上游地区。

这条东西向沿杂谷脑河的道路沿途，历代关于交通的遗迹较为丰富。如理县朴头山隋唐石刻题记，位于杂谷脑镇西2.5千米的朴头山古道旁。李绍明进行了详细记录和疏证，隋碑碑文为行书，字大约径寸，凡十一行："通道记。自蜀相姜维尝于此行，尔来三百余年。更不修理。山则松草蓼蔓，江则讼沤出岸，猿怯高拔，鸟嗟地险，公私往还，

并由山上，人疲马乏，筋力顿尽，大将军、开府仪同三司、总管二州五镇诸军事、会州刺史、永安郡开国公姜须达，愍人生之荼苦，报委寄之天恩，差发丁夫，遂治旧道，开山伐木，不易其功。遣司户参军事元博文、县丞郭子鸿、王文诚、吴荣、邓仲景监督。大隋开皇九年九月。廿三日记。"唐碑无题，其内容述唐朝与吐蕃统治阶级之间一次战事。碑文为真书，字大约二寸，凡八行："朝散大夫检校维州刺史上柱国焦淑，为吐蕃贼侯坝，并董敦义投蕃，聚结逆徒数千骑。淑领羌、汉兵及健儿等三千余人讨除，其贼应时败散。开元十五年九月十九日记。典施恩书。"

同处于杂谷脑河沿岸还有汶川县的克枯栈道遗址[37]，位于汶川县克枯乡克枯村南800米杂谷脑河北岸，传说为蜀汉大将姜维所开，清代又多次维修扩建。栈道现残长158、宽0.4~2、距河面高10~20米。克枯古道为古代由岷江上游西行通西部各地的交通要道，唐代称"西山南路"，清代称"威保大路。"《理番厅志》载："威保大路，皆上傍危峰，下临恶浪，无步平夷，然地路虽险，或在山坡微有依倚叠木为梁，实以土石，尤为坦途。惟偏桥设处，石壁陡立，虚凿石窍而架木其上，号称极险。"偏桥即栈道之别名。克枯栈道前端崖洞内尚存清乾隆二十四年和嘉庆九年的修路碑两通，备说古道的险峻与修路的艰辛。

可见，这条东西向道路的开通历史较为久远且一直畅通。至迟在仰韶文化晚期阶段，沿此方向的人群移动与文化交流现象已经发生。此线与前述中线以汶川、茂县为中介点，基本一线贯通，亦可侧面证明中线在史前的重要作用。

注　释

[1]　岑仲勉：《理番新发现隋会州通道记跋》，《历史语言研究所集刊》第 12 本，一二分合刊，1945 年。

[2]　唐长孺：《南北朝期间西域与南朝的陆路交通》，《魏晋南北朝史论拾遗》，中华书局，1983 年；《北凉承平七年写经题记与西域通往江南的道路》，《魏晋南北朝隋唐资料》，1979 年，又载《向达先生纪念论文集》，1986 年，转引自陈良伟：《丝绸之路河南道》，中国社会科学出版社，2002 年。

[3]　严耕望：《唐代茂州西通吐蕃两道考》，香港中文大学《中国文化研究所学报》1968 年第 1 期；严耕望：《唐代岷山雪岭地区辐射交通综述》，《唐史研究丛稿》，1969 年；严耕望：《河湟青海地区军镇交通网——附录周希武玉树途程日记节要》、《岷山雪岭地区松茂等州交通网》，《唐代交通图考》，上海古籍出版社，2007 年；冯汉镛：《唐代西蜀经吐蕃通天竺路线考》，《西藏研究》1985 年第 4 期。转引自陈良伟：《丝绸之路河南道》，中国社会科学出版社，2002 年。

[4]　李绍明：《四川理县隋唐二石刻题记新证》，《思想战线》1980 年第 3 期。

[5]　李绍明：《北川小坝元代至元石刻题记考略》，《四川文物》1989 年第 2 期。

[6]　陈剑：《继往开来　深入研讨大禹文化内涵——大禹文化与江源文明学术研讨会综述》，《巴蜀文化研究通讯》2005 年第 4 期。

[7]　蓝勇：《四川古代交通路线史》，西南师范大学出版社，1989 年。

[8]　李之勤：《唐代的汶川道》，《中国历史地理论丛》1990 年第 1 期，转引自陈良伟：《丝绸之路河南

道》，中国社会科学出版社，2002年。

［9］陈良伟：《丝绸之路河南道》，中国社会科学出版社，2002年。

［10］中国社会科学院考古研究所四川工作队：《丝绸之路河南道沿线的重要城址》，《考古学集刊》（13），中国大百科全书出版社，2000年。

［11］李星星：《论"藏彝走廊"》，《藏彝走廊：历史与文化》，四川人民出版社，2005年。

［12］西南博物院等备处：《宝成铁路修筑工程中发现的文物简介》，《文物参考资料》1954年第3期。

［13］中国社会科学院考古研究所四川工作队：《四川绵阳市边堆山新石器时代遗址调查简报》，《考古》1990年第4期。

［14］王仁湘、叶茂林：《四川盆地北缘新石器时代考古新收获》，《三星堆与巴蜀文化》，巴蜀书社，1993年；何志国：《绵阳边堆山文化初探》，《四川文物》1993年第6期。

［15］叶茂林、邓天富：《记北川县采集的化石材料》，《四川文物》1993年第6期。

［16］成都文物考古研究所、阿坝藏族羌族自治州文物管理所、茂县羌族博物馆：《四川茂县白水寨及下关子遗址调查简报》，《成都考古发现》（2005），科学出版社，2007年。

［17］成都文物考古研究所、阿坝藏族羌族自治州文物管理所、茂县羌族博物馆：《四川茂县白水寨及下关子遗址调查简报》，《成都考古发现》（2005），科学出版社，2007年。

［18］资料现存成都文物考古研究院。

［19］成都文物考古研究所、阿坝藏族羌族自治州文物保管所、茂县羌族博物馆：《四川茂县沙乌都遗址调查简报》，《成都考古发现》（2004），科学出版社，2006年。

［20］资料现存成都文物考古研究院。

［21］胡昌钰：《四川江油市发现新石器时代洞穴遗址》，《中国文物报》2005年11月30日第1版；四川省文物考古研究院、绵阳市博物馆、江油市文物管理所：《四川江油市大水洞新石器时代遗址发掘简报》，《四川文物》2006年第6期。

［22］四川省文物考古研究院、绵阳市博物馆、北川县文物管理所：《四川北川县烟云洞旧石器时代遗址发掘简报》，《四川文物》2006年第6期。

［23］成都文物考古研究所、阿坝藏族羌族自治州文物管理所、茂县羌族博物馆：《四川茂县白水寨和沙乌都遗址2006年调查简报》，《成都考古发现》（2006），科学出版社，2008年。

［24］成都文物考古研究所、阿坝藏族羌族自治州文物管理所、茂县羌族博物馆：《四川茂县下关子遗址试掘简报》，《成都考古发现》（2006），科学出版社，2008年。

［25］资料现存阿坝藏族羌族自治州文物管理所。

［26］四川省文物考古研究所、绵阳市文物局、平武县文物管理所：《四川平武县白马藏区水牛家寨遗址》，《考古》2006年第10期。

［27］王仁湘、叶茂林：《四川盆地北缘新石器时代考古新收获》，《三星堆与巴蜀文化》，巴蜀书社，1993年；何志国：《绵阳边堆山文化初探》，《四川文物》1993年第6期。

［28］成都市文物考古研究所、阿坝藏族羌族自治州文管所、茂县羌族博物馆：《四川茂县营盘山遗址试掘报告》，《成都考古发现》（2000），科学出版社，2002年；蒋成、陈剑：《岷江上游考古新发现述析》，

《中华文化论坛》2001 年第 3 期；蒋成、陈剑：《2002 年岷江上游考古的收获与探索》，《中华文化论坛》2003 年第 4 期；成都文物考古研究院、阿坝藏族羌族自治州文物管理所、茂县羌族博物馆：《茂县营盘山新石器时代遗址》，文物出版社，2018 年。

［29］王鲁茂、黄家祥：《汶川姜维城发现五千年前文化遗存》，《中国文物报》2000 年 11 月 26 日第 1 版；黄家祥：《汶川县姜维城新石器时代遗址及汉明城墙》，《中国考古学年鉴·2001》，文物出版社，2002 年；黄家祥：《汶川姜维城遗址发掘的初步收获》，《四川文物》2004 年第 3 期；四川省文物考古研究所、阿坝州文物管理所、汶川县文物管理所：《四川汶川县姜维城新石器时代遗址发掘报告》，《四川文物》2004 年增刊；四川省文物考古研究所、阿坝州文物管理所、汶川县文化体育局：《四川汶川县姜维城新石器时代遗址发掘简报》，《考古》2006 年第 11 期。

［30］陈剑：《四川盆地西北缘龙山时代考古新发现述析》，《中华文化论坛》2007 年第 2 期。

［31］转引自陈良伟：《丝绸之路河南道》，中国社会科学出版社，2002 年。

［32］杨迦怿、刘辅廷著，谢复源校注：道光《茂州志》（中国少数民族古籍丛书），四川茂县地方志编纂委员会办公室编印，2005 年。

［33］邓少琴：《益部汉隶集录》，转引自高文、高成刚：《四川历代碑刻》，四川大学出版社，1990 年。

［34］转引自陈良伟：《丝绸之路河南道》，中国社会科学出版社，2002 年。

［35］陈剑：《川西彩陶的发现与初步研究》，《古代文明》（第五卷），文物出版社，2006 年。

［36］王仁湘：《黄河上游彩陶南传之路探索》，《中国社会科学院古代文明研究中心通讯》总第 8 期，2004 年 8 月。

［37］阿坝藏族羌族自治州文物管理所：《阿坝文物览胜》，四川民族出版社，2002 年。

［原载凉山州博物馆、四川师范大学巴蜀文化研究中心、四川省文物考古研究院：《三星堆研究》（第二辑），文物出版社，2007 年，第 179～193 页］

藏羌彝走廊史前先民对本地资源的认知、利用及其当代启示

——以岷江大渡河上游考古发现为中心

陈　剑

（成都文物考古研究院）

藏羌彝走廊地区近年来史前时期的科技考古工作取得了系列新成果，为我们局部复原了该地区史前时期人类生产、生活与地理环境的真实场景，也有助于认识史前时期先民对本地资源的认知和利用情况。藏羌彝走廊主要指今川、滇、藏三省区毗邻地区由一系列南北走向的山系、河流所构成的高山峡谷区域。在我国西部青藏高原东南缘的西藏东部和四川、云南西部一带，却存在一个非常独特的山脉、河流均呈南北走向的地理单元，这就是闻名于世的横断山高山峡谷地带，也即地理学上通常所称的"横断山脉地区"。

根据地势地貌及地理环境情况，藏羌彝走廊地区可以划分为川西北高原山地、川西南山地、川西高原、藏东高原山地、滇西北高原等多个地理单元。藏羌彝走廊地区早在距今 6000 年前就已有先民定居农耕生活，创造了具有较高水准的新石器时代文化。考古实物表明，藏羌彝走廊史前先民对本地资源的认知和利用达到了相当高的水准。本文拟以该走廊北部的岷江上游及大渡河上游地区史前考古实物资料为例，对藏羌彝走廊史前先民对本地自然资源的认知和利用情况进行梳理，并就其当代启示略陈管见。

一、史前先民对地理环境的认知与利用

藏羌彝走廊的地理环境较为特殊，高原、高山及深谷交错分布。从处于藏羌彝走廊北部的龙门山地区来看，龙门山位于四川盆地西北缘地区，是一个过渡性的地理单元，其西、北毗邻川西北山地及高原区，南接以成都为中心的川西平原，东与四川盆地北部连为一体。地理范围主要包括岷江上游的部分地区和涪江上游的大部分地区，行政区划上包括今阿坝藏族羌族自治州的茂县、汶川县、理县，绵阳市的北川县、江油市、安县和市中区，广元市的青川县，以及成都市的都江堰市、彭州市的部分地区等。龙门山又是沱江和岷江的分水岭，四川省著名地震带，四川东、西部主要气候界线之一。龙门山

地区还可以划分为几个更小的地理单元：岷江上游干流；杂谷脑河流域；黑水河流域；涪江上游干流；火溪河流域；湔江流域。本区地貌以山地浅丘为主，山间的河流两岸或两河交汇处有一些发育较好的台地，地势较为平坦。龙门山地区不仅是地理区划上的过渡地带，而且是文化传播交流中的过渡地带。自史前至历代，黄河上游与四川盆地、黄河上游与云贵高原乃至东南亚地区之间的文化及人群的移动及交流互动过程中，龙门山地区一直是重要的关节地带。

龙门山史前先民对其定居生活所在地区的地理环境，包括河流水资源、土壤状况、地质特征等诸多方面的内容均有着较为深入的认知和了解。我们可以从本地区史前遗址的分布规律与特点找到充分的依据。

1. 对水资源的认知与利用

龙门山地区史前先民对定居地点的选择，充分考虑了对水资源的控制与利用，既取水便利，又避免洪水灾害。

从目前的考古资料来看，龙门山地区史前时代文化遗存大体包括波西下层遗存、营盘山遗存和沙乌都遗存等文化面貌各异的三类遗存（图一），分别代表了岷江上游新石器时代文化延续发展的三大阶段[1]。第一阶段的波西下层遗存具有仰韶文化庙底沟类型晚期的典型特征；第二阶段的营盘山遗存与马家窑文化的石岭下类型、马家窑类型和以大地湾遗址第四期文化为代表的仰韶文化晚期遗存之间存在较多的共同文化因素，差异也很明显；第三阶段的沙乌都遗存则与成都平原的宝墩文化面貌相近。这三大阶段遗存目前仅能判别出相对的早晚差异，尚不能确认为一脉相承的文化渊源关系，但可以发现从第二至第三阶段，本地土著文化因素呈现不断壮大的趋势，体现了岷江上游地区文化演进的本土化历程。

依据遗址的地理条件、面积和所发现的遗存品类等特征，可以将龙门山地区的史前时代聚落遗址划分为三个类型：①河谷台地型聚落遗址，地势开阔，面积较大，堆积较厚，地理环境条件优越，以茂县营盘山遗址、下关子遗址和汶川县姜维城遗址为代表；②山间坡地型聚落遗址，背山面水，面积略大，堆积厚薄不均，地理环境条件较好，茂县沙乌都遗址、汶川高坎遗址及绵阳边堆山遗址均属于这类遗址，属于一般性的定居生活聚落；③洞穴型聚落遗址，面积较小，堆积较薄，地理环境条件较差，不利于长期定居生活，以江油大水洞遗址为代表，属于临时性的小聚落。

龙门山地区的史前遗址以岷江上游分布最为密集，文化内涵的认识也最为清楚，故岷江上游地区为龙门山史前考古研究的重心所在。根据考古调查和发掘，迄今在岷江上游干流及其主要支流黑水河、杂谷脑河两岸的河谷地带，共发现82处新石器时代文化遗址和遗物采集点。其分布范围，东至岷江与涪江的分水岭——土门关，西抵大渡河与岷江分界的鹧鸪山，北起岷江源头的川主寺，南达成都平原西北边缘。遗址的面积大小不一，小者仅数百平方米，大者可达10万余平方米。海拔在1200～2700米。观测断面得

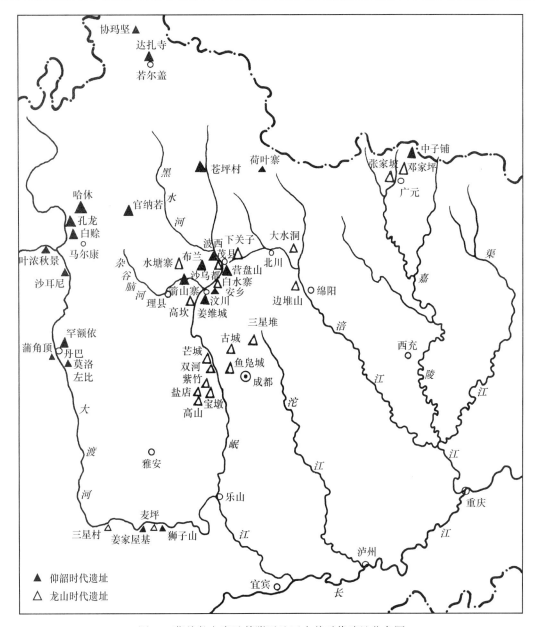

图一　藏羌彝走廊及其附近地区史前时代遗址分布图

知，文化层堆积厚度从 20 厘米至 3 米不等。岷江上游河面狭窄、水流湍急，河床所在地带的地质结构又较松软，因此，河流下切速度较快。距今约 5000 年以上的新石器时代文化遗址，集中分布在岷江干、支流河谷两岸地势较高的三级阶地及其以上的台地之上，二级阶地上则较为少见，一级阶地则基本没有遗址发现。

　　调查结果表明，在茂县营盘山遗址、理县龙袍寨遗址、汶川县龙溪寨遗址、黑水县色尔古遗址等，发现石棺葬遗存叠压于新石器时代文化堆积之上。可见，尽管时代不同，但人类在岷江上游地区选取生活定居地点时往往具有同一性，这种情况可能与该地区地理环境条件较恶劣、适宜人类居住的地点不多有关。

龙门山地区史前遗址分布具有以下几个特点[2]。

第一，地域平面分布的不平衡特征。龙门山地区所包括的岷江上游干流、杂谷脑河流域、黑水河流域、涪江上游干流、湔江（土门河）流域等多个地理单元，史前遗址分布的数量与密度均存在差异。一般来看，岷江上游干流的茂县石大关至汶川绵虒段、杂谷脑河理县县城杂谷脑镇以下段、黑水河黑水县芦花镇以下段的河谷两岸，史前遗址的分布较为密集。而涪江上游干流、湔江（土门河）流域两岸，则少有史前遗址发现。

第二，立体空间分布的不平衡特征。同一流域的上下游河段以及同一河段不同海拔的各级河流阶地之上，史前遗址的分布规律也不相同。例如，岷江上游干流的源头松潘县弓嘎岭至茂县石大关段，海拔均在 2500 米以上，地势地貌及气候条件较为恶劣，故较少发现史前遗址。而岷江支流杂谷脑河理县米亚罗以上地段、黑水河芦花镇以上地段、涪江上游干流江油市中坝镇以上地段及湔江（土门河）流域，情况与之相似，仅海拔略低一些。在岷江上游干流及支流杂谷脑河、黑水河流域史前遗址分布较为密集的地段，河谷两岸海拔适中的三级、四级阶地之上，发现的史前遗址较多；而海拔较高的四级以上山腰及山顶地段，海拔较低的河床及一级、二级阶地之上，因地势条件较差和易受洪水影响等原因，很少发现史前遗址。

第三，不同时代遗址海拔及平面位置的差异性特征。仰韶时代遗址的分布偏重于西部，以高山深谷地貌为主，多位于海拔较低（2000 米以下）的河岸三级阶地之上；龙山时代遗址的分布则偏重于东部，以盆周山地为主，且多位于海拔较高（2000 米以上）的山间坡地和山脊之上。

2. 对土壤资源尤其是川西黄土的认知与利用

龙门山史前先民对川西黄土有着较为深入的认知与利用，不仅为陶器生产提供了优质原材料，也为粟作农业提供了良好的土壤资源。

从地质结构来看，川西高原是青藏高原的组成部分。对青藏高原及邻区马兰黄土重矿物特征的研究表明，以昆仑山—布尔汉达山—西倾山—岷山为界分为两大沉积区系，以北主要来源于亚洲内陆干旱的沙漠、戈壁区；以南来源于高原冰碛和寒冻风化物。由于青藏高原主要受西风环流控制，因而高原上的黄土物质不可能是从北方来，而是就地提供的。冰碛物和岩层的寒冻风化提供了丰富的细粒物质。川西高原干燥寒冷的气候，有利于黄土发育。根据川西高原气候特征和黄土沉积特征分析，搬运黄土物质的主要动力为风、流水（包括冰水）和重力作用。通过将川西高原黄土剖面与我国北方典型黄土剖面进行对比，并结合黄土在川西高原第四纪地层中的层位，确定川西高原广泛发育的"黄色黄土"可与北方马兰黄土对比，属上更新世，而"红色黄土"可与北方离石黄土对比，属中更新世。高阶地上含有数层泥炭层的黄褐色和蓝灰色砂质黏土层可与我国北方的泥河湾层和南方的元谋组对比，属早更新世。高阶地上的紫红色重黏土可与三趾马红土对比，属上新世。将川西高原黄土与黄土高原的晚第四纪黄土进行对比，发现两者之间也存在较明显的差异。第四纪以来青藏高原的阶段性大幅度隆升及东部地区的整体沉降，由此产生的构造地貌的巨大变迁必然会改变古大气环流和古雪线的空间分布，对古气候和古环境产生深刻的影响。与川西高原为一体的青藏高原海拔高、宽度大，其晚新生代的强烈整体隆升是北半球气候变化的主要驱动力。在高原季风环流控制下，气候干燥寒冷，在第四纪时期发生过多次冰川作用，有大量的冰积物存在。冰积物在冰川的碾磨作用下形成的细粒物质，为黄土发育提供了丰富的物源。高原冬季风和局地的冰川风将高山、高原面上的粉砂细粒物质吹扬到附近相对低洼处堆积，形成质地相对均一的黄土。局部由于受坡面流水作用的影响，风成黄土又被再搬运，形成具水平层理的次生黄土，夹于黄土地层中。黄土高原因其海拔较低，虽处冰期，但周边山地不一定有大规模冰川发育；而青藏高原则不然，冰期时冰川极为发育，甚至形成大型冰帽，即使在间冰期时某些高山仍有山谷冰川发育。因川西高原与黄土高原在地貌、气候和环境等条件存在显著的差异，导致两地同时代的黄土地层的发育过程不完全相同。在特定意义上说，川西高原的黄土为冰缘黄土，而黄土高原的黄土是季风黄土。同时川西高原主要受西南季风的影响，其气候效应与黄土高原有差异。青藏高原在上升到一定高度之后，冬季作为冷源，夏季作为热源，对高原季风具有加强作用，从而造成冷期更冷，暖期更暖。在西南季风和高原季风双重作用下，沉积物表现为厚度加大。

藏羌彝走廊北部包括龙门山、大渡河上游地区在内的川西北高原山地是中国黄土分布的重要地区。以位于马尔康市境内大渡河的两条支流绰斯甲河和脚木足河交汇处的可尔因地区为例，区内和周边地区的黄土分布广泛，一般厚几米到几十米。在可尔因大渡河沿岸三至六级阶地均广泛分布有厚近 1 米到十几米的黄土，尤其在五、六级阶地厚度较大。从测年结果可知研究区黄土形成的地质年龄具有明显的一致性，在距今 20.6 万～14.5 万年，即中更新世晚期。

岷山—龙门山南北构造带（隆起带）构成了青藏高原东部边缘的中段。岷江上游发育于该隆起带的西侧，总体呈南北向展布[3]。岷江西侧支流如杂谷脑河、黑水河、热务河等，向高原腹地溯源侵蚀，形成了沟谷纵横的山地侵蚀地貌。岷山主峰的海拔大于5500 米（雪宝顶为 5588 米），龙门山中段主峰接近 5000 米（九顶山 4989 米），山顶面平均海拔大于 4500 米，相对地形高差大于 1000 米。岷山和龙门山中段组成的南北隆起带与四川盆地过渡的地带是一个地形陡变带，受到嘉陵江、白龙江、涪江等河谷支流的深切。沿陡变带的许多地方，局部河谷—山脊之间相对高差达 3000 米。地形最陡的一段位于隆起带南段九顶山东侧向成都平原过渡的地带，相对高差大于 3300 米。由于岷江中游和上游几个小河段的河谷纵向比降不同，同时河谷下方地壳上升速率不同，导致了上游和中游的几个河段的下蚀率产生了差异，岷江上游几个河段的年平均下蚀率（1.4 毫米 /年）大于岷江中游几个河段的年平均下蚀率（1.08 毫米 / 年）[4]。

自源头弓嘎岭到都江堰，岷江上游河床海拔从 3400 米下降到 900 米，沿河谷发育的阶地海拔也相应下降，不同河段阶地的级别、相对高差也发生相应变化[5]。阶地主要发育在盆地和两河交汇处，如漳腊—斗鸡台盆地、茂县盆地和汶川盆地、渔子溪与岷江干流交汇处、杂谷脑河与岷江干流交汇处等。低阶地主要发育在宽阔的河谷地带，如漳腊到镇江关段，但高阶地不甚发育；在峡谷地带，如茂县的两河口至马脑顶、映秀到玉龙段等，阶地发育少且分布不连续。岷江上游谷地以发育基座型阶地为主，侵蚀阶地和堆积阶地不发育。不同级别的阶地物质组成不同，一般情况，一、二级阶地由砾石层组成，海拔高出河面小于 5 米，沿河分布最连续的是三级阶地，以砾石和砂互层为特点，层序、韵律都很清楚。干流阶地与支流阶地的发育情况差别较大，总体而言，支流中少有阶地发育，如热务河、渔子溪、黑水河等，但在杂谷脑河中阶地发育。岷江上游阶地发育最好的地段有两个，即漳腊—斗鸡台盆地和茂县盆地。茂县盆地位于岷江由南向西南流向转折处，盆地范围不大，盆地内发育四级阶地。一级阶地海拔高出河面 1～2 米，由河漫滩砾石组成，一级阶地实际上是岷江断裂的活动而造成的，它只是局部地区的活动，而不是大范围的构造运动[6]。二级阶地海拔高出河面 8～12 米，由冲积、洪积、泥石流扇组成，以磨圆分选极差的灰岩角砾泥石流堆积为特征，在茂县盆地内可见五个这样大型的泥石流扇；在河谷地段，二级阶地沿河两侧分布连续，海拔高出河面增大，次级阶面增加，阶地堆积物以砂砾石互层为主，砂层中发育交错层理和斜层理，电子自旋共振测试年龄为 2.07 万年。三级阶地在茂县盆地呈典型的阶状地貌，海拔高出河面 100 米左右，由砾石层、黏土层、土状黄土和灰岩细粒砂等组成，电子自旋共振测定结果显示，底部年龄为 28 万年，上部黄土层年龄为 11 万年。波西遗址即位于其上。在三级阶地之上尚发育一个层状地貌面，上覆以黄土，下部局部见到砾石层。营盘山遗址就位于该黄土层上。

营盘山等遗址文化层的土壤属于川西黄土，川西高原系青藏高原的东延部分，其黄土发育分布特征为：黄土分布广泛而集中，从北面阿坝盆地到南面的盐源盆地，从东侧的岷江河谷到西侧的金沙江畔都有黄土分布，但它不是遍布于整个高原，而是集中于河谷和断陷盆地中；黄土分布的厚度变化大，厚者为 50～100 米，而薄者不及 1 米，通常在高阶地、凹形谷肩、山坡及古冰蚀凹地上黄土厚度大，而在河谷低阶地与古冰碛物上覆盖的黄土通常较薄；由于黄土覆盖于不同的地貌部位，因而黄土分布的海拔变化很大，高者为4200～4300 米，低者仅 1500 余米，有的仅在一地，黄土的分布高差就达 2000 余米。

土壤是农作物生长的根本，黄土是非常适宜农作物栽培的土壤，黄土在结构上呈现出均匀、细小、松散、易碎的特点，这就使得粗笨的木耒、石铲等原始工具容易入土和耕作。黄土的有机质含量高，是较为肥沃的土壤，并有良好的保水性能。黄土一般呈碱性，黄土中的矿物质大体经久都不流失，因此基本肥力也长期不丧失，并且黄土还具有"自我加肥"的能力。这不但使其最适合于原始农业的早期耕作，而且也使黄土地区的人类从一开始就采用了与定居生活相适应的较为稳定的耕作制度。

营盘山遗址所在的岷江上游及哈休遗址所在的大渡河上游均属于川西高原重要的黄土分布地（图二），与仰韶文化晚期遗存及马家窑类型文化的分布地域一致，均为中国的黄土分布区。故甘肃青海地区的旱地粟作农业传入岷江上游地区后，由于有相似的土壤地质环境条件，岷江上游的旱地粟作农业得以迅速适应并繁荣发展。

图二　马尔康哈休遗址范围内的黄土堆积

岷江上游的河谷阶地地貌，正常条件下受洪涝灾害的影响较小，这有利于旱地粟作农业的长足发展。而成都平原地势平坦低洼，成都黏土与川西高原黄土差异性较大，易受到洪涝灾害的影响，尽管在宝墩文化时期已传入旱地粟作农业，但未能发展壮大。成都平原的土壤及环境条件更适宜于发展稻作农业。

3. 对地质特征尤其是地震断裂带的认知与聚落选址的避让

藏羌彝走廊地区是著名的地震多发区，如其北部的龙门山地区就是一个多断裂带和地震多发区。《地质词典》对龙门山深断裂带（Longmenshan deep fracture）的解释是[7]：这条呈45°角北东走向的深大断裂带位于扬子地台西北边缘，西南起自四川泸定附近，沿着北东方向延伸经汶川、灌县（都江堰市）、北川、阳平关、勉县，进入秦岭。整个断裂带长达600千米以上。龙门山深断裂带长期构成中国东西两部分的重要地质分界线，重力上也显示一个极为清楚的梯级带。中生代（此地质时代开始于距今2.3亿年，延续了1.6亿年，它包括了三叠纪、侏罗纪和白垩纪三个地质世纪）以来，各期构造运动显示比较强烈，并造成一个宽30千米左右的鳞片状逆掩断裂带，形成当今雄伟的青藏高原东南边界。龙门山断裂带内有三条主干断层：西边一条为龙门山后山断裂，沿汶川—茂县一线；东边一条为龙门山山前主边界断裂，沿安县—都江堰—天全一线；中间一条为龙门山主中央断裂，沿映秀—北川一线。2008年的"5·12"汶川特大地震的土震发源于主中央断裂。龙门山中段的九顶山新华夏构造带，地质构造复杂，断层、褶皱发育，构造对岩土体的改造强烈。同时，区域构造运动应力场的作用使岩体节理裂隙发育，岩性破碎，结构面发育，从而使岩体力学性质大为变化，为地质灾害的发育提供了条件。1610～1900年龙门山地震带只有2次强震记载，而1900年后的阶段较为活跃，1900～2000年这100年间5级以上地震资料记载则比较完整，共发生14次地震，即1900年邛崃地震、1913年北川地震、1933年理县和茂县地震、1940年茂县地震、1941年康定地震、1949年康定地震、1952年康定和汶川地震、1958年北川地震、1970年大邑地震和1999年绵竹地震等。2008年的"5·12"汶川特大地震就发生在龙门山逆冲推覆断裂带上，这是继1976年松潘、平武发生7.6级大地震之后，30余年来四川发生的更强烈的大地震，全国大部分地区，甚至在国外一些地区，都有明显震感，可见这次地震威力之强烈和破坏力之剧烈，令人无比震惊。这也是继唐山大地震之后，我国最为惨重的灾害性地震。

尽管地处地震多发的断裂带，龙门山地区的先民还是创造了具有较高水准的史前文化。包括波西、营盘山、姜维城、下关子遗址等龙门山地区的重要史前遗址。尤其是茂县县城所在的岷江河谷盆地范围内，史前先民的选址均错开了三条断裂带（图三），因此，在"5·12"汶川特大地震中基本未受影响。

图三　茂县县城所在岷江河谷盆地范围内的史前遗址分布位置图

二、史前先民对植物资源的认知与利用

作为考古学的一个分支，植物考古学的研究目的应与考古学一致，即探讨古代人类文化史，复原古代人类生活方式，解释人类文化的发展与过程。与其他考古学分支相同，植物考古学的特殊之处就在于其研究对象上，即考古发现的与古代人类活动直接或间接相关的古代植物遗存。所谓与人类活动直接相关的是指那些根据人类的不同需要被人类利用的植物（如食物、燃料、建筑材料和工具等），所谓与人类活动间接相关的是指那些影响到人类社会生活形态的自然植被。植物与动物并列为人类食物的两大来源。在人类历史发展中，由于自然环境的制约，人类的不同食物取向和人类获得食物的各种方法直接决定了人类的生活方式，并由此发展出不同的社会经济形态，而不同的社会经济形态是人类文化进化多样性和阶段性的主要因素之一。因此，植物考古学的研究主要集中于两大方向，即复原古代生态环境和探索食物生产的起源与发展过程。后者已涉及农业考古的研究内容，但植物考古学与农业考古学的不同之处在于，植物考古学基本不涉及农业生产工具、灌溉设施等其他农业发展因素，而仅关心人类栽培作物的产生与驯化过程，如谷物、蔬菜、瓜果以及棉麻等农作物的起源与发展[8]。

在藏羌彝走廊东部的岷江上游地区，2000 年以来的史前考古工作有了长足进展，如经过正式考古发掘的茂县营盘山遗址是川西北岷江上游地区的一处重要的史前中心聚落遗址，年代在距今 5300～4600 年。在 2003 年的发掘过程中开展了浮选工作，采集并浮选土样 9 份，从中浮选出土了丰富的炭化植物遗存，其中包括近 8000 粒炭化植物种子，300 余块果核残块。在营盘山遗址浮选出土的炭化植物种子中，以农作物籽粒和田间杂草种子的数量占绝对优势，说明农业生产应该是营盘山遗址古代先民的物质生活资料的主要来源。经鉴定，浮选出土的农作物籽粒有粟和黍，这两种谷物都属于旱地作物（图版一〇九，4、5、7）；浮选出土的杂草植物种子包括狗尾草属、黍属、马唐属、鸭跖草等，这些都属于秋熟旱作农田中常见的杂草类型。由此判断，营盘山遗址当时的农业生产特点属于中国北方旱作农业。学术界普遍认为，岷江上游地区的营盘山遗址文化遗存与甘青地区的仰韶文化晚期和马家窑文化遗存之间存在着非常密切的关系。由此判断，营盘山遗址的北方旱作农业生产特点应该是源自甘青地区仰韶文化晚期和马家窑文化的分布区域，即渭河中上游及洮河和大夏河流域，因为这一地区是中国古代北方旱作农业的主要分布区域之一。除了文化因素之外，营盘山遗址的北方旱作农业生产特点与当地的黄土沉积环境特点也有一定的关系。

营盘山遗址浮选结果的一个显著特点是出土了大量的果核残块，从中鉴定出了桃、梅、杏、李等不同的果树品种，由于在先秦文献中早有记载，有学者推测桃、梅、杏、李这四种果树应该是起源于中国。营盘山遗址的发现为今后探讨这些果树的栽培历史提供了珍贵的资料。在营盘山遗址浮选出土的植物种子中，值得关注的还有藜属、沙棘和红豆杉的遗存。藜属植物中包含有一个失传的栽培品种，起源于北美洲，曾经是当地古印第安人种植的主要谷物之一，但随着玉米的传入，栽培藜被放弃了。栽培藜被栽培又被放弃的这段历史是否在中国也曾出现过，这是一个需要认真考虑和深入研究的学术问题。岷江上游地区盛产沙棘和红豆杉，沙棘的经济价值很高。红豆杉也是一种具有很高经济价值的植物种类，根据营盘山遗址的发现，岷江上游地区古代先民有可能早在距今

5000 年前就已经认识到了沙棘和红豆杉的食用价值或者是药用价值[9]。

而大渡河上游的史前考古也有重要收获，哈休遗址即是其中的代表性遗址之一。遗址地处四川省阿坝藏族羌族自治州马尔康市沙尔宗乡西北约 1500 米的哈休村一组，位于大渡河正源脚木足河一级支流茶堡河北岸三级台地上，海拔 2840 米，台地高出茶堡河约 80 米。2003 年、2005 年四川省有关文物部门先后对该遗址进行了调查[10]。2006 年 4 月，成都文物考古研究所（现成都文物考古研究院）、阿坝藏族羌族自治州文物管理所及马尔康县（现马尔康市）文化体育局联合对哈休遗址进行了试掘[11]。发掘者认为以哈休遗址为代表的遗存是分布于大渡河上游地区的一种新石器时代文化，包含本土土著文化、仰韶晚期文化、马家窑文化等文化因素，其年代为距今 5500～4700 年，可命名为"哈休类型"，并将其史前遗存分为早、中、晚连续三段，认为早段上限与大地湾遗址第四期遗存、天水师赵村遗址第四期、武山县傅家门遗址石岭下类型遗存等的时代相当，在距今 5500 年左右。哈休遗址位于大渡河河源区，这一区域海拔高、地势险峻，考古基础工作相对薄弱，其在川西北地区史前文化序列构建中的重要性不言而喻。发掘时对灰坑填土进行了浮选，收集的植物标本经过初步鉴定，可以确认发现了粟、黍等作物品种（图四、图五）[12]，说明哈休先民也栽培旱作谷物，其生业形态与营盘山遗址相近。

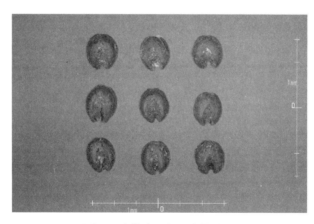

图四　哈休遗址出土炭化粟粒

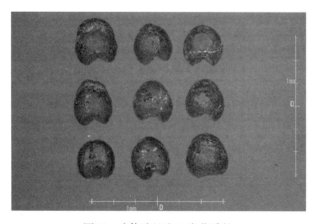

图五　哈休遗址出土炭化黍粒

三、史前先民对动物资源的认知与利用

藏羌彝走廊地区处于高原和交错分布地带，动物资源非常丰富，史前先民对动物资源的认知和利用包括食用动物肉、奶、蛋等，某些大型动物还可以利用其畜力作为交通运输工具，动物的骨骼可以作为制作工具的原料。根据考古出土的动物骨骼可以了解先民对动物资源的认知和利用情况。

大渡河上游地区马尔康哈休遗址在发掘的过程中对出土的动物骨骼做了很细致地收集，虽然发掘面积较小，但共收集到动物骨骼 2769 件（含采集的），其中哺乳纲 2755 件，鸟纲 14 件。由于在埋藏过程中各种因素的影响，骨骼很破碎，有 68 件标本有烧痕，哺乳动物中可鉴定标本仅 407 件，代表最小个体数 58，属种包括藏酋猴（*Macaca thibetana*）、狗（*Canis familiaris*）、黑熊（*Selenarctos thibetanus*）、猪獾（*Arctonyx collaris*）、豹猫（*Prionailurus bengalensis*）、野猪（*Sus scrofa*）、小麂（*Muntiacus reevesi*）、水鹿（*Cervus unicolor*）、斑鹿（*Cervus nippon*）、狍属（？ *Capreiolus* sp.）、黄牛（*Bos taurus*）、斑羚（*Naemorhedus caudatus*）、豪猪（*Hystrix* sp.）等（图版一〇五～图版一〇八）。哈休遗址出土的动物骨骼主要出自灰坑，这些骨骼应该为先民肉食消耗所剩的。从可鉴定标本数（NISP）来看，鹿科动物无疑是居主导的，鹿科四种动物骨骼即占可鉴定标本数的 90.42%，目前能确定为家畜的只有狗一种，仅占 1.72%；再从最小个体数（MNI）来看，鹿科四种动物一样是最多的，占 78.22%，狗占 1.72%[13]。从狩猎获得的野生动物属种构成来看，鹿科四种动物占绝大多数，体现出鹿科动物是先民狩猎的优先选择。这一方面说明遗址周围鹿科动物分布密集，资源丰富；另一方面也可能因为鹿性情温顺，虽然警觉但防御性差，先民狩猎捕杀的危险性小。在哈休遗址出土的动物中，只有狗是家养的，其他都应该是先民狩猎获得的，在日常的经济生活中，狩猎无疑是获取肉食的主要方式。遗址除发现大量的陶器外，还有骨器，包含少量细石器和骨梗刀，这些是常用的与狩猎有关的工具。虽然家养动物的种类仅有狗，但从我们收集的骨骼状况来看，哈休遗址的骨骼分布很密集，破碎程度也高，骨骼上保留有不少的砍切痕迹，而且还发现了很多的骨坯和制作骨器剩余的废料，这些都是定居聚落动物骨骼遗存的特征[14]。

在岷江上游地区，茂县营盘山遗址出土的动物遗存标本共 3551 件，其中哺乳纲动物骨骼 3489 件，鸟纲 43 件、鱼纲 3 件、爬行纲 6 件、腹足纲 1 件和半鳃纲 9 件。哺乳动物骨骼中可鉴定标本（NISP）1128 件，包括鉴定到了属种的头骨、上颌骨、下颌骨、肢骨、肋骨和脊椎骨等，碎骨 2361 件，代表动物最小个体数（MNI）108 个。哺乳动物的种类有兔子（*Lepus* sp.）、竹鼠（*Rhizomys* sp.）、斑羚（*Naemorhedus caudatus*）、羊（*Caprinae*）、黄牛（*Bos taurus*）、水鹿（*Cervus unicolor*）、斑鹿（*Cervus nippon*）、麂（*Muntiacus* sp.）、家猪（*Sus domestica*）、黑熊（*Selenarctos thibetanus*）、狗（*Canis familiaris*）、猪獾（*Arctonyx collaris*）和藏酋猴（*Macaca thibetana*）12 种[15]。营盘山遗址出土的动物种类

比较丰富，家畜有猪、狗、黄牛和山羊，野生动物有水鹿、斑鹿、麂、牛、羚羊、羊、熊、兔子、野猪、竹鼠、龟、大型鳖类、蚌类、鱼类和鸟类等。猪是人们饲养的稳定的肉食来源，年龄都比较小，反映当时人们食用猪肉的状况；狗数量少，应该不是以食肉为畜养目的的，而很可能是作为狩猎的伴侣。羊、牛数量都很少，参照甘肃武山傅家门遗址的情况暂时将其定为家畜；而斑鹿的情况也不好下结论，倾向认为其是野生的。野生动物中哺乳动物是主要的，而哺乳动物中偶蹄目占绝大多数，它们是当时聚落遗址先民的主要肉食来源；另外，少量爬行动物和淡水鱼类也是食物结构的重要组成部分。从骨角质工具来看，主要是以骨锥为主，另有箭镞、骨梗刀、骨匕、骨针等生产和狩猎工具；骨簪、骨镯等妆饰品制作精细，表现较高的审美情趣，总体看来骨角器工艺比较发达。总之，从动物考古的资料反映出营盘山遗址无疑是定居农业社会，以农业为主但并不是十分发达，平时畜养猪作为稳定的肉食来源，采集、狩猎和捕鱼也是食物的重要来源。

近年发掘的同处于岷江上游地区的汶川姜维城遗址虽然在动物考古方面未做系统的整理（报道有猪、羊、兔类）[16]，但从其地理位置和地貌环境来看，当与茂县营盘山遗址的状况相似。

大渡河中游地区的史前考古工作成果主要有汉源县的几处遗址，狮子山遗址位于汉源县大树乡西南 200 米处，最高点海拔 952 米，狮子山遗址位于山冈中上部高程约 900 米的山坡上，面积约 3000 平方米。1990 年 5、6 月，四川大学历史系考古专业对该遗址进行了发掘，发掘面积 321 平方米[17]。遗址堆积较厚，发现了灰坑、房址等遗迹，出土文化遗物丰富，为一新石器时代晚期的聚落遗址，年代约距今 5000 年。共出土 142 件动物骨骼，其中鱼纲 1 件、哺乳纲 141 件。哺乳纲中可鉴定标本 41 件，其中家猪 9 件，占可鉴定标本总数的 21.95%，代表最小个体数 2 个，占 20%；鹿科三种动物共 32 件，占可鉴定标本总数的 78.05%，代表最小个体数 8 个，占 80%。这一方面说明遗址周围鹿科动物分布密集，资源丰富，是先民狩猎的首选目标；另一方面说明家猪也是肉食资源的重要组成部分，先民并不完全依赖狩猎获取肉食资源。另外，鱼类等淡水资源动物也是食物结构的有机组成部分[18]。

四、史前先民对矿物资源尤其是玉石器
资源（龙溪玉）的认知与利用

藏羌彝走廊地区地域辽阔，地质构造复杂，地层发育完整，岩浆活动频繁，宝玉石资源较丰富。据不完全统计，至今仅四川地区就已发现宝玉石 50 余种，产地约 250 余处，其中以川西、川西北、川西南的甘孜藏族自治州、阿坝藏族羌族自治州、凉山彝族自治州、攀枝花市所辖县宝玉石点分布较多。在藏羌彝走廊已发现的多处软玉矿点、矿化点中，著名者为龙溪玉，因产于汶川县的龙溪沟而得名。软玉产于志留系茂县群结晶灰岩夹变质基性火山岩中，呈薄层状、透镜状、眼球状和瘤状，顺层产出[19]。

　　龙溪沟是岷江上游一级支流杂谷脑河的支流，历年来杂谷脑河流域史前玉石器的出土情况反映了史前先民对龙溪玉矿的认知和利用情况。

　　早在 20 世纪 30 年代，已有传教士在汶川县姜维城遗址采集过玉石器。1964 年，四川大学历史系考古教研组在理县箭山寨遗址进行了调查和小规模试掘，采集和出土了石器、陶器若干件[20]。1975 年在位于汶川县威州镇杂谷脑河南岸增坡村北山腰耕地中曾发现一处玉石器窖藏。当地村民在农田基本建设中发现 14 件，现存 12 件，器形包括梯形斧、长条三角形斧、长方形斧、梯形首长方形锛、三角形锛、长条形锛、圭形凿、长方形凿。皆磨制，有的通体磨光，有的大部分磨光而留有打制痕或打击面。原料主要为黑色千枚岩，即绿泥石片岩，次为页岩。器类以斧、锛、凿为基本组合，器形风格是小型、体较扁平且薄（图六）[21]。

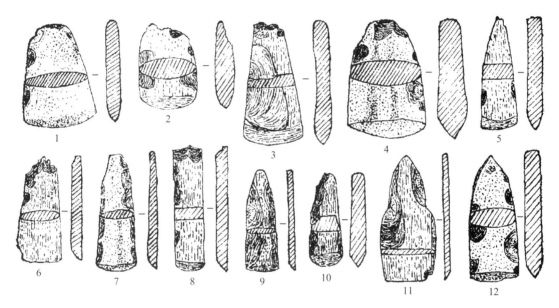

图六　汶川县增坡村窖藏出土玉石器
1～5. 斧　6～9、11. 锛　10、12. 凿

　　2000 年，为配合《中国文物地图集·四川分册》的编写工作，成都市文物考古研究所、阿坝藏族羌族自治州文物管理所等联合对箭山寨遗址进行了调查，采集了大量陶片、玉石器，其中有玉锛、斧等器物，包括淡绿色窄长条三角形玉锛、墨绿色梯形玉锛、灰绿色梯形玉斧各 1 件（图版一二，1～3）[22]。

　　理县古尔沟镇石古莫遗址 2000 年调查采集到 1 件长条形磨制玉斧[23]。在理县下孟乡班达寨遗址，2000 年调查采集到弓形玉器 1 件，墨绿色，一侧呈弧形，一侧平齐，上下表面各有两道凹槽，可供手指捏压[24]。

　　最为重要的发现是汶川县龙溪寨遗址史前玉石器的出土，该遗址与 20 世纪 80 年代还在开采的马登玉矿隔龙溪沟遥遥相望。2009 年，为科学、系统地推进汶川县布瓦群碉的灾后维修工作，根据四川省文物局的统一部署，汶川县文物管理所、成都文物考古研究所、阿坝藏族羌族自治州文物管理所联合组成"布瓦黄泥群碉及民居村寨"田野考古调查及勘探工作队，承担本项维修系统工程的前期考古工作。在配合汶川县第三次全国文物普查工作时，考古人员调查发现了龙溪寨新石器时代遗址。采集遗物包括玉石器、细石器和陶器等。玉石器包括斧、锛、条形器等（图版一八，1、2），质地细腻[25]。

　　上述遗址不仅发现了多种玉石器文物，如玉锛、玉斧、弓形玉器、条形玉石器等，同时出土了数量不等的陶器及其残片，从而判定其年代大都处于史前时期。此外，成都文物考古研究所业务人员 2002 年开展金沙遗址玉石器产地考古调查工作时，在汶川县龙溪乡马登村发现了玉矿洞及玉矿层（图版一一六，1～3）。2015 年 11 月，考古人员又在汶川县龙溪乡马登村进行玉矿调查，发现一大块玉石料，从中取一小块作为标本带回实验室检测。

　　除考古学上的文化信息研究之外，这批玉石器还具有两个重要特点：其一，它们的来源地非常明确，均采集于杂谷脑河流域的理县及汶川县这一从古至今的产玉矿地质带，所以其材质特点较大程度上代表了当地古代玉器及可能流向地——岷江中游成都平原考古出土的部分玉石器的共性信息；其二，这批采集的玉石器中，理县箭山寨遗址、汶川县龙溪寨遗址采集玉斧、凿等均为灰坑及地层出土物，其余均为当地居民收集品。通过科学检测，我们发现杂谷脑河流域采集的这批玉石器材质主要是以透闪石为主的矿物集合体构成，还含有少量白云母、石英、高岭石、长石、绿泥石等杂质矿物。部分玉石器纯度较高，为单一透闪石软玉。反映在元素特点上，以含量 1% 为界，主量元素为硅（Si）、镁（Mg）、钙（Ca）、铁（Fe）和铝（Al），微量元素为钾（K）、锰（Mn）、钛（Ti）、铬（Cr）、锆（Zr）[26]。这与地质学界所分析的汶川龙溪玉矿的特点一致，所以可以确认这些采集玉石器是用当地矿料制作而成[27]。这批玉石器组成特点也代表了当地玉矿源的特点，可作为今后此类研究的重要参考。

　　川西高原山地有不少产玉的山川，为古人采集玉料和石料提供了丰富的资源，历代文献对岷江上游等地区出产的"龙溪玉"等已有明确记载。例如，《山海经·中山经》中有"岷山，江水出焉……其上多金、玉，其下多白珉"之说。《华阳国志》佚文也有"玉垒山，出璧玉，湔水所出"的记载[28]。根据杂谷脑河流域采集的这批史前玉石器与汶川县龙溪乡马登村玉矿料及金沙玉石器的材质、主微量元素基本一致的结果，我们不难判定，本地先民早在史前时期就已经开始认识和利用龙溪玉矿这一重要的地质矿产资源，这也是龙溪玉登上辉煌历史舞台的开端，直至三星堆、金沙时期，龙溪玉一直被开采利用，并制成礼、法之器，达到鼎盛。

五、史前先民对本地资源认知、利用的当代启示

　　（1）现代城镇聚落建设的选址，应该经受过历史的检验。龙门山地区史前先民在定

居地点选址方面的科学智慧值得借鉴。

尽管地处地震多发的断裂带，龙门山地区的史前先民还是创造了具有较高水准的史前文化。包括波西、营盘山、姜维城、下关子遗址等龙门山地区的重要史前遗址，史前先民的选址均错开了龙门山的前、中、后三条断裂带（图七），因此在"5·12"汶川特大地震中基本未受影响。

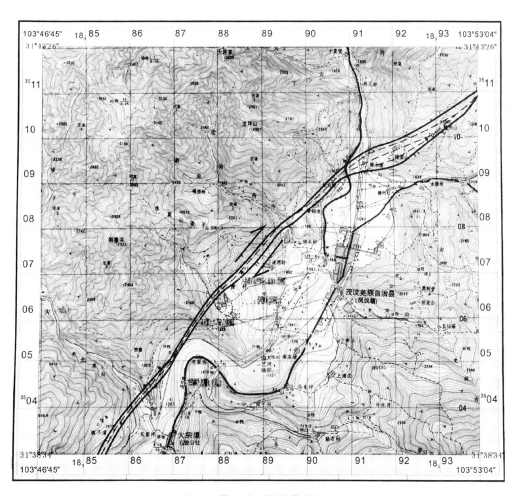

图七 茂县盆地断裂带分布图

尤其是茂县营盘山遗址，地震后笔者一直牵挂于心，其所在的茂县属于重灾区。但令人欣慰的是，营盘山遗址经历了这次灾难后基本完好无损，仅北端边坡上有局部轻微滑坡的现象（图八、图九）。我们不得不赞叹岷江上游的史前先民选择定居地的慎重和科学性。实际上，茂县城关所在的河谷冲积平原在本次地震中均未受到严重损坏，茂县县城死亡人数仅95人。这一地区自距今约6000多年前就有先民在此定居生活，汉代的汶山郡、汶山县的治所也一度在此，历史上一直是岷江上游的政治、经济、文化中心所在。其安全性经过了历史的检验。汶川县城威州镇地处岷江干流与杂谷脑河交汇处，所在区域分布有姜维城新石器时代遗址、布瓦新石器时代遗址、增坡新石器至夏商时期玉

图八　茂县营盘山遗址外景（地震前，北—南）

图九　营盘山遗址外景（地震后，北—南）

石器窖藏、布瓦汉代石棺葬、姜维城汉代城址、唐代威州城、姜维城明清城址、布瓦明清碉楼等文化遗产，自距今 5000 多年以来，人类定居历史基本连绵不断，是岷江上游的又一处经济文化中心。尽管靠近震中，威州镇的人员伤亡情况并不严重，仅部分房屋建筑成为危房。

　　汶川县映秀镇、北川县城曲山镇、绵竹市汉旺镇等在汶川特大地震中受损严重的城镇，多为近几十年来因各种原因才迅速发展起来的，缺乏深厚的历史底蕴。例如，映秀镇因 1972 年映秀湾水电站修建以来才逐步发展为一个大镇，以前仅"有 26 亩稻田，年出谷 50 石，为山中唯一的产米地"[29]。北川县城以前在治城（今禹里乡），元代石泉县治亦在此，1952 年为防止反动派的攻击才搬迁至曲山镇，该地点一直地震不断，1976 年唐山大地震以后，曾有专家建议搬迁县城，因财力缺乏未果，后来发展经济更无从顾及。2008年的"5·12"汶川特大地震中治城镇受灾情况与曲山镇相比实际并不严重，仅局部后来被唐家山堰塞湖所淹没。而绵竹市汉旺镇在1966年以前连人民公社都不是，因三线建设中东方汽轮机厂位于此地，才发展为有6万余人口的副县级大镇。

同样地处"5·12"汶川特大地震的重灾区，营盘山等史前文化遗址及茂县县城及汶川县威州镇等历史文化中心却基本安然无恙。这值得当今的城镇选址规划、建设者深入反思和借鉴。尤其是在灾区的灾后重建工作中，决策者和建设者除了要充分征求地质学、建筑学的意见，也应当考虑考古学、历史学方面的意见和建议。

（2）具有五千年历史的阿坝藏族羌族自治州沙棘产业，可望再造辉煌。

茂县营盘山遗址浮选出土了110粒炭化沙棘（*Hippophae rhamnoides*）种子，占出土植物种子总数的1.4%。沙棘的种子为长圆形，一端较尖，长约2.5、宽1毫米左右（图版一一〇，6）。沙棘是一种干旱地区常见的灌木，属于胡颓子科（Elaeagnaceae）的沙棘属[30]。

营盘山遗址出土的植物种子中含有沙棘的种子，这一点值得关注。此次在营盘山遗址浮选出土了沙棘种子，而且数量较多，这说明，早在距今5000年前岷江上游地区古代先民就已经认识到了沙棘的价值（食用或药用价值），同时也揭示了岷江上游地区作为沙棘的主要生产地区具有悠久的历史。

沙棘是一种落叶性灌木，产于河北、内蒙古、山西、陕西、甘肃、青海、四川西部。常生于海拔800~3600米的温带地区向阳的山崤、谷地、干涸河床地或山坡，多砾石或沙质土壤或黄土上，在中国黄土高原极为普遍。例如，岷江上游地区就盛产沙棘。沙棘的经济价值很高，根、茎、叶、花、果实都富含营养物质和生物活性物质，沙棘具有多种价值，既可以食用，也可以药用。沙棘作为药品载入中国药典，卫生部已确定为"药食同源"资源，现代科学已研究发现沙棘果内含有190余种生物活性物质，因此开展综合开发利用和深加工研究，可将全果加以利用。同时，将其生化成分分离、提取后，分别应用于生产医药、保健、抗衰老、美容产品等诸多方面，可使沙棘果发挥更大的经济价值。沙棘叶、果和种子含有人体所需的18种氨基酸和丰富的维生素、多种微量元素及上百种生物活性物质，这些都是人体维持正常新陈代谢和生命活动不可缺少的营养成分，具有重要的保健价值。沙棘果和油具有很高的药用价值，可降低胆固醇，治愈心绞痛等作用，还有防治冠状动脉粥样硬化性心脏病的作用；有祛痰、止咳、平喘和治疗慢性气管炎的作用；能治疗胃和十二指肠溃疡以及消化不良等，对慢性浅表性胃炎、萎缩性胃炎、结肠炎等病症疗效显著；对烧伤、烫伤、刀烧、冻伤有很好的治疗作用；对妇女宫颈糜烂有良好的治疗效果。沙棘果实营养丰富，据测定其果实中含有多种维生素、脂肪酸、微量元素、亚油素、沙棘黄酮、超氧化物等活性物质和人体所需的各种氨基酸。其中维生素C含量极高，素有维生素C之王的美称。沙棘叶片含粗蛋白15.75%、粗脂肪9.48%、粗纤维14.04%、无氮浸出物54.84%，用沙棘叶可制作保健茶。沙棘油中含有

206 种对人体有益的活性物质, 其中有 46 种生物活性物质, 含有大量的维生素 E、维生素 A、黄酮等, 具有抗疲劳和增强机体活力及抗癌等特殊药理性能, 具有保护和加速修复胃黏膜、增加肠道双歧杆菌的药性, 有降减血浆胆固醇、减少血管壁中胆固醇含量的作用, 能防治高脂血症和动脉粥样硬化症, 并有促进伤口愈合的作用。

沙棘还有美容价值, 在美容中起主要作用的是沙棘油, 其中含有的大量维生素 E、维生素 A、黄酮和 SOD 活性成分能够有效防止自由基以达到抗衰老的作用, 因此沙棘被化妆品产业用作重要的高级化妆品原料, 经过先进工艺提取的化妆品级沙棘油纯度、活性都很高。其高温萃取物——果素, 已经成为祛痘精华液的主要成分, 相比普通技术萃取的植物精华, 有着更为丰富的营养护肤成分, 其中含有多种维生素、脂肪酸、微量元素、维生素 E 等营养成分, 并且高温萃取的沙棘果素中 SOD 含量每毫升可达到 5623 个酶单位, 其含量是人参的 6 倍, 它可以阻断因肌肤内物质过氧化产生的自由基, 阻止肌肤的过早老化, 修复受损细胞组织, 促进组织再生和上皮组织愈合。果素具有定向渗透作用, 从沙棘果中萃取的有效祛痘除印保湿因子, 通过肌肤表层快速吸收, 定向针对痤疮丙酸杆菌, 抑制其感染、泛滥, 修复受损肌肤, 恢复肌肤正常的更新和循环系统。

沙棘还具有生态绿化价值, 利于恢复植被。中国西北地区由于干旱少雨, 土地瘠薄, 大部分地区直接栽种乔木难于成活或成小老头树, 植被恢复难度很大。而沙棘具有耐寒、耐旱、耐瘠薄的特点, 因此一般每亩荒地只需栽种 120～150 棵, 4～5 年即可郁闭成林。并且沙棘的苗木较小, 一般株高 30～50 厘米, 植株近地面直径 5～8 毫米, 栽种沙棘的劳动强度不大, 一个普通劳力一天可以栽沙棘 5～6 亩。这能够有效解决地广人少的问题, 便于进行大规模种植, 快速恢复植被。沙棘是治理水土流失的重要树种, 灌丛茂密, 根系发达, 形成"地上一把伞, 地面一条毯, 地下一张网"的情况。在一些陡险坡面上, 利用其串根萌蘖的特性, 可将这些人不可及的地段绿化。特别是沙棘在沟底成林后, 抗冲刷性强, 而且它不怕沙埋, 根蘖性强, 能够阻拦洪水下泄、拦截泥沙, 提高沟道侵蚀基准面。黄土高原虽有千沟万壑, 沙棘却有极强的生命力和快速的繁殖能力, 是治理沟壑的"有效武器"。实践证明, 沙棘是治理黄河泥沙的有效措施。以沙棘为先锋树种, 不但能够快速恢复植被, 而且能够尽快恢复生物连。沙棘不仅自身能够适应恶劣的自然环境, 而且由于它的固氮能力很强, 能够为其他植物的生长提供养分, 创造适宜生存的环境, 是优良的先锋树种和混交树种。据调查, 人工种植 4～5 年后的沙棘林内, 杂草丛生, 还有一些次生的杨树、榆树等树种, 自然形成植物的多样性。试验研究成果表明, 混交于沙棘林地的杨树、榆树、刺槐等与荒坡栽植的对照, 分别提高生长量为 129.7%、110.5%、130%。

茂县所属的阿坝藏族羌族自治州至今盛产沙棘, 如小金县四姑娘山景区内及周边地区盛产富含各种维生素, 尤以维生素 C 含量最大的沙棘。用沙棘果实加工的饮料, 营养价值高, 饮用后具有增强心脏功能、防止坏血病、阻止致癌物二甲基亚硝胺的形成、消除疲劳、提神兴奋之功效, 被科学界誉为"第三代水果""维生素之王""21 世纪最有希望的保健品之一"。阿坝藏族羌族自治州小金县因其独特的气候和地理条件，生长出的沙棘果经加工后因其质量和色泽均属上等而倍受喜爱。所产沙棘晶、沙棘蜜等固体饮料，是选取野生沙棘果肉、汁以及优质糖、蜂蜜精制而成，具有防癌、清热、生津提神、缓解便秘、增进食欲之功效。在加强宏观战略发展研究，树立西部大开发，生态要先行的战略思想下，沙棘资源被列入该县野生资源重点开发项目之一进行保护性开发。小金县金山沙棘饮料食品厂建于 2004 年，是一个专门从事野生沙棘资源开发利用的企业，厂区坐落于青藏高原阿坝藏族羌族自治州小金县内，占地面积 1.2 万平方米，依山傍路，距成都 300 千米。厂区地处青藏高原沙棘资源中心地带，交通便利，能源充足，通信发达，植被丰茂，山清水秀，满山野生天然沙棘。该厂拥有多项沙棘食品加工的专业工艺技术，配备易拉罐、沙棘固体袋装饮料、沙棘茶等国内较先进的自动生产流水线机器设备三条，产品有沙棘果汁饮料、固体饮料、沙棘茶三大类十多个花色品种，产品远销全国各地。

为促进沙棘产业又好又快发展，构建沙棘产业多元化发展格局，2010 年阿坝藏族羌族自治州人民政府还专门成立了沙棘产业化与科技成果转化合作项目协调工作组。据报道，阿坝藏族羌族自治州规划建设了 10 万亩沙棘基地。阿坝藏族羌族自治州拥有 5000 多年历史的古老沙棘产业，必将再创辉煌。

（3）史前先民提供了阿坝藏族羌族自治州种植红豆杉的历史依据。

在茂县营盘山遗址浮选结果中发现了 16 粒红豆杉（*Taxus chinensis*）的种子，扁卵圆形，直径在 3～3.5 毫米（图版一一〇，7）。红豆杉是一种珍稀树种，属于红豆杉科（Taxaceae）的红豆杉属，主要分布在横断山区和四川盆地周边山地，多见于 1500～3000 米的山地落叶阔叶林中。红豆杉的果实成熟后为红色，故名红豆杉[31]。

红豆杉为一种是乔木，高可达 30 米，胸径达 60～100 厘米；树皮灰褐色、红褐色或暗褐色；冬芽黄褐色、淡褐色或红褐色，有光泽，芽鳞三角状卵形，背部无脊或有纵脊。叶排列成两列，条形，微弯或较直，上面深绿色，有光泽，下面淡黄绿色，有两条气孔带。雄球花淡黄色，雄蕊 8～14 枚，花药 4～8。种子生于杯状红色肉质的假种皮中，常呈卵圆形，上部渐窄，稀倒卵状，微扁或圆，上部常具二钝棱脊，先端有突起的短钝尖头，种脐近圆形或宽椭圆形。心材橘红色，边材淡黄褐色，纹理直，结构细，坚实耐用，干后少开裂。可供建筑、车辆、家具、器具、农具及文具等用材。红豆杉为中国特有树种，产于甘肃省南部、陕西省南部、四川省、云南省东北部及东南部、贵州省西部及东南部、湖北省西部、湖南省东北部、广西壮族自治区北部和安徽省南部（黄山），常生于海拔 1000～1200 米的高山上部。

红豆杉又名紫杉，是一类古老的植物类群，因其枝叶可以提取抗癌药物紫杉醇而加倍珍贵。紫杉醇是红豆杉属植物中的一种复杂的次生代谢产物，也是目前所了解的唯一一种可以促进微管聚合和稳定已聚合微管的药物。同位素示踪表明，紫杉醇只结合到聚合的微管上，不与未聚合的微管蛋白二聚体反应。细胞接触紫杉醇后会在细胞内积累大量的微管，这些微管的积累干扰了细胞的各种功能，特别是使细胞分裂停止于有丝分裂期，阻断了细胞的正常分裂。临床研究，紫杉醇主要适用于卵巢癌和乳腺癌，对肺癌、大肠癌、黑色素瘤、头颈部癌、淋巴瘤、脑瘤也都有一定疗效。

紫杉醇以其自身独特的抗癌作用机理在天然类抗癌药物中备受追捧，销售比例稳居首位。四川九峰天然药业股份有限公司成立于1998年，位于阿坝藏族羌族自治州茂县，是中国目前集红豆杉种植、紫杉醇原料药和针剂生产、销售体系最完善的公司，是国内目前唯一一家同时拥有紫杉醇原料药生产批文和针剂生产批文的企业，也是目前全国首家按GAP标准建设的红豆杉规模化栽培基地的企业。九峰药业利用得天独厚的天然药物资源优势，以中国科学院成都生物研究所为技术后盾，专业从事多种天然药物的研究、开发和生产。现已拥有下属经济实体包括紫杉醇原料药生产厂、红豆杉种植基地、四川康益生物技术制药有限责任公司，取得了显著的经济效益和社会生态效益。近年来，随着红豆杉野生资源的日渐匮乏和紫杉醇需求量的不断增加，九峰药业开始着手通过人工种植来解决红豆杉的资源危机。公司开展了资源收集保存与品种比较研究，对野外采集的不同种、变种和不同居群的红豆杉资源进行品种资源保存工作，建立了种质资源圃。由于野生红豆杉资源遭到了严重的破坏，故而利用人工快速繁殖技术进行红豆杉的人工栽培是解决紫杉醇原料来源的最佳途径。九峰药业从1993年开始种植红豆杉，其在四川茂县的红豆杉基地为中国科学院成都生物研究所红豆杉规范化种植研究与示范基地。茂县处于海拔1500～5500米的高山峡谷地区，中药材品种丰富，有"天然药库"之称，特别适于红豆杉的生长。公司按GAP标准种植的红豆杉基地占地1446亩，种植红豆杉3500余万株，并拥有全国最大的红豆杉育苗基地。大棚内有两年生中国红豆杉500万株，母树25万株；两年生曼地亚红豆杉300万株，母树20万株。公司种植的红豆杉现已进入采收使用阶段。2000、2001年又在茂县凤仪镇静州村种植了400万株，现已用于提取紫杉醇。几年来，九峰药业在工艺更新、设备改造、基地管护、GMP车间改造、新产品研发等方面，不断探索投入了大量人力和财力，在人类抗癌研究领域过程中，成功推出高纯度"紫杉醇""巴卡亭""7-脱乙酰基木糖基紫杉醇"三个高精尖产品。

（4）龙溪玉：极具开发利用的历史品牌。

产于汶川县的龙溪软玉与新疆软玉、台湾软玉合称中国三大软玉。品种较全，分白玉、青玉和碧玉三种，质量较好，并有一定规模，是四川省具开发前景的玉种。

地质学工作者通过宏观到微观再到亚微观逐步深入的工作方法，在地质产状、物质成分、物理性质、谱学特征、显微—亚显微组构等方面对龙溪玉进行了基础矿物学、矿物物理学和成因矿物学或岩石学的综合性研究后发现[32]，龙溪玉产于海西期中级变质的绿泥—黑云片岩和石榴片岩带中透闪片岩和白云质大理岩的强烈剪切、挤压破碎带中，通常发育对称色环，具色绿质好的动力薄壳，与透闪石石棉、方解石块体和伊利石脉形成密切共生。其物相鉴定和化学成分表明，龙溪玉中虽然通常有很少的白云石和滑石的出现，偶尔还有极微量的伊利石、绿泥石、石榴石和榍石的存在，但基本上是透闪石的单矿物岩石。所以软玉的一系列谱学如吸收光谱、顺磁共振波谱和红外光谱特征，通常也就是透闪石的特征。吸收光谱研究充分证明，龙溪玉特征的黄绿色是由透闪石中 $O^{2-} \rightarrow Fe^{3+}$ 和 $Fe^{2+} \rightarrow Fe^{3+}$ 两种荷移过程造成的，但同时，Fe^{2+} 可能还有 Mn^{2+}、Fe^{3+} 的自旋禁戒跃迁也有一定影响。对龙溪玉进行的差热、热重分析、X 射线衍射与红外光谱研究表明，软玉虽然具有很高的热稳定性，但在高温下仍然会变化、解体以至发生热转变，热学性质的变化通常是透闪石、滑石和白云石几种矿物的叠加，最终的热转变产物是一种成分和结构都类似于透辉石的 Ca-Mg 辉石。至于龙溪玉异乎寻常的韧度值，则是由其特征的显微—亚显微纤维组构所引起的。在偏光显微镜和扫描电镜下对龙溪玉的显微微晶构造进行的详细研究结果表明，龙溪玉组成矿物经过强烈破碎、撕裂、弯曲和旋转等直接部分运动及在间歇溶液中溶解、扩散和再沉淀等间接部分运动，形成平行于透闪石纤维束延展方向的定向组构（C 面叶理）和不甚明显、局部发育的由透闪石显微纤维稳态方位构成的 S 面叶理，其中的变形作用是左旋简单剪切与亚扁或纯剪作用的复合，具有连续—非连续性的特点，与附近茂汶大断裂印支期的活动特点一致，推测变形作用即发生于印支期。在对透闪石晶体由于强烈应变作用而产生的变形结构利用透射电经和电子衍射作了深刻的揭示发现，透闪石内部结构由于塑性变形时产生的移置滑动和双晶滑动，晶格畸变或被调制，形成密集排列的（010）多链层错和相关的层错终端，（001）机械双晶及一系列滑动叶片和变形条带。应变的透闪石颗粒在随后由变形作用产生的机械热所导致的升温过程中发生恢复与重结晶，产生一系列由多边形的低角度界面所分开的次颗粒，然后是无应变颗粒的成核与生长、重结晶形成的透闪石继承了原来县纤维的 C 轴方位，但各纤维微晶间具不规则的高角度边界和错乱的方位。同时，在这种变形作用后的重结晶作用过程中，由于有效应力控制的差异应变能、定向成核和定向生长，使龙溪玉中的定向组构被进一步加强。由于强烈的变形作用及相伴产生的化学活动热液的作用，龙溪玉中透闪石退变质反应生成具透闪石纤维假象的滑石。这是一个拓扑定向反应或多体反应，反应机制可能包括双链硅酸盐（透闪石）—无序的链状硅酸盐—无序的链状硅酸盐与滑石的连生体—无限链宽的层状硅酸盐（滑石）这样一个复杂的拓扑定向反应系列或多体反应系列。由于透闪石向滑石转变时结构的无序化是分步骤进行的，推测可能存在 clinochesterite 和 clinojimthompsonite 及一系列其他的中间相，从而透闪石到滑石构成一个多体系列。

关于龙溪玉形成的过程机理和成因模式，龙溪玉是多相变质作用过程中热力场与应力场交相变化的动热变质作用的产物，反映了早期的变质结晶作用、构造期的变形作用及其后的恢复、重结晶作用和退变质作用的复杂结合。利用 $CaO\text{-}MgO\text{-}SiO\text{-}H_2O\text{-}CO_2$ 五元五相热力学多体系通过构筑拓扑相图的方法深入探讨含玉体透闪片岩在区域进变质作用过程中形成的温压条件，估计为 550～600℃、4～5 千帕，而变形作用与退变质作用过程中的温压条件则明显低于这个数值范围。

龙溪玉质地粗糙，为致密隐晶质结构，结构不均匀。20 世纪 80 年代才开始有少量的开采记录，由于该玉种数量少，很难被发现，开采十分困难，是玉石中的孤品，它在玉石界有特殊地位。"5·12"汶川特大地震发生后，灾后重建中对岷江一级支流杂谷脑河河道实施了清淤工程，在龙溪沟与岷江一级支流杂谷脑河汇合口施工时，在河床中发掘了一些龙溪玉籽料。由于定向组构的存在，龙溪玉裂纹十分发育，非常容易破碎，因而块度较小，难以利用。再加上产状独特及含量有限，可以肯定其工艺价值是十分有限的。但是正因为开采难、数量少，龙溪玉反而具有较高的收藏价值和学术研究价值。此外，作为与金沙文化和三星堆文化密切相关的古玉类型，龙溪玉的历史文化意义是十分重大的。软玉，这一在世界上被称为"中国玉"的玉石，最著名的产地是新疆和田，那里产出的软玉品质最好，当然价格也比其他产地的高。但是由于新疆和田玉已经有7000多年的开发历史，后备资源越来越少，尤其优质的羊脂玉、白玉目前产量非常有限，老矿山已无多大潜力可挖，寻找新矿床已迫在眉睫。龙溪软玉颜色介于新疆青玉与黄玉之间，裂痕较多，润泽度不及新疆和田玉。近些年来，随着物质生活变丰富，人们对珠宝玉石的购买和收藏也在增加，各个档次的宝玉石消费市场均在扩大。新疆和田玉有着悠久的历史和上等的品质，其档次和价位都一直比较高，而另一名玉"青海玉"由于被选取为北京奥运会奖牌的原料，奥运会结束后价格也是一路上涨。因此，品质非常好的龙溪玉有资格与和田玉、青海玉等在中高档市场中竞争，而品质一般的龙溪玉也可在中低档市场中占有一席之地。我国最负盛名的软玉猫眼产地是台湾花莲，但由于几十年来开采过度，现有的资源也不多了，所以四川软玉猫眼的发现无疑是一个振奋人心的消息。龙溪玉与和田玉不同的是，和田玉适合于大的雕件，龙溪玉则适合于戒面、耳钉之类的小件制作，块状不透明的则可作雕件使用，各有千秋[33]。透明度较低、块度较大的龙溪软玉可加工制作成各种类型的工艺摆件，用于室内装饰。块度较小的龙溪软玉可以加工制作成各种小工艺挂饰，用于车内装饰或手机装饰。透明度高的龙溪软玉可制作成手镯、坠子等首饰。猫眼效应好的软玉猫眼可制作成戒面或坠子。纹理奇特、美感强烈的软玉可制作成似山水或景物图案的软玉山水画供装饰或收藏。

目前，已有不少个体经营者曾加工极少数龙溪玉素身戒面在乡村市场上出售，主要选择透明度好、颜色好看的黄绿色、淡黄色龙溪玉来加工，有些具有良好的猫眼效应。

建议地方政府重视龙溪玉的开采加工工作，加强统一管理，完善市场机制，扩大生产规模，变小作坊加工生产为规模化生产加工。加强专业队伍建设，加大对这两地出产软玉性质和用途的研发，以获得更大的价值。合理开发，减少环境破坏和资源浪费。发展健全各级销售系统，加强宣传，开拓新的市场。

注　释

［1］　陈剑：《波西、营盘山及沙乌都——浅析岷江上游新石器文化演变的阶段性》，《考古与文物》2007年第5期；陈剑：《四川盆地西北缘龙山时代考古新发现述析》，《中华文化论坛》2007年第2期。

［2］　陈剑：《先秦地震考古研究的新进展及其对龙门山地区史前地震考古的启示》，《民族学刊》2013年第

4 期。

[3]　张岳桥、杨农、孟晖：《岷江上游深切河谷及其对川西高原隆升的响应》，《成都理工大学学报（自然科学版）》2005 年第 4 期。

[4]　高玄彧、李勇：《岷江上游和中游几个河段的下蚀率对比研究》，《长江流域资源与环境》2006 年第 4 期。

[5]　杨农、张岳桥、孟辉、张会平：《川西高原岷江上游河流阶地初步研究》，《地质力学学报》2003 年第 4 期。

[6]　王书兵：《川西中部晚更新世地层与环境》，中国地质科学院博士学位论文，2004 年；刘维明：《川西高原黄土记录的末次冰期气候变化》，兰州大学硕士学位论文，2008 年。

[7]　地质矿产部《地质词典》办公室编：《地质词典》，地质出版社，1983 年。

[8]　赵志军：《植物考古学概述》，《农业考古》1992 年第 1 期；赵志军：《植物考古学简史》，《中国文物报》2009 年 12 月 25 日第 7 版。

[9]　赵志军、陈剑：《四川茂县营盘山遗址浮选结果及分析》，《南方文物》2011 年第 3 期。

[10]　阿坝藏族羌族自治州文物管理所、四川省文物考古研究院、成都文物考古研究所、马尔康县文化体育局：《四川马尔康县哈休遗址 2003、2005 年调查简报》，《成都考古发现》（2006），科学出版社，2008 年。

[11]　阿坝藏族羌族自治州文物管理所、成都文物考古研究所、马尔康县文化体育局：《四川马尔康县哈休遗址 2006 年的试掘》，《南方民族考古》（第六辑），科学出版社，2010 年。

[12]　陈剑、陈学志：《大渡河上游史前文化寻踪》，《中华文化论坛》2006 年第 3 期；阿坝藏族羌族自治州文物管理所、成都文物考古研究所、马尔康县文化体育局：《四川马尔康县哈休遗址 2006 年的试掘》，《南方民族考古》（第六辑），科学出版社，2010 年。

[13]　何锟宇、陈剑：《马尔康哈休遗址出土动物骨骼鉴定报告》，《成都考古发现》（2006），科学出版社，2008 年。

[14]　陈剑、何锟宇：《大渡河上游史前文化、环境与生业初析》，《四川文物》2007 年第 5 期；何锟宇、陈剑、谢涛、范永刚：《大渡河中上游的史前文化、环境与生业》，见本书。

[15]　何锟宇：《营盘山遗址出土动物骨骼研究》，北京大学硕士学位论文，2006 年 6 月；何锟宇、蒋成、陈剑：《浅论动物考古学中两种肉量估算方法——以营盘山遗址出土的动物骨骼为例》，《考古与文物》2009 年第 5 期。

[16]　四川省文物考古研究所、阿坝州文物管理所、汶川县文物管理所：《四川汶川县姜维城新石器时代遗址发掘报告》，《四川文物》2004 年增刊；四川省文物考古研究所、阿坝州文物管理所、汶川县文化体育局：《四川汶川县姜维城新石器时代遗址发掘简报》，《考古》2006 年第 11 期。

[17]　马继贤：《汉源县狮子山新石器时代遗址》，《中国考古学年鉴·1991》，文物出版社，1992 年，第 270、271 页。

[18]　何锟宇：《四川汉源狮子山遗址出土动物骨骼鉴定报告》，待刊。

[19]　周开灿：《四川的宝石资源》，《宝石和宝石学杂志》2003 年第 4 期。

[20]　四川大学历史系考古教研组：《四川理县汶川县考古调查简报》，《考古》1965 年第 12 期。

［21］　徐学书：《岷江上游新石器时代文化的初步研究》，《考古》1995 年第 5 期。

［22］　成都文物考古研究所、阿坝藏族羌族自治州文管所、理县文物管理所：《四川理县箭山寨遗址 2000 年的调查》，《成都考古发现》（2005），科学出版社，2007 年。

［23］　成都文物考古研究所、阿坝藏族羌族自治州文管所、理县文物管理所：《四川理县箭山寨遗址 2000 年的调查》，《成都考古发现》（2005），科学出版社，2007 年。

［24］　成都文物考古研究所、阿坝藏族羌族自治州文管所、理县文物管理所：《四川理县箭山寨遗址 2000 年的调查》，《成都考古发现》（2005），科学出版社，2007 年。

［25］　汶川县文物管理所、成都文物考古研究院、阿坝藏族羌族自治州文物管理所：《汶川县龙溪寨遗址 2009 年调查简报》，《成都考古发现》（2015），科学出版社，2017 年。

［26］　杨颖东、陈剑：《四川杂谷脑河流域采集玉石器材质分析报告》，《成都考古发现》（2015），科学出版社，2017 年。

［27］　王春云：《龙溪软玉矿床地质及物化特征》，《矿产与地质》1993 年第 3 期。

［28］　陈剑：《川西史前玉器简论》，《玉魂国魄——中国古代玉器与传统文化学术讨论会文集》（三），北京燕山出版社，2008 年。

［29］　庄学本：《羌戎考察记：摄影大师庄学本 20 世纪 30 年代的西部人文探访》，四川民族出版社，2007 年。

［30］　赵志军、陈剑：《四川茂县营盘山遗址浮选结果及分析》，《南方文物》2011 年第 3 期。

［31］　赵志军、陈剑：《四川茂县营盘山遗址浮选结果及分析》，《南方文物》2011 年第 3 期。

［32］　川西北地质大队：《四川省汶川县龙溪丝光软玉矿点初步普查地质简报》，内部资料，1982 年；王春云：《龙溪软玉矿床地质及物化特征》，《矿产与地质》1993 年第 3 期；王春云：《龙溪软玉的矿物学研究》，《地质地球化学》1989 年第 3 期。

［33］　丁一：《浅谈四川龙溪玉和软玉猫眼的对比及市场前景》，《中山大学研究生学刊（自然科学、医学版）》2011 年第 2 期。

［原载西华大学地方文化资源保护与开发研究中心编：《地方文化研究辑刊》（第十五辑），

四川大学出版社，2018 年］

后　记

　　2000 年以来，成都文物考古研究院联合阿坝藏族羌族自治州文物管理所、茂县羌族博物馆等当地文博单位相继在岷江上游地区、大渡河上游及中游地区开展了系列考古调查、勘探及发掘工作，尤其是对茂县营盘山遗址、马尔康市哈休遗址等的勘探发掘取得了丰硕的成果。这一地域正是川西北高原山地的范围所在，也是中国南北文化、人群迁移交流的重要孔道，即学术界所谓藏彝走廊、藏羌彝走廊、民族走廊、六江流域、横断山区的北部组成部分，历来受到包括考古学在内的各个学术领域学者们的充分关注。

　　在《茂县营盘山新石器时代遗址》报告编写完毕并出版之后，我们觉得有必要把2000 年以来在川西北高原山地进行的考古调查勘探工作进行一次阶段性的梳理总结。因此，我们将 2000 年以来由本院开展工作为主，除茂县营盘山遗址之外的川西北高原史前考古调查、勘探和发掘资料，以及开展的相关研究资料进行分类编排，编著成本书。尤其是补充了大量的图版资料，以保证考古资料的全面性和系统性，以便为学术研究提供更为全面和生动形象的实物资料。有助于学术界同仁查阅方便。

　　本书的具体编选、校订工作由陈剑、何锟宇负责，图版中的外景、遗迹、遗物照片由陈剑拍摄加工，动物骨骼标本照片由何锟宇拍摄。四川省文物局王毅局长、成都文物考古研究院领导颜劲松、江章华先生等一直关心支持这项工作。科学出版社责任编辑柴丽丽对本书的编辑出版付出了辛勤努力。在此一并予以感谢。

1.岷江上游地貌（茂县盆地）

2.大渡河上游地貌（支流茶保河）

川西北高原地貌

图版二

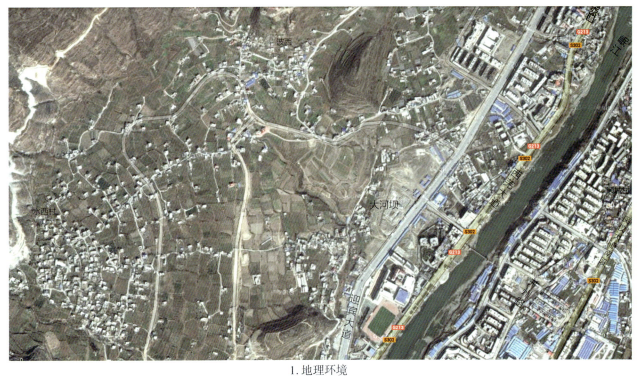

1. 地理环境

2. 地形

茂县波西遗址地理环境、地形

1. 南—北

2. 东—西

茂县波西遗址外景

1. 斧（采：1）

2. 网坠（G1：3）

3. 锛（G1：2）

4. 环（G1：1）

茂县波西遗址2002年出土石器

1. 石斧（采：60）

2. A型石砍砸器（采：67）

3. 方形玉器（采：64）

4. 玉臼形器（采：66）

5. 锥状石核（采：74）

茂县波西遗址2008年采集玉石器

1. 彩陶敛口钵（G1：4）

2. 敛口钵（G1：6）

3. 双唇式小口瓶（G1：5）

4. 敛口钵（G1：7）

茂县波西遗址2002年出土陶器

1. 陶侈口罐（02T1④：1）

2. B型陶钵（08采：25）

3. 陶壶（02T1③：1）

4. B型Ⅰ式陶盆（08采：24）

5. A型Ⅰ式陶盆（08采：3）

6. 窑内烧结物（08采：86、08采：88）

茂县波西遗址2002年出土陶器、2008年采集器物

图版八

茂县安乡遗址地理环境

1. 地形

2. 地貌

茂县安乡遗址地形、地貌

1.安乡遗址玉凿（05采∶1）

3.安乡遗址陶盆（06采∶15）

2.安乡遗址骨锥（06采∶8）

4.官纳若遗址陶双唇口瓶（00采∶1）

茂县安乡遗址采集遗物、黑水县官纳若遗址采集陶双唇口瓶

1. 地理环境

2. 地形

理县箭山寨遗址地理环境、地形

1. 玉锛（采：21）

2. 玉锛（采：25）

3. 玉斧（采：23）

4. 石斧（采：24）

5. 石斧（采：22）

6. 石凿（采：26）

7. 石铲（采：27）

理县箭山寨遗址2000年采集玉石器

1. 玉弓形器（2000SLXB采：2）

2. 石凿（2000SLXB采：1）

3. 玉斧（2000SLSG采：1）

理县采集玉石器

1. 2000SLSX采：1

2. 2000SLZD采：1

3. 2000SLXB采：3

理县下孟乡采集石斧

1. 地理环境

2. 平面图

汶川县龙溪寨遗址地理环境、平面图

1. 外景（南—北）

2. 地貌

汶川县龙溪寨遗址外景、地貌

1. 文化层堆积

2. 地层及采集陶片

汶川县龙溪寨遗址文化层、采集陶片

1. 玉斧（采：1）

2. 玉凿（采：2）

3. 残石器（采：3）

4. 残石器（采：5）

汶川县龙溪寨遗址采集玉石器

1. 刮削器（采：7）

2. 刮削器（采：4）

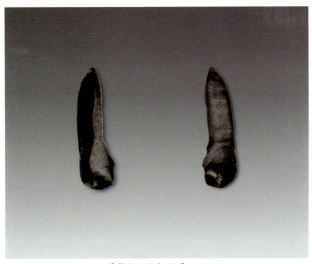

3. 采集细石叶（采：81）

4. 采集细石叶（采：82）

5. 石片工具（采：6）

汶川县龙溪寨遗址采集石器

图版二〇

1. 地理环境

2. 地形

茂县沙乌都遗址地理环境、地形

茂县沙乌都遗址地貌

1. 外景

2. 文化层

茂县沙乌都遗址外景、文化层

1. 穿孔石器（H1：24）

2. 动物骨骼

3. 陶溜肩罐（H1：1）

4. 陶喇叭口壶形器（H1：3）

5. 陶侈口罐（H1：2）

6. 陶侈口罐（H1：11）

茂县沙乌都遗址2002年出土器物

1.折沿小罐（H1：6）

2.侈口罐（H1：12）

3.纹饰陶片（H1：19）

4.纹饰陶片（H1：7）

5.纹饰陶片（H1：8）

茂县沙乌都遗址2002年出土陶器

1.石铲（北采：13）

2.石刀（北采：11）

3.陶卷沿大口罐（北采：15）

4.陶卷沿敛口罐（北采：14）

5.陶卷沿深腹盆（北采：8）

茂县沙乌都遗址2006年采集器物

图版二六

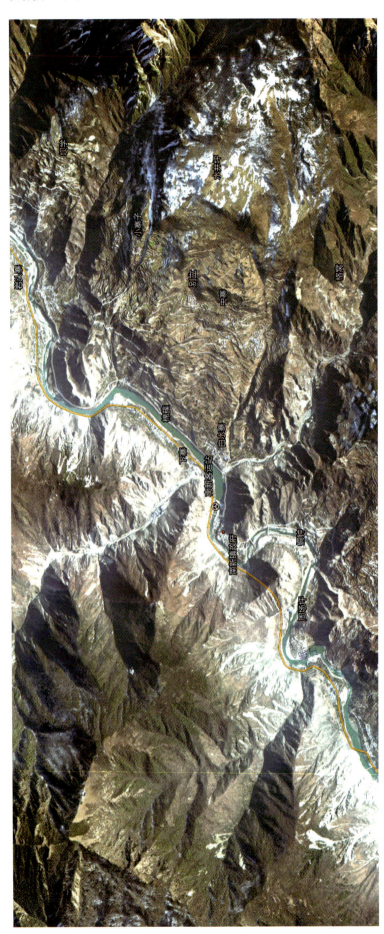

茂县白水寨遗址地理环境

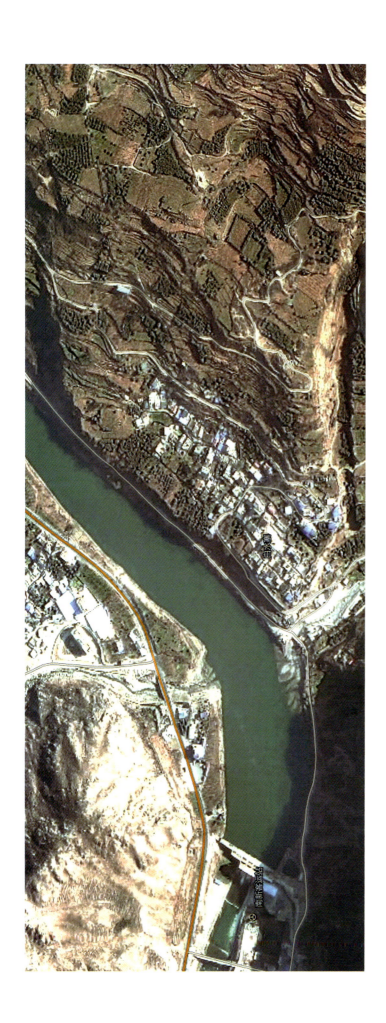

茂县白水寨遗址地形

1. 外景

2. 地貌

茂县白水寨遗址外景、地貌

茂县白水寨遗址文化层

1.石斧（采：11）

2.陶折沿罐（采：6）

3.陶折沿罐（采：9）

4.陶器底（采：4）

6.陶敛口鼓腹罐（采：10）

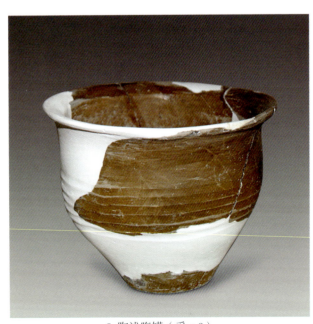

5.陶浅腹罐（采：8）

7.陶勺（采：5）

茂县白水寨遗址2000年采集器物

1.石刀（采：10）

2.石切割器（采：2）

3.Ⅰ式陶鼓腹罐（采：3）

4.陶喇叭口长颈壶形器（采：7）

5.Ⅰ式陶折沿罐（采：6）

6.采集带插抹痕迹的红烧土块

茂县白水寨遗址2006年采集遗物

图版三二

1. 地理环境

2. 地形

茂县下关子遗址地理环境、地形

1. 远眺

2. 近景

茂县下关子遗址外景

图版三四

茂县下关子遗址地貌

1. 斧（T1④：2）

2. 斧（T1④：4）

3. 刀、锛（T1④：3、T1④：5）

4. 穿孔刀（T1③：1）

5. 穿孔石片（T1②：1）

茂县下关子遗址出土石器

1. 石切割器（T1③：2）

2. 石尖状器（采：4）

3. Ab型Ⅰ式陶侈口罐（T1④：36）

4. Aa型Ⅰ式陶侈口罐（T1③：27）

5. Ab型Ⅱ式陶侈口罐（T1④：50）

6. B型陶侈口罐（T1④：43）

茂县下关子遗址出土器物

1. B型侈口罐（T1④：87）

2. 鼓腹罐（T1④：20）

3. 直口罐（T1④：32）

4. 直口罐（T1④：59）

5. 小口罐（T1④：81）

茂县下关子遗址出土陶器

1. 喇叭口长颈壶形器（T1④∶75）

2. 喇叭口长颈壶形器（T1④∶45）

3. 喇叭口长颈壶形器（T1④∶67）

4. 敛口钵（T1④∶46）

茂县下关子遗址出土陶器

1. 器耳（T1③：16）

2. 器底（T1④：70）

3. 器底（T1④：14）

4. 戳印纹陶片（T1④：58）

茂县下关子遗址出土陶器

1. 瓦棱纹陶片（T1④：49）

2. 骨笄（T1④：1）

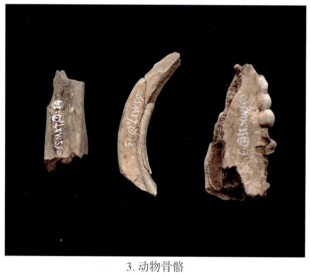

3. 动物骨骼

4. 动物骨骼

5. 动物骨骼

6. 马门齿（T1③）

茂县下关子遗址出土器物、动物骨骼

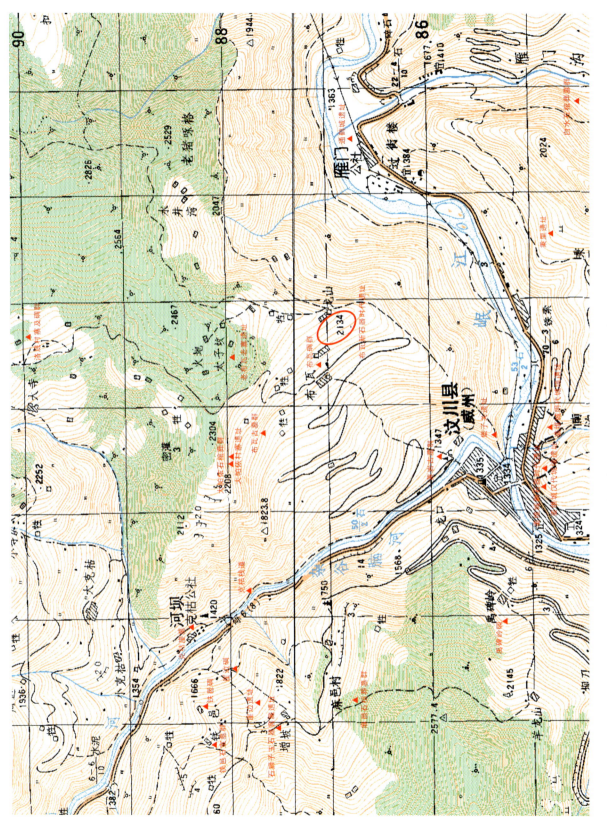

汶川县布瓦遗址及周边遗址分布图

图版四二

汶川县布瓦遗址环境及地貌航拍图

汶川县布瓦地形、环境及文物点分布图

1. 地理环境

2. 地形

汶川县布瓦遗址地理环境、地形

1. 地层断面（东—西）

2. 文化层

汶川县布瓦遗址地层

1. 石斧（采：1）

2. 残石器（采：3）

3. 石砍伐器（采：2）

4. 陶喇叭口长颈壶形器（采：9、采：5）

5. 陶喇叭口长颈壶形器（采：14）

汶川县布瓦遗址出土遗物

1.A型长颈罐（采：8）

2.B型长颈罐（采：45）

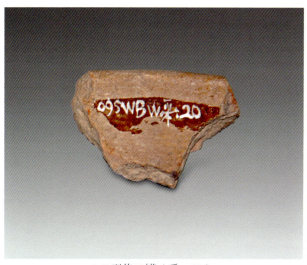

3.B型侈口罐（采：20）

4.凹沿罐（采：11）

5.纹饰陶片（采：25、采：23）

6.磨边陶片（采：4）

汶川县布瓦遗址出土陶器

1. 远景

2. 石墙

茂县二不寨遗址远景、石墙

1. 新石器时代

2. 新石器时代

3. 秦汉时期

茂县二不寨遗址采集器物

1. 现场调查

2. 文化层

3. 石刀

4. 彩陶片

黑水县白尔窝遗址调查、采集器物

1. 地理环境

2. 地形

松潘县川主寺石嘴遗址地理环境、地形

1. 地貌

2. 文化层

松潘县川主寺石嘴遗址地貌、文化层

1. 2000SSCS采：1

2. 2000SSCS采：2

松潘县川主寺石嘴遗址采集石刀

1. 地理环境

2. 地形

松潘县苍坪村遗址地理环境、地形

采自李小波、邓真：《松潘，高原圣城起天门》，《中国西部》2013年第2期，第68、69页左图

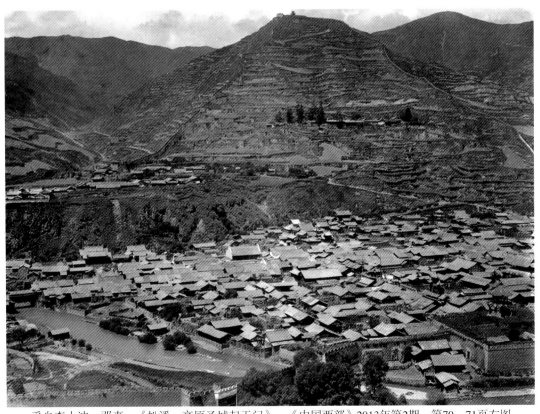

采自李小波、邓真：《松潘，高原圣城起天门》，《中国西部》2013年第2期，第70、71页左图

松潘县苍坪村遗址老照片

1. 地貌

2. 远景

松潘县苍坪村环境

1. 地理环境

2. 地形

松潘县东裕村遗址地理环境、地形

1. 地貌

2. 远景

松潘县东裕村遗址环境

松潘县东裕村遗址石砌墙遗迹

1. 石砌遗迹

2. 红烧土堆积

松潘县东裕村遗址遗迹

1. 陶片

2. 陶片

3. 兽骨

松潘县东裕村遗址采集遗物

马尔康市孔龙、白赊遗址地理环境

1. 地理环境

2. 地形

马尔康市孔龙遗址地理环境、地形

图版六四

1. 远景（东—西）

2. 外景（东—西）

3. 外景（西—东）

马尔康市孔龙遗址环境

1. 砺石（采：50）

2. 石穿孔刀（采：49）

3. 石盘状砍砸器（采：51）

4. Ⅰ式陶小口瓶（采：15）

马尔康市孔龙遗址2000年采集器物

1. I式陶小口瓶（采：14）

2. 陶敛口罐（采：21）

3. 陶侈口罐（采：18）

4. 陶侈口罐（采：17）

5. 窑内烧结物

马尔康市孔龙遗址2000年采集遗物

1. 采: 30

2. 采: 28

3. 采: 32

马尔康市孔龙遗址2000年采集陶器底

1.A型小口瓶（采：2）

2.A型小口瓶（采：4）

3.纹饰陶片（采：6）

4.盆（采：3）

马尔康市孔龙遗址2013年采集陶器

马尔康市哈休遗址地形

1. 远景

2. 近景

马尔康市哈休遗址外景

马尔康市哈休遗址地貌

1. 发掘现场

2. 浮选工作

马尔康市哈休遗址2006年工作现场

1.张忠培、王仁湘先生等考察出土遗物

2.徐光冀、郭大顺、潘其风先生等考察出土遗物

专家考察马尔康市哈休遗址

1.沙尔宗乡学校师生现场参观发掘工地

2.考古工作汇报会

马尔康市哈休遗址公众考古活动

1. T2南壁

2. T4南壁

马尔康市哈休遗址2006年地层剖面

图版七六

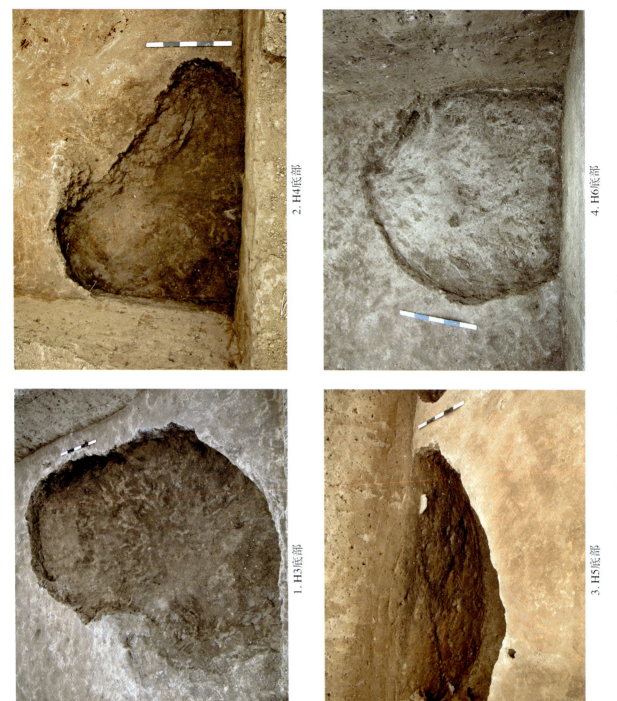

2. H4底部

4. H6底部

1. H3底部

3. H5底部

马尔康市哈休遗址2006年发掘灰坑

2. H8底部

4. H10底部

1. H8开口

3. H9开口

马尔康市哈休遗址2006年发掘灰坑

1. 单孔凹背刀出土状态（H3：1）

2. 单孔凹背刀（H3：1）

3. 锛刀形器（采：5）

4. 斧形器（采：6）

马尔康市哈休遗址2006年出土、采集玉器

1.A型环镯（采：7）

2.A型环镯（采：8）

3.B型环镯（H10：45）

4.B型环镯（H7：1）

马尔康市哈休遗址2006年出土、采集玉器

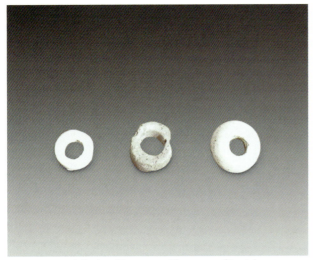

1. 玉珠（T5①：1、T5①：2、T5①：3）

2. 水晶石核（T4②B：1）、石刻划器（H6：4）、
石雕刻器（H7：3）

3. 石钺（H2：2）

4. 石砍砸器（H2：59）

5. B型石切割器（H9：140）

马尔康市哈休遗址2006年出土玉石器

1. 铲（H2：76）

2. A型刀（采：4）

3. B型刀（H10：44）

马尔康市哈休遗址2006年出土、采集石器

1. 砺石（06H2：52）

2. 砺石（06H9：152）

3. 盘状砍砸器（13采：1）

马尔康市哈休遗址2006年出土、2013年采集石器

1. Ⅰ式（06H2：1）

2. Ⅱ式（06采：44）

3. 13采：3

马尔康市哈休遗址2006年出土及采集、2013年采集陶尖底瓶

1. Ⅱ式尖底瓶（H3：61）

2. Ⅰ式小口瓶（采：12）

3. Ⅰ式小口瓶（采：22）

4. Ⅰ式小口瓶（H2：7）

5. Ⅰ式小口瓶（H4：1）

6. Ⅱ式小口瓶（H10：1）

马尔康市哈休遗址2006年出土、采集陶尖底瓶、小口瓶

1. Ⅲ式小口瓶（06H9：107）

2. Ⅲ式小口瓶（06H1：23）

3. Ⅳ式小口瓶（06H8：1）

4. Ⅱ式小口瓶（06H10：2）

5. 敛口罐（03采：1）

6. 敛口罐（06H5：59）

马尔康市哈休遗址2003年采集、2006年出土陶器

1. Ⅰ式侈口罐（H2：48）

2. Ⅱ式侈口罐（H9：70）

3. A型盆（H10：4）

4. B型盆（H9：112）

5. B型盆（H2：21）

6. 直口钵（H2：8）

马尔康市哈休遗址2006年出土陶器

1. 敛口钵（H9：111）

2. 侈口杯（H3：4）

3. 直口杯（H10：25）

4. 小底杯（H3：2）

5. 壶（H4：2）

马尔康市哈休遗址2006年出土陶器

1. Ⅱ式（H1：25）

2. Ⅲ式（H1：1）

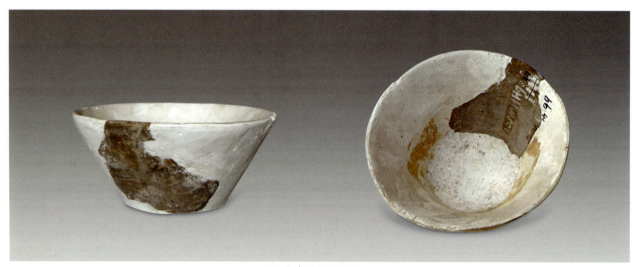

3. Ⅰ式（H9：99）

马尔康市哈休遗址2006年出土陶碗

1. B型盆（H9：93）

2. B型盆（H10：20）

3. 直口钵（H9：97）

4. 钵（H2：6）

马尔康市哈休遗址2006年出土彩陶器

1. 折沿钵（采：35）

2. 小口罐（H1：27）

3. Ⅳ式小口瓶（H9：96）

4. 带耳瓶腹部残片（采：11）

5. 瓶颈部残片（H4：16）

马尔康市哈休遗址2006年出土、采集彩陶器

1.陶塑人面像（采：1）

2.彩陶瓶腹部残片（H10：19）

3.陶球（H2：20）、陶珠（H2：18）

4.陶纺轮（H9：104）

5.H5出土窑内烧结物

马尔康市哈休遗址2006年出土陶器、窑内烧结物

1. H4：3

2. 采：37

3. H10：21

4. H9：94

5. H9：101

6. H9：103

7. 采：36

马尔康市哈休遗址2006年出土彩陶片

1. 梗刀（H7：6）

2. B型锥（H10：46）

3. B型锥（H10：43）

4. B型锥（H5：81）

马尔康市哈休遗址2006年出土骨器

1. A型角锥（H9：3）

2. B型角锥（H10：42）

3. B型角锥（采：17）

4. 骨镞（H9：6）

5. B型骨锥（H9：2）

马尔康市哈休遗址2006年出土骨角器

1. 骨笄（H9：1）

2. 牙刀（H2：105）

3. 牙刀（H2：106）

4. 蚌饰（采：9）

马尔康市哈休遗址2006年出土骨牙蚌器

图版九六

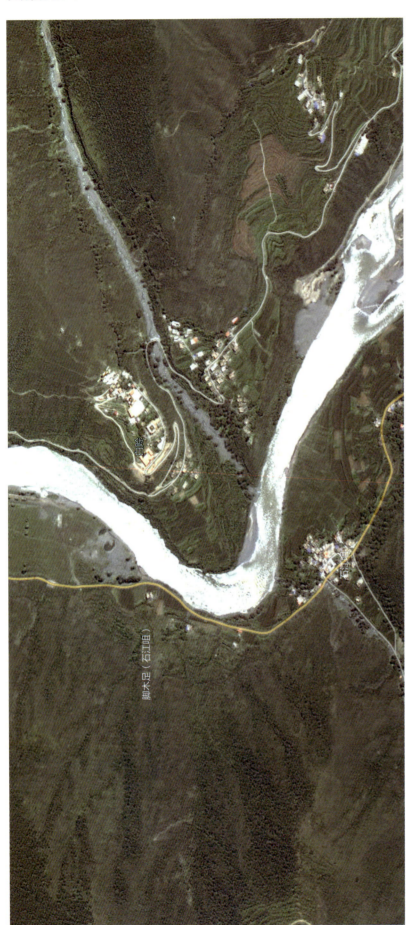

马尔康市日脚遗址地理环境

1. 地形

2. 外景（东—西）

马尔康市白赊遗址地形、外景

1. 地貌

2. 文化层

马尔康市白赊遗址地貌、文化层

1. 穿孔石刀（03采：36）

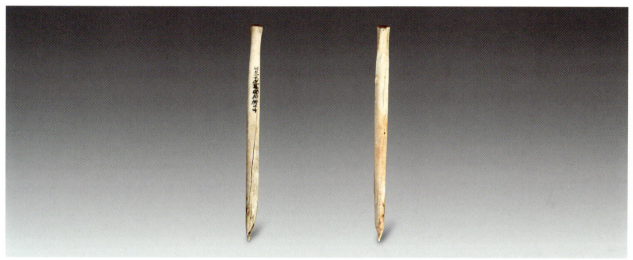

2. 骨锥（13采：2）

3. 陶碗（13采：1）

马尔康市白赊遗址2003年、2013年采集遗物

1. 平唇口瓶（13采：3）

2. 卷沿大口罐（03采：2）

3. 陶盆（13采：5）

4. 纹饰陶片（13采：7）

5. 纹饰陶片（13采：11）

6. 纹饰陶片（03采：3）

马尔康市白赊遗址2003年、2013年采集陶器

1.03采：13

2.03采：23

3.03采：29

4.13采：30、13采：33、13采：34

5.13采：31、13采：41

马尔康市白赊遗址2003年、2013年采集彩陶片

1. 地理环境

2. 地貌

丹巴县蒲角顶遗址地理环境、地貌

1.外景（西—东）

2.文化层

丹巴县蒲角顶遗址外景、文化层

1.蒲角顶遗址采集石斧（采：1）、石刀（采：2）

2.蒲角顶遗址采集陶罐（采：15）、陶瓶（采：7）、
陶罐（采：8）

3.蒲角顶遗址采集带耳器（采：9）、
凹弦纹陶片（采：6）

4.蒲角顶遗址采集纹饰陶片（采：5、
采：4、采：10、采：3）

5.莫洛村采集磨制石斧

丹巴县蒲角顶遗址及莫洛村采集器物

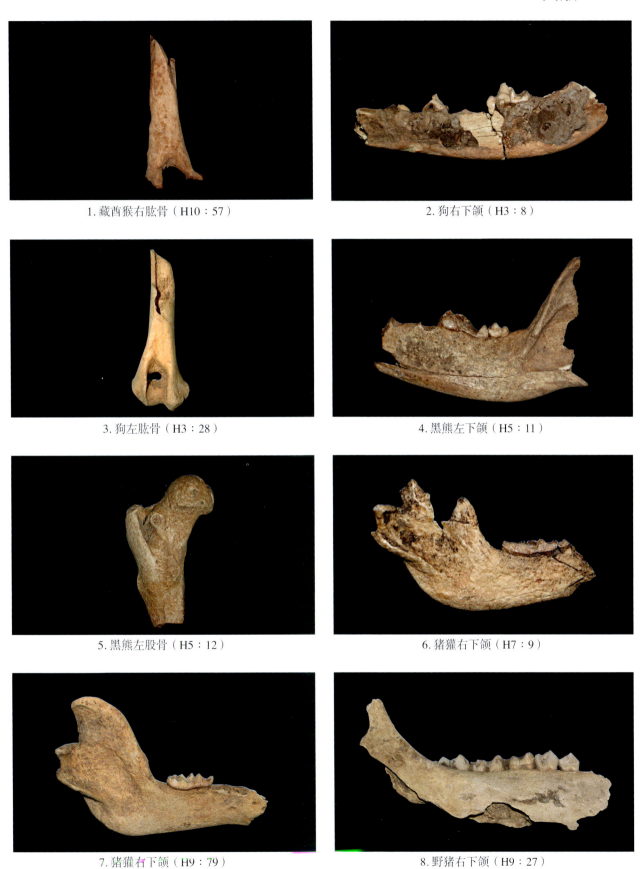

1.藏酋猴右肱骨（H10：57）

2.狗右下颌（H3：8）

3.狗左肱骨（H3：28）

4.黑熊左下颌（H5：11）

5.黑熊左股骨（H5：12）

6.猪獾右下颌（H7：9）

7.猪獾右下颌（H9：79）

8.野猪右下颌（H9：27）

马尔康市哈休遗址2006年出土动物骨骼

图版一〇六

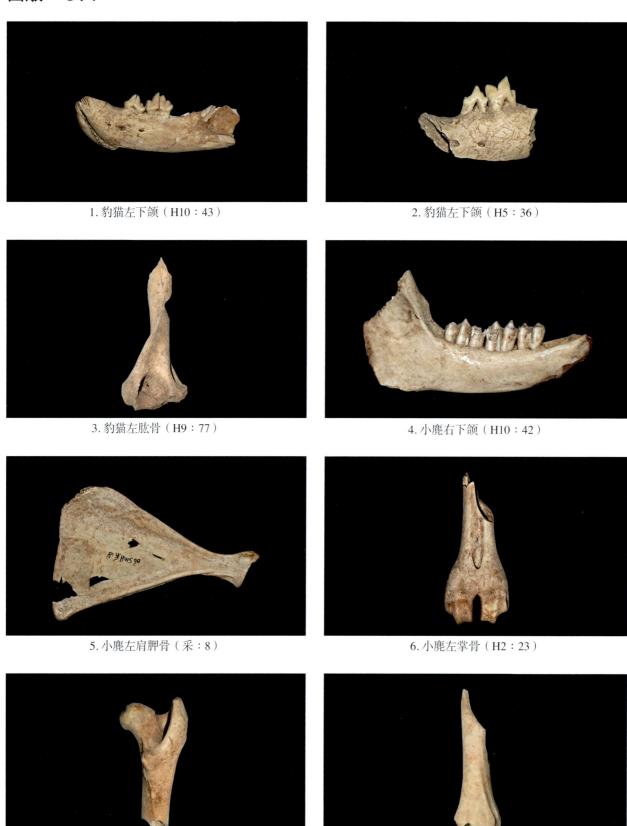

1. 豹猫左下颌（H10：43）

2. 豹猫左下颌（H5：36）

3. 豹猫左肱骨（H9：77）

4. 小鹿右下颌（H10：42）

5. 小鹿左肩胛骨（采：8）

6. 小鹿左掌骨（H2：23）

7. 小鹿右肱骨（H2：21）

8. 小鹿左胫骨（H2：31）

马尔康市哈休遗址2006年出土动物骨骼

1. 小鹿左跖骨（H2：22）

2. 水鹿角（H4：6）

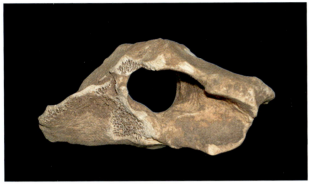

3. 水鹿寰椎（H4：56）

4. 水鹿右下颌（H4：1）

5. 水鹿右胫骨（H8：1）

6. 斑鹿右肱骨（采：11）

7. 斑鹿左掌骨（H3：23）

马尔康市哈休遗址2006年出土、采集动物骨骼

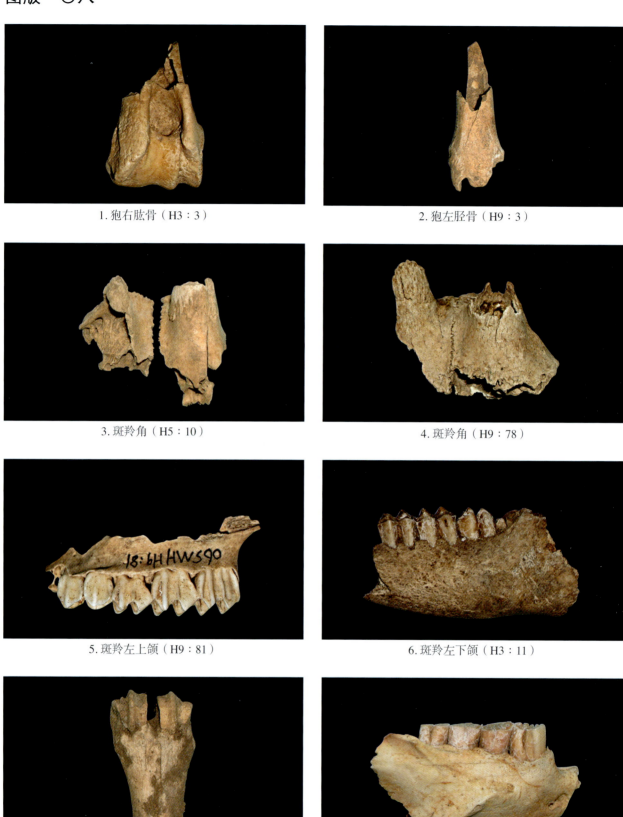

1. 狍右肱骨（H3：3）

2. 狍左胫骨（H9：3）

3. 斑羚角（H5：10）

4. 斑羚角（H9：78）

5. 斑羚左上颌（H9：81）

6. 斑羚左下颌（H3：11）

7. 斑羚右掌骨（H7：10）

8. 豪猪右下颌（H9：21）

马尔康市哈休遗址2006年出土动物骨骼

1. 桃核残块

2. 梅核残块

3. 杏核残块

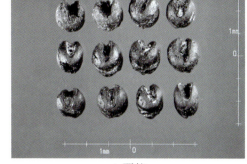

4. 粟粒

5. 粟粒

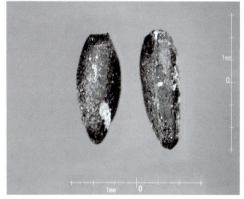

6. 藜属

7. 黍粒

茂县营盘山遗址出土炭化植物

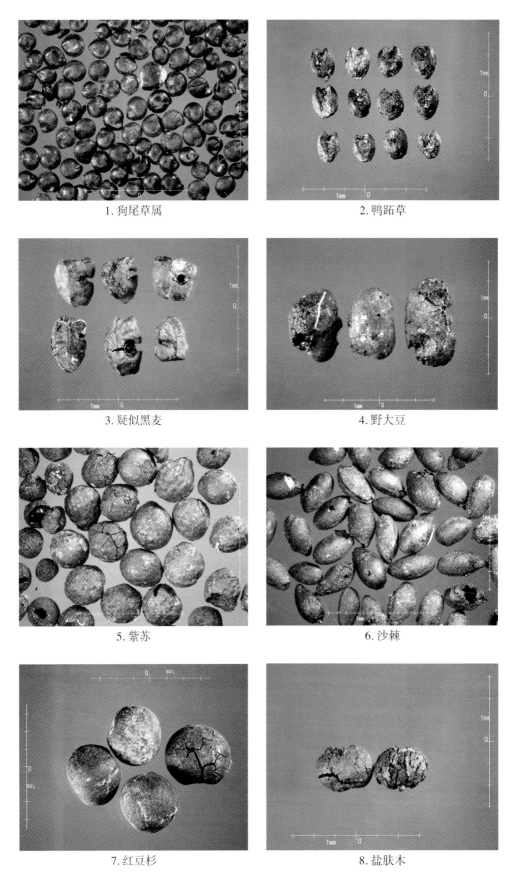

1. 狗尾草属

2. 鸭跖草

3. 疑似黑麦

4. 野大豆

5. 紫苏

6. 沙棘

7. 红豆杉

8. 盐肤木

茂县营盘山遗址出土炭化植物

1.竹鼠左下颌（T1⑨：1）　2.竹鼠右下颌（T1⑨：3）　3、4、9.小鹿左下颌（T1⑨：4、T1⑨：6、T1⑨：5）
5、6.小鹿右下颌（T1⑫：3、T1⑨：7）　7.鸟股骨（T1⑨：3）　8.兔左尺骨（T1⑮：4）

金川县神仙包遗址出土小型鹿类、啮齿类、鸟类骨骼

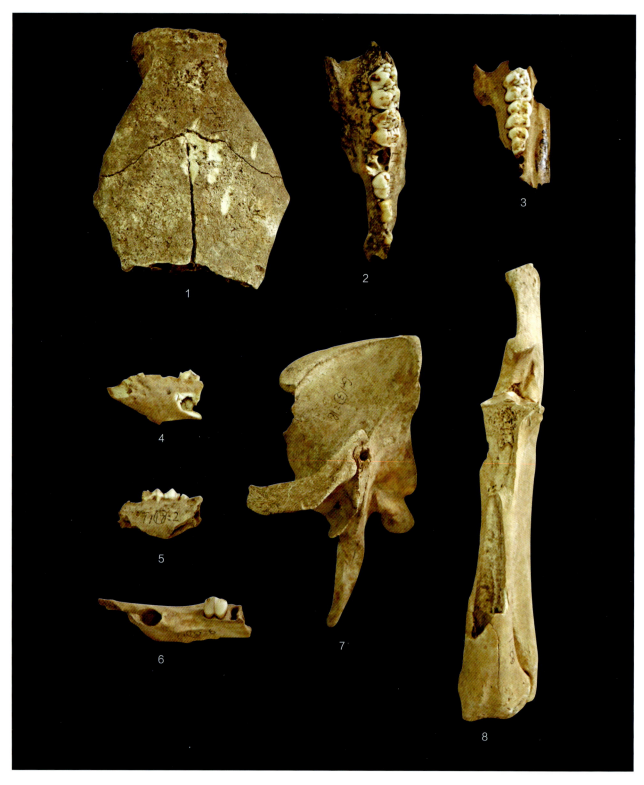

1. 顶骨（H5：1）　　2、3. 左上颌（G1③：17、T1⑱：12）　　4、5. 左下颌（T1⑮：7、T1⑰：2）　　6. 右下颌（T1⑮：6）
7. 头骨（G1③：18）　　8. 尺骨—桡骨（G2：1）

金川县神仙包遗址出土猪骨骼

1. 下颌（T3⑤：1）　2、3. 右肩胛骨（G1③：4、G1③：12）　4. 左髋骨（G1③：14）　5、7. 左尺骨（T1⑫：1、
T1⑰：1）　6、9. 右跟骨（G1③：16、G1③：15）　8. 左肱骨（T1⑨：13）　10. 腓骨（G1④：4）

金川县神仙包遗址出土中型鹿类骨骼

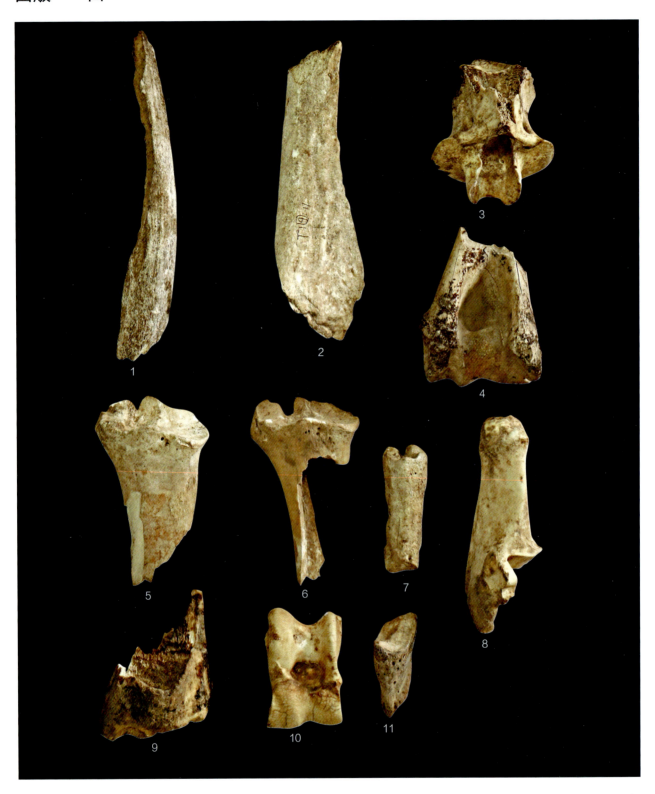

1、2.角（G1④：1、T1⑨：11）　　3.枢椎（G1③：7）　　4.左肱骨（G1③：6）　　5、6.左桡骨（T1⑫：6、T1⑮：2）

7.近端指骨（T2⑥：1）　　8.右跟骨（T1⑮：1）　　9.左胫骨（G1③：8）　　10.右距骨（Y1：1）

11.远端指骨（T1⑨：12）

金川县神仙包遗址出土大型鹿类骨骼

汶川县马灯龙溪玉矿调查

1.玉矿洞内景

2.玉矿洞内景

3.玉矿洞内景

4.玉矿石